Japanische Grammatik

MARKUS GEWEHR

Japanische Grammatik

Unter Mitarbeit von
Sönke Grützmacher und Kuniko Owada

BUSKE

Bibliografische Information der Deutschen Nationalbibliothek

Die Deutsche Nationalbibliothek verzeichnet diese Publikation
in der Deutschen Nationalbibliografie; detaillierte bibliografische
Daten sind im Internet abrufbar über ‹http://dnb.d-nb.de›.
ISBN 978-3-87548-489-2

© 2009 Helmut Buske Verlag GmbH, Hamburg. Alle Rechte vorbehalten. Dies betrifft auch die Vervielfältigung und Übertragung einzelner Textabschnitte durch alle Verfahren wie Speicherung und Übertragung auf Papier, Transparente, Filme, Bänder, Platten und andere Medien, soweit es nicht §§ 53 und 54 URG ausdrücklich gestatten. Gedruckt auf alterungsbeständigem Papier, hergestellt aus 100% chlorfrei gebleichtem Zellstoff. Druck und Bindung: Druckhaus „Thomas Müntzer", Bad Langensalza. Printed in Germany.

VORWORT

Die Meinungen über die Schwierigkeiten, als Deutschsprachiger die japanische Sprache zu erlernen, gehen weit auseinander. Da Japanisch in vielen Aspekten deutlich von der deutschen Sprache abweicht, wird es häufig als komplex und schwierig empfunden. Lernanfänger sind dagegen erstaunt, wie schnell sie erste Erfolgserlebnisse haben, und empfinden daher die Grammatik als einfach. Aus der Andersartigkeit von Deutsch und Japanisch ergeben sich auch unterschiedliche Ansätze, als deutscher Muttersprachler Japanisch zu lernen.

Lehrbücher tendieren dazu, sich stark an der deutschen Sprache zu orientieren und vernachlässigen damit das Funktionsgefüge des Japanischen. Sie bieten darüber hinaus aufgrund des Lehrbuchcharakters keinen systematischen Zugang zur Grammatik und vermitteln keine inhaltlich abgeschlossenen Strukturen. Wissenschaftliche Ansätze orientieren sich dagegen oft stark an der Struktur der japanischen Sprache und erlauben dadurch nur einen begrenzten pragmatischen Zugang.

Die vorliegende Grammatik möchte einen funktionell-logischen, wie auch pragmatischen Ansatz vereinigen. Da die reine Anwendung der Systematik und Terminologie zentraleuropäischer Sprachen zu einer Verzerrung des Japanischen führen würde, das als agglutinierende Sprache einem anderen grammatischen Grundkonzept folgt, wird die Struktur inhaltlich aus japanischer Sicht beschrieben. Auf diese Weise werden Zusammenhänge schneller erkannt und das Verständnis des Sprachaufbaus wird erleichtert. Kenntnisse der Struktur der deutschen Sprache werden dagegen genutzt, um Konstruktionen zu systematisieren und die Einordnung zu vereinfachen. Aus didaktischen und pragmatischen Gründen folgen Systematisierung und Terminologie daher einem Mix aus beiden Ansätzen.

Diese Grammatik stellt damit erstmals für Lernende ohne sprachtheoretischen Hintergrund systematisch, übersichtlich und ausführlich mit vielen Beispielen die wichtigsten Konstruktionen und grammatischen Zusammenhänge praxisorientiert dar. Der Aufbau ermöglicht neben einem systematischen Erarbeiten der Grammatik auch ein schnelles Auffinden einzelner Themen. Die Grammatik ist somit gleichzeitig Lernhilfe, wie auch Nachschlagewerk und Kompendium der Morphosyntax. Die Beispiele wurden im Allgemeinen auf die Problematik der zugehörigen grammatischen Regel beschränkt. Darüber hinaus soll durch Verwendung eines Anfängerwortschatzes gewährleistet werden, dass jeder Leser anhand der Beispiele die grammatischen Konstruktionen nachvollziehen kann.

Danken möchte ich Sönke Grützmacher und Kuniko Owada, die ganz erheblich an der Erstellung dieser Grammatik beteiligt waren, insbesondere an Korrektur und Fertigstellung.

Wertvolle Beiträge leisteten auch Keiko Wiskamp und Gernot Braner-Owada, denen ich danken möchte. Darüber hinaus möchte ich Takayo Ishizawa, Emiko Kishikawa, Miho Kinoshita, Toru Morotomi, Miho Kanayama, Naoko Katano, Yoko Kono, Dr. Tsuyoshi Kono, Michiko Eberling und Dietmar Emmel danken, die in vielen Diskussionen Ideen für Beispiele und zur Systematisierung beisteuerten.

Mein ganz besonderer Dank gebührt meiner Frau Alexandra Schichtel, die durch Ihre kontinuierliche Motivation und Unterstützung erst die Fertigstellung ermöglichte. Ebenso danke ich Michael Hechinger und Axel Kopido vom Helmut Buske Verlag, die die Entstehung der Grammatik nun seit 12 Jahren begleiten.

Diese Grammatik ist aus der Begeisterung an Japan und den Bedürfnissen und eigenen Erfahrungen beim Erlernen der japanischen Sprache entstanden und ich hoffe, damit für viele ein hilfreiches und sinnvolles Hilfsmittel entwickelt zu haben. Ich freue mich über Kommentare, Ideen und Verbesserungsvorschläge (Kontakt: Japanische.Grammatik@yahoo.de). Informationen zu weiteren Lehr- und Nachschlagewerken sind auch über die Homepage des Helmut Buske Verlags www.buske.de erhältlich.

Mannheim, Juni 2009   Markus Gewehr

INHALTSVERZEICHNIS

0.	Terminologie und Transkription		XVII
	0.1	Schriftbild, Abkürzungen und Terminologie	XVII
	0.2	Umschrift	XIX

1.	Grundlagen		1
	1.1	Sprache und Schrift	1
		1.1.1 Die japanische Sprache	1
		1.1.2 Satz, Satzelement und Wort	3
		1.1.3 Die japanische Schrift	4
		1.1.4 Die Silbenschriften und die Transkription	7
	1.2	Das japanische Wort (単語 *tango*)	11
	1.3	Satzelemente (文節 *bunsetsu*)	12
		1.3.1 Thema und Subjekt	12
		1.3.2 Das Prädikat	14
		1.3.3 Markierung der Satzelemente durch Partikel	15
		1.3.4 Die Kopula	16
		1.3.5 Präpositionen	20
	1.4	Der Satz (文 *bun*)	21
		1.4.1 Wortreihenfolge und Grundstruktur des japanischen Satzes	21
		1.4.2 Einfache Satztypen (単文 *tanbun*) und Satzverbindungen mit gleichberechtigten Teilsätzen	25
		1.4.3 Satzverbindungen mit Haupt- und Nebensatz und verschachtelte Sätze mit Attribut- und Hauptsätzen	26
		1.4.4 Satz- und Sonderzeichen und Zeichensetzung	34
	1.5	Die Zeiten	38
		1.5.1 Beschreibung von Gegenwart und Zukunft	39
		1.5.2 Die Vergangenheit	41
	1.6	Sprachstil	43
		1.6.1 Einfacher und höflicher Sprachstil	43
		1.6.2 Weglassen des Überflüssigen	45
		1.6.3 Mehrfache Verneinung	46
		1.6.4 Sonstige Aspekte	47

2.	Nomen und Pronomen (名詞と代名詞 *meishi to daimeishi*)	49

2.1		Charakter von Nomen	49
	2.1.1	Singular und Plural	50
	2.1.2	Der Ersatz von Nomen	51
	2.1.3	Die Verwendung spezieller Nomen (形式名詞 *keishikimeishi*)	52
	2.1.4	Ausdruck einer Vermutung mit den Nomen はず und 予定 *yotei*	57
	2.1.5	Nomen in Bitten	59
2.2		Spezifizierung von Nomen	59
	2.2.1	Methoden zur Spezifizierung von Nomen	59
	2.2.2	„Zweites Subjekt"	61
	2.2.3	Adnominale Bestimmungen durch Nomen	62
2.3		Die Nominalisierung	67
	2.3.1	Die Nominalisierung mit の und こと	67
	2.3.2	Feststehende Ausdrücke mit der Nominalisierung mit こと	70
	2.3.3	Formulierung von Erfahrungen und gelegentlichen Ereignissen mit ことがある	72
	2.3.4	Weitere Möglichkeiten der Nominalisierung	76
2.4		Pronomen (代名詞 *daimeishi*)	76
	2.4.1	Personalpronomen (人称代名詞 *ninshoudaimeishi*)	77
	2.4.2	Demonstrativ- und Fragepronomen der ko-so-a-do-Reihe (こそあど代名詞 *kosoadodaimeishi*)	80
	2.4.3	Possessivpronomen (所有代名詞 *shoyuudaimeishi*)	86
	2.4.4	Generalisierung von Fragewörtern und Bildung von Indefinitpronomen (不定代名詞 *futeidaimeishi*)	87

3.		Mengen- und Zeitangaben	91
3.1		Die japanische und die sinojapanische Zahlenreihe	91
3.2		Zählsuffixe (助数詞 *josuushi*)	93
	3.2.1	Funktion und Eigenschaften von Zählsuffixen	93
	3.2.2	Sinojapanische Zählsuffixe	94
	3.2.3	Die Frage nach der Menge	100
	3.2.4	Vielfaches (Multiplikativa)	101
3.3		Mengenangaben	101
	3.3.1	Position und Markierung von Mengenangaben	101
	3.3.2	Ungefähre Angaben	106
	3.3.3	Weitere Modifikationen der Mengenangaben	108
	3.3.4	Abstrakte Mengenangaben	109

INHALTSVERZEICHNIS

- 3.4 Zeitangaben 111
  - 3.4.1 Zählsuffixe für Zeitangaben 111
  - 3.4.2 Markierung von Zeitangaben 114
  - 3.4.3 Die Frage nach der Zeit 116
- 3.5 Ordnungsgrad 118
  - 3.5.1 Reihenfolgen mit 目 *me* 118
  - 3.5.2 Reihenfolge mit 第 *dai,* 号 *gou,* 番 *ban* und 次 *ji* 120

4. Partikel (助詞 *joshi*) 123
   - 4.1 Charakter von Partikeln 123
     - 4.1.1 Worttyp und Funktion von Partikeln 123
     - 4.1.2 Markierung von Handlungs- und Bewegungsorten mit den Partikeln を, に, へ, で, から und まで 127
     - 4.1.3 Partikel zur Aufzählung von Substantiven (並立助詞 *heiritsujoshi*) 132
     - 4.1.4 Partikel zur Betonung 136
     - 4.1.5 Ausdruck von Einschränkungen mit Partikeln 139
   - 4.2 Partikel は, が und も 144
     - 4.2.1 Markierung des Satzthemas mit は und も 145
     - 4.2.2 Partikel は zur Kontrastierung 148
     - 4.2.3 Partikel が zur Subjektmarkierung 149
     - 4.2.4 Partikel が zur Objektmarkierung 150
     - 4.2.5 Die Benutzung von は oder が 153
     - 4.2.6 も und でも zum Ausdruck von „sowohl als auch" und „weder noch" 157
   - 4.3 Partikel で 158
     - 4.3.1 で als Instrumentalpartikel 158
     - 4.3.2 Abgrenzung von zeitlichen, örtlichen und Mengenrahmen ... 160
   - 4.4 Partikel に 161
     - 4.4.1 Markierung von Zielen 162
     - 4.4.2 Markierung des Ortes der Existenz 164
     - 4.4.3 に nach weiteren Ausdrücken 166
   - 4.5 Sonstige Partikel 168
     - 4.5.1 Partikel ばかり, ばっかり, ばっか, ばかし 168
     - 4.5.2 Partikel だけ 170
     - 4.5.3 Partikel でも 171
     - 4.5.4 Partikel へ 172

	4.5.5	Partikel か	173
	4.5.6	Partikel から	174
	4.5.7	Partikel こそ	176
	4.5.8	Partikel まで	177
	4.5.9	Partikel の	179
	4.5.10	Partikel を	180
	4.5.11	Partikel と	183
	4.5.12	Partikel ところ	183
	4.5.13	Weitere Partikel	186
4.6	Partikel am Satzende (終助詞 shuujoshi)		190
	4.6.1	Übersicht über Satzendpartikel	190
	4.6.2	Wichtige Satzendpartikel	191

5. Verben (動詞 doushi) 195

5.1	Einteilung und Morphologie der Verben		195
	5.1.1	Einteilung der Verben nach ihrer Flektion	195
	5.1.2	Einteilung der Verben nach Inhalt und Herkunft	198
	5.1.3	Morphologie der Verben: Flektionsbasen, Flektionserweiterungen und Assimilation	201
5.2	Spezielle Verben, Verbalisierung und Adverbialform		207
	5.2.1	Übersetzung der Verben 行く *iku*, 来る *kuru*, 見る *miru* und する	207
	5.2.2	Verbalisierung mit する	208
	5.2.3	Die Adverbialform der Verben	210
5.3.	Höfliche und einfache Verb-Formen		211
	5.3.1	Die Bildung der höflichen Form	211
	5.3.2	Die Bildung der einfachen verneinten Formen	215
	5.3.3	Die Bildung der einfachen Präteritumform	217
5.4	Transitive und intransitive Verben		219
	5.4.1	Charakter von transitiven und intransitiven Verben	219
	5.4.2	Verben mit ähnlichen transitiven und intransitiven Formen	220
5.5	Verben des Besitzwechsels		222
	5.5.1	Die Verben 上げる *ageru*, 差し上げる *sashiageru* und やる	223
	5.5.2	Die Verben もらう, くれる, 下さる *kudasaru* und いただく	225
	5.5.3	Zusammenfassung: Verwendung der Verben des Besitzwechsels	226
5.6	Ausdruck von Veränderung mit den Verben する und なる		227

INHALTSVERZEICHNIS

   5.6.1 Aktive Veränderungen mit する 227
   5.6.2 Passive Veränderungen mit なる 229
 5.7 Modifizierende Verben 234
   5.7.1 Das Modalverb 過ぎる *sugiru* zur Kennzeichnung des Grades („zu") 234
   5.7.2 Beginn und Ende einer Tätigkeit mit 始める *hajimeru*, 出す *dasu* und 終わる *owaru* 236
   5.7.3 Leichtigkeit einer Tätigkeit mit やすい、にくい und ずらい 237
   5.7.4 Verben, die nur spezielle Verben modifizieren können 239

6. Adjektive und Adverbien 243
 6.1 Allgemeine Eigenschaften und Flektion von Verbal- und Nominaladjektiven 243
   6.1.1 Klassifizierung und Übersicht über Flektion und Funktion der Adjektive 243
   6.1.2 Flektion der Verbaladjektive 246
   6.1.3 Flektion der Nominaladjektive 247
   6.1.4 Die Nominalisierung, Bildung und Verknüpfung von Adjektiven 249
 6.2 Anwendung von Adjektiven 252
   6.2.1 Adjektivische Prädikate 252
   6.2.2 Adnominaler Gebrauch der Adjektive 253
   6.2.3 Adverbiale Verwendung der Adjektive 255
   6.2.4 Die Frage nach Adjektiven 256
   6.2.5 Ausnahmen in der Anwendung spezieller Adjektive 257
   6.2.6 Verwendung von よう 260
   6.2.7 Verwendung von そう 262
   6.2.8 Die Kombination von Adjektiven mit がる 264
 6.3 Komparativ und Superlativ 266
 6.4 Formulierung des Vergleichs 269
   6.4.1 Vergleich von zwei Substantiven 269
   6.4.2 Vergleich von mehr als zwei Substantiven 272
   6.4.3 Die vergleichende Frage 273
   6.4.4 Vergleich von zwei Adjektiven und verbalen Ausdrücken 275
   6.4.5 Bewertung einer Tätigkeit ohne Vergleichspartner: „es ist besser, ..." und ähnliche Ausdrücke 276
   6.4.6 Ausdruck von Gleichheit und Ähnlichkeit 277

- 6.5 Adverbien (副詞 *fukushi*) 279
  - 6.5.1 Charakter von Adverbien im Japanischen 279
  - 6.5.2 Bildung von Adverbien 280
  - 6.5.3 Onomatopöien 284
- 6.6 Anwendung von Adverbien 285
  - 6.6.1 Modifikation von Verben 285
  - 6.6.2 Modifikation von Adjektiven und Adverbien 289
  - 6.6.3 Modifikation des gesamten Satzes 290
  - 6.6.4 Die Frage nach Adverbien 292
  - 6.6.5 Adverbien もう und まだ 293

7. Die *te*-Form von Verben und Adjektiven 297
   - 7.1 Die Bildung der *te*-Formen 297
     - 7.1.1 Übersicht über die Bildung der *te*-Formen von Verben und Adjektiven 297
     - 7.1.2 Die Bildung der *te*-Form von Verben 298
     - 7.1.3 Die verneinte *te*-Form von Verben 299
     - 7.1.4 Die *te*-Formen von Adjektiven und Nomen 300
   - 7.2 Übersicht über die Anwendungen der *te*-Form 301
     - 7.2.1 Grundfunktionen der *te*-Form 301
     - 7.2.2 Verknüpfung von Verben und prädikativen Ausdrücken 305
     - 7.2.3 Funktion der *te*-Form von Adjektiven und Nomen 308
     - 7.2.4 Die *te*-Form von Verben in Kombination mit 行く *iku* und 来る *kuru* 309
     - 7.2.5 Die *te*-Form von Verben in Kombination mit speziellen Verben 312
     - 7.2.6 Kombinationen der *te*-Form von Verben mit der Partikel も 314
   - 7.3 Die *te*-Form von Verben in Kombination mit den Verben いる und ある 315
     - 7.3.1 Durative Verben 316
     - 7.3.2 Perfektive Verben 319
     - 7.3.3 Wahl von いる oder ある bei anhaltenden Zuständen 323
     - 7.3.4 Die *te*-Form zur Beschreibung des progressiven Präteritums .. 325

8. Einfache Satzstrukturen 327
   - 8.1 Einfache Aussagesätze 327
     - 8.1.1 Einfache Sätze mit der Kopula 327
     - 8.1.2 Einfache Sätze mit Verben 331

	8.1.3	Existentielle Sätze mit den Verben いる und ある	334
8.2	Fragesätze		338
	8.2.1	Charakter von Fragesätzen	338
	8.2.2	Fragepartikel	341
	8.2.3	Fragesätze mit Fragewörtern	344
	8.2.4	Spezielle Fragen und Höflichkeit in Fragen	348
	8.2.5	Verneinte Fragen	350
8.3	Passive Sätze		352
	8.3.1	Bildung passiver Verbformen (受身形 *ukemikei*)	352
	8.3.2	Anwendung des Passivs	353
	8.3.3	Spezielle Passiv-Sätze	356
8.4	Ausdruck von Veranlassung (Kausativ)		357
	8.4.1	Bildung kausativer Verbformen (使役形 *shiekikei*)	357
	8.4.2	Anwendung des Kausativs	359
8.5	Bitte und Befehl		361
	8.5.1	Übersicht über Möglichkeiten zum Ausdruck von Bitten und Befehlen	361
	8.5.2	Bitte und höfliche Aufforderung	363
	8.5.3	Imperativformen	365
	8.5.4	Harte Imperativformen	366
8.6	Ausdruck von Unsicherheit: Vermutung, Zweifel, Anschein und Überzeugung		368
	8.6.1	Vermutung mit かも知れない *ka mo shirenai* und かも分からない *ka mo wakaranai*	370
	8.6.2	Vermutung mit だろう, でしょう und ～かろう (Dubitativ)	372
	8.6.3	Überzeugung mit に違いない *ni chigainai*	375
	8.6.4	Anschein mit der Endung ～そう	377
	8.6.5	Anschein mit よう	381
	8.6.6	Anschein mit らしい	384
	8.6.7	Vergleich der Möglichkeiten zur Formulierung von Anschein und Vermutung	386
	8.6.8	Zweifel mit のやら und der Partikel か	388
	8.6.9	Zweifel mit かしら und かなあ	388
9.	Ausdruck deutscher Modalverbformulierungen		391
	9.1 Ausdruck eines Wunsches („mögen")		391
	9.1.1	Die Wunschform ～たい	391

	9.1.2	Wünsche mit dem Verbaladjektiv 欲しい *hoshii*	394
	9.1.3	Wunsch einer dritten Person	396
	9.1.4	Hoffnung und Wunsch mit ように und der Endung ～ば	398
9.2	Ausdruck einer Fähigkeit („können", Potentialis)		399
	9.2.1	Formulierung von Fähigkeiten mit 出来る *dekiru*	400
	9.2.2	Die Potentialform	402
	9.2.3	Formulierung einer Fähigkeit mit 上手 *jouzu*, 下手 *heta* und うまい	407
9.3	Zwang und Notwendigkeit („müssen")		408
	9.3.1	Ausdruck von Zwang mit der Endung ～なければ	409
	9.3.2	Der Zwang mit ～なくて	412
9.4	Erlaubnis und Verbot („dürfen")		415
	9.4.1	Erlaubnis	415
	9.4.2	Verbot	417
9.5	Ausdruck einer Erfordernis („brauchen")		420
9.6	Ausdruck einer Absicht („wollen")		424
	9.6.1	Absicht mit den Substantiven つもり, 予定 *yotei* und 計画 *keikaku*	424
	9.6.2	Absichten mit ～うと思う *~u to omou* und ～たいと思う *~tai to omou*	427
	9.6.3	Sonstige Möglichkeiten zur Formulierung von Absichten	429
9.7	Aufforderung und Vorschlag („sollen")		430
	9.7.1	Die Vorschlagsform des verbalen Prädikats	431
	9.7.2	Der verneinte Vorschlag	433
	9.7.3	Die negative Frage als Aufforderung	435
	9.7.4	Ausdruck einer Verpflichtung	436

10. Bildung komplexer Sätze 437

    10.1 Koordinative, additive, exemplarische und disjunktive Satzverbindungen mit der Bedeutung „und" bzw. „oder" 438

	10.1.1	Additive und koordinative Satzverbindungen	438
	10.1.2	Disjunktive Satzverbindungen	442
	10.1.3	Exemplarische Satzverbindungen	444

    10.2 Gegensätzliche (adversative) Satzverbindungen mit der Bedeutung „aber" bzw. „obwohl" 447

	10.2.1	Satzverbindungen mit der Bedeutung „aber"	447
	10.2.2	Satzverbindungen mit der Bedeutung „obwohl"	450

INHALTSVERZEICHNIS   XV

    10.2.3   Satzverbindung mit der Bedeutung „selbst wenn" 454
  10.3 Temporale Satzverbindungen 455
    10.3.1   Temporale Satzverbindung mit der Bedeutung „bevor" 455
    10.3.2   Temporale Satzverbindung mit der Bedeutung „nachdem" ... 459
    10.3.3   Die Gleichzeitigkeit zweier Ereignisse 460
    10.3.4   Temporalsätze mit Konditionalformen 468
  10.4 Attributsätze 470
    10.4.1   Attributsätze mit adnominalen Verben und adnominaler Kopula 470
    10.4.2   Mehrere und verschachtelte Attributsätze 476
    10.4.3   Attributsätze mit adnominalen Verbal- und Nominaladjektiven sowie mit Nomen + Kopula 478
  10.5 Grund und Folge und Zweck einer Handlung 481
    10.5.1   Kausalität mit から und ので 481
    10.5.2   Kausalität mit der *te*-Form 484
    10.5.3   Kausalität mit ばかり, ばけに, それで und だから 485
    10.5.4   Die Frage nach dem Grund und deren Antwort 486
    10.5.5   Zweck einer Handlung mit に, ために und のに 487
  10.6 Konditional (条件法 *joukenhou*) und Konjunktiv (仮定法 *kateihou*) 493
    10.6.1   Bildung des Konditionals mit der Endung 〜ば 493
    10.6.2   Anwendung der Konditionalform 〜ば 496
    10.6.3   Spezielle Formulierungen mit der Konditionalform 〜ば 498
    10.6.4   Konditional mit der Konjunktion なら 500
    10.6.5   Konditional mit der Endung 〜たら 502
    10.6.6   Mit der Partikel と 505
    10.6.7   Konditional mit とき und は 507
    10.6.8   Bedingungssätze (条件文 *joukenbun*) 509
  10.7 Zitat-Konstruktionen mit と: direkte und indirekte Rede, Meinungsäußerung und ähnliche Formulierungen 512
    10.7.1   Die direkte und indirekte Rede 512
    10.7.2   Meinungsäußerungen 515
    10.7.3   Namensgebung (Benennung) 517
    10.7.4   Weitere Anwendungen der Zitatmarkierung mit と 520
    10.7.5   Ausdruck von „ob" 521
  10.8 Ausdruck von „ohne zu ..." 523
    10.8.1   Die Verbendung 〜ず 524
    10.8.2   Sonstige Methoden 526

11. Höflichkeitssprache (敬語 *keigo*) 529
   11.1 Charakter des Honorativs 529
      11.1.1 Zum Begriff des Honorativs 529
      11.1.2 Anwendung des Honorativs 531
   11.2 Grammatische Mittel des Honorativs 533
      11.2.1 Präfixe 533
      11.2.2 Lexikalische Honorativformen 537
      11.2.3 Morphologische Honorativformen 545
      11.2.4 Mehrfacher Honorativ 550

12. Anhang Bibliographie 553
   12.1 Bücher 553
      12.1.1 Lehrbücher 553
      12.1.2 Grammatiken 554
      12.1.3 Aussprache, Schrift und Zeichenlexika 555
      12.1.4 Spezielle Themen 555
      12.1.5 Wörterbücher 556
   12.2 Internet 557
      12.2.1 Informationsquellen zur Japanischen Sprache im Internet 558
      12.2.2 Internet-Datenbanken und Programme 560

Stichwortverzeichnis 565

0. TERMINOLOGIE UND TRANSKRIPTION

0.1 Schriftbild, Abkürzungen und Terminologie

a) Schriftbild: Geschriebenes Japanisch setzt alle Schriftzeichen, *kanji* und *kana*, fortlaufend zusammen. Leerzeichen wie im Deutschen oder andere Methoden zur Worttrennung gibt es nicht (vgl. 1.1.3). Zur Übersichtlichkeit, um die grammatischen Strukturen und die Satzstruktur klar erkennen zu können, sind in dieser Grammatik Leerzeichen zwischen den einzelnen Satzelementen eingefügt. Ein Leerzeichen trennt auch Partikel und die durch sie markierte Bausteine ab. Kein Leerzeichen steht zwischen Verbstamm und Verbendung (Verbsuffix), zwischen Adjektivstamm und Adjektivendung, nach Präfixen bzw. vor Suffixen (z.B. Zählwörtern und Pluralsuffixen).

Alle aus dem Japanischen stammenden Wörter sind *kursiv* markiert. Beispiele sind mit grauem Balken am linken Rand gekennzeichnet.

b) Verwendete Abkürzungen:

Adv.	Adverb	pos.	positiv (affirmativ)
einf.	einfach	te-Form	Konverbalform
etw.	etwas	tV	transitives Verb
höfl.	höflich	u-Form	Verbform des einfachen, affirmativen Präsens Indikativ
iV	intransitives Verb		
jmd.	jemanden		
Konj.	Konjunktion	V	Verb
N	Nomen	VA	Verbaladjektiv
NA	Nominaladjektiv	Vermtg.	Vermutung
neg.	negativ (verneint)	Vorschl.	Vorschlag
Prät., Präter.	Präteritum	wörtl.	wörtlich

c) Terminologie und Systematik bei Verben und Adjektiven:[1] In dieser Grammatik werden die Verb- und Adjektivstämme sowie deren Endungen nicht als jeweils eigenständi-

---

[1] Neben der in dieser Grammatik beschriebenen Systematik der Verbkonjugation gibt es in der Japanischen Sprachwissenschaft auch andere Ansätze:

● Häufig findet man beispielsweise, dass der Stammkonsonant konsonantischer Verben mit zum Verbstamm gezählt wird. Der Stamm von 飲む *nomu* wäre somit *nom~* und nur *~u* die Endung. Zur Unterscheidung wird dieser Verbstamm „erweitert" genannt, während die in dieser Grammatik beschriebene Systematik „reduzierte Verbstämme" (oder „verkürzte Stämme") verwendet. Die Beschreibung mit erweiterten Verbstämmen besitzt den Vorteil, dass alle konsonantischen Verben nur die Endung *~u* besitzen. Problematisch ist allerdings, dass beim Anschluss von Endungen Vokale eingefügt werden müssen, zum Beispiel *~i~* beim Anschluss der *masu*-Form (*nom~u* → *nom~i~masu*). Da es sich aber im Japanischen nicht um isolierte Vokale

ge „Wörter" bezeichnet, sondern erst die vollständig flektierten Kombinationen, um sie als Satzbausteine verwenden zu können. Wortbildung und Klassifizierung sind in 1.1.2, und Begriffe zur Flektion der Verben (Verbstamm, Verbendung, Verbsuffix, Flektionserweiterung) sind in 5.1.3 erläutert.

Zur Kennzeichnung des Verbstamms, an den eine Endung, bzw. der Verbendung, die an einen Verstamm anzuhängen ist, wird eine Tilde (~) benutzt, zum Beispiel in 食べ~ *tabe~* (Verbstamm des Verbs 食べる) bzw. ~ます *~masu* (Verbendung des affirmativen höflichen Präsens Indikativ). Wird eine Konstruktion gebildet, indem ein weiterer Baustein nach der einfachen Präsensform der Verben folgt, wird dies durch ~う bzw. *~u* gekennzeichnet, beispielsweise bei ~うことが出来る (Ausdruck einer Fähigkeit, zum Beispiel 食べることが出来る *taberu koto ga dekiru*).

Tilden werden auch bei Verbaladjektiven für deren Stamm und Endungen verwendet, zum Beispiel 大き~ *ooki~* (Stamm des VA 大きい) bzw. die Endung ~くない *~kunai*. Dabei drücken ~い bzw. *~i* aus, dass ein Zusatz an die Endung des VA gehängt wird, beispielsweise ~いようです (Ausdruck von Anschein, zum Beispiel 大きいようです *ookii you desu*).

In eckigen Klammern wird angezeigt, an welcher Basis eine Verbendung angehängt wird. Beispielsweise bedeutet „[i]", dass eine Endung an die i-Basis angeschlossen wird, und somit bei konsonantischen Verben eine Silbe der i-Stufe als Flektionserweiterung zwischen Verbstamm und Verbendung einzufügen ist.[2]

Bei Erläuterungen zur Bildung von Konstruktionen mit Verbendungen wurden, falls erforderlich, Punkte eingefügt, die Verbstamm, Flektionserweiterung und ggf. mehrere agglutinierende Endungen unterscheidbar machen. Beispiel: 食べる *tabe.ru* → 食べた *tabe.ta*; 飲む *nomu* → 飲まない *no.ma.na.i* → 飲まなければならない *no.ma.na.kereba naranai*.

Die zwei grundlegenden Verbformen werden als „höfliche Form" (*masu*-Form) und „einfache Form" (u-Form) bezeichnet, zum Beispiel für den affirmativen Präsens Indikativ: 行く *iku* als „einfache Form" und 行きます *ikimasu* als „höfliche Form".

---

handelt (diese scheint es lediglich in der Transkription ins lateinische Alphabet zu geben), es vielmehr zu Verschiebungen zwischen Silben kommt und somit nicht die Silbengrundlage der Japanischen Sprache berücksichtigt wird, wurde diese Sichtweise in der vorliegenden Grammatik nicht verwendet.

● In einigen Grammatiken wird der Begriff „Flektionserweiterung" nur für konsonantische Verben verwendet. Die bei vokalischen Verben auftretenden Modifikationen werden den Endungen zugeordnet. Zum Beispiel werden bei der Bildung passiver Verbformen die Endungen ~れる (konsonantische Verben) und ~られる (vokalische Verben) angegeben. Um eine möglichst einheitliche Systematik zu gewährleisten, insbesondere, um für die Bildung einer Form nur eine Verbendung anzugeben, wird in dieser Grammatik der Begriff „Flektionserweiterung" auch für Silben verwendet, die zwischen Verbstamm und Endung vokalischer Verben auftreten.

[2] Beispiel für das Verb 飲む *nomu*: zur Bildung der einfachen Verneinungsform mit der Endung ~ない wird die Bildung mit „~[a]ない" bzw. „~[a]*nai*" angegeben, was bedeutet, dass die Endung an die a-Basis angehängt und als Flektionserweiterung ~ま~ eingefügt wird. Man erhält das vollständig flektierte Verb 飲まない *no.ma.nai*.

0. TERMINOLOGIE UND TRANSKRIPTION   XIX

0.2   Umschrift[3]

a) Als Transkriptionssystem für die Wiedergabe der im Japanischen gebrauchten Silben mit lateinischen Buchstaben wurde in der vorliegenden Grammatik im Wesentlichen das Hepburn-System (ヘボン式ローマ字 *hebonshikiro-maji*)[4], das sich an der englischen Aussprache orientiert, benutzt. Es ist inzwischen das am häufigsten verwendete System und berücksichtigt Silben, deren Lesungen von dem nach der Position in der 50-Laute-Tafel (vgl. unten) zu erwartenden Lauten abweichen. Abweichungen vom *hebonshikiro-maji* wurden nur bei der Darstellung von „n" und langen Vokalen[5] nötig, um eine nahe Übertragung zu ermöglichen:

In dieser Grammatik werden in Abweichung vom Hepburn-Systems alle Längungsvokale bei der Transkription in *ro-maji* übernommen. Dies bedeutet, dass keine Längungsstriche auf den Vokalen verwendet werden (ā, ē, ī, ō oder ū). Ein langes „o" wird somit im Fall von japanischen und sinojapanischen, d. h. in *hiragana* geschriebenen Wörtern, in *ro-maji* als *oo* oder *ou* wiedergegeben. Damit wird die Kompatibilität mit japanischen Wörterbüchern gewahrt, die bei der Einordnung der Wörter auch die Längungsvokale mit berücksichtigen. Außerdem kann auf diese Weise zwischen *oo* und *ou* unterschieden werden, wie zum Beispiel bei:

調和	ちょうわ *chouwa* Harmonie
商業学校	しょうぎょうがっこう *shougyougakkou* Handelsschule
大きい	おおきい *ooki* groß
氷	こおり *koori* Eis

Lange Vokale in mit *katakana* geschriebenen Wörtern werden durch einen Längungsstrich nach dem Vokal, wie im *katakana*-Schriftbild üblich, ausgedrückt. Beispiele: アパート *apa-to*, ビール *bi-ru*, チーズ *chi-zu*, コーヒー *ko-hi-*.

Es wurde im Vergleich zum Hepburn-System auch darauf verzichtet, ein *n* vor den Konsonanten *m*, *b* und *p* als *m* wiederzugeben. Es wäre lediglich ein Attribut an die Aussprache und würde die Wiedergabe des Schriftbildes verfälschen. Auch wird generell kein Apostroph verwendet, um die Silbenkombinationen von *n* mit Vokalen (*n + a*, *n + i*,

---

[3] Die Transkription ist ausführlich in 1.1.4 beschrieben.
[4] Das *hebonshikiro-maji* wird auch *hyoujunshiki* („Standard-System") genannt, weil das aktuelle Hepburn-System von der ursprünglichen Fassung, die Hepburn in seinen Wörterbüchern verwendete, leicht abweicht.
[5] Lange Vokale werden in der japanischen Schrift durch ein zusätzliches *kana*-Zeichen des entsprechenden Vokals bei *a*, *i*, *u* und *e* gebildet. Im Fall eines langen „o"-Lautes wird nur in seltenen Fällen ein *o* (im japanischen Vokabular), und in der Regel ein *u* (überwiegend im sinojapanischen Vokabular) angehängt. Dies gilt auch für die Silben, die durch zwei Silbenschriftzeichen dargestellt werden, d. h. in denen als zweites Silbenschriftzeichen *ya*, *yu* oder *yo* vorkommt, wie beispielsweise bei *rya*, *shu*, *nyo*, *byo* oder *ja*.

n + u, n + e und n + o) gegenüber den Silben *na, ni, nu, ne* und *no* abzuheben. Dieser Unterschied kann anhand der in *kana* und *kanji* formulierten Sätze erkannt werden.

b) In [0.1] ist das in dieser Grammatik verwendete Hepburn-Transkriptionssystem in Form der 50-Laute-Tafeln 五十音図 *gojuuonzu* angegeben. Für Erläuterungen vgl. 1.1.4.

[0.1] Die 50-Laute-Tafeln 五十音図 *gojuuonzu*

五十音図 der ひらがな *hiragana*:

わ行	ら行	や行	ま行	は行	な行	た行	さ行	か行	あ行	
わ wa	ら ra	や ya	ま ma	は ha	な na	た ta	さ sa	か ka	あ a	あ段
	り ri		み mi	ひ hi	に ni	ち chi	し shi	き ki	い i	い段
	る ru	ゆ yu	む mu	ふ fu	ぬ nu	つ tsu	す su	く ku	う u	う段
	れ re		め me	へ he	ね ne	て te	せ se	け ke	え e	え段
を o	ろ ro	よ yo	も mo	ほ ho	の no	と to	そ so	こ ko	お o	お段

五十音図 der カタカナ *katakana*:

ワ行	ラ行	ヤ行	マ行	ハ行	ナ行	タ行	サ行	カ行	ア行	
ワ wa	ラ ra	ヤ ya	マ ma	ハ ha	ナ na	タ ta	サ sa	カ ka	ア a	ア段
	リ ri		ミ mi	ヒ hi	ニ ni	チ chi	シ shi	キ ki	イ i	イ段
	ル ru	ユ yu	ム mu	フ fu	ヌ nu	ツ tsu	ス su	ク ku	ウ u	ウ段
	レ re		メ me	ヘ he	ネ ne	テ te	セ se	ケ ke	エ e	エ段
ヲ o	ロ ro	ヨ yo	モ mo	ホ ho	ノ no	ト to	ソ so	コ ko	オ o	オ段

c) Die von den in der 50-Laute-Tafel [0.1] enthaltenen Laute abgeleiteten getrübten, halbgetrübten und gebrochenen Laute sind in [0.2] und [0.3] angegeben.

[0.2] Getrübte (濁音 *dakuon*) und halbgetrübte (半濁音 *handakuon*) Laute[6]

ひらがな					カタカナ				
ば *ba*	ぱ *pa*	だ *da*	ざ *za*	が *ga*	バ *ba*	パ *pa*	ダ *da*	ザ *za*	ガ *ga*
び *bi*	ぴ *pi*	ぢ *ji*	じ *ji*	ぎ *gi*	ビ *bi*	ピ *pi*	ヂ *ji*	ジ *ji*	ギ *gi*
ぶ *bu*	ぷ *pu*	づ *zu*	ず *zu*	ぐ *gu*	ブ *bu*	プ *pu*	ヅ *zu*	ズ *zu*	グ *gu*
べ *be*	ぺ *pe*	で *de*	ぜ *ze*	げ *ge*	ベ *be*	ペ *pe*	デ *de*	ゼ *ze*	ゲ *ge*
ぼ *bo*	ぽ *po*	ど *do*	ぞ *zo*	ご *go*	ボ *bo*	ポ *po*	ド *do*	ゾ *zo*	ゴ *go*

[0.3] Gebrochene Laute 拗音 *youon*[7]

ひらがな										
きゃ	ぎゃ	しゃ	じゃ	ちゃ	にゃ	ひゃ	びゃ	ぴゃ	みゃ	りゃ
kya	*gya*	*sha*	*ja*	*cha*	*nya*	*hya*	*bya*	*pya*	*mya*	*rya*
きゅ	ぎゅ	しゅ	じゅ	ちゅ	にゅ	ひゅ	びゅ	ぴゅ	みゅ	りゅ
kyu	*gyu*	*shu*	*ju*	*chu*	*nyu*	*hyu*	*byu*	*pyu*	*myu*	*ryu*
きょ	ぎょ	しょ	じょ	ちょ	にょ	ひょ	びょ	ぴょ	みょ	りょ
kyo	*gyo*	*sho*	*jo*	*cho*	*nyo*	*hyo*	*byo*	*pyo*	*myo*	*ryo*
カタカナ										
キャ	ギャ	シャ	ジャ	チャ	ニャ	ヒャ	ビャ	ピャ	ミャ	リャ
kya	*gya*	*sha*	*ja*	*cha*	*nya*	*hya*	*bya*	*pya*	*mya*	*rya*
キュ	ギュ	シュ	ジュ	チュ	ニュ	ヒュ	ビュ	ピュ	ミュ	リュ
kyu	*gyu*	*shu*	*ju*	*chu*	*nyu*	*hyu*	*byu*	*pyu*	*myu*	*ryu*
キョ	ギョ	ショ	ジョ	チョ	ニョ	ヒョ	ビョ	ピョ	ミョ	リョ
kyo	*gyo*	*sho*	*jo*	*cho*	*nyo*	*hyo*	*byo*	*pyo*	*myo*	*ryo*

[6] Durch die Trübung entstehen je zwei Möglichkeiten, die Laute *ji* und *zu* auszudrücken, nämlich über die *s*- und *t*-Reihen. Nach den Regeln der Silbenschriftreform werden die Silben heute mit den entsprechenden *kana*-Zeichen der *s*-Reihe geschrieben: ず, じ (*hiragana*) und ジ, ズ (*katakana*). Die Zeichen der *t*-Reihe (ぢ, づ, ヂ und ヅ) werden nur noch in Ausnahmefällen verwendet.

[7] Die ursprünglich vorhandenen Aussprachedifferenzen zwischen den gebrochenen Lauten, die mit じ (bzw. ジ) und ぢ (bzw. ヂ) gebildet werden können, sind heute nicht mehr hörbar. Heute werden die Laute *ja*, *ju* und *jo* mit der *s*-Reihe gebildet (*hiragana*: じゃ, じゅ, じょ; *katakana*: ジャ, ジュ, ジョ) und die gebrochenen Laute, die ausgehend von der *t*-Reihe bildbar sind (*hiragana*: ぢゃ, ぢゅ, ぢょ; *katakana*: ヂャ, ヂュ, ヂョ), werden nur noch selten verwendet.

1. GRUNDLAGEN

In diesem Kapitel werden die Grundlagen zum Verständnis der folgenden Abschnitte dieser Grammatik gelegt, indem die Grundstruktur der japanischen Sprache und ihre charakteristischen Eigenschaften beschrieben sowie spezifische Begriffe eingeführt und erläutert werden.

1.1 Sprache und Schrift

1.1.1 Die japanische Sprache

Mit etwa 125 Millionen Muttersprachlern gehört die japanische Sprache zu den meist gesprochenen Sprachen der Welt.[1] Angewendet wird sie vornehmlich innerhalb der Landesgrenzen Japans. Außerhalb ist sie lediglich in den Siedlungsgebieten japanischer Auswanderer zu finden, beispielsweise in Brasilien, auf Hawaii und in den USA. In den ehemals von Japan besetzten Gebieten Asiens ist Japanisch dagegen nicht mehr verbreitet.

Ursprung und Einordnung sind bis heute umstritten. Zu keinen anderen Sprachen konnten bisher gesicherte Verwandtschaftsbeziehungen nachgewiesen werden. Aufgrund zahlreicher struktureller Ähnlichkeiten, wie beispielsweise das Fehlen von Artikeln und Genus und der agglutinierende Aufbau, wird eine mögliche entfernte Verwandtschaft mit den altaischen (zum Beispiel Mongolisch, Türkisch, Uzbekisch, Mandschurisch, Turkmenisch, Kirgisisch) bzw. der koreanischen Sprache postuliert.[2] So wird von vielen Linguisten Japanisch als frühe Abspaltung von einer gemeinsamen altaischen Ursprache aufgefasst. Dagegen existieren Gemeinsamkeiten im Wortschatz mit einigen Sprachen der ostasiatischen und phonetische Gemeinsamkeiten mit austronesischen Sprachgruppen, zum Beispiel der tibetischen, burmesischen und indonesischen Sprache. Wahrscheinlich scheint ein gemeinsamer Einfluss der nord- und ostasiatischen sowie der auf den Japan umgebenden Inseln gesprochenen Sprachen auf die Entwicklung der japanischen Sprache zu sein.

Obwohl Schrift und ein Großteil des Wortschatzes der chinesischen Sprache entlehnt sind, bestehen keine Verwandtschaftsbeziehungen zwischen Japanisch und Chinesisch. Die chinesischen Schriftzeichen, die seit dem 4. Jahrhundert aufgenommen

---

[1] In der Rangfolge der am häufigsten gesprochenen Sprachen nimmt sie zurzeit Position neun ein, nach Chinesisch, Englisch, Spanisch, Hindi, Arabisch, Bengali, Portugiesisch und Russisch.

[2] vgl. Jens Rickmeyer: „Japanisch und der altaische Sprachtyp", Bochumer Jahrbuch zur Ostasienforschung, Band 12, 1989.

wurden, beeinflussten allerdings aufgrund ihrer wortbildenden Eigenschaften signifikant auch die gesprochene Sprache.

Zu den charakteristischsten Eigenschaften der japanischen Sprache gehören der Satzaufbau, die agglutinierende Struktur im prädikativen Bereich, der enge Bezug zu dem sozialen Gefüge, in dem sich die die Sprache verwendenden Personen bewegen sowie das Fehlen einiger grammatischer Kategorien:

Syntax: Die Wortreihenfolge innerhalb des japanischen Satzes ist Subjekt-Objekt-Prädikat. Diese Charakterisierung ist allerdings nur zur Abgrenzung zu Subjekt-Prädikat-Objekt-Sprachen sinnvoll, da lediglich das Prädikat immer am Satzende stehen muss, während die Reihenfolge aller anderen Satzbausteine frei ist und von der Intention des Sprechers abhängt. Relevant ist lediglich, dass modifizierende immer vor den modifizierten Elementen stehen. Nebensätze stehen somit vor den Hauptsätzen und Attribute werden den Objekten, die sie charakterisieren oder definieren, vorangestellt. Darüber hinaus muss ein japanischer Satz weder Subjekt noch Objekt besitzen. Japanisch tendiert allgemein zu Ellipsen und lässt unnötige, den Gesprächspartnern bekannte Satzteile, aus.

Die Funktion der Satzelemente wird postpositional durch markierende Partikel festgelegt. Sie bestimmen den Kasus, legen das Thema des Satzes fest, klären die Funktion der Objekte und Attribute und regeln die Beziehungen der Satzelemente zueinander.

Morphologie: Das Prädikat kann verbaler, adjektivischer oder nominaler Natur sein. An selbstständige, sinntragende Lexeme werden unselbstständige funktionelle Affixe angeschlossen, die das Lexem modifizieren, und somit Zeitaspekte, Verneinung, Höflichkeit und andere Modi ausdrücken.

Sozialer Bezug: Die japanische Sprache besitzt ein komplexes System aus grammatischen und lexikalischen Mitteln, um die Beziehungen zwischen Sprecher, Gesprächspartnern, der sie umgebenden Situation und dem Gesprächsinhalt wiederzugeben. Am stärksten ist dies im Bereich der Höflichkeitssprachen zu finden, in denen feine Nuancen die Anpassung an die soziale Struktur und interpersonelle Verhältnisse erlauben. Dies hat zur Folge, dass einige Wörter neben den in Wörterbüchern angegebenen Übersetzungen weitere Informationen transportieren, wie zum Beispiel die Personalpronomen. Darüber hinaus ist die geschlechtsspezifische Verwendung der Sprache ausgeprägt.

Der Höflichkeitsbezug der Sprache bedingt auch, dass sie oft unpräzise und vage wirkt. Sprachliche Harmonie wird gewahrt, indem aufdringliche Fragen vermieden und subjektive Aussagen nicht direkt formuliert werden.

1. GRUNDLAGEN

Einige grammatische Kategorien sind in der japanischen Sprache nicht bekannt, insbesondere Artikel (bestimmt/unbestimmt), das grammatische Geschlecht und der Kasusbezug der Substantive sowie die Deklination von Verben nach Person und Geschlecht. Pluralbildung ist nur bei wenigen Substantivtypen möglich. Präpositionen sind unbekannt. Eine eigenständige Futur-Form des Prädikats ist ebenfalls nicht existent. Die Satzaussage wird entweder mit anderen Mitteln gesteuert, oder dem Gesprächspartner erschließt sich die genaue Intention des Satzes dem Kontext.

Die oben erwähnte Eigenschaft, nicht unmittelbar relevante Satzbausteine wegzulassen, bedingt, dass ein Satz oft nicht ohne den Kontext verstanden werden kann. Erschwert wird dies, weil, wie oben beschrieben, Verben nicht nach dem Subjekt flektieren, es oft keinen Unterschied zwischen Singular und Plural gibt, Nomen nicht nach dem Kasus verändert werden und es keine bestimmten und unbestimmten Artikel gibt. Ein einfacher Satz, wie zum Beispiel 本を読む *hon o yomu* kann ins Deutsche ohne Kenntnis der Gesprächssituation unterschiedlich übersetzt werden, zum Beispiel:

Ich lese ein Buch. Ich lese das Buch. Ich lese Bücher. Ich werde ein Buch lesen. Ich werde das Buch lesen. Ich werde Bücher lesen.
Du liest ein Buch. Du liest das Buch. ...
Er liest ein Buch. Er liest das Buch. Er liest Bücher. Er wird ein Buch lesen. Er wird das Buch lesen. Er wird Bücher lesen.
Sie liest ein Buch. ...
Wir lesen ein Buch. ...
Ihr lest ein Buch. ...
Sie lesen Bücher. ...

1.1.2 Satz, Satzelement und Wort

Ein japanischer Text (文章 *bunshou*) bzw. ein Gespräch wird, wie im Deutschen, aus Sätzen (文 *bun*) gebildet. Sätze können aus hintereinander folgenden gleichrangigen oder verschachtelten Teilsätzen oder Haupt- und Nebensätzen bestehen und setzen sich aus Satzelementen (文節 *bunsetsu*, auch „Phrasen" genannt) zusammen. Satzelemente stellen funktionelle Einheiten dar, beispielsweise Subjekt, Prädikat, direktes Objekt oder adverbiale Bestimmung des Handlungsorts. Ein Satzelement besteht aus wenigen Wörtern (単語 *tango*), meist ein bedeutungstragendes Wort (zum Beispiel Nomen, Verb oder Adjektiv), adnominale/adverbiale Ergänzungen und Suffixe, die die Bedeutung modifizieren sowie einen oder mehrere Partikel, die die grammatische Funktion des bedeutungstragenden Wortes im Satz definieren.

Auch phonetisch sind Satzelemente wichtig, da nach ihnen eine Sprechpause folgt, während alle Wörter eines Satzelementes in der Regel ohne Sprechpause gelesen werden. Wörter müssen keine eigene Bedeutung haben, zum Beispiel üben Partikel lediglich grammatische Funktionen aus, sind aber nicht mit Inhalten verknüpft. Aufgrund der engen Beziehung der Teile eines Satzelements ist die Definition des japanischen Wortes in der Sprachwissenschaft nicht einheitlich. Einige Grammatiken bezeichnen Verb- und Adjektivendungen als Wörter. In der vorliegenden Grammatik werden fertig konjugierte Verben und Adjektive als „Wörter" definiert. Auch werden Nomen und Partikel als getrennte Wörter behandelt, während in anderen Grammatiken die Kombination von Nomen und Partikel als Wort bezeichnet wird. Auch der Begriff des Satzelements ist nicht eindeutig. Wird beispielsweise das Subjekt 友達が *tomodachi ga* („der Freund") possessiv modifiziert als 私の友達が *watashi no tomodachi ga* („mein Freund") kann der resultierende Ausdruck als ein („私の友達が") oder zwei („私の" und „友達が") Satzelemente definiert werden.

In Abhängigkeit der Sichtweise des Autors werden zur Verdeutlichung bei der Transkription in *ro-maji* Leerzeichen nach Wörtern oder nach Satzelementen eingefügt, zum Beispiel für den Satz 彼が三時に大学へ行く *kare ga sanji ni daigaku e iku* oder *karega sanjini daigakue iku*.

1.1.3   Die japanische Schrift

a) Die japanische Schrift ist eine Mischschrift. Sie setzt sich zusammen aus den aus der chinesischen Sprache entlehnten 漢字 *kanji* und den zwei Silbenalphabeten ひらがな *hiragana* und かたかな *katakana*. Die Silbenschriftzeichen werden insbesondere zur Darstellung von Morphologie und Syntax und die *kanji*, als phonoideographische Zeichen, zur Darstellung der Semantik angewendet.

Mit *hiragana* werden die morphologischen Formen, d. h. die Verb- und Adjektivendungen, die Partikel und Konjunktionen sowie eine kleine Zahl anderer Wörter wiedergegeben. *Katakana* werden heute immer dann verwendet, wenn es sich um Fremd- und Lehnwörter, fremde Eigennamen, lautmalende Wörter (Onomatopöien) und einige Tier- und Pflanzennamen, die nicht mehr in *kanji* geschrieben werden, handelt. Gelegentlich werden auch lateinische Buchstaben verwendet, zunehmend beispielsweise im naturwissenschaftlich-technischen Bereich.

1. GRUNDLAGEN

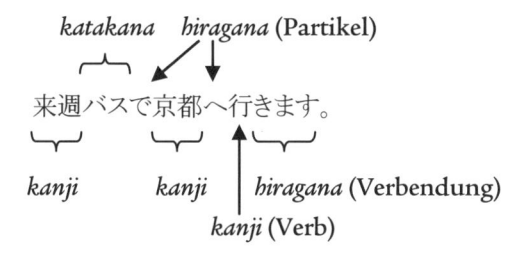

katakana   hiragana (Partikel)

来週バスで京都へ行きます。

kanji   kanji   hiragana (Verbendung)
kanji (Verb)

Alle Zeichen werden direkt hintereinander geschrieben, Leerzeichen zur Worttrennung sind nicht üblich. Alle Schriftzeichen werden so angewendet, dass sie, unabhängig von ihrer Größe, gleich große imaginäre Quadrate ausfüllen. Traditionell, und immer noch in Zeitungen, Zeitschriften und belletristischen Werken, wird senkrecht in von rechts nach links verlaufenden Spalten geschrieben. In Zeitungen stehen die Überschriften oft waagerecht über den Texten, in Romanen entsprechend der traditionellen Schreibweise ebenfalls in Spalten rechts vom Text. In wissenschaftlichen Texten setzte sich die horizontale Schreibweise von links nach rechts durch.

Nach dem Zweiten Weltkrieg wurden in Japan mehrere Schriftreformen mit dem Ziel, die Schrift zu vereinfachen und der Aussprache anzupassen, durchgeführt. So wurde 1946 die Zahl der zu benutzenden *kanji* (Schriftzeichen für den allgemeinen Gebrauch, 当用漢字 *touyou kanji*) auf 1850 festgelegt. Die Liste wurde 1981 von einer neuen Zusammentellung (常用漢字 *jouyoukanji*) mit 1945 Charakteren ersetzt. Auch wurde immer wieder die Form der *kanji* vereinfacht (beispielsweise wurden Strichzahlen reduziert, die Schreibweise vereinfacht und Doppelformen eliminiert). Da sie phonetisch auch durch andere Silben ausgedrückt werden konnten, fielen die *kana*-Zeichen ゐ bzw. ヰ (*wi*) und ゑ bzw. ヱ (*we*) weg. Lediglich bei den Partikeln は, を, ヲ und へ blieben die Aussprachedifferenzen erhalten.

b) 漢字 *kanji* sind aus der chinesischen Schrift entlehnte Piktogramme (Bildzeichen), Ideogramme (Sinnzeichen) oder Phonogramme[3]. Bildzeichen sind Abbildungen realer Gegenstände, wie zum Beispiel 山 für Berg und 口 für Mund. Sinnzeichen sind Kombinationen zweier oder mehrerer Piktogramme zu einem Zeichen mit neuem Inhalt, der abstrakt sein kann (Bsp.: 曜, 物, 度) oder den Sinn der Bestandteile weiterführt (zum Beispiel: Mensch 人 + Baum 木 → ausruhen 休).

Die Übernahme der *kanji* begann im 4. Jahrhundert mit dem Kontakt zu Korea und China. Sie wurden im Laufe der Zeit abstrahiert, vereinfacht, vereinheitlicht und den Schreibmitteln der Zeit angepasst. Darüber hinaus wurden in den letzten Jahr-

---

[3] Die meisten *kanji* (> 90%) sind Phonogramme. Sie setzen sich oft aus einem Zeichen, das die Richtung des Sinns bestimmt („Radikal", z. B. Mensch, Wasser, Wort) und einem Zeichen, das die Aussprache bestimmt, zusammen.

hunderten nach dem Vorbild der Ideogramme in Japan ca. 250 Zeichen neu kreiert (国字 *kokuji*). Die Gesamtzahl der vorhandenen Schriftzeichen überschreitet die 40.000. Tatsächlich gebraucht werden davon etwa 4.000, wobei mit ca. 1.000 Zeichen etwa 90 % der real benutzten *kanji* abgedeckt sind.

c) *Kanji* bestehen aus bis zu 23 Strichen, wobei sie sich aus verschiedenen sinn- und lautbestimmenden Elementen zusammensetzen können. Systematisiert[4] werden die *kanji* mit ihrer Strichzahl[5] sowie mithilfe von 79 aktuell verwendeten bzw. 214 historischen Radikalen[6]. Radikale sind die sinnbildenden Komponenten der *kanji*.[7] Sie befinden sich in leicht veränderter Form (gestaucht, verkleinert o.Ä.) insbesondere im linken und oberen Teil des Zeichens, gelegentlich auch unten und nur selten rechts. Das Radikal kann auch den Rest des Zeichens von zwei oder mehr Seiten einhüllen. Das *kanji* selber kann auch ein Radikal sein. Die Radikale werden wieder nach ihrer Strichzahl (1 bis 17) geordnet. Das Radikal 力 findet sich beispielsweise in den *kanji* 加 (linke Hälfte), 動 (rechte Hälfte), 脅 (oben), 勇 (unten) und 協 (rechts).

d) Jedem *kanji* kann eine einheitliche Bedeutung (selten zwei oder mehr), aber keine einheitliche Aussprache zugeordnet werden. Je nach Anwendung, Kontext und Funktion werden sie unterschiedlich gelesen. Man unterscheidet zwischen der japanischen Lesung 訓読 *kundoku* bzw. 訓読み *kunyomi* und der sinojapanischen Lesung 音読 *ondoku* bzw. 音読み *onyomi*.[8] Sinojapanisch werden die Zeichen in den meisten *kanji*-Zusammensetzungen gelesen. Japanisch liest man isoliert stehende *kanji* sowie solche, die bei *kanji*-Zusammensetzungen mit *kana*-Endungen verwendet werden, wie beispielsweise in Verben und Verbaladjektiven. Oft gibt es mehrere sinojapanische Lesungen, als Resultat der Übernahme zu verschiedenen Epochen und von unterschiedlichen regionalen Dialekten. Verschiedene Bedeutungen eines Zeichens begründen mehrere japanische Lesungen. Zum Beispiel sind dem Zeichen 行 die Bedeutungen *iku* („gehen") und

---

[4] Als Standard werden heute Radikal- und Strichnummern gemäß „The Modern Reader's Japanese-English Charakter Dictionary" von Andrew N. Nelson akzeptiert.

[5] Jedes *kanji* kann zerlegt werden in bedeutungstragende graphische Einheiten. Es sind Kombinationen von Einzelstrichen, die durch Vereinfachung von *kanji* gebildet wurden und heute oft nur noch abstrakt erkannt werden können. Die Zahl dieser Einheiten ist begrenzt. Eine der Einheiten stellt das Radikal zur Zuordnung zu einer bestimmten begrifflichen Klasse dar (vgl. oben).

[6] Eine Liste der 214 historischen Radikale und ihre Zuordnung zu den 79 modernen Radikalen befindet sich im „Japanese Character Dictionary".

[7] Zur Bestimmung und Anwendung von Radikalen zur Charakterisierung von *kanji* vgl. Spahn/Hadamitzky.

[8] Zur Unterscheidung im Schriftbild wird die japanische Lesung durch *hiragana* und die sinojapanische Lesung durch *katakana* ausgedrückt. Falls erforderlich, verwendet man zur Unterscheidung bei der Transkription für die japanische Lesung Kleinbuchstaben und für die sinojapanische Lesung Großbuchstaben.

1. GRUNDLAGEN

okonau („ausführen") zugeordnet. Darüber hinaus gibt es Mischlesungen (湯桶読み *yutouyomi*).

In Abhängigkeit der kombinierten *kanji* kann es auch zu Verschiebungen der Silben (in *ro-maji* als Konsonanten-Verschiebung sichtbar) kommen, beispielsweise wird *fu~* von 分 *fun* („Minute") zu *~bu~* in 三分 *sanbun* („drei Minuten") oder zu *~pu~* in 四分 *yonpun* („vier Minuten"). *ha-* von 髪 *hatsu* („Haar") wird zu *~pa~* in 金髪 *kinpatsu* („goldenes Haar"). Gelegentlich kommt es dabei auch zur Konsonantenverdopplung, wie von 分 *fun* zu 六分 *roppun* („sechs Minuten"). Eindeutig ist somit nur das Zeichen und nicht die Phonetik. Neben verschiedenen Lesungen für ein *kanji* sind aufgrund der begrenzten Zahl der Silben auch viele Zeichen für eine Lesung, insbesondere bei einfachen Lauten, möglich. Zu den Lesungen, denen besonders viele *kanji* zugeordnet sind, gehören *chou, ka, kan, kei, ken, ki, koku, kyou, sei, sen, shi, shin, shou, shuu, tei* und *tou*.

1.1.4 Die Silbenschriften und die Transkription

a) Neben den bedeutungstragenden *kanji* besteht die japanische Schrift aus den zwei Silbenalphabeten *hiragana* und *katakana*, deren Elementen heute definierte Lesungen, aber keine Bedeutungen zugeordnet sind. Die geschwungene *hiragana*-Silbenschrift entwickelte sich im 8./9. Jahrhundert durch Vereinfachung chinesischer Zeichen.[9] Mit ihr werden Partikel, Konjunktionen, Pronomen, die Verb- und Verbaladjektiv-Flektionsendungen und einige andere Wörter geschrieben. Parallel, und ebenfalls durch Abstraktion chinesischer Zeichen, entwickelte sich die eckige *katakana*-Silbenschrift. Sie wird heute für aus anderen Sprachen entlehnte Fremdwörter und Onomatopöien verwendet. Als graphisches Mittel wird sie auch in Reklame und Werbung eingesetzt. Bei der Umsetzung von Fremdwörtern ins Japanische wird dabei nur die Phonetik, nicht die Orthographie der Fremdwörter berücksichtigt. Beispielsweise wird xi mit der Silbe キ *ki*, di mit der Silbe ジ *ji*, du mit der Silbe ズ *zu*, ci mit der Silbe シ *shi* und qu mit der Silbe ク *ku* dargestellt. Gelegentlich sind mehrere alternative Übertragungen möglich (vgl. unten).

b) Die 50-Laute-Tafel (五十音図 *gojuuonzu*): In beiden Silbenalphabeten werden die einzelnen Zeichen in 50-Laute-Tafeln systematisiert. In einer Spalte werden bei vertikaler Schreibweise die Zeichen mit gleichem Anfangskonsonanten (Anlautkonsonanten) geschrieben. Die Spalten werden als 行 *gyou* („Reihen", gelegentlich auch „Spalten") bezeichnet und man erhält die a-, ka-, sa-, ta-, na-, ha-, ma-, ya-, ra und wa-Reihen. Innerhalb einer Spalte werden die Silben nach den Vokalen (vokalischen Auslauten) geord-

---

[9] Ursprünglich wurden die meisten Silben durch mehrere *kana*, die sich von verschiedenen *kanji* ableiteten, ausgedrückt. Noch heute sind seltene Varianten (変体仮名 *hentaigana*) im Gebrauch.

net. Die als 段 *dan* bezeichneten „Stufen" sind in der japanischen Reihenfolge: a-, i-, u-, e- und o-Stufe. Die komplette 50-Laute-Tafel befindet sich bei „Terminologie und Transkription" (Kasten [0.1]).

Die in der 50-Laute-Tafel fehlenden Laute *yi*, *ye*, ゐ *wi*, *wu* und ゑ *we* werden heute nicht mehr verwendet, so dass sie nur noch aus 45 Silben besteht. Mit der Silbe を bzw. ヲ wo (als „o" gelesen) werden heute nur noch Partikel ausgedrückt.

Als einziges Zeichen wird „n" ん (*hiragana*) bzw. ン (*katakana*) nicht von der Systematik der 50-Laute-Tabelle erfasst. Das Zeichen wurde nachträglich zur Wiedergabe von Nasallauten[10] am Silbenende gebildet, einem Laut, den es ursprünglich nicht gab. *n* kann nie am Wortanfang stehen.

c) Transkriptionssysteme: Die Transkription der *kana* ins lateinische Alphabet erfolgt heute bevorzugt mit dem Hepburn-System (ヘボン式ローマ字 *hebonshiki ro-maji*). Vokale werden etwa wie in der deutschen Sprache und Konsonanten etwa wie in der englischen Sprache ausgesprochen. Das System berücksichtigt die unregelmäßige Phonetik der Silben in der i-Stufe bei der sa- und ta-Reihe (し, シ, ち und チ) und der in der u-Stufe bei der ta- und ha-Reihe (つ, ツ, ふ und フ).

Als weitere Transkriptionssysteme sind das seit 1937 offizielle japanische System 日本訓令式ローマ字 *nippon kunreishiki ro-maji* bzw. das daraus entwickelte und seit 1954 von der japanischen Regierung für den offiziellen Schriftverkehr mit dem Ausland empfohlene 新訓令式ローマ字 *shinkunreishiki ro-maji* gebräuchlich. Sie halten sich strenger an die *kana*-Schreibung und berücksichtigen nicht die besondere Lesung einiger Silben.

d) Getrübte Laute: Neben den 46 Lauten der 50-Lautetafel gibt es verschiedene abgeleitete Laute. Ausgehend von den Silben der *ka-*, *sa*, *ta-* und *ha*-Reihen werden durch Markierung mit zwei kleinen Strichen oben rechts (濁り点 *nigoriten* oder 濁点 *dakuten*, „Trübungspunkte") folgende „getrübte" bzw. „stimmhafte" Laute (濁音 *dakuon*) gebildet: が *ga*, ぎ *gi*, ぐ *gu*, げ *ge*, ご *go*, ざ *za*, じ *ji*, ず *zu*, ぜ *ze*, ぞ *zo*, だ *da*, で *de*, ど *do* und ば *ba*, び *bi*, ぶ *bu*, べ *be* und ぼ *bo*. Im Fall der ha-Reihe werden durch Markierung mit einem kleinen Kreis (半濁り点 *hannigoriten* oder 半濁点 *handakuten*, „Halbtrübungspunkt") die „halbgetrübten" („stimmlosen") Laute (半濁音 *handakuon*) ぱ *pa*, ぴ *pi*, ぷ *pu*, ぺ *pe* und ぽ *po* gebildet. Entsprechend werden die Zeichen im Fall der *katakana* gebildet (vgl. [0.2]). Durch die Trübung entstehen je zwei Möglichkeiten, die Laute *ji* und *zu* auszudrücken, nämlich über die s- und t-Reihen (*shi*

---

[10] Aussprache des Silbenschlussnasals n: Vor den Dentallauten t, n, r, d, j und ch wird er als „n" ausgesprochen. Man spricht ihn „m" vor den Labiallauten m, b und p. Vor k und g (Gutturallaute) und allen anderen Lauten (s, h, y, w, Vokale) wird er nasalierend gesprochen.

und *chi* bzw. *su* und *tsu*). Heute werden, abgesehen von wenigen Ausnahmen, nur noch die Silben der s-Reihe (じ, ず, ジ und ス) verwendet.

e) Gebrochene Laute: Alle nur durch ein Silbenschriftzeichen dargestellten Laute werden als „ungebrochen" (直音 *chokuon*) bezeichnet. Weitere abgeleitete Laute sind die „gebrochenen Laute" (拗音 *youon*, auch „Palatalisierung"), zu deren Darstellung zwei Silben notwendig sind. Sie werden gebildet, indem eine der Silben や, ゆ und よ in verkleinerter Form den Silben き, し, ち, に, ひ, み und り oder den getrübten Silben ぎ, び und じ oder der halbgetrübten Silbe ぴ nachgestellt werden, zum Beispiel きゃ *kya*, にょ *nyo* und りゅ *ryu*. Im Fall der Silben し, ち und じ entfällt der y-Laut und man erhält *sha, shu, sho, ja, ju, jo* und *cha, chu, cho*. Man erhält Laute, die mit *kana* gemäß [0.3] (vgl. „Terminologie und Transkription") dargestellt werden.

f) Lange Vokale in *hiragana* werden im Fall von a, i und u durch einen weiteren gleichen Vokal ausgedrückt: ああ, いい und うう. Im Fall der Vokale e und o wird zwischen Wörtern chinesischer und japanischer Herkunft unterschieden: Für ein langes e wird bei Wörtern chinesischer Herkunft der Vokal i benutzt (→ えい) und nur selten, bei Wörtern japanischer Herkunft, auch e (→ ええ), wie zum Beispiel in:

先生	→	せんせい *sensei* („Lehrer", gelesen: „sensee")
形勢	→	けいせい *keisei* („Bildung", gelesen: „keesee")
正方形	→	せいほうけい *seihoukei* („Quadrat", gelesen: „seehookee")
お姉さん	→	おねえさん *oneesan* („ältere Schwester")

Bei einem langen o wird bei Wörtern chinesischer Herkunft ein u (おう) nachgestellt. Bei den wenigen Wörtern japanischer Herkunft wird der lange Vokal mit einem weiteren o (おお) ausgedrückt, wie zum Beispiel in:

農業	→	のうぎょう *nougyou* („Landwirtschaft", gelesen: „noogyoo")
大きい	→	おおきい *ooki* („groß")
多い	→	おおい *ooi* („viel")

g) Lange Konsonanten (促音 *sokuon*, auch „Doppelkonsonanten" oder „gespannte Laute" genannt) zeichnen sich durch doppelte Sprechdauer und einer anschließenden Sprechpause aus. In den Silbenschriften werden sie durch ein kleines, nach unten gestelltes つ *tsu* (促音 *sokuon*) ausgedrückt. Als lange Konsonanten können die stimmlosen Konsonanten k, s, t und p auftreten. Ein langes n kann mit einer zusätzlichen Silbe n vor *na, ni, nu, ne* oder *no* dargestellt werden. Beispiele:

六本木 ろっぽんぎ *roppongi* (Name eines Stadtteils von Tokyo)
持った もった *motta* (Vergangenheitsform von 持つ *motsu*)
八千 はっせん *hassen* („8000")
雑誌 ざっし *zasshi* („Zeitschrift")
こんな *konna* („jenes")

h) Transkription von Fremdwörtern mit *katakana*

Bei der Transkription von Fremdwörtern stellt sich das auf Silben begrenzte Lautrepertoire der japanischen Sprache als problematisch dar, da für viele Laute keine japanischen Entsprechungen existieren. Bei der Transkription von Wörtern aus anderen Sprachen wird die Silbe verwendet, die der Phonetik des Fremdlautes am nächsten ist. In anderen Fällen werden neue Kombinationen der vorhandenen Silben gebildet.

Besonders problematisch sind zwei aufeinander folgende Konsonanten. Hier wird oft eine Silbe der u- oder i-Stufe verwendet und die Vokale u oder i nur schwach bzw. gar nicht gesprochen („Vokalschwund"). Ähnlich wird bei Konsonanten am Wortende verfahren. Beispiele:

レストラン	*resutoran*	restaurant
バス	*basu*	bus
プレゼント	*purezento*	present
マーカス	*ma-kasu*	Markus
ティーム	*ti-mu*	team
テキスト	*tekisuto*	text
メキシコ	*mekishiko*	Mexiko
ページ	*pe-ji*	page

In einigen Fällen wurden auch neue, den gebrochenen Lauten ähnliche Silbenkombinationen eingeführt, indem ein Vokal verkleinert einer anderen Silbe folgt.[11] Neue *katakana*-Kombinationslaute sind beispielsweise ヴァ *va*, ヴィ *vi*, ヴェ *ve*, ヴォ *vo*, ウィ *wi*, ウェ *we*, クィ *kwi*, クォ *kwo*, グァ *gwa*, シェ *she*, ティ *ti*, ツァ *tsa*, トゥ *tu*, ディ *di*, デョ *dyo*, ファ *fa*, フェ *fe*, ヒェ *hye* und フョ *fyo*.

---

[11] Für neue Kombinationen von *kana* zum Ausdruck von Lauten aus fremden Sprachen vgl. http://www.wul.waseda.ac.jp/opac/aboutw/roman/ oder http://www.roomazi.org oder andere Internet-Quellen. Besonders in der wissenschaftlichen Sprache, in der eine Vielzahl von Begriffen aus westlichen Sprachen übernommen wurden und werden, finden sich neue Kombinationslaute (für Beispiele vgl. M. Gewehr, Wiley VCH, 2007).

1. GRUNDLAGEN

1.2 Das japanische Wort (単語 *tango*)

a) Zur Einteilung japanischer Wörter werden in der japanischen Schulgrammatik die Funktion sowie die zwei Kriterien „Abhängigkeit" und „Flektierbarkeit" herangezogen. Unabhängige Wörter können selbstständig als Satzbausteine verwendet werden, wie zum Beispiel Verben, Nomen und Adjektive. Dagegen müssen abhängige Wörter, wie die Verb- und Adjektivendungen, an unabhängige Elemente angeschlossen werden. Das zweite Kriterium ist die Veränderbarkeit: Flektierbar sind im Japanischen Verben, Adjektive und einige Verbendungen. Sie können beispielsweise zum Ausdruck von Zeiten und zur Bildung höflicher Formen herangezogen werden. Unflektierbar sind zum Beispiel die Nomen, Partikel und Pronomen.

[1.1] Klassifizierung von Wörtern[12]		
	selbstständige Wörter (自立語 *jiritsugo*)	abhängige Wörter (付属語 *fuzokugo*)
flektierbar (veränderlich) 活用語 *katsuyougo*	• Verben (動詞 *doushi*) • Verbaladjektive (形容詞 *keiyoushi*)	• einige Verb- und Adjektivendungen (助動詞 *jodoushi*)
nicht flektierbar (unveränderlich) 非活用語 *hikatsuyougo*, 無活用後 *mukatsuyougo*	• Nomen (名詞 *meishi*) • Pronomen (z.T. 代名詞 *daimeishi*) • Numeralbezeichnungen (数詞 *suushi*) • Nominaladjektive (形容動詞 *keiyoudoushi*) • Adverbien (副詞 *fukushi*) • Konjunktionen (z.T. 接続詞 *setsuzokushi*) • Interjektionen (感動詞 *kandoushi*)	• einige Verb- und Adjektivendungen (助動詞 *jodoushi*) • Partikel (助詞 *joshi*) • Präfixe und Attribute (連体詞 *rentaishi*)

---

[12] Das Schema [1.1] wird auch trotz europäisch geprägter Sichtweise in der japanischen Schulgrammatik verwendet, vgl. B. Lewin, Wiesbaden 1990, S. 41. E. Saito und H. Silberstein, Leipzig 1981, S. 45.

Die selbstständig flektierbaren Wortarten werden 用言 *yougen* genannt. Nicht flektierbare selbstständige Wörter, die Subjekte bilden können (名詞, 代名詞 und 数詞), nennt man 体言 *taigen*.

Die selbstständigen Wörter werden auch als „Vollwörter", unselbstständige als „Hilfswörter" bezeichnet. Die Hilfswörter werden oft unterteilt in Suffixe (unselbstständige „Wörter", die an flektierbare Wörter angeschlossen werden, sie werden in dieser Grammatik als Verb- bzw. Adjektivendungen bezeichnet) und Postpositionen (sie werden hier Partikel genannt und folgen unflektierbaren Wörtern, ohne mit ihnen ein neues Wort zu bilden). In dieser Grammatik werden als „Suffixe" beispielsweise die Nachsilben zum Ausdruck von Plural (vgl. 2.1.1) bezeichnet.

b) Die Einteilung in [1.1] ist nicht unumstritten, da sie stark von europäischen Grammatiken und deren Definitionen beeinflusst ist. Auch treffen viele Eigenschaften, die das Wort in europäischen Sprachen besitzt, auf das japanische Wort nicht zu, beispielsweise das isolierte Auftreten (in der gesprochenen Sprache durch Wortakzent und Pausen, in der Schriftsprache durch Leerstellen im Schriftbild).

Um die Erkennung von Satzstrukturen zu erleichtern sowie Satzelemente bestimmen zu können, werden in der vorliegenden Grammatik alle unflektierbaren selbstständigen Bausteine aus [1.1] als Wörter bezeichnet, und von den abhängigen Elementen lediglich die Partikel dazugezählt.

Im Fall flektierbarer Elemente wird in dieser Grammatik die Flektion der Verben und Adjektive als eine morphologische Eigenschaft dieser Wortarten betrachtet, und nicht als Anfügen eigenständiger Morpheme. Somit werden erst fertig flektierbare Verben und Adjektive als Worte definiert, d. h. die Kombination aus Verb- oder Adjektivstamm und allen Endungen. Beispielsweise ist der Verbstamm 食べ～ *tabe~* (von 食べる *taberu* „essen") noch kein in dieser Form verwendbares Satzelement. Endungen wie *~masu*, *~ba* oder *~ta* sind in dieser Grammatik keine „Wörter".

Dagegen werden Partikel als eigenständige Wortklasse betrachtet. Sie folgen unmittelbar den zu markierenden (bestimmenden) Satzgliedern. Die Partikel bilden mit diesen eine artikulatorische Einheit (einen Sprechakt), so dass die Sprechpause nie vor dem Partikel, sondern immer nach der Kombination „zu markierendes Element + Partikel" erfolgt.

1.3 Satzelemente (文節 *bunsetsu*)

Der japanische Satz besteht aus Satzelementen, deren Funktion durch nachgestellte Partikel definiert wird. Ein Satzelement kann aus einem einzelnen Wort sowie aus mehreren Wörtern gebildet werden. Mögliche funktionelle Satzelemente sind Subjekt, Objekt, Prädikat sowie adverbiale und adnominale Bestimmungen. Darüber hinaus kann der japanische Satz ein Satzthema enthalten. Subjekt und Objekte müssen im Satz nicht enthalten sein und werden, falls sie aus dem Kontext erkannt werden können, weggelassen. Lediglich das Prädikat ist im japanischen Satz essentiell und hat daher oft den größten Aussagegehalt.

1.3.1 Thema und Subjekt

Der japanische Satz bietet die Möglichkeit, mit einem speziellen Satzbaustein, „Satzthema" genannt, einen inhaltlichen Rahmen zu definieren, über den der Rest des Satzes detailliertere Informationen liefert. Zur Betonung kann es mit „was ... betrifft, ..." übersetzt werden, zum Beispiel 彼は *kare wa* ... („Was ihn betrifft, ..."). Das Satzthema kön-

1. GRUNDLAGEN

nen funktionell fast alle Satzelemente bilden, zum Beispiel Subjekt, direktes Objekt, zeitliche und räumliche Bestimmungen. Das entsprechende Element wird als Satzthema definiert, indem es mit der Partikel は *wa* markiert wird (vgl. 4.2).

In dem Satz ここには果物がたくさんあります *koko ni wa kudamono ga takusan arimasu* („Hier sind viele Kinder") sind „die Kinder" das Subjekt, aber das Objekt „hier" ist das Thema des Satzes. Letzteres gibt den äußeren Rahmen des Satzes an, hier also den räumlichen Rahmen. Thema eines Satzes können auch zeitliche Angaben sein wie in 今日はいい天気ですね *kyou wa ii tenki desu ne?* („Heute ist das Wetter schön, nicht wahr?"). Hier ist 今日 *kyou* („heute") das Thema.

Da auch ganze Sätze (falls sie ein Satzelement wie das Subjekt oder ein Objekt repräsentieren) das Satzthema bilden können, kann dieses mitunter lang sein:

> 先週 新鮮 な 鮨 を 買いに 東京 に 行った 人 は 知って います。
> *senshuu shinsen na sushi o kaini toukyou ni itta hito wa shitte imasu.*
> Ich kenne die Person, die letzte Woche nach Tokyo gefahren ist, um frisches Sushi zu kaufen.
> Satzthema: 先週新鮮な鮨を買いに東京に行った人 ...
> *senshuu shinsen na sushi o kaini toukyou ni itta hito ...*
> Was den Menschen betrifft, der letzte Woche nach Tokyo gefahren ist, um frisches Sushi zu kaufen ...

Das Subjekt kann aus Substantiven, Pronomen oder ganzen Sätzen gebildet werden. Es muss im Satz nicht erwähnt werden, falls es die Gesprächssituation erlaubt, es zu erkennen. Wird das Subjekt durch Markierung mit が erwähnt, so führt dies zu einer Betonung (vgl. 4.2.3).

Es kommt oft vor, dass in zwei aufeinander folgenden Sätzen das Subjekt des ersten Satzes das Thema des zweiten Satzes wird. Im ersten Satz wird grob das Umfeld abgesteckt und im zweiten Satz folgen detailliertere Aussagen. Im folgenden Beispiel wird „der gute Freund" als Subjekt des ersten Satzes in das Gespräch eingeführt. Der folgende Satz liefert weitere Informationen über den Freund, Fokus ist aber das Prädikat „ist Japaner".

> 私 は 大学 に いい 友達 が います。 あの 友達 は 日本人 です。
> *watashi wa daigaku ni ii tomodachi ga imasu. ano tomodachi wa nihonjin desu.*
> In meiner Uni gibt es einen guten Freund. Dieser Freund ist ein Japaner.

1.3.2 Das Prädikat

a) Im japanischen Satz werden Zeiten, Höflichkeit und Verneinung und ähnliche Funktionen mit dem Prädikat ausgedrückt. Während im Deutschen das Verb durch zusätzliche Wörter (zum Beispiel gerade ablaufende Handlungen mit „zurzeit, gerade", Verneinung mit „kein, nicht") oder Hilfsverben (zum Beispiel der Zwang mit „müssen") modifiziert wird, geschieht dies im Japanischen durch das Anhängen von Endungen an Verben, Adjektiven und der Kopula. Aus diesem Grund ist das Prädikat im Allgemeinen das wichtigste Satzglied. Als Satzkern kommt ihm die größte Aussagekraft zu. Das Prädikat steht am Ende des Satzes und kann die drei folgenden Formen haben:

[1.2] Prädikattypen

verbales Prädikat:	Verb (+ だ / です möglich)
adjektivisches Prädikat:	Verbaladjektiv (+ だ / です möglich)
	Nominaladjektiv + だ / です
nominales Prädikat:	Nomen + だ / です

Das verbale Prädikat wird aus dem Verb mit der entsprechenden Flektionsendung bzw. aus dem Verb und der Kopula gebildet. Als Kopula bezeichnet man だ, です bzw. eine der anderen Flektionsformen (vgl. 1.3.4). Die Kopula muss verwendet werden, wenn ein unflektierbares Wort, d. h. Nomen oder Nominaladjektiv, das Prädikat bilden soll.

Das adjektivische Prädikat kann unterteilt werden in ein verbaladjektivisches, bei dem ein Verbaladjektiv (VA) auch ohne die Kopula verwendet werden kann, sowie ein nominaladjektivisches, bei dem in Kombination mit einem Nominaladjektiv (NA) die Kopula verwendet werden muss. Nominale Prädikate bestehen aus Nomen und der Kopula.

> 大学 へ 行きます。
> *daigaku e ikimasu.*
> Ich gehe in die Universität (Verbales Prädikat mit dem Verb 行く *iku* in der höflichen Präsensform 行きます *ikimasu*).
>
> 家 に 帰った ん です。
> *uchi ni kaetta n desu.*
> Ich kehre nach Hause zurück
> (Verbales Prädikat mit dem Verb 帰る *kaeru* in der einfachen Präteritumform 帰った *kaetta* und der Kopula です).

1. GRUNDLAGEN

> この 車 は 便利 です。
>
> *kono kuruma wa benri desu.*
>
> Dieses Auto ist praktisch (Adjektivisches Prädikat mit dem Nominaladjektiv 便利 *benri* und der Kopulaform です).
>
> 今 日本 は 寒い。
>
> *ima nihon wa samui.*
>
> In Japan ist es jetzt kalt (Adjektivisches Prädikat mit dem Verbaladjektiv 寒い *samui* in der Präsensform, einfacher Satz).
>
> これ は 本 では ありません。
>
> *kore wa hon dewa arimasen.*
>
> Dies ist kein Buch (Nominales Prädikat mit dem Substantiv 本 *hon* und der verneinten Kopulaform ではありません).

b) Im prädikativen Bereich werden Tempus, Negierung und viele der Funktionen realisiert, die im Deutschen mit Hilfsverben wie „dürfen, sollen" oder „müssen" formuliert werden. Darüber hinaus bestimmt der soziale Status der Gesprächsteilnehmer sowie der im Gespräch erwähnten Personen die Form des Prädikats. Um diese Funktionen zu erfüllen, werden Verben, Verbaladjektive und die Kopula flektiert (gebeugt), d. h., sie erhalten bestimmte Formen oder Endungen. Somit bestehen japanische Verben und Verbaladjektive aus einem bedeutungstragenden Stamm und einer die Satzaussage modifizierenden Endung. Die im Lexikon angegebene Form kann nicht als „Infinitiv" bezeichnet werden, da sie nicht neutral wirkt, bereits verschiedene Funktionen ausübt und den Höflichkeitsgrad des Prädikats bestimmt. Die Flektion der Verben und Adjektive ist in 5.1 und 6.1 beschrieben.

1.3.3 Markierung der Satzelemente durch Partikel

Die Funktion der einzelnen Satzelemente wird durch sie markierende Partikel festgelegt. Partikel sind kurze, unselbstständige Wörter wie は, が, を, まで, に oder の. Sie folgen immer direkt dem Ausdruck, dessen Funktion sie festlegen sollen. Dieser Ausdruck kann ein einzelnes Wort, ein durch weitere Wörter modifiziertes Wort (zum Beispiel Adjektiv + Substantiv) oder ein ganzer Teilsatz sein. Oft bilden mehrere Wörter zusammen ein Strukturelement, das eine bestimmte Funktion im Satz erfüllt und mit einer Partikel markiert ist.

Zu den Funktionen der Partikel gehören die Festlegung des Satzthemas, des Subjekts und Objekts, die Bestimmung des Kasus von Nomen und die Einordnung der direkten und indirekten Objekte und der örtlichen und zeitlichen Bestimmungen. Je nach

Markierung übt ein Element somit eine unterschiedliche Funktion im Satz aus, zum Beispiel:

Satzthema/Subjekt:	東京 は ... *toukyou wa* ...	Was Tokyo betrifft ...
Ortsbestimmung:	東京 に ... *toukyou ni* ...	... nach Tokyo ...
Handlungsort:	東京 で ... *toukyou de* ...	... in Tokyo ...
Genitiv:	東京 の ... *toukyou no* ...	... von Tokyo ...
Nominativ/Subjekt:	東京 が ... *toukyou ga* ...	Was Tokyo (betont) betrifft ...
Akkusativ:	東京 を ... *toukyou o* ...	... in Tokyo ...

Partikel können auch satzeinleitende und satzverbindende Konjunktionen sein (それは, だから, そして, ...) und können am Satzende die Intention des Satzes verstärken (zum Beispiel よ, ね).

Besonders der richtige Gebrauch von は und が zur Markierung von Thema und Subjekt sowie die Verwendung der Partikel を, に und で zur Markierung des Handlungsortes (Objektmarkierung) unterliegen Regeln, für die es im Deutschen keine Äquivalente gibt, so dass ihre Anwendung problematisch sein kann. Partikel werden ausführlich in Kapitel 4 behandelt.

1.3.4 Die Kopula

a) Die Kopula wird im japanischen Satz immer dann verwendet, wenn die Wortbestandteile des Prädikats nicht die nötigen Flektionsendungen übernehmen. Dies trifft beispielsweise immer bei Prädikaten, die mit Nomen und Nominaladjektiven gebildet werden (vgl. 1.3.2), zu. In diesen Fällen drücken die Endungen der Kopula Präteritum, Verneinung, Vermutung, Höflichkeit und ähnliche Funktionen aus. Im Fall verbaler und verbaladjektivischer Prädikate führt die Verwendung der Kopula zu höflichen Sätzen. Der Gebrauch ist in diesen Fällen nicht nötig, da Präteritum, Verneinung u.Ä. von der Verb- bzw. Adjektivendung getragen werden können, so dass die Kopula lediglich noch den Höflichkeitsgrad festlegt.[13]

---

[13] Die Verwendung der Kopula ist bei Verben eine der zwei Möglichkeiten zur Bildung höflicher Sätze, vgl. 1.6.1.

1. GRUNDLAGEN

[1.3] Beispiele für die Verwendung der Kopula	
verbales Prädikat:	einfach: 私達 は 大学 に 行く。 *watashitachi wa daigaku ni iku.* höflich: 私達 は 大学 に 行く の です。 *watashitachi wa daigaku ni iku no desu.* Wir gehen zur Universität.
verbal-adjektivisches Prädikat:	einfach: この 本 は 高かった。 *kono hon wa takakatta.* höflich: この 本 は 高かった です。 *kono hon wa takakatta desu.* Dieses Buch war teuer.
nominal-adjektivisches Prädikat:	einfach: 川端さん の 車 は あまり 丈夫 では ない。 *kawabatasan no kuruma wa amari joubu dewa nai.* höflich: 川端さん の 車 は あまり 丈夫 では ありません。 *kawabatasa no kuruma wa amari joubu dewa arimasen.* Das Auto von Herrn Kawabata ist nicht sehr robust.

b) Die einfachen Formen der Kopula sind だ und である, wobei である formeller als だ klingt. Die höflichen Entsprechungen sind です und であります. であります wird in der mündlichen Rede kaum verwendet und findet sich nur in formellen Reden und Dokumenten. Darüber hinaus gibt es besonders höfliche Formen mit ござる („sein"), die generell oft am Telefon („Hier ist ..."), in der Höflichkeitssprache sowie von Frauen verwendet werden, zum Beispiel でございます. Die Kopula mit である bzw. であります wird analog dem konsonantischen Verb ある flektiert. Dabei kann では zu じゃ zusammengezogen werden, was insbesondere in der Umgangssprache genutzt wird. Die Kopula kennt keine Potential-, Kausativ- und Passivformen.

[1.4] Flektion der Kopula		
	einfache Formen	höfliche Formen
Präsens	だ; で ある	です; で あります; で ございます*
Präsens verneint	では ない; じゃ ない	では ありません; じゃ ありません; では ない です;

[1.4] Flektion der Kopula (Fortsetzung)		
	einfache Formen	höfliche Formen
Präsens verneint		じゃ ない です; でございません*
Präteritum	だった; で あった	でした; で ありました; でございました*
Präteritum verneint	では なかった; じゃ なかった	では ありません でした; じゃ ありません でした; では なかった です; じゃ なかった です; でございません でした*
Vermutung (vgl. 8.6.2)	だろう; (で あろう)	でしょう; で ございましょう*
Weitere Formen		
affirmative *te*-Form	で; で あって	
verneinte *te*-Form	では なくて	
Konditional	なら; で あれば	
attributive Verwendung	な; で ある	

*Höflichkeitssprache vgl. Kapitel 11.

Bei einigen Flektionsformen kann die Kopula als konsonantisches Verb mit der Endung ～す betrachtet werden. Beispielsweise folgt die Bildung des Präteritums derjenigen der Verben mit der Vergangenheitsendung ～た und der Flektionserweiterung der i-Basis ～し～:

です → でし～ → でした
desu → *de.shi~* → *de.shi.ta*

c) Aus der oben beschriebenen Verwendung der Kopula ergibt sich, dass sie insbesondere zur Formulierung existentieller Sätze dient. Sie kann in solchen Sätzen mit „sein" übersetzt werden (vgl. 8.1.1). In einigen Fällen aber ersetzt die Kopula Verben. Obwohl die Sätze dann auch die Form *A wa B desu* haben, ist die Übertragung ins Deutsche mit einem existentiellen Verb nicht sinnvoll. Der Ersatz von Verben durch die Kopula geschieht oft in Antworten sowie in Sätzen, bei denen durch einen vorangegangenen Satz

1. GRUNDLAGEN

klar erkennbar ist, welches Verb ersetzt wurde und wie der Satz somit verstanden werden kann.

> 私 は 毎晩 お酒 を 飲む。家内 は お茶 だ。
> *watashi wa maiban osake o nomu. kanai wa ocha da.*
> Ich trinke jeden Abend Sake. Meine Frau trinkt Tee.

> 日本 で は どこ に 行きます か。東京 です。
> *nihon de wa doko ni ikimasu ka. toukyou desu* (statt: *toukyou ni ikimasu*).
> Wohin gehen sie in Japan? Ich gehe nach Tokyo.

> 私 は お鮨 を 貰う けど、あなた は 何 に する の。てんぷら です。
> *watashi wa osushi o morau kedo, anata wa nani ni suru no. tenpura desu*
> (statt: *tenpura o moraimasu* oder: *tenpura ni shimasu*).
> Ich nehme Sushi und was nimmst du? Ich nehme Tenpura.

d) Betonung mit の bzw. ん und der Kopula: Die Aussage eines Satzes, dessen Prädikat mit der Kopula gebildet wird, kann durch Verwendung des Ausdrucks のです verstärkt werden. Die Formulierung kann andeutungsweise übersetzt werden mit „nämlich" oder „Es ist (tatsächlich) so, dass ...".[14] In einer etwas anderen Nuance wird es auch nach Fragen benutzt, und kann dann bedeuten „Der Grund dafür ist, dass ..." oder „Die Erklärung ist, dass ...".

のです kann nach den einfachen Präsens- und Präteritumformen von Verben und Adjektiven und nach NA/Nomen + な bzw. だった stehen. Die Form entspricht damit dem üblichen nominalen Prädikat mit einem nominalen oder nominalisierten verbalen Ausdruck vor der Kopula (vgl. auch Nominalisierung von Verben mit の, 2.3.1). In dieser Bedeutung sind die meisten Formen der Kopula möglich, zum Beispiel: のだ, のである, のではない, のだろう, のです, のであります, のではありません und のでしょう.

... 食べました	→	... 食べた の です。
... *tabemashita*		... *tabeta no desu.*
... 行きます か。	→	... 行く の です か。
... *ikimasu ka.*		... *iku no desu ka.*
... 行く でしょう。	→	... 行く の でしょう。
... *iku deshou.*		... *iku no deshou.*
... 高い です。	→	... 高い の です。
... *takai desu.*		... *takai no desu.*
... 高くなかった です。	→	... 高くなかった の です。
... *takakunakatta desu.*		... *takakunakatta no desu.*

---

[14] Dieses Phänomen wird als „Assertiv" bezeichnet. B. Lewin, Wiesbaden 1990, S. 191.

> … 先生 です。　　　　　　→　… 先生 の です。
> … *sensei desu.*　　　　　　　… *sensei no desu.*
> … 便利 でした。　　　　　　→　… 便利 な の でした。
> … *benri deshita.*　　　　　　 … *benri na no deshita.*

> 化学 は 難しい です が 面白い の です。
> *kagaku wa muzukashii desu ga omoshiroi no desu.*
> Chemie ist schwierig, aber es ist tatsächlich interessant.
> 今晩 パーティー が ある の です が 一緒に 行きません か。
> *konban pa-ti- ga aru no desu ga isshoni ikimasen ka.*
> Heute Abend gibt es eine Party, wollen wir nicht zusammen hingehen?

Besonders in der Umgangssprache wird diese Konstruktion häufiger verwendet. Dabei wird の vor der Kopula oft zu ん verkürzt (zum Beispiel んだ oder んです) und bei Fragen die Kopula gelegentlich weggelassen.

> どこ へ 行く ん です か。買物 に 行く ん です。
> *doko e iku n desu ka. kaimono ni iku n desu.*
> Wohin gehst du? Ich gehe einkaufen!
> 速く 来て。先生 は 待った いる ん だ。
> *hayaku kite. sensei wa matta iru n da.*
> Komm schnell! Der Lehrer wartet!

1.3.5　Präpositionen

Die Angabe von zeitlicher und räumlicher Richtung und Lage, die im Deutschen oft durch Präpositionen (zum Beispiel „über", „vor", „in", „danach") erreicht wird, muss im Japanischen entweder durch Partikel oder mithilfe von Relationsnomen, die adnominal mit の dem zu verändernden Nomen angefügt werden, formuliert werden.

> 駅 まで 行く。　　　　　　　　　　　　　(Richtungspartikel まで)
> *eki made iku.* Ich fahre bis zum Bahnhof.
> 日本 に 住んで います。　　　　　　　　(Partikel に zur Ortsbezeichnung)
> *nihon ni sunde imasu.* Ich wohne in Japan.
> 本屋 の となり …　　　　　　　　　　　(räumliches Relationsnomen となり)
> *honya no tonari …* Neben dem Buchladen …
> ご飯 の 前 …　　　　　　　　　　　　　(zeitliches Relationsnomen 前 *mae*)
> *gohan no mae …* Vor dem Essen …

1. GRUNDLAGEN

Werden, wie in den letzten Beispielen, Relationsnomen zur Lagebezeichnung verwendet, kann in Kombination mit Partikeln eine Richtung und eine Ortsbezeichnung ausgedrückt werden.

> 本屋 の となり まで ...
> *honya no tonari made* bis neben dem Buchladen
> ご飯 の 前 まで ...
> *gohan no mae made* bis vor dem Essen
> 椅子 の 上 に 何 です か。
> *isu no ue ni nan desu ka.*
> Was befindet sich auf dem Stuhl? (räumliches Relationsnomen 上 *ue* und Partikel に zur Ortsbezeichnung)
> この 本 を あの 椅子 の 上 へ 置いて 下さい。
> *kono hon o ano isu no ue e oite kudasai.*
> Lege dieses Buch bitte auf jenen Stuhl.

1.4 Der Satz (文 *bun*)

1.4.1 Wortreihenfolge und Grundstruktur des japanischen Satzes

a) Die Struktur des japanischen Satzes kann mit zwei Sichtweisen beschrieben werden. Die erste benutzt die Begriffe Thema und Kommentar. Wie in 1.3.1 beschrieben, definiert das Satzthema den inhaltlichen Rahmen, über den der Rest des Satzes („Kommentar") eine Aussage liefert. Das Satzthema kann von fast allen Satzelementen (zum Beispiel Subjekt, direktes Objekt, zeitliche und räumliche Bestimmungen, Attribute oder Attributsätze) durch Markierung mit der Partikel は (vgl. 4.2.) gebildet werden.

Das Thema steht oft am Anfang des Satzes, so dass es den Gesprächspartnern erleichtert wird, die Informationen im restlichen Teil des Satzes einzuordnen. Zur Betonung können allerdings andere Satzelemente dem Thema vorangestellt werden. In folgenden Beispielen ist das Satzthema immer 私は *watashi wa* („ich"), zur Betonung stehen allerdings andere Satzelemente am Satzanfang:

> Betonung des Adverbs ついに *tsuini* („zumindestens"):
> ついに 私 は その テスト に 合格 しました。
> *tsuini watashi wa sono tesuto ni goukaku shimashita.*
> Zumindest ich habe den Test bestanden.
> Betonung des Grunds 雨で *ame de* („Wegen des Regens"):
> 雨 で 私 は 遅れた。
> *ame de watashi wa okureta.* Wegen des Regens war ich spät.

Betonung des Handlungspartners 彼女と *kanojo to* („mit ihr"):
彼女 と 私 は 友達 に なった。
kanojo to watashi wa tomodachi ni natta.
Sie und ich, wir wurden Freunde

b) Die zweite Sichtweise beschreibt die Reihenfolge der funktionellen Satzelemente. Ist das Subjekt vorhanden, so steht es meistens am Anfang, gefolgt von den Objekten. Die Position dieser Satzelemente im japanischen Satz ist relativ frei. Auch wenn gelegentlich beschrieben wird, in welcher Reihenfolge Objekte bevorzugt angeordnet werden, so ist es dem Sprecher überlassen, die Satzelemente auf eine Weise anzuordnen, die die Satzaussage am besten wiedergibt. Insbesondere die Betonung bestimmt die Position einzelner Elemente. Lediglich das Prädikat steht immer am Satzende, nur noch gefolgt von Satzendpartikeln. Die Anordnung der Satzelemente ist unabhängig von der Satzform und der Satzart, d. h., die Struktur Subjekt-Objekt-Prädikat findet sich in Haupt- und Nebensätzen sowie in Aussage- und Fragesätzen.[15]

Ein einfacher Satz dieser Struktur lautet beispielsweise 彼が本を買いました *kare ga hon o kaimashita* („Er kaufte ein Buch"). Subjekt ist 彼 *kare* („er"), Objekt ist 本 *hon* („Buch") und Prädikat ist 買いました *kaimashita* („gekauft haben"). Allerdings werden Thema, Subjekt und Objekt nicht durch die Stellung im Satz, sondern, wie in 1.3.3 beschrieben, durch sie markierende Partikel bestimmt, zum Beispiel:

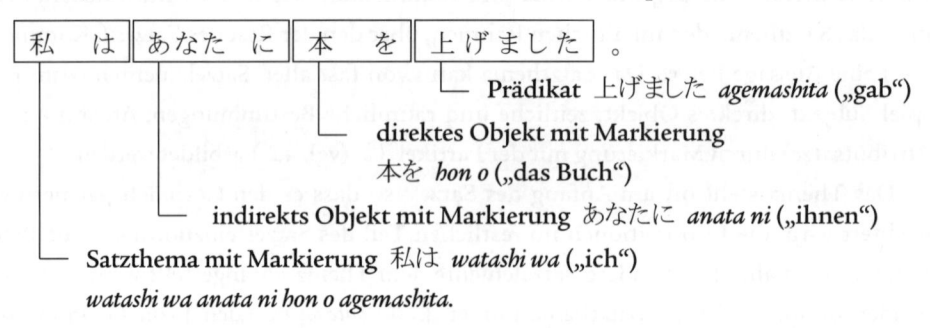

私 は あなた に 本 を 上げました 。
— Prädikat 上げました *agemashita* („gab")
— direktes Objekt mit Markierung
  本を *hon o* („das Buch")
— indirekts Objekt mit Markierung あなたに *anata ni* („ihnen")
— Satzthema mit Markierung 私は *watashi wa* („ich")

watashi wa anata ni hon o agemashita.

c) Trotz relativer Freiheit in der Wortreihenfolge, können aus der Mehrzahl japanischer Sätze die in [1.5] angegebenen Richtlinien für den Satzaufbau abgeleitet werden.

---

[15] Da der japanische Satz kein Subjekt enthalten muss, und es maßgeblicher ist, dass bestimmende Elemente vor bestimmten Satzbausteinen stehen, ist die Charakterisierung der Satzstruktur mit „Subjekt-Objekt-Prädikat" nur bedingt zutreffend. Nur selten angewendet wird die Vertauschung von Subjekt und Prädikat oder Objekt und Prädikat, um das am Satzanfang bzw. am Ende positionierte Satzelement hervorzuheben. B. Lewin, Wiesbaden 1990, S. 207.

1. GRUNDLAGEN

[1.5] Leitlinien zum Satzaufbau

- Grundsätzlich können alle Satzglieder (Subjekt, Objekte, zeitliche und örtliche Bestimmungen, ...) bis auf das Prädikat zur Veränderung der Satzaussage beliebig umgestellt werden!

- Das Satzthema steht oft am Anfang des Satzes. Der Satz wird vom Prädikat und Satzendpartikeln abgeschlossen.

- Zur Hervorhebung können direktes und indirektes Objekt und adverbiale Bestimmungen des Ortes und der Zeit am Satzanfang positioniert werden. Sie können auch das Satzthema bilden.

- Die bestimmenden Satzbausteine werden den zu bestimmenden Bausteinen vorangestellt, zum Beispiel:
→ Adjektive stehen vor den von ihnen modifizierten Substantiven;
→ Adverbien stehen vor den Prädikaten;
→ adnominale Attributsätze stehen vor den von ihnen modifizierten Nomen;
→ Nebensätze stehen vor den Hauptsätzen

- Inhaltlich eng zusammengehörende Satzbausteine stehen bevorzugt in unmittelbarer Nähe (zum Beispiel: Adjektiv direkt vor Nomen).

- Die dem Prädikat näher stehenden Satzteile haben eine stärkere Aussagekraft als weit entfernte Satzglieder. Dem Thema (am Anfang des Satzes) wird aus diesem Grund die geringste Aussagekraft zugeordnet.

- Indirekte Objekte stehen bevorzugt vor dem direkten Objekt.

- Adverbiale Bestimmungen stehen oft in der Reihenfolge
lokal > temporal > modal

In [1.6] ist die Reihenfolge wichtiger Satzbausteine in einem oft verwendeten Satztyp angegeben und auf die zwei folgenden Beispielsätze angewendet.

> 彼女 は 毎日 紙 に 漢字 を 上手 に 書く。
> *kanojo wa mainichi kami ni kanji o jouzu ni kaku.*
> Sie schreibt jeden Tag gekonnt *kanji* auf das Papier.
> だれ が 来週 その 店 で 本 を 速く 買いました か。
> *dare ga raishuu sono mise de hon o hayaku kaimashita ka.*
> Wer hat letzte Woche in diesem Geschäft schnell ein Buch gekauft?

[1.6] Beispiel für oft verwendeten Satztyp

1. Thema / Subjekt
2. adverbiale Bestimmung der Zeit
3. adverbiale Bestimmung des Ortes
4. direktes Objekt
5. modale adverbiale Bestimmung
6. Prädikat
7. Satzendpartikel

Struktur der Beispielsätze

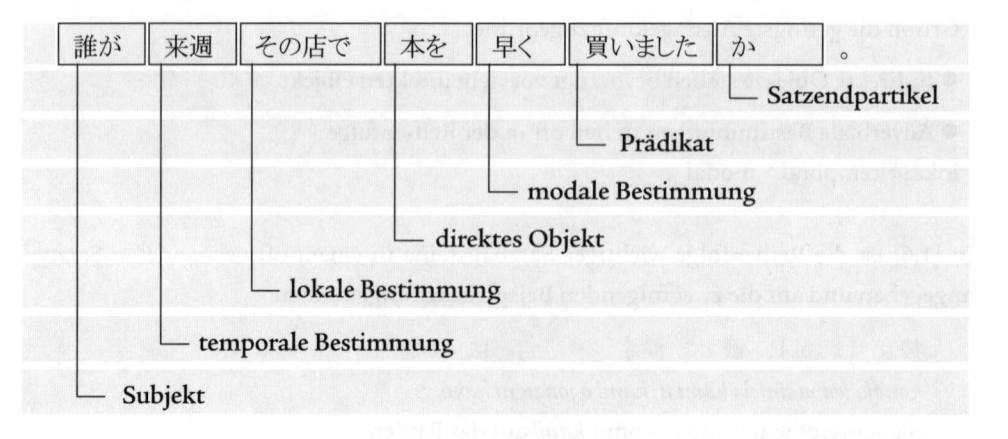

彼女は 毎日 紙に 漢字を 上手に 書く 。
- Prädikat: 書く
- modale Bestimmung: 上手に
- direktes Objekt: 漢字を
- lokale Bestimmung: 紙に
- temporale Bestimmung: 毎日
- Thema: 彼女は

誰が 来週 その店で 本を 早く 買いました か 。
- Satzendpartikel: か
- Prädikat: 買いました
- modale Bestimmung: 早く
- direktes Objekt: 本を
- lokale Bestimmung: その店で
- temporale Bestimmung: 来週
- Subjekt: 誰が

1. GRUNDLAGEN

1.4.2 Einfache Satztypen (単文 *tanbun*) und Satzverbindungen mit gleichberechtigten Teilsätzen

a) Einfache Sätze enthalten jedes Satzelement in der Regel nur einmal. Es gibt Ausnahmen, wie die kontrastierende Gegenüberstellung mit mehrmaliger Verwendung der Partikel は (vgl. 4.2.2).

Man kann Sätze nach diversen Kriterien klassifizieren. Während im Deutschen Satzstellung und andere Aspekte unterschiedlich sind, werden Satztypen in der japanischen Sprache durch Partikel (zum Beispiel Fragesätze) und Verbformen (zum Beispiel Befehlssatz) bestimmt, die Satzstrukturen sind dagegen sehr ähnlich. Weitere Einteilungen japanischer Sätze kann nach der Art der Äußerung in Meinungen (Urteilssätze) und Schilderungen sowie nach dem Prädikatstyp (verbaler, adjektivischer und substantivischer Satztyp) erfolgen.

b) Die einfachste Satzstruktur hat der substantivische Satztyp. Es ist ein Urteilssatz, in dem das nominale Prädikat einem Satzthema gegenübersteht. Objekte gibt es in diesem Satz selten. Auch der adjektivische Satztyp ist ein Urteilssatz. Er lässt mit と oder に markierte indirekte Objekte als Bezugspunkte zu. Im Gegensatz dazu kann der verbale Satztyp eine Meinung oder eine Schilderung beinhalten, wobei Letztere üblich ist und zur Formulierung einer Meinung bestimmte Umformungen notwendig sind. Anhand des Prädikats lassen sich Sätze somit in die zwei grundlegenden Typen „A ist B" und „A tut B" einteilen. Im ersten Fall ist das Prädikat nominaler oder adjektivischer Natur. Da statt eines Verbs die Kopula flektiert wird, werden entsprechende Sätze auch „verblose Sätze" genannt.

> 小野さん は 由美子さん の 先生 です。
> *konosan wa yumikosan no sensei desu.*
> Frau Kono ist die Lehrerin von Yumiko.   (nominales Prädikat)
> 博史さん の 車 は とても 速い です。
> *hiroshisan no kuruma wa totemo hayai desu.*
> Das Auto von Hiroshi ist sehr schnell.   (adjektivisches Prädikat)

Der zweite Satztyp „A tut B" enthält ein verbales Prädikat. In ihm handelt das Subjekt, das Thema des Satzes sein kann, an einem direkten Objekt.

> 明子さん は 私 に 面白い 本 を 呉れました。
> *akikosan wa watashi ni omoshiroi hon o kuremashita.*
> Akiko schenkte mir ein interessantes Buch.

c) Neben dem einfachen Satz, der jedes Satzelement einmal enthalten kann, gibt es Satzverbindungen aus mehreren Teilsätzen und mit mehrfach vorkommenden Satzelementen. Im Gegensatz zu einfachen Sätzen können gleichberechtigte Teilsätze mehrere unabhängige Subjekte und Prädikate enthalten. Im Gegensatz zu Satzgefügen (vgl. 1.4.3) können die Teilsätze inhaltlich und formal auch isoliert verstanden bzw. verwendet werden, zur Satzverbindung ist lediglich eine bestimmte Form des den ersten Teilsatz abschließenden Prädikats erforderlich. Oft steht beispielsweise das Prädikat des zuerst formulierten Teilsatzes in der *te*-Form und das Prädikat des letzten Teilsatzes übernimmt die nötigen Flektionsendungen.

[1.7] Beispiele für Satzverbindungen mit gleichberechtigten Teilsätzen

Teilsatz 1	Teilsatz 2	
これ は みかん で	それ は りんご です。	
kore wa mikan de ...	*... sore wa ringo desu.*	Dies ist eine Mandarine und das ein Apfel.
昨日 バス で 大学 へ 行って	友達 と 会いました。	
kinou basu de daigaku e itte ...	*... tomodachi to aimashita.*	Gestern bin ich mit dem Bus zur Uni gefahren und habe Freunde getroffen.
コーヒー が 飲みたい です か	何か 食べたい です か。	
ko-hi- ga nomitai desu ka ...	*... nanika tabetai desu ka.*	Möchten sie Kaffee trinken oder etwas essen?

Die meisten anderen Satzverbindungen werden nicht mit gleichberechtigten Haupt- und Nebensätzen gebildet, sondern stellen Satzgefüge dar (vgl. 1.4.3). Satzverbindungen sind ausführlich in Kapitel 10 beschrieben.

> ドイツ人 は 三人 です。 日本人 は 二人 です。
> ドイツ人 は 三人 で 日本人 は 二人 です。
> *doitsujin wa sannin desu. nihonjin wa futari desu.*
> → *doitsujin wa sannin de nihonjin wa futari desu.*
> Es sind drei Deutsche und zwei Japaner.

1.4.3 Satzverbindungen mit Haupt- und Nebensatz und verschachtelte Sätze mit Attribut- und Hauptsätzen

a) In der japanischen Sprache bezeichnen Satzgefüge die Verbindung eines übergeordneten Hauptsatzes mit einem oder mehreren untergeordneten Nebensätzen. Dabei kann der Nebensatz vor oder im Hauptsatz stehen und ergänzende Funktion besitzen („in

1. GRUNDLAGEN

Reihe") oder in den Hauptsatz eingebaut werden, indem er ein Satzelement modifiziert oder ersetzt („geschachtelt").

[1.8] Satzgefüge

- Satzgefüge in Reihe, der Nebensatz ist dem Hauptsatz vorangestellt:

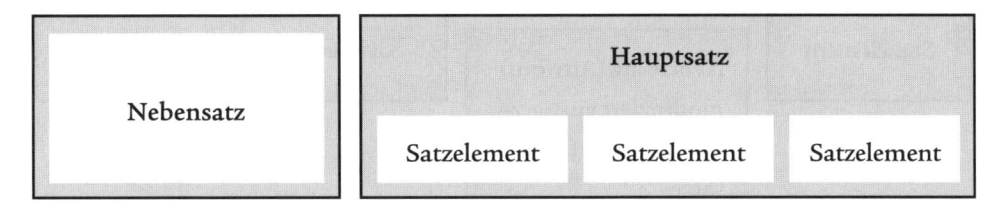

Nebensatz	Hauptsatz		
	Satzelement	Satzelement	Satzelement

- Satzgefüge in Reihe, in dem der Nebensatz zwischen Satzelemente des Hauptsatzes geschoben ist:

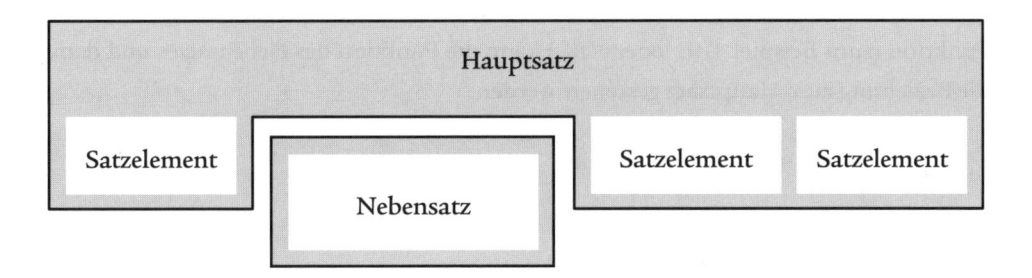

Hauptsatz			
Satzelement	Nebensatz	Satzelement	Satzelement

- geschachtelte Satzgefüge, in denen ein Satzelement des Hauptsatzes durch einen Nebensatz vertreten ist:

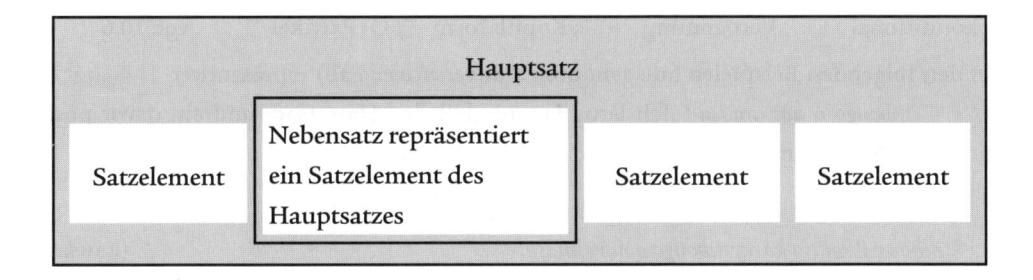

Hauptsatz			
Satzelement	Nebensatz repräsentiert ein Satzelement des Hauptsatzes	Satzelement	Satzelement

- geschachtelte Satzgefüge, in denen ein Satzelement des Hauptsatzes durch einen Attributsatz ergänzt wird:

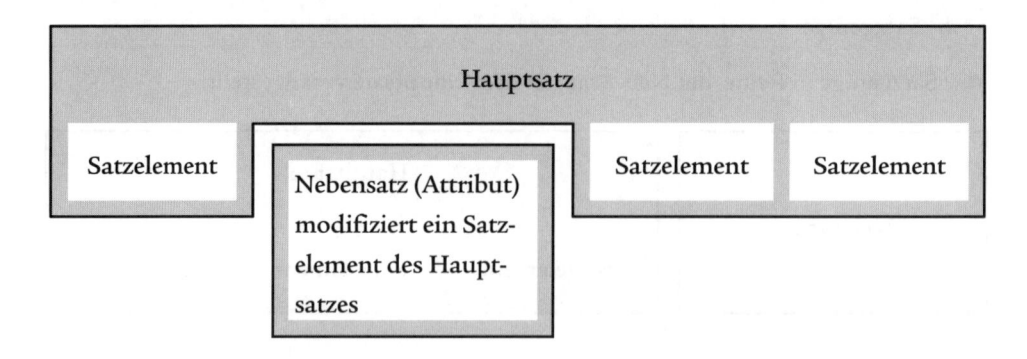

Hauptsatz			
Satzelement	Nebensatz (Attribut) modifiziert ein Satzelement des Hauptsatzes	Satzelement	Satzelement

b) Bei Satzgefügen in Reihe steht der Nebensatz meist vor dem Hauptsatz und hat ergänzende und erläuternde Funktion. Durch die Wahl der Prädikatsendform (zum Beispiel Konditionalendung) des Nebensatzes bzw. einer Partikel mit konjunktionaler Funktion (zum Beispiel から oder のに) kann die Funktion des Nebensatzes und damit die Beziehung zum Hauptsatz gesteuert werden.

[1.9] Beispiele für Satzgefüge in Reihe

Nebensatztyp	Bildungsbeispiele	Verweis
kausal	Partikel から	vgl. 10.5.1
adversativ	Partikel けれども, が, のに	vgl. 10.2
konsekutiv	Partikel それで	vgl. 10.1
temporal	前に *mae ni*, 後で *ato de*, から, 間 *aida*, うちに	vgl. 10.3
konditional	Verbendung 〜ば; Kopulaform なら; Partikel と	vgl. 10.6

In den folgenden Beispielen (ausgenommen adversativer Fall) repräsentiert 日本語を習います *nihongo o naraimasu* („Ich lerne Japanisch") den Hauptsatz und ein davor positionierter Nebensatz enthält ergänzende Informationen:

> 日本 へ 行きます から、日本語 を 習います。
> *nihon e ikimasu kara, nihongo o naraimasu.* (kausal)
> Weil ich nach Japan fahren werde, lerne ich Japanisch.

> 日本 へ 行く 前 に、日本語 を 習います。
> *nihon e iku mae ni, nihongo o naraimasu.* (temporal)
> Bevor ich nach Japan fahre, lerne ich Japanisch.

1. GRUNDLAGEN

> 日本 へ 行く とき、日本語 を 習います。
> 日本 へ 行けば、日本語 を 習います。
> 日本 へ 行く と、日本語 を 習います。
> *nihon e iku toki, nihongo o naraimasu.* Oder: *nihon e ikeba, nihongo o naraimasu.* Oder:
> *nihon e iku to, nihongo o naraimasu.* (konditional)
> Wenn ich nach Japan fahre, lerne ich Japanisch.

> 日本 へ 行きます が、日本語 が できません。
> 日本 へ 行く かわり に、日本語 が できません。
> *nihon e ikimasu ga, nihongo ga dekimasen.* Oder:
> *nihon e iku kawari ni, nihongo ga dekimasen.* (adversativ)
> Ich fahre nach Japan, doch ich kann kein Japanisch.

> 日本 へ 行かない のに、日本語 を 習います。
> *nihon e ikanai noni, nihongo o naraimasu.* (konzessiv)
> Obwohl ich nicht nach Japan fahre, lerne ich Japanisch.

Alternativ kann auch ein Satzelement des Hauptsatzes vor dem Nebensatz stehen. Meist ist dies das Satzthema. Da der Nebensatz kein Thema enthalten kann, gehört 私は *watashi wa* im folgenden Beispiel zum Hauptsatz:

> 私 は 病気 です から、会社 に 行きません。
> *watashi wa byouki desu kara, kaisha ni ikimasen.*
> Da ich krank bin, gehe ich nicht in die Firma.
> (Hauptsatz: 私は会社に行きません; Nebensatz: 病気ですから)

c) Beim ersten Typ geschachtelter Sätze übernimmt ein Nebensatz die Funktion und Stellung eines Satzelements des Hauptsatzes. Die eingeschobenen Nebensätze können je nach Funktion Thema-, Subjekt-, Objekt-, Prädikats- oder Adverbialsätze sein, zum Beispiel:

● Themensatz als Nebensatz: Das Prädikat des Nebensatzes wird mit の oder こと nominalisiert. Der gesamte Nebensatz wird als Thema mit は oder も markiert.

> ビール を 飲まない 友達 は 刺身 を 食べます か。
> *bi-ru o nomanai tomodachi wa sashimi o tabemasu ka.*
> Isst dein Freund, der kein Bier trinkt, Sashimi?
> (Nebensatz als Satzthema: ビールを飲まない友達が)

- Subjektsatz als Nebensatz: Das Prädikat des Nebensatzes wird mit の oder こと nominalisiert. Der gesamte Nebensatz wird als Subjekt mit が markiert.

  > 来年 から 友達 と いっしょ に 働ける の が 楽しみ です。
  > *rainen kara tomodachi to isshou ni hatarakeru no ga tanoshimi desu.*
  > Ich freue mich darauf, ab nächstes Jahr zusammen mit einem Freund arbeiten zu können.
  > (Nebensatz als Subjekt: 来年から友達といっしょうに働ける)
  >
  > 彼女 に 話す の が 親切 と いう もの でしょう。
  > *kanojo ni hanasu no ga shinsetsu to iu mono deshou.*
  > Es wäre freundlich, es ihr zu sagen.
  > (Nebensatz als Subjekt: 彼女に話す)

- Objektsatz als Nebensatz: Der Nebensatz wird mit den üblichen Partikeln (zum Beispiel を, に oder で) als direktes oder indirektes Objekt des Hauptsatzes markiert.

  > 私 は 彼 が 逃げる の を 見ました。
  > *watashi wa kare ga nigeru no o mimashita.*
  > Ich sah ihn davonlaufen.
  > (Nebensatz als direktes Objekt: 彼が逃げる)

Ein Sonderfall für Objektsätze ist der Zitatsatz (vgl. 10.7). Das Zitat steht im Hauptsatz anstelle des Objektes zwischen Subjekt und Prädikat und wird mit と markiert. Das Prädikat des Hauptsatzes enthält ein Verb, das zum Beispiel einen Sprech-, Schreib- oder Denkvorgang (zum Beispiel „Er sagte, dass ..." oder „Sie dachte, dass ...") ausdrückt.

> 彼 は 「来年 御城先生 が フランス へ 行きたい」 と 言いました。
> *kare wa* 「*rainen oshirosensei ga furansu e ikitai*」 *to iimashita.*
> Er sagte, Professor Os*hiro* möchte nächstes Jahr nach Frankreich gehen.

d) Ein zweiter Typ von geschachtelten Sätzen enthält Attributsätze, die im Gegensatz zum unter c) beschriebenen Typ nicht die Funktion eines Satzelements übernehmen, sondern ergänzend wirken. Sie bestimmen Nomen näher (deswegen: adnominale Teilsätze, vgl. ausführlich 10.4) und können meist ins Deutsche mit Relativsätzen übersetzt werden. Sätze dieses Typs werden oft verwendet.

1. GRUNDLAGEN

昨日 買った 本 を 読んで います。
kinou katta hon o yonde imasu.
Ich lese gerade das Buch, das ich gestern gekauft habe
(oder: Ich lese gerade das gestern gekaufte Buch).
Hauptsatz: 本を読んでいます; Attributsatz: 昨日買った

Attribute stehen immer vor dem zu modifizierenden Wort, unabhängig von der Länge des Attributs. Bei der Satzanalyse können sie deshalb leicht erkannt werden, weil ihr Prädikat in einer einfachen Form oft direkt vor Nomen steht. Auch weitere Entfernungen sind möglich, aber eher selten. Das mit は markierte Satzthema steht außerhalb des Attributs und im Allgemeinen am Satzanfang, allerdings kann auch das Subjekt bzw. das Satzthema selber durch einen Attributsatz ergänzt sein. Das Subjekt des Attributsatzes wird, falls vorhanden, mit が oder の markiert. In einem Satz können beliebig viele Satzelemente durch Attribute modifiziert werden. Auch innerhalb eines Attributs kann ein Element durch ein weiteres Attribut modifiziert werden, so dass entsprechende Sätze sehr komplex sein können.

● Beispiel für einen Satz, in dem das Objekt (ワイン) des Hauptsatzes (私 はワインが好きです *watashi wa wain ga suki desu* Ich mag Wein.) durch einen Attributsatz (昨年友人がドイツから買って来て呉れた) ergänzt wird:

私 は 昨年 友人 が ドイツ から 買って 来て 呉れた ワイン が 好き です。
watashi wa sakunen yuujin ga doitsu kara katte kite kureta wain ga suki desu.
Ich mag den Wein, den mein Freund letztes Jahr in Deutschland kaufte und mitbrachte.

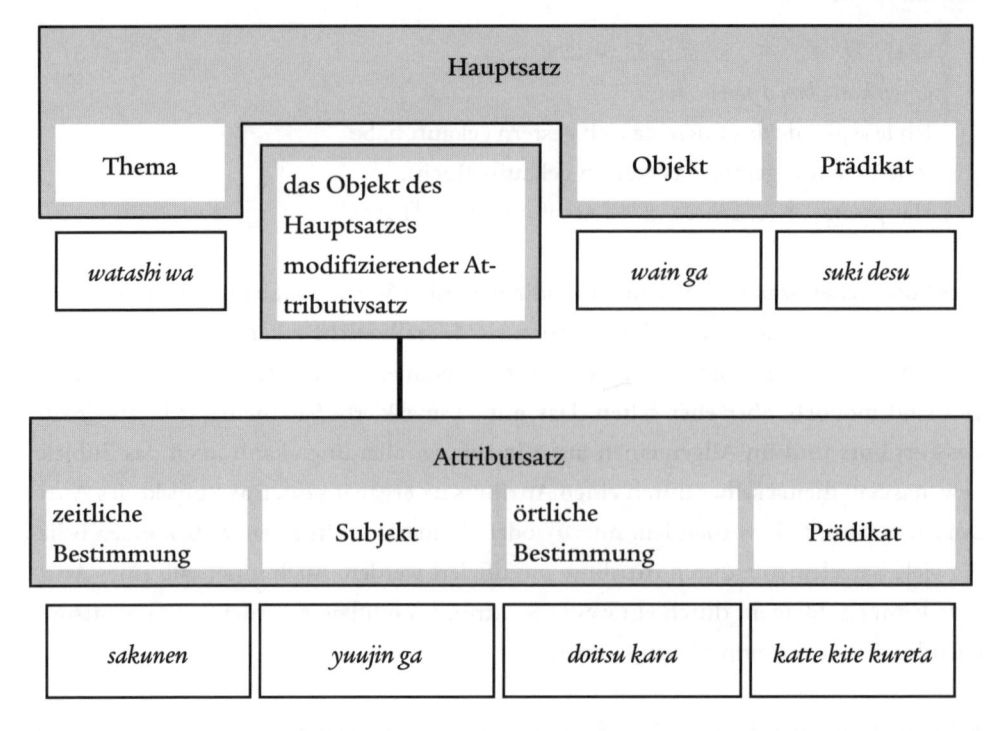

```
┌─────────────────────────────────────────────────────────────────┐
│                           Hauptsatz                             │
│                                                                 │
│   ┌─────────┐  ┌──────────────────┐    ┌─────────┐ ┌──────────┐ │
│   │  Thema  │  │ das Objekt des   │    │ Objekt  │ │ Prädikat │ │
│   └─────────┘  │ Hauptsatzes      │    └─────────┘ └──────────┘ │
│   ┌─────────┐  │ modifizierender  │    ┌─────────┐ ┌──────────┐ │
│   │watashi wa│ │ Attributivsatz   │    │ wain ga │ │ suki desu│ │
│   └─────────┘  └──────────────────┘    └─────────┘ └──────────┘ │
└─────────────────────────────────────────────────────────────────┘
```

(Strukturdiagramm: Hauptsatz mit Thema *watashi wa*, Objekt *wain ga*, Prädikat *suki desu*, sowie "das Objekt des Hauptsatzes modifizierender Attributivsatz", der auf den Attributsatz verweist.)

```
┌─────────────────────────────────────────────────────────────────┐
│                         Attributsatz                            │
│                                                                 │
│  ┌──────────┐ ┌─────────┐ ┌──────────┐ ┌──────────┐             │
│  │ zeitliche│ │ Subjekt │ │ örtliche │ │ Prädikat │             │
│  │Bestimmung│ │         │ │Bestimmung│ │          │             │
│  └──────────┘ └─────────┘ └──────────┘ └──────────┘             │
│  ┌──────────┐ ┌─────────┐ ┌──────────┐ ┌──────────────┐         │
│  │ sakunen  │ │yuujin ga│ │doitsu kara│ │katte kite kureta│      │
│  └──────────┘ └─────────┘ └──────────┘ └──────────────┘         │
└─────────────────────────────────────────────────────────────────┘
```

● Beispiel für einen Satz mit mehreren eingeschobenen Attributsätzen: Das Attribut der örtlichen Bestimmung enthält wieder einen Attributsatz, der nochmals ein Attribut für das Subjekt beinhaltet.

> 博史 は きれい な 昨日 会った 由美子 が 住んで いる 都市 に ある 大学 に 外国人 が 分からない 日本 の 音楽 を 習います。
>
> *hiroshi wa kirei na kinou atta yumiko ga sunde iru toshi ni aru daigaku ni gaikokujin ga wakaranai nihon no ongaku o naraimasu.*
>
> Hiroshi lernt an der Uni, die sich in der Stadt befindet, in der die hübsche Yumiko, die ich gestern getroffen habe, lebt, japanische Musik, die Ausländer nicht kennen.

1. GRUNDLAGEN

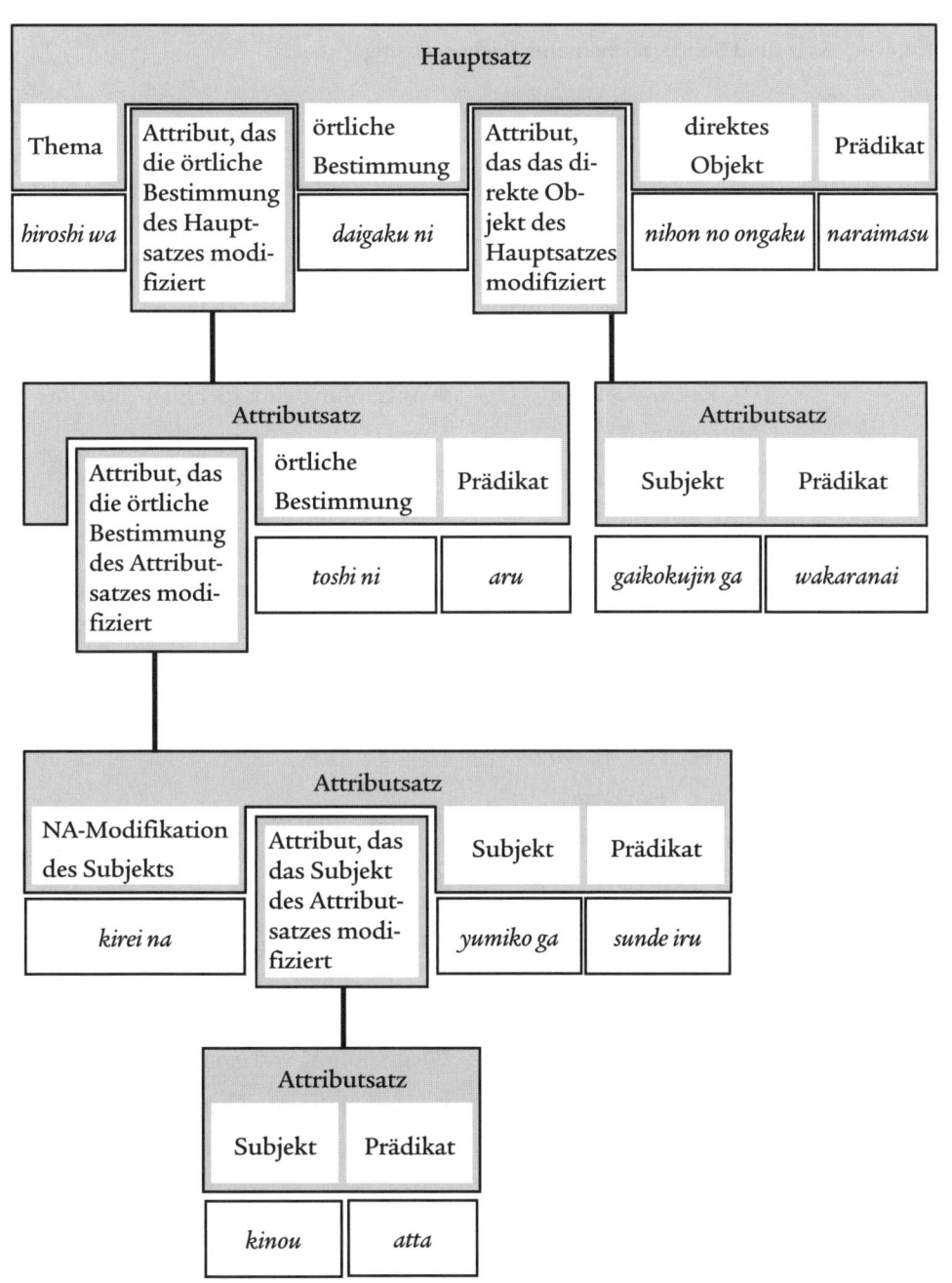

Hauptsatz

Thema	Attribut, das die örtliche Bestimmung des Hauptsatzes modifiziert	örtliche Bestimmung	Attribut, das das direkte Objekt des Hauptsatzes modifiziert	direktes Objekt	Prädikat
hiroshi wa		daigaku ni		nihon no ongaku	naraimasu

Attributsatz (modifiziert örtliche Bestimmung des Hauptsatzes)

Attribut, das die örtliche Bestimmung des Attributsatzes modifiziert	örtliche Bestimmung	Prädikat
	toshi ni	aru

Attributsatz (modifiziert direktes Objekt des Hauptsatzes)

Subjekt	Prädikat
gaikokujin ga	wakaranai

Attributsatz (modifiziert örtliche Bestimmung des Attributsatzes)

NA-Modifikation des Subjekts	Attribut, das das Subjekt des Attributsatzes modifiziert	Subjekt	Prädikat
kirei na		yumiko ga	sunde iru

Attributsatz

Subjekt	Prädikat
kinou	atta

1.4.4 Satz- und Sonderzeichen und Zeichensetzung

[1.10] Satz- und Sonderzeichen[16]

Symbol	Name	Verwendung
Interpunktionszeichen 句読点 *kutouten*		
。	句点 *kuten*, 丸 *maru*	Abschluss des Satzes
、	読点 *touten* („Lesepunkt")	Komma zur Gliederung von Sätzen und Einfügen von Sprechpausen
・	中点 *nakaten, chuuten* („Mittelpunkt"), 中黒 *nakaguro* („mittleres Schwarz"), ぽつ *potsu*,	● Aufzählung einzelner Elemente einer Liste; ● Markierung des Anfangs und Endes von Fremdwörtern; ● Unterteilung von Ausdrücken aus anderen Sprachen zum besseren Verständnis; z. B. イン・ビトロ („in vitro"); ● Markierung des Beginns von Dezimalstellen, z. B. 六・五%
Wiederholungszeichen 踊り字 *odoriji*		
々 仝	繰り返し *kurikaeshi*, 同の字点 *dou no jiten*	Wiederholung von *kanji*
ヽ	かたかながえし *katakana-gaeshi*, 片仮名くりかえし *katakana-kurikaeshi*	Wiederholung von *katakana*
ヾ		Wiederholung von *katakana* mit getrübten (stimmhaften) Lauten
ゝ	ひらがながえし *hiragana-gaeshi*, 平仮名くりかえし *hiragana-kurikaeshi*	Wiederholung von *hiragana*
ゞ		Wiederholung von *hiragana* mit getrübten (stimmhaften) Lauten

---

[16] Deutsche Satzzeichen werden als ピリホド („Satzendpunkt"), コンマ („Komma"), 疑問符 *gimonfu* („Fragezeichen"), 感嘆符 *kantanfu* („Ausrufezeichen"), コロン („Doppelpunkt"), セミコロン („Semikolon") und ハイフン („Trennstrich") bezeichnet.

1. GRUNDLAGEN   35

[1.10] Satz- und Sonderzeichen (Fortsetzung)

Symbol	Name	Verwendung
Wiederholungszeichen 踊り字 *odoriji*		
〳		Wiederholung von *kana* bei vertikaler Schreibweise
〴	くの字点 *ku no jiten*	Wiederholung von *kana* bei vertikaler Schreibweise mit getrübten (stimmhaften) Lauten
Klammern		
「 」	鉤 *kagi*, 鉤括弧 *kagikakko*	Markierung des Anfangs und Endes von Zitaten
『 』	二重鉤括弧 *nijuukagikakko*	Markierung doppelter Zitate; Angabe von Titeln (z. B. Buchtitel)
【 】	括弧すみつきかっこ *kakko sumitsukikakko*	Nummern oder Begriffe in Überschriften; Suchbegriff in Wörterbüchern
〔 〕	亀甲 *kikkou*	Markierung von Kommentaren in Zitaten
〈 〉	山括弧 *yamakakko*, ギュメ *gyume*, 山がた *yamagata*	
《 》	二重山括弧 *nijuuyamakakko*, 二重ギュメ *nijuugyume*, 二重山がた *nijuuyamagata*	Markierung von Zitaten (ähnlich französischer Guillemets)
( )	丸括弧 *marukakko*	
{ }	ブレース *bure-su*, 波括弧 *namikakko*	weitere Variationen von Klammern
[ ]	大括弧 *daikakko*	

[1.10] Satz- und Sonderzeichen (Fortsetzung)

Symbol	Name	Verwendung
Phonetische Zeichen 発音記号 *hatsuonkigou*		
゛	濁点 *dakuten*, 濁り点 *nigoriten*	Bildung von getrübten (stimmhaften) Lauten, z. B. さ → ざ (*sa* → *za*), ひ → び (*hi* → *bi*)
゜	半濁点 *handakuten*	Bildung von halbgetrübten (stimmlosen) Lauten, z. B. へ → ぺ (*he* → *pe*)
っ	促音 *sokuon*	Verdopplung des folgenden Konsonanten, z. B. やっぱり *yappari*
ー	長音 *chouon*, 棒線 *bousen*	Langer *katakana*-Vokal, z. B. ビール *bi-ru*
Sonstige Symbole		
ヶ		in Zeitangaben, z. B. 二ヶ月 *nikagetsu* (vereinfachte Form des *kanji* 箇)
〜 〜	波 *nami*, にょろ *nyoro*, ないし *naishi*	Markierung eines Zeitraums „von bis", z. B. 月〜金曜日 *getsu nami kinyoubi* („von Montag bis Freitag")
〆	しめ *shime*	Markierung des Endes, wird auch in verschiedenen Wörtern verwendet, z. B. 〆切り *shimesari*, 〆切日 *shimekiribi*
...	点線 *tensen*, 三点リーダ *santen ri-da*	analog der deutschen Sprache: Fortführung einer Aufzählung, Offenlassen des Ende eines Satzes

a) Interpunktionszeichen und Zeichensetzung:

Für den Einsatz von Interpunktions- und Sonderzeichen gibt es keine festen Regeln. Viele Zeichen werden erst in jüngerer Zeit breit verwendet und die Anwendung unterliegt oft dem Ermessen des Schreibers.

1. GRUNDLAGEN

Anstelle eines Punktes wird der japanische Satz von einem kleinen Kreis „。" (丸 *maru* oder 句点 *kuten*) beendet, der rechts unter dem letzten Zeichen des Satzes positioniert wird. Die Positionen des Kreises bleiben bei der vertikalen Schreibweise in Spalten erhalten. Das Setzen des Punktes ist inzwischen obligatorisch.

Das tropfenförmige Komma „、" (読点 *touten*) steht ebenfalls rechts unter einem Zeichen, falls horizontal geschrieben wird. In der vertikalen Schreibweise erscheint es tropfenförmig oben rechts und wird von links oben nach rechts unten geschrieben. Für das Komma gibt es keine verbindlichen Regeln bezüglich seiner Verwendung. Es wird dort benutzt, wo beim Lesen kleine Atempausen erfolgen. Oft folgt es nach Nebensätzen, nach Zwischenprädikaten, in Aufzählungen oder nach inhaltlich hervorgehobenen Satzteilen. In einigen Fällen ist das Komma essentiell, um den Sinn eines Satzes richtig erfassen zu können. Dies ist zum Beispiel in Sätzen mit Attributen der Fall, in denen das mit が markierte Subjekt auf den Attribut- oder den Hauptsatz bezogen werden kann. Ein Komma nach が zeigt, dass sich das Subjekt nicht nur auf das が folgende und zum Attribut gehörende Verb, sondern auf den gesamten Satz bezieht.

> 私 が、昨日 来た とき に お鮨 を 食べました。
> *watashi ga, kinou kita toki ni osushi o tabemashita.*
> Ich habe, als ich gestern kam, Sushi gegessen.

> Ohne Komma könnte *watashi ga* auch nur das Subjekt des Attributsatzes 私が昨日来た *watashi ga kinou kita* sein und der Satz auch verstanden werden als:
> 私 が 昨日 来た とき に お鮨 を 食べました。
> *watashi ga kinou kita toki ni osushi o tabemashita.*
> Als ich gestern kam, hat er Sushi gegessen (Ein Subjekt ist nicht genannt und den Gesprächspartnern bekannt, der Satz könnte auch mit „… hat sie …", „… haben sie …" o.Ä. übersetzt werden).

Ein Punkt auf der Zeilenmitte (bzw. in der Mitte eines imaginären Zeichens, 中点 *nakaten* oder 中黒 *nakaguro*) wird bei Aufzählungen zur Trennung von *kanji* bzw. zur Kenntlichmachung der Wortgrenzen verwendet. Ausrufe- und Fragezeichen werden selten, aber vor allem in Werbung, Manga und dergleichen verwendet. Fragesätze werden mittels spezieller Satzendpartikel markiert (vgl. 8.2.2).

b) Zitate und wörtliche Rede werden mit 「 」(鉤 *kagi*) gekennzeichnet. Die winkelförmigen Klammern stehen rechts über und links unter dem Zitat, falls vertikal in Spalten geschrieben wird. In der horizontalen Zeilenschreibweise stehen sie links über und rechts unter dem Zitat. Es gibt weitere Klammern, deren Bedeutungen in [1.10] angegeben sind.

> 「信用 して」 と 石井さん は 言った。
> 「*shinyou shite*」 *to ishiisan wa itta.*
> Herr Ishii sagte „traue mir".
> 彼女 は 「今 行きます」 と 大声 で 叫んだ。
> *kanojo wa* 「*ima ikimasu*」 *to oogoe de sakenda.*
> Sie schrie mit lauter Stimme: „Sie kommen"!

c) Einige Symbole bewirken die Wiederholung von *kanji* bzw. *kana*. *kanji* werden üblicherweise mit 々 wiederholt. Dabei kann sich die Bedeutung verändern. Beispiele: 時々 *tokidoki* („manchmal"), 翌々日 *yokuyokujitsu* („nächster Tag"), 人々 *hitobito* („Menschen") und 個々 *koko* („einer nach dem anderen"). Für die Wiederholung von *kana* sind mehrere Zeichen möglich, je nach Schreibweise und Silbentyp.

Ein klein geschriebenes *kana tsu* つ (*hiragana*) bzw. ツ (*katakana*) vor den betreffenden Konsonanten drückt lang gesprochene Konsonanten mit anschließender kurzer Sprechpause aus. Das Zeichen tritt dabei selber sprachlich nicht in Erscheinung. Die so gebildeten Laute werden als „gespannte Laute" (促音 *sukuon*, vgl. 1.1.4) bezeichnet. Lange Vokale bei in *katakana* geschriebenen Wörtern werden durch einen horizontalen Strich „ー" formuliert. Beispiele:

ゆっくり	*yukkuri*	langsam
がっもく	*gammoku*	Ursache
たっする	*tassuru*	erreichen
リュックサック	*ryukkusakku*	Rucksack
ベット	*betto*	Bett
ページ	*pe–ji*	Seite
ボールペン	*bo–rupen*	Kugelschreiber

1.5 Die Zeiten

Die japanische Sprache kennt drei unabhängige Prädikatsformen zum Ausdruck der Zeiten: Gegenwart und Zukunft werden mit derselben Form beschrieben. Daneben gibt es Vergangenheits- und *te*-Formen, die in den in [1.11] beschriebenen Situationen angewendet werden. Die Anwendung der *te*-Form ist ausführlich in Kapitel 7 beschrieben.

1. GRUNDLAGEN

[1.11] Funktionen der Zeitformen

Gegenwart und Zukunft	• einmalige Handlungen
	• allgemeine Handlungen, die nicht gerade im Augenblick ablaufen
	• Zustände (bei statischen Verben wie „sein")
	• Prinzipien, Regeln, Naturgesetze
	• Absichten und Zukunft
Vergangenheit	• Handlungen und Zustände, die zum Zeitpunkt des Sprechens abgeschlossen sind
te-Form	• gerade ablaufende Handlungen
	• anhaltende Zustände (als Folge einer Handlung)
	• Gewohnheiten: sich ständig wiederholende, individuelle Handlungen, regelmäßige oder dauerhafte Handlungen
	• Kontinuität („seit ... tue ich ...")
	• Eigenschaften

In einigen Fällen, in denen im Deutschen die Zeiten in Haupt- und Nebensatz identisch sein müssen, können im Japanischen unterschiedliche Zeiten verwendet werden. Es wird an passender Stelle in dieser Grammatik darauf hingewiesen.

1.5.1 Beschreibung von Gegenwart und Zukunft

a) Das Japanische kennt keine getrennten Präsens- und Futurformen. Die Gegenwartsform beschreibt je nach Kontext sowohl Handlungen, Ereignisse und Zustände in der Gegenwart wie auch in der Zukunft. Es sind dies einmalige Handlungen (zum Beispiel „Dieses Jahr fahre ich nach Japan in den Urlaub"), statische Zustände (zum Beispiel „Neben der Bank liegt die Post"), allgemeine Regeln (zum Beispiel „Die Erde kreist um die Sonne") und zukünftige Handlungen, Ereignisse und Absichten. Gewohnheiten werden dann mit der Gegenwartsform beschrieben, wenn es allgemeingültige Regeln und Handlungen sind.

Im Fall von Handlungen ist der Begriff „Gegenwartsform" irreführend, da sie kein gegenwärtiges Geschehen wiedergibt, sondern eher eine Information für die Zukunft beschreibt. Nicht verwendet wird die Gegenwartsform bei gerade ablaufenden Handlungen (zum Beispiel „Ich esse gerade Sushi") und Zuständen, die aus Handlungen resultieren (zum Beispiel „Das Fenster ist offen" als Resultat des Öffnens). Mit weiteren

Mitteln kann die genaue Satzaussage gesteuert werden. So wird beispielsweise mit der Partikel ばかり „im Begriff sein, zu ..." ausgedrückt.

> 私 は 車 で 大学 へ 行きます。
> *watashi wa kuruma de daigaku e ikimasu.*
> Ich fahre mit dem Auto zur Uni.
> 喫茶店 の 前 に 大きい 木 が あります。
> *kissaten no mae ni ookii ki ga arimasu.*
> Vor dem Café gibt es einen großen Baum.
> 玉子 は 薄く 切ります。
> *tamago wa usuku kirimasu.*
> Die Eier werden dünn geschnitten.

b) Die Präsensform beschreibt mit Sicherheit eine in der Zukunft liegende Handlung, wenn es eindeutige Hinweise (zum Beispiel 来週 *raishuu* „nächste Woche") im Satz gibt. Auch mit geeigneten Verbformen kann der Satz gesteuert werden, wie beispielsweise mit Vermutungen und Absichten.

> 会議 は 三時 に 始まる。
> *kaigi wa sanji ni hajimaru.*
> Das Treffen wird um 3 Uhr beginnen.
> 来年 ドイツ へ 帰ります。
> *rainen doitsu e kaerimasu.*
> Nächstes Jahr werde ich nach Deutschland zurückkehren.
> 澤田さん は 日本 に 帰る でしょう。
> *sawadasan wa nihon ni kaeru deshou.*
> Frau Sawada wird wohl nach Japan zurückkehren.

c) Gewohnheiten können mit dem Präsens oder mit der *te*-Form ausgedrückt werden. Wird die Gegenwartsform verwendet, ist die Gewohnheit allgemeingültig gemeint, wie beispielsweise bei Naturgesetzen und Lebensweisheiten („Frauen leben länger als Männer"). Mit der *te*-Form drückt man aus, dass eine Gewohnheit von Personen angenommen wurde und sie jetzt noch besteht (zum Beispiel „Ich gehe täglich zur Schule" oder „Wir rauchen nicht") bzw. dass eine Handlung zur Gewohnheit wurde, weil sie wiederholt ausgeführt wird (zum Beispiel „Ich sage oft, dass ...").

1. GRUNDLAGEN

私 は 三年間 日本語 の 勉強 を して います。
watashi wa sannenkan nihongo no benkyou o shite imasu.
Ich lerne seit 3 Jahren Japanisch.

最近 毎朝 散歩 して います。
saikin maiasa sanpo shite imasu.
In letzter Zeit mache ich jeden Morgen einen Spaziergang.

日本人 は 日本語 が 出来ます。
nihonjin wa nihongo ga dekimasu.
Japaner können Japanisch.

ビール を よく 飲んで います。
bi-ru o yoku nonde imasu.
Ich trinke oft Bier.

d) Eine gerade ablaufende Handlung oder ein zurzeit anhaltender Zustand wird durch Kombination der *te*-Form eines Verbs mit den Verben いる oder ある gebildet. いる und ある übernehmen Tempus, Verneinung und die Darstellung von einfacher und höflicher Form (vgl. 7.3).

1.5.2   Die Vergangenheit

a) Es gibt nur eine Vergangenheitsform im Japanischen. Sie beschreibt alle Handlungen, Eigenschaften und Zustände, die vor der Gegenwart liegen, und umfasst damit alle deutschen Vergangenheitsformen: Präteritum, Imperfekt und Plusquamperfekt:

飲んだ。	→	Ich habe getrunken.
nonda.		Ich trank.
		Ich hatte getrunken.
しました。	→	Ich habe getan.
shimashita.		Ich tat.
		Ich hatte getan.

私 は もう 食べた。
watashi wa mou tabeta.
Ich habe schon gegessen.

本当 に よく 晴れた。
hontou ni yoku hareta.
Es hat tatsächlich aufgeklärt.

> 昨日 は 朝子さん が 由美さん と 会った。
> *kinou wa tomokosan ga yumisan to atta.*
> Gestern hat sich Tomoko mit Yumi getroffen.

Durch die Verwendung der Vergangenheitsform wird auch der Aufenthaltsort des Sprechers verdeutlicht. Im Fall des Satzes 日本の汽車は速かった *nihon no kisha wa hayakatta* („Die Züge in Japan waren schnell") ist der Sprecher nicht mehr in Japan. Soll dagegen betont werden, dass die in der Vergangenheit durchgeführten Handlungen noch in der Gegenwart wirken, wird die *te*-Form (vgl. 7.2 und 7.3) verwendet. Der Satz 父はここに来た *chichi wa koko ni kita* sagt lediglich aus, dass der Vater zum Ort des Sprechers gekommen ist, lässt allerdings offen, was anschließend passierte. Dagegen drückt der Satz 父はここに来ている *chichi wa koko ni kite iru* aus, dass der Vater kam und noch immer am Ort des Sprechers ist.

b) Zur Beschreibung von Handlungen, die in der Vergangenheit zu einem bestimmten Zeitpunkt gerade passieren, kann im Japanischen die Kombination von *te*-Form eines Verbs mit der Präteritumsform des Verbs いる verwendet werden, zum Beispiel 彼は飲んでいた ... *kare wa nonde ita...* („Er trank gerade, ..."). Die Zeit kann als Verlaufsform des Präteritums bezeichnet werden („progressives Präteritum"). Analog dient sie für die Beschreibung von Zuständen in der Vergangenheit (vgl. 7.3.4).

c) Mit zusätzlichen Mitteln kann die zeitliche Aussage von Sätzen gesteuert und damit innerhalb der Vergangenheit differenziert werden. Mit der Partikel ばかり kann beispielsweise die Formulierung „gerade etwas getan haben" gebildet werden. Die Partikel steht nach der einfachen Vergangenheitsform der Verben.

> 本 を 読んだ ばかり です。
> *hon o yonda bakari desu.*
> Ich habe gerade das Buch gelesen.
>
> まだ 日本 へ 来た ばかり で、日本語 が よく 分からない。
> *mada nihon e kita bakari de, nihongo ga yoku wakaranai.*
> Ich bin gerade erst nach Japan gekommen, deshalb verstehe ich Japanisch nicht gut.

Um auszudrücken, dass eine Handlung vollständig beendet ist, kann das Verb しまう benutzt werden. Es wird nach einem Prädikat in der *te*-Form angewendet und steht in einer Vergangenheitsform. Oft stehen Wörter wie かんぜん („vollständig") oder ぜんぶ („alles") zusammen mit しまう.

1. GRUNDLAGEN

もう 宿題 を して しまいました か。
mou shukudai o shite shimaimashita ka.
Hast du schon deine Hausaufgaben gemacht?

五日 で この 本 を 読んで しまった。
itsuka de kono hon o yonde shimatta.
Ich las dieses Buch in fünf Tagen.

違う バス に 乗って しまった。
chigau basu ni notte shimatta.
Ich fuhr mit dem falschen Bus.

1.6 Sprachstil

1.6.1 Einfacher und höflicher Sprachstil

Die japanische Sprache zeichnet sich durch ein komplexes System zum Ausdruck von Höflichkeit aus. Es enthält eine Vielzahl von grammatischen Mitteln sowie lexikalischen Formen und ist ausführlich in Kapitel 11 beschrieben. Die zwei am meisten verwendeten Höflichkeitsebenen und für den Ausländer wichtigsten Formen sind die „einfache" und die „neutral-höfliche" Form (丁寧語 *teineigo*).[17] Der Unterschied zwischen beiden Formen ist der Höflichkeitsgrad, der durch ihre Verwendung ausgedrückt wird.

[1.12] Einfacher und höflicher Sprachstil	einfacher Sprachstil	höflicher Sprachstil
Bezeichnungen des Sprachstils	• da-dearu-Stil • de-aru-Stil • だ・である体 *da de aru tai*	• desu-masu-Stil • です・ます体 *desu-masu tai* • 丁寧語 *teineigo* • Verbindlichkeitssprache
Bezeichnungen der Prädikatsformen	• vertraute Form • u-Form • Grundform • Finalform	• neutral-höfliche Form • masu-Form

---

[17] In dieser Grammatik wird die neutral-höfliche Stufe *teineigo* oft einfach als „höfliche Form" bezeichnet. Im deutschsprachigen Raum werden die Formen auch mit „Duzen" und „Siezen" bezeichnet.

[1.12] Einfacher und höflicher Sprachstil (Fortsetzung)

	einfacher Sprachstil	höflicher Sprachstil
Anwendungen	• keine besonderen Höflichkeitsfloskeln notwendig • in inoffiziellen Situationen • unter Freunden und in der Familie • Zeitungen • Prosa • Lehrbücher und wissenschaftliche Artikel	• außerhalb des engen Familien- und Freundeskreises • gegenüber Gleichrangigen • gegenüber Unbekannten • Schriftsprache: direkte Anrede des Lesers, z. B. in Briefen

Grammatisch werden die zwei Höflichkeitsebenen unter anderem durch unterschiedliche Prädikatsformen ausgedrückt. Es gibt für beide Ebenen Präsens- und Präteritumsformen sowie affirmative und verneinte Formen. In Wörterbüchern wird im Allgemeinen die einfache Form angegeben, sollte aber nicht als „Infinitiv" bezeichnet werden. Im satzabschließenden Prädikat wird sie verwendet, falls die Gesprächspartner sehr vertraut miteinander sind und es keine großen Unterschiede in ihrer sozialen oder beruflichen Stellung gibt. Auch Kinder und Jugendliche wenden die einfache Form an. Einfache Formen finden sich auch bevorzugt in der Schriftsprache in Zeitungen und Zeitschriften, in Lehrbüchern sowie allgemein in der wissenschaftlichen Literatur.

Die höfliche Sprache benutzt der Sprecher gegenüber ihm nicht sehr vertrauten, gleichrangigen oder gleichaltrigen Sprechpartnern sowie gegenüber Personen, deren Stellung ihm noch nicht bekannt ist. Bei großem Rang- oder sozialem Gefälle, beispielsweise zwischen Dienstleister und Kunden, werden Respekts- und Bescheidenheitssprache verwendet. Auch die Zugehörigkeit bzw. Nicht-Zugehörigkeit zur Sphäre des Sprechers bestimmt, ob respektvoll (尊敬語 *sonkeigo*) oder bescheiden (謙譲語 *kenjougo*) gesprochen wird (vgl. ausführlich Kapitel 11).

Wird im satzabschließenden Prädikat den einfachen Verbformen die höfliche Form der Kopula です angefügt, entspricht die resultierende Form in ihrem Höflichkeitswert den entsprechenden Verben in der *masu*-Form[18], wie zum Beispiel für die Verneinung von 食べる *taberu* und 読む *yomu*:

---

[18] Die Verwendung der Kopula nach der einfachen Präsensform gilt als unschön, wird aber heute in der Umgangssprache benutzt. Damit stellt beispielsweise 食べるです *taberu desu* zwar eine höfliche Alternative zu 食べます *tabemasu* dar, die *masu*-Form sollte aber bevorzugt angewendet werden.

1. GRUNDLAGEN

[1.13] Beispiele für verneinte Verbformen

Form	食べる *taberu*	読む *yomu*
einfach:	食べない *tabenai*	読まない *yomanai*
höflich:	食べないです *tabenai desu*	読まないです *yomanai desu*
	食べません *tabemasen*	読みません *yomimasen*

Entscheidend wird die Wahl der Sprachebene auch von der Zugehörigkeit des Gesprächspartners zur selben Gruppe des Sprechers beeinflusst. Zum Konzept von 内 *uchi* und 外 *soto* vgl. Kapitel 11.

1.6.2 Weglassen des Überflüssigen

a) Im Japanischen werden häufig Satzteile weggelassen, um Unnötiges nicht sagen zu müssen und um Wiederholungen zu vermeiden. Dies gilt insbesondere in der gesprochenen Sprache. In Antwortsätzen wird alles das nicht wiederholt, was in einer Frage bereits gesagt wurde, so dass Antwortsätze oft kurz sind und neben dem Prädikat nur das gefragte Objekt enthalten.

Entgegen anderen Sprachen muss im Japanischen nicht jeder Satz ein Subjekt enthalten. Ist das Subjekt vom Kontext her bekannt, kann es entfallen. Stellt man sich beispielsweise mit 山田です *yamada desu* vor, dann ist jedem Gesprächspartner klar, dass man seinen eigenen Namen nennt. Das Hinzufügen von „ich" wird überflüssig.

Das Personalpronomen für die 2. Person (zum Beispiel あなた) wird noch seltener verwendet. Wohlklingender ist in jedem Fall, den Gesprächspartner mit dem Namen oder einer Berufsbezeichnung anzureden: Anstelle von あなたは学生ですか *anata wa gakusei desu ka* („Sind sie Student?") ist 内田さんは学生ですか *uchidasan wa gakusei desu ka* („Ist Herr Uchida Student?" „Herr Uchida, sind sie Student?") vorzuziehen.

Das Prädikat ist oft der wichtigste Satzbaustein und ist meistens vorhanden. Nur in wenigen Situationen kann es entfallen, falls es vom Kontext her bekannt ist. Besonders bei Fragen nach dem Subjekt steht im Antwortsatz nur das erfragte Subjekt. Das Gleiche gilt, falls in einem Fragesatz das gleiche Prädikat verwendet werden würde, das im vorrausgehenden Aussagesatz schon genannt wurde.

b) Beispiele für weggelassene Satzelemente:

> だれ が お酒 を 飲みました か。私 です。
> *dare ga osake o nomimashita ka. watashi desu.*
> Wer hat den Sake getrunken? Ich war es.

私 は 午後 大学 へ 行く。君 は。
watashi wa gogo daigaku e iku. kimi wa.
Ich gehe heute Nachmittag in die Uni. Und du?

鈴木先生 は いつ ドイツ へ 行きます か。
suzukisensei wa itsu doitsu e ikimasu ka
(anstelle von: *anata wa itsu doitsu e ikimasu ka*).
Herr Suzuki, wann gehen sie nach Deutschland?

どうして この シャツ は 買いません か。高い から。
Frage: *doushite kono shatsu wa kaimasen ka.*
Antwort: *takai kara* (anstelle von: *takai kara kaimasen.* oder: *takai kara desu*).
Warum hast du dieses Hemd nicht gekauft? Weil es teuer war.

1.6.3 Mehrfache Verneinung

Eine doppelte Verneinung wird, wie im Deutschen, wieder zur positiven Aussage. Der Satz 明日は行けない *ashita wa ikenai* („Morgen geht es nicht") enthält eine einfache Verneinung. Die daraus gebildeten folgenden Sätze enthalten doppelte Verneinungen, bedeuten also alle, mit unterschiedlichen Nuancen, in etwa „Morgen geht es":

明日 は 行けない こと は ない。
ashita wa ikenai koto wa nai.
明日 は 行けない と は 思わない。
ashita wa ikenai to wa omowanai.
明日 は 行けない でも ない。
ashita wa ikenai de mo nai.

Doppelte Negationen finden sich auch beim Ausdruck eines Verbots bzw. eines Zwangs, da vor *wa ikenai/ikemasen* bereits ein verneinter Ausdruck steht (vgl. 9.4.2). In den beiden Sätzen この鮨を食べなければなりません *kono sushi o tabenakereba narimasen* und この鮨を食べなくては行けません *kono sushi o tabenakute wa ikemasen*, die beide „Sie müssen diese Sushi essen." bedeuten, ist sowohl das Verb *taberu*, wie auch das nachfolgende Verb なる *naru* bzw. いく *iku* verneint.

ここ で 待たなくて は いけません。
koko de matanakute wa ikemasen.
Du musst hier warten. Wörtlich: Es kann nicht gehen, dass du hier nicht wartest.

1. GRUNDLAGEN

> 日本語 が 上手 で なくて は いけません。
> *nihongo ga jouzu de nakute wa ikemasen.*
> Du musst gut Japanisch können!
>
> この 本 を 読まなければ なりません でした。
> *kono hon o yomanakereba narimasen deshita.*
> Ich musste dieses Buch lesen. Wörtlich: Wenn das Buch nicht gelesen worden wäre, wäre es nichts geworden.

1.6.4 Sonstige Aspekte

a) Geschlechtsunterschiede: Sprachstil und Wortwahl werden im Japanischen stark vom Geschlecht des Sprechers bestimmt. Weibliche und männliche Sprecher verwenden andere Wörter, bilden andere Satzstrukturen und nutzen das honorative System unterschiedlich, so dass die japanische Sprache die sozialen Rollen der Geschlechter in der japanischen Gesellschaft reflektiert. Typische Beispiele sind der unterschiedliche Gebrauch der Personalpronomen, spezifische Satzendpartikel, ein oft höflicherer und eleganterer Sprachstil der Frauen und bisweilen eine hohe, künstlich erhöhte Stimmlage weiblicher Sprecher. Die spezifische Art des Sprachgebrauchs weiblicher Sprecher wird im Japanischen 女性語 *joseigo* genannt, der speziell von Frauen verwendete Wortschatz als 女言葉 *onnakotoba*.

b) Namen: In der japanischen Sprache ist die Reihenfolge von Vor- und Nachnamen gegenüber dem Deutschen entgegengesetzt: Der Familienname steht vor dem Vornamen.

c) Anrede: Die Wahl der Anrede ist ein Beispiel für das komplexe honorative System der japanischen Sprache. Die Anrede richtet sich nach sozialen, altersmäßigen, geschlechtsspezifischen und situationsbezogenen Kriterien. Im Allgemeinen wirkt es unhöflich, das Personalpronomen für die direkte Anrede zu verwenden. Dem vorzuziehen ist die direkte Anrede mit dem Namen, der verwandtschaftlichen Beziehung oder einer Berufsbezeichnung

d) Dialekte: Neben der standardisierten Verkehrssprache (標準語 *hyoujungo*), die sich stark am *kantou*-Dialekt orientiert, und trotz des Einflusses von Schulerziehung, Presse und Film, besitzt die gegenwärtige japanische Sprache immer noch eine reiche Zahl regional abgrenzbarer Dialekte. Die Unterschiede sind sowohl phonetisch und akzentuell, wie auch lexikalisch und morphologisch erkennbar. Relevant ist insbesondere der im *kinki*-Gebiet gesprochene 関西弁 *kansaiben*.

2. NOMEN UND PRONOMEN
(名詞と代名詞 *meishi to daimeishi*)

In der japanischen Sprache gehören Nomen zu den nicht flektierbaren Wörtern. Wortarten mit ähnlichen Eigenschaften, die beispielsweise auch ähnliche Prädikate bilden, sind Pronomen, Namen und Numeralbezeichnungen. Einer der zwei Adjektivtypen, die sogenannten Nominaladjektive, ist ebenfalls nicht direkt flektierbar und hat daher einige ähnliche Eigenschaften wie Nomen. Er wird in Kapitel 6 behandelt.

In diesem Kapitel werden Nomen und Pronomen beschrieben und wie sie aus anderen Wortarten generiert werden können, wie zum Beispiel die Nominalisierung von Verben mit *no* und *koto*. Partikel zur Bestimmung des Kasus der Nomen werden im Abschnitt 4 behandelt.

2.1 Charakter von Nomen

Japanische Nomen sind nicht flektierbare Wörter, sie haben daher als grammatische Kategorie nur eine geringe Bedeutung. Nomen können Subjekte bilden und durch Attribute näher bestimmt werden (vgl. 2.2.2, 10.4). Zur Bildung von Prädikaten stehen sie zusammen mit der Kopula. Unter diese Klasse fallen im Japanischen auch Namen (Titel, Personen-, Firmen- und Ortsnamen), Pronomen und Numeralbezeichnungen. Sonderstellungen nehmen die Hilfs- und die Zeitnomen ein (vgl. 2.1.3).

Die drei auffälligsten Unterschiede im Vergleich zu Nomen in der deutschen Sprache sind das Fehlen

- des grammatischen Geschlechts, d. h. Nomen haben keine Artikel,
- der Unterscheidung in Singular und Plural und
- der Flektion nach dem Kasus.

Letzteres wird von nachgestellten Partikeln (vgl. 4.1.1) übernommen. Der nominale Wortschatz setzt sich zusammen aus rein japanischen, aus ursprünglich chinesischen (sinojapanischen) Wörtern sowie aus Fremdwörtern aus westlichen Sprachen. Viele der japanischen Nomen sind von Verben abgeleitet bzw. enthalten ein Verb in der Verbindung mit einem Nomen. Abgesehen von Wortverbindungen (zum Beispiel 楽しみ *tanoshimi*) sind es im Allgemeinen zwei- bis dreisilbige Wörter. Dagegen bestehen sinojapanische Nomen meist aus zwei Nomen („Binomen", zum Beispiel 大学 *daigaku*, 外人 *gaijin*, 漢字 *kanji*, 日本 *nihon*) und bilden längere, zusammengesetzte Wörter, in denen die Binomen ihre Bedeutung beibehalten, zum Beispiel 外国語大学 *gaikokugodaigaku*

(„Fremdsprachen-Universität") und 炭水化物混合物 *tansuikabutsukongoubutsu* („Kohlenhydratmischung").

2.1.1 Singular und Plural

Es gibt keinen grammatischen Unterschied zwischen Singular und Plural für Nomen im japanischen Satz, weder im verbalen, noch im nominalen Bereich. Da es auch keine bestimmten und unbestimmten Artikel gibt, muss die Bedeutung dem Kontext entnommen werden. So kann 本 *hon* „ein Buch", „die Bücher" oder einfach „Bücher" bedeuten. Eine genaue Unterscheidung ist nur durch eine zusätzliche Beschreibung des Nomens oder mithilfe des Satzzusammenhangs möglich.

Es gibt eine geringe Zahl von Suffixen, die zur Pluralbildung an Nomen angehängt werden können. Wichtige Suffixe zur Pluralbildung bei Personenbezeichnungen sind in [2.1] zusammengefasst.

[2.1] Pluralsuffixe für Personenbezeichnungen

Suffix	Beispiel: Singular → Plural	
～達 ~*tachi* und ～ら[1] bei Personalpronomen (vgl. 2.4.1)	私 *watashi* („ich")	私達 *watashitachi* („wir")
	この人 *kono hito* („er")	この人達 *kono hitotachi* („sie")
～達 ~*tachi* und ～ら bei Namen, Berufs- und Beziehungsbezeichnungen etc.	鈴木さん *suzukisan*	鈴木さん達 *suzukisantachi* (*suzuki* und die anderen Leute)
	子ども *kodomo* („Kind")	子ども達 *kodomotachi*, 子どもら *kodomora* („Kinder")
	生徒 *seito* („der Schüler")	生徒ら *seitora* („Schüler")
	親 *oya* („Eltern", Singular)	親達 *oyatachi* („Eltern", Plural)
～ら bei nominalen Demonstrativpronomen	これ	これら
	それ	それら
	あれ	あれら

---

[1] Das Suffix ～ら wird im Standardjapanischen vorwiegend in der Schriftsprache verwendet. In der Kansairegion wird es auch in der gesprochenen Sprache oft benutzt, zum Beispiel: あたしら („wir" für Frauen) und あの子ら *anokora* („jene Kinder").

2. NOMEN UND PRONOMEN

[2.1] Pluralsuffixe für Personenbezeichnungen (Fortsetzung)		
Suffix	Beispiel: Singular → Plural	
～ども als Bescheidenheitsform für das Personalpronomen der ersten Person und für einige wenige Nomen	私 watashi („ich")	私ども watashidomo („wir")
	男 otoko („Mann")	男ども otokodomo („Männer")
	倅 segare („Sohn")	倅ども segaredomo („Söhne")
～方 ~gata ist das höfliche Pluralsuffix für das Personalpronomen der 2. Person und für einige wenige Nomen	あなた („du")	あなた方 anatagata („ihr")
	お母さん okaasan („Mutter")	お母さん方 okaasangata („Mütter")
	お父さん otousan („Vater")	お父さん方 otousangata („Väter")
	先生 sensei („Lehrer")	先生方 senseigata („die Lehrer")

友達 *tomodachi* wurde ursprünglich auf ähnliche Weise als Pluralform entwickelt. Heute wird es für Singular („der Freund") und Plural („die Freunde") verwendet. Zum expliziten Ausdruck des Plurals ist 友達ら möglich.

In einigen Fällen wird auch die Verdopplung des Nomens zur Pluralbildung gebraucht. Diese Bildungsart ist auf wenige Wörter japanischer Herkunft beschränkt und kann oft zum Ausdruck einer Gesamtheit verwendet werden. Ein stimmloser Konsonant am Wortanfang wird dabei zu einem stimmhaften in der zweiten Einheit. Statt des zweiten *kanji* wird das Wiederholungszeichen 々 verwendet.

人々 *hitobito*   *Leute, alle Leute*
山々 *yamayama*   *Berge, alle Berge*
国々 *kuniguni*   *Länder, alle Länder*
方々 *katagata*   *Leute, alle Anwesende*
日々 *hibi*   *Tage, alle Tage*
時々 *tokidoki*   *von Zeit zu Zeit*

2.1.2 Der Ersatz von Nomen

Ist ein Nomen in ein Gespräch eingeführt worden und im weiteren Verlauf somit bereits bekannt, so kann es durch の ersetzt werden. Dies ist beispielsweise bei Frage und Antwort der Fall, wenn ein in der Frage erwähntes Nomen in der Antwort nicht wiederholt, sondern mit の ersetzt wird.

> どんな ワイン を 買いました か。 ちょっと 高い の を 買いました。
> *donna wain o kaimashita ka. chotto takai no o kaimashita.*
> Was für einen Wein haben sie gekauft? Ich habe einen etwas teureren gekauft.

> これ は 先生 の 鞄 です。 私 の は それ です。
> *kore wa sensei no kaban desu. watashi no wa sore desu.*
> Dies ist die Tasche des Lehrers. Meine ist diese.

Die Partikel の wird genau wie das ersetzte Nomen im Satz positioniert und mit Partikeln markiert. Adjektive werden vor の wie üblich vor Nomen verwendet: „VA の" bzw. „NA な の". Nach の folgt die Partikel, mit der das ersetzte Nomen wie üblich markiert worden wäre.

Beim Ersatz des zweiten Nomens der Konstruktion „Nomen の Nomen" (vgl. 2.2.3) wird nur einmal die Partikel の verwendet (zum Beispiel in 私の車は ... *watashi no kuruma wa ...* ⇒ 私のは ... *watashi no wa ...*).

> 高い の は もう 買った の。
> *takai no wa mou katta no.*
> Hast du schon das teure gekauft?

> 大きい の が 好き です。 赤い の は 好き です が 青い の は 好き で は ありません。
> *ookii no ga suki desu. akai no wa suki desu ga aoi no wa suki dewa arimasen.*
> Ich mag das große. Das rote mag ich, aber das blaue mag ich nicht.

Auch wenn im zweiten Teil eines Satzes erst klar wird, worüber am Anfang des Satzes gesprochen wird, kann の stellvertretend für ein Substantiv bereits im ersten Satzteil eingesetzt werden.

> 次 の 試験 は 難しい 試験 でしょう。
> *tsugi no shiken wa muzukashii shiken deshou.* (lang)
> 次 の は 難しい 試験 でしょう。
> →*tsugi no wa muzukashii shiken deshou.* (Ersatz von 試験 shiken mit の)
> Die nächste Prüfung ist bestimmt eine schwierige Prüfung.

2.1.3 Die Verwendung spezieller Nomen (形式名詞 *keishikimeishi*)

Es gibt im Japanischen eine Gruppe von Nomen, die als Hilfsnomen (auch „formale Nomen" und „Formalnomina" genannt)[2] den ihnen vorangestellten Ausdruck in eine

---

[2] Zuweilen werden auch die Ortsrelationsnomen (wie „vor, hinter, zwischen", vgl. 2.2.3) als „formale Nomen" bezeichnet.

2. NOMEN UND PRONOMEN

geeignete Form bringen, die der Satzaufbau verlangt. Die eigentliche Bedeutung der Nomen kann dabei verloren gehen. Der Satzteil vor dem Hilfsnomen kann im Deutschen oft durch einen Nebensatz mit „ ... dass ..." wiedergegeben werden. Es sind dies zum Beispiel:

[2.2] Hilfsnomen (formale Nomen, 形式名詞 *keishikimeishi*): Beispiele

事 *koto*	abstrakte Sache, Angelegenheit, Tatsache		間 *aida*	Zwischenraum
物 *mono*	konkrete Sache		分 *bun*	Teil
者 *mono*	Person		通り *toori*	Art und Weise
所 *tokoro*	Ort		為 *tame*	Zweck
方 *hou*	Richtung		方 *kata*	Form, Art und Weise
時 *toki*	Zeit		わけ *wake*	Grund, Ursache, Sinn
由 *yoshi*	Grund			

a) 事 *koto* wird als Hilfsnomen für abstrakte Dinge verwendet, um „was betrifft", „die Belange von" bzw. „über" auszudrücken. Im Fall von konkreten Objekten wird dagegen 物 *mono* benutzt (vgl. unten).

> 私 の 事 は 心配 しないで 下さい。
> *watashi no koto wa shinpai shinaide kudasai.*
> Mach dir um mich keine Sorgen. (nach Nomen)

> 大事 な 事 は もう 全部 話しました。
> *daiji na koto wa mou zenbu hanashimashita.*
> Ich habe ihnen alles erzählt, was wichtig ist. (nach NA)

b) 物 *mono* steht für „Ding, Sache" für alle nichtabstrakten Objekte.

> 日本 は 広い 物 だ なあ と 思った。
> *nihon wa hiroi mono da naa to omotta.*
> Ich dachte, Japan wäre ein weites Land.

c) Für Personen wird das Hilfsnomen 者 *mono* verwendet.

> 田 と 言う 者。
> *yoshida to iu mono.*
> Ein Mann namens Yoshida.

d) Mit dem Hilfsnomen 所 *tokoro* können konkrete oder abstrakte Orte benannt werden. Dies wird häufig angewendet, wenn Personen als Ortsbestimmung dienen, wie beispielsweise in dem Satz „ich gehe zu Yumiko". Allgemein ist dies der Fall, falls eine Person Ziel einer Bewegung ist („ich gehe zu ...") oder eine Handlung an dem Ort, an dem sich eine Person befindet, ausgeübt wird. Es kann darüber hinaus zur Formulierung einer Adresse oder eines Ortes verwendet werden.

> 私 の 友達 の 所 へ 行く。
> *watashi no tomodachi no tokoro e iku.*
> Ich gehe zu meinem Freund.

> ここ は 住み よい 所 です。
> *koko wa sumi yoi tokoro desu.*
> Dies ist ein Ort, wo man gut wohnt.

Auch andere Ereignisse können verwendet werden, auch solche, die einen abstrakten Ort beschreiben, wie beispielsweise den Punkt innerhalb eines Musikstückes oder das Ende eines Japanisch-Kurses:

> 今 は 日本語 の 授業 が 終わった ところ です。
> *ima wa nihongo no jugyou ga owatta tokoro desu.*
> Der Japanisch-Kurs hat gerade aufgehört.

e) Um einen räumlichen oder zeitlichen (vgl. 10.3.3) Zwischenraum anzugeben, wird 間 *aida* verwendet. Es kann auch für die Beziehung zwischen Menschen stehen.

> 三時 と 五時 の 間 に 来て 下さい。
> *sanji to goji no aida ni kite kudasai.*
> Komme bitte zwischen drei und fünf Uhr.

> この 建物 と その 建物 の 間 は 何 メートル です か。
> *kono tatemono to sono tatemono no aida wa nan me-toru arimasu ka.*
> Wie viele Meter sind zwischen diesem und jenem Gebäude?

f) Um eine Richtung anzugeben, wird 方 *hou* verwendet.

> 鳥 は 南 の 方 へ 飛びます。
> *tori wa minami no hou e tobimasu.*
> Die Vögel werden nach Süden fliegen.

2. NOMEN UND PRONOMEN

> 東京 の 北 の 方 に どんな 都市 が あります か。
> *toukyou no kita no hou ni donna toshi ga arimasu ka.*
> Welche Stadt liegt nördlich von Tokyo?

g) Ein Zeitabschnitt (zum Beispiel eine Jahreszeit), der auch durch eine Handlung bestimmt sein kann, wird mit 時 *toki* ausgedrückt. Zur Bildung von Temporalsätzen mit 時 vgl. auch 10.3.3.

> 暑い 時 は 日本 へ 行きたくない。
> *atsui toki wa nihon e ikitakunai.*
> In der heißen Jahreszeit möchte ich nicht nach Japan gehen.

> 食事 を して いる 時 友達 が 来ました。
> *shokuji o shite iru toki tomodachi ga kimashita.*
> Als ich beim Essen war, kam ein Freund.

h) Die Art und Weise einer Handlung bzw. deren Form oder Methode wird mit dem Hilfsnomen 方 *kata* („Form") ausgedrückt. Es wird wie die höfliche *masu*-Form an die i-Basis von Verben angeschlossen (vgl. 5.1.3). Das resultierende Wort ist nominaler Natur und wird somit zum Beispiel in Kombination mit anderen Substantiven mit der Partikel の verwendet (Beispiel: 日本人の書き方 *nihonjin no kakikata* „die Art, wie Japaner schreiben").

[2.3] Beispiele zur Bildung von Nomen aus Verben mit 方 *kata*

Verbtyp	Beispielverb	Form mit 方
vokalische Verben:	食べる *taberu* → 見る *miru* →	食べ方 *tabekata* die Art zu essen 見方 *mikata* die Art zu sehen
konsonantische Verben:	飲む *nomu* → 話す *hanasu* →	飲み方 *nomikata* die Art zu trinken 話し方 *hanashikata* die Art zu reden

> カタカナ の 読み方 は 難しくない です。
> *katakana no yomikata wa muzukashikunai desu.*
> Die Art, wie man Katakana liest, ist nicht schwierig.

> 山田さん の 話し方 は 面白い です ね。
> *yamadasan no hanashikata wa omoshiroi desu ne.*
> Die Art, wie Frau Yamada redet, ist interessant, nicht wahr?

i) わけ wird für abstrakte Dinge verwendet, die intellektuell verstanden werden können, d. h. die einen Sinn haben können. Sätze mit わけ können recht unterschiedlich übersetzt werden.

> あなた が この 会社 で 仕事 を したい わけ を 言って 下さい。
> *anata ga kono kaisha de shigoto o shitai wake o itte kudasai.*
> Sagen sie bitte, warum sie in dieser Firma arbeiten möchten.

> あなた は なぜ 昨日 私 の パーティー に 来なかった の か その わけ を 話して 下さい。
> *anata wa naze kinou watashi no pa-ti- ni konakatta no ka sono wake o hanashite kudasai.*
> Sage mir bitte den Grund, warum du gestern nicht zu meiner Party gekommen bist.

j) Mit dem Nomen まま kann ausgedrückt werden, dass eine Situation unverändert bestehen bleibt oder ein Zustand unverändert anhält. Beispielsweise kann die Kombination mit dem Verb 行く *iku* („gehen") verstanden werden als „er ging und kam (bisher) nicht wieder": 行ったまま *itta mama*. Die Kombination mit Adjektiven und Nomen kann übersetzt werden mit „belassen, wie es ist", zum Beispiel 長いまま *nagai mama* mit „so lang belassen, wie es ist" und 京都は去年のままにしておきます *kyouto wa kyonen no mama ni shite okimasu* mit „Kyoto ist genau wie letztes Jahr".

> 彼 は 電気 を 点けた まま 寝て しまいました。
> *kare wa denki o tsuketa mama nete shimaimashita.*
> Er ließ das Licht an und ging schlafen.

> 今 の まま に して おいて 下さい。
> *ima no mama ni shite oite kudasai.*
> Bitte lasse es so, wie es jetzt ist.

Verneinte Verben vor まま sind nur im Präsens sinnvoll.

> ビール を 飲まない まま 帰りました。
> *bi-ru o nomanai mama kaerimashita.*
> Er ging nach Hause, ohne das Bier zu trinken.

k) Zeitnomen: Neben den Hilfsnomen nehmen auch die Zeitnomen im Vergleich zu normalen Nomen eine Sonderstellung ein. Sie können neben ihrer Funktion als Subjekte auch adverbial wirken und Prädikate näher bestimmen.

2. NOMEN UND PRONOMEN

[2.4] Beispiele für Zeitnomen

今日 *kyou*	heute	先週 *senshuu*	letzte Woche
昨日 *kinou*	gestern	来月 *raigetsu*	nächsten Monat
明日 *ashita*	morgen	今年 *kotoshi*	dieses Jahr

> 今日 は 何曜日 です か。
> *kyou wa nanyoubi desu ka.*　　　　　　　　　　(Zeitnomen als Subjekt)
> Was haben wir heute für einen Wochentag?

> 明日 映画館 に 行きましょう。
> *ashita eigakan ni ikimashou.*　　　　　　(Zeitnomen in adverbialer Funktion)
> Lasst uns morgen ins Kino gehen!

2.1.4　Ausdruck einer Vermutung mit den Nomen はず und 予定 *yotei*

a) Eine starke Vermutung bzw. Erwartung des Sprechers wird mit dem Nomen はず ausgedrückt. Es folgt den einfachen Formen von Verben oder Verbaladjektiven bzw. nach NA + な, Nomen + の oder bei Verwendung des Präteritums nach NA/Nomen + だった. Im Fall von Verben und Verbaladjektiven übernehmen diese Verneinung und Vergangenheit. Übersetzt werden können Sätze mit はず mit „Ich erwarte, dass …", „es dürfte sein, dass …" oder „es sollte sein, dass …" und im Fall verneinter Sätze auch mit „nicht sein können".

Nach はず muss immer die Kopula stehen, die Präteritum und/oder Verneinung im Sinne von „ich erwarte nicht, ich erwartete, ich erwartete nicht" trägt. Die Konstruktion ist auf Erwartungen der ersten Person beschränkt.

> 小槻さん は 日本 へ 行く はず です。
> *otsukisan wa nihon e iku hazu desu.*　　　　　　　　　　　　(Verb)
> Ich vermute stark, dass Frau Otsuki nach Japan fährt.

> この アパート は 高かった はず です。
> *kono apa-to wa takakatta hazu desu.*　　　　　　　　(VA, Präteritum)
> Dieses Apartment dürfte teuer gewesen sein.

> この アパート は きれい な はず です。
> *kono apa-to wa kirei na hazu desu.*　　　　　　　　　　　　(NA)
> Dieses Apartment sollte schön sein.

> 来週 日本 に 来る の は 藤田さん の はず です。
> *raishuu nihon ni kuru no wa fujitasan no hazu desu.* (Nomen)
> Nächste Woche ist es Frau Fujita, die nach Japan kommen sollte.

Verneint werden können das Verb und Verbaladjektiv vor はず, sowie die Kopula danach. Sätze mit verneintem Verb oder VA können so übersetzt werden, dass sich die Verneinung sowohl auf den Inhalt der Erwartung, wie auch auf die Erwartung selber bezieht. Ist die Kopula verneint, bezieht sich die Verneinung nur auf die Erwartung.

● verneintes Verb vor はず:

> 彼 は 日本 へ 行かない はず です。
> *kare wa nihon e ikanai hazu desu.*
> Ich erwarte, dass er nicht nach Japan geht.
> (verneinter Inhalt der Erwartung) oder:
> Ich erwarte nicht, dass er nach Japan geht. (verneinte Erwartung)

● verneinte Kopula:

> 彼 は 日本 へ 行く はず では ありません。
> *kare wa nihon e iku hazu dewa arimasen.*
> Ich erwarte nicht, dass er nach Japan geht. (verneinte Erwartung)

Die Verneinung kann darüber hinaus bezüglich des Inhalts der Erwartung auch durch die Konstruktion はずはない bzw. はずがない ausgedrückt werden.

> 山口さん は 日本 へ 行く はず が ない。
> *yamaguchisan wa nihon e iku hazu ga nai.*
> Ich erwarte nicht, dass Herr Yamaguchi nach Japan fährt.

はず kann nicht alleine stehen. Es muss durch Sätze oder Demonstrativpronomen (wie zum Beispiel その oder こんな) ergänzt werden. Ein einfacher Satz der Bedeutung „das erwarte ich" muss demnach folgendermaßen lauten:

> 夏子さん も 来ます か。はい、その はず です。
> *natsukosan mo kimasu ka. hai, sono hazu desu.*
> Kommt Natsuko auch? Ja, das erwarte ich.

Ein Satz mit はず kann auch mit „es ist natürlich" bzw. „es ist nicht verwunderlich" übersetzt werden, falls die Erwartung nicht persönlich vom Sprecher gemeint, sondern allgemeingültig ist.

2. NOMEN UND PRONOMEN

b) Eine zweite Möglichkeit zum Ausdruck einer Erwartung ist die Verwendung des Nomens 予定 *yotei* („Plan"). Im Vergleich zur Formulierung mit はず entspricht ein Satz mit 予定 *yotei* mehr einer Absicht (vgl. 9.6.1), kann aber je nach Kontext auch mit „nach Plan" oder „wie erwartet" übersetzt werden. 予定 *yotei* wird im Anschluss an die einfachen Formen von Verben verwendet.

> 朝子ちゃん は いつ ドイツ に 来ます か。今年 の 終わり に 来る 予定 です。
> *tomokochan wa itsu doitsu ni kimasu ka. kotoshi no owari ni kuru yotei desu.*
> Wann kommt Tomoko nach Deutschland? Sie plant, Ende des Jahres zu kommen (Ich erwarte ihr Kommen Ende des Jahres).

2.1.5 Nomen in Bitten

Zum Ausdruck einer Bitte der Form „Ich hätte gerne ..." bzw. „Bitte geben sie mir ..." wird 下さい *kudasai* direkt nach Nomen und der sie markierenden Partikel を verwendet. Etwas unhöflicher wirkt die Verwendung von ちょうだい. Zum Ausdruck von Bitten vgl. 8.5.2.

> お茶 を 下さい
> *ocha o kudasai.*
> Bitte geben sie mir Tee.

> 水 を ちょうだい。
> *mizu o choudai.*
> Gib mir Wasser!

2.2 Spezifizierung von Nomen

2.2.1 Methoden zur Spezifizierung von Nomen

[2.5] Methoden zur Spezifizierung von Nomen	
● adnominale Adjektive (vgl. 6.2.2)	VA Nomen
	NA な Nomen
● „zweites Subjekt" (vgl. 2.2.2)	は ... が ... です
● adnominale Nomen (vgl. 2.2.3)	Nomen の Nomen

[2.5] Methoden zur Spezifizierung von Nomen (Fortsetzung)	
● adnominale Verben in Attributsätzen (vgl. 10.4.1)	～う Nomen
	～た Nomen
	～ない Nomen
	～なかった Nomen
● adnominale Adjektive in Attributsätzen (vgl. 10.4.2)	Nomen が VA Nomen
	Nomen が NA な Nomen
	Nomen な NA Nomen

a) Nomen können durch unterschiedliche Methoden modifiziert werden. Die einfachste ist die Kombination mit einem Adjektiv (vgl. ausführlich in Kapitel 6).

> 小さい 家 *chiisai ie*
> ein kleines Haus (Verbaladjektiv)
> 静か な アパート *shizuka na apa-to*
> eine ruhige Wohnung (Nominaladjektiv)

b) Substantive können auch mit ganzen Sätzen modifiziert werden (Attributsätze vgl. ausführlich 10.4). Solche Attributsätze stehen direkt vor dem Nomen, das sie näher bestimmen. Das Prädikat des Attributsatzes kann verbaler, adjektivischer oder nominaler Natur sein. Im Fall von verbalen Prädikaten steht das Verb des Attributsatzes in einer einfachen Form direkt vor dem Nomen. Im folgenden Beispiel wird das Nomen 寿司 *sushi* mit dem Attributsatz 京都で食べた *kyouto de tabeta* beschrieben.

> 京都 で 食べた 寿e司 は とても 美味しかった です よ。
> *kyouto de tabeta sushi wa totemo oishikatta desu yo.*
> Das Sushi, das ich in Kyoto gegessen habe, war sehr lecker.

Im Fall adjektivischer Prädikate bezieht sich (im Gegensatz zum normalen adnominalen Gebrauch der Adjektive) das Adjektiv inhaltlich auf das Nomen im Attributsatz, und nicht auf das Nomen, vor dem es steht. Im folgenden Beispiel ist das adnominale Adjektiv 長い *nagai*. Es bezieht sich nicht auf das Substantiv 動物 *doubutsu*, vor dem es steht, sondern auf das Nomen des Attributsatzes, 鼻 *hana*. Die Übersetzung mit „... langes Tier ..." ist somit falsch; richtig ist „... lange Nase ...".

鼻 が 長い 動物 が 好き です か。
hana ga naigai doubutsu ga suki desu ka.
Magst du das Tier mit der langen Nase?

c) Nominaladjektive werden wie üblich mit な vor Substantiven verwendet. Präteritum und Verneinung werden mit der Kopula ausgedrückt.

英語 が 下手 な 日本人 と 話した のに 分かりました。
eigo ga heta na nihonjin to hanashita noni wakarimashita.
Obwohl ich mit einem Japaner, der schlecht Englisch konnte, sprach, habe ich es verstanden.

アパート が 便利 では なかった 建物 に 引っ越したくない です。
apa-to ga benri dewa nakatta tatemono ni hikkoshitakunai desu.
Ich will nicht in das Gebäude mit den unpraktischen Wohnungen ziehen.

d) Attributsätze mit nominalen Prädikaten werden ebenfalls mit einer entsprechenden Form der Kopula vor Substantiven verwendet. Im folgenden Beispiel wird der Satz 女の人と話しましたか *onnanohito to hanashimashita ka* („Haben sie mit der Frau gesprochen?") durch den Attributsatz mit nominalem Prädikat 外国人じゃない *gaikokujin ja nai* („kein Ausländer sein") modifziert:

外国人 じゃ ない 女の人 と 話しました か。
gaikokujin ja nai onnanohito to hanashimashita ka.
Haben sie mit der Frau, die keine Ausländerin ist, gesprochen?

2.2.2 „Zweites Subjekt"

Markiert man ein Nomen mit は als Satzthema, kann dieses mit einem zweiten Nomen, das mit が als Subjekt markiert wird, näher bestimmt werden. Weil die Übertragung ins Deutsche formal zu zwei subjektähnlichen Satzelementen führt („Was Subjekt 1 betrifft, Subjekt 2 tut ..."), werden Konstruktionen diesen Typs „Sätze mit zweitem Subjekt" genannt, obwohl nur das mit が markierte Nomen das grammatische Subjekt des Satzes darstellt. Es ist üblich, das Satzthema auch in diesem Fall am Satzanfang zu positionieren.

朝子さん は 目 が きれい です。
tomokosan wa me ga kirei desu.
Tomoko hat schöne Augen (Was Tomoko betrifft, ihre Augen sind schön).

> 京都 は お寺 が 多い です。
> *kyouto wa otera ga ooi desu.*
> In Kyoto gibt es viele Tempel.

Sollen Sätze solchen Inhalts allerdings als Teilsätze weiter verwendet werden, eignet sich besser die Verknüpfung der zwei Substantive mit の.

> この 本 は 山口さん が 書きました。
> *kono hon wa yamaguchisan ga kakimashita.*
> Dieses Buch wurde von Frau Yamaguchi geschrieben.
> ⇒ だれ が 山口さん の 書いた 本 を 買いました か。
> *dare ga yamaguchisan no kaita hon o kaimashita ka.*
> Wer hat das von Frau Yamaguchi geschriebene Buch gekauft?

2.2.3   Adnominale Bestimmungen durch Nomen

a) Ein Nomen kann näher bestimmt werden, indem ein zweites Nomen, das mit der Partikel の markiert ist, vorangestellt wird. Man erhält als Wortfolge „Nomen の Nomen". Eine typische Anwendung dieser Konstruktion ist die Beschreibung von Besitzverhältnissen (als Ersatz für deutsche Possessivpronomen, vgl. 2.4.3).

Während im Deutschen die Reihenfolge von Bestimmenden und Bestimmten im Allgemeinen beliebig ist, wirkt im Japanischen immer das zuerst genannte Nomen zur näheren Erklärung des zuletzt genannten. Dies gilt auch bei Verwendung mehrerer Nomen. Nimmt die Bestimmung von Nomen das Ausmaß eines Satzes an, so wird dieser unmittelbar und ohne Zusatz von の vor das zu bestimmende Nomen positioniert (Attributivsätze vgl. 10.4).

Soll beispielsweise das Substantiv „Farbe" durch die zusätzliche Information „Auto" näher erklärt werden, dann kann der deutsche Ausdruck lauten: „Die Autofarbe" (Auto → Farbe) oder „die Farbe des Autos" (Farbe ← Auto). Im Japanischen muss es 車の色 *kuruma no iro* heißen (Auto → Farbe).

Die dieser Konstruktion entsprechende Frageform lautet 何の *nan no* („was für ein ..."), da 何 als Fragepronomen wie ein Nomen vorangestellt wird. Ähnlich zu verstehen ist der adnominale Gebrauch der Demonstrativpronomen この, その, あの und どの, die als Wortbestandteil ebenfalls の aufweisen (vgl. 2.4.2).

> 銀行 の 入り口 *ginkou no iriguchi* der Eingang der Bank
> 私 の 母 *watashi no haha* meine Mutter
> ドイツ の 歴史 *doitsu no rekishi* die Geschichte Deutschlands

2. NOMEN UND PRONOMEN

私 の 友達 の 車 の 色 は 白い です。
watashi no tomodachi no kuruma no iro wa shiroi desu.
Die Farbe des Autos meines Freundes ist weiß.
(„Farbe" ist das eigentliche Satzthema. Es wird näher bestimmt durch 1.) „Auto",
2.) „Freund" und 3.) „ich/mein" (inhaltliche Reihenfolge). Im japanischen Satz
steht die am meisten entfernte nähere Bestimmung („ich/mein") als erstes.

先生 の 家 は 近い。
sensei no ie wa chikai.
Das Haus des Lehrers ist nah.

それ は 何 の 本 です か。これ は 辞書 です。
sore wa nan no hon desu ka. kore wa jisho desu.
Was ist das für ein Buch? Es ist ein Wörterbuch.

いつも の バス で 行きましょう。
itsumo no basu de ikimashou.
Lass uns mit dem üblichen Bus fahren.

b) Besitzanzeigung mit persönlichen Nomen kann je nach Kombination in unterschiedlicher Reihenfolge geschehen. Steht das persönliche Nomen zuerst, wird damit eine dem deutschen Genitiv sinngemäß entsprechende Form gebildet. Im umgekehrten Fall wird eine erklärende Information zum persönlichen Nomen geliefert. Die grammatische Struktur des japanischen Ausdrucks ist in beiden Fällen gleich und das vor の stehende Nomen modifiziert die Bedeutung des hinter の stehenden Nomens (für weitere Beispiele vgl. 2.4.3).

● das persönliche Nomen wirkt bestimmend:

私 の 車
watashi no kuruma mein Auto
日本 の 大学
nihon no daigaku die Universitäten Japans

● das persönliche Nomen wird bestimmt:

学生 の 娘
gakusei no musume meine Tochter, die Studentin, ...
友達 の 石井さん
tomodachi no ishiisan mein Freund Ishii ... oder: Ishii, ein Freund von mir, ...

c) Die Angabe von zeitlicher und räumlicher Richtung und Lage, die man im Deutschen durch Präpositionen erreicht, wird im Japanischen durch Partikel oder mithilfe von Relationsnomen formuliert.

Relationsnomen werden wie andere Nomen mit の vor zu bestimmende Nomen positioniert. Mit ihnen können darüber hinaus weitere Formulierungen ausgedrückt werden. Richtungen werden mit dem Zusatz 方 *hou* („Richtung") ausgedrückt, zum Beispiel 南の方 *minami no hou* („in südlicher Richtung").

[2.6] Beispiele für räumliche Relationsnomen

の上 *no ue*	über, auf	の前 *no mae*	vor
の下 *no shita*	unter	の中 *no naka*	in
の間 *no aida*	zwischen	の向う *no mukou*	auf der anderen Seite von
の左 *no hidari*	links von	の隣 *no tonari*	rechts oder links neben
の南 *no minami*	südlich von		

> 山田さん の 後ろ の 椅子 に 座って 下さい。
> *yamadasan no ushiro no isu ni suwatte kudasai.*
> Setzen sie sich bitte auf den Stuhl hinter Frau Yamada.

d) Auch in weiteren Formulierungen, die im Deutschen mit anderen Mitteln, beispielsweise mit Verben oder Hilfsverben gebildet werden, erfolgt der Anschluss eines weiteren Nomens mit の. Dazu gehören beispielsweise die Verwendung von Hilfsnomen (vgl. 2.1.3), der Ausdruck einer Erwartung mit はず (vgl. 2.1.4), eines Zwecks mit ため (vgl. 10.5.5), einer Absicht mit つもり (vgl. 9.6.1), eines Anscheins mit よう (vgl. 8.6.5) oder einer Erfahrung mit こと (vgl. 2.3.3).

e) Dem ersten Nomen kann auch eine Partikel folgen. Es ergibt sich die Satzstruktur „Nomen Partikel の Nomen".

> 八時 から パーティー に 行きます。
> *hachiji kara pa-ti- ni ikimasu.*
> Ich gehe ab 8 Uhr auf die Party.
> (→ 八時 bezieht sich auf das Verb „gehen")

2. NOMEN UND PRONOMEN

八時 から の パーティー に 行きます。
hachiji kara no pa-ti- ni ikimasu.
Ich gehe auf die Party, die um 8 Uhr begonnen hat.
(→ 八時から modifiziert „Party")

森田さん へ の 絵 も 買いました か。
moritasan e no e mo kaimashita ka.
Hast du schon das Bild für Frau Morita gekauft?

後 で 日本 で の 仕事 を 捜す。
ato de nihon de no shigoto o sagasu.
Danach suche ich eine Arbeit in Japan.

f) Auch möglich ist die Verknüpfung eines Substantivs mit einem zweiten, durch ein Attribut oder einen Attributsatz bereits näher erläuterten Substantiv. Als Attribut können Sätze mit adnominalen Verben, Adjektiven und Nominaladjektiven verwendet werden (vgl. 10.4).

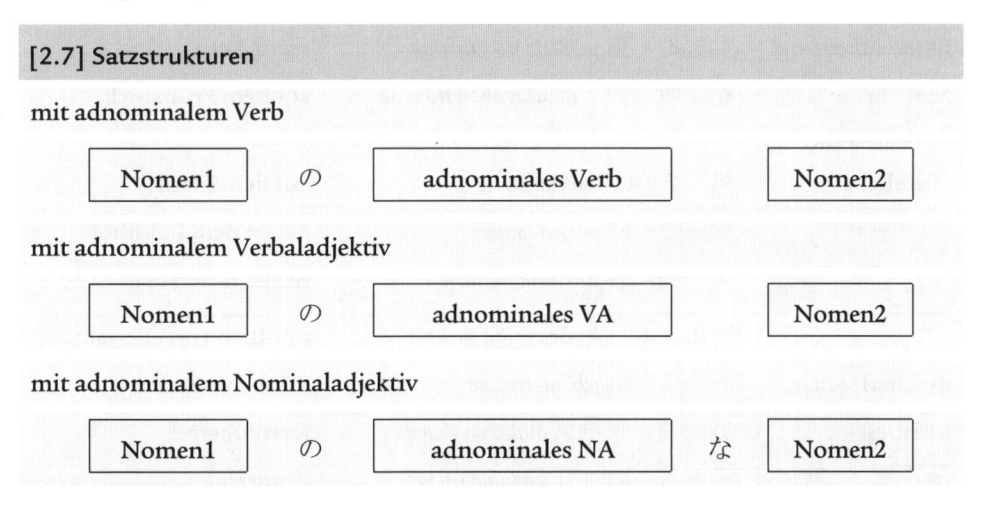

[2.7] Satzstrukturen

mit adnominalem Verb

| Nomen1 | の | adnominales Verb | | Nomen2 |

mit adnominalem Verbaladjektiv

| Nomen1 | の | adnominales VA | | Nomen2 |

mit adnominalem Nominaladjektiv

| Nomen1 | の | adnominales NA | な | Nomen2 |

● Beispiel mit adnominalem Verb:

鈴木さん の 作った 料理 も 食べました か。
suzukisan no tsukutta ryouri mo tabemashita ka.
Haben sie schon das Essen, das Frau Suzuki zubereitet hat, gegessen?
(Das Nomen 料理 *ryouri* wird erstens durch das verbale Verb 作った *tsukatta* und zweitens durch das Nomen 鈴木さん *suzukisan* näher bestimmt).

- Beispiel mit adnominalem Verbaladjektiv:

  > これ は 骨 の 少ない 魚 です から、お父さん は 食べられる でしょう。
  > *kore wa hone no sukunai sakana desu kara, otousan wa taberareru deshou.*
  > Weil dieser Fisch wenig Gräten hat, wird ihn auch mein Vater essen können.

- Beispiel mit adnominalem Nominaladjektiv:

  > 目 の きれい な 朝子さん とも 一度 会いたい です。
  > *me no kirei na tomokosan to mo ichido aitai desu.*
  > Ich möchte mich nochmals mit Tomoko, die hübsche Augen hat, treffen.

g) Zusammenfassung: Mit der adnominalen Bestimmung von Nomen können mit der Formulierung „Nomen の Nomen" somit die folgenden Funktionen erfüllt werden:

[2.8] Funktionen der Konstruktion „Nomen の Nomen"

Funktion	Beispiel	
Besitzanzeigung	私 の 車 *watashi no kuruma*	mein Auto
zeitliche Bestimmung	朝ご飯 の 前 *asagohan no mae*	vor dem Frühstück
räumliche Bestimmung	机 の 上 *tsukue no ue*	auf dem Tisch
	駅 の 隣 *eki no tonari*	neben dem Bahnhof
	車 の 右 *kuruma no migi*	rechts neben dem Auto
	岡山 の 北 *okayama no kita*	nördlich von Okayama
Beschaffenheit	石 の 机 *ishi no tsukue*	Tisch aus Stein
Identität	男 の シャツ *otoko no shatsu*	Herrenhemd
	子ども の 日 *kodomo no hi*	Kindertag
Herkunft	ドイツ の 車 *doitsu no kuruma*	ein deutsches Auto
Gleichheit	同じ の 値段 *onaji no nedan*	der gleiche Preis
Reihenfolge u.Ä.	後 の 二つ *ato no futatsu*	die beiden anderen
	次 の 練習 *tsugi no renshuu*	die nächste Übung
	最後 の 車 *saigo no kuruma*	das letzte Auto
	いつも の 店 *itsumo no mise*	das übliche Geschäft
	他 の バス *hoka no basu*	ein anderer Bus

2. NOMEN UND PRONOMEN

[2.8] Funktionen der Konstruktion „Nomen の Nomen" (Fortsetzung)

Absicht	日本人 の つもり *nihonjin no tsumori*	Die Absicht des Japaners
Vermutung / Erwartung	子ども の はず *kodomo no hazu*	das Kind müsste
Zweck	先生 の ため *sensei no tame*	für den Lehrer
Anschein	先生 の よう *sensei no you*	sieht wie der Lehrer aus

2.3 Die Nominalisierung

2.3.1 Die Nominalisierung mit の und こと

a) Verbale und adjektivische Ausdrücke können mithilfe der zwei Partikel の bzw. こと nominalisiert werden, um sie als nominale Satzbausteine verwenden zu können. Die Partikel stehen dabei hinter dem zu nominalisierenden Ausdruck. の oder こと können nach Verben oder Verbaladjektiven in den einfachen Präsens- und Perfektformen und nach Nominaladjektiven zusätzlich mit な (im Präsensfall) bzw. einer Form der Kopula gebraucht werden.

Beispielsweise wird aus 話す *hanasu* („sprechen") → 話すの bzw. 話すこと („das Sprechen"), und aus 見る *miru* („sehen") wird → 見るの bzw. 見ること („das Sehen").

Nominalisierungen können notwendig sein, wenn zwei prädikative Ausdrücke, zum Beispiel zwei Verben, gebraucht werden. Dies ist bei einigen Formulierungen der Fall, die im Deutschen mithilfe von Modalverben (vgl. Kapitel 9, zum Beispiel: „Ich kann schwimmen") oder mit der Infinitivkonstruktion mit zu (Beispiel: „Ich versuche, Japanisch zu lernen") gebildet werden. Im Japanischen wird diese Konstruktion „Prädikatsmodifikation" genannt, da der Sinn des Satzes durch die Nominalisierung ergänzt bzw. gezielt verändert wird. Eine große Zahl von feststehenden Ausdrücken werden im Japanischen durch Nominalisierungen mit こと gebildet, zum Beispiel Fähigkeiten mit ことが出来る *koto ga dekiru* (vgl. 2.3.2).

Der nominalisierte Ausdruck wird als Satzbaustein genauso behandelt wie ein Nomen und wird mit denselben Partikeln markiert, beispielsweise als Satzthema: 散歩をするのは ... (*sanpo o suru no wa* ... „was das Spazierengehen betrifft ..."), als direktes Objekt: お寿司を食べるのを ... (*osushi o taberu no o* ... „das Essen des Sushi ...") oder als Richtung: この魚は食べるのに ... (*kono sakana wa taberu no ni* ... „das Essen dieses Fisches ...").

> 古い 映画 を 見る の が 好き です。
> *furui eiga o miru no ga suki desu.* Ich sehe gerne alte Filme.

ドイツ語 を 話す こと が 出来ます か。
doitsugo o hanasu koto ga dekimasu ka.
Können sie Deutsch sprechen?

中国語 が 難しい こと は だれ でも 知って います。
chuugokugo wa muzukashii koto wa dare demo shitte imasu.
Jeder weiß, dass Chinesisch eine schwierige Sprache ist.

あそこ へ いく の は 嫌 です か。
asoko e iku no wa iya desu ka.
Ist es ihnen unangenehm, dorthin zu gehen?

● Beispiele mit verneinten Verben:

私 の 友達 が ここ に いない の は 残念 です。
watashi no tomodachi ga koko ni inai no wa zannen desu.
Es ist schade, dass mein Freund nicht hier ist.

山本さん が さようなら を 言わなかった の は 失礼 でした。
yamamotosan ga sayounara o iwanakatta no wa shitsurei deshita.
Es war unhöflich von Frau Yamamoto, nicht Auf Wiedersehen zu sagen.

b) Auch in Fällen, in denen keine Nominalisierung notwendig ist, kann diese verwendet werden, um ein Satzelement zu betonen.

この 本 を 読んだ の は いつ です か。この 本 を 読んだ の は 先週 の 火曜日 です。
kono hon o yonda no wa itsu desu ka. kono hon o yonda no wa senshuu no kayoubi desu.
(statt: *kono hon o itsu yomimashita ka. kono hon o senshuu no kayoubi yomimashita.*)
Wann haben sie dieses Buch gelesen? Ich habe dieses Buch am Dienstag letzter Woche gelesen. (Betonung: Es war Dienstag letzter Woche, als ich das Buch gelesen habe.)

c) Die Wahl, ob の oder こと oder beides möglich ist, hängt von der Art der Verben ab, die das Prädikat des Satzes bilden, d. h. dem nominalisierten Ausdruck folgen:

2. NOMEN UND PRONOMEN

[2.9] Wahl des nominalisierenden Partikels: *no* oder *koto*	
Partikel	Verbtyp nach dem nominalisierten Ausdruck
こと oder の	● Verben, die geistige Tätigkeiten ausdrücken
	● Verben, die gefühlsmäßige Urteile beinhalten
の	● Verben der konkreten Wahrnehmung
こと	● Redeinhalte
	● bei gelegentlichen Ereignissen, Beispiel: „es kommt vor, dass …"
	● Erfahrungen, Beispiel: „ich habe einmal …"
	● Verben, die Fähigkeiten ausdrücken, Beispiel: „können"
	● Entscheidungen, Beispiel: „es ist beschlossen, dass …" oder „es steht fest, dass …"
	● Ergebnisse, Beispiel: „es hat sich ergeben, dass …"

> 秋 が アメリカ の 北 で 旅行 を する の に 一番 いい と 思います。
> *aki ga amerika no kita de ryokou o suru no ni ichiban ii to omoimasu.*
> oder: 秋 が アメリカ の 北 で 旅行 を する こと に 一番 いい と 思います。
> *aki ga amerika no kita de ryokou o suru koto ni ichiban ii to omoimasu.*
> Ich denke, am besten ist es, im Herbst nach Amerika zu reisen.

d) Durch die Nominalisierung mit の kann eine Aussage hervorgehoben und betont werden. Indem der komplette Satz mit の nominalisiert und eine Form der Kopula angefügt wird, wird die Bedeutung „Es ist tatsächlich so, dass …" oder „Es ist der Fall, dass …" erhalten. Fügt man einen mit のだ bzw. のです endenden Satz einer Aussage oder Frage hinzu, handelt es sich dabei oft um eine nachträgliche Erläuterung oder die Angabe von Gründen.

> 日本 へ 行く の です か。
> *nihon e iku no desu ka.*
> Möchtest du tatsächlich nach Japan gehen?

> 試験 は 大変 難しい の です。
> *shiken wa taihen muzukashii no desu.*
> Die Prüfung ist tatsächlich sehr schwer.

Das nominalisierende の vor der Kopula wird in der gesprochenen Sprache oft zu んです bzw. んだ verkürzt. Die Frage nach dem Grund lautet beispielsweise oft なんで … んですか bzw. どうして … んですか (vgl. 10.5.4). Manchmal wirkt dieser Ausdruck allerdings unhöflich.

> 何で もう 帰る ん です か。
> *nande mou kaeru n desu ka.*
> Warum kehrst du schon zurück?

> 日本 の 車 は なぜ 安い ん です か。
> *nihon no kuruma wa naze yasui n desu ka.*
> Warum sind japanische Wagen billig?

2.3.2 Feststehende Ausdrücke mit der Nominalisierung mit こと

Nominalisierungen, die mit こと durchgeführt werden, verwendet man oft in feststehenden Ausdrücken: Die Nominalisierung der einfachen Präsensform wird benutzt, um gelegentliche Ereignisse („Es kommt vor, dass ...") mit ことがある (vgl. 2.3.3), Fähigkeiten mit ことが出来る *koto ga dekiru* (vgl. 9.2.1), Entscheidungen („Ich habe mich entschieden, dass ...", „Es ist entschieden, dass ..." oder „Es steht fest, dass ...") mit ことにする oder Ergebnisse („Es ergab sich, dass ...", „Es kam dazu, dass ..." oder „Es wurde so, dass ...") mit ことになる (vgl. 5.6.2) auszudrücken. In Verbindung mit der einfachen Vergangenheitsform 〜た können Erfahrungen formuliert werden, übersetzbar mit „die Erfahrung gemacht haben, dass ..." bzw. oft mit „schon einmal getan haben" (vgl. 2.3.3).

[2.10] Feststehende Ausdrücke mit こと *koto*

Redeinhalte:	いうことが	*iu koto ga*
gelegentliche Ereignisse:	〜うことがある	*~u koto ga aru*
Erfahrungen:	〜たことがある	*~ta koto ga aru*
Fähigkeiten:	〜うことが出来る	*~u koto ga dekiru*
Entscheidungen:	〜うことにする	*~u koto ni suru*
Ergebnisse:	〜うことになる	*~u koto ni naru*

● Redeinhalte:

> 私 の 言う こと が 分かります か。
> *watashi no iu koto ga wakarimasu ka.*
> Verstehen sie, was ich sage?

2. NOMEN UND PRONOMEN

> その 問題 に ついて は 何も いう こと が ありません。
> *sono mondai ni tsuite wa nanimo iu koto ga arimasen.*
> Zu diesem Problem habe ich nichts zu sagen.

● gelegentliche Ereignisse:

> 時々 会社 に 遅れる こと が あります。
> *tokidoki kaisha ni okureru koto ga arimasu.*
> Es kommt vor, dass ich zu spät in die Firma komme.

> 英語 を 使う こと が あります か。
> *eigo o tsukau koto ga arimasu ka.*
> Sprechen sie ab und zu Englisch?

● Erfahrungen:

> 刺身 を 食べた こと が あります。
> *sashimi o tabeta koto ga arimasu.*
> Ich habe einmal Sashimi gegessen.

● Fähigkeiten:

> 日本語 を 話す こと が 出来ます。
> *nihongo o hanasu koto ga dekimasu.*
> Ich kann Japanisch sprechen.

> 山田さん は 十才 の 時 ピアノ を 弾く こと が 出来た。
> *yamadasan wa jussai no toki piano o hiku koto ga dekita.*
> Herr Yamada konnte mit zehn Jahren Klavier spielen.

● Entscheidungen:

> お寿司 を 食べない こと に します。
> *osushi o tabenai koto ni shimasu.*
> Ich werde kein Sushi essen.

> いつ どこ で 会う こと に しましょう か。
> *itsu doko de au koto ni shimashou ka.*
> Wann und wo wollen wir uns treffen?

● Ergebnisse:

明日 から 外 の 会社 で 働く こと に なりました。
ashita kara hoka no kaisha de hataraku koto ni narimashita.
Ab morgen werde ich in einer anderen Firma arbeiten.

私達 は 来年 結婚 する こと に なりました。
watashitachi wa rainen kekkon suru koto ni narimashita.
Es hat sich ergeben, dass wir im nächsten Jahr heiraten.

2.3.3 Formulierung von Erfahrungen und gelegentlichen Ereignissen mit ことがある

[2.11] Formulierungen mit ことがある *koto ga aru*

Bezugspunkt	Formulierung	
Gegenwart	... ことがある	... *koto ga aru*
	... ことがあります	... *koto ga arimasu*
Vergangenheit	... ことがあった	... *koto ga atta*
	... ことがありました	... *koto ga arimashita*

a) Mit dem Ausdruck ことがある können Erfahrungen bzw. gelegentliche oder einmalige Ereignisse formuliert werden. Der Ausdruck steht am Ende des Satzes. Ist das Verb ある im Präsens formuliert (Verneinung und einfache bzw. höfliche Formen sind möglich), dann liegt der Bezugspunkt der Aussage in der Gegenwart. Das vor こと stehende Prädikat kann im Präsens und Präteritum stehen. Im Präsensfall findet die Handlung in der Gegenwart statt, im Präteritum-Fall wurde die Handlung bis zur Gegenwart durchgeführt. Es kann wie folgt übersetzt werden:

[2.12] Übersetzungen von Sätzen mit ことがある

Prädikat	Übersetzung
Prädikat im Präteritum + ことがある	● „es kam vor, dass ..." ● „es war einmal ..." ● „die Erfahrung gemacht zu haben, dass ..." ● „schon einmal getan haben"

2. NOMEN UND PRONOMEN

[2.12] Übersetzungen von Sätzen mit ことがある (Fortsetzung)	
Prädikat	Übersetzung
Prädikat im Präsens + ことがある	● „einmal" ● „gelegentlich" ● „zeitweise" ● „es kommt vor, dass ..." ● „manchmal"

Verbale, adjektivische und nominale Prädikate können vor ことがある benutzt werden. Es sind nur die einfachen Verb- und Adjektivformen möglich. Nominaladjektive und Nomen werden ihrer Natur gemäß anders angewendet: Da こと selber nominaler Natur ist, stehen NA davor mit な. Nomen können, wie bei der Kombination von Nomen üblich, mit の oder mithilfe der Kopula benutzt werden, wobei die Bildungen mit のことがある und であることがある bedeutungsgleich sind. In allen Fällen sind auch die entsprechenden verneinten Formen vor こと möglich.

Zur Quantifizierung der gelegentlich stattfindenden Handlung bzw. des gelegentlich stattfindenden Ereignisses können Adverbien, die eine Häufigkeit ausdrücken, verwendet werden, zum Beispiel よく („oft"), たまに („gelegentlich") oder 時々 *tokidoki* („manchmal").

● Beispiele für Präsens vor こと:

> 私 は 日曜日 も 大学 へ 行く こと が あります。
> *watashi wa nichiyoubi mo daigaku e iku koto ga arimasu.* (nach Verb)
> Es kommt vor, dass ich auch am Sonntag in die Uni gehe.

> 京都 は 天気 が 悪い こと が ある。
> *kyouto wa tenki ga warui koto ga aru.* (nach VA)
> Zeitweise ist das Wetter in Kyoto schlecht.

● Beispiele für Präteritum vor こと *koto*:

> お寿司 を 食べた こと が あります か。はい、一度 だけ あります。
> *osushi o tabeta koto ga arimasu ka. hai, ichido dake arimasu.* (nach Verb)
> Haben sie schon einmal Sushi gegessen? Ja, nur einmal.

> 昔 日本 は ビール が 高かった こと は なかた。
> *mukashi nihon wa bi-ru ga takakatta koto wa nakata.* (nach VA)
> Früher war das Bier in Japan nicht teuer.

> 化学 が きらい だった こと が ある。
> *kagaku ga kirai datta koto ga aru.* (nach NA)
> Es gab eine Zeit, da mochte ich Chemie nicht.

Die Partikel が kann in allen Fällen durch も ersetzt werden, wodurch die Formulierung こともある die Bedeutung „es kommt auch vor, dass ..." erhält.

> 寝る 前 に 音楽 を 聞く こと も たまに あります。
> *neru mae ni ongaku o kiku koto mo tamani arimasu.*
> Es kommt gelegentlich auch vor, dass ich vor dem Schlafen Musik höre.

b) Wird in der Konstruktion ことがある das Verb ある in einer Präteritumform verwendet, dann ist der Bezugszeitpunkt die Vergangenheit. Die Handlung fand somit in einem Zeitraum in der Vergangenheit (〜うことがあった) bzw. bis zu einem Zeitpunkt in der Vergangenheit (〜たことがあった) statt. Die beiden Strukturen mit ある im Präteritum werden seltener verwendet.

> 日本 で 時々 銭湯 に 行く こと が ありました。
> *nihon de tokidoki sentou ni iku koto ga arimashita.*
> In Japan ging ich manchmal in ein öffentliches Bad. (Der Bezugspunkt ist ein Zeitraum in der Vergangenheit, in dem sich der Sprecher in Japan befand.)

> 時々 遅く 帰って 晩ご飯 が ある こと が ありません でした。
> *tokidoki osoku kaette bangohan ga aru koto ga arimasen deshita.*
> Es kam hin und wieder vor, dass es kein Abendessen gab, weil ich zu spät nach Hause kam.

c) Zusammenfassung zum Gebrauch der Zeiten: Ob die Handlung bzw. das Ereignis gelegentlich, wiederholt oder gewohnheitsmäßig stattfindet bzw. stattfand, kann mithilfe von Adverbien (vgl. oben) gelenkt werden.

2. NOMEN UND PRONOMEN

[2.13] Gebrauch der Zeiten mit ことがある

	Prädikat vor こと: Präsens	Prädikat vor こと: Präteritum
Verb ある Präsens	～うことがある *~u koto ga aru* ● Eine Handlung wird in der Gegenwart gelegentlich, wiederholt oder gewohnheitsmäßig ausgeführt. ● Ein Ereignis findet in der Gegenwart gelegentlich, wiederholt oder gewohnheitsmäßig statt. ● Eine Erfahrung wird in der Gegenwart gelegentlich, wiederholt oder gewohnheitsmäßig gemacht.	～たことがある *~ta koto ga aru* ● Eine Handlung wird bis zur Gegenwart gelegentlich, wiederholt und gewohnheitsmäßig ausgeführt. ● Ein Ereignis findet bis zur Gegenwart gelegentlich, wiederholt oder gewohnheitsmäßig statt. ● Eine Erfahrung wird bis zur Gegenwart gelegentlich, wiederholt oder gewohnheitsmäßig gemacht.
Verb ある Präteritum	～うことがあった *~u koto ga atta* ● Eine Handlung ist in der Vergangenheit gelegentlich, wiederholt oder gewohnheitsmäßig ausgeführt worden. ● Ein Ereignis fand in der Vergangenheit gelegentlich, wiederholt oder gewohnheitsmäßig statt. ● Eine Erfahrung wurde in der Vergangenheit gelegentlich, wiederholt oder gewohnheitsmäßig gemacht.	～たことがあった *~ta koto ga atta* ● Eine Handlung wurde bis zu einem bestimmten Zeitpunkt in der Vergangenheit gelegentlich, mehrmals oder gewohnheitsmäßig ausgeführt. ● Ein Ereignis fand bis zu einem bestimmten Zeitpunkt in der Vergangenheit gelegentlich, wiederholt oder gewohnheitsmäßig statt. ● Eine Erfahrung wurde bis zu einem bestimmten Zeitpunkt in der Vergangenheit gelegentlich, wiederholt oder gewohnheitsmäßig gemacht.

2.3.4 Weitere Möglichkeiten der Nominalisierung

a) Eine Alternative zur Nominalisierung mit の und こと besteht bei einigen konsonantischen Verben mit dem Zusatz *~i* an den Verbstamm. Bei vokalischen Verben reicht oft der Verbstamm selber aus, um aus dem Verb ein Substantiv zu bilden. Es handelt sich hierbei um die Konjunktionalform der Verben, die auch zur Bildung der höflichen *masu*- und anderer Formen dient.

行く *iku* (gehen)	→ 行き *iki* die Hinfahrt
帰る *kaeru* (zurückkehren)	→ 帰り *kaeri* die Rückkehr
終わる *owaru* (beenden)	→ 終わり *owari* das Ende
話す *hanasu* (erzählen)	→ 話し *hanashi* die Geschichte, das Gespräch

b) In Verbindung mit dem Verbstamm kann aus einigen Verben durch Anhängen von 物 *mono* ein Substantiv gebildet werden.

買う *kau* (einkaufen)	→ 買い物 *kaimono* der Einkauf
食べる *taberu* (essen)	→ 食べ物 *tabemono* die Speise
飲む *nomu* (trinken)	→ 飲み物 *nomimono* das Getränk

c) Adjektive können auch mit den in 6.1.4 beschriebenen Methoden nominalisiert werden.

2.4 Pronomen (代名詞 *daimeishi*)

Im Japanischen sind die dem Deutschen entsprechenden Personal-, Demonstrativ- und Fragepronomen ebenfalls nominaler Natur. Sie sind auch selbstständig und unflektierbar und werden gleichfalls im Folgenden als Pronomen bezeichnet. Fragepronomen sind in 8.2.3 beschrieben.

Eigenständige Reflexiv-, Relativ-, Indefinit- und Possesivpronomen gibt es im Japanischen nicht, sie werden entweder durch Kombination der Personal-, Demonstrativ- oder Fragepronomen mit Partikeln oder auf andere Weise gebildet.

[2.14] Japanische Pronomen 代名詞 *daimeishi*

Japanisch	Deutsch	Beispiel
人称代名詞 *ninshoudaimeishi*	Personalpronomen	彼 *kare* er; 私達 *watashitachi* wir
指示代名詞 *shijidaimeishi*	Demonstrativpronomen	これ *kore* dieses; あちら *achira* dort

2. NOMEN UND PRONOMEN

[2.14] Japanische Pronomen 代名詞 daimeishi (Fortsetzung)

Japanisch	Deutsch	Beispiel
疑問の代名詞 *gimon no daimeishi*	Fragepronomen	何 *nan* was; どこ *doko* wo
daraus gebildete Pronomentypen sowie andere Bildungsarten:		
不定代名詞 *futeidaimeishi*	Indefinitpronomen	だれか *dare ka* jemand; なにも *nani mo* keines, nichts
所有代名詞 *shoyuudaimeishi*	Possessivpronomen	私の *watashi no* meines; だれの *dare no* wessen
再帰代名詞 *saikidaimeishi*	Reflexivpronomen	我が身 *wagami* mich, mir selbst, mich selbst; 自分 *jibun* selbst
関係代名詞 *kankeidaimeishi*	Relativpronomen	der, das, die, welches, dessen, ... → Ausdruck zum Beispiel mit Attributsätzen (vgl. 10.4)

2.4.1 Personalpronomen (人称代名詞 *ninshoudaimeishi*)

a) Je nach Höflichkeitsgrad und Geschlecht des Sprechers werden im Japanischen die folgenden Personalpronomen verwendet:

[2.15] Übersicht Personalpronomen (人称代名詞 *ninshoudaimeishi*)

1. Person Singular	einfach	von Männern verwendet: 僕 *boku*
		von Männern verwendet (einfacher bzw. unhöflicher Stil): 俺 *ore*, わし, おら, おいら
		von Frauen verwendet: あたし, あたくし
	höflich	私 *watashi*
	sehr höflich/ bescheiden	私 *watakushi*
2. Person Singular	einfach	あんた
		von Männern verwendet: 君 *kimi*
		von Männern verwendet (einfacher bzw. unhöflicher Stil): お前 *omae*, 貴様 *kisama*, 手前 *temae*, てめえ

[2.15] Übersicht Personalpronomen (人称代名詞 *ninshoudaimeishi*) (Fortsetzung)

		speziell: 貴方 *anata* (eigentlich höflich, wird z. B. von Frauen gegenüber Ehemann verwendet; außer solchen Fällen wirkt es aber oft unpassend und unhöflich), あーた (Kurzform von あんた, insbesondere von Frauen gegenüber Ehemann verwendet)
	höflich	あなた *anata*
3. Person Singular	einfach	für Männer („er"): 彼 *kare*
		für Frauen („sie"): 彼女 *kanojo*
		unhöflich: こいつ, そいつ, あいつ
	neutral-höflich	この人 *kono hito*, その人 *sono hito*, あの人 *ano hito*
	sehr höflich/ bescheiden	この方 *kono kata*, その方 *sono kata*, あの方 *ano kata*
1. Person Plural	einfach	von Männern verwendet: 僕ら *bokura*, 僕達 *bokutachi*, おれ達 *oretachi*
		von Frauen verwendet: あたし達 *atashitachi*
	höflich	私達 *watashitachi*
	sehr höflich/ bescheiden	私達 *watakushitachi*, 私ども *watashidomo*
		falls der Sprecher in einer Rede seine Gruppe repräsentiert: 我々 *wareware*
2. Person Plural	einfach	あなた達 *anatatachi*, あなた方 *anatagata*
		von Männern verwendet: 君達 *kimitachi*, おまえ達 *omaetachi*
	höflich	みなさん *minasan*, みなさん達 *minasantachi*
	sehr höflich/ bescheiden	みな様 *minasama*, みなさま方 *minasamagata*
		in Reden: 皆々様 *minaminasama*
3. Person Plural	einfach	von Männern verwendet: 彼ら *karera*
		von Frauen verwendet: 彼女ら *kanojora*, 彼女達 *kanojotachi*

2. NOMEN UND PRONOMEN

[2.15] Übersicht Personalpronomen (人称代名詞 *ninshoudaimeishi*) (Fortsetzung)		
	höflich	この人達 *kono hitotachi*, その人達 *sono hitotachi*, あの人達 *ano hitotachi*
	sehr höflich/ bescheiden	この方々 *kono katagata*, その方々 *sono katagata*, あの方々 *ano katagata*

b) Im Gegensatz zum deutschen Satz, in dem das Pronomen oft das Subjekt bildet, und das im Allgemeinen obligatorisch ist, werden im Japanischen Personalpronomen nur verwendet, wenn es der Kontext nicht erlaubt, das Subjekt zu erkennen. Insbesondere in der direkten Anrede wird soweit wie möglich versucht, kein Personalpronomen zu benutzen. Stattdessen ist es höflicher, Namen und Berufsbezeichnungen einzusetzen (vgl. 11.1.2).

Personalpronomen unterliegen einer starken Höflichkeitsabstufung, d. h. sie sind Element des honorativen Systems der japanischen Sprache.[3] Die Wahl des Pronomens zum Ausdruck von „ich", „du" usw. drückt somit die sozialen Stellungen der Gesprächsteilnehmer aus bzw. lässt auf die Selbsteinschätzung des Sprechenden schließen.

Bei den Personalpronomen, die mit den Elementen des ko-so-a-do-Systems (vgl. 2.4.2) gebildet werden, muss, je nach Beziehung zwischen dritter und eigener Person, unterschieden werden zwischen: この人 *kono hito*, この方 *kono kata*, こいつ, この人達 *kono hitotachi* und この方々 *kono katagata*, falls die durch das Personalpronomen bezeichnete Person der Sphäre des Sprechers angehört. Falls die dritte Person der Sphäre des Gesprächspartners zuzuordnen ist, gelten die Pronomen その人, その方, そいつ, その人達 und その方々. Auf Außenstehende bezogen, müssen die Pronomen あの人, あの方, あいつ, あの人達 und あの方々 verwendet werden.

c) Fast alle Pluralformen können durch Anhängen von 達 *tachi* gebildet werden. Das gilt auch für andere Nomen, wie beispielsweise:

[2.16] Pluralbildung mit 達 *tachi*		
Singular		Plural
私 *watashi* ich	→	私達 *watashitachi* wir
あの人 *ano hito* er	→	あの人達 *ano hitotachi* sie
友 *tomo* Freund	→	友達 *tomodachi* Freunde

---

[3] Weitere sehr höfliche Formen der Personalpronomen in: B. Lewin, Wiesbaden 1990, S. 54.

[2.16] Pluralbildung mit 達 *tachi* (Fortsetzung)		
Singular		Plural
子ども *kodomo* Kind	→	子ども達 *kodomotachi*　　Kinder

In einigen Fällen sind auch andere Suffixe möglich:

> 子ども *kodomo* (das Kind) → 子どもら *kodomora* (die Kinder)
> 先生 *sensei* (der Lehrer) → 先生方 *senseigata* (die Lehrer)

Speziell:　　われわれ　　wir alle
　　　　　　それぞれ　　die einen wie die anderen

2.4.2　Demonstrativ- und Fragepronomen der ko-so-a-do-Reihe (こそあど代名詞 *kosoadodaimeishi*)[4]

a) Die japanische Sprache hat ein ausgeprägtes deiktisches (hinweisendes) System, dem im Deutschen nur „hier-dort-wo", bzw. „dieses-jenes-welches" gegenüberstehen. Zu diesem System gehören eine Reihe von Wörtern, die alle mit ko-, so-, a- bzw. in der Frage mit do- beginnen. Als selbstständige und unflektierbare Wörter, die ein Subjekt (wie zum Beispiel これは本です *kore wa hon desu* „Dies ist ein Buch", Subjekt ist これ) bilden können, gehören die Demonstrativpronomen zur Gruppe der nominalen Wörter. Obwohl nicht alle Wörter dieses Systems Pronomen sind (zum Beispiel werden einige nur in Kombination mit Nomen verwendet, und andere haben adjektivischen bzw. adverbialen Charakter), werden sie im Allgemeinen zusammengefasst und gemeinsam hier beschrieben.

Die erste Silbe bezieht sich auf die räumliche Konstellation von Sprecher, Gesprächspartner und dritter Person. Ist der Gesprächsgegenstand ein Gegenstand bzw. ein Ort in der Nähe des Sprechers, wird こ～ verwendet. そ～ bezieht sich auf Gegenstände, die sich beim Hörer, d. h. dem Gesprächspartner befinden, あ～ bezieht sich auf Gegenstände, die vom Sprecher und Gesprächspartner gleich weit entfernt sind. Werden die Pronomen im übertragenen Sinn gebraucht, dann weist こ～ auf das hin, worüber im Moment gesprochen wird. そ～ bezieht sich auf etwas vom Sprecher oder Ge-

---

[4] Eine zusätzliche Anwendung wird in H. Arnold-Kanamori, München 1993, S. 72-75 beschrieben: Mit これ nimmt der Sprecher auf bei ihm befindliche oder ihm unmittelbar bekannte Dinge Bezug, mit どれ auf Dinge, die im Wissen des Gesprächspartners liegen sowie mit あれ auf Dinge, die dem Sprecher und Gesprächspartner bekannt oder unbekannt sind.

2. NOMEN UND PRONOMEN

sprächspartner vorher erwähntes, und あ〜 auf etwas, das nicht mehr gegenwärtig ist. Mit ど〜 werden die dazugehörigen Fragewörter gebildet.

Die zweite Silbe dient der begrifflichen Zuordnung, zum Beispiel 〜れ ist lebewesen- und sachbezogen, 〜こ ist ortsbezogen und 〜ちら ist richtungsbezogen.

[2.17] Pronomen des ko-so-a-do-Systems

	Sprecher[5]	2. Person[6]	3. Person[7]	Fragewort
	こ〜	そ〜	あ〜	ど〜
Demonstrativpronomen				
attributiver Gebrauch (vor Nomen) 〜の	この	その	あの	どの
nominaler Gebrauch (statt Nomen) 〜れ	これ	それ	あれ	どれ
Ortsnomen 〜こ	ここ	そこ	あそこ	どこ
Richtung 〜ちら, 〜っち	こちら こっち	そちら そっち	あちら あっち	どちら どっち
Adverbial				
„so", „wie"[8] 〜う / 〜あ	こう	そう	ああ	どう
Adjektivisch				
„wie dieses" ... 〜んな	こんな	そんな	あんな	どんな

b) Die Demonstrativpronomen この, その, あの und どの stehen als Adnominalwörter (pränominal, adjektivisch) immer vor dem Nomen, wie beispielsweise „dieses Buch" (この本 *kono hon*), „jenes Buch" (その本, あの本) oder „welches Buch" (どの本) („attributive Demonstrativa").[9]

---

[5] Statt Sprecher gilt dies auch für Gegenstände beim Sprecher, für Aussagen, die gerade gemacht wurden, für Richtungen, die beim Sprecher liegen usw.
[6] Die zweite Person ist der Gesprächspartner. Analog ist die Anwendung für Gegenstände beim Gesprächspartner, für Aussagen, die vom Sprecher oder Gesprächspartner vorher gemacht wurden usw.
[7] Die dritte Person ist der Gesprächsgegenstand. Analog ist die Anwendung für Gegenstände, die vom Sprecher und Gesprächspartner weit entfernt sind, für Aussagen, die weit zurück liegen usw.
[8] Der letzte Vokal wird verlängert: langes o oder a.
[9] Diese Pronomen weisen den Bestandteil の auf, der bei der nominalen Bestimmung eines Nomens üblich ist: „Nomen の Nomen" (vgl. 2.2.3). この *kono* kann als これの *kore no*, その *sono* als それの *sore no* und あの *ano* als あれの *are no* verstanden werden. Beispielsweise haben die beiden Ausdrücke この本 *kono hon* und これの本 *kore no hon* die selbe Bedeutung („dieses Buch").

> この 本 は とても いい でしょう。
> *kono hon wa totemo ii deshou.*
> Dieses Buch ist bestimmt sehr gut.

> 喫茶店 は あの 建物 です。
> *kissaten wa ano tatemono desu.*
> Das Café ist das Gebäude dort drüben.

> どの 本 が 面白かった です か。
> *dono hon ga omoshirokatta desu ka.*
> Welches Buch war interessant?

c) Mit der gleichen Bedeutung, aber ohne Nomen, werden これ („dieses"), それ („jenes"), あれ („jenes dort") und どれ („welches") nominal gebraucht. Sie kommen zwangsläufig nur zur Anwendung, wenn die Gegenstände des Gesprächs sichtbar sind bzw. der Sachverhalt bekannt ist. Sie werden gebraucht, ohne den Gegenstand zu benennen, sind also eigenständige Pronomen („nominale Demonstrativa").

> これ は 何。
> *kore wa nani.*
> Was ist das?

> どれ が 一番 いい です か。どれ が 一番 好き です か。それ は いくら です か。
> *dore ga ichiban ii desu ka. dore ga ichiban suki desu ka. sore wa ikura desu ka.*
> Welche sind am besten? Welches mögen sie am liebsten? Was kostet das?

Aufgrund ihres nominalen Charakters können die nominalen Demonstrativpronomen auch, wie für Nomen üblich, in Kombination mit Partikeln gebraucht werden, wie zum Beispiel:

それ まで	*sore made*	bis dahin
これ で	*kore de*	hiermit
これ から の ドイツ	*kore kara no doitsu*	das zukünftige Deutschland

d) Pronomen, die einen Ort repräsentieren, enden auf ～こ: ここ („dieser Ort"), そこ („jener Ort"), あそこ („dort drüben") und どこ („wo").

> 田中さん の 車 は あそこ に あります。
> *tanakasan no kuruma wa asoko ni arimasu.*
> Frau Takanakas Auto ist dort drüben.

2. NOMEN UND PRONOMEN

太郎さん は どこ に 住んで いる の。
tarousan wa doko ni sunde iru no.
Wo wohnt Taro?

e) Als Richtungsnomen wirken die Pronomen mit der Endung 〜ちら und 〜っち. Ersteres wird in höflichen Sätzen, 〜っち wird in einfachen Sätzen verwendet. Die Richtung kann wörtlich (Beispiel: „in westlicher Richtung") sowie in Bezug auf Lebewesen (Beispiel: „dies ist Herr …") und Dinge betrachtet werden. Insbesondere wenn Personalpronomen vermieden werden sollen, klingt es höflicher, einen Satz mit den Richtungspronomen, zum Beispiel こちら, zu formulieren. Oft handelt es sich auch um eine Richtung im übertragenen Sinne bzw. der Richtungsgedanke wird in der deutschen Übersetzung nicht berücksichtigt.

南 は どちら です か。東 は あちら です。
minami wa dochira desu ka. higashi wa achira desu.
Wo ist Süden? Jenes ist die östliche Richtung.

こちら は 中村さん です。
kochira wa nakamurasan desu.
Dieses hier ist Herr Nakamura.

どちら が いい です か。
dochira ga ii desu ka.
Welches (aus einer Auswahl von zweien) ist besser?

こっち の 方 が 高い。
kocchi no hou ga takai.
Dieses ist teurer.

どちら, こちら, そちら und あちら werden auch oft als höfliche Entsprechungen von どこ, ここ, そこ und あそこ verwendet.

失礼 です が、どちら へ いらっしゃいます か。
shitsurei desu ga, dochira e irasshaimasu ka.
Entschuldigen sie, darf ich fragen, wohin sie gehen?

f) Adverbial mit der Bedeutung „so", „in dieser/jener Weise" werden verwendet: こう („in dieser Weise"), そう („in jener Weise"), ああ („in jener Weise") und どう („in welcher Weise").

> これ は こう やる。
> *kore wa kou yaru.*
> Das macht man so.

> その 言葉 は どう 書く の。この 言葉 は こう 書く。
> *sono kotoba wa dou kaku no. kono kotoba wa kou kaku.*
> Wie schreibt man diese Wörter? Diese Wörter schreibt man so.

Zwei wichtige Beispiele für die adverbiale Verwendung ist der Gebrauch vor den Verben 言う *iu* und する. Die Kombination mit 言う wird mit zwei Bedeutungen gebraucht. Erstens drückt sie „so wie dieses/jenes" aus, beispielsweise, wenn im Geschäft nach einem bestimmten Artikel gefragt und dieser beschrieben wird. Zweitens fasst es das in einem Gespräch zuletzt Gesagte auf, zum Beispiel, um darüber eine Aussage zu machen: こういうのは ... („Das eben gesagte ...").

> こういう シャツ は あります か。そういう シャツ は ありません。
> *kouiu shatsu wa arimasu ka. souiu shatsu wa arimasen.*
> Haben sie solch ein Hemd? (im Geschäft: der Käufer zeigt dem Verkäufer dabei ein Hemd)
> Wir haben solch ein Hemd nicht. (Antwort des Verkäufers)

Mit dem Verb する *suru* wird die Art und Weise der Ausführung einer Tätigkeit im allgemeinen Sinn beschrieben.

> こう する 意外 に ありません。
> *kou suru igai ni arimasen.*
> Wir haben keine andere Wahl als es so zu machen.

> 私 の 立場 なら、どう しました か。
> *watashi no tachiba nara, dou shimashita ka.*
> Was hätten sie getan, wenn sie in meiner Situation gewesen wären?

g) Adjektivisch werden die Wörter こんな („wie dieses, solch ein"), そんな („wie jenes") und あんな („wie jenes dort drüben") verwendet. Mit どんな wird nach Adjektiven gefragt. In Kombination mit に können die Demonstrativwörter adverbial verwendet werden.

> こんな 本 は 安い です。
> *konna hon wa yasui desu.*
> Solch ein Buch ist billig.

2. NOMEN UND PRONOMEN 85

> どんな お酒 を 飲みました か。有名 な の を 飲みました。
> *donna osake o nomimashita ka. yuumei na no o nomimashita.*
> Was für einen Sake haben sie getrunken? Ich habe bekannten Sake getrunken.
>
> あんな きれい な 靴 が 好き では ありません か。
> *anna kirei na kutsu ga suki dewa arimasen ka.*
> Mögen sie solch hübsche Schuhe nicht?
>
> いいえ、そんな 事 は ありません。
> *iie, sonna koto wa arimasen.*
> So ist es nicht.

h) Die Demonstrativpronomen werden nicht nur für die Bezeichnung von Gegenständen in der Nähe der Gesprächspartner verwendet, sondern auch für Gegenstände und Sachverhalte, die kurz vorher im Gespräch erwähnt wurden. この und これ werden dabei im Allgemeinen für etwas selbst Gesagtes und その und それ für etwas, das vom Gesprächspartner erwähnt wurde, benutzt. Diese Trennung ist allerdings nicht immer klar. Mit あの und あれ bezeichnet man Personen und Dinge, die früher erwähnt wurden und Sprecher und Gesprächspartner bekannt sind.

> あの かた は 日本人 です か。
> *ano kata wa nihonjin desu ka.*
> Ist jene Person Japaner? (gefragt wird nach einer Person, deren Namen im Gespräch schon ewähnt wurde)
>
> 北野先生 が 質問 を ゆっくり 読みます から、その 後 で 答えて 下さい。
> *kitanosensei ga shitsumon o yukkuri yomimasu kara, sono ato de kotaete kudasai.*
> Herr Kitano liest die Frage langsam vor, antworten sie bitte danach.

In vielen Fällen können die Demonstrativpronomen bei Bezugname auf vorher Gesagtes mit dem deutschen Pronomen „es" übersetzt werden.

> フランス の 東 に 国 が あります。それ は 何 と 言います か。それ は ドイツ と 言います。
> *furansu no higashi ni kuni ga arimasu. sore wa nan to iimasu ka.*
> *sore wa doitsu to iimasu.*
> Östlich von Frankreich liegt ein Land. Wie heißt es? Es heißt Deutschland.
>
> 今 ビール が 欲しい です。それ は どこ に あります か。
> *ima bi-ru ga hoshii desu. sore wa doko ni arimasu ka.*
> Ich möchte jetzt ein Bier. Wo ist es?

2.4.3 Possessivpronomen (所有代名詞 *shoyuudaimeishi*)

Possessivpronomen wie in der deutschen Sprache sind im Japanischen unbekannt. Zum Ausdruck von Besitzverhältnissen wird eine andere Art der Konstruktion verwendet, die in 2.2.3 allgemein beschrieben ist: Es wird das persönliche Pronomen des Besitzenden mit der Partikel の dem Objekt des Besitzes vorangestellt. Im Gegensatz zu deutschen Possessivpronomen erfolgt keine Anpassung des Possessivausdrucks an den Kasus, an Geschlecht und Menge des Objekts sowie an das Geschlecht des Besitzenden. 私の車 *watashi no kuruma* kann übersetzt werden mit: mein Auto, meine Autos, meines Autos, meiner Autos usw. Für Beispiele vgl. 2.2.

[2.18] Ausdruck von Besitzverhältnissen

	Possessivpronomen im Deutschen	Possessivformen im Japanischen	Beispiel
1. Person Singular	mein, meine, meinem, meinen, meiner, meines, ...	私の *watashi no* 僕の *boku no*	私の眼鏡 *watashi no megane* meine Brille
2. Person Singular	dein, deine, deinem, deinen, deiner, deines, ...	あなたの *anata no* 君の *kimi no*	あなたの鍵 *anata no kagi* deine Schlüssel
3. Person Singular	sein, seine, seinem, seinen, seiner, seines, ihr, ihre, ihrem, ihren, ihrer, ihres, ...	彼の *kare no* 彼女の *kanojo no*	彼女の足 *kanojo no ashi* ihre Beine
1. Person Plural	unser, unsere, unserem, unseren, unserer, unseres, ...	僕らの *bokura no* 私達の *watashitachi no*	僕らの大学 *bokura no daigaku* unsere Universität
2. Person Plural	euer, eure, eurem, euren, eurer, eures, ...	あなた達の *anatatachi no*	あなた達のビール *anatatachi no bi-ru* euer Bier
3. Person Plural	ihr, ihre, ihrem, ihren, ihrer, ihres, ...	彼らの *karera no* 彼女達の *kanojotachi no*	彼らの仕事 *karera no shigoto* ihre Arbeit

2. NOMEN UND PRONOMEN

2.4.4 Generalisierung von Fragewörtern und Bildung von Indefinitpronomen (不定代名詞 *futeidaimeishi*)

a) Die Partikel か, も und でも generalisieren Fragepronomen. Sie werden direkt hinter dem Pronomen verwendet. Im Fall von か modifizieren sie es in Richtung „irgendetwas, irgendjemand, irgendwohin ...". Die Partikel も verändert generell die Pronomen in Sätzen mit verneintem Prädikat in der Bedeutung „nichts, niemand, niemals ...". Einige der Pronomen (vgl. [2.19]) können mit も auch in affirmativen Sätzen verwendet werden und bedeuten dann „immer, überall, beide ...". So wird beispielsweise aus いつ („wann") mit か die Bedeutung いつか („irgendwann").

> 椅子 の 下 に 何 か あります か。 いいえ、 何 も ありません。
> *isu no shita ni nani ka arimasu ka. iie, nani mo arimasen.*
> Ist etwas unter dem Stuhl? Nein, es gibt nichts.

Die Konstruktionen funktionieren auch mit den aus 何 und einem Zählwort gebildeten Fragewort, beispielsweise wird aus 紙が何枚 *kami ga nanmai* („wie viele Blätter Papier?"):

> 紙 が 何枚 か
> *kami ga nanmai ka*
> mehrere/einige Blätter
> bzw. 紙 が 何枚 も ... ない
> *kami ga nanmai mo* (+ Verneinung)
> keine Blätter

[2.19] Mögliche Kombinationen zur Generalisierung von Fragewörtern

Frage-pronomen	+か	+も oder: +でも; in bejahten Sätzen	+も oder: +でも; in verneinten Sätzen
何 *nani* was	何か *nani ka* irgendetwas, irgendein	何でも *nan demo* alles	何も *nani mo* nichts, kein
だれ wer	だれか irgendjemand	だれも, だれでも jeder	だれも niemand, keiner
いつ wann	いつか irgendwann	いつも immer	
どこ wo	どこか irgendwo	どこでも überall	

[2.19] Mögliche Kombinationen zur Generalisierung von Fragewörtern (Fortsetzung)

Frage-pronomen	+か	+も oder: +でも; in bejahten Sätzen	+も oder: +でも; in verneinten Sätzen
どこ へ どこ に wohin	どこ か へ どこ か に irgendwohin	どこ へ でも どこ に でも überallhin	
どれ welcher	どれ か irgendjemand	どれ でも jeder	どれ も keiner
どちら wer (von Zweien)	どちら か einer von Zweien	どちら も beide	どちら も keiner der beiden
いくら wie viel (Preis)	いくら か irgendein Betrag	いくら でも so viel wie möglich	
どう wie		どう も irgendwie	
Beispiele für か bzw. も nach Fragepronomen aus 何 *nan* und einem Zählwort:			
何度 *nando* wie viel mal	何度 か *nando ka* ein paarmal	何度 も *nando mo* mehrmals, oft	
何本 *nanbon* wie viele (z. B. Flaschen)	何本 か *nanbon ka* einige	何本 も *nanbon mo* einige/viele	
何人 *nannin* wie viele Leute	何人 か *nannin ka* einige	何人 も *nannin mo* einige/viele	

Die Kombinationen von Fragewort und か, も oder でも stellen eine feste strukturelle Einheit dar. Stehen sie zum Beispiel anstelle des Subjekts, dann folgt der Generalisierungspartikel die Partikel は oder が (Beispiel: だれかは „Was irgendjemanden betrifft ..."). Als adnominale Bestimmung folgt die Partikel の (Beispiel: 何人かの友達 *nannin ka no tomodachi* „irgendwelche Freunde").

Wird いつも adnominal verwendet, kann es mit „üblich" oder „wie immer" übersetzt werden.

2. NOMEN UND PRONOMEN

> いつも の バス で 行きましょう か。
> *itsumo no basu de ikimashou ka.*
> Fahren wir mit dem üblichen Bus?

b) Zum Ausdruck der Unbestimmtheit einer Sache, eines Ortes oder eines Gegenstandes wird die Kombination von Fragewort+か direkt einem Nomen bzw. einem Nomen mit einer attributiven Ergänzung (zum Beispiel Adjektiv + Nomen) vorangestellt.

> だれ か が います
> *dare ka ga imasu* irgendeiner ist da
> 何 か いい 車
> *nani ka ii kuruma* irgendein schnelles Auto
> どこ か 有名 な 大学
> *doko ka yuumei na daigaku* irgendeine berühmte Uni

c) Anwendungsbeispiele:

● Beispiele mit か:

> お宅 に だれ か います か。はい、います。だれ が います か。太郎 が います。
> *otaku ni dare ka imasu ka. hai, imasu. dare ga imasu ka. tarou ga imasu.*
> Ist jemand zuhause? Ja. Wer ist zuhause? Es ist Taro.

> いつ か 日本 へ 帰る よ。
> *itsu ka nihon e kaeru yo.*
> Irgendwann werde ich nach Japan zurückkehren.

> どこ か いい レストラン が ありません か。
> *doko ka ii resutoran ga arimasen ka.*
> Gibt es irgendwo ein schönes Restaurant?

> 何 か 楽器 を やります か。
> *nani ka gakki o yarimasu ka.*
> Spielen Sie irgendein Musikinstrument?

● Beispiele mit も *mo* und でも *demo* in verneinten Sätzen:

> どこ へ も 行きません。
> *doko e mo ikimasen.*
> Ich gehe nirgendwo hin.

そこ に だれ か います か。いいえ、ここ に だれ も いません。
soko ni dare ka imasu ka. iie, koko ni dare mo imasen.
Ist dort jemand? Nein, hier ist niemand.

日本料理 は 何 でも 好き では ありません。
nihonryouri wa nani demo suki dewa arimasen.
Ich mag kein japanisches Essen.

● Beispiele mit も *mo* und でも *demo* in bejahten Sätzen:

山口さん は いつ も 肉 を たべます。
yamaguchisan wa itsu mo niku o tabemasu.
Frau Yamaguchi isst immer Fleisch.

素晴らしい、彼 は 何 でも 覚えて います。
subarashii, kare wa nan demo oboete imasu.
Erstaunlich, er erinnert sich an alles.

コーヒー と 紅茶 は どちら が いい です か。どちら でも けっこう です。
ko-hi- to koucha wa dochira ga ii desu ka. dochira demo kekkou desu.
Möchten sie Kaffee oder Tee? Beides ist mir recht.

3. MENGEN- UND ZEITANGABEN

Zum Ausdruck von Zahlen nutzt die japanische Sprache zwei Systeme. Für Zahlen von eins bis zehn kann das japanische System verwendet werden. Für höhere Zahlen, zum Rechnen und für Zeitangaben wird das sinojapanische System verwendet. Während die deutsche Zählweise bei höheren Zahlen Blöcke mit drei Schritten bildet, bevor eine neue Ziffer eingeführt wird, sind es im Japanischen vier Schritte.

Als Besonderheit der japanischen Sprache müssen die Zahlen des sinojapanischen Systems mit Zählsuffixen kombiniert werden, die den zu zählenden Gegenstand beschreiben. In diesem Kapitel werden die zwei Zählsysteme, die Zählsuffixe und ihre Verwendung für die Angabe von Mengen und Zeiten beschrieben.

3.1 Die japanische und die sinojapanische Zahlenreihe

a) Für die Benennung der Zahlen gibt es im Japanischen zwei Zählwortreihen: eine japanische und eine aus dem Chinesischen übernommene Reihe. Die unflektierbaren Zahlwörter (数詞 *suushi*) beider Reihen sind nominaler Natur. Die Zählwortreihen unterscheiden sich durch ihre Lesung, während für gleiche Ziffern dieselben *kanji* verwendet werden.

- Die japanische Zahlenreihe reicht von eins bis zehn. Im Gegensatz zur sinojapanischen Zählmethode ist kein zusätzliches Zählsuffix erforderlich, d. h. die Zahlen können direkt mit den zu zählenden Substantiven benutzt werden. Ausnahmen sind die Suffixe 〜目 *~me* zum Ausdruck des Ordnungsgrades, 〜重 *~e* zur Bildung des Vielfachen einer Zahl sowie einige veraltete japanische Zählsuffixe (vgl. 3.2). Das zu diesem System gehörende Fragewort ist いくつ („wie viel").

- Die japanischen Zahlwörter können für allgemeine Mengenangaben sowie für die Altersangabe von Lebewesen (d. h. für Kinder bis zum Alter von zehn Jahren) verwendet werden. Nicht möglich ist es, mit den japanischen Zahlen Menschen und Tiere zu zählen, es müssen in diesem Fall die sinojapanischen Zahlen in Kombination mit geeigneten Zählwörtern benutzt werden (zum Beispiel für Menschen: 一人 *hitori*, 二人 *futari*, 三人 *sannin*).

- Mit der sinojapanischen Zählreihe können alle Zahlen unbegrenzt ausgedrückt werden, indem *kanji* für die Ziffern hintereinandergereiht werden. Dabei werden zum Ausdruck der Potenz (Zehner, Hunderter, Tausender, ...) entsprechende *kanji* hinter der Ziffer eingefügt (十 *juu* für 10er, 百 *hyaku* für 100er usw.), zum Beispiel in 二百八十一 *nihyakuhachijuuichi* („zwei mal hundert, acht mal zehn, eins") für „281". Die *kanji* für die Potenzen können im Schriftbild weggelassen (beispielsweise wenn die Zahl groß ist und durch die Anzahl der Zeichen unüberschaubar wäre), müssen aber mitgelesen werden. 五二九 wird beispielsweise *gohyakunijuukyuu* gelesen. Die Zahlen werden, im Gegensatz zum Deutschen, immer streng von links nach rechts gelesen.

Während im Deutschen Potenzen in Dreierblöcken gebildet werden, bevor das nächste Zahlwort eingeführt wird (zum Beispiel eine Million, zehn Millionen, hundert Millionen, anschließend eine Milliarde), baut die japanische Zählweise auf Viererblöcke auf: „1.0000" entspricht 万 *man* (10.000), es folgen 十万 *juuman*, 百万 *hyakuman*, 千万 *senman*. Erst jetzt folgt das neue *kanji* für „1.0000.0000": 億 *oku*. Daraus folgt, dass es für einige deutsche Ziffern, wie zum Beispiel Million oder Milliarde, keinen eigenen Ausdruck gibt. Die Ziffer Null wird mit 零 *rei* oder ゼロ *zero* bezeichnet.

Um Gegenstände oder Abstraktes zu zählen, müssen die Zahlen mit zu dem zu zählenden Objekt passenden Zählsuffixen (vgl. 3.2) kombiniert werden.

[3.1] Übersicht über die japanische und sinojapanische Zahlenreihe

	sinojapanische Zählwörter		japanische Zählwörter	
1	一	ichi	一つ	hitotsu
2	二	ni	二つ	futatsu
3	三	san	三つ	mittsu
4	四	shi, yon, yo	四つ	yottsu
5	五	go	五つ	itsutsu
6	六	roku	六つ	muttsu
7	七	shichi, nana	七つ	nanatsu
8	八	hachi	八つ	yattsu
9	九	kyuu, ku	九つ	kokonotsu
10	十	juu	十	too
100	百	hyaku		
1.000	千	sen		
10.000	万	man		
100.000.000	億	oku		
10^{12}	兆	chou		
10^{16}	京	kei		
10^{20}	垓	gai		

3. MENGEN- UND ZEITANGABEN

b) Unregelmäßigkeiten: Die Ziffer Vier liest man in Kombination mit Zählsuffixen als *yon* bzw. *yo*, zum Beispiel 四枚 *yonmai*, 四回 *yonkai*, 四人 *yonin*, 四時 *yoji*. Die Zahl Neun wird im Allgemeinen als *kyuu* und nur in wenigen Ausnahmen als *ku* gelesen. Die Zusammensetzungen von 3, 6 und 8 mit 百 *hyaku* und 千 *sen* sind unregelmäßig: 三百 *sanbyaku* („300"), 六百 *roppyaku* („600"), 八百 *happyaku* („800"), 三千 *sanzen* („3000) und 八千 *hassen* („8000").

c) Die Schreibung der Zahlen kann unterschiedlich erfolgen: Es können die *kanji* der Ziffern waagerecht oder horizontal aneinandergereiht werden, ohne die Potenzen (Zehner, Hunderter, Tausender usw.) zu erwähnen. Die arabischen Ziffern werden gleichrangig verwendet, in der waagerechten Schreibweise werden sie heute sogar bevorzugt. In Analogie zur arabischen Ziffernschreibweise wird ein runder Kreis („〇") oft zum Ausdruck der Null bei zusammengesetzten Zahlen benutzt, zum Beispiel in 二〇〇〇 *nisen* (2000) und 五〇九 *gohyakukyuu* (509).

d) Dezimalzahlen werden gelesen, indem das Komma mit 点 *ten* bezeichnet wird. Für negative Zahlen wird beim Lesen マイナス *mainasu* vorangestellt, zum Beispiel:

0,03	*zero ten zero san*
1.2	*itten ni*
-25	*mainasu nijuugo*

3.2   Zählsuffixe (助数詞 *josuushi*)[1]

3.2.1   Funktion und Eigenschaften von Zählsuffixen

a) Um Gegenständliches oder Abstraktes im Japanischen zu zählen, werden bei Verwendung der Zahlen des sinojapanischen Systems die Zahlwörter mit Zählsuffixen (助数詞 *josuushi*) kombiniert. Sie werden den die Zahlen ausdrückenden *kanji* angehängt, so dass eine vollständige Mengenangabe aus Zahlwort + Zählsuffix besteht. Die Wahl des richtigen Suffixes richtet sich nach dem Charakter des zu zählenden Objekts. Im Deutschen gibt es auch Objekte, die üblicherweise zusammen mit einer Einheit gezählt werden, zum Beispiel „vier Blatt Papier" (man sagt nicht „vier Papier"), und oft ist eine Angabe erforderlich, um die Maßeinheit zu erkennen (zum Beispiel „zwei Flaschen Bier" statt nur „zwei Bier").

Im Japanischen dagegen ist die Verwendung von Zählsuffixen bei sinojapanischen Zahlen unbedingt erforderlich und es gibt ein ausgeprägtes System von mehreren hun-

---

[1] „Zählsuffixe" werden auch „Zähleinheitswörter", „Numeralklassifikatoren", „Einheiten der Ziffern", „Numeralidentifikatoren" und „Zählsilben" genannt (gelegentlich auch „Zählwörter", ein Begriff, der hier für die Zahlen verwendet wird).

dert Zählsuffixen. Sollen beispielsweise Bücher oder andere gebundene Schriften gezählt werden, wird das Zählsuffix 冊 *satsu* verwendet: 一冊 *issatsu* („ein Buch, Zeitschrift"), 二冊 *nisatsu* („zwei Bücher, Zeitschriften") und so fort.

Oft sind mehrere Zählsuffixe möglich, die sich nur in feinen Nuancen unterscheiden bzw. einen speziellen Aspekt des zu zählenden Gegenstandes berücksichtigen. Zum Beispiel kann eine Postkarte (葉書 *hagaki*) als dünnes, flaches Objekt (mit 枚 *mai*), als geschriebenes Dokument (mit 通 *tsuu*) oder als Blatt (mit 葉 *you*) gezählt werden. Kühe, Pferde und ähnliche Tiere werden in Abhängigkeit ihrer Größe mit 頭 *tou* (für ausgewachsene Tiere) oder mit 匹 *hiki* (für kleine oder junge Tiere) gezählt. Zählsuffixe ermöglichen es auch oft erst (wie im Deutschen), die Maßeinheit des zu zählenden Objekts zu erkennen, zum Beispiel bei 薬 *kusuri* („Medizin"): 一剤 *ichizai* (als „Mittel" allgemein), 一服 *ippuku* (Portion), 一包 *hitotsutsumi* (Tabletten, Pillen), 一粒 *hitotsubu* (Tropfen, Pillen), 一瓶 *ippei* (Flasche) oder 一錠 *ichijou* (Tabletten, Pillen, Dosis).

In wenigen Fällen ist auch die Kombination zweier Zählsuffixe möglich, zum Beispiel bei 目 *me* zum Ausdruck einer Reihenfolge (vgl. 3.5.1) oder 間 *kan*, um Zeiträume aus punktuellen Zeitangaben zu bilden.

b) Die japanischen Zählwörter können in der Regel ohne Zählsuffixe gebraucht werden. Ausnahmen sind die Suffixe 〜目 *~me* zum Ausdruck des Ordnungsgrades und 〜重 *~e* zur Bildung des Vielfachen (vgl. 3.2.4).

3.2.2 Sinojapanische Zählsuffixe

a) Im Japanischen gibt es mehrere Hundert Zählsuffixe. Eine Auswahl wichtigster Suffixe ist in Tabelle [3.2] zusammengefasst. Einige werden durch *kanji* ausgedrückt, die darüber hinaus eine konkrete Bedeutung haben und beispielsweise als Nomen verwendet werden können.

[3.2] Auswahl wichtiger Zählsuffixe (助数詞 *josuushi*)		
Suffix		zu zählender Gegenstand
Zählsuffixe für Lebewesen:		
〜人	*~nin, ~ri*	Menschen (Bsp.: Kinder, Schüler)
〜名	*~mei*	Personen (Bsp.: Doktoranden), Mitglieder
〜頭	*~tou*	große Tiere (oft Haustiere; Bsp.: Kühe, Pferde, Elefanten)
〜匹	*~hiki*	kleine Tiere außer Vögel und ohne große Ohren (oft Vierfüßler; Bsp.: Fliegen, Hunde, Katzen, Fische)

3. MENGEN- UND ZEITANGABEN

[3.2] Auswahl wichtiger Zählsuffixe (助数詞 *josuushi*) (Fortsetzung)

Suffix		zu zählender Gegenstand
Zählsuffixe für Lebewesen:		
～羽	~wa	Tiere mit Flügeln oder großen Ohren (Bsp.: Vögel, Hühner, Enten, Hasen, Kaninchen)
～翅	~shi	Vögel
～尾	~bi	Fische (wörtlich „Schwanz")
Zählsuffixe für Gegenständliches:		
～株	~shu	Pflanzen (Bsp.: Bäume, Reispflanzen, Sträucher); Aktien
～輪	~rin	Blumen, Blüten; Räder
～個	~ko	kugelförmige, kleine Gegenstände (Bsp.: Äpfel, Seife, Bonbons, Bälle)
～本	~hon	lange, zylindrische Gegenstände (Bsp.: Flaschen, Zigaretten)
～枚	~mai	dünne, flache Gegenstände (Bsp.: Briefmarken, Papier, Hemden, Teller, Münzen)
～面	~men	Gegenstände mit flacher Oberfläche (Bsp.: Spiegel, Gitarre, Tennisplatz)
～切れ	~kire	kleine schmale oder abgetrennte Gegenstände (Bsp.: Scheiben Brot, Bänder)
～挺	~chou	lange, schmale Objekte (Bsp.: Kerzen, Rohre, Gitarren, Messer, Gabeln, Gewehre)
～滴	~teki	kleine, kugelförmige und flüssige Gegenstände (Bsp.: Tropfen)
～粒	~tsubu	kleine, runde Gegenstände (Bsp.: Körner, Tropfen, Pillen, Tränen)
～球	~kyuu	kugelförmige Gegenstände mittlerer Größe (Bsp.: Birnen, Baseball)
～包	~hou	Medizin (Bsp.: Tabletten, Pillen)
～錠	~jou	Medizin (Bsp.: Tabletten, Pillen, Dosis)
～着	~chaku	Kleidung (Bsp.: Hosen, Hemden, Anzüge)
～足	~soku	Kleidung an den Füßen (Bsp.: Strümpfe, Schuhe)
～冊	~satsu	gebundene Schriften (Bsp.: Bücher, Zeitschriften, Hefte)
～部	~bu	gedruckte Dokumente (Bsp.: Zeitungen, Kopien)

[3.2] Auswahl wichtiger Zählsuffixe (助数詞 *josuushi*) (Fortsetzung)		
Suffix		zu zählender Gegenstand
Zählsuffixe für Gegenständliches:		
～通	~*tsuu*	handgeschriebene Dokumente (Bsp.: Briefe, Notizen, Ansichtskarten)
～体	~*tai*	Bilder, Abbildungen
～箱	~*hako*	Schachteln (Bsp.: Zigarettenschachteln)
～灯	~*tou*	Lampen, Lichter
～杯	~*hai*	gefüllte Trinkgefäße (Bsp.: Glas Bier), Getränke
～瓶	~*bin*	Gefäße zum Einfüllen von Flüssigkeiten (Bsp.: Flaschen, Blumenvasen); Blumengestecke (*ikebana*)
～口	~*kou*, ~*kuchi*	Geschirr und Gegenstände zur Essenszubereitung (Bsp.: Tassen, Töpfe, Teller, Kessel, Schalen); andere Gegenstände (Bsp.: Blumenvasen, Rasierer, Bankkonten, Versicherungen)
～脚	~*kyaku*	Hausgeräte, die auf Beinen stehen (Bsp.: Tische, Stühle)
～畳	~*jou*	*tatami*-Matten
～室	~*shitsu*	Räume
～軒	~*ken*	Gebäude (Bsp.: Häuser, Geschäfte)
～戸	~*ko*	Häuser, Gebäude
～丁	~*chou*	Häuserblocks; Gegenstände, die mit Händen bedient werden (Bsp.: Werkzeuge, Scheren, Gabeln, Äxte, Körbe, Pistolen)
～ヶ国 ～カ国 ～か国 ～カ国 ～箇国	~*kakoku*	Länder
～台	~*dai*	Maschinen und Fahrzeuge (Bsp.: Autos, Computer, Telefone, Radios, Fernsehgeräte, Reifen, Fahrräder)
～隻	~*seki*	große Schiffe
～艘	~*sou*	Boote, kleine Schiffe
～基	~*ki*	Maschinen (Bsp.: Aufzüge); Fabriken; religiöse Monumente (Bsp.: *torii*, Grabsteine)

3. MENGEN- UND ZEITANGABEN

[3.2] Auswahl wichtiger Zählsuffixe (助数詞 *josuushi*) (Fortsetzung)

Suffix		zu zählender Gegenstand
Zählsuffixe für Gegenständliches:		
〜車	*~sha*	Fahrzeuge (insb. Lastwagen, Güterzüge); zu transportierende Gegenstände (Bsp.: Güter, Gepäck, Koffer)
Zählsuffixe für Abstraktes:		
〜番	*~ban*	Nummer, Ordnungsgrad (Bsp.: 二番 *niban* Nummer 2; vgl. 3.5.2), Sumo-Kämpfe
〜号	*~gou*	Nummer, Ordnungsgrad (二号 *nigou* Nummer 2; vgl. 3.5.2)
〜回	*~kai* [2]	abstrakt: „-mal" (Bsp.: 一回 *ikkai* einmal)
〜度	*~do*	abstrakt: „-mal" (Bsp.: 四度 *yondo* viermal), insbesondere auch für einige physikalische Einheiten wie Winkel, Temperatur und Gradeinteilungen (Bsp.: 五度 *godo* fünf Grad)
〜次	*~ji*	Reihenfolge (Bsp.: 一次 *ichiji* erste, vgl. 3.5.2)
〜分	*~bun*	Bruchteil, Nenner in Bruchrechnung (Bsp.: 二分一 *ni bun no ichi* ½)
〜倍	*~bai*	Vielfaches (Bsp.: zweifach *nibai*; vgl. 3.2.4)
〜重	*~juu*	Vielfaches (Bsp.: fünffach *gojuu*; vgl. 3.2.4)
〜歳, 〜才	*~sai*	Jahre der Altersangabe bei Lebewesen (Bsp.: 二十才 oder 二十歳 *nijuusai* zwanzig Jahre alt)
〜晩	*~ban*	Abende, Nächte
〜階	*~kai*	Stockwerke (Bsp.: 一階 *ikkai* Erdgeschoss)
〜言	*~gon*	Wörter
〜章	*~shou*	Kapitel (Bsp.: 第二章 *dainishou* zweites Kapitel)
〜学期	*~gakki*	Semester
〜学年	*~gakunen*	Schuljahre, Schulklasse
〜段	*~dan*	Stufen, Phasen; Treppenstufen; Zeilen (eines Textes)
〜人前	*~ninmae*	Essensportionen (Bsp.: 五人前 *goninmae* fünf Portionen)
〜円	*~en*	(japanische Währung)

---

[2] 度 *do* und 回 *kai* sind bedeutungsgleich: 五度 *godo* 五回 *gokai* fünfmal.

一番	*ichiban*	Nummer eins
四番	*yonban*	Nummer vier
博士はち名	*hakase hachimei*	acht Professoren
犬三匹	*inu sanbiki*	drei Hunde
靴を一足	*kutsu o issoku*	ein Paar Schuhe
箸一膳	*hashi ichizen*	ein Paar Essstäbchen
手紙一通	*tegami ittsuu*	ein Brief
八畳の部屋	*hachijou no heya*	ein 8-Matten-Raum
牛百頭	*ushi hyakutou*	hundert Rinder
蚊一匹	*ka ippiki*	ein Moskito
銀二枚	*gin nimai*	zwei Goldmünzen

b) Einige Kombinationen von Zahlen und Zählsuffixen haben unregelmäßige Bildungsformen. Bei der Angabe des Lebensalters mit dem Suffix 〜歳 *~sai* gibt es folgende unregelmäßige Kombinationen:

一歳	*issai*	ein Jahr
八歳	*hassai*	acht Jahre
十歳	*jussai*	zehn Jahre
二十歳	*hatachi*	20 Jahre

Weitere wichtige Beispiele sind:

〜人 *~nin*:	一人	*hitori*		ein Mensch
	二人	*futari*		zwei Menschen
	四人	*yonin*		vier Menschen
〜界 *~kai*:	三界	*sangai*		zweiter Stock

Bei Zählsuffixen, deren erste Silbe mit ch-, h-, f-, k-, s-, w- oder t- beginnen, gibt es Ausnahmen in der Kombination mit folgenden Zahlen:

3. MENGEN- UND ZEITANGABEN

[3.3] Ausnahmen (phonetische Assimilationen) bei der Kombination von Zahlen mit Zählsuffixen

	1	3	4	6	8	10	Frage
-ch- ～着 ~chaku	icch- 一着 icchaku				hacch- 八着 bacchaku	juch- 十着 juchaku	
f- ～分 ~fun	ipp- 一分 ippun	sanp- 三分 sanpun	yonp- 四分 yonpun	ropp- 六分 roppun	happ- 八分 happun	jupp- 十分 juppun	nanp- 何分 nanpun
-h- ～本 ~bon	ipp- 一本 ippon	samb~ / sanp~		ropp-	happ-	jupp-	nanb~
～本 ~bon	一本 ippon	三本 sanbon		六本 roppon	八本 happon	十本 juppon	何本 nanbon
-k- ～個 ~ko	ikk- 一個 ikko	(sang~)		rokk- 六個 rokko	hakk- 八個 bakko	jukk- 十個 jukko	
～軒 ~ken	ikk- 一軒 ikken	三軒 sanken / sangen		六軒 rokken	八軒 hakken	十軒 jukken	
-s- ～冊 ~satsu	iss- 一冊 issatsu				hass- 八冊 hassatsu	juss- 十冊 jussatsu	
-t- ～通 ~tsuu	itt- 一通 ittsuu				hatt- 八通 hattsuu	jutt- 十通 juttsuu	
-w- ～羽 ~wa		samb~ 三羽 samba	yonb~ 四羽 yonba			jupp- 十羽 juppa	nanb- 何羽 nanba

3.2.3 Die Frage nach der Menge

Die Frage nach der Menge bzw. anderen von den Zählsuffixen abgeleiteten Aspekten kann einfach durch Kombination von 何 *nan* und dem Zählsuffix gestellt werden[3].

[3.4] Beispiele für Fragewörter mit 何 *nan*

何人	nannin	wie viele Leute?
何階	nankai	welches Stockwerk?
何度	nando	wie viel mal?
何個	nanko	wie viele Teile?
何回	nankai	wie viel mal?
何番	nanban	welche Nummer?
何枚	nanmai	wie viele (dünne, flache Gegenstände)?

> Frage: 車 は 何台 です か。三台 です。
> *kuruma wa nandai desu ka.* Antwort: *sandai desu.*
> oder Frage: 車 は いくつ です か。三つ です。
> *kuruma wa ikutsu desu ka.* Antwort: *mittsu desu.*
> Frage: Wie viele Autos sind es? Antwort: Es sind drei.

> 今 何才 です か。私 は 二十五歳 です。
> *ima nansai desu ka. watashi wa nijuugosai desu.*
> Wie alt sind sie jetzt? Ich bin 25 Jahre alt.

Für die japanische Zahlenreihe ist das Fragewort いくつ. Es wird bei Fragen nach der Zahl ohne Zählwort (d. h. Zahlen zwischen 1 und 10) gebraucht und setzt sich zusammen aus いく〜 und 〜つ. Das Suffix 〜つ dient zur Bildung der Zählwörter der japanischen Reihe (Beispiel: 二つ *futatsu*, いくつ).

Wird der Fragepartikel か dem Fragewort nachgestellt, dann erhält es die Bedeutung „irgendwie", „einige" oder „mehrere" (vgl. 2.4.4)

> 何人 wie viele Personen?
> → 何人か einige Personen, irgendjemand
> レコード を 何枚 *reko-do o nanmai* wie viele Schallplatten?
> → レコード を 何枚か *reko-do o nanmaika*
> irgendwelche Schallplatten, einige Schallplatten

---

[3] Für 何 wird die Lesung *nan* anstelle von *nani* verwendet, wenn 何 vor einem Wort mit den Anfangskonsonanten *t-*, *d-* oder *n-* steht.

3. MENGEN- UND ZEITANGABEN

3.2.4 Vielfaches (Multiplikativa)

Im Falle sinojapanischer Zahlen werden 〜倍 *~bai* oder 〜重 *~juu* („-fach") angeschlossen, um das Vielfache einer Zahl auszudrücken. Die entsprechenden Fragewörter werden, wie bei der sinojapanischen Reihe üblich, mit 何 gebildet.

Bei Zählwörtern der japanischen Reihe wird das Vielfache einer Zahl ebenfalls mit dem Suffix 〜重 ausgedrückt, allerdings wird es *~e* gelesen. Es tritt anstelle der Endung 〜つ der Zählwörter und kann nicht nach den Zahlen vier, sechs und zehn stehen. In diesen Fällen muss die sinojapanische Reihe angewendet werden.

[3.5] Beispiele für Multiplikativa

	Japanische Zählreihe	sinojapanische Zählreihe		
	〜重 *~e*	〜倍 *~bai*	〜重 *~juu*	
1	一重 *hitoe*			einfach
2	二重 *futae*	二倍 *nibai*	二重 *nijuu*	zweifach
3	三重 *mie*	三倍 *sanbai*	三重 *sanjuu*	dreifach
4		四倍 *yonbai*	四重 *yonjuu*	vierfach
5	五重 *itsue*	五倍 *gobai*	五重 *gojuu*	fünffach
6		六倍 *rokubai*	六重 *rokujuu*	sechsfach
7	七重 *nanae*	七倍 *nanabai*	七重 *nanajuu*	siebenfach
8	八重 *yae*	八倍 *hachibai*	八重 *hachijuu*	achtfach
9	九重 *kokonoe*	九倍 *kyuubai*	九重 *kyuujuu*	neunfach
10		十倍 *toobai*	十重 *toojuu*	zehnfach
Frage	いくえ *ikue*	何倍 *nanbai*	何重 *nanjuu*	wievielfach

3.3 Mengenangaben

3.3.1 Position und Markierung von Mengenangaben

a) Am häufigsten werden Mengenangaben im Satz adverbial, d. h. vor dem Prädikat positioniert. Da die Mengenangaben Nomen sind, entspricht dies der Bildung eines nominalen Prädikats, wie zum Beispiel bei: 本を四冊買いました *hon o yonsatsu kaimashita*. Werden keine weiteren Satzbausteine eingefügt, steht die Mengenangabe damit hinter dem zu zählenden Objekt. Die Wahl der Partikel vor der Mengenangabe richtet sich, wie im Satz ohne Mengenangabe, nach dem zu zählenden Objekt und dem Verb. So wird beispielsweise ein Akkusativobjekt wie üblich mit を markiert, bei Verben der Existenz wird die Partikel が verwendet usw.

> 箱 の 中 に タバコ が 十本 あります。
> *hako no naka ni tabako ga juppon arimasu.*
> In der Schachtel sind zehn Zigaretten.

> 定食 を 三人前 お願い します。
> *teishoku o sanninmae onegai shimasu.*
> Bitte dreimal das Tagesgericht.

> 教室 の 中 に 生徒 が 五人 と 先生 が 二人 います。
> *kyoushitsu no naka ni seito ga gonin to sensei ga futari imasu.*
> Im Klassenzimmer befinden sich fünf Schüler und zwei Lehrer.

> 顔 に は 目 が 二つ、鼻 が 一つ、口 が 一つ あります。
> *kao ni wa me ga futatsu, hana ga hitotsu, kuchi ga hitotsu arimasu.*
> Im Gesicht sind zwei Augen, eine Nase und ein Mund.

In der Umgangssprache wird gelegentlich die Mengenangabe auch zwischen zu zählendem Objekt und Partikel verwendet.

> 先週 この 本屋 で 本 二冊 を 書いた。
> *senshuu kono honya de hon nisatsu o kaita.*
> Ich habe in diesem Buchladen letzte Woche zwei Bücher gekauft.

b) Die zweite generelle Möglichkeit ist die adnominale Position vor dem zu zählenden Substantiv. Aufgrund des nominalen Charakters der Zählwörter wird zwischen Zählwort und zu zählendem Objekt dabei die Partikel の eingesetzt, zum Beispiel 四冊の本を買いました *yonsatsu no hon o kaimashita*. Allerdings wird diese nominale Art seltener als die adverbiale verwendet. Nach dem zu zählenden Objekt folgt das übliche Partikel wie im Satz ohne Mengenangabe.

> 財布 の 中 に 二枚 の 一万円札 が あります。
> *saifu no naka ni nimai no ichimanensatsu ga arimasu.*
> In der Geldbörse befinden sich zwei 10.000 Yen-Scheine.

> この 喫茶店 で 昨日 二人 の 日本人 の 女の人 を 見た。
> *kono kissaten de kinou futari no nihonjin no onnanohito o mita.*
> In diesem Café habe ich gestern zwei japanische Frauen gesehen.

Selten, und nur zur Betonung, erfolgt die Kombination der zwei nominalen Ausdrücke in umgedrehter Reihenfolge, d. h. die Mengenangabe mit の wird nach dem zu zählenden Objekt eingesetzt.

3. MENGEN- UND ZEITANGABEN

> 美保ちゃん と 朝子ちゃん と 希美子ちゃん の 三人 は、近く の 本屋 で 会いました。
> *mihochan to tomokochan to kimikochan no sannin wa, chikaku no honya de aimashita.*
> Ich habe alle drei, Miho, Tomoko und Kimiko, in der nahegelegenen Buchhandlung getroffen.
>
> これ は 最良 の 車 では ない に して も、そうした 車 の 一台 だ と いう こと でした。
> *kore wa sairyou no kuruma dewa nai ni shite mo, soushita kuruma no ichidai da to iu koto deshita.*
> Man sagt, dieses ist eines der besten Autos, wenn nicht sogar das Beste.

c) Es ergeben sich somit die folgenden Satzstrukturen:

[3.6] Satzstruktur (I) mit adverbialer Mengenangabe

Thema/Subjekt+Partikel	Objekt+Partikel	Mengenangabe	Verb+Satzendpartikel
石井さん は *ishiisan wa*	本 を *hon o*	二つ *futatsu*	買いました。 *kaimashita.*
だれ が *dare ga*	ビール を *bi-ru o*	三本 *sanbon*	飲みました か。 *nomimashita ka.*

[3.7] Satzstruktur (II) mit Mengenangaben mit の

Thema/Subjekt+Partikel	Mengenangabe	の	Objekt+Partikel	Verb+Satzendpartikel
部屋 の 中 に は *heya no naka ni wa*	十三人 *juusannin*	の	日本人 が *nihonjin ga*	います。 *imasu.*
石井さん は *ishiisan wa*	二つ *futatsu*	の	本 を *hon o*	買いました。 *kaimashita.*

[3.8] Selten verwendete Satzstrukturen (III, IV) mit Mengenangaben

Thema/Subjekt+Partikel	Objekt	Mengenangabe	Partikel	Verb+Satzendpartikel
今日 は *kyou wa*	コーヒー *ko-hi-*	二杯 *nihai*	を	飲みます か。 *nomimasu ka.*

[3.8] Selten verwendete Satzstrukturen (III, IV) mit Mengenangaben (Fortsetzung)

Thema/Subjekt+ Partikel	Objekt	の	Mengenangabe	Partikel	Verb+ Satzendpartikel
私 は *watashi wa*	車 *kuruma*	の	一台 *ichidai*	を	管理します。 *kanri shimasu.*

d) Durch die Position der Mengenangabe im Satz kann eine unterschiedliche Betonung erreicht werden. Wird die Mengenangabe mit の vor dem Objekt verwendet, wird das Objekt betont. Die Gesamtzahl der Objekte entspricht im Allgemeinen der mit der Mengenangabe ausgedrückten Zahl. Im adverbialen Fall, d. h. wenn sich die Mengenangabe hinter dem Objekt befindet, wird die Mengenangabe betont. Die genannte Zahl stellt dann eine Teilmenge der Gesamtzahl der zur Verfügung stehenden Objekte dar. Diese Art der Betonung ist allerdings nicht zwingend.

その 鉛筆 を 二本 下さい。
sono enpitsu o nihon kudasai.
Bitte geben sie mir <u>zwei</u> dieser Stifte. (Es gibt viele Stifte und der Sprecher möchte zwei davon haben; Betonung: er möchte zwei)
その 二本 の 鉛筆 を 下さい。
sono nihon no enpitsu o kudasai.
Bitte geben Sie mir diese zwei <u>Stifte</u>. (Es gibt nur zwei Stifte und der Sprecher möchte beide haben; Betonung: er möchte die Stifte)

e) Kommt zusätzlich eine räumliche Angabe hinzu, die nicht das Satzthema ist (wie beispielsweise 椅子の上に *isu no ue ni*), bestehen für die Struktur des entstehenden Satzes wie beispielsweise „Auf dem Stuhl liegen drei Bücher." weitere Möglichkeiten der Anordnung der Satzelemente:

いす の 上 に 本 が 三冊 あります。
isu no ue ni hon ga sansatsu arimasu.
いす の 上 に 三冊 の 本 が あります。
isu no ue ni sansatsu no hon ga arimasu.
本 が いす の 上 に 三冊 あります。
hon ga isu no ue ni sansatsu arimasu.
三冊 の 本 が いす の 上 に あります。
sansatsu no hon ga isu no ue ni arimasu.

3. MENGEN- UND ZEITANGABEN

Das zu zählende Objekt kann durch weitere Zusätze modifiziert sein, zum Beispiel:

[3.9] Modifikation der zu zählenden Objekte

- mit Verbaladjektiven:
  速い車が五台 *hayai kuruma ga godai*
  oder: 五台の速い車 *godai no hayai kuruma*
  fünf schnelle Autos

- mit Nominaladjektiven:
  便利なアパート一つ *benri na apa-to o hitotsu*
  oder: 一つの便利なアパート *hitotsu no benri na apa-to*
  ein gemütliches Apartment

- mit weiteren Substantiven:
  緑色の壁を二つ *midoriiro no kabe o futatsu*
  oder: 二つの緑色の壁 *futatsu no midoriiro no kabe*
  zwei grüne Wände

- mit Adverbialsätzen:
  日本へ行くドイツ人が三人
  nihon e iku doitsujin ga sannin
  oder: 三人の日本へ行くドイツ人
  sannin no nihon e iku doitsujin
  drei Deutsche, die nach Japan gehen

Ist der Gegenstand der Mengenangabe bekannt, so kann auf seine Nennung verzichtet werden.

> 本を何冊読みましたか。
> *hon o nansatsu yomimashita ka.*
> Wie viele Bücher haben sie gelesen?
> → 何冊読みましたか。二冊読みました。
> *nansatsu yomimashita ka. nisatsu yomimashita.*
> Wie viele haben sie gelesen? Ich habe zwei gelesen.

f) Zahlwort-Zählsuffix-Kombinationen können auch mit adverbialer Funktion ohne Nennung des zu zählenden Objekts im Satz auftreten.

> 三階に住んでいます。
> *sankai ni sunde imasu.*
> Ich wohne im zweiten Stock.

> 一人で京都へ行きました。
> *hitori de kyouto e ikimashita.*
> Ich bin alleine nach Kyoto geflogen.

3.3.2 Ungefähre Angaben

a) Mengenangaben werden in der Bedeutung „etwa / ungefähr" mit nachgestelltem ぐらい, くらい, ごろ oder ほど[4] bzw. mit vorangestelltem やく relativiert.

やく ist eher formell und wird bevorzugt in der Schriftsprache gebraucht. ぐらい und くらい sind bedeutungsgleich und gehören zu den Partikeln. Sie können sich auf Mengen, Zeitspannen und Zeitpunkte, auf den Grad einer Eigenschaft oder ein Ausmaß beziehen. ごろ dagegen kann nur in Bezug auf Zeitpunkte verwendet werden, zum Beispiel in:

> 三時 ごろ *sanji goro* etwa um drei Uhr
> いつ ごろ *itsu goro* wann ungefähr?
> 来週 の 終り ごろ *raishuu no owari goro* gegen Ende der nächsten Woche

ぐらい, くらい und ほど können nach Zahl + Zählwort, Demonstrativpronomen sowie Fragepronomen folgen. „Etwa gleich" bedeutet 同じぐらい *onaji gurai*. Beispiele für die Anwendung:

- nach Zahl + Zählwort:

| 百人 ぐらい | *hyakunin gurai* | ungefähr 100 Leute |
| 五分 ぐらい | *gofun gurai* | ungefähr fünf Minuten |

- nach Demonstrativpronomen:

| この ぐらい | *kono gurai* | etwa so viel wie dieses |
| それ ぐらい | *sore gurai* | etwa so viel wie jenes |

- nach Fragepronomen:

| どの ぐらい、どれ ぐらい | *dono gurai, dore gurai* | wie viel etwa? |
| いくら ぐらい | *ikura gurai* | wie viel etwa? (Preis) |

> 百枚 ぐらい 買いました。
> *hyakumai gurai kaimashita.* oder:
> 百枚 ほど 買いました。
> *hyakumai hodo kaimashita.* oder:
> やく 百枚 買いました。
> *yaku hyakumai kaimashita.*
> Ich kaufte etwa 100 Blatt.

---

[4] ほど wird auch verwendet, um den Grad einer Eigenschaft auszudrücken (vgl. 6.4).

3. MENGEN- UND ZEITANGABEN

三時 ぐらい 駅 の 前 で 会いましょう。
sanji gurai eki no mae de aimashou.
Lass uns um 3 Uhr herum vor dem Bahnhof treffen.

この 本 は いくら ぐらい でした か。四千 円 ぐらい でした。
kono hon wa ikura gurai deshita ka. yonsen en gurai deshita.
Wie viel hat dieses Buch etwa gekostet? Es hat etwa 4000 Yen gekostet.

来年 の 半ば ごろ 日本 を 見に 行く 予定 です。
rainen no nakaba goro nihon o mini iku yotei desu.
Ich beabsichtige, etwa Mitte des nächsten Jahres Japan zu besuchen.

b) Ungefähre Mengenangaben können auch durch Aufzählung zweier benachbarter ganzer Zahlen formuliert werden. Es sind allerdings nur die folgenden Kombinationen möglich. Im Schriftbild werden die zwei Zahlenangaben durch Kommata getrennt.

[3.10] Ungefähre Mengenangaben mit zwei benachbarten Ziffern

一、二	ich, ni	一つ、二つ	hitotsu, futatsu
二、三	ni, san	二つ、三つ	futatsu, mittsu
三、四	san, yon	三つ、四つ	mittsu, yottsu
四、五	shi, go	四つ、五つ	yottsu, itsutsu
五、六	go, roku	五つ、六つ	itsutsu, muttsu
六、七	roku, shichi	六つ、七つ	muttsu, nanatsu
七、八	shichi, hachi	七つ、八つ	nanatsu, yattsu

ビール を 二、三本 飲みました。
bi-ru o ni, sanbon nomimashita.
Ich habe zwei bis drei Flaschen Bier getrunken.

Im Fall von 二、三 ist oft nicht die konkrete Menge, sondern eine allgemein geringe Menge gemeint, und entsprechende Sätze sind mit „wenig", „einige" oder „ein paar" zu übersetzen:

この 映画 は 二、三年 前 見ました。
kono eiga wa ni, sannen mae mimashita.
Diesen Film habe ich vor ein paar Jahren gesehen.

3.3.3 Weitere Modifikationen der Mengenangaben

[3.11] Modifikationsmöglichkeiten für Mengenangaben	
Mengenangabe + 以上 *ijou*	„mehr als ..."
Mengenangabe + 以下 *ika*	„weniger als ..."
Mengenangabe + から	„mehr als ..."
Mengenangabe + も	überraschende und unerwartete Menge „nur, nicht einmal, nicht mehr als"
Mengenangabe + ずつ	„auf einmal", „jeden"
もう + Mengenangabe	„noch", „weitere"

a) Um „mehr als ..." auszudrücken, verwendet man nach der Mengenangabe から oder 以上 *ijou*. „Weniger als ..." wird mit 以下 *ika* formuliert.

この 車 は 九十万 円 から します。
kono kuruma wa kyuujuuman en kara shimasu.
Dieses Auto kostet mehr als 900.000 Yen.

駅 の 前 で 一時間 以上 待ちました。
eki no mae de ichijikan ijou machimashita.
Ich habe vor dem Bahnhof mehr als eine Stunde gewartet.

全部 で 三百 円 以下 でした。
zenbu de sanbyaku en ika deshita.
Zusammen kostete es weniger als 300 Yen.

駅 から 大学 まで バス で 三十分 も 掛かります。
eki kara daigaku made basu de sanjuppun mo kakarimasu.
Vom Bahnhof zur Uni dauert es mit dem Bus 30 Minuten.
(unerwartete Menge)

もう 二時間 も 待って いる の です。
mou nijikan mo matte iru no desu.
Ich warte schon zwei Stunden! (verärgerter Ton)

b) Mit der Partikel ずつ nach einer Mengenangabe wird die Zuordnung der gezählten Objekte zu einer anderen Größe erreicht, zum Beispiel einer Zeit („pro Tag", „jede Stunde"), einer Person („jedem Mitarbeiter") oder einer Sache („pro Stück").

3. MENGEN- UND ZEITANGABEN

> 水 を 毎日 三本 ずつ 飲みます。
> *mizu o mainichi sanbon zutsu nomimasu.*
> Ich trinke drei Flaschen Wasser jeden Tag. (Zeit)

> 本 を 一つ ずつ 包みました か。
> *hon o hitotsu zutsu tsutsumimashita ka.*
> Haben sie die Bücher einzeln (pro Stück) verpackt? (Objekt)

c) Die Partikel もう vor einer Mengenangabe drückt eine zusätzliche Menge aus und kann ins Deutsche mit „noch" oder „weitere …" übersetzt werden.

> ビール を もう 一本 飲みたい。
> *bi-ru o mou ippon nomitai.*
> Ich möchte noch eine Flasche Bier trinken.

> その 話 に は もう ひとつ の 側面 が あります。
> *sono hanashi ni wa mou hitotsu no sokumen ga arimasu.*
> Hier ist eine andere Seite der Geschichte.

Oft wird もう in Kombination mit 一度 *ichido* bzw. 一回 *ikkai* im Sinne von „noch einmal" bei affirmativem Prädikat verwendet. Die gegenteilige Aussage im Sinne von „nicht nochmals" oder „nie wieder" wird mit negativem Prädikat und der Kombination mit 二度 *nido* erreicht.

> もう 一度 ゆっくり 言って 下さい。
> *mou ichido yukkuri itte kudasai.*
> Sagen sie es bitte nochmals langsamer.

> もう 一回 やって みよう。
> *mou ikkai yatte miyou.*
> Lass es uns nochmals probieren!

3.3.4 Abstrakte Mengenangaben

Die Position abstrakter Mengenangaben wie „viel" oder „wenig" entspricht der nummerischer Angaben. Bis zu einem bestimmten Mengengrad ist bei abstrakten Angaben ein positives Prädikat erforderlich. Beim Ausdruck sehr kleiner Mengen mit あまりたくさん, あまり, ほとんど, ぜんぜん, なかなか und 少しも *sukoshimo* wird ein verneintes Prädikat gebraucht. Mit der gleichen Bedeutung wie ちょっと, aber etwas höflicher, kann 少々 *shoushou* für „wenig, ein bisschen" verwendet werden. Die Frage erfolgt im Allgemeinen mit どのぐらい („wie viel etwa?"). In der Reihenfolge mit abnehmender Menge können die japanischen Bezeichnungen wie folgt übersetzt werden:

[3.12] Mengenangaben

Japanisch		Deutsch	Prädikat
とてもたくさん	totemo takusan	sehr viel	+ positives Prädikat
たくさん	takusan	viel	
ちょっと, 少し, 少々	chotto, sukoshi, shoushou	wenig	
あまりたくさん, あまり	amari takusan, amari	nicht so viel	+ negatives Prädikat
ほとんど, なかなか,	hotondo, nakanaka	kaum	
ぜんぜん, 少しも	zenzen, sukoshimo	überhaupt nicht	

どのぐらい お酒 を 飲みました か。
donogurai osake o nomimashita ka.
Wie viel Sake haben sie getrunken?

たくさん お酒 を 飲みました。
takusan osake o nomimashita.
Ich habe viel Sake getrunken.

少し お酒 を 飲みました。
sukoshi osake o nomimashita.
Ich habe ein wenig Sake getrunken.

あまり お酒 を 飲みません でした。
amari osake o nomimasen deshita.
Ich habe nicht so viel Sake getrunken.

ぜんぜん お酒 を 飲みません でした。
zenzen osake o nomimasen deshita.
Ich habe überhaupt keinen Sake getrunken.

少々 お待ち 下さい。
shoushou omachi kudasai.
Warten sie bitte einen Moment. (sehr höfliche Form)

3. MENGEN- UND ZEITANGABEN

Die meisten der abstrakten Mengenangaben sind Adverbien und können unmittelbar vor Nomen (wie in den Beispielen oben) und Verben verwendet werden:

> フランス語 は ぜんぜん 分からない。
> *furansugo wa zenzen wakaranai.*
> Ich verstehe überhaupt kein Französisch.

> たくさん 食べた ので、お腹 が 膨れた。
> *takusan tabeta node onaka ga fukureta.*
> Weil ich viel gegessen habe, ist mein Bauch voll.

Einige können allerdings auch zusätzlich wie Nomen benutzt werden, zum Beispiel indem sie mit の einem Nomen vorangestellt werden (bzw. einem Nomen, das bereits modifiziert wurde, zum Beispiel durch ein Adjektiv):

> ほとんど の 日本人 は この 町 を 知らなかった。
> *hotondo no nihonjin wa kono machi o shiranakatta.*
> Kaum ein Japaner kannte diese Stadt.

> 東京 で たくさん の 高い ビル が あります。
> *toukyou de takusan no takai biru ga arimasu.*
> In Tokyo gibt es viele hohe Gebäude.

3.4 Zeitangaben

3.4.1 Zählsuffixe für Zeitangaben

a) Zeitangaben werden in der japanischen Sprache ähnlich wie Mengenangaben gebildet, d. h. durch Kombination von Zahlwörtern mit geeigneten Zählsuffixen. Wichtige Suffixe sind in folgender Tabelle zusammengefasst.

[3.13] Auswahl wichtiger Zählsuffixe für Zeitangaben		
Suffixe		zu zählende Zeitangabe
～世紀	~seiki	Jahrhunderte
～年	~nen	Jahr (Bsp.: 二千年 *nisennen* das Jahr 2000)
～年間	~nenkan	Jahre (Zeitraum bzw. Zeitdauer, Bsp.: 二千年間 *nisennenkan* 2000 Jahre)
～月	~gatsu	Monat im Jahr (Bsp.: 一月 *ichigatsu* Januar)

[3.13] Auswahl wichtiger Zählsuffixe für Zeitangaben (Fortsetzung)

Suffixe		zu zählende Zeitangabe
～ヶ月, ～カ月, ～カ月, ～か月, ～箇月	~kagetsu	Monate (Bsp.: 一ヶ月 *ikkagetsu* ein Monat)
～週間	~shuukan	Wochen
～日	~nichi, ~ka	Tage bzw. Tage des Monats (Bsp.: 九日 *kokonoka* achter eines Monats, 十八日 *juuhachinichi* 18. eines Monats)
～時	~ji	Stunden der Uhrzeit (Bsp.: 三時 *sanji* drei Uhr)
～時間	~jikan	Stunden (Bsp.: 三時間 *sanjikan* drei Stunden)
～分	~fun	Minuten der Uhrzeit
～分間	~funkan	Minuten
～秒	~byou	Sekunden der Uhrzeit
～秒間	~byoukan	Sekunden

b) Für Zeiträume wird in den meisten Fällen 間 *kan* („Intervall, Raum") dem Zeitausdruck nachgestellt, d. h. bei Jahren, Stunden, Minuten und Sekunden, zum Beispiel 四年間 *yonnenkan* („vier Jahre"), 二週間 *nishuukan* („zwei Wochen") und 五時間 *gojikan* („fünf Stunden"). Da es meistens klar ist, ob Zeitpunkt oder Zeitraum gemeint ist, wird bei Minuten und Sekunden das Suffix 間 oft weggelassen.

Im Fall von Tagen reicht das Zählwort 日 ohne weiteres Suffix aus. Da dieses auch verwendet wird, um die Monatstage zu benennen, muss der Kontext entscheiden, welche Bedeutung vorliegt. Auch hängt die Lesung der *kanji* davon ab, ob eine Monatszahl oder der Monatstag gemeint ist, zum Beispiel bedeutet 一日 sowohl „ein Tag" (Lesung: *ichinichi*), wie auch der erste Tag des Monats (Lesung: *tsuitachi*).

Monate werden gezählt, indem das Zählsuffix 月 verwendet wird. Während man es in Monatsnamen *gatsu* liest, ist die Lesung bei Zeiträumen *getsu*. Darüber hinaus wird traditionell 箇 vorangestellt, so dass das komplette Zählwort für Monate 箇月 *kagetsu* ist. Heutzutage wird statt 箇 meistens eine einfachere Form verwendet, am häufigsten das vom ursprünglichen *kanji* abgeleitete ヶ, welches, obwohl es als kleines *katakana ke* geschrieben, immer noch *ka* gelesen wird. Alternativ können *hiragana* oder *katakana ka* sowie ein kleines *katakana ka* benutzt werden, zum Beispiel für *sankagetsu* („drei Monate"): 三ヶ月, 三箇月, 三カ月, 三カ月 oder 三か月.

3. MENGEN- UND ZEITANGABEN

三年間	*sannenkan*	drei Jahre
一ヵ月	*ikkagetsu*	ein Monat
八時間	*hachijikan*	acht Stunden
五分間	*gofunkan* oder	
五分	*gofun*	fünf Minuten
二十秒間	*nijuubyoukan* oder	
二十秒	*nijuubyou*	zwanzig Sekunden

毎日 何時間 ぐらい 仕事 を しますか。約 八時間 仕事 を します。
mainichi nanjikan gurai shigoto o shimasu ka. yaku hachijikan shigoto o shimasu.
Wie viel Stunden etwa arbeiten sie täglich? Ich arbeite ungefähr acht Stunden.

Bei der Kombination zweier Zeitangaben, zum Beispiel Stunden und Minuten, folgt 間 *kan* nur nach der Stundenzahl, zum Beispiel:

三時間 二十分
sanjikan nijuppun
drei Stunden und 20 Minuten

c) Wie bei Zählsuffixen in 3.2 erläutert, kommt es bei der Kombination von Zahlwörtern mit Suffixen gelegentlich zu phonetischen Assimilationen. Im Fall der Zählsuffixe für Zeitangaben gibt es folgende unregelmäßige Bildungen.

~年 *~nen*:	四年間	*yonenkan*	vier Jahre
~週 *~shuu*:	一週	*isshuu*	eine Woche
	八週	*hasshuu*	acht Wochen
	十週	*jusshuu*	zehn Wochen
~時 *~ji*:	四時	*yoji*	vier Uhr
	九時	*kuji*	neun Uhr
~時間 *~jikan*:	四時間	*yojikan*	vier Stunden
	九時間	*kujikan*	neun Stunden
~分 *~fun*:	一分	*ippun*	eine Minute
	三分	*sanpun*	drei Minuten
	六分	*roppun*	sechs Minuten
	八分	*happun*	acht Minuten
	十分	*juppun*	zehn Minuten

3.4.2 Markierung von Zeitangaben

[3.14] Übersicht Markierung von Zeitangaben

Partikel	markierte Zeitangabe
に	Markierung absoluter (objektiver) Zeitpunkte sowie Zeiträume, in denen eine Handlung stattfindet
keine Partikel	bei relativen Zeitangaben
で	Markierung eines Zeitraumes oder eines zeitlichen Zielpunktes
は	Hervorhebung und Betonung
も	„auch" zur Betonung
から	Markierung eines zeitlichen Anfangspunkts („ab", vgl. 4.5.6)
まで	Markierung eines zeitlichen Endpunkts („bis", vgl. 4.5.8)

a) Zeitpunkte: Im Japanischen wird zwischen absoluten und relativen Zeitangaben unterschieden. Absolute Zeitangaben sind objektiv und zu jeder Zeit reproduzierbar, wie beispielsweise die Angabe von Uhrzeit, Wochentag, Datum, Jahreszahlen oder speziellen Ereignissen, wie beispielsweise Weihnachten. Dagegen sind relative Zeitangaben vom Zeitpunkt der Aussage abhängig und verändern sich, wenn sie zu unterschiedlichen Zeitpunkten gemacht werden. Solche Zeitangaben sind zum Beispiel „gestern", „heute", „morgen", „diese Woche", „nächstes Jahr" oder „vergangene Stunde".

- Absolute Zeitpunkte werden mit der Partikel に markiert:

  水曜日 に 喫茶店 で 一緒 に 会いましょう。
  suiyoubi ni kissaten de issho ni aimashou.
  Lass uns am Mittwoch im Café treffen.

  この 映画 は 四時 に 終わります。
  kono eiga wa yonji ni owarimasu.
  Dieser Film ist um vier Uhr beendet.

- Bei relativen Zeitangaben steht keine Partikel:

  昨日 新しい 車 を 買いました。
  kinou atarashii kuruma o kaimashita.
  Gestern habe ich ein neues Auto gekauft.

3. MENGEN- UND ZEITANGABEN

> 来週 いい 天気 に なる でしょう。
> *raishuu ii tenki ni naru deshou.*
> Nächste Woche wird es wahrscheinlich schönes Wetter geben.

Zur Hevorhebung und Betonung können den Zeitangaben Partikel wie は oder も[5] nachgestellt werden:

> 明日 は 買い物 を します。
> *ashita wa kaimono o shimasu.*
> Morgen kaufe ich ein (Betonung: morgen und nicht an einem anderen Tag).

> 昨日 も 買い物 を しました。
> *kinou mo kaimono o shimashita.*
> Auch gestern kaufte ich ein.

b) Zeiträume können mit に oder で markiert werden. に wird bei Zeitangaben verwendet, in denen irgendwann während der Zeitspanne eine Handlung stattfindet, zum Beispiel die Jahreszeit, in der in Urlaub gefahren wird oder der Zeitraum, bis zu einer bestimmten Uhrzeit, in dem zu Mittag gegessen werden soll.

> 五時 まで に ここ に 来られます か。
> *goji made ni koko ni koraremasu ka.*
> Können sie bis fünf Uhr hierher kommen?

> 秋 に 日本 へ 行こう と 思います。
> *aki ni nihon e ikou to omoimasu.*
> Im Herbst beabsichtige ich, nach Japan zu fahren.

Bei Zeiträumen, die mit で markiert sind, wird der zeitliche Endpunkt einer Handlung, die in dem Zeitraum liegt, betont. Ins Deutsche können entsprechende japanische Sätze oft mit „nach" übersetzt werden, zum Beispiel „Nachdem ich zwei Stunden gewartet habe, gehe ich".

> 明日 で いい です。
> *ashita de ii desu.*
> Morgen ist in Ordnung.

> 日本 に 来て から 今日 で 五年 に なります。
> *nihon ni kite kara kyou de gonen ni narimasu.*
> Es ist jetzt fünf Jahre her, dass ich nach Japan kam.

---

[5] Alle Mengenangaben können mit も betont werden.

> 後 一時間 で 始まります。
> *ato ichijikan de hajimarimasu.*
> Nach einer Stunde fängt es an.

3.4.3 Die Frage nach der Zeit

a) Die Fragepronomen für Zeitangaben werden durch Kombination von 何 *nan* mit den in 3.4.1 beschriebenen Zählwörtern formuliert. Da das Suffix 日 *nichi* sowohl für das Zählen von Tagen, wie auch zur Angabe des Tages im Monat verwendet wird, kann die Kombination mit 何 mit „Wie viele Tage?" oder mit „Der wievielte Tag des Monats?" übersetzt und die genaue Bedeutung dem Kontext entnommen werden.

Die allgemeine Frage nach der Zeit („wann") wird mit dem Fragepronomen いつ gebildet. Es ist eine Lesung von 何時, allerdings nicht auf Stunden beschränkt und wird mit *hiragana* geschrieben.

[3.15] Beispiele für Fragepronomen für Zeitangaben

いつ	itsu	wann?
何年	nannen	welches Jahr?
何年間	nannenkan	wie viele Jahre?
何月	nangatsu	welcher Monat?
何ヶ月	nankagetsu	wie viele Monate?
何曜日	nanyoubi	welcher Wochentag?
何日	nannichi	wie viele Tage? oder: der wievielte Tag des Monats?
何時	nanji	wie viel Uhr?
何時間	nanjikan	wie viele Stunden?
何分	nanpun	wie viele Minuten?
何秒	nanbyou	wie viele Sekunden?

Das so gebildete Fragepronomen tritt in einfachen Sätzen an die Stelle innerhalb des Fragesatzes, an der die Zeitangabe im Aussagesatz stehen würde. Zur Betonung kann die Wortreihenfolge aber, wie in 1.4.1 beschrieben, verändert werden.

> 今 何時 です か。八時 です。
> *ima nanji desu ka. hachiji desu.*
> Wie viel Uhr ist es gerade? Es ist acht Uhr.

3. MENGEN- UND ZEITANGABEN

毎日 何時間 勉強 します か。
mainichi nanjikan benkyou shimasu ka.
Wie viele Stunden arbeitest du jeden Tag?

b) Wenn nicht genau bekannt ist, in welchem Zeitrahmen sich die Antwort bewegt, und man nur nach „wie lange" fragen möchte, kann das Zählsuffix, was am wahrscheinlichsten ist, verwendet werden. Im folgenden Beispiel ist es wahrscheinlich, dass der Gefragte mehrere Jahre (und nicht nur Tage oder Wochen) die Sprache lernt, so dass mit 何年 *nannen* gefragt wird.

何年 英語 を 勉強 して います か。
nannen eigo o benkyou shite imasu ka.
Wie lange lernen sie Englisch? (Wie viele Jahre lernen sie Englisch?)

c) Wie in 2.4.4 beschrieben, können die Partikel か und も Fragewörter generalisieren. Im Fall der Fragepronomen für Zeitangaben sind nur wenige Bedeutungen möglich. Häufig verwendet wird die Konstruktion in Bezug auf Jahren: „einige Jahre, viele Jahre, jahrelang" kann ausgedrückt werden mit 何年か *nannen ka*, 何年も *nannen mo*, 何年間か *nannenkan ka* und 何年間も *nannenkan mo*.

彼女 に は 何年 も 会って いない。
kanojo ni wa nannen mo atte inai.
Ich habe sie schon einige Jahre nicht mehr gesehen.

この 家 を 建てる の に 何年 も かかった。
kono uchi o tateru no ni nannen mo kakatta.
Es hat Jahre gedauert, dieses Haus zu bauen.

何年間 も 石井先生 は 東京 大学 で 教えました。
nannenkan mo ishiisensei wa toukyou daigaku de oshiemashita.
Professor Ishii hat jahrelang an der Toyko Universität gelehrt.

3.5 Ordnungsgrad

[3.16] Möglichkeiten zum Ausdruck von Ordnungsgraden

Methode	Beispiel		
japanische Zahl ～目	一つ目	*hitotsume*	erster, erste, erstes
sinojapanische Zahl + Zählwort + 目	三度目	*sandome*	das dritte Mal
第 + sinojapanische Zahl	第五	*daigo*	fünfter, fünfte, fünftes
第 + sinojapanische Zahl + Zählwort	第二位	*dainii*	zweiter Platz
sinojapanische Zahl + 号	二号	*nigou*	Nr. zwei; zweiter etc.
sinojapanische Zahl + 番	三番	*sanban*	Nr. drei; dritter etc.

3.5.1 Reihenfolgen mit 目 *me*

Zum Ausdruck einer Reihenfolge kann an die Zahlwörter der japanischen Zählwortreihe das Suffix ～目 ~*me* gehängt werden. Im Gegensatz zu anderen Zählwörtern ist dies bei diesem Suffix nur bis neun möglich. Die entsprechende Frage wird analog mit dem Fragewort der japanischen Reihe gebildet:

一つ目	*hitotsume*	erste, erster, erstes
二つ目	*futatsume*	zweite, zweiter, zweites
三つめ	*mitsume*	dritte, dritter, drittes
いくつ目	*ikutsume*	die wievielte, der wievielte, das wievielte ... ?

Das Suffix kann auch an andere nominale Ausdrücke, die mit japanischen Zählwörtern gebildet werden, angeschlossen werden, zum Beispiel:

一人	*hitori*	eine Person / allein
→ 一人目	*hitorime*	erste Person
二人	*futari*	zwei Personen / zu zweit
→ 二人目	*futarime*	zweite Person
三日	*mikka*	dritter Tag des Monats
→ 三日目	*mikkame*	dritter Tag

～目 wird auch angewendet, wenn ein sinojapanisches Zählwort bereits mit einem Zählsuffix verbunden wurde, zum Beispiel:

3. MENGEN- UND ZEITANGABEN

五人	*gonin*	fünf Personen
→ 五人目	*goninme*	die fünfte Person
三週間	*sanshuukan*	drei Wochen
→ 三週間目	*sanshuukanme*	die dritte Woche
一番	*ichiban*	Nummer 1
→ 一番目	*ichibanme*	das erste
一回	*ikkai*	einmal
→ 一回目	*ikkaime*	das erste Mal

Die Kombination von japanischen Zählwörtern, dem Ordnungsgrad und Nomen erfolgt nach folgendem Muster:

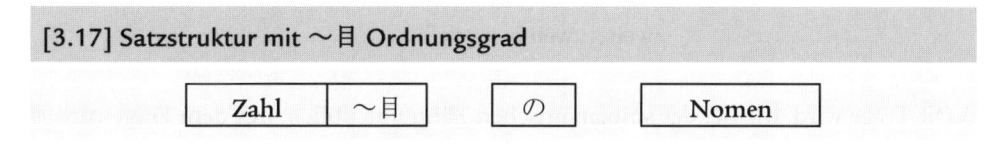

[3.17] Satzstruktur mit 〜目 Ordnungsgrad

Zahl	〜目	の	Nomen

上野 は ここ から いくつ目 の 駅 です か。五つ目 の 駅 です。
ueno wa koko kara ikutsume no eki desu ka. itsutsume no eki desu.
Der wievielte Bahnhof von hier ist Ueno? Es ist der fünfte Bahnhof.

Der Ordnungsgrad einer Zeitangabe wird auch im Falle der Monatstage durch Zusatz des Suffixes 〜目 ausgedrückt, zum Beispiel:

一日	*tsuitachi*	erster Tag im Monat
→ 一日目	*ichinichime*	erster Tag
三日	*mikka*	dritter Tag im Monat
→ 三日目	*mikkame*	dritter Tag

Bei anderen Zeitangaben, die durch Kombination von sinojapanischen Zählwörtern und Suffixen gebildet werden, muss das Präfix 第〜 *dai*~ verwendet werden (vgl. 3.5.2).

Bei Datumsangaben wird in der Regel kein Suffix oder Präfix zur Angabe des Ordnungsgrades verwendet, wie beispielsweise:

三月	*sangatsu*	dritter Monat März
十一日	*juuichinichi*	11. Tag des Monats
五年	*gonen*	fünftes Jahr (Zählweise nach der Regierungszeit des Kaisers)

3.5.2 Reihenfolge mit 第 *dai*, 号 *gou*, 番 *ban* und 次 *ji*

a) Im Fall sinojapanischer Zählwörter wird das sinojapanische Präfix 第〜 *dai*~ vorangestellt. Bedeutungsgleich können die Suffixe 〜番 *~ban* oder 〜号 *~gou* („Nummer") angeschlossen werden. 一番 *ichiban* wird in dieser Bedeutung auch zur Formulierung des Superlativs (vgl. 6.3) verwendet. Auch die gleichzeitige Anwendung von 第 *dai* und 号 *gou* bzw. von 第 *dai* und 番 *ban* sind möglich, zum Beispiel:

一 *ichi*	→	第一 *daiichi*, 一番 *ichiban*, 一号 *ichigou*, 第一号 *daiichigou*, 第一番 *daiichiban* erste, erster, erstes
二 *ni*	→	第二 *daini*, 二番 *niban*, 二号 *nigou*, 第二号 *dainigou*, 第二番 *dainiban* zweite, zweiter, zweites

b) Die Frage wird, wie bei der sinojapanischen Zählreihe üblich, mit dem Fragewort 何 *nan* gebildet: 何号 *nangou* oder 何番 *nanban* („der wievielte"). Wird das sinojapanische Zählwort bereits mit einem anderen Zählsuffix verwendet, muss das Präfix 第 *dai* oder das Suffix der japanischen Reihe 目 *me* (vgl. 3.5.1) gebraucht werden, zum Beispiel:

二学期 *nigakki* zwei Semester	→	第二学期 *dainigakki* oder: 二学期目 *nigakkime* das zweite Semester
五人 *gonin* fünf Personen	→	第五人 *daigonin* oder: 五人目 *goninme* die fünfte Person
三週間 *sanshuukan* drei Wochen	→	第三週間 *daisanshuukan* oder: 三週間目 *sanshuukanme* die dritte Woche
第四時		*daiyonji* die vierte Stunde
第三杯		*daisanpai* das dritte Glas

c) Mit 第 *dai* werden auch eine Vielzahl chemischer Verbindungen benannt, beispielsweise mit der Bedeutung „erstes Chlorid von Kupfer": 塩化第一銅 *enkadaiichidou* (Kupfer(I)chlorid, $CuCl$) bzw. 塩化第二銅 *enkadainidou* (Kupfer(II)chlorid, $CuCl_2$).

d) Das *kanji* 次 wird mit der Lesung *tsugi* in der Bedeutung „nächstes" verwendet. In Kombination mit Zahlwörtern wird es *ji* gelesen und kann zur Formulierung einer Reihenfolge verwendet werden, wie zum Beispiel 一次 *ichiji* („erste, erster, erstes"). Es wird oft in Kombination mit 第 *dai* verwendet, zum Beispiel in 第一次世界大戦 *daiichijisekaitaisen* („Erster Weltkrieg"). Es kommt auch in vielen technischen Fachbegriffen vor, zum Beispiel 一次関数 *ichijikansuu* („lineare Funktion"), 一次電流 *ichijidenryuu* („Primärstrom"), 二次反応 *nijihannou* („Reaktion zweiter Ordnung"), 二次関数 *nijikansuu* („quadratische Funktion") und 三次元 *sanjigen* („dreidimensional").

> 第二次世界大戦 は 昭和 二十年 に 終わった。
> *dainijisekaitaisen wa shouwa nijuunen ni owatta.*
> Der Zweite Weltkrieg endete 1945.

> 山田さん は 化学 の 三次試験 の ため に 熱心 に 勉強 して いた。
> *yamadasan wa kare no kagaku no sanji no shiken no tame no hon o nesshin ni benkyou shite ita yo.*
> Herr Yamada hat für sein drittes Chemie-Examen gelernt.

4. PARTIKEL (助詞 *joshi*)

Partikel, auch „Postpositionen" oder „Hilfswörter" genannt, dienen in der japanischen Sprache hauptsächlich der grammatischen Differenzierung. Indem sie die grammatischen Funktionen der Satzelemente innerhalb eines Satzes definieren, tragen sie entscheidend zur Satzaussage bei. Neben der Funktion, einzelne Satzelemente zu ordnen und Beziehungen zwischen Teilsätzen herzustellen, können sie darüber hinaus betonen und Emotionen ausdrücken.

In diesem Kapitel wird eine Übersicht über den Charakter und die Funktionen der wichtigsten Partikel gegeben. Alle Partikel sind hier erwähnt, für die meisten Partikel finden sich weitere Informationen und Beispiele auch in anderen Kapiteln in dieser Grammatik.

4.1 Charakter von Partikeln

4.1.1 Worttyp und Funktion von Partikeln

a) Partikel sind im Allgemeinen ein- oder zweisilbige Wörter, die zum Teil miteinander kombiniert werden können. Sie sind unflektierbar und nicht selbstständig, so dass sie immer zusammen mit anderen Wörtern auftreten, wodurch sie auch „abhängige Hilfswörter" genannt werden. Einige Partikel besitzen *kanji*, im modernen Japanisch werden sie allerdings ausschließlich mit *hiragana* geschrieben.

Wie im Japanischen als agglutinierende Sprache üblich, werden Partikel postpositional an Wörter oder Wortgruppen angeschlossen. Sie können eine oder mehrere der folgenden Funktionen erfüllen:

- Ausdruck der vier deutschen Deklinationsfälle mit Kasuspartikeln が, の, に und を;
- Bildung von Fragesätzen;
- Satzverbindungen;
- Markierung von Objekten, Zeit- und Ortsangaben
- Markierung von Substantiven, Verben, Adjektiven und Sätzen;
- Herstellung von Beziehungen zwischen Satzgliedern;
- Definition der Beziehungen zwischen Teil-, Haupt- und Nebensätzen;
- Betonung markierter Satzelemente ohne deren Funktion zu verändern;
- Verstärkung und Abmilderung von Satzaussagen;
- Verstärkung und Bestimmtheit und Gewissheit;
- Ausdruck von Emotionen.

Im Deutschen werden diese Funktionen von unterschiedlichen Wortarten bzw. grammatischen Konstruktionen übernommen, insbesondere von Kasusendungen, Präpositionen ("mit, auf, unter, an, bei"), Konjunktionen („und, aber, weil"), Adverbien („hier, dort, heute") und Interjektionen.

Partikel können nach unterschiedlichen Kriterien klassifiziert werden, insbesondere funktionell, syntaktisch, d. h. nach der Wortart, an die sie angeschlossen werden sowie nach ihrer Stellung im Satz. Die in [4.1] angegebene Einteilung richtet sich nach der japanischen Schulgrammatik. Einige Partikel, zum Beispiel は und が, treten in zwei Klassen auf.

[4.1] Klassifizierung der Partikel (助詞 *joshi*)[1]

Klasse	Funktion	Beispiele
格助詞 *kakujoshi*	Definition der Funktion einzelner Satzelemente	で, へ, が, から, まで, に, の, を, と, や, より
接続助詞 *setsuzokujoshi*	Definition der Beziehung zwischen Sätzen	でも, が, から, けれども, ので, のに, し, たり
副助詞 *fukujoshi*	adverbiale Modifizierung	ばかり, だけ, でも, は, ほど, か, こそ, くらい, まで, も, など, なり, の, のみ, さえ, しか, すら, ずつ
終助詞 *shuujoshi*	Satzendpartikel: Bildung von Fragesätzen und Ausdruck von Emotionen	か, な, ね, の, さ, わ, よ, ぞ
関係助詞 *kankeijoshi* relativische Partikel	連体助詞 *rentaijoshi*	attributiv: Definition der Funktion einzelner Satzglieder (が, の)
	並立助詞 *heiritsujoshi*	koordinativ: Bestimmung der Beziehung nominaler Satzelemente untereinander (と, か, や, やら, なり, だの, に, も)
	格助詞 *kakujoshi*	prädikatsbezogen: Bestimmung der Beziehung der Satzelemente zum Prädikat (が, を, の, に, へ, と, から, まで, より)

[1] Gelegentlich werden auch andere Worttypen als Partikel bezeichnet, beispielsweise einige Verbendungen (zum Beispiel ～ば, ～ながら), Hilfsnomen (zum Beispiel 所, 間) die *te*-Form der Kopula で *de* sowie 接続詞 *setsuzokushi*, die ebenfalls die Beziehung zwischen Satzelementen oder Sätzen definieren, allerdings im Gegensatz zu den Partikeln vor dem definierten Element stehen (vgl. Kapitel 10). なら (Konditional) sowie な (bei adnominalen Gebrauch der Nominaladjektive) sind keine Partikel, sondern Formen der Kopula.

4. PARTIKEL

[4.1] Klassifizierung der Partikel (助詞 *joshi*) (Fortsetzung)

Klasse	Funktion	Beispiele
	接続助詞 *setsuzokujoshi*	konjunktional: Definition der Beziehung zwischen Sätzen (が, も, でも, から, けれど, けれども)
修飾助詞 *shuushokujoshi* qualifizierende Partikel	強調助詞 *kyouchoujoshi*	Hervorhebung, Steigerung, Betonung (は, も, ぞ)
	限定助詞 *genteijoshi*	Abschwächung, Einschränkung (ばかり, さえ, のみ, まで, など, だに, ぐらい, ほど)
話法助詞 *wahoujoshi* modale Partikel	疑問助詞 *gimonjoshi*	Bildung von Fragesätzen (か, の)
	禁止助詞 *kinshijoshi*	Ausdruck von Verbot (な)
	希望助詞 *kiboujoshi*	Ausdruck von Wunsch (かな)
	感動助詞 *kandoujoshi*	Ausdruck von Emotionen (ね, よ, か, な, ぞ, わ)

Einige Partikel sind formal Zusammensetzungen aus Partikeln und anderen Wortarten. Aufgrund ihrer engen Verbindung und der für Partikel typischen Funktion werden sie den Partikeln zugeordnet. Es sind dies beispielsweise でも (*te*-Form der Kopula + Partikel も) und だの (Kopula だ + Partikel の).

b) In der deutschen Sprache wird die Funktion der Substantive im Satz durch ihre Deklination ausgedrückt. Zu den vier Deklinationsfällen passen in der japanischen Sprache die in [4.3] angegebenen Partikel. が, の, に und を werden als Kasuspartikel bezeichnet. Nicht immer stimmen die Funktionen im deutschen und japanischen Satz exakt überein, beispielsweise kann は *wa* als Satzthema neben dem Subjekt auch andere Satzelemente markieren. Auch verlangen manche japanische Verben andere Partikel, als dies ausgehend von der deutschen Sprache zu erwarten wäre. Beispielsweise enthält der folgende deutsche Satz ein Akkusativobjekt, während in der japanischen Übersetzung das Objekt mit に markiert wird: 彼女に会いました *kanojo ni aimashita* („Ich habe meine Freundin getroffen").

[4.3] Japanische Partikel für deutsche Deklinationsfälle

Deutsch		Japanisch	
Fall	Funktion	Partikel	Funktion
1. Nominativ	Subjekt, Redegegenstand	が	Markierung des Subjekts
		は	Markierung des Satzthemas
2. Genitiv	Objekt bei speziellen Verben, insb. Besitzanzeigung	の	Herstellung von Zugehörigkeit zwischen Nomen
3. Dativ	indirektes Objekt: Personen, Orte oder Dinge, die von Handlungen oder Zuständen betroffen sind	に	Markierung der Zielperson oder des Zielorts einer Handlung
		へ	Markierung der Zielperson oder des Zielorts einer Handlung
		で	Markierung des Handlungsorts
		を	Objekt bei Verben der Fortbewegung
		と	Markierung des Handlungspartners
		から	Markierung des Ausgangsorts
		まで	Markierung des Zielorts
4. Akkusativ	direktes Objekt, auf das eine Handlung zielt bzw. das von einem Handlungsprozess betroffen ist	を	direktes Objekt
		が	Markierung des direkten Objekts bei speziellen Verben, die zum Beispiel Fähigkeiten oder Emotionen ausdrücken

4. PARTIKEL

4.1.2 Markierung von Handlungs- und Bewegungsorten mit den Partikeln を, に, へ, で, から und まで

a) Die Art der Markierung von Handlungs- und Bewegungsorten sowie Richtungsänderungen hängt insbesondere vom Verb des Satzes ab:

[4.4] Markierung von Handlungs- und Bewegungsorten und Richtungsänderungen

Markierung		typische Verben
に	Bei Verben, die eine Existenz ausdrücken, wird der Ort der Existenz mit に markiert. (Ausnahme: Im Sinne von „es gibt ein Ereignis" wird bei ある auch der Handlungsort mit で markiert.)	ある, いる sein; 住む *sumu* wohnen; ある passieren
を	Ist die Handlung eine Bewegung, dann wird der Ort der Handlung mit を markiert.	渡る *wataru* überqueren; 散歩する *sanpo suru* spazieren gehen; 飛ぶ *tobu* fliegen;
	Bei Bewegungen von einem Ort weg, wird dieser mit を markiert.	出る *deru* verlassen; 降りる *oriru* aussteigen; 離れる *hanareru* entfernen
に へ	Bei Bewegungen auf einen Ort hin, wird dieser mit に oder へ markiert.	行く *iku* gehen; 付く *tsuku* anhängen
で	Bei allen anderen Verben wird der Ort einer Handlung mit で markiert.	働く *hataraku* arbeiten; 買う *kau* kaufen; 食べる *taberu* essen
から より	Der Anfangspunkt einer Bewegung wird mit から markiert, seltener mit より	
まで	Der Endpunkt einer Bewegung wird mit まで markiert.	

In den folgenden Beispielen ist 名古屋 *nagoya* das zu markierende Objekt, d. h. der Ort, an dem eine Handlung stattfindet.

> 先生 は 名古屋 に 住んで います。
> *sensei wa nagoya ni sunde imasu.* (Existenz)
> Der Lehrer wohnt in Nagoya.

> 明日　名古屋　で　大きい　パーティー　が　ある。
> *ashita nagoya de ookii pa-ti- ga aru.* (Existenz mit *aru*)
> Morgen gibt es in Nagoya eine große Party.

> 名古屋　を　散歩　しました。
> *nagoya o sanpo shimashita.* (Verb der Bewegung)
> Ich bin in Nagoya spazieren gegangen.

> 名古屋　を　出なければ　ならない。
> *nagoya o denakereba naranai.* (Bewegung fort vom Ort)
> Ich muss Nagoya verlassen.

> 来週　名古屋　に　行きたい。
> *raishuu nagoya ni ikitai.* (Bewegung hin zum Ort)
> Nächste Woche möchte ich nach Nagoya fahren.

> 車　は　名古屋　で　買いました。
> *kuruma wa nagoya de kaimashita.* (allgemeines Handlungsverb)
> Ich habe das Auto in Nagoya gekauft.

b) Der Ort einer Handlung wird als adverbiale Bestimmung des Ortes mit で markiert. Handlungsverben sind beispielsweise 食べる *taberu*, 書く *kaku*, 泳ぐ *oyogu* oder 遊ぶ *asobu* und die dazugehörigen Handlungsorte die Orte, an denen gegessen, geschrieben, geschwommen oder gespielt wird. Findet dagegen keine Handlung statt, und es wird nur eine Existenz beschrieben, wie zum Beispiel bei den Verben 住む *sumu*, いる oder ある, dann wird die Partikel に verwendet. Mit ある wird で auch als eine Form der Kopula である verwendet.

- Beispiele mit で:

> どこ　で　お酒　を　買いました　か。
> *doko de osake o kaimashita ka.*
> Wo haben sie den Sake gekauft?

> マインズ　の　大学　で　日本語　の　勉強　を　しました。
> *mainzu no daigaku de nihongo no benkyou o shimashita.*
> Ich habe an der Universität von Mainz Japanisch gelernt.

> 京都　の　一番　大きい　駅　で　乗り換えて　下さい。
> *kyouto no ichiban ookii eki de norikaete kudasai.*
> Steige im größten Bahnhof in Kyoto um.

4. PARTIKEL

● Beispiele mit に:

> 東京 に 住む の が 好き です か。
> *toukyou ni sumu no ga suki desu ka.*
> Magst du es, in Tokyo zu leben?
>
> 母 は 今 家 に いる だろう。
> *haha wa ima uchi ni iru darou.*
> Meine Mutter ist wahrscheinlich jetzt zu Hause.

In einigen Fällen kann ein Handlungsort auch durch die nähere Bestimmung eines Substantives mit der Possessivpartikel の bestimmt werden, wie zum Beispiel in

> 日本 で 一番 大きな 都市 は 何 と 言います か。
> *nihon de ichiban ookina toshi wa nan to iimasu ka.* Oder:
> 日本 の 一番 大きな 都市 は 何 と 言います か。
> *nihon no ichiban ookina toshi wa nan to iimasu ka.*
> Wie heißt die größte Stadt in Japan?

c) Der Ort, an dem eine Handlung der Bewegung wie „gehen", „fahren" oder „spazieren gehen" stattfindet, wird mit を markiert, auch wenn im Deutschen oft eine Präposition zu Hilfe genommen wird. Typische Anwendungen sind:

> 道 を 渉る
> *michi o wataru*   die Straße überqueren
> 道 を 歩く
> *michi o aruku*   auf der Straße gehen
> 建物 を 通り過ぎる
> *tatemono o toorisugiru*   an dem Gebäude vorbeifahren
> 空 を 飛ぶ
> *sora o tobu*   am Himmel fliegen
> 角 を 曲がる
> *kado o magaru*   um die Ecke biegen

Dies gilt auch für Bewegungen weg von einem Ort, wie „hinausgehen", „sich entfernen" oder „verlassen".

> 家 を 出る
> *uchi o deru*   aus dem Haus gehen

車 を 離れる
kuruma o hanareru   sich von dem Auto entfernen

電車 を 降りる
densha o oriru   aus dem Zug aussteigen

山 を 下る
yama o kudaru   den Berg herabsteigen

d) Führt eine Handlung in eine bestimmte Richtung, zum Beispiel zu einem Ort oder einer Person, dann wird das Ziel dieser Richtung mit einer der Partikel に oder へ markiert.

へ wird verwendet, wenn es sich um eine grobe oder vorläufige Richtungsangabe handelt. Sie muss nicht die finale Zielrichtung sein, sondern kann ausdrücken, dass das Subjekt beginnt, die Handlung in dieser Richtung auszuüben. Damit wird die Bewegungsrichtung betont.

Mit に werden genauere Richtungsangaben markiert, die oft den finalen, d. h. gewollten Zielort angeben. Damit wird der Endpunkt der Bewegung betont. Die Unterscheidung in der Verwendung der zwei Partikel ist nicht immer klar voneinander abgegrenzt.

● Beispiele mit へ:

日本 で は どこ へ 行きました か。
nihon de wa doko e ikimashita ka.
Wohin bist du in Japan gegangen?

来年 友達 に 会い に 京都 へ 行く。
rainen tomodachi ni ai ni kyouto e iku.
Ich fahre nächstes Jahr nach Kyoto, um Freunde zu treffen.

● Beispiele mit に:

学校 に 行きます。
gakkou ni ikimasu.
Ich gehe in die Schule.

ここ に 名前 を 書いて 下さい。
koko ni namae o kaite kudasai.
Bitte schreiben sie hier ihren Namen.

4. PARTIKEL

> その 交差点 を 左 に 曲がって まっすぐ 行けば、駅 が 見えます。
> *sono kousaten o hidari ni magatte massugu ikeba, eki ga miemasu.*
> Wenn sie an jener Kreuzung links abbiegen und geradeaus gehen, sehen sie den Bahnhof.

Im Gegensatz zu に kann nach へ die Partikel の folgen, so dass attributive Ergänzungen zur näheren Bestimmung von Nomen gebildet werden können.

> 日本 へ の 旅行 は 楽しくなかった。
> *nihon e no ryokou wa tanoshikunakatta.*
> Hat dir die Reise nach Japan keinen Spaß gemacht?

> 浩子さん へ の 手紙 は まだ 書きません でした。
> *hirokosan e no tegami wa mada kakimasen deshita.*
> Ich habe den Brief an Hiroko noch nicht geschrieben.

e) Beginn und Ende des Handlungsorts werden mit der Partikel から („von, ab, aus") und まで („bis") markiert.

● Beispiele für räumliche Ausgangspunkte:

> どこ から 来た の。
> *doko kara kita no.*
> Woher kommst du?

> 昨日 日本 から 来た 学生 に 会いました。
> *kinou nihon kara kita gakusei ni aimashita.*
> Ich habe gestern einen Studenten aus Japan getroffen.

> 汽車 の 窓 から 海 が 見える。
> *kisha no mado kara umi ga mieru.*
> Vom Fenster des Zuges aus kann ich das Meer sehen.

● Beispiele für räumliche Endpunkte:

> ドイツ から 日本 まで 遠い です。
> *doitsu kara nihon made tooi desu.*
> Von Deutschland bis Japan ist es weit.

> その 汽車 は 奈良 まで 何時間 掛かります か。
> *sono kisha wa nara made nanjikan kakarimasu ka.*
> Wie lange braucht dieser Zug bis nach Nara?

4.1.3 Partikel zur Aufzählung von Substantiven (並立助詞 *heiritsujoshi*)

a) Substantive können mit den Koordinationspartikeln と, か, や, も, とか, など, だの[2], 何か *nanka* und なり mit den in [4.5] angegebenen Bedeutungen aufgezählt werden. Zur Anwendung von も vgl. 4.2.6.

[4.5] Aufzählung von Substantiven mit 並立助詞 *heiritsujoshi**

vollständige Aufzählung

| Objekt 1 | と | ... | Objekt N | を / が / で / ... | Prädikat |

alternative Aufzählung

| Objekt 1 | か | ... | Objekt N | を / が / で / ... | Prädikat |
| Objekt 1 | なり | ... | Objekt N | なり | Prädikat |

exemplarische (unvollständige) Aufzählung

Objekt 1	や	...	Objekt N	を / が / で / ...	Prädikat
Objekt 1	や	...	Objekt N	など	Prädikat
Objekt 1	やら	...	Objekt N	やら	Prädikat
Objekt 1	など	...	Objekt N	など	Prädikat
Objekt 1	とか	...	Objekt N	とか	Prädikat

exemplarische (unvollständige) Aufzählung

| Objekt 1 | 何か | ... | Objekt N | 何か | Prädikat |
| Objekt 1 | だの | ... | Objekt N | だの を | Prädikat |

„sowohl als auch" und „weder noch" (vgl. 4.2.6)

| Objekt 1 | も | Objekt 2 | も | ... | + positives Prädikat | „sowohl als auch" |
| Objekt 1 | も | Objekt 2 | も | ... | + negatives Prädikat | „weder noch" |

* „Objekt 1": erstes Element der Aufzählung; „Objekt N": letztes Element der Aufzählung; dazwischen weitere Elemente möglich, die wie das erste Element markiert werden.

---

[2] だの *dano* ist eigentlich die Kombination der Kopula だ mit der Partikel の, wird aber gewöhnlich zu den Partikeln gezählt.

4. PARTIKEL

Bei Aufzählungen mit と, か oder や werden alle bis auf das letzte Element mit der entsprechenden Partikel markiert. Als Partikel nach dem letzten Element der Aufzählung folgt die für das Verb bzw. die Satzstruktur notwendige Partikel, zum Beispiel を (falls die Elemente der Aufzählung die Funktion des direkten Objekts einnehmen, vgl. [4.5]), が (falls die Elemente der Aufzählung die Funktion des Subjekts einnehmen) oder で, の, に, は usw. Die Partikel können somit auch Kombinationen aus Substantiven mit anderen Partikeln markieren, zum Beispiel 車でと *kuruma de to* (markiert wird 車で *kuruma de* „mit dem Auto") oder ドイツへか (markiert wird ドイツへ „nach Deutschland").

Dagegen wird bei Aufzählungen mit も, とか, など, 何か *nanka* und なり auch das letzte Element mit der entsprechenden Partikel markiert. Nach だの folgt die Partikel を.

[4.6] Satzstrukturen am Beispiel der Aufzählungen mit と und や

Thema/Subjekt	direktes Objekt		を	Prädikat
	Objekt 1	と Objekt 2		
私は	ビール	と ワイン	を	飲む。
watashi wa	*bi-ru*	*to wain*	*o*	*nomu.*

Thema/Subjekt	Ort der Existenz		に	Prädikat
	Ort 1	や Ort 2		
彼が	京都	や 仙台	に	住んだ。
kare ga	*kyouto*	*ya sendai*	*ni*	*sunda.*

b) Eine vollständige Aufzählung wird mit der Partikel と erreicht. Sie schließt inhaltlich weitere Elemente aus. Es können nur Nomen miteinander verbunden werden.

> 油 と 水 は 混ざらない
> *abura to mizu wa mazaranai.*
> Öl und Wasser mischen sich nicht.

> 彼 は 英語 と フランス語 の 両方 を 話す わけ では ない。
> *kare wa eigo to furansugo no ryouhou o hanasu wake dewa nai.*
> Er spricht beides nicht, Englisch und Französisch.

In dieser Funktion wird と auch beim Vergleich verwendet (vgl. 6.4.2).

> ビール と ワイン と どっち が 美味しい です か。
> *bi-ru to wain to docchi ga oishii desu ka.*
> Bier oder Wein, was schmeckt besser?

c) Die alternative Aufzählung mit der Bedeutung „oder" erfolgt mit か. Auch Sätze können mit か verknüpft werden (vgl. 10.2.1).

> りんご か みかん を 買います。
> *ringo ka mikan o kaimasu.*
> Ich kaufe Äpfel oder Mandarinen.

> 木村先生 は 車 か バス で お帰りに なります か。
> *kimurasensei wa kuruma ka basu de okaerini narimasu ka.*
> Herr Professor Kimura, möchten sie mit dem Auto oder mit dem Bus zurückfahren?

Soll aus einer Aufzählung einer Menge von Dingen ein Element ausgewählt werden, so muss なり verwendet werden. Bei der Verwendung von なり in Vorschlägen wird oft nicht angegeben, ob weitere Elemente der Aufzählung möglich sind.

> お茶 なり コーヒー なり 何 が 欲しい です か。
> *ocha nari ko-hi- nari nani ga hoshii desu ka.*
> Möchtest du Tee oder Kaffee?

> 夏休み に は 山 へ なり 海 へ なり 行く の です か。
> *natsuyasumi ni wa yama e nari umi e nari iku no desu ka.*
> Möchtest du in den Sommerferien in die Berge oder ans Meer?

d) Unvollständige Aufzählungen können mit や, やら, とか, など, 何か *nanka* und だの durchgeführt werden. Wenn nur einige Elemente exemplarisch aus der möglichen Gesamtheit von Elementen in der Bedeutung „und" aufgezählt werden, werden alle bis auf das letzte Element mit や oder やら markiert.[3]

> りんご や みかん を 買いました。
> *ringo ya mikan o kaimashita.*
> Ich habe unter anderem Äpfel und Mandarinen gekauft.

> 太郎さん や 博美さん や 公男さん が 来た。
> *tarousan ya hiromisan ya kimiosan ga kita.*
> Taro, Hiromi, Kimio und andere kamen.

---

[3] Speziell: あれやこれや *are ya kore ya* („allerlei") wirkt heute altmodisch und wird nur noch schriftlich benutzt.

4. PARTIKEL

Im Fall der Partikel とか werden alle Elemente der Aufzählung mit der Partikel markiert. とか kann auch zur Aufzählung von Handlungen verwendet werden (vgl. 10.1.3).[4]

> 私 は 歌舞伎 とか 能楽 とか あまり 好き では ありません。
> *watashi wa kabuki toka nougaku toka amari suki dewa arimasen.*
> Ich mag Kabuki, Nou oder Ähnliches nicht so gern.

> 日本語 が 出来る とか お箸 で 食べられる とか ので 日本 へ 行って 困りません。
> *nihongo ga dekiru toka ohashi de taberareru toka node nihon e itte komarimasen.*
> Weil ich unter anderem Japanisch sprechen und mit Stäbchen essen kann, habe ich keine Probleme, nach Japan zu gehen.

Bei der unvollständigen Aufzählung mit など, だの oder 何か *nanka* folgt üblicherweise eine weitere Partikel: などが ... , などで ... , などから ... usw. Abgesehen von が, を und は können Partikel auch vor など, だの und 何か stehen. Im Vergleich zu など werden 何か *nanka* und だの umgangssprachlich verwendet.

> 鮨屋 など どう です か。
> *sushiya nado dou desu ka.*
> Wie wäre es zum Beispiel mit einem Sushi-Restaurant?

> 車 など バス など で 行けます。
> *kuruma nado basu nado de ikemasu.*
> Du kannst unter anderem mit dem Auto oder dem Bus fahren.

> イタリア 料理 何か いかが です か。
> *itaria ryouri nanka ikaga desu ka.*
> Wie wäre es mit italienischem Essen?

> その 大学 に は、ドイツ人 だの イギリス人 だの、いろいろ な 国 の 学生 が います。
> *sono daigaku ni wa, doitsujin dano igirisujin dano, iroiro na kuni no gakusei ga imasu.*
> An dieser Universität gibt es Studenten von unterschiedlichen Ländern, wie zum Beispiel Deutsche und Engländer.

In Kombination mit など *nado* wird besonders oft や zur Markierung der ersten Elemente der Aufzählung verwendet.

---

[4] Gelegentlich wird とか auch als Kombination der zwei Partikel と und か beschrieben.

> 日本 の 大都市 の 中 で は 京都 や 鎌倉 など が 好き です。
> *nihon no daitoshi no naka de wa kyouto ya kamakura nado ga suki desu.*
> Unter den großen Städten in Japan mag ich unter anderem Kyoto und Kamakura.

など kann mit derselben relativierenden Funktion auch nur ein einzelnes Objekt in einem Satz markieren. Man erhält Sätze, die mit „oder ähnlich" übersetzt werden können. Es wird so auch in Vorschlägen der Form „wie wäre es beispielsweise mit ... ?" verwendet.

> プレゼント は この 本 など どう です か。
> *purezento wa kono hon nado dou desu ka.*
> Wie wäre es beispielsweise mit diesem Buch als Geschenk?

4.1.4 Partikel zur Betonung

a) Es gibt einige Partikel, die nicht die Funktion des ihnen vorangestellten Satzbausteins definieren, sondern ihn betonen. Auch Zeitaspekte können betont werden. Mit den vier Partikeln も, でも, さえ und すら können bedeutungsähnlich Betonungen erreicht werden: in Kombination mit einem affirmativen Prädikat im Sinne von „sogar", „selbst", „selbst wenn" oder „auch wenn" bzw. mit einem verneinten Prädikat in der Bedeutung „nicht einmal".

[4.7] Betonende Wirkung von Partikeln		
Betonende Wirkung	Beispiele	
„selbst, sogar, auch wenn, ..."	も, でも, さえ, すら	+ positives Prädikat
„nicht einmal"	も, でも, さえ, すら	+ verneintes Prädikat
„überhaupt nicht"	どころ, どころか	
allgemeine Verstärkung der gesamten Satzaussage	Satzendpartikel, zum Beispiel ね, よ, ぞ, ぜ (vgl. 4.6)	

b) Zum Ausdruck von „sogar", „selbst", „selbst wenn" oder „auch wenn" kann でも nach dem direkten Objekt, dem Subjekt, nach der Kombination von Nomen mit einer anderen Partikel oder nach dem Verb in der einfachen Form stehen, zum Beispiel: 私でも *watashi demo* („selbst ich"), 子供でも *kodomo demo* („sogar ein Kind"), 今日でも *kyou demo* („selbst heute"), あそこまででも („selbst bis dorthin"), 彼女とでも *kanojo to demo* („sogar mit ihr"). Die Verwendung nach Fragepronomen ist in 2.4.4 beschrieben.

4. PARTIKEL

- nach dem Subjekt:

  あなた でも そんな 事 は 分かりません よ。
  anata demo sonna koto wa wakarimasen yo.
  Selbst du kannst solch eine Sache verstehen.

- nach dem direkten Objekt:

  そこ は 夏 でも 寒い です。
  soko wa natsu demo samui desu.
  Dort ist es selbst im Sommer kalt.

  東京 から 京都 まで 新幹線 でも 三時間 掛かる。
  toukyou kara kyouto made shinkansen demo sanjikan kakaru.
  Von Tokyo bis Kyoto dauert es sogar mit dem Shinkansen drei Stunden.

- nach Verben:

  雨 が 降る でも 明日 旅行 は あります。
  ame ga furu demo ashita ryokou wa arimasu.
  Selbst wenn es regnet, wird die Reise morgen stattfinden.

  この 本 を 読む でも 分からない。
  kono hon o yomu demo wakaranai.
  Selbst wenn ich dieses Buch lese, verstehe ich es nicht.

- nach Kombinationen von Nomen mit anderen Partikeln:

  ここ から でも 電車 が 聞こえます。
  koko kara demo densha ga kikoemasu.
  Man kann sogar von hier den Zug hören.

  日本語 が 話せる 人 と でも 日本 へ 行きたくない。
  nihongo ga hanaseru hito to demo nihon e ikitakunai.
  Selbst mit jemandem, der Japanisch sprechen kann, möchte ich nicht nach Japan gehen.

c) Die Verwendung von も zur Betonung entspricht der Markierung in der Bedeutung „auch". Die genaue Übersetzung hängt von der Intention des Sprechers ab, oft sind jedoch Übersetzungen mit „sogar" bzw. „auch" ähnlich. Zur Betonung wird も nach Nomen und Mengenangaben (vgl. auch 3.3.3) verwendet. In ähnlicher Bedeutung wirkt も nach Fragepronomen (vgl. 2.4.4). Zur weiteren Betonung in verneinten Sätzen kann も

einer Mengenangabe mit „eins" folgen, zum Beispiel 一つも *hitotsu mo* („nicht mal eines").

> 英語 を 話す こと が 出来る。 日本語 も 話す こと が 出来る。
> *eigo o hanasu koto ga dekiru. nihongo mo hanasu koto ga dekiru.*
> Ich kann Englisch sprechen. Ich kann sogar (oder: auch) Japanisch sprechen.

> 勉強 して も 分からない。
> *benkyou shite mo wakaranai.*
> Obwohl ich lerne, verstehe ich es nicht.

> あそこ へ は 一度 も 行った こと が ありません。
> *asoko e wa ichido mo itta koto ga arimasen.*
> Ich war dort nicht ein einziges Mal.

d) Die Partikel さえ kann Substantive und Nomen-Partikel-Kombinationen in der Bedeutung „sogar" mit positivem und „nicht einmal" mit negativen Prädikat betonen. さえ markiert Subjekt und direktes Objekt direkt, d. h. die Partikel は, が und を werden durch さえ ersetzt. Darüber hinaus kann es nach Partikeln stehen, zum Beispiel um Handlungsorte (wie 京都でさえ *kyouto de sae* „selbst in Kyoto"), Richtungen (wie ドイツまでさえ „sogar nach Deutschland" oder ここからさえ „selbst von hier") und Handlungspartner (wie 彼とさえ *kare to sae* „sogar mit ihm") zu betonen.

● nach Nomen:

> 彼 は ビール さえ 飲みません。
> *kare wa bi-ru sae nomimasen.*
> Er trinkt nicht einmal Bier.

> 思う 価値 さえ ない。
> *omou kachi sae nai.*
> Das ist nicht einmal Wert, darüber nachzudenken.

● nach Nomen + Partikel:

> 君 は 「さようなら」 と さえ 言わなかった よ。
> *kimi wa sayounara to sae iwanakatta yo.*
> Du sagtest nicht einmal „auf Wiedersehen".

> その 問題 は 先生 で さえ 答えられなかった。
> *sono mondai wa sensei de sae kotaerarenakatta.*
> Selbst der Lehrer konnte diese Frage nicht beantworten.

4. PARTIKEL

e) Die Partikel すら ist formeller als さえ und wird vornehmlich mit negativem Prädikat verwendet, d. h. sie betont, dass eine Erwartung nicht erfüllt wird. すら wird nur nach nominalen Satzelementen benutzt.

> ピアノ すら 弾けない。
> *piano sura hikenai.*
> Sie kann nicht einmal Klavier spielen.

> 想像 すら 出来ません。
> *souzou sura dekimasen.*
> Ich kann es mir nicht einmal ausmalen.

4.1.5 Ausdruck von Einschränkungen mit Partikeln

a) Einschränkungen mit den Bedeutungen „nur" bzw. „nicht nur, sondern auch" können mit den Partikeln ばかり, だけ, のみ, しか und きり formuliert werden:

[4.8] Formulierung von Einschränkungen mit Partikeln

Partikel	Prädikat	Anwendung
しか	verneint	starke Einschränkung
ばかり	affirmativ	informellere Formen: ばっかり, ばかし, ばっかし
だけ	affirmativ	kann mit しか kombiniert werden
のみ	affirmativ	bevorzugt in Schriftsprache, kann mit しか kombiniert werden
きり	affirmativ, verneint	selten verwendet, bevorzugt umgangssprachlich, kann mit しか kombiniert werden

b) Die stärkste Einschränkung auf Personen, Gegenstände oder Handlungen wird mit der Partikel しか und einem negativen Prädikat erreicht. しか steht hinter dem Satzbaustein, der eingeschränkt werden soll: Subjekt, Objekten sowie konkreten und abstrakten Mengenangaben. Vor しか entfallen die Partikel は, が und を, während へ, で, と, から und まで bestehen bleiben. Befindet sich beim einzuschränkenden Baustein eine Mengenangabe, steht しか nach dieser Angabe. Im Gegensatz zu ばかり, だけ und のみ, kann しか nicht nach Verben stehen. Beispiele:

- nach Subjekt:

> 加藤さん しか お酒 を 飲みません。
> *katousan shika osake o nomimasen.*
> Nur Herr Kato trinkt Sake.

- nach Objekt:

> 加藤さん は お酒 しか 飲みません。
> *katousan wa osake shika nomimasen.*
> Herr Kato trinkt nur Sake.
>
> 車 で しか 行きません。
> *kuruma de shika ikimasen.*
> Ich fahre nur mit dem Auto.
>
> 京都 へ しか 行きません。
> *kyouto e shika ikimasen.*
> Ich fahre nur nach Kyoto.
>
> 太郎さん と しか 話しません でした。
> *tarousan to shika hanashimasen deshita.*
> Ich habe nur mit Taro gesprochen.

- nach Mengenangaben:

> 加藤さん は お酒 を 二本 しか 飲みません でした。
> *katousan wa osake o nihon shika nomimasen deshita.*
> Herr Kato trank nur zwei Flaschen Sake.
>
> 少し しか 飲みません。
> *sukoshi shika nomimasen.*
> Ich werde nur wenig trinken.

- nach Zeitangaben:

> 銀行 は 五時 まで しか 開いた いません。
> *ginkou wa goji made shika aita imasen.*
> Banken haben nur bis fünf Uhr geöffnet.

c) Im Fall der Partikel ばかり, だけ und のみ wird mit positiven Prädikaten formuliert. Die Partikel は, が und を entfallen vor der einschränkenden Partikel, während へ, で, と, から und まで bestehen bleiben. Die zwei Partikel へ und に können entfallen. のみ wird bevorzugt in der Schriftsprache verwendet. Bei だけ ist die Eingrenzung am strengsten und genauesten. Im Gegensatz zu しか können die Partikel ばかり und だけ auch nach Verben stehen.

4. PARTIKEL

[4.9] Verwendung von Partikeln zur Formulierung von Einschränkungen[5]

Wortart	Beispiel	
nach Verben in der einfachen Präsensform	書くばかり *kaku bakari*	nur schreiben
nach Verben in der *te*-Form	食べてばかり *tabete bakari*	nur essend
nach Verbaladjektiven	大きいばかり *ookii bakari*	nur groß sein
nach Nominaladjektiven + な	不便なばかり *fuben na bakari*	nur unbequem sein
nach Nomen (Subjekt oder Objekt)	先生ばかり *sensei bakari*	nur der Lehrer

● Beispiele für ばかり:

> 女の人 は 笑う ばかり で 何 も 説明 して くれない。
> *onnanohito wa warau bakari de nani mo setsumei shite kurenai.*
> Die Frau lachte nur und erklärte mir nichts.

> 子ども は 書いて ばかり 言って 何 も 話そう と しない。
> *kodomo wa kaite bakari itte nani mo hanasou to shinai.*
> Das Kind schreibt nur und sagt nichts.

> 日本人 ばかり 東京 に 住みたい。
> *nihonjin bakari toukyou ni sumitai.*
> Nur Japaner wollen in Tokyo leben.

> 博史さん は 太郎さん と ばかり 話して いる。
> *hiroshisan wa tarousan to bakari hanashite iru.*
> Hiroshi redet nur mit Taro.

● Beispiele für だけ:

> この 車 は 速い だけ です が 丈夫 ではありません。
> *kono kuruma wa hayai dake desu ga joubu dewa arimasen..*
> Dieses Auto ist nur schnell, aber nicht robust.

---

[5] Bei der Kombination mit anderen Wortarten werden ggf. abweichende Bedeutungen erzielt (vgl. 4.5.1), zum Beispiel nach Verben in der einfachen Vergangenheitsform: *nonda bakari* („gerade getrunken haben") oder nach Mengenangaben: *gofun bakari* („ungefähr fünf Minuten").

> 日本語 は 好き な だけ で 上手 では ない。
> *nihongo wa suki na dake de jouzu dewa nai.*
> Ich mag nur Japanisch, bin aber nicht gut darin.

> お父さん に だけ 話して 下さい。
> *otousan ni dake hanashite kudasai.*
> Erzähle es bitte nur Vater.

> ドイツ に 一度 だけ 行きました。
> *doitsu ni ichido dake ikimashita.*
> Ich bin nur einmal nach Deutschland gefahren.

> ビール を 一本 だけ 飲みました から、まだ 車 を 乗れます。
> *bi-ru o ippon dake nomimashita kara, mada kuruma o noremasu.*
> Weil ich nur eine Flasche Bier getrunken habe, kann ich das Auto noch fahren.

> 食べました だけ、飲みません でした。
> *tabemashita dake, nomimasen deshita.*
> Ich habe nur gegessen und nichts getrunken.

● Beispiele für だけ:

> 神のみぞが知ります。
> *kami nomi zo ga shirimasu.*
> Nur Gott weiß es.

d) Umgangssprachlich wird gelegentlich auch die Partikel きり verwendet. Sie leitet sich von dem Nomen 切り („Ende, Grenze") ab, so dass auch die Partikel の zum Anschluss weiterer Nomen folgen kann. Zur Verstärkung kann die Partikel しか folgen.

> 理恵さん は 黙った きり で 何 も 言いません でした。
> *riesan wa damatta kiri de nani mo iimasen deshita.*
> Rie war nur ruhig und sagte nichts.

> 車 は 一台 きり しか ありません から 借りられません。
> *kuruma wa ichidai kiri shika arimasen kara kariraremasen.*
> Ich habe nur ein Auto, ich kann dir daher keines leihen.

e) Ausdruck von „nicht nur ... sondern auch": Mit den Partikeln ばかり, だけ und のみ kann auch die Formulierung „nicht nur ... sondern auch" zum Ausdruck gebracht werden. In allen Fällen sind ばかり und だけ ohne Bedeutungsdifferenz austauschbar. Den Partikeln folgt で oder では sowie die Verbformen なく oder なくて.

4. PARTIKEL

Die Partikel können nach den einfachen Verb- und Adjektivformen stehen. Nominaladjektive im ersten Satzteil werden mit な oder である (Präsens) bzw. だった (Präteritum) verwendet. Die Zeiten im ersten und zweiten Satzteil müssen dabei übereinstimmen.

Im Fall von Nomen folgt die Partikel direkt dem Nomen im ersten Satzteil, alternativ kann である (Präsens) dem Nomen folgen. Im zweiten Satzteil wird das Nomen mit も markiert und das finale Verb drückt den Zeitaspekt des Gesamtsatzes aus.

- Beispiel für Verb + Verb (Präsens):

  この 子ども は 読む ばかり で なくて 書きます。
  kono kodomo wa yomu bakari de nakute kakimasu.
  Dieses Kind kann nicht nur lesen, sondern auch schreiben.

- Beispiel für VA + VA (Präsens):

  その 部屋 は 高い ばかり で なく 悪い です。
  sono heya wa takai bakari de naku warui desu.
  Das Zimmer ist nicht nur teuer, sondern auch schlecht.

- Beispiel für NA + VA (Präsens):

  この 車 は きれい な だけ では なく よく 走ります。
  kono kuruma wa kirei na dake dewa naku yoku hashirimasu.
  Dieses Auto ist nicht nur schön, es fährt auch gut.

- Beispiel für VA + NA (Präteritum):

  車 は 速かった だけ で なく きれい でした。
  kuruma wa hayakatta dake de naku kirei deshita.
  Das Auto war nicht nur schnell, es war auch schön.

- Beispiel für Nomen (Präsens):

  英語 ばかり で なく ドイツ語 も 出来ます。
  eigo bakari de naku doitsugo mo dekimasu.
  Er kann nicht nur Englisch, sondern auch Deutsch.

  この 部屋 は 静か で ある ばかり で なくて きれい です。
  kono heya wa shizuka de aru bakari de nakute kirei desu.
  Dieses Zimmer ist nicht nur ruhig, sondern auch schön.

- Beispiel für Nomen (Präteritum):

> 山県さん は 先生 だった だけ では なく お医者さん でした。
> *yamagatasan wa sensei datta dake dewa naku oishasan deshita.*
> Frau Yamagata war nicht nur Lehrerin, sondern auch Ärztin.

> 学者 で ある ばかり で なく 芸術家 でした。
> *gakusha de aru bakari de naku geijutsuka deshita.*
> Er war nicht nur ein Gelehrter, sondern auch ein Künstler.

4.2 Partikel は, が und も

[4.10] Übersicht: Funktionen der Partikel は

Funktion	Verweis
● Markierung des Satzthemas	vgl. 4.2.1
● Kontrastierung: Betonung, Hervorhebung und Thema-Kennzeichnung mit Auswahl	vgl. 4.2.2

[4.11] Übersicht: Funktionen der Partikel が[6]

Funktion		Verweis
● Markierung des Subjekts (Betonung des Subjekts)		vgl. 4.2.3
● Nähere Bestimmung des Themas mit zweitem Subjekt bei Markierung des Satzthemas mit は		
● gegensätzliche Satzverknüpfung („aber"; Konnexpartikel)		vgl. 10.2.1
● Markierung des direkten Objekts bei speziellen Verben	Verben der Existenz („sein", „wohnen"): いる, ある, 住む *sumu*)	vgl. 4.2.4
	Verben, VA und NA, die Möglichkeiten, Fähigkeiten, Zuneigung und Wunsch ausdrücken	
	Wunschform ～たい bei starken Wünschen	
	Verb いる („benötigen")	

---

[6] Die Partikel が wurde im klassischen Japanisch auch zur Verbindung von Nomen verwendet (Possessivmarkierung analog の). Heute tritt が in dieser Funktion nur noch selten und insbesondere in Ortsnamen auf und wird darin gelegentlich mit ヶ geschrieben, zum Beispiel in 関ヶ原 *seki ga hara* oder 鬼ヶ島 *oni ga shima*.

4. PARTIKEL

[4.12] Übersicht: Funktionen der Partikel も	
Funktion	Verweis
● Themenpartikel „auch"	vgl. 4.2.6
● „sowohl als auch" und „weder noch" bei mehrmaliger Verwendung	
● Aufzählung von Substantiven in der Bedeutung „auch"	vgl. 4.1.3
● Betonung in der Bedeutung „sogar" und „nicht eimal"	vgl. 4.1.4
● Ausdruck einer unerwarteten Menge nach Mengenangaben	vgl. 3.3.3
● Betonung der verneinten Aussage nach Mengenangaben mit „eins"	vgl. 4.1.4
● Generalisierung von Fragewörtern	vgl. 2.4.4

4.2.1 Markierung des Satzthemas mit は und も

a) Mithilfe der zwei Partikel は und も wird das Thema eines Satzes markiert. Das Thema definiert den inhaltlichen Rahmen, über den der Rest des Satzes Informationen liefert. Zur Betonung dieser Funktion könnte die Themenpartikel は somit mit „was ... betrifft ..." übersetzt werden, zum Beispiel あきらは鮨を食べます *akira wa sushi o tabemasu* („Was Akira betrifft, er isst Sushi"). Man übersetzt ins Deutsche allerdings im Allgemeinen sprachlich weniger umständlich mit „Akira isst Sushi".

Die Partikel も markiert das Satzthema in der Bedeutung „auch", zum Beispiel あきらも鮨を食べます *akira mo sushi o tabemasu* („Was Akira betrifft, auch er isst Sushi" bzw. „Auch Akira isst Sushi").

Ein Satzthema muss nur einmal definiert werden. Ist es anschließend den Gesprächspartnern bekannt und beziehen sich folgende Sätze darauf, ist die erneute Erwähnung desselben Themas nicht nötig.

Wie in 1.3.1 beschrieben, kann das Satzthema von unterschiedlichen Satzelementen gebildet werden: Subjekt, Objekte, zeitliche und räumliche Bestimmungen, Attribute oder Attributsätze. Werden Subjekt oder direktes Objekt, die mit が bzw. を markiert sind, zum Satzthema, so werden die ursprünglichen Partikel durch die Themenpartikel は und も ersetzt. Bei allen anderen Partikeln werden は und も hinzugefügt, so dass die funktionellen Eigenschaften erhalten bleiben, zum Beispiel:

   では   でも
   へは   へも
   には   にも
   からは からも
   までは までも

[4.13] Beispiele für die Markierung des Satzthemas mit は

Satzelement	Markierung in ursprünglicher Funktion	Markierung als Satzthema
Subjekt	私が *watashi ga*	私は *watashi wa*
direktes Objekt	本を *hon o*	本は *hon wa*
Ort der Existenz	家に *uchi ni*	家には *uchi ni wa*
Handlungsort	学校で *gakkou de*	学校では *gakkou de wa*
zeitliche Bestimmung	今日 *kyou*	今日は *kyou wa*
Richtung einer Bewegung	大学へ *daigaku e*	大学へは *daigaku e wa*
Ausgangspunkt einer Handlung	ここから *koko kara*	ここからは *koko kara wa*

> 剛士さん は 大学生 です。
> *tsuyoshisan wa daigakusei desu.* (Subjekt als Thema)
> Tsuyoshi ist Student.

> 先生 は どこ へ 行きますか。
> *sensei wa doko e ikimasu ka.* (Subjekt als Thema der Frage)
> Wohin geht der Lehrer?

> りんご は 花子さん が 食べました か。
> *ringo wa hanakosan ga tabemashita ka.* (direktes Objekt als Thema)
> Hat Hanakosan den Apfel gegessen?

> 今日 は 大学 へ 行きます。
> *kyou wa daigaku e ikimasu.* (direktes Objekt als Thema)
> Ich gehe heute in die Universität.

> ここ は 冬 に 雪 が 降ります。
> *koko wa fuyu ni yuki ga furimasu.* (räumliche Bestimmung als Thema)
> Hier schneit es im Winter.

b) Auch komplette Sätze können als Satzthema mit は und も markiert werden, wie folgende nominalisierte Attributsätze:

> 飛行機 に 乗る と 耳 が 痛く なる こと が ある の は なぜ か。
> *hikooki ni noru to mimi ga itaku naru koto ga aru no wa naze ka.*
> Warum tun einem im Flugzeug manchmal die Ohren weh?

4. PARTIKEL

> バイオリン を 引く の も 楽しい です。
> *baiorin o hiku no mo tanoshii desu.*
> Es macht Spaß, die Geige auch zu spielen.

Wird eine Frage mit gleichem Prädikat, aber anderem Objekt wiederholt, dann kann は einen ganzen Fragesatz vertreten:

> 喫茶店 で 何 を 飲みました か。コーヒー を 飲みました。ジュース は。ジュース は 飲みません でした。
> *kissaten de nani o nomimashita ka. ko-hi- o nomimashita.*
> *ju–su wa. ju–su wa nomimasen deshita.*
> Was hast du im Café getrunken? Ich habe Kaffee getrunken. Und Saft? Saft habe ich nicht getrunken.

c) Beispiele für die Markierung des Satzthemas mit も *mo*:

> 友達 も 行きます。
> *tomodachi mo ikimasu.*
> Mein Freund fährt auch.

> 京都 へ 行きます。そして 奈良 へ も 行きます。
> *kyouto e ikimasu. soshite nara e mo ikimasu.*
> Wir fahren nach Kyoto. Und wir fahren auch nach Nara.

> 私 は 医者 だ。そした 先生 で も ある。
> *watashi wa isha da. soshite sensei de mo aru.*
> Ich bin Doktor. Und auch Lehrer.

Es ist somit immer klar, auf welches Satzelement sich „auch" bezieht, nämlich immer auf das durch も markierte Element.

> 岡村さん も ドイツ に 行きます。
> *okamurasan mo doitsu ni ikimasu.* (bezogen auf Subjekt)
> Auch Frau Okamura geht nach Deutschland.
> 岡村さん は ドイツ に も 行きます。
> *okamurasan wa doitsu ni mo ikimasu.* (bezogen auf Zielort)
> Frau Okamura geht auch nach Deutschland.

Für Beispiele zur mehrfachen Verwendung von も nach mehreren gleichartigen Satzelementen vgl. 4.2.6.

d) In Antworten auf Fragen mit も wird in positiven Sätzen auch mit も geantwortet. In verneinten Antworten muss die Partikel は verwendet werden.

> ドイツ へ 行きます。日本 へ も 行きます か。
> *doitsu e ikimasu. nihon e mo ikimasu ka.*
> Er geht nach Deutschland. Geht er auch nach Japan?
> はい、日本 へ も 行きます。
> *hai, nihon e mo ikimasu.*
> Ja, er geht auch nach Japan.
> いいえ、日本 へ は 行きません。
> *iie, nihon e wa ikimasen.*
> Nein, er geht nicht nach Japan.

4.2.2 Partikel は zur Kontrastierung

Die Partikel は wird auch zur Markierung einer Auswahl aus mehreren Möglichkeiten verwendet. Dabei werden andere Partikel (zum Beispiel を) durch は ersetzt und das im Satz erwähnte und mit は markierte Objekt hervorgehoben. Die Partikel は kann somit mehrmals im Satz auftreten.

> 先生 は 英語 の 歌 は 歌います が、ドイツ の 歌 は 歌いません。
> *sensei wa eigo no uta wa utaimasu ga, doitsu no uta wa utaimasen.*
> Der Lehrer singt englische, aber keine deutschen Lieder.
>
> 喫茶店 で コーヒー は 飲みました が、ジュース は 飲みません でした。
> *kissaten de ko-hi- wa nomimashita ga, ju-su wa nomimasen deshita.*
> Im Café habe ich Kaffee, aber keinen Saft getrunken.
>
> 山 へ は 時々 行きます が、海 へ は あまり 行きません。
> *yama e wa tokidoki ikimasu ga, umi e wa amari ikimasen.*
> Ich fahre zwar gelegentlich in die Berge, aber nicht ans Meer.

Mit dieser Konstruktion kommt es zu einer Abgrenzung bzw. Abhebung. Dafür reicht auch die explizite Nennung eines Objekts aus und aufgrund der Satzstruktur ist klar, dass für andere Objekte die Aussage nicht gilt. Beispielsweise kann der Satz 私はビールは飲む *watashi wa bi-ru wa nomu* mit „Ich trinke Bier" übersetzt werden. Da er aber auch die Information beinhaltet, dass andere Getränke vielleicht nicht getrunken werden, trifft auch die Übersetzung „Ich trinke zwar Bier, aber andere Getränke nicht" zu. Dagegen schließt der entsprechende Satz mit der üblichen Objektmarkierung mit を nicht aus, dass der Sprecher andere Getränke trinkt: 私はビールを飲む *watashi wa bi-ru o nomu* („Ich trinke Bier" oder: „Ich trinke aus Gewohnheit Bier" oder: „Ich werde Bier trin-

4. PARTIKEL

ken"). In negativen Aussagen kann は mit derselben Funktion teilnegieren, so dass nur das markierte Objekt als eines von mehreren Möglichkeiten verneint wird.

> 東京 に バス で は 行きません。
> *toukyou ni basu de wa ikimasen.*
> Ich fahre nicht mit dem Bus nach Tokyo
> (also wahrscheinlich mit Auto oder Zug).

> 先生 は ピアノ は 弾きません。
> *sensei wa piano wa hikimasen.*
> Der Lehrer spielt kein Klavier
> (dafür aber vielleicht andere Musikinstrumente).

4.2.3 Partikel が zur Subjektmarkierung

a) Zur Markierung und Betonung des Subjekts wird die Partikel が verwendet. Dies ist besonders bei Fragen mit だれ, 何 *nani*, どっち und どれ (wenn nach dem Nominativ gefragt wird) der Fall, wo in Frage und Antwort が stehen muss. Die Partikel は ist in diesen Fällen nicht möglich.

> だれ が ピアノ を 弾きます か。
> *dare ga piano o hikimasu ka.*
> Wer spielt Klavier?

> どれ が 一番 安い です か。
> *dore ga ichiban yasui desu ka.*
> Welches ist am billigsten?

> 質問 が あります か。
> *shitsumon ga arimasu ka.*
> Haben sie Fragen?

b) が kann gleichzeitig mit は in einem Satz verwendet werden. は markiert in diesem Fall das Satzthema, das nicht Subjekt ist und が betont das eigentliche Subjekt des Satzes. Beispielsweise wird im folgenden Satz das Nomen „Haare" betont: 友子さんは髪の毛がとてもきれいです *tomokosan wa kaminoke ga totemo kirei desu.* Um die Betonung wiederzugeben, kann der Satz mit „Es sind Tomokos Haare, die sehr schön sind" übersetzt werden. Die Übersetzung „Tomokos Haare sind sehr schön" gibt die vollständige Intention des Satzes nicht wieder.

昨日 買った 鮨 は 私 が 食べました。
kinou katta sushi wa watashi ga tabemashita.
Ich habe die Sushi, die wir gestern kauften, gegessen. (Betonung im Sinne von „Ich war es, der die Sushi gegessen hat, die wir gestern kauften.")

日本 は 夏 が 暑い です。
nihon wa natsu ga atsui desu.
Der Sommer in Japan ist heiß. (Betonung im Sinne von „Es ist der Sommer, der in Japan heiß ist.")

c) Bei Existenzverben wie ある, いる, いらっしゃる, 御座います *gozaimasu* („sein") und 住む *sumu* („wohnen") wird ebenfalls が verwendet:

両親 は 京都 に 住んで います。
ryoushin wa kyouto ni sunde imasu.
Meine Eltern wohnen in Kyoto.

机 の 上 に 本 が 三冊 ある。
tsukue no ue ni hon ga sansatsu aru.
Auf dem Tisch sind drei Bücher.

公園 に 鳥 が たくさん います。
kouen ni tori ga takusan imasu.
Im Park sind viele Vögel.

4.2.4 Partikel が zur Objektmarkierung

Zur Markierung des direkten Objekts muss bei einigen Verben und Adjektiven die Partikel が statt der Kasuspartikel を (vgl. 4.5.10) benutzt werden. Im Fall der Verben sind dies beispielsweise alle Zustandsverben (im Gegensatz zu Handlungsverben, vgl. 5.1.2), die einen von selbst eingetretenen Zustand (zum Beispiel „sein") oder einen von selbst ablaufenden Vorgang (zum Beispiel „können") beschreiben. Explizit verlangen die folgenden Verben und Adjektive die Partikel が:

- das konsonantische Verb いる *iru* („benötigen"):

私 は 今 お金 が いる。
watashi wa ima okane ga iru.
Ich brauche jetzt Geld.

4. PARTIKEL

何 か 本 が いります か。
nani ka hon ga irimasu ka.
Brauchst du irgendwelche Bücher?

● Verben, Verbal- und Nominaladjektive, die Möglichkeiten, Fähigkeiten, Zuneigungen und Wünsche ausdrücken. Dazu gehören die Potential- und Wunschformen der Verben, allerdings sind auch andere Partikel möglich.

[4.14] Verben und Adjektive, die die Partikel が *ga* erfordern

Beispiele für Verben, die Möglichkeit und Fähigkeit ausdrücken[7]

出来る	*dekiru*	tun können
分かる	*wakaru*	verstehen können
見える	*mieru*	sehen können
聞こえる	*kikoeru*	hören können

Potential- und Wunschform der Verben

引ける	*hikeru*	(Instrument) spielen können
食べられる	*taberareru*	essen können
飲みたい だ	*nomitai da*	trinken wollen
食べたい だ	*tabetai da*	essen wollen

Beispiele für Adjektive, die Wünsche oder Fähigkeiten ausdrücken

欲しい	*hoshii*	haben wollen (VA)
好き	*suki*	gern mögen (NA)
嫌い	*kirai*	nicht gern mögen (NA)
上手	*jouzu*	können/geschickt sein (NA)
下手	*heta*	nicht können/ungeschickt sein (NA)
得意	*tokui*	gut können (NA)
器用	*kiyou*	gut können (NA)
不器用	*bukiyou*	nicht können/ungeschickt sein (NA)
恐い	*kowai*	Angst haben (VA)

---

[7] 見える *mieru* und 聞こえる *kikoeru* in der Bedeutung: etwas ist von sich selbst aus sichtbar (見える) bzw. hörbar (聞こえる), zum Beispiel „die Berge sind sichtbar", „das Echo ist hörbar".

あなた は ドイツ語 が 分かります か。
anata wa doitsugo ga wakarimasu ka.
Verstehen sie Deutsch?

この 車 が 欲しい ん です か。
kono kuruma ga hoshii n desu ka.
Möchtest du dieses Auto haben?

歌 が 上手 です。
uta ga jouzu desu.
Sie kann gut singen.

洋子ちゃん は ドイツ語 が 話せました。
yokochan wa doitsugo ga hanasemashita.
Yoko konnte gut Deutsch sprechen.

外国語 が 得意 な 人 も いれば、数学 が 得意 な 人 も います。
gaikokugo ga tokui na hito mo ireba, suugaku ga tokui na hito mo imasu.
Einige Menschen sind gut in Fremdsprachen, andere in Mathematik.

彼 は 手 が 不器用 だ。
kare wa te ga bukiyou da.
Er ist ungeschickt mit seinen Händen.

Bei der Wunschform ～たい (vgl. 9.1.1) kann das Objekt des Wunsches mit が oder を markiert werden. が wird bei einem stärkeren Wunschgefühl verwendet.

私 は お酒 が 飲みたい。
watashi wa osake ga nomitai.
Ich möchte Sake trinken.

この 本 が 読みたい です か。
kono hon ga yomitai desu ka.
Möchtest du dieses Buch lesen?

4. PARTIKEL

4.2.5 Die Benutzung von は oder が

[4.15] Übersicht über die Benutzung von は und が

	は	が
Betonung	Betonung des Prädikats oder Objekts	Betonung des Subjekts
Bekanntheit	bekanntes Subjekt	unbekanntes Subjekt
Übertragung ins Deutsche	bestimmter Artikel	unbestimmter Artikel
Frage	Frage nach Objekt	Frage nach Subjekt oder Objekt
Antwort	negatives Prädikat oder Frage auch mit は	Frage mit が und affirmatives Prädikat
spezielle Verben und Adjektive		existentielle Verben Verben, VA und NA die Möglichkeit, Fähigkeit, Zuneigung oder Wunsch beschreiben

a) Als besondere Schwierigkeit stellt sich oft die richtige Verwendung der Partikel は und が dar. Auch wenn は oft dem Subjekt eines Satzes folgt, definiert die Partikel das markierte Nomen nicht als Subjekt, sondern als Satzthema ohne besondere Betonung. Auch andere Satzelemente können mit は als Thema markiert werden, nicht aber mit が. Die Markierung mit は lenkt den Fokus des Satzes auf Objekte oder das Prädikat, dagegen wird mit が das Subjekt betont.

Die Sätze 私は大学生です *watashi wa daigakusei desu* und 私が大学生です *watashi ga daigakusei desu* können beide einfach mit „Ich bin Student" übersetzt werden. Um die Aussage klarer auszudrücken, kann der は-Satz mit „Was mich betrifft, ich bin Student" (Betonung auf „Student") und der が-Satz mit „Der Student, das bin ich" (Betonung auf „ich") übersetzt werden.

> 赤い の は 私達 の 車 だ。
> *akai no wa watashitachi no kuruma da.*
> Das rote ist unser Auto (Betonung: „unser").
> 赤い の が 私達 の 車 だ。
> *akai no ga watashitachi no kuruma da.*
> Es ist das rote, das unser Auto ist (Betonung: „das rote Auto" – sonst keines).

In einer Konversation wird eine unbekannte Information zunächst mit が eingeführt. Ist sie damit bekannt, muss sie nicht mehr betont werden. Im weiteren Verlauf des Gesprächs wird sie (falls überhaupt noch genannt) mit は markiert und weitere Aussagen darüber kommen ins Zentrum der Sätze.

> 大学生 が 来ます。大学生 は 日本人 です。
> *daigakusei ga kimasu. daigakusei wa nihonjin desu.*
> Es kommt ein Student. Der Student ist Japaner.

> あそこ に 車 が あります か。ええ、あれ は 私 の 車 です。
> *asoko ni kuruma ga arimasu ka. ee, are wa watashi no kuruma desu.*
> Steht dort hinten ein Auto? Ja, jenes ist mein Auto.

Als Orientierung kann dienen, dass die Partikel は ins Deutsche mit dem bestimmten Artikel und die Partikel が mit dem unbestimmten Artikel übersetzt werden kann, zum Beispiel:

> 猫 は 椅子 の 下 に います。
> *neko wa isu no shita ni imasu.*
> Die Katze ist unter dem Stuhl (betont wird die im Kommentar stehende örtliche Bestimmung „unter dem Tisch").

> 椅子 の 下 に 猫 が います。
> *isu no shita ni neko ga imasu.*
> Unter dem Stuhl gibt es eine Katze (betont wird das Subjekt des Satzes „eine Katze").

b) Die Partikel は kann je nach Intention zur unterschiedlichen Betonung eines Satzelementes, das mit が markierte Subjekt oder ein mit を markiertes direktes Objekt oder ein anderes Satzglied als Thema markieren. Dabei wird das Satzthema an den Satzanfang positioniert.

[4.16] Beispiele für die Benutzung von は

Beispiel	Betonung
由美さん が その 本 を 買いました。 *yumisan ga sono hon o kaimashita.* Yumi war es, die dieses Buch kaufte.	由美さん *yumisan*

4. PARTIKEL

[4.16] Beispiele für die Benutzung von は (Fortsetzung)

Beispiel	Betonung
由美さん は その 本 を 買いました。 *yumisan wa sono hon o kaimashita.* Was Yumi betrifft, sie kaufte dieses Buch.	その本を買いました *sono hon o kaimashita*
その 本 は 由美さん が 買いました。 *sono hon wa yumisan ga kaimashita.* Was dieses Buch betrifft, Yumi kaufte es.	由美さん *yumisan*
由美さん は その 本 は 買いました。 *yumisan wa sono hon wa kaimashita.* Was Yumi betrifft, sie kaufte dieses Buch.	その本 *sono hon* (dieses Buch und nicht ein anderes)

Im letzten Beispiel kommt es durch die zweifache Verwendung der Partikel は zu einer Kontrastierung, bei der das Objekt als Auswahl aus einer imaginären Menge an möglichen Objekten hervorgehoben wird. Auch können, wie im Beispiel davor gezeigt, は und が gleichzeitig in einem Satz verwendet werden. Dabei markiert は das Satzthema und が betonend das Subjekt (weitere Beispiele vgl. 4.2.3).

> 京都 は お寺 が 多い です。
> *kyouto wa otera ga ooi desu.*
> In Kyoto gibt es viele Tempel.

c) In Fragesätzen wird in Abhängigkeit des erfragten Satzelementes は oder が benutzt. Im folgenden Beispiel wird zunächst nach einem Objekt gefragt. In der Antwort muss das Thema あれは nicht wiederholt werden, da es nach der Frage klar ist, welches Gebäude gemeint ist. Im nächsten Satz wird nach einem speziellen Element aus einer Menge von Elementen, hier zum Beispiel Gebäuden, gefragt.

> あれ は 何 です か。
> *are wa nan desu ka.* Was ist das?
> Antwort: あれ は 銀行 です。
> *are wa ginkou desu.* Das ist eine Bank.
> oder kurz: 銀行 です。 *ginkou desu.* Es ist eine Bank.

> どれ が 銀行 です か。
> *dore ga ginkou desu ka.* Welches ist die Bank?
> Antwort: これ が 銀行 です。
> *kore ga ginkou desu.* Dieses ist die Bank.
> oder kurz: これ です。
> *kore desu.* Es ist dieses.

Grammatisch bedeutet dies, dass in Fragesätzen, falls nach dem Subjekt gefragt wird, immer die Partikel が verwendet werden muss. Dies ist bei Fragen mit だれ, 何 *nani*, どっち und どれ der Fall, zum Beispiel

だれが ...   „Wer ... ?" oder
何が *nani ga* ...   „Was ... ?"

Diese Fragewörter können nie Thema eines Satzes sein, können also nie mit は markiert werden.

Wird nach dem Objekt gefragt, wird が benutzt, wenn das Fragepronomen vor der Partikel steht und は, wenn es nach der Partikel steht. Generell wird bei der positiven Beantwortung einer Frage die Partikel verwendet, die auch im Fragesatz benutzt wurde und bei einer Antwort mit negativem Prädikat die Partikel は.

> だれ が 日本 へ 行きます か。田中さん が 行きます。
> *dare ga nihon e ikimasu ka. tanakasan ga ikimasu.*
> Wer geht nach Japan? Tanaka geht.
>
> 先生 は どこ へ 行きます か。
> *sensei wa doko e ikimasu ka.*
> Herr Professor, wohin gehen sie?

は in verneinten Antworten:

> あの 人 は 田中さん です か。いいえ、あの 人 は 田中さん では ありません。鈴木さん です。
> *ano hito watanakasan desu ka. iie, ano hito wa tanakasan dewa arimasen. suzukisan desu.*
> Ist dies Herr Tanaka? Nein, dies ist nicht Herr Tanaka, es ist Herr Suzuki.
>
> その 部屋 に 椅子 が あります か。いいえ、その 部屋 に 椅子 は ありません。
> *sono heya ni isu ga arimasu ka. iie, sono heya ni isu wa arimasen.*
> Gibt es in dem Zimmer Stühle? Nein, in dem Zimmer gibt es keine Stühle.

4. PARTIKEL

4.2.6 も und でも zum Ausdruck von „sowohl als auch" und „weder noch"

a) Werden も oder でも mehreren gleichartigen Satzelementen nachgestellt, kann bei positivem Prädikat „sowohl als auch" und bei negativem Prädikat „weder noch" ausgedrückt werden. Die Satzstruktur ist am Beispiel von も in [4.5] zur Aufzählung von Substantiven illustriert.

● Beispiele für も:

> お鮨 も お刺身 も 好き です。
> *osushi mo osashimi mo suki desu.*
> Ich mag sowohl Sushi als auch Sashimi.
>
> お鮨 も お刺身 も 好き では ありません。
> *osushi mo osashimi mo suki dewa arimasen.*
> Ich mag weder Sushi noch Sashimi.
>
> 京都 へ も 奈良 へ も 行きます。
> *kyouto e mo nara e mo ikimasu.*
> Wir fahren sowohl nach Kyoto als auch nach Nara.
>
> バス も 電車 も 来ません。
> *basu mo densha mo kimasen.*
> Es fahren weder Busse noch Züge.

● Beispiele für でも:

> 北野先生 は 智識 でも 経験 でも 持って います。
> *kitanosensei wa chishiki demo keiken demo motte imasu.*
> Professor Kitano hat sowohl Wissen wie auch Erfahrung.
>
> 朝食 でも 昼食 でも とらなかった。
> *choushoku demo chuushoku demo toranakatta.*
> Ich hatte weder Frühstück noch Mittagessen.

b) Eine ähnliche Bedeutung hat も nach Adjektiven, falls das Verb des Satzes verneint ist. Verbaladjektive stehen in diesem Fall in der Adverbialform 〜く, zum Beispiel 早くも *hayaku mo*, und Nominaladjektiven wird で nachgestellt, zum Beispiel 便利でも.

> この 部屋 は 便利 でも 不便 でも ない。
> *kono heya wa benri de mo fuben de mo nai.* (NA)
> Dieses Zimmer ist weder gemütlich noch ungemütlich.

> 私 の 車 は 速く も 遅く も ない。
> *watashi no kuruma wa hayaku mo osoku mo nai.*
> Mein Auto ist weder schnell noch langsam. (VA)

c) Um zwei Prädikate in dieser Bedeutung zu verbinden, muss die Konditionalendung ～ば verwendet werden (vgl. 10.6.1 und 10.6.2): Das Prädikat der zuerst genannten Handlung trägt die Konditionalform, das der zweiten Handlung trägt die für den Satz notwendigen Flektionsendungen (Zeit, Verneinung, Höflichkeit u.Ä.). Vor beiden Prädikaten steht die Partikel も.

> 京都 に は お寺 も あれば、神社 も あります。
> *kyouto ni wa otera mo areba, jinja mo arimasu.*
> In Kyoto gibt es sowohl Tempel als auch Schreine.

> 私 は 酒 も 飲めば、鮨 も 食べる。
> *watashi wa sake mo nomeba, sushi mo taberu.*
> Ich trinke Sake und esse auch Sushi.

4.3 Partikel で

[4.17] Übersicht: Funktionen der Partikel で

Funktion	Verweis
● Markierung des Handlungsorts bei Handlungsverben	vgl. 4.1.2
● Instrumentalpartikel: Markierung von Gegenständen, mit denen eine Handlung durchgeführt wird	vgl. 4.3.1
● Instrumentalpartikel: Markierung von Ausgangsmaterialien, mit denen etwas hergestellt wird	
● Abgrenzung eines Mengenrahmens	vgl. 4.3.2

4.3.1 で als Instrumentalpartikel

a) Mit で werden Gegenstände markiert, mit denen Handlungen durchgeführt werden, wie zum Beispiel der Stift, mit dem ein Buch geschrieben, der Hammer, mit dem ein Nagel geschlagen, oder das Auto, mit dem zur Arbeit gefahren wird. Dabei sind Mittel im weiteren Sinne denkbar, wie zum Beispiel das Radio als Informationsquelle oder die Sprache als Mittel zum Sprechen.

4. PARTIKEL

ここ に 地下鉄 で 来ました。
koko ni chikatetsu de kimashita.
Ich bin hierher mit der U-Bahn gekommen.

この 手紙 は 鉛筆 で 書きました。
kono tegami wa enpitsu de kakimashita.
Diesen Brief habe ich mit dem Bleistift geschrieben.

日本語 で 話して 下さい。
nihongo de hanashite kudasai.
Sprechen sie bitte auf Japanisch.

b) Zur Kennzeichnung von Ausgangsmaterialien, Rohsubstanzen eines Produktes oder von Inhaltsstoffen wird ebenfalls で verwendet. In einigen Fällen ist alternativ dazu auch から möglich.

この 飛行機 は 紙 で できて いる。
kono hikouki wa kami de dekite iru.
Das Flugzeug ist aus Papier.

日本 の お酒 は 米 で 作ります。
nihon no osake wa kome de tsukurimasu.
Japanischer Sake wird aus Reis hergestellt.

c) Bei einigen emotionalen Ausdrücken, die Zufriedenheit oder Einverständnis zeigen, wird で als Instrumentalpartikel im übertragenen Sinne verwendet. In diesem Fall steht die Partikel nach Substantiven oder nominalisierten Ausdrücken und wird von einem Adjektiv, wie beispielsweise いい („gut"), 結構 *kekkou* („genug, gut"), 大丈夫 *daijoubu* („in Ordnung") oder よろしい („gut") gefolgt.

それ で 結構 です。
sore de kekkou desu.
Ich habe genug. Oder: Das ist gut so.

これ で よろしい です か。
kore de yoroshii desu ka.
Ist es gut so? Oder: Ist das alles? Oder: Ist das genug? Oder: Sind sie zufrieden?

4.3.2 Abgrenzung von zeitlichen, örtlichen und Mengenrahmen

Zur Abgrenzung eines bestimmten zeitlichen, örtlichen oder Mengenrahmens wird で der Mengen-, Zeit-, Maß- oder Ortsangabe nachgestellt. Dabei kann auch die Gesamtheit zum Beispiel einer Menge mit 全部で *zenbu de* ausgedrückt werden. Im Falle von Zeitangaben wird nur zur Abgrenzung eines zeitlichen Rahmens oder zur Angabe eines zeitlichen Zielpunktes で verwendet.

[4.18] Beispiele für die Markierung von Mengenrahmen mit で

Mengenrahmen	Beispiel		
geographisch	世界で	*sekai de*	in der Welt
	ドイツで	*doitsu de*	in Deutschland
	町で	*machi de*	in der Stadt
zeitlich	二時間で	*nijikan de*	innerhalb von zwei Stunden
	来年で	*rainen de*	nächstes Jahr
	五才で	*gosai de*	im Alter von fünf
Preis	千円で	*sen en de*	für 1000 Yen
Personen	一人で	*hitori de*	alleine
	家族中で	*kazokujuu de*	mit der Familie
abstrakt	これで	*kore de*	hiermit
Gesamtheit	全部で	*zenbu de*	insgesamt

- Beispiele für Mengenangaben:

  三人 で 行きましょう。
  sannin de ikimashou.
  Lasst uns zu dritt gehen.

  全部 で 車 が 三台 あります。
  zenbu de kuruma ga sandai arimasu.
  Insgesamt gibt es drei Autos.

- Beispiele für Zeit, Zeitraum und zeitlicher Zielpunkt:

  二時間 で 行けます。
  nijikan de ikemasu.
  Man kann in zwei Stunden da sein.

4. PARTIKEL

日本 に 来て から 今日 で 四年 に なります。
nihon ni kite kara kyou de yonnen ni narimasu.
Es ist heute vier Jahre her, als ich nach Japan kam.

● Beispiele für Orte:

信濃川 は 日本 で 一番 長い 川 です。
shinanogawa wa nihon de ichiban nagai kawa desu.
Der Shinanogawa ist der längste Fluss in Japan.

この 車 は 日本 で は いくら です か。
kono kuruma wa nihon de wa ikura desu ka.
Wie viel kostet dieses Auto in Japan?

● Sonstige Beispiele:

この 紙 は 五枚 で 二百 円 です。
kono kami wa gomai de nihyaku en desu.
Diese fünf Blatt Papier kosten zusammen zweihundert Yen.

この 本 を 五百 円 で 買った。
kono hon o gohyaku en de katta.
Ich habe dieses Buch für 500 Yen gekauft.

4.4 Partikel に

[4.19] Übersicht: Funktionen der Partikel に	
Funktion	Verweis
● Markierung des Zielorts einer Handlung	vgl. 4.4.1, 4.1.2
● Markierung der Zielperson einer Handlung	vgl. 4.4.1
● Markierung des Handlungsergebnisses bei den Verben する („machen zu") und なる („werden")	vgl. 4.4.1, 5.6
● Markierung des Existenzorts	vgl. 4.4.2
● Ausdruck des Zwecks einer Handlung („um zu")	vgl. 10.5.5
● Markierung des Objekts im passiven Satz	vgl. 8.3.2
● Markierung absoluter Zeitangaben	vgl. 3.4.2
● Betonung eines zeitlichen Endpunkts mit までに	vgl. 4.5.8

[4.19] Übersicht: Funktionen der Partikel に (Fortsetzung)		
Funktion		Verweis
● zur temporalen Satzverbindung nach 前 *mae* in der Bedeutung „vor, bevor" bzw. nach 間 *aida* in der Bedeutung „während"		vgl. 10.3.1, 10.3.3
● nach speziellen Ausdrücken, z. B.:	ごとに、おきに „jeder, alle"	vgl. 4.4.3
	割に *wari ni* „bezogen auf"	
	一緒に *issho ni* „gemeinsam"	
	代わりに *kawari ni* „anstelle von"	

4.4.1 Markierung von Zielen

a) Die Partikel に erfüllt sehr unterschiedliche Funktionen im japanischen Satz. Einigen Anwendungen liegt der Richtungsbezug der Partikel zugrunde, d. h. に drückt aus, dass eine Handlung auf ein Ziel hin durchgeführt wird. Dies kann ein konkreter Ort, eine Person oder ein abstraktes Ziel sein. In diesem Sinn markiert die Partikel に insbesondere:

● den Zielort einer Handlung, zum Beispiel:

> 学校 に 行きます。
> *gakkou ni ikimasu.*
> Ich gehe in die Schule.

● die Zielperson einer Handlung, zum Beispiel:

> 友達 に 電話 を 掛けます。
> *tomodachi ni denwa o kakemasu.*
> Ich rufe meinen Freund an.

> 先生 は 私達 に 日本語 を 教えて いる。
> *sensei wa watashitachi ni nihongo o oshiete iru.*
> Der Lehrer lehrt uns Japanisch.

> 父 は 僕 に 本 を くれた。
> *chichi wa boku ni hon o kureta.*
> Mein Vater gab mir ein Buch.

4. PARTIKEL

> 来週 浩子さん に 長い 手紙 を 書きます。
> *raishuu hirokosan ni nagai tegami o kakimasu.*
> Nächste Woche werde ich Hiroko einen langen Brief schreiben.

● die Zielperson, die veranlasst wird, eine Handlung durchzuführen („Jemanden zu einer Handlung veranlassen"), zum Beispiel :

> 先生 は 生徒 に 漢字 を 書かせます。
> *sensei wa seito ni kanji o kakasemasu.*
> Der Lehrer lässt die Schüler *kanji* schreiben.

● den Zweck einer Handlung, zum Beispiel :

> 家 に 晩御飯 を 食べに 帰りましょう か。
> *uchi ni bangohan o tabeni kaerimashou ka.*
> Wollen wir nach Hause zurückkehren, um zu Abend zu essen?

● das Handlungsergebnis, falls die Verben する *suru* („machen zu") und なる („werden") verwendet werden (vgl. 5.6), zum Beispiel:

> 部屋 を きれい に して 下さい。
> *heya o kirei ni shite kudasai.*
> Mache bitte das Zimmer sauber.

> 部屋 は きれい に なりました。
> *heya wa kirei ni narimashita.*
> Das Zimmer ist sauber geworden.

> 弘子さん は 医者 に なります。
> *hirokosan wa isha ni narimasu.*
> Hiroko wird Ärztin.

● die Zielperson einer Höflichkeit, d. h. durch höfliche Verben beschriebenen Handlung, insbesondere 貰う *morau* und いただく (obwohl die Handlung nicht auf die mit に markierten Person gerichtet ist, sondern von ihr ausgeht, vgl. 5.5.2), zum Beispiel:

> この 本 は だれ に もらった ん です か。父 に もらいました。
> *kono hon wa dare ni moratta n desu ka. chichi ni moraimashita.*
> Von wem bekamst du das Buch? Ich bekam es von meinem Vater.

Auch zur Markierung der Ausgangsperson kann die Partikel に alternativ zu から verwendet werden. に wird bevorzugt benutzt.

> 先生 に 本 を 貰いました。
> *sensei ni hon o moraimashita.*
> Ich habe das Buch vom Lehrer bekommen.

In der deutschen Übersetzung werden entsprechende Objekte in einigen Fällen als Akkusativ-Objekte behandelt, so dass die Markierung mit を naheliegen könnte.

b) Auch wenn in übertragenem Sinne eine Richtung vorliegt, wird に benutzt. Im Deutschen ist dieser Richtungsgedanke nicht immer nachvollziehbar. Einige der in [4.20] angegebenen Beispiele können auch als feststehende adverbiale Ausdrücke behandelt werden.

[4.20] Markierung abstrakter Richtungen mit に		
に答える	*ni kotaeru*	antworten auf
に気をつける	*ni ki o tsukeru*	aufpassen auf
によって	*ni yotte*	in Abhängigkeit von; je nach
に興味を持っている	*ni kyoumi omotte iru*	sich interessieren für
について	*ni tsuite*	über (zum Beispiel „über ein Thema reden")
最後に	*saigo ni*	als letztes
割合に	*wariai ni*	relativ, verhältnismäßig
次に	*tsugi ni*	als Nächstes
最初に	*saisho ni*	als Erstes
外に	*hoka ni*	Sonstiges

4.4.2 Markierung des Ortes der Existenz

a) Bei Verben, die eine Existenz beschreiben, wird die Partikel に zur Markierung des Orts der Existenz verwendet. Dies sind zum Beispiel die Verben いる, ある oder 住む *sumu*. Im Gegensatz zu der Partikel で, die den Handlungsort markiert, wird に nur verwendet, wenn der Satz keine Handlung, sondern lediglich einen existentiellen Zustand beschreibt.

4. PARTIKEL

> 京都 に 住んで います。
> *kyouto ni sunde imasu.*
> Ich wohne in Kyoto.

> 中村先生 は 今 大学 に いらっしゃいます。
> *nakamurasensei wa ima daigaku ni irasshaimasu.*
> Professor Nakamura ist gerade in der Universität.

> だれ が 花子 の 隣 に 座って いる。
> *dare ga hanako no tonari ni suwatte iru.*
> Wer sitzt neben Hanako?

> この 近く に 駅 が あります か。
> *kono chikaku ni eki ga arimasu ka.*
> Gibt es hier in der Nähe einen Bahnhof?

Die Übersetzung der im Japanischen oft verwendeten Satzstruktur にある kann alternativ zu „sein" mit recht unterschiedlichen Verben erfolgen, je nach dem Ort, an dem sich das Subjekt befindet, zum Beispiel:

> 机 の 上 に 本 が 三冊 あります。
> *tsukue no ue ni hon ga sansatsu arimasu.*
> Auf dem Tisch liegen drei Bücher.

> あの 壁 に 写真 が たくさん あります。
> *ano kabe ni shashin ga takusan arimasu.*
> An jener Wand hängen viele Fotos.

Gelegentlich folgt なっている der Partikel に.

> この ビル の 後ろ が 駅 に なって います。
> *kono biru no ushiro ga eki ni natte imasu.*
> Hinter diesem Gebäude befindet sich der Bahnhof.

b) Wie auch bei anderen Partikeln möglich, kann mit der Kombination von に mit は eine Abgrenzung oder Betonung erreicht werden.

> あなた の 所 に テレビ が あります か。私 の 所 に は テレビ が 二つ あります。
> *anata no tokoro ni terebi ga arimasu ka. watashi no tokoro ni wa terebi ga futatsu arimasu.*
> Haben sie zu Hause Fernseher? Ich habe zu Hause zwei Fernseher.

Soll der Existenzort betont werden, so wird im Allgemeinen das Subjekt des Satzes mit は markiert und der örtlichen Bestimmung vorangestellt. Dagegen wird bei Betonung des Subjekts dieses mit が markiert und die örtliche Bestimmung oft dem Subjekt vorangestellt. Beispielsweise haben die folgenden Sätze beide die Bedeutung „Neben der Bank gibt es eine Schule". Im ersten Satz wird „die Schule" betont, während im zweiten Satz „neben der Bank" hervorgehoben wird:

> 銀行 の 隣 に 学校 が あります。
> *ginkou no tonari ni gakkou ga arimasu.*
> 学校 は 銀行 の 隣 に あります。
> *gakkou wa ginkou no tonari ni arimasu.*

> 公園 に 鳥 が たくさん います。
> *kouen ni tori ga takusan imasu.*
> Im Park sind viele Vögel (Betonung von „Vögel").
> 鳥 は 公園 に たくさん います。
> *tori wa kouen ni takusan imasu.*
> Im Park sind viele Vögel (Betonung von „Park").

4.4.3 に nach weiteren Ausdrücken

a) Die Partikel に wird in der japanischen Sprache vielseitig verwendet. In einigen Grammatiken wird versucht, die Idee einer abstrakten Richtung in ihrer Verwendung zu erkennen. In den deutschen Übersetzungen ist das nicht immer nachvollziehbar, und es bietet sich an, einige spezielle Kombinationen als feststehende Ausdrücke anzusehen. Die Verwendung in Temporalsätzen nach 前 *mae* und 間 *aida* ist in 10.3.1 und 10.3.3 beschrieben.

Je nach Kontext kann に mit „unter, innerhalb, zwischen" übersetzt werden, beispielsweise in der Bedeutung „... unter einer Menge von Dingen gibt es ...", „aufteilen unter Freunden" oder „zwischen den Bäumen sehe ich ...".

> ドイツ の 車 に は よい 車 が たくさん あります。
> *doitsu no kuruma ni wa yoi kuruma ga takusan arimasu.*
> Unter den deutschen Autos gibt es viele gute Autos.

> 山川さん は 土地 を 息子さん に 分けた。
> *yamakawasan wa tochi o musukosan ni waketa.*
> Herr Yamakawa hat sein Land unter seinen Söhnen aufgeteilt.

> 彼 は 子供達 の 間 に 立って いた。
> *kare wa kodomotachi no aida ni tatte ita.*
> Er stand zwischen Kindern.

4. PARTIKEL

b) Die Partikelkombinationen ごとに bzw. おきに drücken „jeder" bzw. „alle" aus. Sie können beispielsweise nach der Angabe eines Zeitintervalls (zum Beispiel „vier Minuten" wird zu „alle vier Minuten") oder eines räumlichen Ausdrucks (zum Beispiel „Straßenecke" wird zu „an jeder Straßenecke") verwendet werden. Im Gegensatz zum Präfix 毎 *mai* können auch Nomen, die keine Zeit ausdrücken, markiert werden, zum Beispiel „jeder Mensch/alle Menschen" mit 人ごとに *hito goto ni* oder 人おきに *hito oki ni*.

> 五時間 おき に
> *gojikan oki ni* alle fünf Stunden
> 先生 ごと に
> *sensei goto ni* jeder Lehrer
> 本屋の前 ごと に
> *honya no mae goto ni* vor jeder Buchhandlung

c) Mit わりに wird ein Bezug zu Substantiven hergestellt, bei dem diese als eine Art Vergleichsgröße herangezogen werden. Ins Deutsche können entsprechende Sätze mit „In Anbetracht von ...", „Im Verhältnis zu ...", „Bezogen auf ..." oder einfach mit „für" übertragen werden. わり bedeutet wörtlich „Verhältnis". Als Substantiv wird わり an andere Substantiven mit の angeschlossen.

> 色 の わり に ...
> *iro no wari ni ...*
> In Anbetracht der Farbe ...
> この じゃがいも は 大きさ の わり に 値段 が いい でしょう。
> *kono jagaimo wa ookisa no wari ni nedan ga ii deshou.*
> Bezogen auf die Größe der Kartoffeln ist der Preis gut.

d) Um hervorzuheben, dass eine Handlung von mehreren Personen zusammen durchgeführt wird, kann der adverbiale Ausdruck 一緒に *issho ni* („gemeinsam, zusammen") verwendet werden. Gegebenenfalls wird davor der Handlungspartner genannt und mit と markiert.

> 来週 友子ちゃん と 一緒 に 食事 に 行こう と 思います。
> *raishuu tomokochan to issho ni shokuji ni ikou to omoimasu.*
> Nächste Woche werde ich zusammen mit Tomoko essen gehen.
> 一緒 に 行きましょう か。
> *issho ni ikimashou ka.*
> Wollen wir gemeinsam gehen (hingehen)?

e) Der Ausdruck „... anstelle von ..." kann mit dem Adverb 代わりに *kawari ni* gebildet werden. Es wird üblicherweise zum Ausdruck von „aber" und „obwohl" verwendet (vgl. 10.2.1), bedeutet aber sehr oft nach Nomen und je nach Kontext auch nach Verben „anstelle von". Dabei müssen die Verben in der einfachen Form stehen. Nach Nomen folgt zunächst の. Auf keinen Fall kann 代わりに *kawari ni* in dieser Bedeutung nach Verbal- oder Nominaladjektiven stehen, es bedeutet dann immer „aber/obwohl"!

[4.21] Verwendung von 代わりに *kawari ni*		
	Präsens	Präteritum
nach Verben	～[u] 代わり に	～た 代わり に
nach Nomen	+ の 代わり に	

- Beispiele nach Nomen:

先生 の 代わり に 高野さん が 教えてくれました。
sensei no kawari ni kounosan ga oshietekuremashita.
Frau Kono unterrichtete anstelle des Lehrers.

東京 の 代わり に 京都 へ 行く。
toukyou no kawari ni kyouto e iku.
Ich werde anstelle von Tokyo nach Kyoto gehen.

- Beispiele nach Verben:

お酒 を 飲む 代わり に お茶 を 飲んだ。
osake o nomu kawari ni ocha o nonda.
Ich habe Tee getrunken anstelle Sake zu trinken.

彼 は 勉強 する 代わり に テレビ を 見ました。
kare wa benkyou suru kawari ni terebi o mimashita.
Er hat fern gesehen statt zu lernen.

4.5 Sonstige Partikel
4.5.1 Partikel ばかり, ばっかり, ばっか, ばかし

Die Funktionen, die die Partikel ばかり ausüben kann, hängt entscheidend von der Wortart ab, nach der die Partikel verwendet wird. Nach Verben sind je nach Zeitaspekt drei unterschiedliche Betonungen möglich: Handlungen, die man kurze Zeit später ausüben wird („kurz davor sein, ...") nach der Präsensform; Handlungen, die gerade abgeschlossen wurden nach der Präteritumform; sowie Handlungen, die gegenüber

4. PARTIKEL

anderen möglichen Handlungen hervorgehoben werden in der Bedeutung „insbesondere, ausschließlich, immer (wieder nur)" nach der *te*-Form. Im Fall der *te*-Form folgt der Partikel oft das Verb いる.

Umgangssprachliche Formen von ばかり mit selber Bedeutung und Anwendung sind die Partikel ばっかり, ばっか, ばかし.

[4.22] Übersicht: Funktionen der Partikel ばかり

Funktion	Verweis
● nach Mengen- und Zeitangaben: Relativierung von Mengenangaben („etwa", „ungefähr")	vgl. unten
● nach nominalen Satzelementen: Formulierung einer Einschränkung im Sinne von „nur", „nicht nur" und „nicht nur, ... , sondern auch"	vgl. 4.1.5
● Formulierung kausaler Zusammenhänge	vgl. 10.5.3
● nach Verben in der Vergangenheitsform: Formulierung von „gerade etwas getan haben"	
● nach Verben in der Präsensform: Formulierung von „im Begriff sein, zu ..."	vgl. unten
● nach Verben in der *te*-form: Betonung einer Handlung gegenüber Alternativen	

● Nach Satzelementen, die Mengen und Zeiten ausdrücken, kann ばかり sowohl eine Einschränkung („nur"), wie auch eine Relativierung („ungefähr") bewirken. Welche Bedeutung vorliegt, entscheidet der Kontext.

> ビール を 三本 ばかり 飲んだ。
> *bi-ru o sanbon bakari nonda.*
> Ich habe ungefähr drei Gläser Bier getrunken. Oder: Ich habe nur drei Gläser Bier getrunken.
>
> 京都 で 七ヵ月 ばかり いました。
> *kyouto de nanakagetsu bakari imashita.*
> Ich war etwa sieben Monate in Kyoto. Oder: Ich war nur sieben Monate in Kyoto.

● Beispiele für Verben (Perfektform):
> 彼 は 今 帰って 来た ばかり だ。
> *kare wa ima kaette kita bakari da.*
> Er ist gerade nach Hause gekommen.

> これ は 昨日 買った ばかり の 車 です。
> *kore wa kinou katta bakari no kuruma desu.*
> Dies ist ein gerade gestern gekauftes Auto.

- Beispiel für Verben (Präsensform):

> もう 出掛ける ばかり です。
> *mou dekakeru bakari desu.*
> Ich bin im Begriff loszugehen.

- Beispiel für Verben (*te*-Form):

> 石川さん は 本 を 読んで ばかり いて 働きません。
> *ishikawasen wa hon o yonde bakari ite hatarakimasen.*
> Frau Ishikawa liest ausschließlich Bücher und arbeitet nichts.

4.5.2 Partikel だけ

[4.23] Übersicht: Funktionen der Partikel だけ

Funktion	Verweis
● Formulierung einer Einschränkung im Sinne von „nur", „nicht nur" und „nicht nur, ..., sondern auch"	vgl. 4.1.5
● Ausdruck von „so viel wie möglich"	
● Ausdruck erfüllter und nicht erfüllter Erwartungen und damit verbundene Enttäuschungen	vgl. unten

a) Nach Nomen, Verben und Mengenangaben kann die Partikel だけ Einschränkung bezeichnen. Nach Verben kann auch mit „so viel wie möglich" übersetzt werden:

> 飲む だけ 飲みましょう。
> *nomu dake nomimashou.*
> Lasst uns so viel wie möglich trinken.

> できる だけ 速く 行きます。
> *dekiru dake hayaku ikimasu.*
> Ich gehe so schnell ich kann.

b) In der Kombination mit der Partikel に wird mit だけ eine Enttäuschung oder ein Bedauern ausgedrückt. Es wird damit oft beschrieben, dass eine Erwartung nicht erfüllt

4. PARTIKEL

wurde. Folgt nach だけ das Wort あって, dann ist das im Hauptsatz beschriebene Ereignis erfreulich, d. h. eine Erwartung wurde erfüllt.

> あなた は いい 学生 だった だけ に 東京大学 に いった の は 非常 に 残念 です。
> *anata wa ii gakusei datta dake ni toukyoudaigaku ni itta no wa hijou ni zannen desu.*
> Weil du ein guter Student warst, ist es schade, dass du an die Universität Tokyo gewechselt bist.

> あなた は 八年間 に 化学 を 勉強 した だけ あって いい 化学者 です。
> *anata wa hachinenkan ni kagaku o benkyou shita dake atte ii kagakusha desu.*
> Weil du acht Jahre Chemie studiert hast, bist du jetzt ein guter Chemiker.

4.5.3 Partikel でも [8]

[4.24] Übersicht: Funktionen der Partikel でも

Funktion	Verweis
• Satzverbindung in der Bedeutung „aber, allerdings, dennoch"	vgl. 10.2.1
• Kombination mit Fragepronomen (Generalisierung)	vgl. 2.4.4, [4.25]
• Mehrfache Verwendung nach gleichartigen Satzelementen in der Bedeutung „sowohl als auch" bzw. „weder noch" analog も	vgl. 4.2.6
• Ausdruck von „sogar", „selbst", „selbst wenn" oder „auch wenn"	vgl. 4.1.4

Genau wie die Partikel も generalisiert でも Fragepronomen in Kombination mit einem verneinten Prädikat (vgl. 2.4.4).

---

[8] Formal ist die Partikel でも die Kombination der *te*-Form der Kopula mit der Partikel も, wird aber aufgrund der engen Verbindung und ihrer Funktion zu den Partikeln gezählt. でも hat andere Funktionen als die ähnlich erscheinende Partikelkombination で (Instrumentalpartikel) + も („auch"), zum Beispiel in: 駅に バスでも行けますか *eki ni basu de mo ikemasu ka* („Kann man auch mit dem Bus zum Bahnhof fahren?").

[4.25] Beispiele: Kombination von でも *demo* mit Fragepronomen	
だれ でも	niemand
いつ でも	nie
どこ でも	nirgendwo
どれ でも	niemand
どちら でも	beide

> 今年 どこ でも 旅行 を しません。
> *kotoshi doko demo ryokou o shimasen.*
> Dieses Jahr reise ich nirgendwo hin.

Als feste Formulierung kann mit どちら auf Entscheidungsfragen wie „Möchten sie Bier oder Wein?" geantwortet werden:

> どちら でも 結構 です。
> *dochira demo kekkou desu.* Beides ist mir recht.

4.5.4 Partikel へ

[4.26] Übersicht: Funktionen der Partikel へ	
Funktion	Verweis
● Markierung des Zielorts einer Handlung	vgl. 4.1.2
● Markierung der Zielperson einer Handlung	vgl. unten

Die Partikel へ wird zwar mit dem *kana*-Symbol *he* ausgedrückt, aber als „e" gelesen. へ dient zur Markierung von Ort oder Person als Ziel einer Handlung. Beispiele für die Markierung des Zielorts sind in 4.1.2 angegeben. Beispiele für die Markierung der Zielperson:

> 来週 浩子さん へ 長い 手紙 を 書きます。
> *raishuu hirokosan e nagai tegami o kakimasu.*
> Nächste Woche werde ich Hiroko einen langen Brief schreiben.

> この 本 は 由美さん へ の プレゼント です。
> *kono hon wa yumisan e no purezento desu.*
> Das Buch ist ein Geschenk für Yumi.

4. PARTIKEL

4.5.5 Partikel か

[4.27] Übersicht: Funktionen der Partikel か

Funktion		Verweis
● Bildung von Fragesätzen		vgl. 8.2.2
● Ausdruck von „ob" mit と bzw. „ob oder ob nicht" mit どうか		vgl. 10.7.5
● Kombination mit Fragepronomen (Generalisierung)	何か *nani ka* irgendetwas	vgl. 2.4.4
	どこか irgendwo	
	いつか irgendwann	
	何人か *nannin ka* irgendwelche Menschen, einige Personen, mehrere Personen	
● Aufzählung von Substantiven (alternative Aufzählung mit der Bedeutung „oder")		vgl. 4.1.3
● Aufzählung von Handlungen mit der Bedeutung „oder" bzw. „entweder ... oder"		vgl. 10.1.2
● Unsicherheit		vgl. 8.6.8
● Ausdruck von „alles, nur nicht"		vgl. unten

Die gemeinsame Eigenschaft der Partikel か in den in [4.27] angegebenen Funktionen basiert auf der Infragestellung des vor か formulierten Sachverhalts und die sich daraus bildende Möglichkeit zur Formulierung von Alternativen. Beispielsweise kann diese Eigenschaft genutzt werden, um Substantive bzw. Handlungen und Zustände in der Bedeutung „oder" mit か aufzuzählen.

Am häufigsten tritt diese Funktion bei der Bildung von Fragesätzen auf, in denen か als Satzendpartikel einen Aussage- in einen Fragesatz verwandelt. Wird der Fragesatz als Zitat mit と markiert (Zitatmarkierung: vgl. 10.7), so können mit der deutschen satzverknüpfenden Konjunktion „ob" entsprechende Satzkonstruktionen gebildet werden. Folgt どうか, erhält die Satzverbindung die Bedeutung „ob oder ob nicht".

Eine Infragestellung wird auch nach der Partikel どころ in der Bedeutung „alles, nur nicht ..." oder „weit entfernt sein von ..." erzielt (どころか).

> それ は 失敗 どころ か 大成功 だった よ。
> *sore wa shippai dokoro ka daiseikou datta yo.*
> Es war weit entfernt von einem Misslingen, es war ein großer Erfolg.

その 手紙 を 読む どころ か、彼女 は 封 も 切らなかった。
sono tegami o yomu dokoro ka, kanojo wa fuu mo kiranakatta.
Sie hat den Brief nicht gelesen, nicht einmal geöffnet.

4.5.6 Partikel から

[4.28] Übersicht: Funktionen der Partikel から

Funktion	Verweis
● Markierung eines Ausgangspunkts	vgl. unten, 4.1.2
● Formulierung von kausalen Zusammenhängen	vgl. 10.5.1
● Temporale Satzverbindungen mit der Bedeutung „nachdem"	vgl. 10.3.2
● „mehr als" nach Mengenangaben	vgl. 3.3.3

Der Beginn eines räumlichen, zeitlichen oder personellen Ausgangspunktes wird mit から markiert. Dieser kann auch abstrakter Natur sein, wie zum Beispiel der Anfang einer Reihe, Inhaltsstoffe und Ausgangsmaterialien (alternativ zu で) oder der Grund für Handlungen (vgl. 10.5.1). In einigen Fällen ist auch に möglich, und bei Personen („von jemandem") im Allgemeinen geeigneter. Für Beispiele für räumliche Ausgangspunkte vgl. 4.1.2.

● Beispiele für zeitliche Ausgangspunkte:

コンサート は 二時 から です。
konsa-to wa niji kara desu.
Das Konzert beginnt um 2 Uhr.

パーティー は いつ から 始まる。
pa-ti- wa itsu kara hajimaru.
Wann beginnt die Party?

● Beispiele für personelle Ausgangspunkte:

私 の 先生 から 本 を もらった。
watashi no sensei kara hon o moratta.
Ich habe das Buch von meinem Lehrer bekommen.

4. PARTIKEL

> これ は 友達 から の 贈り物 です。
> *kore wa tomodachi kara no okurimono desu.*
> Das ist ein Geschenk von einem Freund.

● Beispiele für den Beginn einer Reihenfolge:

> あそこ に 自転車 から 車 まで あらゆる もの で 行ける。
> *asoko ni jitensha kara kuruma made arayuru mono de ikeru.*
> Man kann dorthin mit allem möglichen gehen, vom Fahrrad bis zum Auto.

> 漢字 を 習う 時 は、易しい 漢字 から 始めた 方 が いい ん だ よ。
> *kanji o narau toki wa, yasashii kanji kara hajimeta hou ga ii n da yo.*
> Wenn man *kanji* lernt, ist es besser, mit einfachen *kanji* zu beginnen.

● Beispiele für Ausgangsmaterialien:

> ビール は 麦芽 から 醸造 される。
> *bi-ru wa bakuga kara jouzou sareru.*
> Bier wird aus Malz gebraut.

● Beispiele für die Anwendung im übertragenen Sinn „von":

> 毎月 の サラリー から 両親 に 仕送り を している。
> *maitsuki no sarari- kara ryoushin ni shiokuri o shite iru.*
> Von meinem Monatslohn schicke ich meinen Eltern Geld.

> 何 から 始めましょう か。私 から やって みよう。
> *nani kara hajimemashou ka. watashi kara yatte miyou.*
> Womit wollen wir anfangen? Lass uns mit mir anfangen.

● Beispiele für die Bedeutung „Von … her gesehen / betrachtet / gesagt / getan …":

> あの 大学生 の 成績 から 見る と 試験 に 受かる の は 無理 だ。
> *ano daigakusei no seiseki kara miru to shiken ni ukaru no wa muri da.*
> Von den Zensuren des Studenten her gesehen, scheint es unwahrscheinlich, dass er die Prüfung besteht.

> 家 の 経済状態 から いって そんあ 高い 物 は とても 買えません。
> *uchi no keizaijoutai kara itte sonna takai mono wa totemo kaemasen.*
> Von unserer wirtschaftlichen Situation her betrachtet, können wir eine so teure Sache nicht kaufen.

4.5.7 Partikel こそ

[4.29] Übersicht: Funktionen der Partikel こそ	
Funktion	Verweis
● Betonung von nominalen Ausdrücken in der Bedeutung „ausgerechnet", „insbesondere"	vgl. unten

a) Die Partikel こそ wird zur Betonung und Hervorhebung von nominalen Satzbausteinen sowie von kompletten Teilsätzen in den Bedeutungen „insbesondere, mit Sicherheit, ausgerechnet, wirklich, bestimmt" verwendet. Die Partikel は und が können nach こそ stehen, werden aber oft weggelassen. Dies gilt auch für die Partikel を, die vor und nach こそ stehen kann. Alle anderen Partikel (zum Beispiel から, で oder に) stehen vor こそ.

[4.30] Beispiele für die Verwendung von こそ		
あの本こそ(は)	ano hon koso (wa)	insbesondere jenes Buch
先生こそ(は)	sensei koso (wa)	ausgerechnet der Lehrer
日本でこそ	nihon de koso	gerade in Japan
京都までこそ	kyouto made koso	ausgerechnet bis Kyoto

> 河野さん こそ 本物 の 紳士 です。
> *konosan koso honmono no shinshi desu.*
> Herr Kono ist ein wahrer Gentleman.
>
> あなた に この 本 こそ 上げました。
> *anata ni kono hon koso agemashita.* Oder:
> あなた に この 本 を こそ 上げました。
> *anata ni kono hon o koso agemashita.* Oder:
> あなた に この 本 こそ を 上げました。
> *anata ni kono hon koso o agemashita.*
> Ich wollte dir ausgerechnet dieses Buch geben.
>
> それ で こそ わが娘 だ。
> *sore de koso wagamusume da.*
> Gerade das erwarte ich von meiner Tochter.

4. PARTIKEL

b) Zur Betonung ganzer Teil- bzw. Nebensätze muss こそ der *te*-Form, der Konditionalendung ～ば oder der Partikel から folgen. Es werden damit folgende Bedeutungen erreicht:

[4.31] Anwendung von こそ

～てこそ	„gerade indem"
	(falls die *te*-Form zum Ausdruck der Art und Weise der Ausführung einer Handlung verwendet wird)
～ばこそ	„gerade wenn"
からこそ	„gerade weil"

> 日本 へ 行って こそ 日本語 を とても よく なる。
> *nihon e itte koso nihongo o totemo yoku naru.*
> Gerade indem man nach Japan fährt, kann man sehr gut Japanisch lernen.

> 日本 へ 行く から こそ 日本語 を 勉強 して います。
> *nihon e iku kara koso nihongo o benkyou shite imasu.*
> Gerade weil ich nach Japan fahre, lerne ich Japanisch.

> 日本 に 行けば こそ 日本 の 文化 を 分かります。
> *nihon ni ikeba koso nihon no bunka o wakarimasu.*
> Gerade wenn man nach Japan geht, versteht man die japanische Kultur.

4.5.8 Partikel まで

[4.32] Übersicht: Funktionen der Partikel まで

Funktion	Verweis
● Markierung eines Endpunkts	vgl. unten, 4.1.2
● Ausdruck von „sogar, selbst"	vgl. unten

a) Das Ende einer zeitlichen, räumlichen oder mengenmäßigen Ausdehnung wird mit まで markiert. Zeitangaben können mit Substantiven, wie beispielsweise Jahresangaben, Uhr- oder Tageszeit sowie mit Verben beschrieben werden. Für Beispiele mit räumlichen Endpunkten vgl. 4.1.2.

- Beispiele für zeitliche Endpunkte:

> 大学 の 授業 は 午前 八時 から 夜 七時 まで です。
> *daigaku no jugyo wa gozen hachiji kara yoru shichiji made desu.*
> In der Universität findet der Unterricht von morgens 8 Uhr bis abends 7 Uhr statt.

- Beispiel für まで *made* nach Mengenangaben:

> この ホール は 三千人 まで 入れます。
> *kono ho-ru wa sansennin made hairemasu.*
> Diese Halle fasst bis zu 3000 Menschen.

- Beispiel für まで *made* nach abstrakten Punkten:

> 今日 は ここ まで。
> *kyou wa koko made.*
> Heute bis hier (zum Beispiel in der Bedeutung: Der Unterricht endet an dieser Stelle).

b) Wird eine zeitliche Angabe mit Verben formuliert, dann erfolgt die Übersetzung ins Deutsche mit „bis" oder „bevor", zum Beispiel „Warten sie bitte, bis ich gegessen habe" oder „Bevor ich nach Japan ging, konnte ich kein Japanisch". まで steht gewöhnlich nach einer einfachen Verbform, kann zum Ausdruck besonderer Höflichkeit auch nach Verben in der *masu*-Form verwendet werden. Verneinte oder Vergangenheitsformen vor まで sind nicht möglich.

> 私 が 行く まで 家 で 待って いて 下さい。
> *watashi ga iku made uchi de matte ite kudasai.*
> Bitte warte zu Hause, bis ich dorthin gehe.

> 日本 へ 行く まで、日本語 が 出来ません でした。
> *nihon e iku made, nihongo ga dekimasen deshita.*
> Bevor ich nach Japan ging, konnte ich kein Japanisch.

c) Zur Betonung des zeitlichen Endpunktes wird に nach まで verwendet. までに kann sowohl nach der Zeitangabe (zum Beispiel „bis morgen"), wie auch nach Verben in der einfachen Form (zum Beispiel „bis er geht") stehen. Allerdings können Verben, die eine kontinuierliche Handlung ausdrücken, までに nicht nach sich ziehen, wie nach いる („sein") oder 待つ („warten").

4. PARTIKEL

私 は 五時 まで に 帰ります。
watashi wa goji made ni kaerimasu.
Ich komme bis 5 Uhr nach Hause.

この 本 を 六月 十五日 まで に 返さなければ なりません。
kono hon o rokugatsu juugonichi made ni kaesanakereba narimasen.
Ich muss dieses Buch bis zum 15. Juni zurückgeben.

d) Ausdruck von „sogar, selbst": Durch Nachstellen der Partikel まで nach dem direkten Objekt kann exemplarisch das Extrem aus einer Reihe möglicher Elemente zur Verdeutlichung herangezogen werden (in der Bedeutung „sogar" bzw. „selbst"). Die Partikel, die eigentlich zur Markierung des Objektes nötig wären, zum Beispiel oder が, entfallen dabei.

とても 寒かった。夕方 に 雪 まで 降って きました。
totemo samukatta. yuugata ni yuki made futte kimashita.
Es war sehr kalt. Es begann abends sogar zu schneien.

あの 生徒 は 化学 まで 分かった。
ano seito wa kagaku made wakatta.
Dieser Schüler hat sogar Chemie verstanden.

4.5.9 Partikel の

[4.33] Übersicht: Funktionen der Partikel の

Funktion	Verweis
• nähere Bestimmung von Nomen (Possessivmarkierung)	vgl. 2.2.3
• Ersatz von aus dem Kontext bekannten Nomen	vgl. 2.1.2
• Betonung eines Sachverhalts	vgl. unten
• Fragepartikel in nicht-höflichen Sätzen	vgl. 8.2.2
• Nominalisierung von verbalen und adjektivischen Ausdrücken	vgl. 2.3.1, 6.1.4

a) In seiner Hauptfunktion stellt die Partikel の Beziehungen zwischen Substantiven und nominalen Satzbausteinen her, insbesondere ordnet es den markierten Ausdruck dem nachfolgenden Attributiv unter. の kann damit den deutschen Genitiv ausdrücken. Darüber hinaus können, wie in 2.2.3 beschrieben, viele weitere Formulierungen in ähnlicher Bedeutung mit の gebildet werden. の kann nach vielen anderen Partikeln stehen, allerdings nicht nach に, so dass die entsprechenden attributiven Ergänzungen nicht möglich sind. Bei der Übersetzung muss darauf geachtet werden, welche Wörter in Bezug gesetzt werden, zum Beispiel:

> ビール を 飲む 友達
> *bi-ru o nomu tomodachi* Freunde, die Bier trinken
> ビール の 飲む 友達
> *bi-ru no nomu tomodachi* trinkende Freunde, die einen Bezug zu Bier haben

Im ersten Satz ist ビール das direkte Objekt der Handlung „trinken", bezieht sich somit auf 飲む. Das Nomen 友達 wird somit mit dem gesamten Ausdruck „ビールを飲む" näher erläutert. Im zweiten Satz stellt die Partikel の einen Bezug zwischen den zwei Nomen ビール und 友達 her, ビール bezieht sich also auf 友達 und hat keinen Bezug zu 飲む. Das Nomen 友達 wird somit durch zwei Ausdrücke näher erläutert: 飲む友達 („trinkende Freunde") und ビールの友達.

b) Neben der in 8.2.2 beschriebenen Funktion als Satzendpartikel zur Markierung von Fragesätzen, kann の am Ende eines Satzes auch Sachverhalte in der Form „Fakt ist, dass ..." oder „Tatsache ist, dass ..." betonen. Dies wird so insbesondere von Frauen verwendet, während Männer zusätzlich die Kopula nach の gebrauchen. Oft wird dabei のだ zu んだ verkürzt.

> 何も 買わない。本 は 古い の。
> *nani mo kawanai. hon wa furui no* (gesagt von einer Frau).
> 何も 買わない。本 は 古い の だ。
> *nani mo kawanai. hon wa furui no da* (gesagt von einem Mann).
> 何も 買わない。本 は 古い ん だ。
> *nani mo kawanai. hon wa furui n da* (gesagt von einem Mann).
> Ich kaufe nichts. Die Bücher sind zu alt.

4.5.10 Partikel を

[4.34] Übersicht: Funktionen der Partikel を

Funktion	Verweis
● Markierung des direkten Objekts	vgl. unten
● Markierung des Bewegungsorts (Objekt bei Verben der Fortbewegung)	vgl. 4.1.2

4. PARTIKEL

a) Die Hauptaufgabe der Partikel を ist als Kasuspartikel die Markierung des direkten Objekts, entsprechend dem deutschen Akkusativ. Als Objekt einer Handlung können beispielsweise folgende Substantive markiert werden:

> 本 を 読む。
> *hon o yomu.*   Ich lese das Buch.
> すき焼き を 食べます。
> *sukiyaki o tabemasu.*   Ich esse Sukiyaki.
> 時計 を 見て 下さい。
> *tokei o mite kudasai.*   Schaue bitte auf die Uhr.
> 車 を 持って います か。
> *kuruma o motte imasu ka.*   Haben sie ein Auto?

Auch längere nominale Ausdrücke, beispielsweise nominalisierte ganze Sätze, können die Funktion des direkten Objekts einnehmen und werden dazu mit を markiert („Objektsätze"):

> 人 が 来る の を 待って います。
> *hito ga kuru no o matte imasu.*
> Ich warte, dass jemand kommt (Objektsatz: 人が来る).

> 私 は ビール を 飲む の を 諦めました
> *watashi wa bi-ru o nomu no o akiramemashita.*
> Ich habe aufgehört, Bier zu trinken (Objektsatz: 私はビールを飲む).

> 松山さん に 電話 する の を 忘れた。
> *matsuyamasan ni denwa suru no o wasureta.*
> Ich habe vergessen, Frau Matsuyama anzurufen
> (Objektsatz: 松山さんに電話する).

b) Wird das direkte Objekt zum Thema des Satzes, dann wird を durch die Themenpartikel は ersetzt:

> 私 は 日本語 を 知らない。
> *watashi wa nihongo o shiranai.* (Thema: 私 *watashi*, Objekt: 日本語 *nihongo*)
> Ich kann kein Japanisch.
> → 日本語 は 知らない。
> *nihongo wa shiranai* (Thema: 日本語 *nihongo*).
> Ich kann kein Japanisch (in der Bedeutung: aber ich kann eine andere Sprache).

> その 映画 を もう 見ました。
> *sono eiga o mou mimashita.*
> Ich habe diesen Film schon gesehen.
> → その 映画 は もう 見ました。
> *sono eiga wa mou mimashita.*
> Diesen Film habe ich schon gesehen (in der Bedeutung: aber einen anderen Film habe ich noch nicht gesehen).

c) Nicht alle Verben, die im Deutschen mit dem Akkusativ-Objekt stehen, benötigen im Japanischen eine Objektmarkierung mit を. Drückt das Objekt das Ziel einer Handlung aus, wird oft die Partikel に verwendet. Andere Verben erfordern die Partikel が, zum Beispiel Verben, die Fähigkeiten oder Wünsche ausdrücken (vgl. 4.2.4)

> 先生 に 会いました。
> *sensei ni aimashita.* Ich habe den Lehrer getroffen.

> 私 は ピアノ が 出来ます。
> *watashi wa piano ga dekimasu.* Ich kann Klavier spielen.

> 英語 が 分かります か。
> *eigo ga wakarimasu ka.* Verstehen sie Englisch?

d) Es werden auch einige Objekte mit を markiert, die, ausgehend von der deutschen Sprache, eine andere Partikel erwarten lassen, aber im Japanischen auch das Handlungsobjekt darstellen. Darunter fällt beispielsweise die Markierung der Blickrichtung bei Benutzung des Verbs 見る *miru* („sehen").

> あなた の 方 を 見て います。
> *anata no hou o mite imasu.*
> Er schaut in deine Richtung.

Insbesondere der Ort, an dem eine Handlung der Bewegung wie „gehen", „fahren" oder „spazieren gehen" stattfindet, wird mit を markiert, auch wenn im Deutschen oft eine Präposition zu Hilfe genommen wird. Dies gilt auch für Bewegungen weg von einem Ort, wie „hinausgehen", „sich entfernen" oder „verlassen". Typische Anwendungen sind in 4.1.2 beschrieben.

4. PARTIKEL

4.5.11   Partikel と

[4.35] Übersicht: Funktionen der Partikel と

Funktion	Verweis
● Aufzählung von Substantiven (vollständige Aufzählung)	vgl. 4.1.3
● Markierung von Zitaten bei indirekter Rede, Meinungsäußerung, Namensgebung und ähnlichen Formulierungen	vgl. 10.7
● Bildung des Konditionals	vgl. 10.6.6
● Markierung des Handlungspartners	vgl. unten

Neben den in [4.35] erwähnten Funktionen dient die Partikel と zur Markierung eines Handlungspartners („etwas mit jemandem machen"). Um hervorzuheben, dass man etwas mit jemandem zusammen unternimmt, wird zusätzlich 一緒に issho ni im Satz benutzt. 一緒に („zusammen", „gemeinsam") kann nicht bei Handlungen, bei denen zwei Personen notwendig sind, verwendet werden (zum Beispiel treffen, sprechen).

> 子ども と ボール で 遊びました。
> *kodomo to bo-ru de asobimashita.*
> Ich habe mit den Kindern Ball gespielt.

> 友達 と 一緒 に 映画 に 行きたい。
> *tomodachi to issho ni eiga ni ikitai.*
> Ich möchte zusammen mit meinen Freunden ins Kino gehen.

Neben einer Person können in einigen Fällen auch Gegenstände in der Bedeutung „zusammen" mit と markiert werden.

> あの 靴 は その 服 と あわない と 思います。
> *ano kutsu wa sono fuku to awanai to omoimasu.*
> Ich denke, dass jene Schuhe nicht zu dem Anzug passen.

4.5.12   Partikel ところ

Das Wort ところ ist eigentlich ein Nomen, wird aber aufgrund eines partikelartigen Gebrauchs, der keinen Bezug zur ursprünglichen Bedeutung mehr hat, auch als Partikel klassifiziert. ところ ähnelt der Partikel ばかり und wie bei dieser hängt die Bedeutung vom Worttyp ab, der markiert wird.

[4.36] Übersicht: Funktionen der Partikel ところ

Funktion	Verweis
● nach Verben in der einfachen Präsensform: „kurz davor sein, zu tun"; je nach Kontext kann damit auch eine Absicht gemeint sein sowie ein Vorgang in der Vergangenheit beschrieben werden („fast getan haben")	
● nach Verben in der einfachen Präteritumform: „gerade getan haben"; oft in Kombination mit dem Verb 終わる *owaru* („beenden"); zur Verstärkung kann ちょうど („gerade jetzt") verwendet werden	vgl. unten
● nach Verben in der *te*-Form + いる: Betonung, dass die Handlung gerade durchgeführt wird („gerade dabei sein zu tun")	
● nach Verben in der *te*-Form + いた: Betonung, dass eine Handlung gerade durchgeführt wurde („gerade getan haben")	
● nach Adjektiven und Nomen: Betonung eines gerade existierenden Zustands	
● ところが: Satzverbindung in Kombination mit der Partikel が in der Bedeutung „aber, allerdings, jedoch"	vgl. 10.2.1

a) Ohne weitere Partikel modifiziert ところ, wie in [4.36] beschrieben, den Zeitaspekt des Satzes. Während einfache Präsens- und Präteritumformen insbesondere bei punktuellen Verben benutzt werden, ergibt sich aus der Funktion der *te*-Form, dass sie mit ところ insbesondere bei Verben, die einen Zeitraum ausdrücken können, verwendet wird.

4. PARTIKEL

[4.37] Anwendung von ところ tokoro

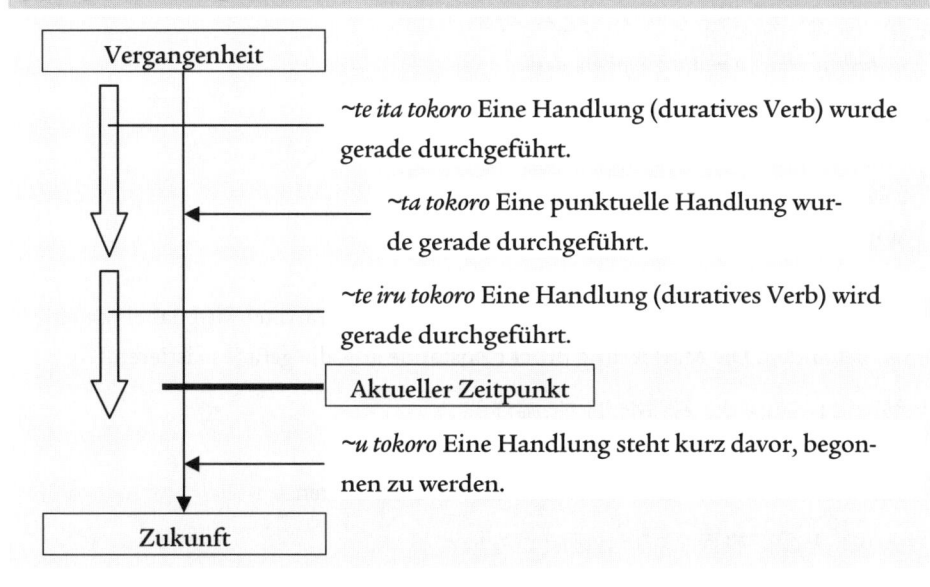

```
Vergangenheit
    │
    │   ~te ita tokoro  Eine Handlung (duratives Verb) wurde
    │←─                 gerade durchgeführt.
    │
    │   ~ta tokoro  Eine punktuelle Handlung wur-
    │←─             de gerade durchgeführt.
    │
    │   ~te iru tokoro  Eine Handlung (duratives Verb) wird
    │←─                 gerade durchgeführt.
    │
    │  [Aktueller Zeitpunkt]
    │
    │   ~u tokoro  Eine Handlung steht kurz davor, begon-
    │←─           nen zu werden.
    ▼
Zukunft
```

● Beispiele für Verben in Präsensformen:

私 は 家 に 帰る ところ だ。
watashi wa uchi ni dekakeru tokoro da.
Ich bin dabei, nach Hause zu gehen.

今日 ビザ の 申請 を する ところ だ。
kyou biza no shinsei o suru tokoro da.
Heute werde ich mein Visum beantragen.

● Beispiele für Verben in Präteritumformen:

列車 は 出た ところ だ。
ressha wa deta tokoro da.
Der Zug ist gerade abgefahren.

私 は ちょうど その 本 を 読み終わった ところ です。
watashi wa choudo sono hon o yomiowatta tokoro desu.
Ich habe gerade das Lesen dieses Buches beendet.

● Beispiele für Verben in *te*-Form:

> 私 は 彼 を 待って いる ところ です。
> *watashi wa kare o matte iru tokoro desu.*
> Ich warte gerade auf ihn.

> ちょうど あなた の こと を お話 して いた ところ です。
> *choudo anata no koto o ohanashi shite ita tokoro desu.*
> Wir haben gerade über dich gesprochen.

b) ところ kann auch Adjektive und Nomen markieren. Die Partikel wird dabei wie ein Nomen behandelt. Die Markierung drückt Zustände aus, die gerade existieren.

> 勉強 は 速い ところ 片づけて 遊びましょう。
> *benkyou wa hayai tokoro katazukete asobimashou.*
> Lass uns das Lernen schnell beenden und uns amüsieren.

> 今 の ところ 旅行 する 計画 は ない。
> *ima no tokoro ryokou suru keikaku wa nai.*
> Im Moment habe ich keine Pläne, zu verreisen.

4.5.13 Weitere Partikel

[4.38] Übersicht: Funktionen weiterer Partikel	
Partikel	Funktion und Beispiele
だの	● exemplarische Aufzählung von Substantiven (unvollständige Aufzählung); Beispiele vgl. 4.1.3
どころ	● Handlungen und Sachverhalte werden als „undenkbar, weit davon entfernt sein, völlig außer Frage" charakterisiert; Beispiel: 彼は正直どころではない *kare wa shoujiki dokoro dewa nai* Er ist weit davon entfernt, ehrlich zu sein; Beispiel: 私は彼女を尊敬するどころではない *watashi wa kanojo o sonkei suru dokoro dewa nai* Ich respektiere sie überhaupt nicht. ● Betonung in Kombination mit der Fragepartikel か vgl. 4.5.5
ぐらい くらい	● Relativierung („ungefähr"); Beispiele vgl. 3.3.2

4. PARTIKEL

[4.38] Übersicht: Funktionen weiterer Partikel (Fortsetzung)

Partikel	Funktion und Beispiele
ほど	● Markierung des Vergleichsobjekts; Beispiele vgl. 6.4 ● Markierung des Ausmaßes und Grads einer Eigenschaft; Beispiel: 早いほどいい *hayai hodo ii* Um so früher, desto besser; Beispiele vgl. auch 6.4.1
かしら	● Formulierung von Zweifeln („ich frage mich, ob …"); Beispiele vgl. 8.6.9, 10.7.2
けれど けど けれども	● Satzverbindung in der Bedeutung „aber, obwohl"; Beispiele vgl. 10.2.2
きり	● Ausdruck einer Einschränkung („nur"); Beispiele vgl. 4.1.5
くせに	● Satzverbindung in der Bedeutung „obwohl" (vorwurfsvoll); Beispiele vgl. 10.2.2
など	● exemplarische Aufzählung von Substantiven (unvollständige Aufzählung); Beispiele vgl. 4.1.3
なり	● Aufzählung von Substantiven (alternative Aufzählung: „oder"); Beispiele vgl. 4.1.3
ので	● Formulierung kausaler Zusammenhänge; Beispiele vgl. 10.5.1
のみ	● Formulierung von Einschränkungen („nur, nicht nur") in der Schriftsprache; Beispiel vgl. 4.1.5
のに	● Satzverbindungen in der Bedeutung „obwohl"; Beispiele vgl. 10.2.2 ● Zweck einer Handlung („um zu"); Beispiel: 食べるのにフォークが必要だ。 *taberu noni fo-ku ga hitsuyou da.* Um zu essen, benötigst du eine Gabel.
さえ	● Objektmarkierung in der Bedeutung „sogar, selbst" bzw. „nicht einmal"; Beispiele vgl. 4.1.4 ● Hervorhebung in Konditionalsätzen; Beispiel: この薬さえ飲めばよくなる。 *kono kusuri sae nomeba yoku naru.* Wenn du diese Medizin nimmst, wird es dir besser gehen.
し	● Satzverbindungen in der Bedeutung „und"; Beispiele vgl. 10.1.1

[4.38] Übersicht: Funktionen weiterer Partikel (Fortsetzung)

Partikel	Funktion und Beispiele
しか	● Formulierung von Einschränkungen („nur, nicht nur") bei negativem Prädikat; Beispiele vgl. 4.1.5
すら	● Betonung in der Bedeutung „nicht einmal" mit negativem Prädikat; Beispiele vgl. 4.1.4
とか	● exemplarische Aufzählung von Substantiven und Handlungen (unvollständige Aufzählung); Beispiele vgl. 4.1.3, 10.1.3
	● Modifizierung spezieller Fragewörter; Beispiel: 何 *nan* → 何とか *nan toka* irgendwie; Beispiel: 今年は何とか合格したいと思います。 *kotoshi wa nan toka goukaku shitai to omoimasu.* Irgendwie möchte ich die Prüfung in diesem Jahr bestehen.
とも	● nach Mengenangaben: „alle" (falls positives Prädikat) bzw. „keiner" (falls negatives Prädikat); Beispiel: ふたりともすきです。 *futari tomo suki desu.* Ich mag beide. Beispiel: その本は四冊ともいる。 *sono hon wa yonsatsu tomo iru.* Ich benötige alle vier Bücher.
	● nach der Vorschlagsform von Verben: „egal wie ...", „was auch immer ...", zum Beispiel 食べようとも *tabeyou tomo*, 行こうとも *ikou tomo* Beispiel: いつ来ようとも君は歓迎されます。 *itsu koyou tomo kimi wa kangei saremasu.* Egal wann du kommst, du bist willkommen. Beispiel: 彼が何と言おうとも、信用するな。 *kare ga nani to iou tomo, shinyou suru na.* Was auch immer er sagt, traue ihm nicht.

4. PARTIKEL

[4.38] Übersicht: Funktionen weiterer Partikel (Fortsetzung)

Partikel	Funktion und Beispiele
	● nach Verbaladjektiven (Adverbalform): Betonung in der Bedeutung „selbst, obwohl"; Beispiel: 遅くともビールを飲みに行きましょう。 *osoku tomo bi-ru o nomini ikimashou.* Lass uns ein Bier trinken gehen, obwohl es spät ist. Gelegentlich kann auch ein absoluter Wert oder eine Grenze ausgedrückt werden, zum Beispiel 遅くとも *osoku tomo* („spätestens"), 早くとも *hayaku tomo* („frühestens"); Beispiel: 遅くとも九時までには来なさい。 *osoku tomo kuji made ni wa kinasai.* Komme bis spätestens 9 Uhr.
として	● Ausdruck einer einschränkenden Erklärung in der Bedeutung „in der Funktion von" bzw. „als"; Beispiel: 神戸は港市として有名です。 *koube wa koushi toshite yuumei desu.* Kobe ist bekannt als Hafenstadt. Beispiel: 彼は科学者としてとても有能だと思います。 *kare wa kagakusha toshite totemo yuunou da to omoimasu.* Ich denke, er ist als Wissenschaftler sehr fähig.
や	● exemplarische Aufzählung von Substantiven (unvollständige Aufzählung); Beispiele vgl. 4.1.3
やら	● exemplarische Aufzählung von Substantiven (unvollständige Aufzählung); Beispiele vgl. 4.1.3 ● Ausdruck von Zweifeln; vgl. 8.6.8
より	● Markierung des Vergleichsobjekts; vgl. 6.4 ● Markierung des zeitlichen, räumlichen oder personellen Ausgangspunkts einer Handlung; Beispiel: この車は両親よりもらった。 *kono kuruma wa ryoushin yori moratta.* Dieses Auto habe ich von meinen Eltern bekommen.
ずつ	● Modifikation einer Mengenangabe in der Bedeutung „jedes" oder „auf einmal"; Beispiele vgl. 3.1.3

4.6 Partikel am Satzende (終助詞 *shuujoshi*)
4.6.1 Übersicht über Satzendpartikel

Partikel am Satzende (interaktionale Partikel) haben zwei grundlegende Funktionen: Bildung von Fragesätzen und Ausdruck von Emotionen. Die Art der Emotionen hängt nicht nur vom Partikel, sondern auch von der Intonation, dem Satzinhalt, dem Geschlecht des Sprechers und der gesamten Redesituation ab. Am häufigsten werden Partikel verwendet, um Aussagen zu verstärken, Nachdruck zu verleihen und um Aufmerksamkeit zu erringen. Frauen verwenden oft andere Partikel als Männer und erzielen damit eher abmildernde Effekte. Die am meisten verwendeten Satzendpartikel sind ね und よ.

[4.39] Funktionen von Satzendpartikeln

Funktion	Beispiele wichtiger Partikel	
• Verstärkung von Aussagen	ね	な
	よ	さ
	な	の (Frauen)
	ぞ (Männer)	ぜ (Männer)
• Abschwächung von Aussagen	が	な
	わ (Frauen)	
• Unsicherheit	な	かしら
• Sonstige Emotionen	に (Bedauern)	こと (Begeisterung)
• Bildung von Fragesätzen (vgl. 8.2.2)	か	の
	かい / のかい	んだい

> 危ない ぞ。
> *abunai zo.* Achtung, gefährlich!

> そう です とも。
> *sou desu tomo.* Ja, ganz recht.

> この 花 ほ 色 の 美しい こと。
> *kono hana no iro no utsukushii koto.*
> Welch hübsche Farbe die Blume hat!

4. PARTIKEL

> 天気 が よかったら もっと 楽しい 旅行 だった だろう に。
> *tenki ga yokattara motto tanoshii ryokou datta darou ni.*
> Wenn das Wetter besser gewesen wäre, wäre die Reise noch schöner geworden (Bedauern mit に).

4.6.2 Wichtige Satzendpartikel

a) ね (oft lang gezogenes ねえ) sowie manchmal in Kombination mit anderen Partikeln (はね, よね, はよね und のよね) am Satzende kann je nach Intonation und Situation einen unterschiedlichen Effekt haben. Die Partikel wird benutzt, um

- die Aufmerksamkeit des Gesprächspartners auf das Gesagte zu lenken,
- das Gesagte zu verstärken,
- eine bejahende Äußerung des Gesprächspartners auf den eigenen Satz zu erhalten (entsprechend dem deutschen „... nicht wahr?") oder
- eine Aussage oder Frage des Gesprächspartners zu bestätigen. Oft wird kurz mit そうですね („So ist es") bestätigt.

ね kann auch im Satz stehen.

> この 魚 は とても 美味しい です ね。
> *kono sakana wa totemo oishii desu ne.*
> Dieser Fisch schmeckt sehr gut, nicht wahr?

> あの ね、これ が 欲しい。
> *ano ne, kore ga hoshii.*
> Das möchte ich gerne haben.

> いい 天気 だ ね。
> *ii tenki da ne.* Schönes Wetter, nicht wahr?

> そう ね。そう だ ね。
> *sou ne.* Oder: *sou da ne.* Ja, so ist es.

Nach Aufforderungen und Bitten wirkt ね abschwächend.

> かならず 飲み物 を 書いて 下さい ね。
> *kanarazu nomimono o kaite kudasai ne.*
> Stelle bitte sicher, dass du Getränke einkaufst.

b) Ähnlich wie ね, allerdings mit härterer Wirkung wird な vornehmlich von Männern verwendet. な kann auch nach einem Fragepartikel stehen, wodurch ausgedrückt wird, dass sich der Sprecher etwas überlegt.

> 素晴らしい 車 だ なあ。
> *subarashii kuruma da naa* (Verstärkung der Satzaussage).
> Welch ein tolles Auto!

> 車 は 新しい な。
> *kuruma wa atarashii na* (Erwartung einer Bestätigung).
> Das Auto ist neu, nicht wahr?

> 今日 は 雨 が 降る か な。
> *kyou wa ame ga furu ka na* (nach Fragepartikel).
> Ich frage mich, ob es heute regnet.

c) よ (und manchmal Kombinationen: はよ, よね, はよね und のよね) verstärkt eine Aussage und soll sie überzeugender erscheinen lassen. よ wird im Allgemeinen nur in Sätzen verwendet, in denen das Verb bzw. Adjektiv in der einfachen Form steht. Es wird auch bei Ausrufen und Aufforderungen gebraucht. Mit derselben Bedeutung, allerdings stärker und unhöflicher, werden ぞ und ぜ von Männern benutzt.

> 今度 の 旅行 に は 私 も 行く よ。
> *kondo no ryokou ni wa watashi mo iku yo.*
> Bei der nächsten Reise fahre ich auch mit!

> 行こう よ。 *ikou yo.* Lasst uns gehen!

> やり過ぎ だ ぞ。 *yarisugi da zo.* Du bist zu weit gegangen!

> 本当さ 信じた 方 が いい ぜ。
> *hontousa shinjita ho ga ii ze.* Du glaubst es besser!

Neben der allgemein verstärkenden Wirkung wird よ nach den verschiedenen Imperativ-Formen zur Verstärkung eines Befehls oder einer Bitte verwendet.

> 読め よ。
> *yome yo.* Lies!
> 読んで 下さい よ。
> *yonde kudasai yo.* Lies es bitte.
> 私 の 言う こと を よく 聞きなさい よ。
> *watashi no iu koto o yoku kikinasai yo.*
> Höre gut zu, was ich sage.

4. PARTIKEL

> 私と一緒に行ってよ。
> *watashi to issho ni itte yo.*
> Gehe bitte mit mir.

> この話 だれにも 言わないで よ。
> *kono hanashi dare ni mo iwanaide yo.*
> Bitte sage das Gesagte keinem weiter.

d) Die Partikel わ wird nur von Frauen benutzt, um die eigene Aussage zu mildern und abzuschwächen. Sie kann in Kombination mit anderen Partikeln gebraucht werden, allerdings nur nach der einfachen Verbform und nicht in Fragen.

> 少し 大きすぎる わ。
> *sukoshi ookisugiru wa.*
> Es ist ein bisschen zu groß.

> あそこに 田中さんが いる わ。
> *asoko ni tanakasan ga iru wa.*
> Dort drüben ist Tanaka.

e) In der Bedeutung „aber" schwächt die Partikel が am Satzende eine Aussage ab, beispielsweise bei einer kontroversen Meinung oder einem unangenehmen Inhalt (in der Bedeutung „… aber es könnte auch anders sein").

> 今 ありません が。
> *ima arimasen ga.*
> Es gibt es zurzeit nicht (und was soll ich jetzt machen?).

> 大丈夫 だ と 思います が。
> *daijoubu da to omoimasu ga.*
> Ich denke, es ist in Ordnung, aber …

5. VERBEN (動詞 *doushi*)

Verben sind neben den Adjektiven die einzige Wortart im Japanischen, die flektiert wird. Verben konjugieren zwar nicht nach Person und Numerus wie im Deutschen, doch durch Konjugation können Verneinung, Zeiten und Höflichkeit ausgedrückt und eine Vielzahl spezieller Funktionen erfüllt werden, wie zum Beispiel Passiv und Kausativ. Damit ist die Konjugation der Verben ein zentrales Werkzeug in der japanischen Sprache.

In diesem Kapitel wird die Konjugation der Verben allgemein sowie wichtige grundlegende Formen wie die einfachen und höflichen Verbformen erläutert. Aufgrund ihrer Bedeutung wird die *te*-Form der Verben in Kapitel 7 beschrieben. Falls deutsche Hilfsverb-Konstruktionen mit Verbendungen im Japanischen ausgedrückt werden, sind diese im Kapitel 9 erklärt. Verbformen in speziellen Satztypen sowie in komplexen Satzstrukturen finden sich in Kapitel 8 und 10.

5.1 Einteilung und Morphologie der Verben

5.1.1 Einteilung der Verben nach ihrer Flektion

Während im Deutschen Aussagen oft mit Hilfsverben (zum Beispiel „wollen" zum Ausdruck eines Wunschs) und anderen Wörtern (zum Beispiel Verneinung mit „nicht" oder „kein") modifiziert werden, geschieht das im Japanischen insbesondere über die Flektion von Verben und Adjektiven. Die Flektion geschieht durch Anschluss von Endungen an einen Verbstamm. Japanische Verben (動詞 *doushi*) setzen sich somit aus einem sinntragenden Verbstamm und einer Endung zusammen. Der Verbstamm wird komplett oder teilweise mit *kanji* dargestellt, die Endungen immer mit *hiragana*. Im Fall der zwei Verbformen 飲む *nomu* („trinken") und 食べます *tabemasu* („essen") wird die Bedeutung durch die Zeichen 飲 und 食べ wiedergegeben, und ～む bzw. ～ます sind zwei mögliche Verbendungen. Allen Verben gemeinsam ist, dass der Verbstamm bei der Konjugation unverändert bleibt.

| Verbstamm~ | ~Endung 1 | ~Endung 2 | ... |

Einen Infinitiv im deutschen Sinne gibt es für japanische Verben nicht. Stattdessen wird in Wörterbüchern für Verben in der Regel die einfache („vertraute") Form des Präsens angegeben (zum Begriff „einfache Verbform" vgl. 1.6.1). Auch in dieser Grammatik wird diese Form verwendet, falls nicht Funktionen mit bestimmten Verbendungen beschrieben werden sollen. Im Japanischen enden alle Verben in dieser Form auf den Buchstaben ~u, oder besser: auf einer Silbe der u-Stufe der 50-Laute-Tafel (vgl. 1.1.4). Nach ihrer Flektionsart unterscheidet man drei Gruppen von Verben: konsonantische, vokalische[1] und unregelmäßige Verben. Darüber hinaus gibt es spezielle „Höflichkeitsverben" (vgl. 112.2) und die Kopula (vgl. 1.3.4), die ebenfalls Funktionen von Verben übernehmen kann.

● Vokalische Verben (一段動詞 *ichidandoushi*) besitzen die Endung 〜る. Der Rest des Verbs ist der „Verbstamm". Dieser endet auf einem der „Stammvokale" i oder e (daher die Bezeichnung „vokalische Verben"), d. h. einer Silbe der i- oder e-Stufen der 50-Laute-Tafel. Vokalische Verben können also nochmals unterteilt werden durch die letzten drei Buchstaben ~*iru* (obere einstufige Verben, 上一段動詞 *kamiichidandoushi*) und ~*eru* (untere einstufige Verben, 下一段動詞 *shimoichidandoushi*). Grammatische Formen werden durch Ersatz der Endung 〜る gebildet, d. h. die meisten Endungen werden direkt an den Verbstamm angehängt. Andere Bezeichnungen für vokalische Verben sind einstufige Verben, schwache Verben oder *ru*-Verben.

● Konsonantische Verben (五段動詞 *godandoushi*) enden auf einer der Silben 〜く, 〜す, 〜つ, 〜ぶ, 〜む, 〜ぬ, 〜ぐ, 〜う oder 〜る (~*ku*, ~*su*, ~*tsu*, ~*bu*, ~*mu*, ~*nu*, ~*gu*, ~*u* oder ~*ru*). Nach dem Konsonanten, mit dem diese Silben beginnen, können konsonantische Verben in Untergruppen unterteilt werden (daher „konsonantische Verben"). Er wird auch als „Stammkonsonant" bezeichnet und kann k, g, s, t, n, b, m oder r sein.

Eine Besonderheit besitzen konsonantische Verben wie 合う *au*, 言う *iu* oder 吸う *suu*. Die letzte Silbe, heute die Endung 〜う, stammte früher aus der w-Reihe der 50-Laute-Tafel, so dass der Stammkonsonant formal „w" ist.[2] In der einfachen Präsensform ist er nicht mehr sichtbar, tritt aber bei einigen Flektionsformen auch heute noch in Erscheinung, zum Beispiel in den einfachen Verneinungsformen des Präsens 合わない *awanai*, 言わない *iwanai* und 吸わない *suwanai*.

Im Vergleich zu vokalischen Verben ist die Konjugation konsonantischer Verben komplexer, da zwischen Verbstamm und Verbendung eine Silbe eingefügt wird und sich auch die Endung in einigen Fällen verändern kann. Die Konjugation der konsonantischen Verben, ausgehend von Flektionsbasen und Flektionserweiterungen, wird in 5.1.3 beschrieben.

---

[1] Das Verhältnis der Anzahl konsonantischer zur Anzahl vokalischer Verben beträgt ca. 3:2.
[2] Die ursprüngliche Endung im klassischen Japanisch war ~*fu*. Im Laufe der Sprachentwicklung kam es zu phonetischen Verschiebungen. Dabei wurden in vielen Wörtern die Silben der h-Reihe durch Silben der w-Reihe ersetzt. Bis auf わ *wa* verschwanden schließlich alle Silben der w-Reihe und wurden durch die Vokal-Silben い, う, え und お ersetzt, so dass die Endung 〜う resultierte.

5. VERBEN

Andere Bezeichnungen für konsonantische Verben sind fünfstufige Verben, starke Verben und u-Verben. Aufgrund der Endsilbe in der einfachen Form können fast alle Verben richtig einer der Gruppen (vokalisch oder konsonantisch) zugeordnet werden. Lediglich bei Verben, die als letzte Buchstaben *eru* oder *iru* haben, ist dies in der einfachen Form nicht möglich, wie bei 入る *hairu* („eintreten"), 知る *shiru* („wissen") und 帰る *kaeru* („zurückkehren").

● In die unregelmäßige Verbgruppe (不規則動詞 *fukisokudoushi*) gehören lediglich die zwei Verben する *suru* („machen") und 来る *kuru* („kommen"). Ihre Flektion zeichnet sich dadurch aus, dass auch die Phonetik der Verbstämme verändert wird. So wird 来 in unterschiedlichen Konjugationen als *ku* (zum Beispiel in 来れば *kureba*), *ki* (zum Beispiel in 来ます *kimasu*) oder *ko* (zum Beispiel in 来ない *konai*) gelesen. Im Fall von する *suru* sind zwei andere konjugierte Formen beispielsweise しません *shimasen* und させる *saseru*.

Neben den zwei Vertretern der Gruppe unregelmäßiger Verben haben auch die „Höflichkeitsverben" (zum Beispiel いらっしゃる *irassharu* „sein", vgl. 11.2.2) in vielen Fällen unregelmäßige Formen. Höflichkeitsverben verhalten sich bei einigen Konjugationen wie konsonantische Verben mit der Endung ～る, haben aber unregelmäßige höfliche *masu*- (Flektionserweiterung い statt り) und Imperativformen (～い). Zum Beispiel hat ござる *gozaru* unter anderem die unregelmäßigen Formen ございます *gozaimasu* und ございません *gozaimasen* und das Höflichkeitsverb 下さる *kudasaru* die unregelmäßige Imperativform 下さい *kudasai*.

Darüber hinaus gibt es die Kopula mit ihren speziellen Formen (vgl. 1.3.4), die Prädikate bilden und somit Funktionen ähnlich denen der Verben übernehmen kann. Beim Verb 行く *iku* („gehen") muss nur im Fall der *te*-Form und des einfachen Präteritums (～た) auf die besondere Bildung geachtet werden.

[5.1] Übersicht über Verbgruppen im Japanischen			
Verbgruppe[3]	Subgruppe	Endung	Beispiel
vokalische Verben einstufige Verben schwache Verben Gruppe-2-Verben ru-Verben (一段動詞 *ichidandoushi*, 弱変化動詞 *jakuhenkadoushi*)	iru	〜る 〜*ru*	見る *miru*
	eru		食べる *taberu*
konsonantische Verben fünfstufige Verben starke Verben Gruppe-1-Verben u-Verben (五段動詞 *godandoushi*, 強変化動詞 *kyouhenkadoushi*)	r	〜る 〜*ru*	入る *hairu*
	k	〜く 〜*ku*	書く *kaku*
	s	〜す 〜*su*	話す *hanasu*
	t	〜つ 〜*tsu*	待つ *matsu*
	b	〜ぶ 〜*bu*	遊ぶ *asobu*
	m	〜む 〜*mu*	住む *sumu*
	n	〜ぬ 〜*nu*	死ぬ *shinu*
	g	〜ぐ 〜*gu*	泳ぐ *oyogu*
	w	〜う 〜*u*	歌う *utau*
unregelmäßige Verben (不規則動詞 *fukisokudoushi*)	する *suru* 来る *kuru*		
Höflichkeitsverben	zum Beispiel: いらっしゃる *irassharu*, 下さる *kudasaru*, ござる *gozaru*, お見にかける *ominikakeru*, 為さる *nasaru*		
Kopula	です *desu* bzw. だ *da*		

5.1.2 Einteilung der Verben nach Inhalt und Herkunft

Neben der Art der Flektion können Verben auch nach Inhalt und Herkunft eingeteilt werden.

---

[3] Die Flektion konsonantischer Verben wird auch „fünfstufig" genannt, weil die letzte Silbe vor der Endung auf allen 5 Vokalen (a, i, u, e, o) auslauten kann (vgl. „Flektionserweiterung" in 5.1.3). Im Fall der vokalischen Verben unterscheidet man zwischen einstufiger i- und e-Flektion, d. h. der Verbstamm endet immer auf i oder auf e.

5. VERBEN

a) Die Klassifizierung der Verben nach ihrem Bedeutungsinhalt und der damit verbundenen grammatischen Unterschiede unterscheidet in Handlungs- und Zustandsverben:

● Bei Handlungsverben übt ein Handelnder (zum Beispiel ein Mensch oder eine Maschine) eine Aktivität aus. Zu dieser Gruppe gehören beispielsweise die Verben 食べる *taberu* („essen"), 書く *kaku* („schreiben"), 売る *uru* („verkaufen") und 歌う *utau* („singen").

● Bei Zustandsverben fehlt die Aktivität eines Handelnden. Ein Zustand tritt von selbst ein oder ein Vorgang läuft von selbst ab, ohne dass eine aktive Handlung die Grundlage dafür ist. Dies ist beispielsweise bei den Verben ある *aru* und いる („sein"), 出来る *dekiru* („können"), 困る *komaru* („Schwierigkeiten haben"), 込む *komu* („voll/besetzt sein"), 住む *sumu* („wohnen") und 分かる *wakaru* („verstehen") der Fall. Zu dieser Gruppe gehören auch alle Verben, die zum Ausdruck von Fähigkeiten die passive Endung ~*rareru* bzw. ~*eru* tragen (vgl. 8.3. Beispiele: 食べられる *taberareru* „essen können", 聞こえる *kikoeru* „hören können").

Markierung: Falls der Satz inhaltlich nicht eine andere Partikel erfordert (wie で, は, も oder へ) wird das Objekt mit を bei Handlungsverben und mit が bei Zustandsverben markiert.

● Beispiele für Objektmarkierung bei Handlungsverben:

手紙 を 書く	*tegami o kaku*	einen Brief schreiben
日本語 を 習う	*nihongo o narau*	Japanisch lernen
着物 を 着る	*kimono o kiru*	einen Kimono tragen

● Beispiele für Objektmarkierung bei Zustandsverben:

冬 が 始まる	*fuyu ga hajimaru*	der Winter beginnt
化学 が 進む	*kagaku ga susumu*	die Chemie macht Fortschritte
京都 に 住む	*kyouto ni sumu*	in Kyoto wohnen
日本語 が 出来る	*nihongo ga dekiru*	Japanisch können
声 が 聞こえる	*koe ga kikoeru*	die Stimme hören können
お金 が 足りる	*okane ga tariru*	das Geld reicht aus
サイズ が 違う	*saizu ga chigau*	die Größe ist verschieden
生活 が 換る	*seikatsu ga kawaru*	das Leben ändert sich

Bei Verben, die ähnliche transitive und intransitive Formen haben (vgl. 8.3.1), sind generell die transitiven Formen Handlungs- und die intransitiven Formen Zustandsverben. Neben reinen Handlungs- und Zustandsverben existieren Verben, die je nach Interpretation bzw. Intention zu beiden Gruppen gerechnet werden, d. h. transitiv und intransitiv wirken können. Der Kontext oder die Markierung mit を bzw. が lässt Rückschlüsse auf das Vorhandensein der möglichen Aktivität eines Handelnden zu, zum Beispiel:

出る *deru*	Handlung:	喫茶店 を 出る。 *kissaten o deru.* Ich verlasse das Café.
	Zustand:	新聞 が 出る。 *shinbun ga deru.* Die Zeitung erscheint.
昇る *noboru*	Handlung:	道 を 昇る。 *michi o noboru.* Ich gehe den Weg hinauf.
	Zustand:	月 が 昇る。 *tsuki ga noboru.* Der Mond ist aufgegangen.

b) Die Einteilung nach dem Ursprung der Verben erfolgt in rein japanische und sinojapanische Verben sowie solche, die aus westlichen Sprachen übernommen wurden bzw. noch werden:

● Die rein japanischen Verben sind Verben im engeren Sinne, die direkt flektiert werden können, zum Beispiel 食べる *taberu*, 書く *kaku* und 見る *miru*. Nur wenige sind aus Adjektiven oder Nomen entstanden, beispielsweise 歌 *uta* → 歌う *utau* („der Gesang" → „singen").

● Alle sinojapanischen Verben bestehen aus Nomen, die mit dem Verb する verbalisiert werden. する übernimmt damit alle nötigen Flektionsendungen. Beispiele: 勉強する *benkyou suru* („studieren"), 結婚する *kekkon suru* („heiraten").

● Die meisten verbalen Ausdrücke, die aus westlichen Sprachen übernommen wurden und werden, bestehen ebenfalls aus einem Nomen oder einem nominal gebrauchten Wort und werden mit する verbalisiert. Nur wenige Verben werden direkt ins Japanische übernommen. Beispiele: タイプする („Maschine schreiben"), カルタする („Karten spie-

5. VERBEN   201

len"). Insbesondere im wissenschaftlichen Vokabular gibt es eine große Zahl Verben, die aus englischen Lehnwörtern gebildet werden, wie zum Beispiel エステル化する ("verestern"), リサイクルする ("regenerieren") und 過酸化水素化する *kasankasuisoka suru* ("perhydrieren").

5.1.3 Morphologie der Verben: Flektionsbasen, Flektionserweiterungen und Assimilation[4]

a) Flektionsbasen: Bei vokalischen Verben können die meisten Verbendungen direkt an den Verbstamm angehängt werden. Im Fall konsonantischer Verben werden die meisten Formen gebildet, indem zwischen Verbstamm und Endung eine zusätzliche Silbe, die sogenannte Flektionserweiterung, eingefügt wird. Es ist dies immer eine Silbe, die aus derselben Reihe der 50-Laute-Tafel (vgl. 1.1.4) stammt wie die Endung der einfachen Verbform. Beispielsweise können beim Verb 飲む *nomu* (mit der Endung 〜む) die Silben 〜ま〜, 〜み〜, 〜め〜 und 〜も〜 eingeschoben werden. Da alle fünf Vokale, d. h. Silben aus allen fünf Stufen bei der Konjugation konsonantischer Verben auftreten können, bezeichnet das Japanische sie als 五段活用系 *godankatsuyoukei* („fünfstufige Verben"). In Abhängigkeit von der Stufe der 50-Laute-Tafel, in der sich die eingeschobene Silbe befindet, unterteilt man die Flektion in verschiedene Flektionsbasen[5] (活用形 *katsuyoukei*). Wird beispielsweise immer eine Silbe der i-Stufe eingeschoben (Beispiele: 〜み〜, 〜き〜, ...), spricht man von der i-Basis. Die Kombination von Verbstamm und Flektionserweiterung dient nun als Basis zum Anschluss der Verbendungen.

Ausgehend vom klassischen Japanisch gab es in der modernen Sprachentwicklung Veränderungen in der Verbkonjugation. Je nach Sichtweise des Autors wird in Grammatiken eine unterschiedliche Zahl von Flektionsbasen aufgeführt:

● Das klassische Japanisch kennt zwei Bezeichnungen für Verbformen der u-Basis. Im modernen Japanisch werden sie gleich gebildet, erfüllen lediglich unterschiedliche Funktionen: Die Finalform wird verwendet, wenn das Verb das Schlussprädikat des Satzes bildet. Steht das Verb als Attribut vor Substantiven, spricht man von der Attributivform.

● Ähnlich verhalten sich Konditionalform (仮定形 *kateikei*) und Imperativform (命令形 *meireikei*) zueinander. Bei konsequenter Systematisierung (Verbstamm + Flektionserwei-

---

[4] Neben der hier beschriebenen Systematik der Verbkonjugation gibt es in der Japanischen Sprachwissenschaft auch andere Ansätze. Vgl. auch Bemerkungen in 0.1.
[5] Flektionsbasen werden auch Flektionsstufen und Konjugationsbasen genannt.

terung + Endung) sind sie beide e-Basen, an die lediglich unterschiedliche Endungen angeschlossen werden. Sie unterscheiden sich funktionell: die Konditionalform bildet eines der Konditionale und die Imperativform eine der Befehlsformen.

[5.2] Flektionsbasen für Japanische Verben			
	Basis*	Deutsche Bezeichnungen	Japanische Bezeichnung
1a	u-Basis	Finalform, Schlussform, Grundform, Satzfinalform, Wörterbuchform, Lexikonform, finite Prädikatsform	終止形 *shuushikei*
1b		Attributivform, attributive Finalform	連体形 *rentaikei*
2a	i-Basis	Konjunktionalform, Halbschlussform, Verbindungsform	連用形 *renyoukei*
2b	spezielle Modifikationen**	euphonische Form, Lautverschiebungsform	音便形 *onbinkei*
3	a-Basis	Indefinitform, Imperfektform	未然形 *mizenkei*
4a		Konditionalform, hypothetische Form	仮定形 *kateikei*
4b	e-Basis	Imperativform, Befehlsform	命令形 *meireikei*
4c		Potentialform	***
5	o-Basis	Vorschlagsform	意向形 *ikoukei*

Bemerkungen:
* Die Basis gibt die Stufe in der 50-Laut-Tafel (vgl. 1.1.4) an, aus der bei konsonantischen Verben eine zusätzliche Silbe eingefügt wird. Flektionserweiterungen sind in [5.3] zusammengefasst;
** Statt einer zusätzlichen Silbe kommt es zu Lautverschiebungen bei der Bildung der *te*-Form und der einfachen Vergangenheitsform (〜た);
***Die Potentialform wird in anderen Grammatiken oft der 未然形 *mizenkei* zugeordnet. Da sie ausgehend von der e-Basis gebildet wird, steht sie hier zusammen mit ähnlich gebildeten Konditional- und Imperativformen.

• Als Konjunktionalform (連用形 *renyoukei*) werden zwei unterschiedliche Konjugationstypen benannt, nämlich die i-Basis (zum Beispiel zum Anschluss der höflichen *masu*-Endung) sowie die Ausgangsbasis für die Bildung der *te*-Form und der einfachen Vergangenheitsform (〜た), bei der es statt zum Einschub einer zusätzlichen Silbe zu phonetischen Veränderungen kommt.

5. VERBEN

● Die Vorschlagsform ist eine Variante der Konjunktionalform, die durch Lautverschiebung entstanden ist, es aber im klassischen Japanisch nicht gab. Einige Grammatiken führen diese Form daher nicht als eigenständig.

b) Flektionserweiterungen: Bei vokalischen Verben sind Flektionserweiterungen nur bei wenigen Verbendungen zu berücksichtigen: Im Fall der Imperativform wird die Silbe ～ろ angehängt. Eine Flektionserweiterung wird bei Passiv (～ら～), Kausativ (～さ～), Konditional mit ～ば (～れ～) und der Vorschlagsform (～よ～) eingefügt. An den entsprechenden Stellen in dieser Grammatik wird auf die Ausnahmen eingegangen. Man erhält somit folgende Flektionserweiterungen:

[5.3] Flektionserweiterungen und weitere Ausnahmen bei der Verbkonjugation

	1a, 1b**	2a	2b***	3	4	5
	u-Basis	i-Basis	-	a-Basis	e-Basis	o-Basis
vokalische Verben						
Ausnahmen*	～る	keine	keine	keine Passiv: ～ら～ Kausativ: ～さ～	Konditional: ～れ～ Potentialis: ～られ～ Imperativ: ～ろ****	～よ～
konsonantische Verben						
~ku	～く	～き～	～い～	～か～	～け～	～こ～
~gu	～ぐ	～ぎ～	～い～	～が～	～げ～	～ご～
~su	～す	～し～	～し～	～さ～	～せ～	～そ～
~ru	～る	～り～	～っ～	～ら～	～れ～	～ろ～
~tsu	～つ	～ち～	～っ～	～た～	～て～	～と～
	u-Basis	i-Basis	-	a-Basis	e-Basis	o-Basis

[5.3] Flektionserweiterungen und weitere Ausnahmen bei der Verbkonjugation (Fortsetzung)						
	1a, 1b**	2a	2b***	3	4	5
konsonantische Verben						
~(w)u	～う	～い～	～っ～	～わ～	～え～	～お～
~bu	～ぶ	～び～	～ん～	～ば～	～べ～	～ぼ～
~mu	～む	～み～	～ん～	～ま～	～め～	～も～
~nu	～ぬ	～に～	～ん～	～な～	～ね～	～の～

Bemerkungen:

* Die Bildung der in dieser Zeile angegebenen Formen wird in anderen Grammatiken oft abweichend beschrieben. Sie sind in der vorliegenden Grammatik mit Flektionserweiterungen erklärt, um eine einheitliche Systematik beizubehalten.

** Im Fall der u-Basis ist die Verbendung angegeben, es existieren darüber hinaus keine Flektionserweiterungen.

*** Bei der Bildung der *te*-Form und einfachen Vergangenheit (～た) treten Assimilationserscheinungen auf, darüber hinaus wird ggf. die Endung verändert (で bzw. だ; vgl. unten).

**** Die Bildung der Imperativform mit der e-Basis ist bei vokalischen und konsonantischen Verben unterschiedlich, vgl. 8.5.4.

c) Assimilationsformen: Bei der Flektion konsonantischer Verben treten bei einigen Formen phonetische Veränderungen auf. Im Fall der i-Basis sind diese mit den Silben der 50-Laute-Tafel erklärbar. Bei Verben, die auf ～す und ～つ enden, werden die Silben ～し～ bzw. ～ち～ zwischen Stamm und Endung eingefügt. Phonetisch bedeutet dies eine Veränderung von s zu sh bzw. von tsu zu ch, wie bei folgenden Beispielen:

話す →	話～し～ます hana.shi.masu	(höfliche Form)
hanasu	話～し～たい hana.shi.tai	(Wunschform)
	話～し～始める ihana.shi.hajimeru	(modifizierendes Verb)
	話～し～なさい hana.shi.nasai	(Imperativ)
待つ →	待～ち～ません ma.chi.masen	(Verneinung der höflichen Form)
matsu	待～ち～易いです ma.chi.yasui desu	(Modifizierung)
	ま～ち～そうです ma.chi.sou desu	(Anschein)

5. VERBEN

Bei der Bildung der *te*-Form und der einfachen Vergangenheit (〜た) treten bei allen konsonantischen Verben Assimilationsformen auf.[6] Im Fall der Stammkonsonanten k und g wird ein 〜い〜 zwischen Stamm und Endung eingefügt (Beispiel: 聞く *kiku* → 聞いて *kiite*, 聞いた *kiita*). Bei den Stammkonsonanten m, n und b wird um 〜ん〜 ergänzt (Beispiel: 飲む *nomu* → 飲んで *nonde*, 飲んだ *nonda*). Eine Verdoppelung des folgenden Konsonanten tritt bei r, (w) und t auf (Beispiel: 待つ *matsu* → 待って *matte*, 待った *matta*). Die zusätzliche Silbe 〜し〜 wird bei Verben mit dem Stammkonsonanten s eingeschoben (Beispiel: 捜す *sagasu* → 捜して *sagashite*, 捜した *sagashita*).[7]

Einzige Ausnahme ist das Verb 行く *iku* („gehen"). Es unterliegt einer t-Assimilation zu 行って *itte* und 行った *itta*.

Mit den Assimilationserscheinungen geht bei den Stammkonsonanten g, m, n und b die Verstimmhaftung des t-Auslauts der Endung 〜て bzw. 〜た zu 〜で bzw. 〜だ einher, so dass man insgesamt folgende Veränderungen erhält:

[5.4] Veränderungen bei der Konjugation konsonantischer Verben

Stammvokal	Assimilationsform	Verstimmhaftung	vollständige Endungen *te*-Form und Präteritum	
k	i-Assimilation		〜いて	〜いた
g		t → d	〜いで	〜いだ
m, n, b	n-Assimilation	t → d	〜んで	〜んだ
r, t, (w)	t-Assimilation		〜って	〜った
s	shi-Assimilation		〜して	〜した

[5.5] Beispiele für Veränderungen bei der Konjugation konsonantischer Verben

	Verb	*te*-Form	Präteritum
〜く	書く *kaku*	書いて *kaite*	書いた *kaita*
〜ぐ	ぬぐ *nugu*	ぬいで *nuide*	ぬいだ *nuida*
〜む	読む *yomu*	読んで *yonde*	読んだ *yonda*
〜ぬ	死ぬ *shinu*	死んで *shinde*	死んだ *shinda*
〜ぶ	学ぶ *manabu*	学んで *manande*	学んだ *mananda*

[6] Im klassischen Japanisch wurden *te*-Form und einfaches Präteritum regulär durch Anschluss von 〜て bzw. 〜た an die i-Basis gebildet (Beispiel: 書く *kaku*: 書きて *kakite* und 書きた *kakita*). Daher sind diese Endungen formal der i-Basis zugeordnet.

[7] Die Konjugation von konsonantischen Verben mit der Endung 〜す ist die einzige, bei der die ursprüngliche 連用形 *renyoukei*-Flektionserweiterung (i-Basis) erhalten geblieben ist.

[5.5] Beispiele für Veränderungen bei der Konjugation konsonant. Verben (Forts.)			
	Verb	te-Form	Präteritum
～る	治る naoru	治って naotte	治った naotta
～つ	立つ tatsu	立って tatte	立った tatta
～う	買う kau	買って katte	買った katta
～す	話す hanasu	話した hanashite	話した hanashita

d) Die Verbendungen werden auch als „Hilfsverben", „Verbsuffixe" und „Verbalsuffixe" (助動詞 jodoushi) bezeichnet. Sie bilden eine Wortklasse mit unselbstständigen Wörtern, die an den Stamm von Verben oder an andere Verbsuffixe angeschlossen werden müssen. Gleichzeitig können sie teilweise selber nach bekannten Regeln flektiert werden. Da jedes Verbalsuffix nur eine grammatische Funktion ausübt, werden oft mehrere Hilfsverben agglutinierend an den Verbstamm angeschlossen.

Einige Verbendungen sind unflektierbar. Sie werden gelegentlich nicht zu den Hilfsverben, sondern wegen ihrer Unflektierbarkeit zu den postpositionalen Partikeln gerechnet. Andere Morpheme sind nochmals flektierbar, d. h. sie können mit anderen Endungen kombiniert werden. Zum Beispiel ist die höfliche Vergangenheitsform ～ました die Kombination der höflichen Präsensform ～ます mit der Vergangenheitsendung ～た.[8] Ein anderes Beispiel ist die Endung der Wunschform ～たい. Wenn sie an den Verbstamm angeschlossen wird, entsteht ein Verbaladjektiv, so dass beispielsweise die Präteritumform, wie bei VA üblich, durch Ersatz des finalen ～い mit ～かった gebildet wird.

e) Neben den reinen Verbalsuffixen, die nicht eigenständig gebraucht werden können (助動詞 jodoushi), können auch normale Verben als Verbalsuffixe fungieren. In dieser Funktion verlieren sie ihre Eigenständigkeit und nehmen Hilfsverbcharakter (補助動詞 hojodoushi) an.

Hilfsverbkonstruktionen gibt es häufig in Kombinationen mit der te-Form (vgl. 7.2 und 7.3) sowie bei den in 5.7 beschriebenen Verbindungen mit modifizierenden Verben. Verben, die häufig als Hilfsverben verwendet werden, sind beispielsweise ある、いる、行く iku, 来る kuru, 見る miru, 始める hajimeru, 出す dasu und 過ぎる sugiru.

---

[8] Beispiel: Die höfliche Vergangenheitsform des Verbs hanasu („sprechen") wird gebildet, indem zunächst um das „Hilfsverb" ~masu ergänzt wird. Es entsteht das konsonantische Verb hanashimasu mit dem Stamm hanashima~ und der Endung ~su. Wie bei Verben mit der Endung ~su üblich, wird die Vergangenheitsendung an die i-Basis angeschlossen, d. h. es wird als Flektionserweiterung die Silbe ~shi~ eingefügt und anschließend das „Vergangenheitshilfsverb" ~ta angehängt: hana.su → hana.shi~ → hana.shi.ma.su → hana.shi.ma.shi~ → hana.shi.ma.shi.ta

5. VERBEN

5.2 Spezielle Verben, Verbalisierung und Adverbialform

5.2.1 Übersetzung der Verben 行く *iku*, 来る *kuru*, 見る *miru* und する

a) Das Verb 行く *iku* („gehen") beschreibt allgemein Bewegungsvorgänge in eine gezielte Richtung, wobei es ohne Bedeutung ist, welches Mittel man benutzt, ob man zu Fuß geht oder ein Fahrrad verwendet. 行く kann somit beispielsweise übersetzt werden mit „hingehen", „hinfahren" oder „hinfliegen". Bei der Bildung von *te*-Form und einfachem Präteritum bildet 行く *iku* die außergewöhnlich unregelmäßigen Formen 行って *itte* und 行った *itta*.

b) Im Japanischen wird die mit dem Verb 来る *kuru* („kommen") beschriebene Handlung des Kommens als bereits abgeschlossen betrachtet und es wird das Präteritum verwendet:

> どこ から 来ました か。
> *doko kara kimashita ka.*
> Woher kommen sie?

> 日本 から 来ました。
> *nihon kara kimashita.*
> Ich komme aus Japan.

Das Verb 来る *kuru* kann auch als Hilfsverb verwendet werden. In Kombination mit einem vorangehenden Verb in der *te*-Form drückt es aus, dass eine Tätigkeit in die Richtung des Sprechers erfolgt. In dieser Funktion wird es im Allgemeinen in *kana* geschrieben.

> 引越す *hikkosu* umziehen
> → 引越してくる *hikkokshite kuru*
> einziehen (zum Beispiel in eine Wohnung in der Nähe)

c) Das Verb する *suru* ist in der Bedeutung „tun, machen" eines der am häufigsten verwendeten Verben in der japanischen Sprache. Es wird dabei auf unterschiedliche Weise verwendet, für die es im Deutschen keine geeignete direkte Entsprechung gibt, so dass oft mit anderen Verben übersetzt wird: Wie in 5.2.2 beschrieben, kann する *suru* mit einer Vielzahl von Substantiven kombiniert werden, um Tätigkeiten auszudrücken. Im Fall von Sportarten kann mit „spielen" übersetzt werden, zum Beispiel テニスをします („Er spielt Tennis").

Darüber hinaus gibt es zwei weitere Nuancen. Für Gegenstände oder Eigenschaften, die unmittelbar mit einem Objekt verbunden sind, kann する für „haben" verwendet werden. Dies wird insbesondere für Körperteile und Krankheiten verwendet.

> 下痢 を して います。
> *geri o shite imasu.*
> Ich habe Diarrhoe.

> キッチン の 机 は 丸い 形 を して いる。
> *kicchin no tsukue wa marui katachi o shite iru.*
> Der Küchentisch hat eine runde Form.

Während する in den oben beschriebenen Anwendungen meist als direktes transitives Verb verwendet wird, kann es auch als indirektes transitives Verb in der Bedeutung „sich entscheiden für" auftreten. Dies entspricht der Konstruktion zur Formulierung von aktiven Veränderungen im Sinne von „aus A B machen", die in 5.6.1 beschrieben ist. Das Objekt der Entscheidung wird mit der Partikel に markiert.

> 私 は ドイツ の 車 に しました。
> *watashi wa doitsu no kuruma ni shimashita.*
> Ich habe mich für ein deutsches Auto entschieden.

> 紅茶 に します か それとも コーヒー に します か。
> *koucha ni shimasu ka soretomo ko-hi- ni shimasu ka.*
> Möchten sie schwarzen Tee oder Kaffee?

[5.6] Anwendungen von する	
• „tun, machen" (vgl. 5.2.2)	Nomen する Nomen を する
• „haben" bei eng zusammengehörenden Objekten	Nomen を する
• aktive Veränderungen (vgl. 5.6.1) • Entscheidung	Nomen に する

5.2.2 Verbalisierung mit する

Bestimmte Substantive, die Tätigkeiten beinhalten (wie zum Beispiel „das Lernen" oder „der Spaziergang") können in Kombination mit dem Verb する („tun") prädikativ gebraucht werden. Die meisten dieser Nomen sind aus dem Chinesischen entlehnt. Das Verb する übernimmt die nötigen Flektionsendungen, drückt Höflichkeit, Präteritum,

5. VERBEN

Verneinung u.Ä. aus. Die so gebildeten verbalen Ausdrücke werden „sinojapanische Verben" genannt und können wie echte japanische Verben verwendet werden.

[5.7] Verben aus Substantiven und する

Substantiv	Sinojapanisches Verb
旅行 *ryokou* die Reise	→ 旅行する *ryokou suru* reisen
結婚 *kekkon* die Heirat	→ 結婚する *kekkon suru* heiraten
婚約 *konyaku* die Verlobung	→ 婚約する *konyaku suru* verloben
失礼 *shitsurei* die Unhöflichkeit	→ 失礼する *shitsurei suru* unhöflich sein
掃除 *souji* das Saubermachen	→ 掃除する *souji suru* säubern
勉強 *benkyou* das Lernen	→ 勉強する *benkyou suru* lernen
散歩 *sanpo* der Spaziergang	→ 散歩する *sanpo suru* spazieren gehen
修理 *shuuri* die Reparatur	→ 修理する *shuuri suru* reparieren
案内 *annai* die Führung	→ 案内する *annai suru* führen
用意 *youi* die Vorbereitung	→ 用意する *youi suru* vorbereiten
説明 *setsumei* die Erklärung	→ 説明する *setsumei suru* erklären
練習 *renshuu* die Übung	→ 練習する *renshuu suru* üben
招待 *shoutai* die Einladung	→ 招待する *shoutai suru* einladen

> 加藤さん は 伊勢先生 を 学生 に 紹介 しました。
> *katousan wa isesensei o gakusei ni shoukai shimashita.*
> Frau Kato stellte den Studenten Professor Ise vor.

> 平松さん は 海外生活 して います。
> *hiramatsusan wa kaigaiseikatsu shite imasu.*
> Frau Hiramatsu lebt im Ausland.

b) Die Bildung von Verben kann auch durch Kombination von する mit Substantiven aus anderen Sprachen geschehen.

> 散歩 しながら、勉強 したい と 思います。
> *sanpo shinagara, benkyou shitai to omoimasu.*
> Während ich spazieren gehe, beabsichtige ich zu lernen.

[5.8] Beispiele: Verben aus Substantiven und する *suru* [9]	
Substantiv	Sinojapanisches Verb
アルバイト die Arbeit	→ アルバイトする jobben
サイン to sign	→ サインする unterschreiben
タイプ to type	→ タイプする Maschine schreiben
シャンプー to shampoo	→ シャンプーする sich einschäumen

c) Zwischen Nomen und する wird üblicherweise keine Partikel verwendet, falls das Nomen nicht näher bestimmt ist. Handelt es sich jedoch um komplexere, durch Attribute modifizierte Nomen, dann wird eher die Kasuspartikel を benutzt. Eine genaue Regel existiert nicht, die Verwendung von を ist dem Sprecher überlassen.

> 旅行 しました。
> *ryokou shimashita.* →
> Wir haben eine Reise gemacht.
> ↝ 去年 楽しい 旅行 を しました。
> *kyonen tanoshii ryokou o shimashita.*
> Letztes Jahr haben wir eine Reise gemacht, die Spaß gemacht hat.

> 掃除 して 下さい。
> *souji shite kudasai.*
> Mache bitte sauber.
> → 私 の 部屋 の 掃除 を しました。
> *watashi no heya no souji o shimashita.*
> Ich habe mein Zimmer gereinigt.

5.2.3 Die Adverbialform der Verben

Bei Verbaladjektiven wird die Adverbialform durch Ersatz des finalen ～い mit ～く gebildet. Bei Verben geschieht dies ähnlich, allerdings ausgehend von der einfachen Verneinung (～ない). Verben in dieser Form haben bezüglich der weiteren Flektion verbaladjektivischen Charakter, d. h. weitere morphologische Veränderungen werden analog zu denen der Verbaladjektive durchgeführt. Die Adverbialform der Verben lautet somit ～なく. Die Anwendungsmöglichkeiten dieser Form sind gering. Fügt man ～て an, so

---

[9] Insbesondere im wissenschaftlichen Bereich besteht ein großer Teil der Prädikate aus Kombinationen von Substantiven mit する. Als Substantive werden sowohl japanische Begriffe, wie auch aus dem Englischen oder Deutschen übernommene Termini verwendet. Vgl. M. Gewehr: „Japanese-English Chemical Dictionary", Wiley-VCH, Weinheim 2007.

5. VERBEN

erhält man eine der verneinten te-Formen von Verben. Mit dieser wird die Adverbialform in einigen feststehenden Konstruktionen verwendet, zum Beispiel im Ausdruck von Zwängen oder zur Formulierung von „nicht mehr" und „nicht brauchen".

[5.9] Funktion der Adverbialform der Verben	
Form	Bildung
Adverbialform	〜[a]なく
Ausdruck „nicht mehr" (vgl. 5.6.2)	〜[a]なくなる
verneinte *te*-Form (vgl. 7.1.3)	〜[a]なくて
Formulierung von Zwängen (vgl. 9.3.2)	〜[a]なくてはいけない
	〜[a]なくてはならない
„nicht brauchen" (vgl. 9.5)	〜[a]なくてもいい

Beispiele zur Bildung:

- vokalisches Verb: 食べる *tabe.ru* → 食べなく *tabe.naku*

- konsonantische Verben: 飲む *no.mu* → 飲まなく *no.ma.naku*
  話す *hana.su* → 話さなく *hana.sa.naku*
  遊ぶ *aso.bu* → 遊ばなく *aso.ba.naku*

- unregelmäßige Verben: する *suru* → しなく *shinaku*
  来る *kuru* → 来なく *konaku*

5.3. Höfliche und einfache Verb-Formen

Wie in Kapitel 11 ausführlich beschrieben, kennt die japanische Sprache ein komplexes System aus Höflichkeitsmerkmalen. Die zwei am häufigsten angewendeten Sprachstile sind die neutral-höfliche (hier kurz „höflich" genannt) und die einfache Sprache. Das wichtigste Mittel zum Ausdruck sind die Prädikatsendungen. Im Folgenden werden die Verbformen zum Ausdruck von Verneinung und Präteritum für einfache und höfliche Sprache beschrieben. Zum Gebrauch der Zeiten vgl. 1.5.

5.3.1 Die Bildung der höflichen Form

a) Die höfliche Präsensform von Verben wird gebildet, indem die Endung 〜ます an den Verbstamm gehängt wird. Die Endung wird an die i-Basis angeschlossen, d. h. bei vokalischen Verben geschieht dies direkt an den Verbstamm und bei konsonantischen Verben wird zwischen Verbstamm und Endung eine Silbe der i-Stufe der 50-Laute-Tafel eingefügt. Die Wahl der Silbe richtet sich, wie in 5.1.3 beschrieben, nach dem Stammkonsonanten des Verbs.

Die resultierenden Verben enden auf 〜す und können als konsonantische Verben wieder flektiert werden. Beispiele zur Bildung:

[5.10] Bildung der höflichen Verbform

Verbgruppe	Subgruppe	einfache Formen		höfliche Formen	
Vokalische Verben	~eru	食べる	tabe.ru	たべます	tabe.masu
	~iru	いる	i.ru	います	i.masu
konsonantische Verben	~ku	書く	ka.ku	書きます	ka.ki.masu
	~ru	分る	waka.ru	分ります	wa-ka.ri.masu
	~tsu	待つ	ma.tsu	待ちます	ma.chi.masu
	~(w)u	違う	chiga.u	違います	chiga.i.masu
		吸う	su.u	吸います	su.i.masu
	~su	捜す	saga.su	捜します	sa-ga.shi.masu
	~bu	飛ぶ	to.bu	飛びます	to.bi.masu
	~mu	住む	su.mu	住みます	su.mi.masu
	~nu	死ぬ	shi.nu	死にます	shi.ni.masu
	~gu	泳ぐ	oyo.gu	泳ぎます	oyo.gi.masu

b) Analog zur höflichen Präsensform werden höfliche Verneinung und höfliches Präteritum gebildet: An den Verbstamm vokalischer Verben bzw. an die i-Basis konsonantischer Verben werden 〜ません (Verneinung Präsens) bzw. 〜ました (Präteritum) angeschlossen. Das verneinte Präteritum wird mit der Präteritumform der Kopula でした gebildet.

[5.11] Bildung höflicher Verbformen: Verneinung und Präteritum

Funktion	Bildung
Präsens:	〜[i]ます
verneintes Präsens:	〜[i]ません
Präteritum:	〜[i]ました

5. VERBEN

[5.11] Bildung höflicher Verbformen: Verneinung und Präteritum (Fortsetzung)

Funktion	Bildung
verneintes Präteritum:	〜[i]ませんでした
unregelmäßige Verben:	

する	Präsens:	します
	verneintes Präsens:	しません
	Präteritum:	しました
来る *kuru*	Präsens:	来ます *kimasu*
	verneintes Präsens:	来ません *kimasen*
	Präteritum:	来ました *kimashita*

Die höfliche Präteritumform 〜ました entsteht durch Anschluss der Vergangenheitsendung 〜た an die höfliche Präsens-Form 〜ます. Verben in der *masu*-Form werden diesbezüglich wie konsonantische Verben mit der Endung 〜す behandelt. Der entsprechende Stamm eines solchen Verbs endet mit der Silbe 〜ま, und analog zu su-Typ-Verben wird die Flektionserweiterung 〜し〜 eingefügt. In analoger Weise entsteht die Präteritumform der Kopula:

$$\sim ます + \sim た \rightarrow \sim ました$$
$$です + \sim た \rightarrow でした$$

[5.12] Beispiele zur Bildung höflicher Verbformen

Verbgruppe	Subgruppe	einfache Form	höfliche verneinte Formen	höfliche Präteritumformen
vok. Verben	~eru	食べる *tabe.ru*	食べません *tabe.masen*	食べました *tabe.mashita*
	~iru	いる	いません	いました
konsonant. Verben	~ku	書く *ka.ku*	書きません *ka.ki.masen*	書きました *ka.ki.mashita*
	~ru	分る *waka.ru*	分りません *waka.ri.masen*	分りました *waka.ri.mashita*
	~tsu	待つ *ma.tsu*	待ちません *ma.chi.masen*	待ちました *ma.chi.mashita*

[5.12] Beispiele zur Bildung höflicher Verbformen (Fortsetzung)

Verbgruppe	Subgruppe	einfache Form	höfliche verneinte Formen	höfliche Präteritumformen
konsonant. Verben	~(w)u	違う chiga.u	違いません chiga.i.masen	違いました chiga.i.mashita
		吸う su.u	吸いません su.i.masen	吸いました su.i.mashita
	~su	捜す saga.su	捜しません saga.shi.masen	捜しました saga.shi.mashita
	~bu	飛ぶ to.bu	飛びません to.bi.masen	飛びました to.bi.mashita
	~mu	住む su.mu	住みません su.mi.masen	住みました su.mi.mashita
	~nu	死ぬ shi.nu	死にません shi.ni.masen	死にました shi.ni.mashita
	~gu	泳ぐ oyo.gu	泳ぎません oyo.gi.masen	泳ぎました oyo.gi.mashita

c) Höflichkeit bei Verben kann auf zwei Arten ausgedrückt werden. Neben den oben beschriebenen höflichen Verbendungen kann die Höflichkeit auch von der Kopula übernommen werden. Abgesehen von der einfachen Präsensform kann so in allen Fällen eine höfliche Form von Verben durch die Kombination einer einfachen Verbform (vgl. unten) mit der Kopula です ersetzt werden.[10] Bedeutungsgleich sind:

[5.13] Bedeutungsgleiche höfliche Verb-Formen

Formen mit höflichen Verbendungen	höfliche Formen mit Kopula
～[i]ません	～[a]ないです
～[i]ました	～たです
～[i]ませんでした	～[a]なかったです

[10] Dies entspricht der Bildung der höflichen Adjektiv-Formen, bei denen ebenfalls die Adjektivendungen die nötigen Flektionen beinhalten (vgl. 6.1). Nicht verwendet werden die Kombinationen der affirmativen Präsensform mit der Kopula, zum Beispiel „*taberu desu*" oder „*taberu deshita*".

5. VERBEN

> Beispiel für das Verb 書く *kaku* („schreiben"):
> 書きません *kakimasen* 書かないです *kakanai desu*
> nicht schreiben
> 書きました *kakimashita* 書いたです *kaita desu*
> geschrieben haben
> 書きませんでした *kakimasen deshita* 書かなかったです *kakanakatta desu*
> nicht geschrieben haben

Im Präsensfall muss das Verb in der einfachen Form zunächst nominalisiert werden. Dazu wird die Nominalisierungspartikel の bzw. seine verkürzte Form ん verwendet. Sätze mit dieser Form haben betonten Charakter (vgl. 2.3.1).

5.3.2 Die Bildung der einfachen verneinten Formen

[5.14] Bildung einfacher verneinter Verbformen

verneintes Präsens	～[a]ない
verneintes Präteritum	～[a]なかった
unhöfliche Verneinung	～[a]ねえ
	～まい
Verneinungsformen in der Schriftsprache	～ぬ
	～ず

a) Die Verneinung der einfachen Formen von Gegenwart und Vergangenheit wird mit den Endungen ～ない bzw. ～なかった gebildet. Sie werden an die a-Basis der Verben angeschlossen. Bei vokalischen Verben werden sie direkt an den Verbstamm gehängt. Bei konsonantischen Verben wird zwischen Verbstamm und Suffix eine Silbe der a-Stufe der 50-Laute-Tafel eingefügt. Sie richtet sich nach dem Stammkonsonanten des Verbs, wie in 5.1.3 beschrieben. Im Fall konsonantischer Verben mit der Endung ～う (wie zum Beispiel in 合う *au*), wird die Silbe わ eingefügt (wie beispielsweise in 合わない *awanai*).

Ausnahmen in der Bildung haben das Verb ある *aru* und die Kopula:

> ある → ない
> だ → じゃない, ではない

[5.15] Beispiele für einfache verneinte Verbformen

Verbgruppe	Subgruppe	einfache Formen	einfache verneinte Formen	einfache verneinte Präteritumformen
vok. Verben	~eru	食べる *tabe.ru*	食べない *tabe.nai*	食べなかった *tabe.nakatta*
	~iru	いる *i.ru*	いない *i.nai*	いなかった *i.nakatta*
konsonant. Verben	~ku	書く *ka.ku*	書かない *ka.ka.nai*	書かなかった *ka.ka.nakatta*
	~ru	分る *waka.ru*	分らない *waka.ra.nai*	分らなかった *waka.ra.nakatta*
	~tsu	待つ *ma.tsu*	またない *ma.ta.nai*	待たなかった *ma.ta.nakatta*
	~(w)u	違う *chiga.u*	違わない *chiga.wa.nai*	違わなかった *chiga.wa.nakatta*
		吸う *su.u*	吸わない *su.wa.nai*	吸わなかった *su.wa.nakatta*
	~su	捜す *saga.su*	捜さない *saga.sa.nai*	捜さなかった *saga.sa.nakatta*
	~bu	飛ぶ *to.bu*	飛ばない *to.ba.nai*	飛ばなかった *to.ba.nakatta*
	~mu	住む *su.mu*	住まない *su.ma.nai*	住まなかった *su.ma.nakatta*
	~nu	死ぬ *shi.nu*	死なない *shi.na.nai*	死ななかった *shi.na.nakatta*
	~gu	泳ぐ *oyo.gu*	泳がない *oyo.ga.nai*	泳がなかった *oyo.ga.nakatta*

Die durch Anhängen der Endung 〜ない gebildete verneinte Form des Verbs verhält sich in der weiteren Flektion wie ein Verbaladjektiv mit der Endung 〜い. Aus diesem Grund wird das verneinte Präteritum analog zu dem der Verbaladjektive (vgl. 6.1.2) gebildet, nämlich durch den Ersatz der VA-Endung 〜い durch 〜かった. Als nicht-höflich wirkt die von Männern benutzte Form der Verneinung mit der Endung 〜ねえ anstelle von 〜ない.

5. VERBEN

> 行かねえ *ikanee* Ich gehe nicht.

b) Nur in der Schriftsprache verwendet werden die Verneinungsformen mit den Endungen 〜まい, 〜ぬ und 〜ず. 〜まい ist eine negative Vermutung im Sinne von „... wohl nicht" und verstärkt die negative Intention des Schreibers. Die Verbform gehorcht keiner festen Regel, das Suffix 〜まい kann an die einfache bzw. höfliche Form sowie an Adjektive angehängt werden. Einige der Verben werden dabei verändert, zum Beispiel:

> いる → いまい
> する → するまい, しますまい
> 来る → 来るまい, 来ますまい
> 食べる → 食べまい, 食べるまい
> だ → ではあるまい

Die *nu*-Form und ihre Gerundiumsform 〜ず werden analog der *nai*-Form gebildet.

> もう お酒 は 飲むまい。
> *mou osake wa nomumai.* Ich trinke keinen Sake mehr.
>
> それ は 分らぬ。
> *sore wa wakaranu.* Ich kenne dieses nicht.
>
> 今日 は 寒からず、暑からず だ。
> *kyou wa samukarazu, atsukarazu da.*
> Heute ist es weder warm noch kalt.

5.3.3 Die Bildung der einfachen Präteritumform

Die Endung der Vergangenheit ist immer 〜た. Bei der höflichen *masu*-Form tritt sie in der Form 〜ました (〜た an das Verb der Endung 〜ます), bei Adjektiven sowie der Verneinung des Präteritums als 〜なかった auf. Während die einfache Präteritumform vokalischer Verben mit der Endung 〜た an den Verbstamm gebildet wird, gelten für konsonantische Verben die in [5.16] und 5.1.3 angegebenen Regeln. Die einzige Ausnahme ist das Verb 行く *iku* („gehen"), das, obwohl es als konsonantisches Verb auf 〜く endet, die Präteritumform 行った *itta* besitzt. Die Bildung der einfachen Präteritumform folgt der Bildung der *te*-Form (vgl. 7.1.2).

[5.16] Bildung der einfachen Präteritumform

Verbtyp		einfache Präteritumformen
vokalische Verben	〜る ~ru	〜た
konsonantische Verben	〜く ~ku	〜いた
	〜る ~ru, 〜つ ~tsu, 〜う ~(w)u	〜った
	〜す ~su	〜した
	〜ぶ ~bu, 〜む ~mu, 〜ぬ ~nu	〜んだ
	〜ぐ ~gu	〜いだ
Ausnahme	行く iku	行った itta
unregelmäßige Verben	する suru	した
	来る kuru	来た kita
existentielle Verben	ある aru	あった
	いる iru	いた

[5.17] Beispiele für die Bildung einfacher Präteritumformen

Verbgruppe	Subgruppe	einfache Formen		einfache Präteritum- Formen	
vok. Verben	~eru	食べる	tabe.ru	食べた	tabe.ta
	~iru	いる	i.ru	いた	i.ta
konsonant. Verben	~ku	書く	ka.ku	書いた	ka.ita
	~ru	分る	waka.ru	分った	waka.tta
	~tsu	待つ	ma.tsu	待った	ma.tta
	~(w)u	吸う	su.u	吸った	su.tta
	~su	捜す	sag.asu	捜した	saga.shita
	~bu	遊ぶ	aso.bu	遊んだ	aso.nda
	~mu	住む	su.mu	住んだ	su.nda
	~nu	死ぬ	shi.nu	死んだ	shi.nda
	~gu	泳ぐ	oyo.gu	泳いだ	oyo.ida

5. VERBEN

5.4 Transitive und intransitive Verben

5.4.1 Charakter von transitiven und intransitiven Verben

Wie im Deutschen gibt es auch im Japanischen transitive und intransitive Verben mit folgenden Eigenschaften: Transitive Verben (他動詞 *tadoushi*) fordern syntaktisch ein Akkusativobjekt (im weiteren Sinne Verben, die ein Objekt fordern, zum Beispiel: 私は本を読む *watashi wa hon o yomu* „Ich lese ein Buch") und sind zu einem persönlichen Passiv fähig (Beispiel: 本は読まれる *hon wa yomareru* „Das Buch wird gelesen"). In Sätzen mit transitiven Verben handelt das Subjekt also auf ein Objekt. Zu dieser Verbgruppe gehören beispielsweise 見る *miru* („sehen"), 探す *sagasu* („suchen"), 買う *kau* („kaufen"), 習う *narau* („lernen"), 書く *kaku* („schreiben"), 開ける *akeru* („öffnen") und 助ける *tasukeru* („helfen").

Intransitive Verben (自動詞 *jidoushi*) fordern kein Akkusativobjekt (im weiteren Sinne Verben, die kein Objekt haben können, zum Beispiel: 私は笑う *watashi wa warau* „Ich lache") und können nur ein unpersönliches Passiv bilden (Beispiel: 笑われる *warawareru* „Es wird gelacht"). Bei einem intransitiven Verb handelt das Subjekt also an sich selbst. Zu dieser Verbgruppe gehören zum Beispiel 死ぬ *shinu* („sterben"), 事たる *kotaru* („ausreichen") und 寝る *neru* („zu Bett gehen, schlafen").

Alle transitiven Verben gehören zur Klasse der Handlungs- und alle intransitiven Verben zu der der Zustandsverben (vgl. 5.1.2). Daraus resultiert eine Markierung mit を im Fall der transitiven Verben (Person oder Gegenstand ist Objekt der Handlung) bzw. mit が bei intransitiven Verben (Person oder Gegenstand ist Subjekt der Handlung), falls keine anderen Partikel, wie で, へ oder も verwendet werden müssen.

● Beispiel: transitive Verben 買う *kau* und 書く *kaku*:

> 新しい 車 を 買う。
> *atarashii kuruma o kau.*
> Ich werde ein neues Auto kaufen.

> 尚美 は 母 に 長い 手紙 を 書きました。
> *naomi wa haha ni nagai tegami o kakimashita.*
> Naomi schrieb ihrer Mutter einen langen Brief.

● Beispiel: intransitive Verben 泣く *naku* und 開く *aku*:

> 赤ん坊 は よく 泣く。
> *akanbou wa yoku naku.*
> Das Baby weint oft.

> 私 は 店 が 開く の を 待って います。
> *watashi wa mise ga aku no o matte imasu.*
> Ich warte darauf, dass das Geschäft öffnet.

Einige im Deutschen intransitive Verben können im Japanischen ein direktes Objekt mit sich führen. Es sind dies vorwiegend Verben der Bewegung, und das Objekt repräsentiert den Ausgangspunkt oder den Fortgang einer Bewegung.[11]

> タックシー を 降りる 前 に お金 を 払います。
> *takushi- o oriru mae ni okane o haraimasu.*
> Bevor ich aus dem Taxi steige, bezahle ich die Rechnung.

> 彼女 は 部屋 を 出る と すぐ に 泣き出した。
> *kanojo wa heya o deru to sugu ni nakidashita.*
> Sie begann zu weinen sofort als sie den Raum verließ.

5.4.2 Verben mit ähnlichen transitiven und intransitiven Formen

Es gibt im Japanischen einige Verben, bei denen sich transitive und intransitive Formen bei gleichem bedeutungstragendem Wortteil durch die Endungen unterscheiden. Eine allgemein gültige Regel für die Umformung der einen in die andere Form existiert aber nicht. Wichtige Beispiele für solche Verben sind in Tabelle [5.18] zusammengefasst.[12]

> 石井さん が ドア を 開けました。　　　　　　　　　　　　　　　　(transitiv)
> *ishiisan ga doa o akemashita.*
> Herr Ishii öffnete die Tür.
> ドア が 開きました。　　　　　　　　　　　　　　　　　　　　　(intransitiv)
> *doa ga akimashita.*
> Die Tür öffnete sich.

> 授業 が 始まる。　　　　　　　　　　　　　　　　　　　　　　　(intransitiv)
> *jugyou ga hajimaru.*
> Der Unterricht beginnt.
> 私 は 授業 を 始める。　　　　　　　　　　　　　　　　　　　　(transitiv)
> *watashi wa jugyou o hajimeru.*
> Ich beginne mit dem Unterricht.

---

[11] Zur Übereinstimmung mit der Theorie können Verben in entsprechenden Anwendungen als „quasi-transitiv" bzw. das Objekt als „nicht eigentliches Objekt" (statt dessen als „Ortsergänzung") bezeichnet werden.

[12] K. Bendix, Berlin 1990, S. 70-75. B. Lewin, Wiesbaden 1990, S. 119ff.

5. VERBEN

[5.18] Beispiele für Verben mit transitiver und intransitiver Form[13]

transitive Formen		intransitive Formen	
刺す *sasu*	stechen	刺さる *sasaru*	gestochen werden
減らす *herasu*	vermindern	減る *heru*	abnehmen
変える *kaeru*	verändern	変わる *kawaru*	sich ändern
Endung auf: ~eru		**Endung auf: ~aru**	
始める *hajimeru*	anfangen	始まる *hajimaru*	anfangen
止める *tomeru*	anhalten	止まる *tomaru*	zum Stillstand kommen
閉める *shimeru*	schließen	閉まる *shimaru*	sich schließen
Endung auf: ~eru		**Endung auf: ~u**	
開ける *akeru*	öffnen	開く *aku*	sich öffnen
入れる *ireru*	hineintun	入る *iru, hairu*	hineingehen
止める *yameru*	beenden	止む *yamu*	beendet sein
Endung auf: ~u		**Endung auf: ~eru**	
取る *toru*	nehmen	取れる *toreru*	entfernt werden
割る *waru*	zerbrechen, teilen	割れる *wareru*	brechen, geteilt werden
破る *yaburu*	zerreißen	破れる *yabureru*	reißen
Endung auf: ~su		**Endung auf: ~ru**	
返す *kaesu*	zurückgeben	返る *kaeru*	zurückkehren
直す *naosu*	reparieren, heilen	直る *naoru*	repariert werden
残す *nokosu*	übriglassen	残る *nokoru*	übrigbleiben
隠す *kakusu*	verstecken	隠れる *kakureru*	versteckt sein
零す *kobosu*	verschütten, ausschütten	零れる *koboreru*	überlaufen
Endung auf: ~su		**Endung auf: ~reru**	
汚す *yogosu*	verschmutzen	汚れる *yogoreru*	schmutzig werden

[13] Unter „Endung auf" sind nicht die Verbendungen, sondern zur Unterscheidung der Formen die letzten Buchstaben angegeben.

[5.18] Beispiele für Verben mit transitiver und intransitiver Form (Fortsetzung)

Endung auf: ~kasu		Endung auf: ~ku	
泣かす nakasu	zum Weinen bringen	泣く naku	weinen
動かす ugokasu	bewegen	動く ugoku	sich bewegen
驚かす odorokasu	überraschen, erschrecken	驚く odoroku	überrascht sein, erschreckt werden
Endung auf: ~asu/~osu		Endung auf: ~iru	
落とす otosu	fallen lassen, verlieren	落ちる ochiru	fallen
起こす okosu	aufwecken	起きる okiru	aufwachen
過ごす sugosu	verbringen	過ぎる sugiru	vergehen (Zeit)
Endung auf: ~yasu		Endung auf: ~eru	
冷やす hiyasu	kühlen	冷える hieru	erkalten
絶やす tayasu	ausrotten	絶える taeru	aussterben
増やす fuyasu	vermehren	増える fueru	zunehmen
Endung auf: ~asu		Endung auf: ~eru	
抜かす nukasu	auslassen	抜ける nukeru	fehlen
出す dasu	herausnehmen	出る deru	herausgehen
遅らす okurasu	verzögern	遅れる okureru	sich verspäten

5.5 Verben des Besitzwechsels

Im Japanischen wird bei der Anwendung der Verben, die einen Besitzwechsel von Dingen bzw. einen Austausch von Handlungen beschreiben, nach der Richtung des Austauschs („geben" und „bekommen") sowie nach den sozialen Beziehungen der Austauschenden unterschieden. Sie repräsentieren damit ein Beispiel für die komplexe Höflichkeitsorientierung der japanischen Sprache (vgl. auch Kapitel 11).

Sieben Verben stehen für die Bezeichnung des Besitzwechsels zur Verfügung:

5. VERBEN

[5.19] Verben des Besitzwechsels

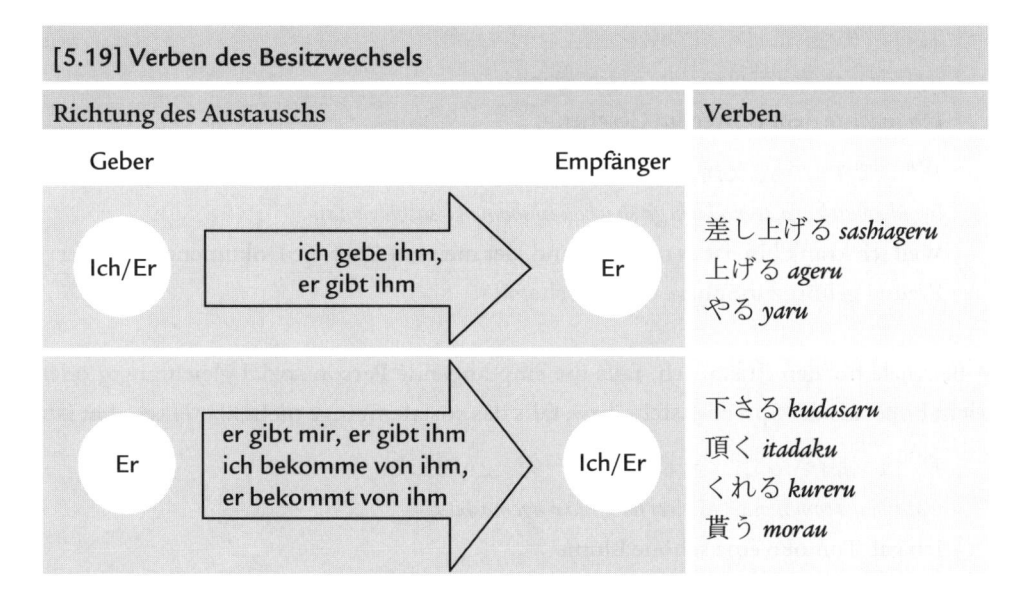

Richtung des Austauschs			Verben
Geber		Empfänger	
Ich/Er	ich gebe ihm, er gibt ihm →	Er	差し上げる *sashiageru* 上げる *ageru* やる *yaru*
Er	er gibt mir, er gibt ihm ich bekomme von ihm, er bekommt von ihm →	Ich/Er	下さる *kudasaru* 頂く *itadaku* くれる *kureru* 貰う *morau*

5.5.1 Die Verben 上げる *ageru*, 差し上げる *sashiageru* und やる

a) Gibt der Sprecher oder eine andere Person einer dritten Person etwas bzw. führt eine Handlung für sie aus, werden 上げる, 差し上げる oder やる verwendet.

Gegenüber Höherstehenden wird 差し上げる verwendet, ein Verb des Honorativs, welches Bescheidenheit ausdrückt. Gegenüber Fremden kann man 上げる oder 差し上げる benutzten. Das enthaltene *kanji* 上 drückt die Richtung der Handlung aus, nämlich von unten nach oben, und repräsentiert damit die höfliche Einstellung. Im Familien- und Freundeskreis sowie gegenüber Tieren und Pflanzen wendet man やる (von 遣る) an. Es wird oft in Gesprächen unter Männern verwendet und falls der Sprecher einer hierarchisch tiefer stehenden Person etwas gibt.

Diese drei Verben werden auch verwendet, wenn eine andere Person einer dritten Person etwas gibt („er gibt ihm"). Dabei werden, wie in Kapitel 11 beschrieben, Personen der eigenen Sphäre behandelt wie der Sprecher, so dass im Fall von „er gibt ihm" ebenfalls auf die sozialen Beziehungen der Gesprächspersonen geachtet werden muss. Die Verben können nicht angewendet werden, wenn der Sprecher („ich") der Empfänger ist.

Die gebende Person ist Thema oder Subjekt des Satzes und wird mit は, が oder も markiert, muss aber nicht genannt werden. Die empfangende Person wird als Ziel der Handlung mit に und der ausgetauschte Gegenstand mit を markiert.

b) Anwendungsbeispiele:
● Beispiele für den Austausch, falls die empfangende Person sozial deutlich höher als der Sprecher steht:

私 は 先生 に プレゼントを 差し上げました。
watashi wa sensei ni purezento o sashiagemashita.
Ich machte dem Lehrer ein Geschenk.

病気 です から、友達 が 社長 に 書面 を 差し上げます。
byouki desu kara, tomodachi ga shachou ni shomen o sashiagemasu.
Weil ich krank bin, ist es mein Freund, der meinem Chef die Dokumente gibt (der Freund gehört zur Sphäre des Sprechers).

● Beispiele für den Austausch, falls die empfangende Person sozial gleichrangig oder leicht höher als der Sprecher steht, bzw. falls das soziale Gefüge nicht klar erkennbar ist:

私 は 朝子さん に きれい な 花 を 上げました。
watashi wa tomokosan ni kirei na hana o agemashita.
Ich gab Tomoko eine schöne Blume.

お父さん は 田中さん に 本 を 上げました。
otousan wa tanakasan ni hon o agemashita.
Vater gab Tanaka ein Buch (der Vater gehört zur Sphäre des Sprechers!).

● Beispiele für den Austausch, falls sich die empfangende Person sozial unterhalb des Sprecher befindet, bzw. falls es sich um Tiere oder Pflanzen handelt:

彼 は 美穂 に お金 を やる よう に 頼まれた。
kare wa miho ni okane o yaru you ni tanomareta.
Er wurde gebeten, Miho Geld zu geben.

鳥 に えさ を やる。
tori ni esa o yaru.
Ich füttere die Vögel.

私 は 毎日 花 に 水 を やった。
watashi wa mainichi hana ni mizu o yatta.
Ich gab den Blumen täglich Wasser.

c) In Kombination mit der *te*-Form werden die Verben 差し上げる, 上げる und やる als Hilfsverben benutzt um zu beschreiben, dass eine Handlung zugunsten einer anderen Person durchgeführt wird. Als höfliche Verben können 差し上げる und 上げる nicht in Bezug auf die eigene Person verwendet werden.

5. VERBEN

> 先生 は 大学生 に 化学 を 教えて 上げる。
> *sensei wa daigakusei ni kagaku o oshiete ageru.*
> Der Professor bringt den Studenten Chemie bei.

> 兄 に お金 を 貸して 上げました。
> *ani ni okane o kashite agemashita.*
> Ich lieh meinem älteren Bruder Geld.

d) やる wird im heutigen Sprachgebrauch auch in groben oder herabwürdigenden Sätzen gebraucht,[14] zum Beispiel やちまええ („Mache ihn fertig!" im Sport).

5.5.2 Die Verben もらう, くれる, 下さる *kudasaru* und いただく

a) Ist die Richtung des Austauschs eines Gegenstandes oder eines Gefallens von einer dritten Person an den Sprecher bzw. an eine andere Person, wird eines der Verben もらう, くれる, 下さる und いただく verwendet.

Im höflichen Fall müssen 下さる (für „er gibt mir/ihm") bzw. いただく (für „ich/er bekomme/t von ihm") benutzt werden. Die entsprechenden Verben in der einfachen Höflichkeitsebene sind くれる (für „er gibt mir/ihm") und もらう (für „ich/er bekomme/t von ihm").

Anstelle der eigenen Person (oben als „ich" verwendet), kann auch eine andere Person der Sphäre des Sprechers, zum Beispiel ein Familienmitglied, ein Mitschüler o.Ä. anstelle des „ichs" treten („Sphäre des Sprechers", vgl. 11). Die Endung der Verben (〜う oder 〜ます) richtet sich nach dem Gesprächspartner.

b) In der Richtung er → ich/er mit der Bedeutung „geben" ist der Gebende Thema oder Subjekt des Satzes und wird mit は, が oder も markiert. Das Objekt wird mit を und der Empfänger mit に markiert.

> 先生 は 友子 に 手紙 を くれる。
> *sensei wa tomoko ni tegami o kureru.*
> Der Lehrer gibt Tomoko einen Brief. (Tomoko gehört zur Gruppe des Sprechers)

> 先生 が 日本語 を 教えて 下さる。
> *seinsei ga nihongo o oshiete kudasaru.*
> Der Lehrer unterrichtet mich in Japanisch.

c) In der Richtung er → ich/er mit der Bedeutung „bekommen" ist der Empfänger Thema oder Subjekt. Der Gebende wird mit に oder から markiert. に scheint hier nicht,

---

[14] H. Arnold-Kanamori, 1993, S. 139.

wie sonst üblich, zur Markierung eines Ziels (d. h. des Empfängers des Austauschs) gebraucht zu werden. Die japanische Sprache sieht in dieser Formulierung aber den Gebenden im übertragenen Sinne als Zielperson.

> 私 は 先生 に 本 を いただいた。
> *watashi wa sensei ni hon o itadaita.*
> Ich bekam vom Lehrer ein Buch.

> 博美 に 本 を もらった。
> *hiromi ni hon o moratta.*
> Ich bekam von Hiromi ein Buch (Hiromi gehört zum Kreis des Sprechers).

d) Analog zum Austausch konkreter Gegenstände werden auch Gefallen oder Bitten auf diese Weise beschrieben.

> お手伝い して くれます か。
> *otetsudai shite kuremasu ka*
> Kannst du mir bitte helfen?

5.5.3 Zusammenfassung: Verwendung der Verben des Besitzwechsels

[5.20] Verben des Gebens und Bekommens			
Verb des Besitzwechsels	Bedeutung	Höflichkeitsgrad	Anwendung
上げる		neutral-höflich	Der Sprecher oder eine andere Person gibt der zweiten oder einer dritten Person etwas bzw. führt eine Tätigkeit für ihn/sie aus: „Ich gebe ihm/ihr".
差し上げる		sehr höflich	
やる	„geben"	einfach	
下さる		sehr höflich	Eine dritte Person gibt dem Sprecher oder einer anderen Person etwas bzw. führt eine Tätigkeit für ihn/sie aus: „Er gibt mir/ihm/ihr".
くれる		einfach	

5. VERBEN

[5.20] Verben des Gebens und Bekommens (Fortsetzung)

Verb des Besitzwechsels	Bedeutung	Höflichkeitsgrad	Anwendung
いただく		sehr höflich	Der Sprecher oder eine andere Person bekommt von der dritten Person etwas bzw. führt eine Tätigkeit aus: „Ich/Er/Sie bekommt von ihm".
もらう	„bekommen"	einfach	

Die Formulierung „er bekommt von mir" ist im Japanischen nicht üblich, da es als unhöflich angesehen wird, die eigene Person in dieser Art in den Vordergrund zu stellen.

5.6 Ausdruck von Veränderung mit den Verben する und なる

Mit den Verben する und なる können aktive Veränderungen wie „... machen zu ..." und passive Veränderungen wie „... werden zu ..." ausgedrückt werden. Das Objekt der Veränderung ist im Satz mit する das grammatische Objekt und wird mit を, bzw. falls es Satzthema ist, mit は markiert. Im Satz mit なる ist es dagegen das Subjekt und wird mit が oder als Satzthema mit は markiert.

[5.21] する und なる zum Ausdruck von Veränderungen

aktive Veränderungen	A	を	B	に	する
	A	を	VA〜く		する
passive Veränderungen	A	が	B	に	なる
	A	が	VA〜く		なる
			ようになる		
			ことになる		

5.6.1 Aktive Veränderungen mit する

a) Eine Veränderung im Sinne von „aus A mache ich B" wird mit する formuliert, wobei die Absicht der Veränderung hervorgehoben ist. Vor する können Nomen, Verbal- und Nominaladjektive stehen. Bei Nomen und Nominaladjektiven wird die Partikel に vor dem Verb eingefügt. Verbaladjektive stehen, wie vor Verben üblich, in ihrer Adverbialform 〜く.

Der Handelnde (Person oder Gegenstand) kann als Satzthema mit は oder betont mit が markiert werden. Das Objekt der Veränderung wird mit を markiert. Wird kein

Handelnder genannt, sind を oder は üblich. Darüber hinaus können sowohl Handelnder wie auch Objekt mit は markiert werden, wodurch eine auswählende Thema-Kennzeichnung resultiert (vgl. 4.2.2). Somit sind folgende Satzstrukturen möglich:

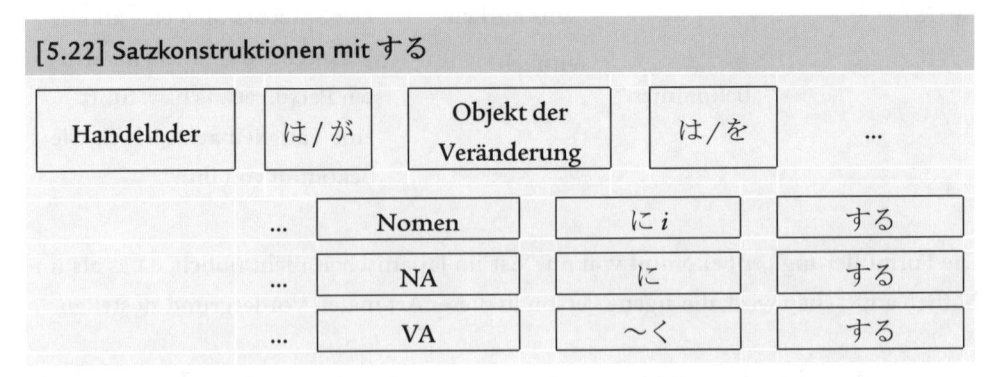

[5.22] Satzkonstruktionen mit する

Handelnder	は / が	Objekt der Veränderung	は / を	...
...		Nomen	に i	する
...		NA	に	する
...		VA	〜く	する

- Verbaladjektive:

  私 は 子ども を 大きく しました。
  watashi wa kodomo o ookiku shimashita.
  Ich habe meine Kinder großgezogen.

  音楽 が 私達 の 生活 を 楽しく する。
  ongaku ga watashitachi no seikatsu o tanoshiku suru.
  Es ist die Musik, die unser Leben fröhlich macht.

- Nominaladjektive:

  部屋 を きれい に して 下さい。
  heya o kirei ni shite kudasai.
  Machen sie bitte das Zimmer sauber.

  私 は 幸せ に します。
  watashi wa shiawase ni shimasu.
  Ich mache dich glücklich.

- Nomen:

  私 は この 喫茶店 を レストラン に します。
  watashi wa kono kissaten o resutoran ni shimasu.
  Ich mache aus diesem Café ein Restaurant.

5. VERBEN

b) Insbesondere im Fall von Nomen gibt es viele Anwendungen, die im Deutschen mit anderen Formulierungen, im Japanischen aber mit にする ausgedrückt werden, da aktive Entscheidungen die Grundlage sind.

> 練習 は 明日 に します。
> *renshuu wa ashita ni shimasu.*
> Ich verlege die Übungen auf morgen.

> 時間 を 無駄 に する な。
> *jikan o muda ni suru na.*
> Verschwende nicht deine Zeit.

Je nach Kontext bietet sich auch eine Übersetzung an, die die Entscheidung bzw. die Absicht betont (vgl. auch 9.6.3).

> シャワー に する。
> *shawa- ni suru.*
> Ich werde duschen (im Sinne von: Ich habe mich entschieden, jetzt zu duschen).

> 何 を します か。コーヒー に します。
> *nani o shimasu ka. ko-hi- ni shimasu.*
> Was möchten sie? Ich hätte gerne Kaffee (Ich entscheide mich für Kaffee).

5.6.2   Passive Veränderungen mit なる

a) Die Formulierung eines Ergebnisses der Form „A wird zu B" wird mit dem Verb なる („werden") erreicht. Es kann nach Adjektiven, Adverbien und Nomen verwendet werden.

Bei Nomen und Nominaladjektiven wird die Partikel に vor dem Verb なる eingeschoben. Verbaladjektive stehen, wie vor Verben üblich, in ihrer Adverbialform ～く. Präteritumform und Höflichkeitsgrad werden von dem Verb なる getragen. Dafür übernimmt das vor なる stehende Adjektiv die Verneinung. „Nicht schön werden" heißt somit きれいでなくなる und „nicht groß werden" heißt 大きくなくなる *ookikunaku naru*.

[5.23] Passive Veränderungen mit なる

	affirmativ	verneint
Verbaladjektive	〜く なる	〜くない なる
Nomen und Nominaladjektive	+ に なる	+ に ならない
Adverbien	+ なる	+ ならない

- Beispiele zur Bildung:

> 夏 に なる
> *natsu ni naru* Sommer werden
> 友達 に ならない
> *tomodachi ni naranai* keine Freunde werden
> 大きく なる
> *ookiku naru* groß werden
> きれい に なる
> *kirei ni naru* schön werden

Die Formulierung mit になる drückt aus, dass es eine Veränderung gegeben hat, durch die jetzt ein neuer Zustand eingetreten bzw. erreicht ist. Der Satz 田中さんは元気になりました *tanakasan wa genki ni narimashita* kann übersetzt werden mit „Herr Tanaka wurde gesund", besser allerdings mit „Herr Tanaka ist gesund" mit dem Wissen, dass Herr Tanaka vorher krank gewesen ist. Statt den Satz 日本に来てからお酒が好きになりました *nihon ni kite kara osake ga suki ni narimashita* mit „Seit ich nach Japan kam, ist es so geworden, dass ich Sake mag" zu übersetzen, sollte die Übersetzung „Seit ich nach Japan gekommen bin, trinke ich gerne Sake" sein.

Im Gegensatz zu der in 5.6.1 beschriebenen aktiven Veränderung mit する, erfolgen die Veränderungen in Sätzen mit なる auf eine natürliche oder vorgegebene Art ohne die Aktivität eines Handelnden. Damit entspricht diese Formulierung Sätzen mit intransitiven Verben (vgl. 5.4).

Die Formulierung kann im Japanischen auch gebraucht werden, wenn eine Aussage weniger direkt klingen soll. Anstelle zu sagen „Es ist so" klingt „Es ist so geworden" höflicher. Natürliche Veränderungen wie die Jahreszeiten werden oft mit なる ausgedrückt.

5. VERBEN

- Beispiele mit Verbaladjektiven:

  日本 の 車 が 高く なりました。
  nihon no kuruma ga takaku narimashita.
  Japanische Autos sind teurer geworden.

  京都 に 寒くなく なりました。
  kyouto ni samukunaku narimashita.
  In Kyoto ist es nicht kälter geworden.

- Beispiele mit Nominaladjektiven:

  日本 が 好き に なりました。
  nihon ga suki ni narimashita.
  Ich beginne, Japan zu mögen.

  あの 人 は 病気 に なった。
  ano hito wa byouki ni natta.
  Er ist krank geworden.

- Beispiele mit Nomen:

  秋 に なる と、京都 から 北 に ある 地方 は きれい です。
  aki ni naru to, kyouto kara kita ni aru chihou wa kirei desu.
  Wenn es Herbst wird, wird die Gegend nördlich von Kyoto schön.

  この 喫茶店 は レストラン に なりました。
  kono kissaten wa resutoran ni narimashita.
  Aus dem Café ist ein Restaurant geworden.

b) なる kann auch in Verbindung mit Verben verwendet werden. Hierbei wird ように bzw. ことに eingeschoben. Man erhält die Konstruktion Verb ~*ru* ようになる bzw. Verb ~*ru* ことになる. Mit よう(様)になる wird ausgedrückt, dass eine Handlung eine bestimmte äußere Erscheinung oder Art und Weise angenommen hat. Oft wird die Potentialisform des vorstehenden Verbs verwendet, womit das Erreichen einer Fähigkeit ausgedrückt wird.

Mit こと(事)になる wird ausgedrückt, dass ein bestimmtes Ereignis eingetreten ist, in dem Sinne, dass eine Entscheidung ohne Zutun des Subjekts gefällt wurde (vgl. 2.3.2 für analoge Konstruktionen mit する).

[5.24] Beschreibung von Ergebnissen		
	affirmativ	verneint
Verben mit ように	〜う ように なる	〜[a]ない ように なる
Verben mit ことに	〜う ことに なる	〜[a]ない ことに なる

- Beispiele zur Anwendung von ように *you ni*:

  > ここ で は クレジットカード が 使える よう に なります。
  > *koko de wa kurejittoka-do ga tsukaeru yoo ni narimasu.*
  > Hier kann man jetzt auch mit Kreditkarte bezahlen.

  > 難しい 漢字 が 読める よう に なりました。
  > *muzukashii kanji ga yomeru you ni narimashita.*
  > Ich kann inzwischen schwierige Kanji lesen.

- Beispiele zur Anwendung mit nominalisierten Ausdrücken:

  > 来年 から 日本 で 働く こと に なりました。
  > *rainen kara nihon de hataraku koto ni narimashita.*
  > Es ist entschieden, dass ich ab nächstem Jahr in Japan arbeite.

  > 多分 化学 を 勉強 する こと に なる でしょう。
  > *tabun kagaku o benkyou suru koto ni naru deshou.*
  > Wahrscheinlich wird er Chemie studieren.

c) Um eine Veränderung im Sinne von „nicht mehr" auszudrücken (zum Beispiel „Ich trinke keinen Alkohol mehr"), wird das Verb なる nach der Adverbialform von Verben und Adjektiven verwendet. Nach Nominaladjektiven und Nomen wird ではなくなる oder das einfachere じゃなくなる benutzt.

Das Verb なる trägt die nötigen Flektionsendungen und steht im Allgemeinen in einer Präteritumform (なった bzw. なりました).

[5.25] Veränderungen mit なくなる

Worttyp	Form	Beispiel
nach vokalischen Verben	〜なく なる	食べる *taberu* → 食べなく なる *tabenaku naru* nicht mehr essen
nach konsonantischen Verben	〜[a]なく なる	飲む *nomu* → 飲まなく なる *nomanaku naru* nicht mehr trinken
nach VA	〜く なく なる	速い *hayai* → 速く なく なる *hayaku naku naru* nicht mehr schnell sein
nach NA und Nomen	+では なく なる +じゃ なく なる	静か *shizuka* → 静か じゃ なく なる *shizuka ja naku naru* nicht mehr ruhig sein

易しい 漢字 も 書けなく なりました。
yasashii kanji mo kakenaku narimashita. (Verb)
Ich kann selbst einfache Kanjis nicht mehr schreiben.

学生 では なく なった。
gakusei dewa naku natta. (Nomen)
Ich bin kein Student mehr.

d) Das Verb なる kann mit der Potentialform von Verben (bei konsonantischen Verben 〜る, bei vokalischen Verben mit Flektionserweiterung 〜られる) kombiniert werden und man erhält die Bedeutung „nicht mehr können":

食べる *tabe.ru* → 食べられなく なる
tabe.rare.naku naru nicht mehr essen können
飲む *no.mu* → 飲めなく なる
no.me.naku naru nicht mehr trinken können

日本語 で 話せなく なりました。
nihongo de hanasenaku narimashita.
Ich kann kein Japanisch mehr.

5.7 Modifizierende Verben

Einige Verben und Adjektive können zur Bedeutungsmodifikation an andere Verben angehängt werden. Oft verwendet ist beispielsweise die Kombination von Verben und Adjektiven mit すぎる, zum Beispiel 食べる *taberu* → 食べすぎる *tabesugiru*. Wichtige Beispiele sind auch die zum Ausdruck von Beginn und Ende und der Leichtigkeit einer Tätigkeit verwendbaren Verben und Adjektive (vgl. unten). Alle Kombinationen von Verben mit Modalverben werden gebildet, indem das Modalverb wie die höfliche *masu*-Form an den Verbstamm des zu modifizierenden Verbs, d. h. an die i-Basis (vgl. 5.1.3), angeschlossen wird. Die in 5.7.1 bis 5.7.3 beschriebenen Verben sind breit anwendbar. Daneben gibt es eine große Zahl weiterer Verben, die als Modalverben nur in Kombination mit speziellen anderen Verben verwendet werden können, wie beispielsweise:

[5.26] Beispiele modifizierender Verben	
直す *naosu*	durch wiederholtes Tun verbessern, reparieren
殺す *korosu*	Töten
倒す *taosu*	umwerfen, umstürzen
続ける *tsuzukeru*	fortführen, weitermachen

5.7.1 Das Modalverb 過ぎる *sugiru* zur Kennzeichnung des Grades („zu")

Um den Grad einer Eigenschaft (Beispiel: „zu hoch") bzw. einer Handlung (Beispiel: „zu viel essen") auszudrücken, wird das (Hilfs-)Verb 過ぎる *sugiru* (wörtlich „vorübergehen, überschreiten, übertreiben") verwendet: Nach Adjektiven kann es mit „zu", nach Verben mit „zu viel" in positiver Form bzw. „zu wenig", falls das Verb vor 過ぎる verneint ist, übersetzt werden.

Zur Bildung der affirmativen Form wird 過ぎる wie die höfliche *masu*-Form an den Verbstamm, d. h. die i-Basis, angeschlossen. Bei konsonantischen Verben wird daher als Flektionserweiterung eine Silbe der i-Stufe eingefügt (vgl. 5.1.3). Bei Verbaladjektiven wird es an den Adjektivstamm angeschlossen und bei Nominaladjektiven wird 過ぎる nachgestellt. Anstelle des Adjektivs いい („gut") muss よい verwendet werden.

[5.27] Bildung der Formen mit 過ぎる *sugiru*

Prädikattyp	positiv	verneint	Beispiel
VA	〜過ぎる	〜過ぎない 〜くなさ過ぎる	高い → 高過ぎる *takasugiru* zu hoch sein よい → よ過ぎる *yosugiru* zu gut sein
NA	+過ぎる	+過ぎない	便利 → 便利過ぎる *benri sugiru* zu nützlich sein
vok. Verben	〜過ぎる	〜過ぎない 〜なさ過ぎる	食べる → 食べ過ぎる *tabesugiru* zu viel essen
kons. Verben	〜[i]過ぎる	〜[i]過ぎない 〜[a]なさ過ぎる	書く → 書き過ぎる *kakisugiru* zu viel schreiben

Das entstehende Wort ist ein vokalisches Verb. Die Flektionsformen können von 過ぎる getragen werden, wie beispielsweise 過ぎます, 過ぎました (Höflichkeitsformen), 過ぎない (einfach negativ) oder 過ぎて *sugite* (te-Form).

> この 車 は 私 に は 高すぎて 速過ぎる。
> *kono kuruma wa watashi ni wa takasugite hayasugiru.* (VA)
> Dieses Auto ist zu teuer und zu schnell für mich.

> 昨日 お酒 を 飲み過ぎました。
> *kinou osake o nomisugimashita.* (Verb)
> Gestern habe ich zu viel Sake getrunken.

> あの 町 は 静か 過ぎる でしょう。
> *ano machi wa shizuka sugiru deshou.* (NA)
> Jene Stadt ist wahrscheinlich zu ruhig.

Zur Bildung der Verneinung kann eine der verneinten Formen des gebildeten Verbs verwendet werden, zum Beispiel 歩く *aruku* → 歩き過ぎる → 歩き過ぎない oder 歩き過ぎません. Alternativ wird das Verb oder Verbaladjektiv vor 過ぎる verneint. In diesem Fall verändert sich die Verb- bzw. Adjektivendung 〜ない zu 〜なさ. Bei Nominaladjektiven muss eine verneinte Form von 過ぎる (→過ぎない bzw. 過ぎません) benutzt werden.

● Beispiele

> 食べる *taberu*
> → 食べなさ 過ぎる *tabenasa sugiru* zu wenig essen
> oder: 食べ過ぎない *tabesuginai* nicht zu viel essen
>
> 高い *takai*
> → 高くなさ 過ぎる *takakunasa sugiru* nicht teuer genug sein
> oder: 高過ぎない *takasuginai* nicht zu teuer sein
>
> 便利 *benri*
> → 便利過ぎない *benri suginai* nicht zu praktisch sein

5.7.2 Beginn und Ende einer Tätigkeit mit 始める *hajimeru*, 出す *dasu* und 終わる *owaru*

Beginn und Ende einer Tätigkeit können im Deutschen mit der Infinitivkonstruktion mit zu und den modifizierenden Verben „beginnen" und „beenden" ausgedrückt werden (Beispiel: „Ich beginne zu arbeiten"). Im Japanischen werden die Verben 始める *hajimeru* und 出す *dasu* für „beginnen" sowie 終わる *owaru* für „beenden" benutzt.

a) Die Verben 始める und 出す werden wie die Höflichkeitsendung ～ます an den Stamm von Verben angeschlossen (Anschluss an die i-Basis, vgl. 5.1.3). Die so gebildeten Verben drücken aus, dass eine Tätigkeit begonnen wird, wie beispielsweise 話し始める *hanashihajimeru* („beginnen zu sprechen") oder 雨が降り出す *ame ga furidasu* („beginnen zu regnen"). Während 始める allgemeingültig verwendet werden kann, wird 出す eher für nicht-intentional, plötzlich, abrupt oder unerwartet beginnende Handlungen benutzt. 出す eignet sich somit nicht für vorhersehbare Handlungen, wie zum Beispiel für Vorschläge („Wollen wir beginnen zu essen?").

[5.28] Beispiele für Konjugationsformen mit 始める und 出す

	食べる *taberu* + 始める	走る *hashiru* + 出す
Präsens, einfache Form	食べ始める	走り出す
Präsens, einfache negative Form	食べ始めない	走り出さない
Präsens, höfliche Form	食べ始めます	走り出します
Präteritum, einfache Form	食べ始めた	走り出した
te-Form	食べ始めて	走り出した
Konditional	食べ始めれば	走り出せば

5. VERBEN

Man erhält im Fall von 始める ein vokalisches Verb mit der Endung ～る und im Fall von 出す ein konsonantisches Verb mit der Endung ～す. Die entsprechenden Flektionsformen sind beispielsweise für das vokalische Verb 食べる *taberu* („essen") → 食べ始める *tabehajimeru* („beginnen zu essen") und für das konsonantische Verb 走る *hashiru* („laufen") → 走り出す *hashiridasu* („beginnen zu laufen") in [5.28] angegeben.

> いつ から 手紙 を 書き始めます か。。。
> *itsu kara tegami o kakihajimemasu ka.*
> Ab wann wirst du den Brief schreiben?

> あの 人 は 本 を 読み始めました。
> *ano hito wa hon o yomihajimemashita.*
> Der Mann begann ein Buch zu lesen.

> 雨 が 降り出す。
> *ame ga furidasu.*
> Es beginnt zu regnen.

> 車 が 動き出しました。
> *kuruma ga ugokidashimashita.*
> Das Auto begann sich (plötzlich) zu bewegen.

b) Das Ende einer Tätigkeit kann mit dem Verb 終わる *owaru* ausgedrückt werden. Es wird wie die *masu*-Form an den Verbstamm angeschlossen. Das resultierende Verb ist konsonantisch, und man erhält beispielsweise die Flektionsformen für die Kombination mit 食べる *taberu*: 食べ終わる *tabeowaru* (einfache Präsensform), 食べ終わらない *tabeowaranai* (einfache verneinte Präsensform), 食べ終わります *tabeowarimasu* (höfliche Präsensform), 食べ終わって *tabeowatte* (*te*-Form) und 食べ終われば *tabeowareba* (Konditional).

> この 本 を 読み終わりました。
> *kono hon o yomiowarimashita.*
> Ich habe dieses Buch zu Ende gelesen.

> ちょうど ご飯 を 食べ終わった。
> *choudo gohan o tabeowatta.*
> Ich habe gerade das Essen beendet.

5.7.3 Leichtigkeit einer Tätigkeit mit やすい, にくい und ずらい

Die Leichtigkeit einer Tätigkeit wird im Deutschen mit der Infinitivkonstruktion mit zu und den Ausdrücken „leicht sein" und „schwer sein" ausgedrückt. Im Japanischen werden die Adjektive やすい, にくい und ずらい verwendet. Sie können wie die höfliche *masu*-Form an den Stamm von Verben angeschlossen werden. Man erhält so neue Wörter, die ausdrücken, dass die durch das Verb ausgedrückte Tätigkeit leicht (やすい) bzw. schwer (にくい, ずらい) ist, zum Beispiel:

> 食べる *taberu* essen
> → 食べやすい *tabeyasui* leicht zu essen
> → 食べにくい *tabenikui* schwer zu essen
> → 食べずらい *tabezurai* schwer zu essen
>
> 話す *hanasu* sprechen
> → 話しやすい *hanashiyasui* leicht zu sprechen
> → 話しにくい *hanashinikui* schwer zu sprechen
> → 話しずらい *hanashizurai* schwer zu sprechen

にくい und ずらい werden mit unterschiedlicher Bedeutung gebraucht: にくい drückt aus, dass eine Handlung aufgrund äußerer Umstände schwierig auszuführen ist. Dagegen wird ずらい benutzt, wenn die Schwierigkeiten durch subjektive Gegebenheiten oder persönliche Unfähigkeiten entstehen.

Im Fall von やすい und にくい werden durch die Kombinationen Verbaladjektive gebildet. Die entsprechenden höflichen Formen sowie die Zeiten werden, wie bei VA üblich, durch Veränderung der Adjektivendung gebildet, zum Beispiel:

[5.29] Beispiele für Formen mit やすい und にくい

		やすい	にくい
einfache Formen	Präsens	〜やすい	〜にくい
	verneintes Präsens	〜やすくない	〜にくくない
	Präteritum	〜やすかった	〜にくかった
	verneintes Präteritum	〜やすくなかった	〜にくくなかった
höfliche Formen	Präsens	〜やすい です	〜にくい です
	Präteritum	〜やすかった です	〜みくかった です

Die Kombination von Verben mit ずらい liefert Nominaladjektive, so dass alle Flektionen von der nachfolgenden Kopula übernommen werden müssen.

5. VERBEN

- Beispiele für den Gebrauch von やすい:

  > この 単語 は 覚えやすい です。
  > *kono tango wa oboeyasui desu.*
  > Diese Vokabeln sind leicht zu merken.

  > あなた の アパート は 見つけやすい。
  > *anata no apa-to wa mitsukeyasui.*
  > Deine Wohnung ist leicht zu finden.

- Beispiele für den Gebrauch von にくい:

  > この 漢字 は 大変 読みにくい。
  > *kono kanji wa taihen yominikui.*
  > Diese *kanji* sind sehr schwierig zu lesen (zum Beispiel weil sie kompliziert aussehen oder weil sie aufgrund des schlechten Drucks nicht gut zu erkennen sind).

  > あの 人 の 名前 は 覚えにくい です。
  > *ano hito no namae wa oboenikui desu.*
  > Sein Name ist schwer zu behalten.

- Beispiele für den Gebrauch von ずらい:

  > この 漢字 は 大変 読みずらい です。
  > *kono kanji wa taihen yomizurai desu.*
  > Diese *kanji* sind schwierig zu lesen (weil sie für mich schwierig sind oder weil ich sie nicht kenne).

  > 化学 が いつも 習いずらい わけ では ありません でした。
  > *kagaku ga itsumo naraizurai wake dewa arimasen deshita.*
  > Chemie war nie schwierig zu lernen.

5.7.4 Verben, die nur spezielle Verben modifizieren können[15]

Im Gegensatz zu den oben genannten Verben gibt es auch solche, die nur in Kombination mit speziellen anderen Verben gebraucht werden können. Die Zahl der Verben, die modifiziert werden können, hängt vom modifizierenden Verb ab. Sie kann von wenigen bis über hundert reichen. Im Allgemeinen führt die Modifikation in eine Richtung, die der Bedeutung des modifizierenden Verbs entspricht, zum Beispiel verändert das Verb

---

[15] I. Hasselberg hat eine ausführliche Untersuchung über modifizierende Verben durchgeführt: „Lexikon japanischer Verbalkomposita", Buske Verlag, Hamburg 1996.

直す *naosu* („ändern" bzw. „verbessern") in Kombinationen andere Verben in der Bedeutung „etwas wird wiederholt durchgeführt und dabei ggf. verbessert". Es gibt allerdings auch eine große Zahl von Verbkombinationen, deren Bedeutung auf keine der Bedeutungen der Einzelverben zurückzuführen ist.

In den meisten Fällen wird das modifizierende Verb hinter das modifizierte Verb angeschlossen. Ein modifizierendes Verb vor einem anderen Verb ist seltener. Bei einigen Verbkombinationen werden die *kanji* beider Verben benutzt, bei anderen Kombinationen wird das zweite Verb in *kana* geschrieben.

Im Folgenden wird das Bildungs- und Anwendungsprinzip mit einigen ausgewählten Verben kurz erläutert:[16]

a) Das modifizierende Verb 上げる *ageru* („erhöhen, heben") kann Verben der Bewegung, Handlungsverben und Verben, die eine lautliche Äußerung ausdrücken, modifizieren.

● Die Modifikation bei Verben der Bewegung führt zu der Bedeutung „eine Bewegung verläuft von unten nach oben". Auch eine abstrakte Bedeutung ist möglich.

> 運ぶ *hakobu* tragen → 運び上げる *hakobiageru* hinauftragen
>
> 見る *miru* sehen → 見上げる *miageru* hinaufblicken, aufsehen
>
> 弾く *hiku* ziehen → 引き上げる *hikiageru* hochziehen, erhöhen

● Bei Handlungsverben wird mit 上げる *ageru* ausgedrückt, dass eine Handlung bis zum Ende durchgeführt wird.

> 書く *kaku* schreiben → 書き上げる *kakiageru* fertig schreiben
>
> 刈る *karu* schneiden, fällen → 刈り上げる *kariageru* abernten

● Bei Verben, die eine lautliche Äußerung ausdrücken, erhält man mit 上げる *ageru* die Modifikation: „die Handlung wird intensiv bzw. heftig durchgeführt".

> 祈る *inoru* beten → 祈り上げる *inoriageru* inständig flehen

b) Das modifizierende Verb 合う *au* („übereinstimmen") kann Handlungsverben modifizieren. Die beschriebene Handlung wird miteinander bzw. gegenseitig durchgeführt.

> 愛する *aisuru* lieben
> → 愛し合う *aishi au* einander lieben

---

[16] Bei einigen Verben (zum Beispiel *kakeru* und *kakaru*) treten Assimilationserscheinungen auf.

5. VERBEN

> 争う *arasou* streiten
> → 争い合う *arasoiau* miteinander streiten

> 考える *kangaeru* denken
> → 考え合う *kangaeau* gemeinsam überlegen

> 分かる *wakaru* verstehen
> → 分かり合う *wakariau* sich gegenseitig verstehen

c) Das modifizierende Verb 返す *kaesu*

Mit dem Verb 返す *kaesu* („zurückgeben") können Bewegungs- und Handlungsverben modifiziert werden. Bei Bewegungsverben sowie Verben, die einen Seh- oder Sprechvorgang ausdrücken, wird die Bedeutung so verändert, dass die Bewegung entgegengesetzt zur bisherigen Richtung abläuft.

> 見る *miru* sehen
> → 見返す *mikaesu* zurückschauen

> 笑う *warau* lächeln
> → 笑い返す *waraikaesu* ein Lächeln erwidern, zurücklachen

Werden Handlungsverben mit 返す *kaesu* modifiziert, dann bedeutet dies, dass die beschriebene Handlung erneut durchgeführt wird.

> 暖める *atatameru* wärmen, erwärmen
> → 暖め返す *atatamekaesu* aufwärmen

d) Mit dem Verb 押す *osu* („stoßen, schieben, drücken") kann ausgedrückt werden, dass Handlungen mit viel Nachdruck, Kraft oder Gewalt durchgeführt werden. In einigen Fällen kann es, abhängig vom Kontext, alternativ dazu auch mit „vollständig", „sorgfältig" oder „intensiv" übersetzt werden. 押す *osu* wird bei der Modifikation als erstes Verb der Verbkombination verwendet.

> 開く *hiraku* öffnen
> → 押し開く *oshihiraku* aufstoßen, mit Gewalt öffnen; weit öffnen

> 倒す *taosu* umwerfen, umstürzen
> → 押し倒す *oshitaosu* mit Gewalt umstoßen

> 破る *yaburu* brechen, zerreißen
> → 押し破る *oshiyaburu* aufbrechen

6. ADJEKTIVE UND ADVERBIEN

Ähnlich wie die Verben können die zwei japanischen Adjektivtypen, Verbal- und Nominaladjektive, Prädikate bilden. Beides sind selbstständige Wortarten. Im Gegensatz zum Deutschen haben japanische Adjektive keine Komparativ- und Superlativformen.

Verbaladjektive sind den japanischen Verben sehr ähnlich, indem sie ebenso flektiert werden können, d. h. durch den Anschluss von Endungen an den Verbstamm kann die Bedeutung der Adjektive modifiziert werden und beispielsweise Präteritum, Verneinung und Höflichkeit ausgedrückt werden. Nominaladjektive dagegen haben nominalen Charakter.

6.1 Allgemeine Eigenschaften und Flektion von Verbal- und Nominaladjektiven

6.1.1 Klassifizierung und Übersicht über Flektion und Funktion der Adjektive

a) Im Gegensatz zum Deutschen kennt die japanische Sprache zwei Typen von Adjektiven:

• Verbaladjektive (VA, 形容詞 *keiyoushi*) vereinen Eigenschaften von deutschen Verben und Adjektiven. Ihre Gemeinsamkeit mit Adjektiven ist die Funktion des Ausdrucks von Eigenschaften und Zuständen sowie die adjektivische Verwendung wie zum Beispiel der adnominale Gebrauch. Mit den Verben verbindet sie die Möglichkeit der Flektion zum Ausdruck von Tempus, Verneinung und Höflichkeitsgraden sowie anderen Bedeutungsmodifikationen. Sie alleine können das Prädikat bilden und somit ohne weitere Verben im Satz verwendet werden.

Das charakteristische Merkmal der Verbaladjektive ist die Endung der einfachen Präsensform, mit der sie in Lexika angegeben sind: ~ai, ~ii, ~oi oder ~ui, nicht aber ~ei. Die einzige Ausnahme ist きらい, das trotz ai-Endung ein Nominaladjektiv ist. Verbaladjektive sind beispielsweise 速い *hayai* („schnell, früh"), いい („gut"), 重い *omoi* („schwer") und 古い *furui* („alt").

• Nominaladjektive (NA, 形容動詞 *keiyoudoushi*) verhalten sich wie deutsche Adjektive oder Nomen. Sie werden wie deutsche Adjektive zur Modifikation von Substantiven und Prädikaten verwendet. Im Unterschied zu Verbaladjektiven sind sie aber unveränderlich, d. h. sie haben nur eine Form und können nicht flektiert werden. NA sind keine ursprünglichen Adjektive und meist aus der chinesischen Sprache übernommen (gelegentlich werden sie daher auch fremdsprachige oder sinojapanische Adjektive genannt).

Nominaladjektive können alle anderen Endungen außer ~ai, ~ii, ~oi oder ~ui haben (zum Beispiel ~ei). Beispiele: きれい („schön"), 便利 *benri* („bequem") und 新鮮 *shinsen* („frisch").

[6.1] Bezeichnungen für Adjektive

Verbaladjektive	Nominaladjektive
• VA	• NA
• verbale Qualitativa	• Qualitativa
• i-Adjektive	• na-Adjektive
• echte Adjektive	• quasi-Adjektive
• japanische Adjektive	• adjektivische Nomen
• 形容詞 *keiyoushi*	• sinojapanische (fremdsprachige) Adjektive
	• abstrakte Nomen
	• 形容動詞 *keiyoudoushi*

b) Eine Gruppe von Verbaladjektiven endet auf in *hiragana* geschriebenem ～しい. Auch bei ihnen ist ～い die eigentliche Adjektivendung, während ～し～ den Stamm abschließt. Im klassischen Japanisch wurden sie gesondert konjugiert, heute entspricht die Konjugation der aller anderen VA. Es sind solche Verbaladjektive, die einen stark subjektiven bzw. emotionalen Inhalt haben, wie beispielsweise:

[6.2] しい-Verbaladjektive

欲しい	*hoshii*	haben wollen
悲しい	*kanashii*	traurig
苦しい	*kurushii*	schmerzlich
嬉しい	*ureshii*	fröhlich, glücklich
美味しい	*oishii*	lecker
寂しい	*sabishii*	einsam
楽しい	*tanoshii*	freudig, fröhlich
難しい	*muzukashii*	schwierig
激しい	*hageshii*	heftig, stark
素晴らしい	*subarashii*	großartig, wunderbar

しい-Adjektive werden aufgrund des starken Ich-Bezugs nur zum Ausdruck von Emotionen der eigenen Person und bevorzugt von Frauen verwendet. Im Gegensatz dazu

6. ADJEKTIVE UND ADVERBIEN

enthalten die meisten Adjektive, deren Inhalt objektiv messbar ist, kein 〜し〜, wie zum Beispiel 赤い *akai* („rot"), 大きい *ookii* („groß"), 高い *takai* („hoch"), 近い *chikai* („nah"), 若い *wakai* („jung") oder 安い *yasui* („billig").

c) In [6.3] sind Eigenschaften und Gebrauch der Adjektive zusammengefasst:

[6.3] Charakter japanischer Adjektive		
	Verbaladjektive (VA)	Nominaladjektive (NA)
Endungen (der im Wörterbuch angegebenen Form)	entspricht der einfachen Präsensform; Endungen ~ai, ~ii, ~ui, ~oi (die eigentliche Endung ist das finale ~i, der Rest des VA ist der Adjektivstamm); Beispiel: 大きい *ookii*, よい, 面白い *omoshiroi*, 早い *hayai*	~ei und alle anderen Endungen, die keine VA-Endungen sind (Ausnahme: 嫌い *kirai*); Beispiel: 静か *shizuka*, 賑やか *nigiyaka*, 便利 *benri*, 不便 *fuben*
Flektion	VA sind voll flektierbar, übernehmen Präteritum und Verneinung; Ausnahme: いい *ii* flektiert nicht → よい flektiert voll: よかった, よくない, よくなかった	NA sind unflektierbar, die Kopula übernimmt Ausdruck von Verneinung, Präteritum und Höflichkeit; Beispiel: 静かです *shizuka desu*, 静かではありません *shizuka dewa arimasen*, 静かでした *shizuka deshita*, 静かではありませんでした *shizuka dewa arimasen deshita*
adnominaler Gebrauch	direkt vor Nomen; Beispiel: 狭い部屋 *semai heya* enges Zimmer, 高い建物 *takai tatemono* hohes Gebäude	Nominaladjektiv + な + Nomen; Beispiel: 静かな部屋 *shizuka na heya* ruhiges Zimmer, 便利な車 *benri na kuruma* praktisches Auto

[6.3] Charakter japanischer Adjektive (Fortsetzung)		
	Verbaladjektive (VA)	Nominaladjektive (NA)
prädikativer Gebrauch	einfache Form: ohne Kopula, höfliche Form: mit Kopula; Beispiel: このアパートは狭い。 *kono apa-to wa semai.* Dieses Apartment ist eng.	immer mit der Kopula; Beispiel: このアパートは静かだ。 *kono apa-to wa shizuka da.* Dieses Apartment ist ruhig.
adverbialer Gebrauch	Endung: 〜く; Beispiel: 速く飲む *hayaku nomu* schnell trinken, 遅く行く *osoku iku* spät gehen	Nominaladjektiv + に + Verb; Beispiel: 静かに飲む *shizuka ni nomu* leise trinken, 便利になる *benri ni naru* praktisch werden

6.1.2 Flektion der Verbaladjektive

Verbaladjektive können ohne andere Verben oder sonstige Wörter prädikativ und adnominal verwendet werden. Adnominal stehen sie direkt vor dem Nomen, wie zum Beispiel 大きい車 *ookii kuruma* („das große Auto"). In der einfachen Form können Verbaladjektive wie die Verben Prädikate bilden und die Kopula ist nicht notwendig, wie zum Beispiel in 今日本は寒い *ima nihon wa samui* („In Japan ist es jetzt kalt"). Zusammen mit der Kopula können sie neutral-höfliche Sätze bilden, wie 暑いです *atsui desu* („Es ist heiß"). Zur Anwendung der Höflichkeitsebenen vgl. 1.6.1.

Durch Flektion der Verbaladjektive können Zeiten und Verneinung ausgedrückt werden. Ein weiteres Verb im Satz steht im Präsens und wird je nach Satzaussage nicht verändert. Im Gegensatz zu den Nominaladjektiven ist es nicht erforderlich, eine einfache Form der Kopula nach dem VA zu verwenden.[1] Auch in der höflichen Form werden die entsprechenden Informationen nicht von der Kopula getragen.[2] Zur Flektion wird die Endung 〜い der Verbaladjektive durch eine der Endungen 〜くない (Verneinung), 〜かった (Präteritum) oder 〜くなかった (verneintes Präteritum) ersetzt.

Alternativ können verneinte Prädikate gebildet werden, indem das Verbaladjektiv adverbial in Kombination mit den höflichen Flektionsformen des Verbs ある verwendet wird. Diese Form wirkt höflich und wird bevorzugt gegenüber Fremden, sozial höherstehenden Personen und in der Schriftsprache benutzt. In bejahten Sätzen ist diese Form unüblich.

---

[1] Falsch sind folgende Formen des Adjektivs *furui*: *furui da, furui ja nai, furui ja nakatta* und *furui datta*.

[2] Falsch sind folgende Formen des Adjektivs *hayai*: *hayai dewa arimasen, hayai deshita, hayakunai deshita* und *hayai dewa arimasen deshita*.

6. ADJEKTIVE UND ADVERBIEN

Unter den weiteren Konjugationsformen der Verbaladjektive ist besonders die *te*-Form relevant, die mit der Endung 〜くて gebildet wird (vgl. 7.1.4). Der Anschluss der Endung 〜ければ ergibt die Konditionalform der Verbaladjektive (vgl. 10.6.1).

[6.4] Flektion von Verbaladjektiven am Beispiel von 広い *hiroi*			
Zeit		Bildung	Beispiel
Präsens affirmativ	einfach:	〜い	広い *hiroi*
	höflich:	〜いです	広いです
		(〜くあります)*	(広くあります)*
Präsens verneint	einfach:	〜くない	広くない
	höflich:	〜くないです	広くないです
		〜くありません	広くありません
Präteritum affirmativ	einfach:	〜かった	広かった
	höflich:	〜かったです	広かったです
		(〜くありました)*	(広くありました)*
Präteritum verneint	einfach:	〜くなかった	広くなかった
	höflich:	〜くなかったです	広くなかったです
		〜くありませんでした	広くありませんでした
te-Form		〜くて	広くて
Konditional		〜ければ	広ければ
Anschein		〜そう	広そう
Imperativ		〜かれ	広かれ
Anschein		〜かろう	広かろう

*unübliche Formen

Das einzige nicht flektierbare Verbaladjektiv ist いい *ii* („gut"). Zum Ausdruck von Vergangenheit oder Verneinung muss das bedeutungsgleiche und voll flektierende よい *yoi* benutzt werden (vgl. 6.2.5).

6.1.3   Flektion der Nominaladjektive

a) Nominaladjektive haben nur eine Form und werden nicht flektiert. Sie können nicht verneint werden, Vergangenheitsformen übernehmen oder höflich bzw. unhöflich wirken. Alle diese Funktionen werden weiterhin vom Verb übernommen. Im prädikativen

Gebrauch können NA nicht ohne die Kopula bzw. ohne である[3] stehen. Die Kopula bzw. das Verb ある übernehmen sämtliche Flektionsfunktionen, wie beispielsweise 便利です *benri desu* („Es ist praktisch") oder 不便ではありません *fuben dewa arimasen* („Es ist nicht unpraktisch").

[6.5] Flektion der Nominaladjektive

	einfache Formen	höfliche Formen
Präsens	NAだ	NAです
	NAである*	NAであります*
Präsens verneint	NAじゃない	NAじゃありません
	NAではない*	NAではありません*
		NAじゃないです
		NAではないです*
Präteritum	NAだった	NAでした
	NAであった*	NAでありました
Präteritum verneint	NAじゃなかった	NAじゃありませんでした
	NAではなかった*	NAではありませんでした*
		NAじゃなかったです
		NAではなかったです*

b) Adnominal werden Nominaladjektive im bejahten Präsensfall mit dem Zusatz な zwischen NA und Nomen verwendet:

> 京都 は 有名 な 町 です。
> *kyouto wa yuumei na machi desu.*
> Kyoto ist eine berühmte Stadt.

> 田中先生 は 静か な 部屋 が 欲しい です か。
> *tanakasensei wa shizuka na heya ga hoshii desu ka.*
> Herr Tanaka, wollen sie ein ruhiges Zimmer?

> この 車 は 不便 な の では ありません。
> *kono kuruma wa fuben na no dewa arimasen.*
> Dieses Auto ist kein unpraktisches.

---

[3] Die in der Tabelle [6.5] mit * markierten Formulierung *mit de aru (de arimasu, dewa nai, dewa arimasen, de atta, de arimashita ...)* wirken in der gesprochen Sprache etwas steifer bzw. formaler und werden bevorzugt in der Schriftsprache verwendet.

6. ADJEKTIVE UND ADVERBIEN

In einer verneinten oder vergangenen Aussage folgt nach dem Nominaladjektiv eine entsprechende einfache Form der Kopula, wie in [6.5] angegeben, zum Beispiel:

> 静か では ない アパート
> *shizuka dewa nai apa-to* ein Zimmer, das nicht ruhig ist
> 静か だった アパート
> *shizuka datta apa-to* ein Zimmer, das ruhig war
> 静か では なかった アパート
> *shizuka dewa nakatta apa-to* ein Zimmer, das nicht ruhig war

c) Nominaladjektive haben auch keine anderen Konjugationsformen, zum Beispiel zum Ausdruck des Konditionals, von Anschein oder der *te*-Form. Entsprechende Formen werden mithilfe der Kopula gebildet.

6.1.4 Die Nominalisierung, Bildung und Verknüpfung von Adjektiven

a) Neben Verben können auch Adjektive nominalisiert und so als Substantive gebraucht werden.

[6.6] Möglichkeiten zur Nominalisierung von Adjektiven	
Verbaladjektive	+の
	~さ
spezielle Verbaladjektive	~み (nicht generell anwendbar)
	近い *chikai* → 近く *chikaku*
	多い *ooi* → 多く *ooku*
Nominaladjektive	direkt als nominaler Satzbaustein verwendbar
	+さ

Die Nominalisierung von Verbaladjektiven kann mithilfe der Nominalisierungspartikel の durchgeführt werden. Sie wird dem VA nachgestellt. Alternativ kann die VA-Endung ~さ verwendet werden, die das finale ~い der VA ersetzt.

[6.7] Beispiele zur Nominalisierung von Verbaladjektiven			
Adjektiv	Nominalisiertes Verbaladjektiv		
	mit の	mit さ	
暖かい *atatakai* warm	暖かいの *atatakai no*	暖かさ *atatakasa*	die Wärme
速い *hayai* schnell	速いの *hayai no*	速さ *hayasa*	die Schnelligkeit
狭い *semai* eng	狭いの *semai no*	狭さ *semasa*	die Enge
長い *nagai* lang	長いの *nagai no*	長さ *nagasa*	die Länge

> この 建物 の 高さ は どの ぐらい です か。
> *kono tatemono no takasa wa dono gurai desu ka.*
> Wie ist die Höhe dieses Gebäudes?

> 手紙 の 大きさ も 重さ も もう 知って います か。
> *tegami no ookisa mo omosa mo mou shitte imasu ka.*
> Kennen sie schon Größe und Gewicht des Briefes?

Einige wenige Verbaladjektive können auch mit der Endung ～み nominalisiert werden. Sie wird genau wie ～さ an den VA-Stamm angeschlossen. Dabei entstehen beispielsweise die Substantive 温かみ *atatakami* („die Wärme"), 甘み *amami* („die Süße"), 弱み *yowami* („die Schwäche"), 強み *tsuyomi* („die Stärke") und 楽しみ *tanoshimi* („die Freude").

Die zwei Verbaladjektive 近い *chikai* („nah") und 多い *ooi* („viel") bilden formal Substantive mit ihren Adverbialformen: 近く *chikaku* („die Nähe") und 多く *ooku* („eine große Menge").

> 郵便局 の 近く に 会いましょう。
> *yuubinkyoku no chikaku ni aimashou.*
> Lass uns in der Nähe der Post treffen.

> 日本 で 多く の 車 は 白い です。
> *nihon de ooku no kuruma wa shiroi desu.*
> In Japan sind viele Autos weiß.

b) Nominaladjektive haben sowohl adjektivischen wie auch nominalen Charakter, d. h. sie können ohne Zusatz und Veränderung auch als Nomen verwendet werden. Durch den zusätzlichen Gebrauch von さ wird die Stärke bzw. der Grad einer Eigenschaft aus-

6. ADJEKTIVE UND ADVERBIEN

gedrückt. Aus diesem Grund kann diese Form nur bei den Adjektiven verwendet werden, bei denen dieser Bedeutungswandel sinnvoll ist.

> きれい schön, die Schönheit
> → きれいさ Grad der Schönheit
> 便利 *benri* praktisch
> → 便利さ *benrisa* Bequemlichkeit, etwas zu machen

> 祖父母 の 元気さ に 驚きます。
> *sofubo no genkisa ni odorokimasu.*
> Ich bin von der Lebendigkeit meiner Großeltern überrascht.

c) Bildung von Adjektiven aus anderen Wortarten: Durch einige Umformungen haben sich in der Entwicklung der japanischen Sprache Adjektive aus anderen Wortarten gebildet. Eine Möglichkeit ist der Zusatz eines Suffixes, zum Beispiel 〜しい, 〜がましい, 〜がわしい oder 〜らしい. Während 〜しい an Nomen, Verben und Adverbien angeschlossen werden kann, sind andere Suffixe nur als Zusatz an Nomen möglich. Diese Art der Adjektivbildung ist nicht verallgemeinerbar und gilt nur für bestimmte Adjektive, zum Beispiel:

> 願う *negau* wünschen (Verb)
> → 願わしい *negawashii* wünschenswert
> はなはだ *hanahada* sehr (Adverb)
> → はなはだしい *hanahadashii* äußerst
> 馬鹿 *baka* der Dummkopf, Idiot (N)
> → 馬鹿らしい *bakarashii* absurd, tölpelhaft, albern
> 未練 *miren* das Bedauern (N)
> → 未練がましい *mirengamashii* bedauerlich
> 男 *otoko* Mann (N)
> → 男らしい *otokorashii* männlich

Speziell bei sinojapanischen Nomen kann auch der Zusatz des Suffix 〜的 *~teki* zu Adjektiven führen, zum Beispiel:

> 政治 *seiji* Politik → 政治的 *seijiteki* politisch
> 経済 *keizai* Wirtschaft → 経済的 *keizaiteki* wirtschaftlich
> 歴史 *rekishi* Geschichte → 歴史的 *rekishiteki* geschichtlich
> 日本 *nihon* Japan → 日本的 *nihonteki* japanisch

Eine weitere Möglichkeit ist die Kombination aus Nomen oder Verb mit einem Adjektiv. Auch diese Bildung gilt nur für bestimmte Beispiele, wie:

見る *miru* („sehen", Verb) + 苦しい *kurushii* („schmerzlich", VA)
→ 見苦しい *migurushii* hässlich
名 *na* („Name", Nomen) + 高い *takai* („hoch", VA)
→ 名高い *nadakai* berühmt

6.2 Anwendung von Adjektiven

[6.8] Beispiele für Verwendung von Adjektiven

Gebrauch	Verbaladjektiv	Nominaladjektiv
prädikativ	車 は 速い *kuruma wa hayai*	部屋 は 静か だ *heya wa shizuka da*
adnominal	速い 車 *hayai kuruma*	静か な 部屋 *shizuka na heya*
adverbial	速く 飲む *hayaku nomu*	静か に 飲む *shizuka ni nomu*

6.2.1 Adjektivische Prädikate

Im Japanischen können Adjektive Prädikate bilden. Verbaladjektive tun dies wie Verben ohne weitere Zusätze. Da im japanischen Satz Subjekt und Objekt nicht erwähnt werden müssen, kann ein Satz auch alleine aus einem Verbaladjektiv bestehen, zum Beispiel 大きい *ookii* mit unterschiedlichen Bedeutungen, zum Beispiel „Ich bin groß", „Es ist groß", „Sie sind groß" oder „Es wird groß sein". Nominaladjektive dagegen müssen wie Nomen die Kopula nach sich führen. Sie bilden das „nominaladjektivische Prädikat", zum Beispiel: 不便です *fuben desu* („Es ist unpraktisch").

Wie in 6.1.2 beschrieben, werden Vergangenheit, Verneinung und andere Funktionen durch Flektionsendungen der Verbaladjektive beschrieben. Im Fall der Nominaladjektive werden alle Konjugationsformen von der Kopula übernommen. Darüber hinaus können adjektivische Prädikate die meisten Satzkonstruktionen bilden wie verbale Prädikate.

● Beispiele für verbaladjektivische Prädikate:

あの 駅 は 小さい です。　　　　　　　　　　　　　　　(Präsens, höflich)
ano eki wa chiisai desu.
Jener Bahnhof ist klein.

6. ADJEKTIVE UND ADVERBIEN

私達 の 家 は 小さくて 古かった。 (Präteritum, einfach)
watashitachi no uchi wa chiisakute furukatta.
Unser Haus war klein und alt.

● Beispiele für nominaladjektivische Prädikate:

あの 場所 は 泳ぐ の に とても 便利 でした。
ano basho wa oyogu no ni totemo benri deshita. (Präteritum, höflich)
Jener Ort war sehr günstig zum Schwimmen.

彼 は 字 が きれい では ありません。
kare wa ji ga kirei dewa arimasen. (Präsens, verneint, höflich)
Er hat keine hübsche Handschrift.

6.2.2 Adnominaler Gebrauch der Adjektive

a) Im adnominalen Gebrauch können VA direkt vor Nomen verwendet werden, zum Beispiel: 大きい建物 *ookii tatemono* („ein großes Gebäude"). Sie können in allen einfachen Gegenwarts- und Vergangenheitsformen vor dem Nomen stehen (zur Flektion vgl. 6.1.2). Im Fall der Nominaladjektive wird im bejahenden Präsensfall な zwischen Adjektiv und Nomen eingeschoben (zum Beispiel: 便利な部屋 *benri na heya* „ein gemütliches Zimmer"). In anderen Fällen wird eine Form der Kopula verwendet.

[6.9] Beispiele zur Flektion mit Verneinung und Vergangenheit im adnominalen Gebrauch (einfache Formen)

	Form	Konjugation	
VA	Präsens	速い車 *hayai kuruma*	ein schnelles Auto
	verneintes Präsens	速くない車 *hayakunai kuruma*	ein Auto, das nicht schnell ist
	Präteritum	速かった車 *hayakatta kuruma*	ein Auto, das schnell war
	verneintes Präteritum	速くなかった車 *hayakunakatta kuruma*	ein Auto, das nicht schnell war

[6.9] Beispiele zur Flektion mit Verneinung und Vergangenheit im adnominalen Gebrauch (einfache Formen) (Fortsetzung)

	Form	Konjugation	
NA	Präsens	便利な車 *benri na kuruma*	ein praktisches Auto
	verneintes Präsens	便利ではない車 *benri dewa nai kuruma*	ein Auto, das nicht praktisch ist
	Präteritum	便利だった車 *benri datta kuruma*	ein Auto, das praktisch war
	verneintes Präteritum	便利ではなかった車 *benri dewa nakatta kuruma*	ein Auto, das nicht praktisch war

b) Auf diese Weise können Nomen, die unterschiedliche Funktionen im Satz ausüben, mit Adjektiven modifiziert werden:

- **Nomen als Satzthema**

  面白い本はあれです。
  omoshiroi hon wa are desu.
  Das interessante Buch ist jenes.

- **Nomen als Subjekt**

  どこで面白い本が買えますか。
  doko de omoshiroi hon ga kaemasu ka.
  Wo kann man interessante Bücher kaufen?

- **Nomen als direktes Objekt**

  面白い本を買いました。
  omoshiroi hon o kaimashita.
  Ich habe ein interessantes Buch gekauft.

- **Nomen als Ortsangabe**

  小さい店で鞄を買いました。
  chiisai mise de kaban o kaimashita.
  In dem kleinen Geschäft habe ich eine Tasche gekauft.
  小さい店に行きました。
  chiisai mise ni ikimashita.
  Ich ging in das kleine Geschäft.
  小さい店から来ました。
  chiisai mise kara kimashita.
  Ich komme aus dem kleinen Geschäft

6. ADJEKTIVE UND ADVERBIEN 255

- Nomen im nominalen Prädikat

> これ は 面白い 本 です。
> *kore wa omoshiroi hon desu.*
> Dies ist ein interessantes Buch.

c) Analog werden Adjektive adnominal gebraucht, falls das Nomen durch の, zum Beispiel in einem Antwortsatz, ersetzt ist.

- Beispiel für VA:

> この 苺 は ちょっと 高い です。もっと 安い の は ありません か。
> *kono ichigo wa chotto takai desu. motto yasui no wa arimasen ka.*
> Diese Erdbeeren sind mir etwas zu teuer. Haben sie keine billigeren?

- Beispiel für NA:

> この 苺 は 美味しく ありません。もっと 新鮮 な の は ありません か。
> *kono ichigo wa oishiku arimasen. motto shinsen na no wa arimasen ka.*
> Diese Erdbeeren schmecken mir nicht. Haben sie keine frischeren?

6.2.3 Adverbiale Verwendung der Adjektive

a) In der adverbialen Verwendung wird bei VA die Endung ～く („Adverbialform", zum Beispiel von 早い *hayai*: 早く *hayaku*) und bei Nominaladjektiven der Zusatz に (zum Beispiel von 便利 *benri*: 便利に *benri ni*) benutzt. Zur Bildung und Verwendung von Adverbien vgl. 6.5 und 6.6.

- Verbaladjektiv, Imperativ, einfach:

> ビール を 速く 飲んで。
> *bi-ru o hayku nonde.*
> Trinke das Bier schnell.

- Nominaladjektiv, Präteritum, höflich:

> とても 静か に 食べました。
> *totemo shizuka ni tabemashita.*
> Wir haben sehr ruhig gegessen.

b) Während Verbaladjektive immer an ihren Endungen erkannt werden können, ist es beim prädikativen Gebrauch nicht möglich, Nominaladjektive und Nomen zu unterscheiden. So haben beispielsweise das NA 新鮮 *shinsen* und das Nomen 緑色 *midoriiro* in folgenden zwei Sätzen die gleiche Prädikatsform: この魚は新鮮です *kono sakana wa shinsen desu.* und あの木は緑色です *ano ki wa midoriiro desu.*

Bei anderer Verwendung sind sie eindeutig unterscheidbar, zum Beispiel beim adnominalen Gebrauch: 新鮮な魚 *shinsen na sakana* bzw. 緑色の木 *midoriiro no ki*.

c) In einem existentiellen Satz mit adnominalem Adjektiv können Verneinung und Vergangenheit sowohl vom Adjektiv wie auch vom Prädikat ausgedrückt werden:

> これ は 面白くない 本 です。
> *kore wa omoshirokunai hon desu.*
> これ は 面白い 本 では ありません。
> *kore wa omoshiroi hon dewa arimasen.*
> Dies ist kein interessantes Buch.

> これ は 面白かった 本 です。
> *kore wa omoshirokatta hon desu.*
> これ は 面白い 本 でした。
> *kore wa omoshiroi hon deshita.*
> Dies war ein interessantes Buch.

> これ は 面白くなかった 本 です。
> *kore wa omoshirokunakatta hon desu.*
> これ は 面白い 本 では ありません でした。
> *kore wa omoshiroi hon dewa arimasen deshita.*
> Dies war kein interessantes Buch.

6.2.4 Die Frage nach Adjektiven

Nach Adjektiven wird mit どんな gefragt. Es ist das Fragepronomen der *ko-so-a-do*-Reihe (vgl. 2.4.2: こんな dieser; そんな solcher; あんな jener). どんな tritt bei der Frage an die Stelle im Satz, an der das zu erfragende Adjektiv steht.

> どんな お酒 を 飲みました か。 高い お酒 を 飲みました。
> *donna osake o nomimashita ka. takai osake o nomimashita.*
> Was für einen Sake haben sie getrunken? Ich habe teuren Sake getrunken.

> どんな 車 で ここ に 来た。 速くて きれい な 車 で。
> *donna kuruma de koko ni kita. hayakute kirei na kuruma de.*
> Mit was für einem Auto bist du hierher gekommen? Mit einem schnellen und schönen Auto.

6. ADJEKTIVE UND ADVERBIEN

6.2.5 Ausnahmen in der Anwendung spezieller Adjektive

a) Für das Adjektiv 良い („gut") gibt es die zwei Lesungen いい und よい. Während いい nicht flektierbar ist, flektiert よい voll. Im Falle von Präteritum bzw. Verneinung muss somit よい verwendet werden. Für beide Lesungen werden heutzutage bevorzugt *kana* verwendet.

b) Die drei Verbaladjektive 近い *chikai* („nah"), 遠い *tooi* („fern") und 多い *ooi* („viel") werden im adnominalen Gebrauch meist in der adverbialen Form (〜く) und mit の vor dem Nomen verwendet.

> 近く の 公園
> *chikaku no kouen* ein nahegelegener Park
> 近い 将来
> *chikai shourai* nahe Zukunft
> 遠く の 方
> *tooku no hou* eine weit entfernte Richtung
> 遠い 昔
> *tooi mukashi* ferne Vergangenheit
> 多く の 学生
> *ooku no gakusei* viele Studenten

c) Einige Verbaladjektive können sowohl in der üblichen adnominalen Form (d. h. direkt vor dem Nomen), wie auch analog der Nominaladjektive (d. h. mit な) verwendet werden, allerdings wird な direkt an den Stamm des Verbaladjektivs gehängt. Die beiden Formen sind bedeutungsgleich. Insbesondere 大きい *ookii* („groß") wird häufig in dieser Form benutzt.

> 大きな木   *ookina ki*   großer Baum
> 小さな内   *chiisa na uchi*   kleines Haus
> おかしな話   *okashi na hanashi* lustige Geschichte

d) Es gibt drei Bezeichnungen für „viel" im Japanischen: たくさん, 多い *ooi* und 大勢 *oozei*. たくさん *takusan* kann adjektivisch und adverbial verwendet werden:

京都 に は お寺 が たくさん あります。
kyouto ni wa otera ga takusan arimasu (als Adverb). Oder:
京都 に は たくさん お寺 が あります。
kyouto ni wa takusan otera ga arimasu (als Adjektiv).
In Kyoto gibt es viele Tempel.

Das Verbaladjektiv 多い kann nur als Adverb und nicht adnominal als Adjektiv verwendet werden.

京都 に は お寺 が 多い です。
kyouto ni wa otera ga ooi desu.
In Kyoto gibt es viele Tempel.

Eine Ausnahme sind Relativsätze, in denen „viel sein" das Prädikat ist und nicht das Hauptsatznomen modifiziert, obwohl es davor steht:

お寺 が 多い 町 は 京都 です。
otera ga ooi machi wa kyouto desu.
Die Stadt mit den vielen Tempeln ist Kyoto.

Soll 多い als Adjektiv verwendet werden, muss es in seiner Adverbialform 多く stehen:

多く の 車 が アジア から ヨーロッパ に 来ます。
ooku no kuruma ga ajia kara yo-roppa ni kimasu.
Es kommen viele Autos von Asien nach Europa.

Im Gegensatz zu たくさん und 大勢 kann 多く auch als Nomen gebraucht werden:

日本 で は 車 の 多く は 白い です。
nihon de wa kuruma no ooku wa shiroi desu.
In Japan ist die Mehrzahl der Autos weiß.

Analog wie 多い wird 少ない („wenig") angewendet:

ドイツ で は 日本語 が 出来る 人 は 少ない。
doitsu de wa nihongo ga dekiru hito wa sukunai.
Wenige Menschen in Deutschland können Japanisch.

この 町 は お寺 が 少ない です。
kono machi wa otera ga sukunai desu.
In dieser Stadt sind nicht viele Tempel.

6. ADJEKTIVE UND ADVERBIEN

Nur in Verbindung mit Menschen wird das Adjektiv 大勢 verwendet. Es kann somit die anderen Bezeichnungen nur in diesem Fall ersetzen. In Umkehrung kann 大勢 immer von 多い oder たくさん ersetzt werden.

> 私 の 所 に 友達 が 大勢 来ました。
> *watashi no tokoro ni tomodachi ga oozei kimashita.*
> Es kamen viele Freunde zu mir.

> この 部屋 に は 女の人 が 大勢 います。
> *kono heya ni wa onnanohito ga oozei imasu.*
> In diesem Raum sind viele Frauen.

e) **Adjektive statt Verben:** Im Japanischen werden einige Ausdrücke, die in der deutschen Sprache mit Verben gebildet werden, mit Adjektiven formuliert: Es sind Verben, die Fähigkeiten, Wünsche oder Sympathie ausdrücken. In mit ihnen gebildeten Sätzen wird das direkte Objekt nicht mit を, sondern immer mit der Partikel が markiert. Tempus und Verneinung werden vom Verbaladjektiv (VA) bzw. bei Nominaladjektiven (NA) von der Kopula übernommen.

[6.10] Wichtige Adjektive der Fähigkeit, des Wunsches und der Sympathie

Verbal-	欲しい	*hoshii*	haben wollen
adjektive	恐い	*kowai*	Angst haben
Nominal-	好き	*suki*	gern mögen
adjektive	大好き	*daisuki*	sehr gern mögen
	嫌い	*kirai*	nicht gern mögen
	大嫌い	*daikirai*	hassen
	上手	*jouzu*	können/geschickt sein
	下手	*heta*	nicht können/ungeschickt sein

> この 車 が 欲しい です か。いいえ、欲しくない です。
> *kono kuruma ga hoshii desu ka. iie, hoshikunai desu.*
> Möchtest du dieses Auto haben? Nein, ich möchte es nicht haben.

> 歌 が 上手 です。
> *uta ga jouzu desu.*
> Ich kann gut singen.

> ドイツ の ビール が 好き。 ええ、もちろん。 大好き。
> *doitsu no bi-ru ga suki. ee, mochiron. daisuki.*
> Magst du deutsches Bier? Ja, selbstverständlich. Ich mag es sehr gerne.

6.2.6 Verwendung von よう

a) Die Verwendung des Nominaladjektivs よう ist eine der Möglichkeiten zum Ausdruck von Anschein in der Bedeutung „Es sieht so aus, dass ...". (beschrieben in 8.6.5). In seiner Adverbialform ように wird es dagegen benutzt, um die Art und Weise der Ausführung einer Handlung zu beschreiben (in der Bedeutung „so machen, wie ..."). Im Fall von Zustandsverben können Sätze auch als Vergleiche der Form „so sein, wie ..." übersetzt werden. Mit den Verben なる, する und 言う *iu* haben sich feststehende Ausdrücke gebildet.

[6.11] Formulierungen mit よう

Formulierung	Funktion
ようです	Formulierung des Anscheins (vgl. 8.6.5)
ように + Verb	Art und Weise der Ausführung einer Handlung bzw. Vergleich eines Zustands
speziell:	
ようになる	Ausdruck von Ergebnissen (vgl. 5.6.2)
ようにする	Ausdruck von „etwas sicherstellen ...", „etwas so machen, dass ..."
ように言う	Ausdruck einer Veranlassung zu einer Handlung

b) Um die Art und Weise der Ausführung einer Handlung oder einen vergleichenden Zustand zu beschreiben, kann ように direkt nach den einfachen Gegenwarts- und Vergangenheitsformen von Verben und Verbaladjektiven verwendet werden. Im Präsensfall steht nach Nominaladjektiven なように und nach Nomen のように. Im Präteritumsfall wird in beiden Fällen だった zwischen NA bzw. Nomen und ように eingefügt.

[6.12] Anwendung von よう

Worttyp	Präsens	Präteritum
Verben	～うように	～たように
VA	～いように	～かったように
NA	なように	だったように
Nomen	のように	だったように

6. ADJEKTIVE UND ADVERBIEN

先生 が 書く よう に 書いて 下さい。
sensei ga kaku you ni kaite kudasai. (Verb)
Schreibe es bitte so, wie es der Lehrer schreibt.

彼 は 何事 も なかった よう に テレビ を 見続けました。
kare wa nanigoto mo nakatta you ni terebi o mitsuzukerimashita. (Verb, verneint)
Er fuhr fort fernzusehen, als ob nichts passiert wäre.

好き な よう に 行き来 して いい です よ。
suki na you ni ikiki shite ii desu yo. (Nominaladjektiv)
Du kannst kommen und gehen wie du möchtest.

あなた は 日本人 の よう に お箸 で 食べられます。
anata wa nihonjin no you ni ohashi de taberaremasu. (Nomen)
Du kannst wie ein Japaner mit den Stäbchen essen.

Nicht immer sind Sätze in dieser Bedeutung zu übersetzen. Wird kein Vergleich genannt, drückt der Satz eher einen Anschein aus.

この 本 は 面白い よう に 思います。
kono hon wa omoshiroi you ni omoimasu.
Dieses Buch sieht interessant aus (Ich denke, dieses Buch ist interessant).

Im Vergleich dazu werden Sätze, in denen よう das nominaladjektivische Prädikat bildet, immer mit der Formulierung eines Anscheins übersetzt (vgl. 8.6.5):

その お鮨 は 美味しい よう です から、食べましょう。
sono osushi wa oishii you desu kara, tabemashou.
Weil diese Sushi lecker aussehen, lasst sie uns essen.

この ビール は 水 の よう です。
kono bi-ru wa mizu no you desu.
Dieses Bier ist wie Wasser.

c) In Kombination mit dem Verb なる werden Ergebnisse formuliert, wie in 5.6.2 beschrieben.

車 が 運転 出来る よう に なりました。
kuruma ga unten dekiru you ni narimashita.
Ich kann (inzwischen) Auto fahren.

> 美穂さん は すぐ に ドイツ語 を 話せる よう に なる でしょう。
> *mihosan wa sugu ni doitsugo o hanaseru you ni naru deshou.*
> Miho wird bestimmt bald Deutsch sprechen können.

d) Zur Formulierung von „etwas sicherstellen ...", „etwas so machen, dass ...", „jemanden dazu bringen, etwas so ... zu machen" o.Ä. wird よう adverbial vor する benutzt. In diesem Fall kann よう nur nach Verben stehen.

> 私 は 春子 が 明日 大学 に 勉強 しに 行く よう に します。
> *watashi wa haruko ga ashita daigaku ni benkyou shini iku you ni shimasu.*
> Ich sorge dafür, dass Haruko morgen in die Uni lernen geht.

> 今晩 九時 に 来る よう に して 下さい。
> *konban kuji ni kuru you ni shite kudasai.*
> Bitte stelle sicher, dass du heute Abend um 9 Uhr kommst.

e) Mit der Kombination von よう mit dem Verb 言う *iu* kann „jemandem sagen, ... zu tun" formuliert werden. Die Person, die zu einer Handlung veranlasst wird, wird mit der Partikel に und die Person, die zu einer Handlung veranlasst, wird mit der Partikel は markiert.

> 山田さん に あまり 心配 しない よう に 言って 下さい。
> *yamadasan ni amari shinpai shinai you ni itte kudasai.*
> Bitte sage Herrn Yamada, er solle sich keine Sorgen machen.

> 先生 は 貴美子 に よく 勉強 する よう に 言わなければ なりません。
> *sensei wa kimiko ni yoku benkyou suru you ni iwanakereba narimasen.*
> Der Lehrer muss Kimiko sagen, sie solle gut lernen.

6.2.7 Verwendung von そう

a) Mit dem Nominaladjektiv そう werden zwei Funktionen erfüllt: es kann Anschein und Hörensagen formuliert werden. Die zwei Funktionen unterscheiden sich neben ihrer Bedeutung auch in der grammatischen Bildung. Zur Anwendung und Bildung des Anscheins „es scheint, dass ...", „es sieht aus, wie ..." u.Ä. vgl. 8.6.4.

[6.13] Funktionen von そう

Formulierung	Funktion
そう です	Ausdruck von Hörensagen
～そう です	Formulierung des Anscheins (vgl. 8.6.4)

6. ADJEKTIVE UND ADVERBIEN

b) Zur Formulierung von „Ich hörte, dass …" kann 〜そう den einfachen Präsens- und Präteritumsformen von Verben und Adjektiven bzw. der Kopula bei nominalen und nominaladjektivischen Ausdrücken folgen. Im Fall von Verben und Verbaladjektiven ist auch der Anschluss an die einfach verneinten Formen möglich. Der entstehende Ausdruck ist nominaladjektivischer Natur, muss also die Kopula mit sich führen.

> あなた は 日本 へ 行く そう だ。
> *anata wa nihon e iku sou da.* (nach Verb)
> Ich höre, dass du nach Japan gehst.

> 日本 の ビール は とても 高かった そう です。
> *nihon no bi-ru wa totemo takakatta sou desu.* (nach VA, Präteritum)
> Ich hörte, dass in Japan Bier sehr teuer war.

> あなた の アパート は 不便 だ そう だ。
> *anata no apa-to wa fuben da sou da.* (nach NA)
> Ich höre, dass deine Wohnung unpraktisch ist.

> 朝子さん は まだ 学生 だった そう だ。
> *tomokosan wa mada gakusei datta sou da.* (nach N, Präteritum)
> Ich höre, dass Tomoko noch Studentin ist.

c) Als nominaladjektivischer Ausdruck wird そう adnominal mit な („… そうな Nomen …") und adverbial mit に („… そうに Verb …") angewendet.

> お酒 を 飲まない そう な 学生 は パーティー に 来ます か。
> *osake o nomanai sou na gakusei wa pa-ti- ni kimasu ka.*
> Kommen die Studenten, von denen ich hörte, dass sie keinen Alkohol trinken, auf die Party?
> (adnominaler Gebrauch; そう nach verneintem Verb)

> 先生 だ そう な 田中さん は どこ に 住んで います か。
> *sensei da sou na tanakasan wa doko ni sunde imasu ka.*
> Wo wohnt Herr Tanaka, von dem ich hörte, er sei Lehrer?
> (adnominaler Gebrauch; そう nach Nomen)

d) Vergleich der Bildungs- und Bedeutungsunterschiede bei der Formulierung von Hörensagen bzw. Anschein mit そう.

[6.14] Übersicht über die Verwendung von そう		
verbaler Ausdruck vor そう	Hörensagen	山田さん は お酒 を よく 飲む そう です。 *yamadasan wa osake o yoku nomu sou desu.* Ich hörte, dass Frau Yamada oft Sake trinkt.
	Anschein	山田さん は お酒 を よく 飲みそう です。 *yamadasan wa osake o yoku nomisou desu.* Es scheint, dass Frau Yamada oft Sake trinkt.
verbaladjektiv. Ausdruck vor そう	Hörensagen	山田さん の 車 は 高い そう です。 *yamadasan no kuruma wa takai sou desu.* Ich hörte, dass Frau Yamadas Auto teuer ist.
	Anschein	山田さん の 車 は 高そう です。 *yamadasan no kuruma wa takasou desu.* Frau Yamadas Auto sieht teuer aus.
nominaladjektiv. Ausdruck vor そう	Hörensagen	アパート は 便利 だ そう です。 *apa-to wa benri da sou desu.* Ich hörte, dass die Wohnung praktisch ist.
	Anschein	アパート は 便利 そう です。 *apa-to wa benri sou desu.* Die Wohnung scheint praktisch zu sein.

6.2.8 Die Kombination von Adjektiven mit がる

Einige Adjektive erfordern als Subjekt in Aussagesätzen die grammatisch erste Person und in Fragesätzen die zweite Person. Um diese Adjektive auch in Kombination mit der dritten Person zu benutzen, kann がる verwendet werden. Es wird direkt nach Nominaladjektiven positioniert bzw. als Endung ～がる an den Stamm von Verbaladjektiven gehängt. Die Verwendungen mit dem Verbaladjektiv 欲しい *hoshii* → 欲しがる *hoshigaru* sowie der Wunschform von Verben ～[i]たい → ～[i]たがる zum Ausdruck eines Wunsches sind in 9.1 beschrieben. Typische Adjektive, die mit ～がる kombiniert werden können, sind emotionaler oder physiologischer Natur, insbesondere Verbaladjektive, die auf ～しい enden.

6. ADJEKTIVE UND ADVERBIEN

[6.15] Beispiele für die Anwendung der がる-Form

	Adjektiv	*garu*-Form	
Emotionen beschreibende Adjektive	欲しい *hoshii*	欲しがる *hoshigaru*	wollen
	寂しい *sabishii*	寂しがる *sabishigaru*	einsam
	恐い *kowai*	恐がる *kowagaru*	ängstlich
Physiologische Eigenschaften beschreibende Adjektive	暑い *atsui*	暑がる *atsugaru*	heiß
	寒い *samui*	寒がる *samugaru*	kalt
	痛い *itai*	痛がる *itagaru*	schmerzhaft

Die so gebildeten Wörter sind konsonantische Verben und können wie solche weiter flektiert werden, zum Beispiel das Verbaladjektiv 恐い *kowai*:

[6.16] Beispiele für die Flektion der がる-Formen

Konjugation	Form
einfache Präsensform:	恐がる *kowagaru*
einfache, verneinte Präsensform:	恐がらない *kowagaranai*
einfache Präteritumsform:	恐がった *kowagatta*
höfliche Präsensform:	恐がります *kowagarimasu*
te-Form:	恐がって *kowagatte*
Konditionalform:	恐がれば *kowagareba*

In Sätzen, in denen die erste Person Subjekt oder Satzthema ist, wird der Satzteil, auf den sich das Adjektiv bezieht, mit が markiert, zum Beispiel das Objekt der Angst in 私は大きい犬が恐いです *watashi wa ookii inu ga kowai desu* („Ich habe Angst vor großen Hunden"). Dagegen wird in Sätzen, in denen die dritte Person das Subjekt oder Satzthema ist, das entsprechende Satzelement mit を markiert, zum Beispiel in 息子は大きい

犬を恐がっています *musuko wa ookii inu o kowagatte imasu* („Mein Sohn hat Angst vor großen Hunden").

> 彼女 は 黒い 森 を 恐がって いる ので、一人 で 帰らなかった。
> *kanojo wa kuroi mori o kowagatte iru node, hitori de kaeranakatta.*
> Da sie Angst vor dem dunklen Wald hat, ging sie nicht alleine nach Hause.
>
> 私 は あの 所 が 好き です が、啓子 は あの 所 を 嫌 がりました。
> *watashi wa ano tokoro ga suki desu ga, keiko wa ano tokoro o iya garimashita.*
> Ich möchte diesen Ort, aber Keiko fand ihn unangenehm.
>
> 魚 を 欲しがれば、鮨屋 に 行って。
> *sakana o hoshigareba, sushiya ni itte.*
> Wenn sie Fisch möchte, dann gehe in ein Sushi-Restaurant.

6.3 Komparativ und Superlativ

a) Komparativ und Superlativ werden nicht wie im Deutschen durch spezielle Formen der Adjektive bzw. Adverbien gebildet (zum Beispiel: „schnell, schneller, am schnellsten"), sondern mithilfe der zwei Adverbien もっと („mehr") bzw. 一番 *ichiban* („Nummer 1"). Sie werden direkt vor VA, NA oder Adverbien positioniert und bilden auf diese Weise Komparativ, wie beispielsweise もっと速い *motto hayai* („schneller") und Superlativ, wie beispielsweise 一番便利 *ichiban benri* („am bequemsten").

[6.17] Beispiele für Komparativ und Superlativ	
Verbaladjektiv	
ohne Steigerung	この モーターバイク は 速い。 *kono mo-ta-baiku wa hayai.* Dieses Motorrad ist schnell.
Komparativ	あの 車 は もっと 速い。 *ano kuruma wa motto hayai.* Jenes Auto ist schneller.
Superlativ	この レーシングカー は 一番 速い。 *kono re-shinguka- wa ichiban hayai.* Dieser Rennwagen ist am schnellsten.

6. ADJEKTIVE UND ADVERBIEN

[6.17] Beispiele für Komparativ und Superlativ (Fortsetzung)

Nominaladjektiv

ohne Steigerung
北海度 は きれい です。
hokkaido wa kirei desu.
Hokaido ist schön.

Komparativ
四国 は もっと きれい です。
shikoku wa motto kirei desu.
Shikoku ist schöner.

Superlativ
近畿 は 一番 きれい です ね。
kinki wa ichiban kirei desu ne.
Das Kinki-Gebiet ist am schönsten.

Adverb

ohne Steigerung
アメリカ人 は ビール を 速く 飲みます。
amerikajin wa bi-ru o hayaku nomimasu.
Der Amerikaner trinkt das Bier schnell.

Komparativ
ベルギー人 は ビール を もっと 速く 飲みます。
berugiijin wa bi-ru o motto hayaku nomimasu.
Der Belgier trinkt das Bier schneller.

Superlativ
ドイツ人 は ビール を 一番 速く 飲みます。
doitsujin wa bi-ru o ichiban hayaku nomimasu.
Der Deutsche trinkt das Bier am schnellsten.

Adverb たくさん

ohne Steigerung
この 人 は たくさん 肉 を 食べた。
kono hito wa takusan niku o tabeta.
Dieser Mann hat viel Fleisch gegessen.

Komparativ
その 人 は もっと たくさん 肉 を 食べた。
sono hito wa motto takusan niku o tabeta.
Jener Mann aß mehr Fleisch.

Superlativ
あの 人 は 一番 たくさん 肉 を 食べた。
ano hito wa ichiban takusan niku o tabeta.
Der Mann dort drüben aß am meisten Fleisch.

一番 *ichiban* kann in einigen Fällen direkt mit einem Substantiv zusammenstehen, im Allgemeinen in der Bedeutung „am meisten", und ersetzt damit たくさん („viel"). In der

Bedeutung „am besten" ist dies allerdings nicht möglich (Falsch ist „*ichiban sensei*" für „der beste Lehrer", in diesem Fall kann das Adjektiv いい verwendet werden: 一番いい先生 *ichiban ii sensei*).

b) たくさん („viel") kann sowohl in der Komparativ- wie in der Superlativform weggelassen werden:

> その 人 は もっと 肉 を 食べた。あの 人 は 一番 肉 を 食べた。
> *sono hito wa motto niku o tabeta. ano hito wa ichiban niku o tabeta.*
> Jener Mann aß mehr Fleisch. Der Mann dort drüben aß am meisten Fleisch.

c) Der Rahmen, für den der Vergleich bzw. der Superlativ gilt, wird mit で *de* oder の中で *no naka de* markiert.

> 日本 で は 京都 は 一番 きれい な 町 です。
> *nihon de wa kyouto wa ichiban kirei na machi desu.*
> In Japan ist Kyoto die schönste Stadt.

> 車 の 中 で は ポルシェ が 一番 速い でしょう。
> *kuruma no naka de wa porushe ga ichiban hayai deshou.*
> Unter diesen Autos ist der Porsche wahrscheinlich der schnellste.

Will man den Rahmen nicht explizit nennen (zum Beispiel „am kältesten ist ..." statt „das kälteste Land ist ..."), kann der Nomenersatz mit の verwendet werden.

> 一番 速い 車 は ポルシェ です。
> *ichiban hayai kuruma wa porushe desu.*
> Das schnellste Auto ist ein Porsche.
> → 一番 速い の は ポルシェ です。
> *ichiban hayai no wa porushe desu.*
> Am schnellsten ist ein Porsche.

> 一番 有名 な の は 銀座 です。
> *ichiban yuumei na no wa ginza desu.*
> Am berühmtesten ist die Ginza.

d) Eine weitere Form des Komparativs wird beim Vergleich zwischen zwei Objekten angewendet. In einem einfachen Satz wird ein Objekt mit の方が *no hou ga* markiert. Das das Prädikat bildende Adjektiv wird ins Deutsche mit einer Komparativform übersetzt:

6. ADJEKTIVE UND ADVERBIEN

> こちら の 方 が きれい だ。
> *kochira no hou ga kirei da.*
> Dieses ist hübscher.

Ist nur der Vergleichspartner im Satz beschrieben, wird dieser mit より markiert:

> この 町 で あの 松 より きれい な 木 が あります か。
> *kono machi de ano matsu yori kirei na ki ga arimasu ka.*
> Gibt es in dieser Stadt einen hübscheren Baum als jene Kiefer?

Sind das zu vergleichende Objekt und der Vergleichspartner im Satz enthalten, wird mit の方が *no hou ga* das zu vergleichende Objekt und mit より der Vergleichspartner markiert. Entsprechende Sätze sind oft Antworten auf Fragen mit どちら. Die Satzkonstruktionen sind in 6.4 beschrieben.

6.4 Formulierung des Vergleichs

Vergleiche werden mit den Begriffen 方 *hou*, より und ほど formuliert. Neben der Bildung des Komparativs mit もっと *motto* (vgl. 6.3) stellt die Verwendung von の方が *no hou ga* und より *yori* eine weitere Form des Komparativs dar. Vergleiche können bei Zustandsverben auch mit ように formuliert werden (vgl. 6.2.6).

6.4.1 Vergleich von zwei Substantiven

a) Vergleiche nominaler Ausdrücke (wie zum Beispiel „Frankreich ist größer als Dänemark") mit positivem Prädikat werden mit の方が *no hou ga*, は und より gebildet. Das zu vergleichende Objekt („Nomen 1", in [6.18] „Frankreich") wird mit の方が oder は markiert. Die zwei Ausdrücke sind bedeutungsgleich (の方が kann eine leicht verstärkende Wirkung haben). In Antworten auf Fragen wird jedoch i.d.R. の方が benutzt. 方 ist ein Substantiv und bedeutete ursprünglich „Richtung". Das den Vergleich bildende Adjektiv (im Beispiel „groß") bezieht sich immer auf den ersten, mit の方が oder は markierten Ausdruck „Nomen 1". Beispielsweise wird „... ist besser" mit ほうがいい ausgedrückt.

Mit より wird der Vergleichspartner „Nomen 2" (in [6.18] „Dänemark") markiert. Die Reihenfolge der zwei verglichenen Ausdrücke ist beliebig. In einigen Fällen wird „Nomen 1" auch mit anderen Partikeln markiert. Zum Beispiel erfordern einige Ausdrücke wie 欲しい *hoshii* oder 好き *suki* die Partikel が.

フランス は デンマーク より 大きい。
furansu wa denma-ku yori ookii.
フランス の 方 が デンマーク より 大きい。
furansu no hou ga denma-ku yori ookii.
デンマーク より フランス が 大きい。
Denma-ku yori furansu ga ookii.
デンマーク より フランス の 方 が 大きい。
Denma-ku yori furansu no hou ga ookii.
Frankreich ist größer als Dänemark.

[6.18] Satzkonstruktionen zum Ausdruck von Vergleichen mit Nomen bei positivem Prädikat

Nomen 1	は	Nomen 2	より	Adjektiv
Nomen 1	の方が	Nomen 2	より	Adjektiv
Nomen 2	より	Nomen 1	は	Adjektiv
Nomen 2	より	Nomen 1	の方が	Adjektiv

漢字 は 平仮名 より 難しい です。
kanji wa hiragana yori muzukashii desu. Oder
漢字 の 方 が 平仮名 より 難しい です。
kanji no hou ga hiragana yori muzukashii desu.
Kanji sind schwieriger als Hiragana.

京子 は 美保 より ドイツ語 が 上手 です。
kyouko wa miho yori doitsugo ga jouzu desu.
Kyoko spricht besser Deutsch als Miho.

犬 より 猫 が 好き です。
inu yori neko ga suki desu.
Ich mag lieber Katzen als Hunde.

Es ist auch möglich, einen Satz ohne Erwähnung des Vergleichsnomens („Nomen2") zu formulieren, zum Beispiel nach einer Frage. In diesem Fall kann kein は stehen und es muss の方が verwendet werden.

ドイツ語 の 方 が 難しい。
doitsugo no hou ga muzukashii. Deutsch ist schwieriger.

6. ADJEKTIVE UND ADVERBIEN

日本 の 方 が 大きい。
nihon no hou ga ookii. Japan ist größer.

b) Der Vergleich zweier Nomen in einem Satz mit negativem Prädikat wird mit ほど für die Markierung des Vergleichpartners („Nomen2") anstelle von より gebildet. Das zu vergleichende Nomen („Nomen1") wird immer mit は markiert. Die Verneinung wird von dem den Satz abschließenden Adjektiv getragen.

[6.19] Satzkonstruktionen zum Ausdruck von Vergleichen mit Nomen bei negativem Prädikat

| Nomen 1 | は | Nomen 2 | ほど | Adjektiv ... 〜ない |

車 は バス より 速い です。
kuruma wa basu yori hayai desu.
Ein Auto ist schneller als der Bus.　　　　　　　　　　　　　(positives Prädikat)
→バス は 車 ほど 速くない です。
basu wa kuruma hodo hayakunai desu.
Der Bus ist nicht so schnell wie ein Auto.　　　　　　　　　　(negatives Prädikat)

秋 は 夏 ほど 暑くない です。
aki wa natsu hodo atsukunai desu.
Der Herbst ist nicht so heiß wie der Sommer.

c) Ein Vergleich kann auch ohne die Nennung aller Alternativen bzw. eines Vergleichspartners durchgeführt werden. Statt einer Aufzählung wird ein Sammel- bzw. Überbegriff verwendet, der mit の中で *no naka de* oder のうちで in der Bedeutung „unter diesen Dingen ..." markiert wird. Da durch die Verwendung eines Sammelbegriffes prinzipiell eine größere Zahl von zu vergleichenden Elementen (ggf. wird sogar mit der Gesamtheit verglichen) möglich ist, muss mit dem Superlativ, d. h. mit 一番 *ichiban* formuliert werden. Als Prädikate sind alle Typen möglich.

あの 車 の 中 で 赤い の が 一番 きれい です。
ano kuruma no naka de akai no ga ichiban kirei desu.　　　　　　　(NA)
Unter jenen Autos ist das Rote am schönsten.

日本 の 食べ物 の 中 で 鮨 は 一番 高くて 美味しかった です よ。
nihon no tabemono no naka de sushi wa ichiban takakute oishikatta desu yo.
(verbaladjektivisches Prädikat)
Von dem japanischen Essen war Sushi das teuerste und leckerste.

日本 の 大都市 の うち で 東京 は 富士山 の 一番 近く に あります。
nihon no daitoshi no uchi de toukyou wa fujisan no ichiban chikaku ni arimasu. (verbales Prädikat)
Von den japanischen Großstädten liegt Tokyo am nahesten am Fuji.

6.4.2 Vergleich von mehr als zwei Substantiven

a) Sind mehr als zwei Objekte in einer Aufzählung zu vergleichen, so muss eine andere Formulierung gewählt werden: Die ersten Objekte werden mit と (für „und") oder か (für „oder") aufgezählt. Das letzte Element der Aufzählung kann mit では oder auch mit と markiert werden. Alternativ wird dem letzten Substantiv の中で oder のうちで angefügt. Schließlich wird ein passendes Fragewort nachgestellt: どれ (für Sachen), どの (für Sachen mit Nennung eines Nomens), だれ (für Personen), どこ (für Orte im Sinne von „welcher Ort, welche Stadt ...") oder いつ (für Zeiten). Es wird anschließend mit が markiert. 一番 *ichiban* kann folgen.

Beispielsweise sind für die Kombination von と und どれ folgende Satzmuster möglich:

[6.20] Satzkonstruktionen zum Ausdruck von Vergleichen mit mehreren Objekten am Beispiel von どれ

Nomen 1	と	(weitere Nomen)	Nomen n	+ ...
... +	とどれが（一番）		Adjektiv	
oder: ... +	ではどれが（一番）		Adjektiv	
oder: ... +	でどれが（一番）		Adjektiv	
oder: ... +	のうちでどれが（一番）		Adjektiv	
oder: ... +	のなかでどれが（一番）		Adjektiv	

Auch beim Vergleich mehrerer Objekte sind alle Prädikate möglich (verbal, adjektivisch und nominal).

6. ADJEKTIVE UND ADVERBIEN

> お鮨 と てんぷら と 刺身 では どれ が 一番 美味しい です か。
> *osushi to tenpura to sashimi dewa dore ga ichiban oishii desu ka.*
> Was schmeckt am besten, Sushi, Tempura oder Sashimi?

> 朝子 と 美保 と 希美子 では だれ が 一番 ドイツ語 が 上手 です か。
> *tomoko to miho to kimiko dewa dare ga ichiban doitsugo ga jouzu desu ka.*
> Wer kann am besten Deutsch, Tomoko, Miho oder Kimiko?

> これ と それ と あれ の うち で どれ が いい です か。
> *kore to sore to are no uchi de dore ga ii desu ka.*
> Was möchtest du, das hier, das da oder das da drüben?

> 日本語 と ドイツ語 と 英語 と どれ が 難しい です か。
> *nihongo to doitsugo to eigo to dore ga muzukashii desu ka.*
> Welche Sprache ist schwerer, Japanisch, Deutsch oder Englisch?

> 今週 か 来週 か 来月 か いつ が よろしい でしょう か。
> *konshuu ka raishuu ka raigetsu ka itsu ga yoroshii deshou ka.*
> Wann passt es ihnen am besten, diese Woche, nächste Woche oder nächsten Monat?

b) Werden die zu vergleichenden Objekte nicht explizit genannt, kann auch ein Sammelbegriff, wie zum Beispiel „Gebäude" (statt „Bank, Schule und Bahnhof") verwendet werden. Dieser wird wie oben mit の中で oder のうちで markiert. Alle Fragewörter sowie alle Prädikattypen sind auch hier möglich.

> あの 三人 の 中 で だれ が あなた の 先生 です か。あの 男 の 人 です。
> *ano sannin no naka de dare ga anata no sensei desu ka. ano otoko no hito desu.*
> Wer von den dreien ist dein Lehrer? Es ist jener Mann.

> ヨーロッパ の 国 の うち で どれ が 一番 北 に あります か。
> *yo-roppa no kuni no uchi de dore ga ichiban kita ni arimasu ka.*
> Welches europäische Land liegt am weitesten nördlich?

> 季節 の 中 で いつ が 一番 暑い です か。
> *kisetsu no naka de itsu ga ichiban atsui desu ka.*
> In welcher Jahreszeit ist es am heißesten?

6.4.3 Die vergleichende Frage

Um nach einem Objekt aus zwei zur Verfügung stehenden Objekten zu fragen, wird das Fragepronomen どちら oder alternativ das weniger formelle どっち benutzt. Auf diese

Weise können zwei Sachgegenstände („welches von beiden ist ...") sowie zwei Personen („welche/welcher von beiden ist ...") miteinander verglichen werden.

In einer vergleichenden Frage können nur nominale Ausdrücke verwendet werden. Verbale Ausdrücke und Adjektive müssen also mit の nominalisiert werden. Die beiden zu vergleichenden Nomen werden dabei durch と verbunden. Auf den zweiten nominalen Ausdruck folgen die Partikel と, は oder では. Es folgt das Fragewort, das durch の方が ergänzt werden kann. Als Prädikat sind alle Typen möglich: adjektivisch (zum Beispiel ... 小さいですか ... *chiisai desu ka* Welches ist kleiner?), verbal (zum Beispiel ... 食べますか ... *tabemasu ka* Welches isst du?) und nominal (zum Beispiel ... 銀行ですか ... *ginkou desu ka* Welches ist die Bank?). Wird die Kopula benutzt, steht nach どちら die Partikel が, bei Verben der entsprechend notwendige Partikel. In der Antwort wird üblicherweise の方が benutzt, falls es ein adjektivisches Prädikat ist.

[6.21] Satzkonstruktionen für die vergleichende Frage

Nomen 1	と	Nomen 2	と / は / では	+...
	...+	どちらの方が		Adjektiv
oder:	...+	どちら が/を		Adjektiv
oder:	...+	どっち が/を		Adjektiv

お鮨 と てんぷら と どちら が 美味しい です か。お鮨 の 方 が てんぷら より 美味しい です。
osushi to tenpura to dochira ga oishii desu ka.
osushi no hou ga tenpura yori oishii desu.   (verbaladjektivisches Prädikat)
Schmeckt Sushi oder Tenpura besser?
Sushi schmeckt besser als Tenpura.
お鮨 の 方 が 美味しい です。
osushi no hou ga oishii desu.
Sushi schmeckt besser.

この 建物 と あの 建物 と どちら が 銀行 です か。この 建物 が 銀行 です。
kono tatemono to ano tatemono to dochira ga ginkou desu ka. kono tatemono ga ginkou desu.
(nominales Prädikat)
Welches von den zweien ist die Bank, dieses Gebäude oder jenes Gebäude? Dieses Gebäude ist die Bank.

6. ADJEKTIVE UND ADVERBIEN

フランス と ドイツ では どちら が 北 に あります か。ドイツ の 方 が フランス より 北 に あります。
furansu to doitsu dewa dochira ga kita ni arimasu ka. doitsu no hou ga furansu yori kita ni arimasu. (verbales Prädikat)
Liegt Frankreich oder Deutschland nördlicher? Deutschland liegt nördlicher als Frankreich.

京都 と 奈良 と どちら の 方 が 好き です か。
kyouto to nara to dochira no hou ga suki desu ka. (NA-Prädikat)
Mögen sie Kyoto oder Nara lieber?

どちら が いい です か。
dochira ga ii desu ka.
Welches ist besser?

6.4.4 Vergleich von zwei Adjektiven und verbalen Ausdrücken

Im Japanischen können auch zwei Adjektive oder zwei verbale Ausdrücke direkt mit 方 *hou* und より verglichen werden, während im Deutschen andere Formulierungen notwendig sind, etwa die Infinitivkonstruktion mit „zu" bei Verben (zum Beispiel „es ist günstiger zu fahren als zu gehen") bzw. ein zusätzliches Verb bei Adjektiven.

Der Vergleich von Handlungen und Zuständen wird im Japanischen mit 方が zur Markierung der zu vergleichenden Handlung im Hauptsatz und より zur Markierung der Vergleichshandlung im Nebensatz formuliert. Die Prädikate beider Satzteile stehen in einer einfachen Form und werden direkt vor 方が (Hauptsatz) bzw. より (Nebensatz) gefolgt. Nominaladjektive werden in ihrer adnominalen Form (NA + な im Präsensfall bzw. NA + だった im Präteritumsfall) vor 方が verwendet.

[6.22] Vergleich von Adjektiven und verbalen Ausdrücken

Hauptsatz: zu vergleichende Handlung	Nebensatz: Vergleichshandlung
方が verbaler Ausdruck/VA1 *hou ga*	より ... verbaler Ausdruck/VA2 *yori* ...
な方が NA1 *na hou ga*	より ... NA2 *yori* ...
だった方が NA1 *datta hou ga*	だったより ... NA2 *datta yori* ...

電車 で 行く 方 が バス で 行く より 速い。
densha de iku hou ga basu de iku yori hayai. (Verb)
Es ist schneller, mit dem Zug zu fahren als mit dem Bus.

金持ち な 方 が 有名 より いい です。
kanemochi na hou ga yuumei yori ii desu. (NA)
Es ist besser reich als berühmt zu sein.

Häufiger als zum Vergleich zweier Handlungen bzw. Zustände wird diese Konstruktion ohne Nennung der Vergleichshandlung bzw. des Vergleichszustandes verwendet. Oft werden dabei Präteritumsformen benutzt, Präsens- und Präteritumsformen sind bedeutungsähnlich. Im Fall der Verneinung muss allerdings die Präsensform verwendet werden (die Präteritumsform ist nicht möglich; falsch ist beispielsweise タバコを吸わなかった方がいい *tabako o suwanakatta hou ga ii* „Du hättest besser nicht geraucht"). Auch nur die Nennung der Vergleichshandlung, markiert mit より *yori* ist möglich.

[6.23] Beispiele für die Verwendung von 方が oder より bei Adjektiven und verbalen Ausdrücken

| 〜た方がいい | *~ta hou ga ii* | Ausdruck einer Empfehlung „es wäre besser …" |
| 思ったより | *omotta yori* | „… als gedacht" |

もっと 野菜 を 食べた 方 が いい。
motto yasai o tabeta hou ga ii.
Du solltest mehr Gemüse essen.

車 で 行く 方 が 簡単 です。
kuruma de iku hou ga kantan desu.
Es ist einfacher, mit dem Auto zu fahren.

その 試験 は 思った より 易しかった。
sono shiken wa omotta yori yasashikatta.
Das Examen war einfacher als ich dachte.

6.4.5 Bewertung einer Tätigkeit ohne Vergleichspartner: „es ist besser, …" und ähnliche Ausdrücke

Zum Ausdruck von „Es ist besser, wenn …" oder „Es wäre besser, wenn …" wird die Formulierung ほうがいい verwendet. Sie steht nach einer einfachen Form von Verb oder Verbaladjektiv. Die Konstruktion entspricht damit der Bildung des Komparativs (vgl. 6.3), allerdings wird die durch das Verb vor ほうがいい ausgedrückte Tätigkeit als die

6. ADJEKTIVE UND ADVERBIEN

bessere im Vergleich zu einer nicht genannten Tätigkeit formuliert. Vergangenheit und Verneinung werden von dem Verb bzw. Verbaladjektiv vor ほう getragen.

> 早く 寝る ほう が いい よ。
> *hayaku neru hou ga ii yo.* (Verb)
> Du solltest besser früh ins Bett gehen.

> ビール を 飲まない ほう が いい。
> *bi-ru o nomanai hou ga ii.* (Verb, Verneinung)
> Es ist besser, wenn du kein Bier trinkst.

> もう 雨 は 降って いません が、傘 を 持って いった ほう が いい でしょう。
> *mou ame wa futte imasen ga, kasa o motte itta hou ga ii deshou.*
> Es hat zwar aufgehört zu regnen, aber es ist wohl besser, einen Schirm mitzunehmen.

Statt いい können beliebige andere Adjektive verwendet werden, so dass Sätze wie „es ist hübscher ...", „es wäre klüger ..." oder „es geht schneller ..." gebildet werden können.

> 車 で 行く ほう が 速い です か。
> *kuruma de iku hou ga hayai desu ka.*
> Geht es mit dem Auto schneller?

> タクシー で 行く ほう が 便利 です。
> *takushi- de iku hou ga benri desu.*
> Mit dem Taxi ist es praktischer.

6.4.6 Ausdruck von Gleichheit und Ähnlichkeit

a) Gleichheit, bezogen auf Eigenschaften, die mit Adjektiven formuliert sind, wie „gleich hoch" oder „ebenso teuer", werden mit 同じぐらい *onaji gurai* bzw. 同じくらい *onaji kurai* vor dem Adjektiv (VA oder NA) bzw. vor einer Verbform formuliert. Die zu vergleichenden Nomen werden mit は und と oder beide mit も markiert. Diese Form wird verwendet, wenn ein Vergleich in Bezug auf die Menge oder den Grad gezogen wird.

[6.24] Satzkonstruktionen zum Ausdruck von Gleichheit

Nomen 1	は	Nomen 2	と	同じぐらい	Adjektiv/Verb
Nomen 1	と	Nomen 2	は	同じぐらい	Adjektiv/Verb
Nomen 1	も	Nomen 2	も	同じぐらい	Adjektiv/Verb

> 日本語 と ドイツ語 と どちら が 難しい です か。
> *nihongo to doitsugo to dochira ga muzukashii desu ka.*
> Was ist schwieriger, Deutsch oder Japanisch?
> Mögliche Antworten:
> 日本語 は ドイツ語 と 同じ ぐらい 難しい です。
> *nihongo wa doitsugo to onaji gurai muzukashii desu.*
> 日本語 も ドイツ語 も 同じ ぐらい 難しい です。
> *nihongo mo doitsugo mo onaji gurai muzukashii desu.*
> 同じ ぐらい です。
> *onaji gurai desu.*
> Sie sind ungefähr gleich schwierig.

b) Gleichheit kann auch in Kombination von 同じ mit よう formuliert werden. Dieser Ausdruck wird wie ein Nominaladjektiv behandelt und kann so als Prädikat, adverbial und adnominal verwendet werden.

[6.25] Ausdruck von Gleichheit mit 同じよう *onaji you*.

prädikativ	同じ よう です	*onaji you desu*
adverbial	同じ よう に	*onaji you ni*
adnominal	同じ よう な	*onaji you na*

> あなた の 英語 に は 先生 の と 同じ よう に 関心 しました。
> *anata no eigo ni wa sensei no to onaji you ni kanshin shimashita.*
> Ich war von deinem Englisch genauso beeindruckt wie von dem des Lehrers.
> 太郎さん は 私 と 同じ よう な 車 で 来ました。
> *tarousan wa watashi to onaji you na kuruma de kimashita.*
> Taro ist mit genauso einem Auto wie ich gekommen.

c) Zwei weitere Satzstrukturen zum Ausdruck von Gleichheit und Ähnlichkeit sind nicht adjektivischer Natur. Einfache Sätze, in denen Objekte direkt verglichen werden, können mit dem nominalen Prädikat 同じだ *onaji da* gebildet werden.

Ähnlichkeit kann mit dem vokalischen Verb 似る *niru* formuliert werden. Zur Beschreibung eines Zustands wird es in der Verlaufsform (*te*-Form in Kombination mit dem Verb いる) verwendet.

6. ADJEKTIVE UND ADVERBIEN

[6.26] Weitere Satzformen zum Ausdruck von Gleichheit und Ähnlichkeit

Gleichheit mit 同じ *onaji*

| Nomen 1 | と | Nomen 2 | は | 同じです。 |
| Nomen 1 | は | Nomen 2 | と | 同じです。 |

Ähnlichkeit mit 似る *niru*

Nomen 1	と	Nomen 2	は	似ている。
Nomen 1	は	Nomen 2	と	似ている。
Nomen 1	は	Nomen 2	と	似ている。

君と僕は同じ年だ。
kimi to boku wa onaji toshi da.
Du und ich haben das gleiche Alter.

あなたの車は私の持っているのと同じです。
anata no kuruma wa watashi no motte iru no to onaji desu.
Dein Auto ist das gleiche wie das, das ich besitze.

彼のカメラは私のと似ている。
kare no kamera wa watashi no to nite iru.
Seine Kamera ähnelt meiner.

あの三姉妹はとても似ていました。
ano san shimai wa totemo nite imashita.
Die drei Schwestern sahen sich sehr ähnlich.

6.5 Adverbien (副詞 *fukushi*)

6.5.1 Charakter von Adverbien im Japanischen

a) Die Funktion von Adverbien ist es, Verben, Verbal- und Nominaladjektive sowie andere Adverbien näher zu bestimmen. Damit können Adverbien die Satzaussage entscheidend modifizieren, beispielsweise präzisieren (本を詳しく読む *hon o kuwashiku yomu* „Ich lese dieses Buch gründlich"), Emotionen ausdrücken (本を好きになる *hon o suki ni naru* "Ich beginne, Bücher zu mögen"), Zeitaspekte hinzufügen (本を後で読む *hon o ato de yomu* „Ich lese das Buch später") oder die Aussage relativieren (本をひょっとすると読む

hon o hyottosuruto yomu „Ich lese vielleicht das Buch"). Man teilt Adverbien nach ihrer allgemeinen Funktion in drei Gruppen ein:

● Adverbien, die einen Zustand oder eine Handlung präzisieren (zum Beispiel 速く飲む *hayaku nomu* „schnell fahren"),

● Adverbien, die einen bestimmten Grad anzeigen (zum Beispiel とても面白い *totemo omoshiroi* „sehr interessant") und

● Adverbien, die auf den ganzen Satz anwendbar sind.

b) Die Grenze zu anderen Wortarten ist bei japanischen Adverbien nicht immer leicht zu bestimmen. Gelegentlich verwischt die Wortart mit Partikeln, Konjunktionen, Nomen und Pronomen. Im Satz werden sie nicht durch Partikel markiert, was oft die Identifizierung eines Adverbs ermöglicht. Viele Wörter, die im Deutschen durch Adverbien ausgedrückt werden, gehören im Japanischen zu anderen Wortarten, wie beispielsweise Ortsangaben mit den Pronomen der *ko-so-a-do*-Reihe (vgl. 2.4.2) oder anderen Ortsnomen (zum Beispiel 左 *hidari* „links"). Ähnliches gilt für Zeitnomen, die die Funktion von Adverbien übernehmen können (zum Beispiel 後 *ato* „später" oder 今週 *konshuu* „diese Woche"). Um ihre funktionelle Nähe zu den Adverbien zu kennzeichnen, werden entsprechende Nomen auch „adverbiale Orts- und Zeitnomen" genannt.

c) Weitere Eigenschaften von Adverbien:

● Im Gegensatz zu Verbal- und Nominaladjektiven sind Adverbien nicht flektierbar. Sie können auch keine Subjekte oder Prädikate bilden.

● Die Stellung der Adverbien im Satz ist sehr beliebig und richtet sich nach Kontext und Schwerpunkt der Satzaussage.

● Im Japanischen gibt es nur eine kleine Zahl eigenständiger Adverbien, die größte Zahl wird aus Verbal- und Nominaladjektiven gebildet.

6.5.2 Bildung von Adverbien

a) Aus Verbaladjektiven werden Adverbien durch Anschluss der Endung 〜く an den Adjektivstamm gebildet. Im Fall von Nominaladjektiven folgt に dem Adjektiv unter Bildung eines Adverbs.

6. ADJEKTIVE UND ADVERBIEN

[6.27] Bildung von Adverbien

Adjektivtyp	Bildung von Adverbien	Beispiele	
		Adjektiv	Adverb
Verbaladjektiv	～く	大きい ookii	→ 大きく ookiku
		美味しい oishii	→ 美味しく oishiku
		寒い samui	→ 寒く samuku
Nominaladjektiv	+に	きれい kirei	→ きれいに kirei ni
		便利 benri	→ 便利に benri ni
		簡単 kantan	→ 簡単に kantan ni

高く なる
takaku naru teuer werden (vom VA 高い *takai*)

速く 行く
hayaku iku schnell gehen (vom VA 速い *hayai*)

静か に なる
shizuka ni naru ruhig werden (vom NA 静か *shizuka*)

上手 に 書く
jouzu ni kaku gut schreiben (vom NA 上手 *jouzu*)

速く 来て 下さい。
hayaku kite kudasai.
Komme bitte schnell her.

この 魚 を 新鮮 に 保って 下さい。
kono sakana o shinsen ni tamotte kudasai.
Halte diesen Fisch bitte frisch.

Sollen sinojapanische Verben (d. h. Nomen + する, zum Beispiel 散歩する *sanpo suru* „spazierengehen") adverbial modifiziert werden, steht das sich auf する beziehende Adverb vor dem Nomen und wird trotz dieser adnominalen Position mit der typischen Adverbendung verwendet.

詳しく 説明 して ください。
kuwashiku setsumei shite kudasai.
Erklären sie es bitte ausführlich.

Zur Verbindung von Adjektiven mit der Bedeutung „und" wird üblicherweise die *te*-Form verwendet (vgl. 7.2.3). Es können jedoch bedeutungsgleich Adjektive auch über ihre adverbiale Form verknüpft werden:

> あの車は高く、この車は安い。
> *ano kuruma wa takaku, kono kuruma wa yasui.*
> Jenes Auto ist teuer und dieses Auto ist billig.

b) Einige Adverbien entstehen durch Verdopplung von Adjektiven oder Nomen, zum Beispiel:

それぞれ *sorezore*	einzeln	おのおの *onoono*	jeder
いろいろ *iroiro*	verschieden	しばしば *shibashiba*	oft
速々 *hayabaya*	schnell	時々 *tokidoki*	ab und zu
偶々 *tamatama*	zufällig	度々 *tabitabi*	oft
轟々と *gougouto*	lärmend	事々 *kotogoto*	sämtlich
懇々と *konkonto*	ernst	益々 *masumasu*	mehr und mehr

c) Im Japanischen ist die Zahl eigenständiger Adverbien gering. Wichtige, nicht von Verbal- oder Nominaladjektiven abgeleitete Adverbien, sind beispielsweise:

[6.28] Auswahl echter Adverbien[4]

あまり *amari*	nicht so	せめて *semete*	wenigstens
あとで(後で) *ato de*	später	暫く *shibaraku*	eine Weile
段段 *dandan*	allmählich	そっと *sotto*	sachte, sanft
平生 *heizei*	gewöhnlich	全て *subete*	alle
ほんのり *honnori*	schwach	直ぐ *sugu*	gleich, sofort
ほとんど *hotondo*	fast	もっと *motto*	mehr
一切 *issai*	komplett	少し *sukoshi*	wenig
かなり *kanari*	ziemlich	大変 *taihen*	erheblich
こっそり *kossori*	heimlich	たいてい *taitei*	meistens
間もなく *mamonaku*	bald	偶に *tamani*	gelegentlich
また *mata*	nochmals	時々 *tokidoki*	manchmal
先ず *mazu*	zuerst	とても *totemo*	sehr

---

[4] Einige der aufgeführten Adverbien sind von Nomen abgeleitet („adverbiale Nomen"), zum Beispiel 平生 *heizei*, ほとんど, 大概 *taigai* und 全て *subete*.

6. ADJEKTIVE UND ADVERBIEN

[6.28] Auswahl echter Adverbien (Fortsetzung)

皆	*minna* alle	遂に	*tsuini* schließlich
もちろん	*mochiron* zweifellos	やがて	*yagate* bald
もう	*mou* mehr, schon	ゆっくり	*yukkuri* langsam

> そこ は 後 で します。
> *soko wa ato de shimasu.*
> Ich mache das später.
>
> さっき 電話 が あった。
> *sakki denwa ga atta.*
> Vor einiger Zeit gab es ein Gespräch für dich.
>
> 死ぬ 前 に せめて 一度 京都 を 見たい です。
> *shinu mae ni semete ichido kyouto o mitai desu.*
> Ich möchte wenigstens einmal vor meinem Tod Kyoto sehen.
>
> 海 は 十月 から だんだん 冷たく なります。
> *umi wa juugatsu kara dandan tsumetaku narimasu.*
> Ab Oktober wird das Meer allmählich kühler.

d) Einige Wörter, die im Deutschen Adverbien sind, können im Japanischen Nomen darstellen und werden dementsprechend wie Nomen verwendet, beispielsweise adnominal mit の.

[6.29] Japanische Nomen anstelle deutscher Adverbien

誠に	*makotoni*	wirklich	幸いに	*saiwaini*	glücklicherweise
昔	*mukashi*	früher	別に	*betsuni*	insbesondere
いつも	*itsumo*	immer	次	*tsugi*	nächstes
最初	*saisho*	erstes			

> いつも の 食べ物 を 注文 しました。
> *itsumo no tabemono o chuumon shimashita.*
> Ich habe das gleiche Essen wie immer bestellt.

6.5.3 Onomatopöien[5]

Wie in vielen Sprachen, gibt es auch im Japanischen Wortbildungen durch Lautnachahmungen oder Lautmalerei. Solche Onomatopöien[6] werden adverbial verwendet und beschreiben die Art der Durchführung einer Handlung, indem sie Geräusche der Natur, des Tierreiches und des Verhaltens von Menschen (wie beispielsweise im Deutschen „Kuckuck" oder „grunzen") wiedergeben. Im Japanischen werden viele der Onomatopöien durch direkte Wiederholung, zum Beispiel セカセカ *seka seka* („fleißig, eifrig") bzw. der Wiederholung in leicht veränderter Form, zum Beispiel メチャクチャ („unsinnig, wirr, durcheinander"), gebildet. Heute gibt es auch einige Onomatopöien, die aus äquivalenten englischen Ausdrücken entstanden sind, wie チクタク oder ジグザグ („zickzack").

[6.30] Beispiele japanischer Onomatopöien	
ベロベロ	betrunken sein
チリンチリン	klingeln
ククー	mit einem Schluck trinken
ゴホンゴホン	husten
ゾクゾク	frösteln; Angst haben
スヤスヤ	friedlich schlafen
ウキウキ	fröhlich, heiter, unbeschwert
コケコッコー	krähen (Hahn)
ワンワン	bellen (Hund)

雨 が ザーザー 降る。
ame ga za-za- furu.
Es regnet rauschend.

友子 は ドイツ語 が ペラペラ です。
tomoko wa doitsugo ga pera pera desu.
Tomoko spricht fließend Deutsch.

---

[5] Eine Zusammenstellung von Onomatopöien für Ausländer vgl. beispielsweise: Susan Millington: „Nihongo Pera Pera!", Charles E. Tuttle Company, Tokyo, 2. Auflage 1994.

[6] Nachahmung von Lauten: 擬音語 *giongo*; Nachahmung von Zuständen: 擬態語 *gitaigo*.

6. ADJEKTIVE UND ADVERBIEN

Gelegentlich werden onomatopoetische Begriffe adverbial statt in zitatähnlichen Konstruktionen (vgl. 10.7) mit der Partikel と angewendet. Sie verlieren dabei ihren adverbialen Charakter.

> 猫 は ゴロゴロ と 喉 を 鳴らして いる。
> *neko wa gorogoro to nodo o narashite iru.*
> Die Katze schnurrt ruhig.

6.6 Anwendung von Adverbien

Adverbien können die in [6.31] aufgeführten Funktionen erfüllen. Abstrakte Mengenangaben sind in 3.3.4 beschrieben.

[6.31] Anwendung von Adverbien

Funktion	Adverb	Anwendung
● Modifikation von Verben	よく	よく行く *yoku iku* häufig gehen
● Modifikation von Adjektiven	とても	とても古い *totemo furui* sehr alt
● Modifikation von Adverbien	もっと	もっと速く *motto hayaku* schneller
● Modifikation des gesamten Satzes	あいにく	あいにく雨が降っている。 *ainiku ame ga futte iru.* Leider regnet es.

6.6.1 Modifikation von Verben

a) Eine der wichtigsten Funktionen von Adverbien ist die Modifikation von Verben. Viele Adverbien, die vor Verben verwendet werden, geben zusätzliche Informationen über die Häufigkeit und Art und Weise der durchgeführten Handlung.

[6.32] Beispiele für adverbial verwendete Adverbien

Häufigkeit der Durchführung einer Handlung bzw. des Auftretens eines Zustandes

たくさん飲む	*takusan nomu*	viel trinken
少し読む	*sukoshi yomu*	ein bisschen lesen
よく飲む	*yoku nomu*	häufig trinken
時々食べる	*tokidoki taberu*	manchmal essen

[6.32] Beispiele für adverbial verwendete Adverbien (Fortsetzung)		
Häufigkeit der Durchführung einer Handlung bzw. des Auftretens eines Zustandes		
いつも勉強する	*itsumo benkyou suru*	ständig lernen
ぜんぜん出来ない	*zenzen dekinai*	überhaupt nicht können
Art und Weise einer Handlung bzw. des Auftretens eines Zustandes		
遅く行く	*osoku iku*	spät gehen
下手に話す	*heta ni hanasu*	schlecht sprechen
古くなる	*furuku naru*	alt werden
黒く染める	*kuroku someru*	schwarz färben
こっそり書く	*kossori kaku*	heimlich schreiben

> すぐ 来て 下さい。
> *sugu kite kudasai.*
> Komme bitte gleich.

> 値段 は デパート に よって かなり 違います。
> *nedan wa depa-to ni yotte kanari chigaimasu.*
> Der Preis ist je nach Kaufhaus ziemlich unterschiedlich.

> あの 人 は 漢字 を 上手 に 書きます。
> *ano hito wa kanji o jouzu ni kakimasu.*
> Er schreibt *kanji* gut.

> なぜ 駅 に 遅く 着きました か。
> *naze eki ni osoku tsukimashita ka.*
> Warum bist du spät am Bahnhof angekommen?

Häufig ist die Kombination von Adverbien mit den Verben する und なる. Die Anwendung dieser Formulierungen zum Ausdruck von aktiven und passiven Veränderungen ist in 5.6 beschrieben.

b) Wie in der japanischen Sprache üblich, steht das modifizierende vor dem zu modifizierenden Element, also Adverb vor Verb. Dies kann unmittelbar vor dem Verb sein, es können aber auch andere Satzelemente dazwischen vorkommen. Das Adverb darf lediglich nicht zwischen zusammenhängenden Einheiten (wie beispielsweise Nomen und markierender Partikel) stehen. Auch wenn Verb und Adverb nicht direkt zusammen

6. ADJEKTIVE UND ADVERBIEN

stehen, ist aufgrund der Form erkennbar, dass es sich um eine adverbiale Modifikation des Prädikats handelt.

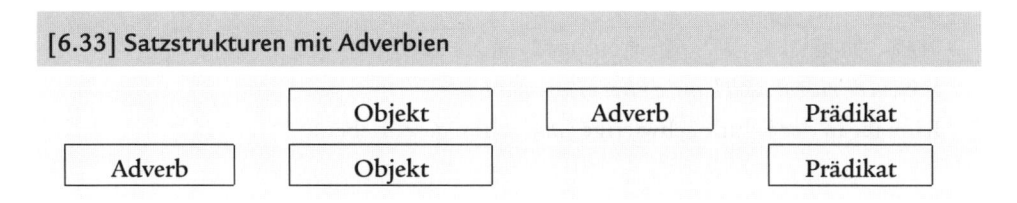

[6.33] Satzstrukturen mit Adverbien

	Objekt	Adverb	Prädikat
Adverb	Objekt		Prädikat

- Beispiel für Verbaladjektiv:

Adverb modifiziert Prädikat:	車 を 速く 買いました。
	kuruma o hayaku kaimashita. Oder:
	速く 車 を 買いました。
	hayaku kuruma o kaimashita.
	Ich habe schnell ein Auto gekauft.
Adjektiv modifiziert Substantiv:	速い 車 を 買いました。
	hayai kuruma o kaimashita.
	Ich habe ein schnelles Auto gekauft.

- Beispiel für Nominaladjektiv:

Adverb modifiziert Prädikat:	漢字 を きれい に 書きます。
	kanji o kirei ni kakimasu. Oder:
	きれい に 漢字 を 書きます。
	kirei ni kanji o kakimasu.
	Ich schreibe die *kanji* schön.
Adjektiv modifiziert Substantiv:	きれい な 漢字 を 書きます。
	kirei na kanji o kakimasu.
	Ich schreibe schöne *kanji*.

Das Adverb kann auch noch weiter vom Prädikat entfernt stehen, allerdings ist dies eher unüblich. Generell werden inhaltlich zusammenhängende Satzelemente bevorzugt in unmittelbarer Nähe formuliert. Das Adverb am Anfang des Satzes führt im Allgemeinen zu einer starken Betonung des Adverbs.

きれい に 学校 で 難しい 漢字 を 書きました。
kirei ni gakkou de muzukashii kanji o kakimashita.
besser:
学校 で 難しい 漢字 を きれい に 書きました。
gakkou de muzukashii kanji o kirei ni kakimashita.
Ich habe in der Schule schwierige *kanji* schön geschrieben.

c) Die Anwendung von Adverbien ist auch analog bei sinojapanischen Verben möglich. Im folgenden Beispiel bezieht sich das Adverb ゆっくり auf das Verb する, steht aber vor dem Substantiv 見物 *kenbutsu*.

京都 を ゆっくり 見物 した ので、車 は いりません。
kyouto o yukkuri kenbutsu shitai node, kuruma wa irimasen.
Da ich Kyoto in Ruhe besichtigen will, ist ein Auto nicht nötig.

d) Ein Prädikat kann auch gleichzeitig von zwei Adverbien modifiziert werden. Im folgenden Beispiel wird das Verb なる von dem echten Adverb どんどん sowie dem von einem Verbaladjektiv abgeleiteten Adverb 熱く *atsuku* ergänzt.

この 竈 で 水 は どんどん 熱く なる でしょう。
kono kamado de mizu wa dondon atsuku naru deshou.
Mit diesem Herd wird Wasser bestimmt schnell heiß.

e) Das Adverb もっと dient zur Formulierung des Komparativs (vgl. 6.3). Bei Verben wird die Steigerung mit たくさん („viel") formuliert, d. h. もっとたくさん („mehr"), allerdings wird たくさん oft weggelassen.

昨日 お寿司 を 食べました。
kinou osushi o tabemashita.
Gestern habe ich Sushi gegessen.
今日 お寿司 を たくさん 食べました。
kyou osushi o takusan tabemashita.
Heute habe ich viel Sushi gegessen.
明日 お寿司 を もっと たくさん 食べます。
ashita osushi o motto takusan tabemasu. Oder:
明日 お寿司 を もっと 食べます。
ashita osushi o motto tabemasu.
Morgen werde ich mehr Sushi essen.

6. ADJEKTIVE UND ADVERBIEN

6.6.2 Modifikation von Adjektiven und Adverbien

a) Zur näheren Bestimmung von Verbal- und Nominaladjektiven werden Adverbien, die das Ausmaß charakterisieren, attributiv vor den Adjektiven verwendet. Komparativ und Superlativ werden auf diese Weise ausgedrückt (vgl. 6.3).

[6.34] Beispiele für Adverbien zur Modifikation von Adjektiven

とても長い	totemo nagai	sehr lang
非常に短い	hijou ni mijikai	extrem kurz
大変にぎやか	taihen nigiyaka	äußerst belebt
ちょっと便利	chotto benri	wenig bequem
あまり古くない	amari furukunai	nicht so alt
ぜんぜん高くない	zenzen takakunai	überhaupt nicht teuer
なかなかよい	nakanaka yoi	recht gut
もっと若い	motto wakai	noch jünger
ずっと硬い	zutto katai	viel härter

アメリカ で とても たくさん 映画 を 見ました。
amerika de totemo takusan eiga o mimashita.
In Amerika habe ich sehr viele Filme gesehen.

もっと 安い 本 は あります か。
motto yasui hon wa arimasu ka.
Haben sie ein noch billigeres Buch?

あの 車 は かなり 高い です。
ano kuruma wa kanari takai desu.
Das Auto ist ziemlich teuer.

b) Adverbien können auch andere Adverbien modifizieren. Dies tritt auf, wenn ein Adjektiv ein Verb adverbial modifiziert und gleichzeitig mit einem anderen Adverb näher bestimmt ist, zum Beispiel wenn とてもよい („sehr gut"; Adverb + Adjektiv) adverbial verwendet wird:

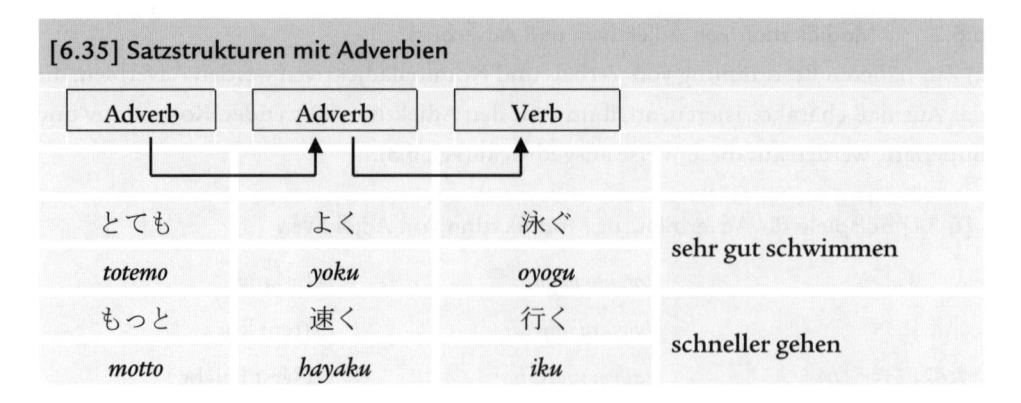

[6.35] Satzstrukturen mit Adverbien

Adverb	Adverb	Verb	
とても	よく	泳ぐ	
totemo	*yoku*	*oyogu*	sehr gut schwimmen
もっと	速く	行く	
motto	*hayaku*	*iku*	schneller gehen

雲 が だんだん 黒く なる。
kumo ga dandan kuroku naru.
Die Wolken werden allmählich dunkler.

漢字 を もっと きれい に 書いて 下さい。
kanji o motto kirei ni kaite kudasai.
Schreibe die *kanji* bitte etwas schöner.

彼 は やがて その内 結婚 する だろう。
kare wa yagate sonouchi kekkon suru darou.
Früher oder später werden sie heiraten.

6.6.3 Modifikation des gesamten Satzes

Einige Adverbien werden nicht direkt auf ein Verb oder Adjektiv angewendet, sondern drücken eine emotionale oder wertende Haltung des Sprechers über das Gesagte aus. Diese kann beispielsweise bekräftigend, verneinend, fragend, vergleichend oder zustimmend sein. Sie erfüllen damit die Funktion einiger deutscher Interjektionen. Die Adverbien wirken dann inhaltlich auf einen ganzen Satz, allerdings ist die Grenze zur Modifikation von Verben und Adjektiven, wie oben beschrieben, fließend. Die Abgrenzung zu speziellen Funktionswörtern[7], die Sätze oder Satzelemente inhaltlich miteinander in Beziehung setzen, ist ebenfalls nicht immer klar erkennbar.

---

[7] Zum Beispiel: その上 *sono ue* („darüber hinaus"), ですから („weil"), だけど („wie auch immer"), しかし („aber, trotzdem"). Die meisten dieser 接続詞 *setsuzokushi* werden unter „Satzverbindungen" in Kapitel 10.1 und 10.2 beschrieben.

6. ADJEKTIVE UND ADVERBIEN

[6.36] Beispiele für Adverbien, die gesamte Sätze modifizieren

一体	*ittai*	wie; wirklich; warum um Himmels willen, überhaupt
運良く	*unyoku*	glücklicherweise
どうせ	*douse*	wie auch immer
やっと	*yatto*	schließlich, letztendlich
つまり	*tsumari*	mit anderen Worten, in Kürze
例えば	*tatoeba*	zum Beispiel
次に	*tsugi ni*	nächste, nächster, nächstes
とにかく	*tonikaku*	jedenfalls; dennoch; wie auch immer
最近	*saikin*	in letzter Zeit
確かに	*tashikani*	bestimmt, auf jeden Fall
謂わば	*iwaba*	sozusagen

Auch längere Ausdrücke können in dieser Art adverbial verwendet werden, wie zum Beispiel やむを得ず *yamu o ezu* („unausweichlich, notwendigerweise").

[6.37] Beispiele für längere Ausdrücke mit adverbialer Funktion

その内	*sono uchi*	eventuell; früher oder später; zur rechten Zeit
往々にして	*ouou ni shite*	manchmal, gelegentlich
実を言えば	*jitsu o ieba*	um die Wahrheit zu sagen; in der Tat
此れ見よがしに	*nire miyo ga shini*	prunkvoll, prahlerisch, auffallend
何時もの通りに	*itsumo no toori ni*	wie immer
時間どおりに	*jikan doori ni*	pünktlich
このように	*kono you ni*	in dieser Art und Weise
何とは無しに	*nan to wa nashi ni*	ohne besonderen Grund
奇態なことに	*kitai na koto ni*	seltsamerweise; es ist ein Wunder, dass

> どうせ 行く ん でしょう。
> *douse iku n deshou.*
> Du gehst sowieso (was auch immer ich sage oder tue).

> いったいぜんたい これ は 何 だ。
> *ittaizentai kore wa nan da.*
> Was um Himmels willen ist das?

> とにかく あなた は 一生懸命 勉強 しなければ ならない。
> *tonikaku anata wa isshoukenmei benkyou shinakereba naranai.*
> Auf jeden Fall musst du hart studieren.

> 時間どおりに 着いて 運 が よかった。
> *jikandoorini tsuite un ga yokatta.*
> Glücklicherweise kam ich pünktlich an.

6.6.4 Die Frage nach Adverbien

Die Frage nach der Eigenschaft eines Verbs wird mit dem Adverb どう gestellt. Es tritt anstelle des erfragten Adverbs im Aussagesatz. Die höfliche Form ist いかが, sie wird jedoch nur in der Formulierung いかがですか verwendet, in der es oft „Möchten sie ...?" bedeutet.

> ビール は どう 飲んだ。静か に 飲んだ。
> *bi-ru wa dou nonda. shizuka ni nonda.*
> Wie hast du das Bier getrunken? Ich habe es ruhig getrunken.

> その 葉 は 秋 に どう なります か。赤く なります。
> *sono ha wa aki ni dou narimasu ka. akaku narimasu.*
> Wie werden die Blätter im Herbst? Sie werden rot.

> 澤田さん は 髪の毛 を どう して います か。長く して います。
> *sawadasan wa kaminoke o dou shite imasu ka. nagaku shite imasu.*
> Wie trägt Herr Sawada seine Haare? Er trägt sie lang.

> 彼 は 自転車 を どう 塗った の。黒く 塗った。
> *kare wa jitensha o dou nutta no. kuroku nutta.*
> Wie hat er das Fahrrad angemalt? Er hat es schwarz angemalt.

Man erhält als Antwort auf eine Frage mit どう kein Adverb, sondern ein Adjektiv, falls man das Prädikat mit der Kopula bildet, zum Beispiel auf die Frage 映画はどうですか *eiga wa dou desu ka* („Wie ist der Film?") die Antwort 面白いです *omoshiroi desu* („Er ist interessant").

6. ADJEKTIVE UND ADVERBIEN

6.6.5 Adverbien もう und まだ

a) Zum Ausdruck von „schon", „noch", „noch nicht" und „nicht mehr" werden die zwei Adverbien もう und まだ eingesetzt. Für Handlungen und Zustände, die früher eintreten als erwartet, wird もう („schon") verwendet. Handlungen, die noch zu erwarten sind und Zustände, die noch anhalten, werden mit まだ („noch" und „noch nicht") bzw. mit もう + Negation („nicht mehr") formuliert. Genau wie im Deutschen werden im letzten Fall die Sätze im Präsens eingesetzt.

> もう 家 へ 帰ります か。
> *mou uchi e kaerimasu ka.*
> Gehen sie schon nach Hause?
> Antworten:
> ええ、帰ります。
> *ee, kaerimasu.* Ja, ich gehe nach Hause.
> いいえ、まだ 帰りません。
> *iie, mada kaerimasen.* Nein, ich gehe noch nicht nach Hause.

[6.38] Verwendung von もう und まだ

Adverb	positives Prädikat	negatives Prädikat
もう	schon	nicht mehr
まだ	noch	noch nicht

● Beispiele mit まだ und positivem Prädikat:

> ビール が まだ あります か。
> *bi-ru ga mada arimasu ka.*
> Haben sie noch Bier?

> 公男くん は まだ 昼ご飯 を 食べて いる。
> *kimiokun wa mada hirugohan o tabete iru.*
> Kimio isst noch zu Mittag.

● Beispiele mit まだ und verneintem Prädikat:

> 長崎さん は まだ 日本 へ 行った こと が ない。
> *nagasakisan wa mada nihon e itta koto ga nai.*
> Herr Nagasaki war noch nicht in Japan.

> アキラ は まだ その こと を 知らない。
> *akira wa mada sono koto o shiranai.*
> Akira weiß noch nichts darüber.

● Beispiele mit もう und positivem Prädikat:

> お鮨 を もう 食べて こと が あります か。
> *osushi o mou tabeta koto ga arimasu ka.*
> Haben sie schon mal Sushi gegessen?

> 内田さん は もう 五回 も ドイツ へ 行った そう です よ。
> *uchidasan wa mou gokai mo doitsu e itta sou desu yo.*
> Frau Uchida soll schon fünfmal nach Deutschland gefahren sein.

● Beispiele mit もう und verneintem Prädikat:

> 京都 へ 行く バス は もう 来ません。
> *kyouto e iku basu wa mou kimasen.*
> Der Bus, der nach Kyoto fährt, kommt nicht mehr.

> 私 は 合格 もう しません。
> *watashi wa goukaku mou shimasen.*
> Ich muss keine Prüfungen mehr bestehen.

b) Die Formulierungen drücken das gleiche aus, wenn Nominalprädikate (Nomen + です/ではありません) zusammen mit もう und まだ verwendet werden:

> 朝子さん は もう 生徒 です。
> *asakosan wa mou seito desu.*
> Asako ist schon Schülerin.

> 希美子さん は もう 生徒 では ありません.
> *kimikosan wa mou seito dewa arimasen.*
> Kimiko ist keine Schülerin mehr.

> 啓子さん は まだ 生徒 です。
> *keikosan wa mada seito desu.*
> Keiko ist noch Schülerin.

> 由美子さん は まだ 生徒 では ありません.
> *yumikosan wa mada seito dewa arimasen.*
> Yumiko ist noch keine Schülerin.

6. ADJEKTIVE UND ADVERBIEN

c) Mit まだ kann in Kombination mit 一度 *ichido* in verneinten Sätzen „nicht einmal" formuliert werden.

> まだ 一度 も お鮨 を 食べた こと が ありません。
> *mada ichido mo osushi o tabeta koto ga arimasen.*
> Ich habe noch nicht ein einziges Mal Sushi gegessen.

d) Ausnahme bei schon abgeschlossenen Handlungen: Auf die in der Vergangenheit formulierte Frage „schon getan ...?" wird die verneinende Antwort nicht mit „*iie, mada ... ~masen deshita*" gebildet. Man kann mit folgenden Sätzen antworten:

[6.39] Antwort auf Vergangenheits-Fragen

Kurzantwort:	いいえ、まだです。
Antwort mit Verb:	いいえ、まだ…～ていません。

> ご飯 は もう 食べました か。
> *gohan wa mou tabemashita ka.* Hast du schon gegessen?
> → bejahende Antwort:
> ええ、もう 食べました。
> *ee, mou tabemashita.* Ja, ich habe schon gegessen.
> → verneinende Antworten:
> いいえ、まだ です。
> *iie, mada desu.* Nein, noch nicht.
> いいえ、まだ 食べて いません。
> *iie, mada tabete imasen.* Nein, ich habe noch nicht gegessen.

e) もう und まだ mit der *te*-Form: Die zwei Adverbien können auch in Kombination mit Verben in der *te*-Form verwendet werden. Wie bei der *te*-Form üblich, werden auf diese Weise Zustände beschrieben. Zum Beispiel drückt die Formulierung mit もう…～ていません aus, dass das Andauern einer Handlung schon beendet und ein daraus resultierender Zustand eingetreten ist.

> 雨 は まだ 降って います か。 *ame wa mada futte imasu ka.*
> Regnet es noch?
> Antworten: はい、まだ 降って います。
>   *hai, mada futte imasu.* Ja, es regnet noch.
>   いいえ、もう 降って いません。
>   *iie, mou futte imasen.* Nein, es regnet nicht mehr.

お客さん は もう 来て います か。ええ、もう 来て います。いいえ、まだ 来て いません。

okyakusan wa mou kite imasu ka. ee, mou kite imasu. iie, mada kite imasen.

Ist der Gast schon da? Ja, er ist schon da. Nein, er ist noch nicht da.

[6.40] Kombination von もう und まだ mit der *te*-Form

Formulierung	Bedeutung
まだ … 〜て いない	noch nicht
もう … 〜[a]ない	nicht mehr
もう … 〜て いない	nicht mehr

7. DIE *te*-FORM VON VERBEN UND ADJEKTIVEN

Eine wichtige Form des japanischen Prädikats, für das es im Deutschen keine direkte Entsprechung gibt, ist die *te*-Form. Sie kann auf unterschiedliche Weise Beziehungen zwischen Verben und Adjektiven herstellen, in unmittelbarer Nähe oder zwischen Teilsätzen, und so verschiedene Funktionen erfüllen.

Als Grundlage für mehrere wichtige Konstruktionen werden in diesem Kapitel die Bildung der *te*-Form sowie wichtige grundlegende Funktionen beschrieben. Anwendungen finden sich auch in den folgenden Kapiteln.

7.1 Die Bildung der *te*-Formen

7.1.1 Übersicht über die Bildung der *te*-Formen von Verben und Adjektiven

[7.1] Bildung der *te*-Form

Wortart		*te*-Form affirmativ	*te*-Form verneint
vokalische Verben	～る	～て	～ないで ～なくて
konsonantische Verben	～く	～いて	～[a]ないで ～[a]なくて
	～る	～って	
	～つ		
	～う		
	～す	～して	
	～ぶ	～んで	
	～む		
	～ぬ		
	～ぐ	～いで	
Ausnahme	行く *iku*	行って *itte*	行かないで *ikanaide*, 行かなくて *ikanakute*
unregelmäßige Verben	する	して	しないで しなくて
	来る *kuru*	来て *kite*	来ないで *konaide*, 来なくて *konakute*

[7.1] Bildung der *te*-Form (Fortsetzung)			
Wortart		*te*-Form affirmativ	*te*-Form verneint
existentielle Verben	ある	あって	なくて
	いる	いて	いなくて
Kopula		で	ではなくて
Verbaladjektive	～い	くて	～くなくて
Nominaladjektive und Nomen		＋で	＋ではなくて
			＋で　なくて
			＋じゃなくて

7.1.2 Die Bildung der *te*-Form von Verben

Die *te*-Form der Verben wird wie das Präteritum der einfachen Form (～た) gebildet: Bei vokalischen Verben wird die Endung ～て direkt an den Verbstamm angeschlossen. Bei konsonantischen Verben kommt es zu morphologischen Veränderungen.[1] Als Resultat werden an den Verbstamm die in [7.2] angegebenen Endungen ～いて, ～んで, ～いで oder ～って angeschlossen.[2] Die einzige Ausnahme bei den regelmäßigen Verben bildet 行く *iku* („gehen"), dessen *te*-Form 行って *itte* ist. Die *te*-Form der Kopula ist で.

[7.2] Beispiele für die Bildung der *te*-Form von Verben				
Sub-gruppe	einfache Formen	affirmative *te*-Formen	verneinte *te*-Formen mit ～[a]ないで	verneinte *te*-Formen mit ～[a]なくて
vokalische Verben				
～eru	食べる *tabe.ru*	食べて *tabe.te*	食べないで *tabe.naide*	食べなくて *tabe.nakute*
～iru	いる	いて	いないで	いなくて

---

[1] In 5.1.3 ist erläutert, wie sich die *te*-Form in das Konjugationssystem der japanischen Verben bzgl. Verbbasen einfügt. Im Laufe der Sprachentwicklung kam es insbesondere bei der *te*-Form (sowie der analog gebildeten einfachen Vergangenheitsform) zu außergewöhnlichen phonetischen Veränderungen, die mit den üblichen Regeln von Verbstamm, Flektionserweiterung und Verbendung nicht erklärt werden können.

[2] Lediglich die Bildung der *te*-Form von konsonantischen Verben mit der Endung ～す ist formal regulär. Da die *te*-Form im klassischen Japanisch einfach durch Anschluss von ～て an die i-Basis gebildet wurde, wird im Fall der auf ～す endenden Verben die Flektionserweiterung ～し～ eingefügt, so dass insgesamt ～して angehängt wird.

7. DIE te-FORM VON VERBEN UND ADJEKTIVEN

[7.2] Beispiele für die Bildung der *te*-Form von Verben (Fortsetzung)

Sub-gruppe	einfache Formen	affirmative *te*-Formen	verneinte *te*-Formen mit 〜[a]ないで	verneinte *te*-Formen mit 〜[a]なくて
konsonantische Verben				
~ku	書く *k.aku*	書いて *ka.ite*	書かないで *ka.ka.naide*	書かなくて *ka.ka.nakute*
~ru	分かる *waka.ru*	分かって *waka.tte*	分からないで *waka.ra.naide*	分からなくて *waka.ra.nakute*
~tsu	待つ *ma.tsu*	待って *ma.tte*	待たないで *ma.ta.naide*	待たなくて *ma.ta.nakute*
~(w)u	違う *chiga.u*	違って *chiga.tte*	違わないで *chiga.wa.naide*	違わなくて *chiga.wa.nakute*
~su	出す *da.su*	出して *da.shite*	出さないで *da.sa.naide*	出さなくて *da.sa.nakute*
~bu	飛ぶ *to.bu*	飛んで *to.nde*	飛ばないで *to.ba.naide*	飛ばなくて *to.ba.nakute*
~mu	住む *su.mu*	住んで *su.nde*	住まないで *su.ma.naide*	住まなくて *su.ma.nakute*
~nu	死ぬ *shi.nu*	死んで *shi.nde*	死なないで *shi.na.naide*	死ななくて *shi.na.nakute*
~gu	泳ぐ *oyo.gu*	泳いで *oyo.ide*	泳がないで *oyo.ga.naide*	泳がなくて *oyo.ga.nakute*

7.1.3 Die verneinte *te*-Form von Verben

a) Für Verben gibt es zwei verneinte *te*-Formen, die sich beide von der einfachen Verneinungsform der Verben ableiten: Die erste Form wird durch Anhängen von 〜で an die einfache verneinte Form der Verben gebildet:

〜ない → 〜ないで

Zum Beispiel haben die Verben 見る *miru* und 帰る *kaeru* die verneinten Formen 見ないで *minaide* und 帰らないで *kaeranaide*.

Bei der zweiten Form geschieht dies verbaladjektivisch: Aus der verneinten Form der Verben wird die Adverbialform gebildet und an diese dann, wie bei Verbaladjektiven üblich, direkt die Endung 〜て gehängt:

〜ない → 〜なく → 〜なくて

Die Verben 見る und 帰る haben die verneinten *te*-Formen 見なくて *minakute* und 帰らなくて *kaeranakute*. Weitere Beispiele sind in [7.2] angegeben.

b) Als Unterschied[3] zwischen den zwei verneinten Formen verknüpft 〜ないで Haupt- und Nebensatz eng miteinander, während 〜なくて den Nebensatz (in dem die *te*-Form verwendet wird) vom Hauptsatz abtrennt. Somit ist der Gebrauch der Formen limitiert: In inhaltlich unabhängigen Sätzen muss 〜なくて verwendet werden, zum Beispiel falls Grund und Folge ausgedrückt werden. In inhaltlich oder grammatisch engen Sätzen führt 〜ないで zu einer gleichrangigen Verknüpfung der Prädikate. Es kann „aber", „ohne dass" u.Ä. formuliert werden.

> 勉強 しないで 困ります。 勉強 しなくて 困ります。
> *benkyou shinaide komarimasu.* Oder: *benkyou shinakute komarimasu.*
> Er studiert nicht, was problematisch ist (Grund-und-Folge-Konstruktion, beide Formen sind möglich und bestimmen die Enge der Relation).
>
> あの 人 は アメリカ人 じゃなくて イギリス人 でしょう。
> *ano hito wa amerikajin janakute igirisujin deshou.*
> Er ist wahrscheinlich kein Amerikaner, aber Engländer (die beiden Sätze sind grammatisch unabhängig, es muss 〜なくて verwendet werden).
>
> 木村さん は 東京 に 行かないで 大阪 に 行く。
> *kimurasan wa toukyou ni ikanaide oosaka ni iku.*
> Frau Kimura geht nicht nach Tokyo, sie geht nach Osaka.
>
> 辞書 を 使わないで 読んで 下さい。
> *jisho o tsukawanaide yonde kudasai.*
> Bitte lies es, ohne ein Wörterbuch zu gebrauchen.

7.1.4 Die *te*-Formen von Adjektiven und Nomen

a) Die *te*-Form von Verbaladjektiven wird durch Anschluss der Endung 〜くて an den Adjektivstamm gebildet.[4] Zur Verneinung muss die verneinte Präsens-Form des Adjektivs herangezogen werden (〜くない). Sie ist ebenfalls VA, so dass die verneinte *te*-Form wieder mit 〜くない + 〜くて, d. h. mit der Endung 〜くなくて, gebildet wird.

---

[3] Ein Unterschied bei Ausdruck von menschlichen Gefühlen wird beschrieben in: S. Makino and M. Tsutsui (The Japan Times), Tokyo 1986, S. 273.

[4] Die Endung 〜くて kann auch als Anschluss von 〜て an die Adverbialform 〜く des Verbaladjektivs verstanden werden.

7. DIE te-FORM VON VERBEN UND ADJEKTIVEN

[7.3] Beispiele für die Bildung der *te*-Form von Verbaladjektiven

Verbaladjektiv	affirmative *te*-Form	verneinte *te*-Form
高い *taka.i*	高くて *taka.kute*	高くなくて *taka.kuna.kute*
大きい *ooki.i*	大きくて *ooki.kute*	大きくなくて *ooki.kuna.kute*
早い *haya.i*	早くて *haya.kute*	早くなくて *haya.kuna.kute*

b) Nominaladjektive und Nomen flektieren nicht, können also keine eigene *te*-Form bilden. Da zur Bildung von nominalen Prädikaten die Kopula verwendet muss, wird auch die *te*-Form der Kopula で benutzt, um die entsprechende Konstruktion bei NA und Nomen zu erhalten. Die Verneinung wird dementsprechend mit der *te*-Form der verneinten Kopula ではない gebildet: ではなくて.

[7.4] Bildung der *te*-Form von nominaladjektivischen und nominalen Prädikaten

		affirmativ	verneint
Nominal-adjektive	便利 *benri*	便利 で *benri de*	便利 では なくて *benri dewa nakute*
	元気 *genki*	元気 で *genki de*	元気 で なくて *genki de nakute*
	不便 *fuben*	不便 で *fuben de*	不便 じゃ なくて *fuben ja nakute*
Nomen	学生 *gakusei*	学生 で *gakusei de*	学生 では なくて *gakusei dewa nakute*
	春休み *haruyasumi*	春休み で *haruyasumi de*	春休み で なくて *haruyasumi de nakute*
	仕事 *shigoto*	仕事 で *shigoto de*	仕事 じゃ なくて *shigoto ja nakute*

7.2 Übersicht über die Anwendungen der *te*-Form

7.2.1 Grundfunktionen der *te*-Form

Die grundlegende Funktion der *te*-Form ist die inhaltliche Verknüpfung von Prädikaten. Dabei ist vielen Anwendungen der Konverbalform von Verben und Adjektiven gemeinsam, dass eine gewisse zeitliche Abfolge ausgedrückt wird. Dies bedeutet, dass nach dem in der *te*-Form formulierten Prädikat weitere Handlungen oder Zustände folgen. Viele Beispiele können formal mit „... und dann ..." übersetzt werden. Jedoch wirkt die deutsche Wiedergabe dann oft sprachlich ungeschickt oder ungenau, so dass andere Übertragungen sinnvoll sind, um die Intention des japanischen Satzes richtig wiederzugeben. In einigen Fällen tritt eine zeitliche Abfolge allerdings nicht auf. Es wird dann oft das Mittel einer Handlung beschrieben, insbesondere die Art und Weise ihrer Ausführung.

Im Laufe der Sprachentwicklung haben sich auch einige feststehende Konstruktionen mit der *te*-Form gebildet, bei denen die ursprüngliche Funktion nur noch untergeordnet oder gar nicht mehr sichtbar ist.

> 病気 で 大学 を 休む。
> *byouki de daigaku o yasumu.*
> „krank sein und dann nicht in die Uni gehen"; besser: Weil ich krank bin, gehe ich nicht in die Uni (Grund und Folge).
>
> お酒 を 飲んで 見ます。
> *osake o nonde mimasu.*
> „den Sake trinken und dann sehen"; besser: Ich probiere den Sake.
>
> 化学 を 見て 分かる。
> *kagaku o mite wakaru.*
> „Chemie sehen und dann verstehen"; besser: Ich verstehe die Chemie durch Anschauen.
>
> バス に 乗って 京都 を 見ました。
> *basu ni notte kyouto o mimashita.*
> „mit dem Bus fahren und Kyoto anschauen"; besser: Im Bus fahrend hat er sich Kyoto angeschaut (Art und Weise der Ausführung einer Handlung).

Die Beispiele zeigen, dass die Verbindung von Prädikaten über die *te*-Form zu einer engen inhaltlichen Verknüpfung führt, die im Allgemeinen nicht durch „und" alleine wiedergegeben wird. Dies führt sogar dazu, dass Prädikate, bei denen kein inhaltlicher Zusammenhang sinnvoll ist, nicht mit der *te*-Form verknüpft werden.

7. DIE te-FORM VON VERBEN UND ADJEKTIVEN

[7.5] Übersicht Funktionen der te-Form

Funktion	Form	Kapitel
Bitte/Imperativ	〜て	8.5
Kombinationen der te-Form mit den Verben いる und ある		
durativer Aspekt: Handlungen bzw. Vorgänge werden in ihrem Verlauf ausgedrückt (bei Verben, die eine zeitliche Ausdehnung beschreiben können wird das Andauern bzw. das regelmäßige Durchführen einer Handlung beschrieben)	〜ている	7.3.1
resultativer Aspekt: Ausdruck eines Folgezustands, der ohne weiteres Zutun anhält (bei Verben, die ein punktuelles Ereignis beschreiben)	〜ている	7.3.2
Eine Handlung resultiert in einem „unpersönlichen" Zustand	〜ている 〜てある	7.3.3
„noch nicht" bei verneintem Prädikat	まだ … 〜ていない	6.6.5
„nicht mehr" bei verneintem Prädikat	もう … 〜ていない	
Kombinationen der te-Form mit anderen Verben und Adjektiven		
Art und Weise der Ausführung einer Handlung (beliebige Aktionsverben möglich)	〜て + Verb	7.2.2
Handlungen mit Ortsänderung sowie Beginn oder Forführung einer Handlung bzw. allmähliche Veränderung	〜て行く ~te iku 〜て来る ~te kuru	7.2.4
„probieren"	〜て見る ~te miru	7.2.5
Ausdruck (unwiderruflich) beendeter Handlungen	〜てしまった	
„Probleme haben", „Schwierigkeiten bereiten"	〜て困る ~te komaru	
„etwas für jemanden tun" „jemand tut etwas für mich" „jemanden veranlassen, etwas für mich zu tun"	〜てあげる 〜てくれる 〜てもらう	5.5

[7.5] Übersicht Funktionen der *te*-Form (Fortsetzung)		
Funktion	Form	Kapitel
„etwas im Voraus, vorsorglich machen": Kombination mit dem Verb 置く *oku*	～ておく	7.2.5
Wunsch an eine Tätigkeit der dritten Person	～て欲しい	9.1
Kombinationen der *te*-Form mit Partikeln und Konjunktionen		
höfliche Bitte	～てください	8.5.2
sehr höfliche Bitte	～てくださいませんか	
„auch wenn / selbst wenn / obwohl"	～ても	7.2.6
Ausdruck von Erlaubnis („dürfen")	～てもいい	9.4.1
	～ても構いません *~te mo kamaimasen*	
	～ても大丈夫 *~te mo daijoubu*	
Ausdruck von Verbot	～てはならない	9.4.2
	～てはいけない	
	～ては困る *~te wa komaru*	
Imperativform	～てくれ	8.5.3
Ausdruck von „nur"	～てばかり	4.5.1
	～てだけ	4.5.2
	～てのみ	4.5.13
Betonung des Nebensatzes	～てこそ	4.5.7
Die *te*-Form zur Wort- und Satzverknüpfung		
Verknüpfung nebeneinanderbestehender Zustände: „und"	～て … ～い	10.1.1
Verknüpfung aufeinanderfolgender Handlungen: „und"	～て … ～う	
Grund und Folge	Grund ～て Folge	10.5.2
temporale Satzverbindung „nachdem"	～てから	10.3.2

7. DIE te-FORM VON VERBEN UND ADJEKTIVEN

[7.5] Übersicht Funktionen der *te*-Form (Fortsetzung)		
Funktion	Form	Kapitel
Spezielle Anwendungen der verneinten *te*-Formen		
verneinte höfliche Bitte	～[a]ないでください	8.5.2
verneinter Vorschlag	～[a]ないでいよう	9.7.2
verneinter Imperativ	～[a]ないで	8.5.3
Ausdruck von Zwang („müssen")	～[a]なくてはいけない	9.3.2
„nicht brauchen/nicht notwendig sein"	～[a]なくてもいいんです	9.5
Anwendungen der *te*-Formen spezieller Verben und Adjektive		
„mit hernehmen"	持って行く *motte iku*	7.2.4
	連れって行く *tsurette iku*	
„mit hinbringen"	持って来る *motte kuru*	
	連れって来る *tsurette kuru*	
indirekte Rede* (Verb im Präsens)	と言っている *to itte iru*	10.7.1
Meinungsäußerung*	～[u]と思っている *~[u] to omotte iru*	10.7.2
Wunsch der dritten Person	～[i]たがっている	9.1.3
	欲しがっている *hoshigatte iru*	
„Interesse haben an"	に興味をもっている *ni kyoumi o motte iru*	4.4.1

* falls das Thema bzw. das Subjekt des Satzes die dritte Person ist

7.2.2 Verknüpfung von Verben und prädikativen Ausdrücken

a) Es können zwei Typen von Prädikaten miteinander verknüpft werden:
● zwei Prädikate im selben Satz, die sich beide auf dasselbe Subjekt beziehen; und
● zwei Prädikate von Haupt- und Nebensatz, die sich auf zwei verschiedene Subjekte beziehen können.

Die Reihenfolge der Prädikate ist dabei nicht beliebig wählbar. Die *te*-Form steht immer als erstes und das von ihr gebildete Prädikat modifiziert inhaltlich den durch das folgende Prädikat beschriebenen Sachverhalt. Die *te*-Form hat keine satzabschließende Funktion, ein Prädikat in der *te*-Form kann somit nie am Ende eines Satzes stehen.

b) Aufeinanderfolgende Handlungen (wie zum Beispiel „Heute lerne ich Japanisch und gehe zum Arzt") können mit der *te*-Form ausgedrückt werden. Bis auf das letzte Verb stehen alle prädikativen Ausdrücke davor in der *te*-Form. Beliebig viele Ausdrücke in der *te*-Form können so als aufeinanderfolgende Handlungen vorangestellt werden. Das den Satz abschließende Prädikat bestimmt das Tempus und übernimmt den Ausdruck von Höflichkeit. Verneint werden können alle Verben.

> 昨日 は 朝 早く 起きて 学校 へ 行きました。
> *kinou wa asa hayaku okite gakkou e ikimashita.*
> Gestern bin ich früh aufgestanden und zur Schule gegangen.
> (Prädikat in der *te*-Form: 早く起きる *hayaku okiru*, abschließendes Prädikat im neutral-höflichen Präteritum: 行く *iku*)

> 彼女 は デパート を 出て タクシー に 乗って 家 に 帰りました。
> *kanojo wa depa-to o dete takushi- ni notte uchi ni kaerimashita.*
> Sie verließ das Kaufhaus, nahm ein Taxi und kehrte nach Hause zurück.

> 傘 を 持たないで 会社 へ 行った。
> *kasa o motanaide kaisha e itta.*
> Ich brachte keinen Schirm mit und ging in die Firma.

Da dies zu einer engen inhaltlichen Verknüpfung führt, wird sie in der Regel nur angewendet, wenn es einen Zusammenhang zwischen den Handlungen gibt oder wenn durch die Wahl der *te*-Form ein enger Zusammenhang zwischen den Handlungen hergestellt werden soll.

c) Verbale, adjektivische und nominale Prädikate können über die *te*-Form miteinander verknüpft werden, so dass auch nebeneinander bestehende Zustände oder Eigenschaften ausgedrückt werden können (Beispiel: „Es ist heiß und fettig"): Auch in diesem Fall stehen alle Verben und Adjektive in der *te*-Form, und das satzabschließende Prädikat bestimmt den Tempus. Ob die *te*-Form „und" oder eine Kausalität („weil") ausdrückt, muss der Kontext entscheiden.

7. DIE te-FORM VON VERBEN UND ADJEKTIVEN

> これ は 新聞 で、それ は 雑誌 です。
> *kore wa shinbun de, sore wa zasshi desu.*
> Das hier ist eine Zeitung und das da ist eine Zeitschrift.

> この 子 は かわいくて 元気 だった。
> *kono ko wa kawaikute genki datta.*
> Das Kind war niedlich und lebhaft.

> この 道 は 静か で、車 も あまり ありません。
> *kono michi wa shizuka de, kuruma mo amari arimasen.*
> Diese Straße ist ruhig, und es gibt auch wenig Autos.

d) Die Art und Weise der Ausführung einer Handlung (Beispiel: „Ich lerne, indem ich schreibe") wird mit der *te*-Form ausgedrückt, indem das die Art und Weise beschreibende Verb in der *te*-Form verwendet wird. Das die Handlung ausdrückende Verb trägt Tempus, Verneinung und Höflichkeit.

> 単語 は カセット を 聞いて 覚えます。
> *tango wa kasetto o kiite oboemasu.*
> Ich präge mir Vokabeln ein, indem ich sie auf Kassette höre.

> 町 へ 歩いて 行きました。
> *machi e aruite ikimashita.*
> Ich bin zu Fuß in die Stadt gegangen.

Eine Vielzahl von Konstruktionen, die ins Deutsche mit ganz anderen Formulierungen übersetzt werden können bzw. müssen, wird auf diese Weise gebildet:

> 例 を 上げて 文法 を 詳しく 説明 します。
> *rei o agete bunpou o kuwashiku setsumei shimasu.*
> Ich erkläre ihnen die Grammatik ausführlich anhand von Beispielen (wörtlich: Ich gebe ihnen Beispiele und ... /Indem ich Beispiele gebe ...)

> 易しい 言葉 を 使って、ゆっくり 答えて 下さい。
> *yasashii kotoba o tsukatte, yukkuri kotaete kudasai.*
> Antworten sie bitte langsam und mit leichen Wörtern (auch: Benutzen sie einfache Wörter ... /Indem sie einfache Wörter benutzen ...).

7.2.3 Funktion der *te*-Form von Adjektiven und Nomen

a) Die *te*-Form der Adjektive hat zwei Funktionen: Eigenschaften im Sinne von „und" zu verbinden, wie in 7.2.2 beschrieben (Beispiel: „schnell und teuer"), sowie Kausalität auszudrücken (Beispiel: „weil es schnell ist, ist es teuer", vgl. 10.5.2). Beide Funktionen können dieselbe Form haben. Beide Beispielsätze können also mit 速くて高い *hayakute takai* übersetzt werden. Welche Bedeutung im Einzelfall gemeint ist, muss der Kontext entscheiden.[5]

Zur Verbindung von zwei oder mehreren Adjektiven (gleichzeitig existierenden Eigenschaften) behält das letzte vor dem Nomen stehende Adjektiv seine normale Form, während alle davorstehenden Adjektive die *te*-Form annehmen.

> この 車 は 大きくて 高い です。
> *kono kuruma wa ookikute takai desu.*
> Dieser Wagen ist groß und teuer.

> 森さん の 部屋 は 新しくて きれい です。
> *morisan no heya wa atarashikute kirei desu.*
> Moris Zimmer ist neu und schön.

> 友子さん の 髪 の 毛 は 長くて 美しい。
> *tomokosan no kami no ke wa nagakute utsukushii.*
> Tomokos Haare sind lang und schön.

Prinzipiell sind beliebige Verknüpfungen von VA und NA bzgl. Verneinung und Präteritum sowie der Reihenfolge im Satz möglich. Allerdings gibt es Beispiele, bei denen nur eine der Möglichkeiten wirklich gebraucht wird, während die andere Reihenfolge nicht verwendet werden kann.

> あまり 難しくなくて 厚くない 本 が 欲しい です。
> *amari muzukashikunakute atsukunai hon ga hoshii desu.*
> Ich möchte ein nicht so schwieriges und nicht zu dickes Buch.
> (VA verneint + VA verneint)

> この 町 は 賑やか で なくて 寂しい です。
> *kono machi wa nigiyaka de nakute sabishii desu.*   (NA verneint + VA)
> Diese Stadt ist nicht lebendig und einsam.
> (die entgegengesetzte Reihenfolge wird nicht verwendet:
> この 町 は 寂しくて 賑やか では ありません。)

---

[5] In der japanischen Sprache wird dieser Unterschied naturgemäß nicht gemacht, denn die *te*-Form drückt aus, dass der Satz eine zeitliche Abfolge beinhaltet und könnte korrekt immer mit „... und dann ..." übersetzt werden. Allerdings wirkt die deutsche Wiedergabe dann ungeschickt und entspricht nicht der genauen Intention des Sprechers.

7. DIE te-FORM VON VERBEN UND ADJEKTIVEN 309

> この アパート は 高くて 便利 では ありません。
> *kono apa-to wa takakute benri dewa arimasen.*　　　　　(VA + NA verneint)
> Diese Wohnung ist teuer und nicht praktisch.
> (die entgegengesetzte Reihenfolge wird nicht verwendet:
> この アパート は 便利 では なくて 高い です。)

b) Dieselben Funktionen erfüllt die *te*-Form nominaler Ausdrücke: Gleichzeitige Existenz zweier mit Nomen beschriebener Zustände sowie der Zusammenhang von Grund und Folge. Die *te*-Form von nominalen Prädikaten wird allerdings eher selten verwendet. Kausalität kann alternativ mit den in 10.5 beschriebenen Methoden, insbesondere ですから bei nominalen Ausdrücken beschrieben werden.

> 山田さん は 技師 で 芸術家 でした。
> *yamadasan wa gishi de geijuutsuka deshita.*
> Herr Yamada war Ingenieur und Künstler.

> 私 は 四人 の 息子 が いる。その うち の 二人 は 生徒 で あと は 学生 です。
> *watashi wa yonnin no musuko ga iru. sono uchi no futari wa seito de ato wa gakusei desu.*
> Ich habe vier Söhne. Zwei davon sind Schüler und die anderen sind Studenten.

> 日本 の 旅行 で 日本語 を 勉強 しなければ ならない。
> *nihon no ryokou de nihongo o benkyou shinakereba naranai.*
> Wegen der Japanreise muss ich Japanisch lernen.

7.2.4　Die *te*-Form von Verben in Kombination mit 行く *iku* und 来る *kuru*

a) In Kombination mit den Verben 行く *iku* und 来る *kuru* kann die *te*-Form verwendet werden, um Handlungen mit Ortsänderung auszudrücken. Im Fall von 来る ist die Bewegung auf den Sprecher oder einen vorher im Gespräch erwähnten Ort gerichtet. Bei 行く führt die Bewegung vom Sprecher oder einem erwähnten Ausgangspunkt weg.

> 走って 行く　　　　*hashitte iku*　　　　weglaufen
> 歩いて 行く　　　　*aruite iku*　　　　　zu Fuß gehen
> 歩いて 来る　　　　*aruite kuru*　　　　zu Fuß kommen
> 出て 来る　　　　　*dete kuru*　　　　　herauskommen

> ご飯 は もう 食べて 来ました。
> *gohan wa mou tabete kimashita.*
> Ich habe schon gegessen und bin hierher gekommen.

タバコ を 買って 来て 下さい。
tabako o katte kite kudasai.
Gehe bitte Zigaretten kaufen und komme wieder.

行って 来ます。
itte kimasu.
Geh und komm wieder (Abschiedsfloskel).

今日 の パーティー は 友達 も 連れて 来て 下さい。
kyou no pa-ti- ni wa tomodachi mo tsurete kite kudasai.
Bringen sie zur heutigen Party bitte auch ihren Freund mit.

b) Neben der üblichen Bedeutung „gehen" und „kommen" können die zwei Verben 行く und 来る in Kombination mit anderen Verben in der *te*-Form auch im übertragenen Sinn verwendet werden, um je nach Verbtyp den Beginn oder die Fortführung von Handlungen sowie allmähliche Veränderungen auszudrücken. Können die Verben eine zeitliche Ausdehnung beschreiben (durative Verben, zum Beispiel 食べる *taberu*, 働く *hataraku*), dann findet eine Handlung ab jetzt oder in der Zukunft statt (falls 行く bzw. 来る im Präsens stehen) oder sie hat zu einem Zeitpunkt in der Vergangenheit begonnen und wird jetzt noch durchgeführt (falls 行く bzw. 来る in einer Präteritumsform stehen). Bei Verben, die ein punktuelles Ereignis beschreiben (perfektive Verben, zum Beispiel 分かる *wakaru*, 死ぬ *shinu*) wird eine allmähliche Veränderung beschrieben, die durch ein punktuelles Ereignis beendet wurde (falls 行く bzw. 来る in einer Präteritumsform stehen) bzw. beendet sein wird (falls 行く bzw. 来る im Präsens stehen). Da sie ihre ursprüngliche Bedeutung verloren haben, werden 行く und 来る in diesen abstrakten Funktionen oft in *kana* geschrieben.

● Beispiele mit くる bzw. いく in einer Präsensform:

春 が すぐ やって くる。
haru ga sugu yatte kuru.
Es wird bald Frühling.

病気 が 治って いきます。
byouki ga naotte ikimasu.
Er wird gesund.

外 は 少し ずつ 暗く なって いきます。
soto wa sukoshi zutsu kuraku natte ikimasu.
Es wird draußen langsam dunkler.

7. DIE te-FORM VON VERBEN UND ADJEKTIVEN

● Beispiele mit くる bzw. いく in einer Präteritumsform:

雨 が 降って きました。
ame ga futte kimashita.
Es hat angefangen zu regnen.

家 は 次々 に 燃えて いった。
ie wa tsugitsugi ni moete itta.
Die Häuser fingen nach und nach Feuer.

健児 は 先週 手紙 を 送って きた。
kenji wa senshuu tegami o okutte kita.
Kenji schickte mir letzte Woche einen Brief.

由美さん の 気持ち が 分かって きました。
yumisan no kimochi ga wakatte kimashita.
Ich begann, Yumis Gefühle zu verstehen.

c) Ausdruck von „mit hinnehmen" und „mit herbringen": Um auszudrücken, dass etwas bzw. jemand mit hingenommen bzw. mit hergebracht wird, verwendet man bei Dingen die *te*-Form von 持つ *motsu* („halten, festhalten") und bei Menschen und Tieren die *te*-Form von 連れる *tsureru*. Nach der *te*-Form folgt das Verb 行く für „mit hinnehmen" bzw. das Verb 来る für „mit herbringen". Die Konstruktion ist die übliche Verknüpfung von Verben durch die *te*-Form mit der Bedeutung „und", so dass 持っていく *motte iku* beispielsweise auch wörtlich mit „haben und gehen" übersetzt werden kann. Als Hilfsverben werden 行く und 来る üblicherweise mit *hiragana* geschrieben.

[7.6] Kombination von 持つ und 連れる mit 行く und 来る

	für Menschen und Tiere	für Dinge
„mit hinnehmen"	連れていく *tsurete iku*	持っていく *motte iku*
„mit herbringen"	連れてくる *tsurete kuru*	持ってくる *motte kuru*

公園 に 犬 を 連れて いきました。
kouen ni inu o tsurette ikimashita.
Ich habe den Hund mit in den Park genommen.

明日 私 の 帽子 を 持って きて 下さい。
ashita watashi no boushi o motte kite kudasai.
Bringe morgen bitte meine Mütze mit.

先週 友達 を ここ に 連れて きました。
senshuu tomodachi o koko ni tsurette kimashita.
Letzte Woche habe ich meinen Freund mit hierher gebracht.

私 は 外出 する とき に は いつも 傘 を 持って いきます。
watashi wa sotode suru toki ni wa itsumo kasa o motte ikimasu.
Ich nehme immer einen Regenschirm mit, wenn ich hinaus gehe.

7.2.5 Die *te*-Form von Verben in Kombination mit speziellen Verben

a) Mit dem Verb しまう kann ausgedrückt werden, dass eine Handlung zu beenden ist oder beendet wurde. Auch die Betonung der Endphase ist möglich („wird gerade beendet"). しまう *shimau* wird nach einem Prädikat in der *te*-Form angewendet und steht im Präsens bzw. im Präteritum, falls der Vorgang schon abgeschlossen ist. Wörter wie 完全に *kanzen ni* („vollständig") oder 全部 *zenbu* („alles") können die Satzaussage lenken. In einigen Fällen drücken die Sätze mit dieser Konstruktion Bedauern oder Erstaunen über das Ende eines Vorgangs an.

日曜日 まで に この 本 を 読んで しまいます。
nichiyoubi made ni kono hon o yonde shimaimasu.
Ich lese dieses Buch bis Sonntag.

私 は すっかり 日本語 を 忘れて しまった。
watashi wa sukkari nihongo o wasurete shimatta.
Ich habe Japanisch (leider) vollständig vergessen.

違う バス に 乗って しまった。
chigau basu ni notte shimatta.
Ich fuhr (leider) mit dem falschen Bus.

b) Die Kombination ～て見る *~te miru* bedeutet „probieren, versuchen" im Sinne von „etwas probieren und sehen wie es ist". Dabei kann ausgedrückt werden, dass die Durchführung einer Handlung versucht wird (Beispiel: „Ich probiere zu trinken") oder dass versucht wird, den Zustand nach einer Handlung herauszufinden (Beispiel: „Ich trinke es und sehe, wie es schmeckt"). Der kurze Ausdruck „Probieren wir es mal!" bzw. „Ich versuche es!" wird im Japanischen mit やって見ましょう *yatte mimashou* ausgedrückt.

この 食べ物 を 食べて 見ました。
kono tabemono o tabete mimashita.
Ich habe dieses Essen probiert.

7. DIE te-FORM VON VERBEN UND ADJEKTIVEN

じゃ、行って 見ましょう。
ja, itte mimashou.
Dann lasst uns doch mal hingehen.

その 映画 を 見て 見ます か。
sono eiga o mite mimasu ka.
Schauen sie sich diesen Film an?

c) Um auszudrücken, dass man Schwierigkeiten hat oder eine Handlung Probleme bereitet, wird oft die Kombination der *te*-Form eines Verbs mit dem Verb 困る *komaru* verwendet.

先週 は ずっと 頭 が 痛くて 困りました から、仕事 を 休みました。
senshuu wa zutto atama ga itakute komarimashita kara, shigoto o yasumimashita.
Weil mich die ganze letzte Woche Kopfschmerzen geplagt haben, habe ich nicht gearbeitet.

d) Das Verb 置く *oku* bedeutet isoliert verwendet „legen, stellen, plazieren". Nach der *te*-Form von Verben bildet es eine Formulierung, die ausdrückt, eine Handlung im Voraus durchzuführen. Es schwingt dabei mit, dass eine Handlung durchgeführt wird, obwohl sie vielleicht noch nicht zwingend notwendig ist, aber nach der Durchführung so belassen wird. Die Kombination mit する (→ しておく) kann beispielsweise oft mit „vorbereiten" übersetzt werden. *oku* wird nach der *te*-Form mit *kana* geschrieben.

電気 を 付けて おいて 下さい。
denki o akete oite kudasai.
Bitte schalte das Licht an (in der Bedeutung: Schalte es bitte an und lasse es angeschaltet, auch wenn es noch nicht benötigt wird).

母 が 来る ので 部屋 を 掃除 して おきます。
haha ga kuru node heya o souji shite okimasu.
Weil meine Mutter kommt, mache ich (vorher) das Zimmer sauber.

事前 に 予約 を 取って おく べき です。
jizen ni yoyaku o totte oku beki desu.
Besser reservieren wir im Voraus.

7.2.6 Kombinationen der *te*-Form von Verben mit der Partikel も

Mit der Partikel も nach der *te*-Form von Prädikaten können Sätze verbunden werden, wodurch zwischen diesen je nach Kontext ein mehr oder weniger starker Kontrast geschaffen wird. Im Allgemeinen ist der nach も folgende Hauptsatz inhaltlich dem im zuerst genannten Nebensatz ausgedrückten Sachverhalt entgegengesetzt.

a) Eine Erlaubnis, die im Deutschen durch Modalverben ausgedrückt wird, formuliert das Japanische mit 〜ても (vgl. 9.4.1). Im Hauptsatzprädikat stehen dann beispielsweise いいです („es ist gut"), 大丈夫です *daijoubu desu* („es ist in Ordnung"), けっこうです („es ist gut, es reicht") oder 構いません *kamaimasen* („es schadet nicht").

> 外 で 遊んで も いい です か。
> *soto de asonde mo ii desu ka.*
> Darf ich draußen spielen?

b) Der Ausdruck von „nicht brauchen", „nicht müssen" bzw. „nicht notwendig sein" wird mit der verneinten *te*-Form 〜なくて in Kombination mit もいい gebildet.

> その 食べ物 は 食べなくて も いい ん です。
> *sono tabemono wa tabenakute mo ii n desu.*
> Du brauchst dieses Essen nicht zu essen.

c) Die Kombination der *te*-Form mit も, gefolgt von einem Satzteil, der ein Verb enthält, bedeutet „... auch wenn ...", „... selbst wenn ..." oder „... obwohl ...".

> 雨 が 降って も 行きます。
> *ame ga futte mo ikimasu.*
> Auch wenn es regnet, werde ich gehen.

> この 食べ物 は 嫌い でも 食べて 下さい。
> *kono tabemono wa kirai de mo tabete kudasai.*
> Auch wenn du das Essen nicht magst, iss es bitte.

> 高くて も 買いましょう。
> *takakute mo kaimashou.*
> Selbst wenn es teuer ist, lass es uns kaufen.

> 静か でも 駅 から 遠くて 不便 です ねえ。
> *shizuka de mo eki kara tookute fuben desu nee.*
> Obwohl es ruhig ist, ist es teuer und weit weg vom Bahnhof, nicht wahr?

7.3 Die *te*-Form von Verben in Kombination mit den Verben いる und ある

Die Kombination der *te*-Form von Verben mit dem Verb いる[6] wird häufig verwendet, ist aber in ihrer Funktion sehr abhängig vom Kontext. Die Konstruktion erfüllt drei Hauptaufgaben, die abhängig vom Verbtyp sind. [7.7] fasst diese Funktionen zusammen und stellt der *te*-Form die Verwendung der Präsensform gegenüber. Bei der Präsensform ist die Trennung nach Verbtypen nicht notwendig.

[7.7] Vergleich von *te*- und Präsens-Formen

Verbtyp	Benutzung der *te*-Form	Präsensform
Verben, die eine zeitliche Ausdehnung beschreiben können (durative Verben)	1. gerade ablaufende Handlungen Beispiel: 食べている *tabete iru* Ich esse gerade. 2. regelmäßige oder dauerhafte Handlungen Beispiel: 銀行で働いています *ginko de hataraite imasu* Ich arbeite in einer Bank.	• einmalige Handlungen • Absicht bzw. Zukunft Beispiel: 食べます *tabemasu* Ich werde essen. • allgemeine, nicht im Augenblick ablaufende Handlungen, Beispiel: 英語を上手に話します *eigo o jouzu ni hanashimasu* Er spricht gut Englisch.
Verben, die ein punktuelles Ereignis beschreiben (perfektive Verben)	3. anhaltender Zustand als Ergebnis einer sich in der Vergangenheit ereigneten Handlung. Beispiel: 窓が開いている *mado ga aite iru* Das Fenster ist offen.	• natürliche Handlungen, Regeln, Naturgesetze Beispiel: 鳥は歌います *tori wa utaimasu* Vögel singen.

---

[6] In der gesprochenen Sprache kann in zwanglosen Situationen und bei Verwendung einfacher Verbformen die erste Silbe い von いる weggelassen werden. Bei verneintem いる wird daraus ない *nai* (verwechselbar mit der einfachen Verneinung von ある *aru*). Beispiele:
• 友達は何をしてるの *tomodachi wa nani o shite ru no*. Was macht Dein Freund gerade? 彼は昼ご飯を食べてる *kare wa hirugohan o tabete ru*. Er isst gerade zu Mittag.
• 話しを聞いていますか *hanashi o kiite imasu ka*. Hörst du mir zu?
ううん、聞いてない *uun, kiite nai*. Nein, ich höre nicht zu.

[7.7] Vergleich von *te*- und Präsens-Formen (Fortsetzung)		
Verbtyp	Benutzung der *te*-Form	Präsensform
Verben, die immer eine zeitliche Ausdehnung beschreiben	4. lang andauernde Handlungen Beispiel: 京都に住んでいます *kyouto ni sunde imasu* Ich wohne in Kyoto.	im Präsens nicht anwendbar; (Beispiel: 住む *sumu* im Präsens nicht sinnvoll)

7.3.1 Durative Verben

a) Bei Verben, die eine zeitliche Ausdehnung beschreiben, d. h. die eine Handlung schildern, die über einen längeren Zeitraum ausgeübt werden kann, drückt die *te*-Form im Präsens eine Handlung oder einen Vorgang in ihrem Verlauf aus. Es kann somit beschrieben werden, dass

- eine Handlung lang andauert,
- eine Handlung gerade ausgeübt wird,
- eine Handlung während des Betrachtungszeitraums abläuft,
- eine Handlung regelmäßig und dauerhaft ausgeübt wird und
- wie lange eine Handlung ausgeübt wird.

Es ist dies beispielsweise bei Verben wie 食べる *taberu* („essen"), 働く *hataraku* („arbeiten") und 読む *yomu* („lesen") möglich. Beispiele:

- gerade ausgeübte und noch andauernde Handlung:

> あなた は 今 何 を して います か。新聞 を 読んで います。
> *anata wa ima nani o shite imasu ka. shinbun o yonde imasu.*
> Was tust du gerade? Ich lese gerade Zeitung.

> 太郎さん は 今 歌 を 歌って いる。
> *tarousan wa ima uta o utatte iru.*
> Taro singt jetzt gerade.

- gewohnheitsmäßige und dauerhafte Handlungen:

> トヨタ で 働いて います。
> *toyota de hataraite imasu.*
> Ich arbeite bei Toyota.

7. DIE te-FORM VON VERBEN UND ADJEKTIVEN

> ドイツ に 住んで います。
> *doitsu ni sunde imasu.*
> Ich wohne in Deutschland.

Einige Verben, wie zum Beispiel 住む *sumu* („wohnen") müssen im Präsens in der *te*-Form verwendet werden, da sie immer eine Zeitdauer ausdrücken. Darüber hinaus gibt es Zustandsverben (5.1.2), die einen Dauerzustand ausdrücken, bei dem der Zeitaspekt nicht berücksichtigt ist. Stehen solche Verben in der *te*-Form, dann drücken sie eine Eigenschaft des Subjekts aus, wie zum Beispiel das Alter einer Person mit dem Verb 年取る *toshitoru* („altern").

> 彼 は 年取って います。
> *kare wa toshitotte imasu.*
> Er ist alt.

b) Ob es sich um eine gerade durchgeführte oder eine regelmäßige Handlung handelt, kann ohne Wissen des Zusammenhangs nicht immer erkannt werden.

> 私 は 朝日新聞 を 読んで います。
> *watashi wa asahishinbun o yonde imasu.*
> Ich pflege die Asahishinbun zu lesen (und nicht eine andere Zeitung).
> Oder: Ich lese die Asahishinbun (jetzt, im Augenblick, es wird allerdings keine Aussage gemacht, welche Zeitung ich sonst lese).

> 彼 は 郵便局 に 行って います。
> *kare wa yuubinkyoku ni itte imasu.*
> Er ist in der Post (er ist vorhin hineingegangen und befindet sich zurzeit in dem Gebäude).
> Oder: Er geht zur Post (regelmäßig, zum Beispiel täglich oder dreimal pro Monat).

Zur Klärung können Zeitwörter verwendet werden, wie beispielsweise 毎日 *mainichi* („täglich") 毎朝 *maiasa* („jeden Morgen"), 毎週 *maishuu* („jede Woche") und いつも („immer") für gewohnheitsmäßige Handlungen; bzw. 今 *ima* („jetzt"), 先週から *senshuu kara* („seit letzter Woche") oder 昨日 *kinou* („gestern") für gerade ablaufende Handlungen.

> 毎朝 コーヒー を 飲んで いる。
> *maiasa ko-hi- o nonde iru.*
> Ich trinke jeden Morgen Kaffee.

二十間 から 待って います。
nijuukan kara matte imasu.
Ich warte seit zwei Stunden.

c) Im Gegensatz zur *te*-Form beschreibt die Präsensform einmalige und allgemeine Handlungen (die nicht gerade im Augenblick passieren), Absichten, die Zukunft sowie Regeln, Naturgesetze und natürliche Handlungen.

● Beispiel: 勉強する *benkyou suru* („studieren"):

te-Form: 京都大学 で 化学 を 勉強 して います。
kyoutodaigaku de kagaku o benkyou shite imasu.
Ich studiere Chemie an der Universität von Kyoto.

Präsens-Form: 私 は 英語 を 勉強 します。
watashi wa eigo o benkyou shimasu.
Ich werde Englisch studieren.
よい 学生 は 一生懸命 勉強 します。
yoi gakusei wa isshoukenmei benkyou shimasu.
Gute Studenten studieren hart.

● Beispiel: 飲む *nomu* („trinken"):

te-Form: ビール を 飲んで います。
bi-ru o nonde imasu.
Er trinkt gerade Bier.

Präsens-Form: ビール は 速く 飲みます。
bi-ru wa hayaku nomimasu.
Bier trinkt er schnell.

● Beispiel: 吠える *hoeru* („bellen"):

te-Form: 二時間 から 犬 は 吠えて います。
nijikan kara inu wa hoete imasu.
Der Hund bellt seit zwei Stunden.

Präsens-Form: 犬 は 吠えます。
inu wa hoemasu.
Hunde bellen (weil das eine natürliche Eigenschaft der Hunde ist).

7. DIE te-FORM VON VERBEN UND ADJEKTIVEN

d) Mit dem Präteritum kann eine Handlung oder ein Zustand beschrieben werden, der in einem Zeitraum in der Vergangenheit stattgefunden hat.

> 去年 まで 京都 に 住んで いました。
> *kyonen made kyouto ni sunde imashita.*
> Bis letztes Jahr habe ich in Kyoto gewohnt.

> その ころ 吉田先生 は 同志社大学 で 教えて いました。
> *sono koro yoshidasensei wa doushishadaigaku de oshiete imashita.*
> Zu dieser Zeit unterrichtete Prof. Yoshida an der Doshisha Universität.

e) Die Kombinationen der *te*-Form von durativen Verben mit einer verneinten Form von いる sowie もう oder まだ beschreiben Handlungen und Zustände, die bereits abgeschlossen sind oder noch nicht begonnen haben (vgl. 6.6.5).

[7.8] Die *te*-Form mit もう und まだ

まだ … Verb/Adjektiv 〜て いない	„noch nicht"
もう … Verb/Adjektiv 〜て いない	„nicht mehr"

> 昼ご飯 は もう 食べました か。いいえ、まだ 食べて いません。
> *hirugohan wa mou tabemashita ka. iie, mada tabete imasen.*
> Haben sie schon zu Mittag gegessen? Nein, ich habe noch nicht gegessen.

> 雨 は もう 降って いません。
> *ame wa mou futte imasen.*
> Es regnet nicht mehr.

7.3.2 Perfektive Verben

a) Bei Verben, die ein punktuelles, zeitlich begrenztes Ereignis bezeichnen, beschreibt die *te*-Form einen Folgezustand, der ohne weiteres Zutun anhält. Die eigentliche Handlung ist abgeschlossen, das Ergebnis dauert aber noch an. Zum Beispiel wird die Handlung des „sich Setzens" (punktuelles Ereignis) zum Folgezustand des „Sitzens".

Diese Anwendung ist nicht möglich für Verben, die bereits einen Zustand ausdrücken, wie zum Beispiel ある, いる, („sein"), 出来る *dekiru* („können") oder 住む *sumu* („wohnen").

Bei einigen japanischen Verben ist ausgehend von der üblichen Übersetzung ins Deutsche nicht immer das punktuelle Ereignis erkennbar. Zum Beispiel beschreibt das Verb 知る *shiru* den punktuellen Moment des Erfahrens. Im Fall der Verneinung kann es zwar mit „wissen" übersetzt werden:

その 人 を 知りません。
sono hito o shirimasen. Ich kenne diesen Mann nicht.

Doch im affirmativen Satz wird die *te*-Form benutzt:

その 人 を 知って います。
sono hito o shitte imasu. Ich kenne diesen Mann.

[7.9] Beispiele für die Bedeutung der Form 〜ている	
Verb	*te*-Form + いる
座る *suwaru* sich setzen	座って いる *suwatte iru* sitzen
立つ *tatsu* aufstehen	立って いる *tatte iru* stehen
出る *deru* herausgehen	出て いる *dete iru* draußen sein
終わる *owaru* enden	終わって いる *owatte iru* beendet haben
寝る *neru* sich hinlegen	寝て いる *nete iru* liegen
開く *aku* öffnen	開いて いる *aite iru* offen sein
持つ *motsu* tragen, halten	持って いる *motte iru* besitzen
知る *shiru* erfahren	知って いる *shitte iru* wissen, kennen
死ぬ *shinu* sterben	死んで いる *shinde iru* tot sein
覚える *oboeru* lernen, sich merken	覚えて いる *oboete iru* erinnern
結婚 する *kekkon suru* heiraten	結婚 して いる *kekkon shite iru* verheiratet sein

7. DIE te-FORM VON VERBEN UND ADJEKTIVEN

Präsens: 車 が 家 の 前 に 止まります。
kuruma ga uchi no mae ni tomarimasu.
Das Auto wird vor dem Haus anhalten. Oder: Das Auto hält gerade vor dem Haus an.

Präteritum: 車 が 家 の 前 に 止まりました。
kuruma ga uchi no mae ni tomarimashita.
Das Auto hat angehalten.

te-Form: 車 が 家 の 前 に 止まって います。
kuruma ga uchi no mae ni tomatte imasu.
Ein Auto steht vor dem Haus.

Präsens: 寝ます。 *nemasu.* Er wird zu Bett gehen.
Präteritum: 寝ました。 *nemashita.* Er ist zu Bett gegangen.
te-Form: 寝て います。 *nete imasu.* Er schläft.

> 子ども は 今 学校 に 行って います。
> *kodomo wa ima gakkou ni itte imasu.*
> Das Kind ist in der Schule (Das Kind ist zur Schule gegangen und ist jetzt dort).
>
> 映画 は もう 始まって います。
> *eiga wa mou hajimatte imasu.*
> Der Film hat schon angefangen.
>
> バス は 大分 込んで います ね。もっと すいて いる バス を 探しましょう か。
> *basu wa daibu konde imasu ne. motto suite iru basu o sagashimashou ka.*
> Der Bus ist ziemlich voll. Sollen wir einen Bus suchen, der etwas leerer ist?

b) Bei einigen der in [7.9] aufgeführten Verben ist der punktuelle Charakter nicht klar getrennt von der Beschreibung eines Zeitraums. Obwohl in den meisten Fällen zum Ausdruck eines punktuellen Ereignisses angewendet, kann in Abhängigkeit des Kontexts auch eine andauernde Handlung beschrieben werden. In diesem Fall ist, wie bereits oben beschrieben, ohne Wissen des Kontexts nicht erkennbar, welche Funktion die *te*-Form erfüllt. Mit geeigneten Zeitwörtern kann die Aussage gelenkt werden.

> 彼 は 結婚 して います。
> *kare wa kekkon shite imasu.*
> Er ist verheiratet (Ergebnis der punktuellen Handlung des Heiratens). Oder:
> Er heiratet gerade (gerade jetzt im Augenblick findet die Trauung in der Kirche statt). Da diese Interpretation die seltener benutzte ist, sollten geeignete Wörter zur eindeutigen Übersetzung verwendet werden, zum Beispiel:

> 彼 は 今 カデドラル に 結婚 して います。
> *kare wa ima kadedoraru ni kekkon shite imasu.*
> Er heiratet jetzt gerade in der Kathedrale.

c) Eine gebräuchliche Anwendung dieser Konstruktion ist die Kombination der *te*-Form von Verben der Bewegung 行く *iku* („gehen"), 来る *kuru* („kommen") und 帰る *kaeru* („zurückkehren") mit いる. In allen Fällen wird ausgedrückt, dass ein Zustand der Existenz eingetreten ist, beispielsweise im Sinne von „jemand ging und ist noch dort", der ins Deutsche mit dem Verb „sein" übersetzt werden kann. Die Wahl des Bewegungsverbs richtet sich nach den Standorten von Sprecher und Person, über die eine Aussage gemacht wird.

> 大寺さん は 行って います。
> *ooterasan wa itte imasu.*
> Herr Otera ist dort.
> 大寺さん が 来て います。
> *ooterasan ga kite imasu.*
> Herr Otera ist da.
> 大寺さん が 帰って います。
> *ooterasan ga kaette imasu.*
> Herr Otera ist zuhause.
> 彼女 は 旅行 へ 行って います。
> *kanojo wa ryokou e itte imasu.*
> Sie befindet sich auf einer Reise.

d) Auf eine Frage nach einem dauerhaften Zustand wird bejahend wieder mit der *te*-Form geantwortet. Die verneinende Antwort wird allerdings ohne die *te*-Form gebildet.

> この 本 を 知って います か。
> *kono hon o shitte imasu ka.* Kennen sie dieses Buch?
> Bejahende Antwort: はい、知って います。
> *hai, shitte imasu.* Ja, kenne ich.
> Verneindene Antwort: いいえ、知りません。
> *iie, shirimasen.* Nein, kenne ich nicht.
> お子さん は まだ 起きて いる の です か。
> *okosan wa mada okite iru no desu ka.*
> Sind deine Kinder noch auf?

7. DIE te-FORM VON VERBEN UND ADJEKTIVEN

> Bejahende Antwort: はい、まだ 起きて います。
> *hai, mada okite imasu.* Ja, sie sind noch auf.
> Verneindende Antwort: いいえ、起きません。
> *iie, okimasen.* Nein, sie sind nicht auf.

Dagegen kann bei nicht-durativen Verben mit der Verneinung des Verbs いる und in Kombination mit まだ eine noch nicht eingesetzte Handlung ausgedrückt werden.

> 電車 は まだ 来て いません。
> *densha wa mada kite imasen.*
> Der Zug ist noch nicht angekommen.

> 友子さん は まだ 起きて いません。
> *tomokosan wa mada okite imasen.*
> Tomoko ist noch nicht aufgestanden.

7.3.3 Wahl von いる oder ある bei anhaltenden Zuständen

Handelt es sich um einen „unpersönlichen Zustand" (zum Beispiel „das Licht ist an", „der Wagen ist kaputt"), der durch eine Handlung zustande gekommen ist, können alternativ いる und ある nach der *te*-Form verwendet werden. Dabei drückt ある die Mitwirkung einer Person aus. いる wird verwendet, wenn der Zustand von selbst eingetreten ist, bzw. wenn die Person, die diesen Zustand verursacht hat, ungenannt bleibt. Bei ある liegt die Betonung auf der zu dem Zustand führenden Handlung.

Die Formulierung mit ある ist nur bei transitiven Verben möglich. Im Fall transitiver Verben ist aufgrund der Natur der Verben das Mitwirken einer Person oder einer Sache als Verursacher verbunden. Auch ohne Nennung eines Subjekts muss ins Deutsche der Verursacher genannt werden. Intransitive Verben dagegen beschreiben grundsätzlich Zustände, ohne den Fokus auf den Verursacher zu legen:

> transitiv: ドア を 開ける。 *doa o akeru.*
> Ich öffne die Tür.
> ドア が 開けて ある。 *doa ga akete aru.*
> Jemand hat die Tür geöffnet.
> intransitiv: ドア が 開く。 *doa ga aku.*
> Die Tür geht auf.
> ドア が 開いて いる。 *doa ga aite iru.*
> Die Tür steht offen.

transitiv:	Mit ある *aru*: 車 が 止めて あります。
	kuruma ga tomete arimasu.
	Das Auto wurde angehalten (Jemand hat das Auto angehalten).
	Mit いる *iru*: 車 を 止めて います。
	kuruma o tomete imasu.
	Ich bin dabei, das Auto anzuhalten.
intransitiv:	車 が 止まって います。
	kuruma ga tomatte imasu.
	Das Auto steht.

[7.10] いる und ある bei anhaltenden Zuständen

Verbtyp	mit いる	mit ある
transitiv	anhaltender Zustand, der von selber eingetreten ist bzw. falls die Nennung des Verursachers nicht relevant ist	anhaltender Zustand, der von einer Person oder einer Sache verursacht wurde
intransitiv	(oft objektive Feststellungen)	(nicht möglich)

窓 が 閉めて あります。
mado ga shimete arimasu.
Das Fenster ist geschlossen (von jemandem geschlossen worden).
窓 が 閉めて います。
mado ga shimete imasu.
Das Fenster ist geschlossen (der Zustand wird beschrieben, unabhängig davon, wie es dazu gekommen ist).

街灯 が 消して あります。
gaitou ga keshite arimasu.
Die Straßenlaterne ist (von jemandem) ausgemacht worden.
街灯 が 消して います。
gaitou ga keshite imasu.
Die Straßenlaterne ist aus.

次 の 火曜日 は 本屋 は 閉まって います が、デパート は 開いて います。
tsugi no kayoubi wa honya wa shimatte imasu ga, depa-to wa aite imasu.
Nächsten Dienstag ist der Buchladen geschlossen, aber das Kaufhaus ist geöffnet.

7. DIE te-FORM VON VERBEN UND ADJEKTIVEN

7.3.4 Die *te*-Form zur Beschreibung des progressiven Präteritums

Die Kombination der *te*-Form von Verben mit einer Präteritumsform des Verbs いる, zum Beispiel いた oder いなかった, wird zur Beschreibung von Handlungen, die in der Vergangenheit über einen Zeitraum durchgeführt werden, sowie von Zuständen, die in der Vergangenheit zu einem bestimmten Zeitpunkt gerade bestehen, verwendet. Die Zeit kann als Verlaufsform des Präteritums bezeichnet werden („progressives Präteritum", entsprechend dem Past Continuous im Englischen). Typische Anwendungen sind beispielsweise ピアノを引いていた ... *piano o hiite ita* ... („ich spielte (gerade) Klavier ...") oder ドアを開いていた ... *doa o aite ita* ... („die Tür stand offen ...").

私は昼食を食べていた時にその問題の答えを思いつきました。
watashi wa chuushoku o tabete ita toki ni sono mondai no kotae o omoitsukimashita.
Gerade als ich zu Mittag aß, kam ihm die Antwort auf das Problem.

僕は子供のけい、いつも日本海で泳いでいたよ。
boku wa kodomo no toki, itsumo nihonkai de oyoide ita yo.
Als ich ein Kind war, schwamm ich immer in der japanischen See.

私の父は、昔よく夜遅くまでお酒を飲んでいたものでした。
watashi no chichi wa, mukashi yoku yoruosoku made osake o nonde ita mono deshita.
Mein Vater trank früher bis spät in die Nacht Alkohol.

だれも話を聞いていませんでした。
dare mo hanashi o kiite imasen deshita.
Keiner hörte dem Sprecher zu.

パーテフィーには二百人以上が参加していました。
pa-ti- ni wa nihyaku hito ijou ga sanka shite imashita.
Auf der Party waren mehr als zweihundert Menschen.

私はレストランに行ったが、残念ながら閉まっていました。
watashi wa resutoran ni itta ga, zannen nagara shimatte imashita.
Ich ging zum Restaurant, doch leider war es geschlossen.

平山さんは玄関の鍵をかけないままにしていた。
hirayamasan wa genkan no kagi o kakenai mama ni shite ita.
Herr Hirayama ließ die Eingangstür unverschlossen.

だれもその会合に出席していなかったよ。
daremo sono kaigou ni shusseki shite inakatta yo.
Bei dem Treffen war niemand anwesend.

8. EINFACHE SATZSTRUKTUREN

In Abschnitt 1.4 ist die grundlegende Satzstruktur einfacher Sätze beschrieben. Darauf aufbauend können die im vorliegenden Kapitel angegebenen einfachen Satztypen gebildet werden. Weitere Konstruktionen mit einfachen Prädikaten, die deutschen Modalverbformulierungen entsprechen, sind in Kapitel 9 beschrieben. Komplexere Sätze mit mehreren Prädikaten oder bestehend aus mehreren Teilsätzen folgen in Kapitel 10.

8.1 Einfache Aussagesätze

8.1.1 Einfache Sätze mit der Kopula

a) Eine der grundlegendsten Satzstrukturen ist der Kopulasatz. Er enthält im einfachsten Fall ein Nomen, Pronomen oder Adjektiv sowie eine Form der Kopula (zur Flektion der Kopula vgl. 1.3.4). Im Fall der Adjektive ist die Kopula nur bei Nominaladjektiven notwendig; bei Verbaladjektiven wird sie benutzt, um Höflichkeit auszudrücken (vgl. unten). Da sie somit insbesondere zur Bildung von Prädikaten mit Nomen, Pronomen und Nominaladjektiven verwendet wird, werden diese auch „Nominalsätze" genannt. Einfache Sätze können beispielsweise sein:

- mit Pronomen: 私だ *watashi da* Ich bin es.
- mit Nomen: 本です *hon desu* Es ist ein Buch.
- mit NA: 便利だった *benri datta* Es war bequem.

[8.1] Einfache Kopula-Sätze

Satzthema	Nomen / Pronomen / NA	Kopula	
これは *kore wa*	辞書 *jisho*	です。 *desu.*	Dies ist ein Wörterbuch.
彼の絵は *kare no e wa*	これ *kore*	ではありません。 *dewa arimasen.*	Sein Bild ist dies nicht.
部屋は *heya wa*	静か *shizuka*	だった。 *datta.*	Das Zimmer war ruhig.

Die Kombination der Kopula mit dem nominalen Wort bildet das Prädikat („Nominalprädikat", vgl. 1.3.2). Dies kann beliebig durch Satzthema, Subjekt oder Objekte ergänzt werden. Insbesondere die Kombination mit einem Satzthema ist ein häufig verwendeter Satztyp (siehe oben).

b) Wie in 1.3.4 beschrieben, wird die Kopula im japanischen Satz immer dann verwendet, wenn das Prädikat nicht die nötigen Flektionsendungen übernehmen kann. Dies ist immer bei nominalen Prädikaten, d. h. bei Nomen und Nominaladjektiven der Fall. Bei diesem Prädikattyp, bei dem der Gebrauch der Kopula obligatorisch ist, drücken die Endungen der Kopula Präteritum, Verneinung, Vermutung, Höflichkeit und ähnliche Funktionen aus. Im Fall verbaler und verbaladjektivischer Prädikate führt die Verwendung der Kopula zu höflichen Sätzen. Der Gebrauch ist in diesen Fällen nicht nötig, da Präteritum, Verneinung u.Ä. von der Verb- bzw. Adjektivendung getragen werden kann, so dass die Kopula lediglich noch den Höflichkeitsgrad festlegt.[1]

[8.2] Beispiele für die Verwendung der Kopula	
verbales Prädikat:	einfach: 私達 は 大学 に 行く。 *watashitachi wa daigaku ni iku.* höflich: 私達 は 大学 に 行く の です。 *watashitachi wa daigaku ni iku no desu.* Wir gehen zur Universität.
VA-Prädikat:	einfach: この 本 は 高かった。 *kono hon wa takakatta.* höflich: この 本 は 高かった です。 *kono hon wa takakatta desu.* Dieses Buch war teuer.
NA-Prädikat:	einfach: 川端さん の 車 は あまり 丈夫 では ない。 *kawabatasan no kuruma wa amari joubu dewa nai.* höflich: 川端さん の 車 は あまり 丈夫 では ありません。 *kawabatasan no kuruma wa amari joubu dewa arimasen.* Das Auto von Herrn Kawabata ist nicht sehr robust.

---

[1] Die Verwendung der Kopula ist bei Verben eine der zwei Möglichkeiten zur Bildung höflicher Sätze, vgl. 5.3.1.

8. EINFACHE SATZSTRUKTUREN

c) Die Struktur wird zur Identifizierung und Beschreibung von Personen, Gegenständen und Sachverhalten verwendet und bezeichnet definitive Aussagen, wie die in [8.3] angegebenen Beispiele.

[8.3] Typische Beispiele für die Verwendung von Kopula-Sätzen

Funktion	Beispiel	
Erläuterungen	車 は 速い です。 *kuruma wa hayai desu.*	Das Auto ist schnell.
	新井さん は 先生 です。 *niisan wa sensei desu.*	Herr Nii ist Lehrer.
Identifizierung	これ は 文法書 です。 *kore wa bunpousho desu.*	Dies ist ein Grammatikbuch.
Existenz	ここ は 学校 です。 *koko wa gakkou desu.*	Die Schule ist hier.
Bestätigung	私 も 先生 です。 *watashi mo sensei desu.*	Auch ich bin Lehrer.
persönliche Eigenschaften	私 は 低血圧 です。 *watashi wa teiketsuatsu desu.*	Ich habe niedrigen Blutdruck.
	私 は 彼女 と 無関係 です。 *watashi wa kanojo to mukankei desu.*	Ich habe mit ihr nichts zu tun.
Mengenangaben	女の人 は 五人 です。 *onnanohito wa gonin desu.*	Es sind fünf Frauen.
Preis	これ は 百 円 です。 *kore wa hyaku en desu.*	Es kostet einhundert Yen.
Zeitangaben	今 ちょうど 五時 です。 *ima choudo goji desu.*	Es ist jetzt genau fünf Uhr.
	学校 に 行く 時間 です。 *gakkou ni iku jikan desu.*	Es ist Zeit, zur Schule zu gehen.
	朝食 は 十時 まで です。 *choushoku wa juuji made desu.*	Frühstück gibt es bis zehn Uhr.
Entscheidung	コーヒーですか、お茶ですか。 私はコーヒーです。 *ko-hi- desu ka, ocha desu ka.* *watashi wa ko-hi- desu.*	Möchten sie Kaffee oder Tee? Ich nehme Kaffee.

> あの 人 は 春子 の 友達 です ね。
> *ano hito wa haruko no tomodachi desu ne.*
> Er ist Harukos Freund, nicht wahr?

> 映画 は いつ です か。明日 です。
> *eiga wa itsu desu ka. ashita desu.*
> Wann gibt es den Film? Morgen.

Wenn die Kopula in existentiellen Sätzen verwendet wird, können nur unbewegliche Objekte beschrieben werden (vgl. 8.1.3).

d) In einigen Fällen ersetzt die Kopula Verben. Obwohl die Sätze dann auch die Form *A wa B desu* haben, ist die Übertragung ins Deutsche mit einem existentiellen Verb nicht sinnvoll. Der Ersatz von Verben durch die Kopula geschieht oft in Antworten sowie in Sätzen, bei denen durch einen vorangegangenen Satz klar erkennbar ist, welches Verb ersetzt wurde und wie der Satz somit verstanden werden kann.

> 私 は 毎晩 お酒 を 飲む。家内 は お茶 だ。
> *watashi wa maiban osake o nomu. kanai wa ocha da.*
> Ich trinke jeden Abend Sake. Meine Frau trinkt Tee.

> 日本 で は どこ に 行きます か。東京 です。
> *nihon de wa doko ni ikimasu ka. toukyou desu.* (statt: *toukyou ni ikimasu.*)
> Wohin gehen sie in Japan? Ich gehe nach Tokyo.

e) Betonung mit の bzw. ん und der Kopula: Die Aussage eines Satzes, dessen Prädikat mit der Kopula gebildet wird, kann durch Verwendung des Ausdrucks のです verstärkt werden. Die Formulierung kann andeutungsweise übersetzt werden mit „nämlich" oder „Es ist (tatsächlich) so, dass ...". In einer etwas anderen Nuance wird es auch nach Fragen benutzt und kann dann bedeuten „Der Grund dafür ist, dass ..." oder „Die Erklärung ist, dass ...".

のです kann nach den einfachen Präsens- und Präteritumformen von Verben und Adjektiven und nach NA/Nomen + な bzw. だった stehen. Die Form entspricht damit dem üblichen nominalen Prädikat mit einem nominalen oder nominalisierten verbalen Ausdruck vor der Kopula (vgl. auch Nominalisierung von Verben mit の, 2.3.1). In dieser Bedeutung sind die meisten Formen der Kopula möglich, zum Beispiel: のだ, のである, のではない, のだろう, のです, のであります, のではありません **und** のでしょう.

> ... 食べました。　　→　　... 食べた の です。
> *... tabemashita.*　　　　*... tabeta no desu.*

8. EINFACHE SATZSTRUKTUREN

⋯行きます か。	→	⋯行く の です か。
... ikimasu ka.		*... iku no desu ka.*
⋯行く でしょう。	→	⋯行く の でしょう。
... iku deshou.		*... iku no deshou.*
⋯高い です。	→	⋯高い の です。
... takai desu.		*... takai no desu.*
⋯高くなかった です。	→	⋯高くなかった の です。
... takakunakatta desu.		*... takakunakatta no desu.*
⋯先生 です。	→	⋯先生 な の です。
... sensei desu.		*... sensei no desu.*
⋯便利 でした。	→	⋯便利 な の でした。
... benri deshita.		*... benri no deshita.*

> 化学 は 難しい です が 面白い の です。
> *kagaku wa muzukashii desu ga omoshiroi no desu.*
> Chemie ist schwierig, aber es ist tatsächlich interessant.

> 今晩 パーティー が ある の です が 一緒に 行きません か。
> *konban pa-ti- ga aru no desu ga isshoni ikimasen ka.*
> Heute Abend gibt es eine Party, wollen wir nicht zusammen hingehen?

Besonders in der Umgangssprache wird diese Konstruktion häufiger verwendet. Dabei wird の vor der Kopula oft zu ん verkürzt (zum Beispiel んだ oder んで) und bei Fragen die Kopula gelegentlich weggelassen.

> どこ へ 行く ん です か。買物 に 行く ん です。
> *doko e iku n desu ka. kaimono ni iku n desu.*
> Wohin gehst du? Ich gehe einkaufen!

> 速く 来て。先生 は 待って いる ん だ。
> *hayaku kite. sensei wa matte iru n da.*
> Komm schnell! Der Lehrer wartet!

8.1.2 Einfache Sätze mit Verben

a) Im einfachsten Fall können Sätze nur aus einem Verb bestehen. Da der Satz 寝ます *nemasu* keine weiteren Informationen enthält, könnte er mit „Ich schlafe", „Er schläft", „Sie wird schlafen", „Wir werden schlafen" usw. übersetzt werden. Dem Kontext muss Subjekt und Zeitaspekt entnommen werden. Ein direktes Objekt ist, da es sich um ein intransitives Verb handelt, nicht vorhanden. Grundsätzlich lassen sich

Sätze in „Objektsätze" und „objektfreie Sätze" einteilen, wobei sich die Begriffe auf direkte Objekte beziehen[2]. Bestimmt werden die Satztypen durch die Verbart: Wie in 5.4.1 beschrieben, können intransitive Verben kein direktes Objekt besitzen, bilden somit objektfreie Sätze, während transitive Verben ein direktes Objekt fordern, somit Objektsätze bilden.

Für weitere Erläuterungen können beide Satztypen andere Objekte, wie zeitliche, modale und räumliche Bestimmungen, enthalten. Die Reihenfolge der Objekte sowie weiterer Satzbausteine ist, wie in 1.4.1 beschrieben, relativ frei und kann zur Betonung einzelner Satzglieder genutzt werden.

b) Den stärksten Einfluss auf Inhalt und Struktur von Sätzen mit Verben hat die Verbendung. Die Klassifizierung einfacher Satztypen erfolgt somit bevorzugt durch die Funktion der Verben. Die in [8.4] angegebenen Satztypen überschneiden sich teilweise und repräsentieren nur einen Teil japanischer Satzarten.

[8.4] Klassifizierung einfacher Sätze mit Verben (Beispiele)

Satztyp	Charakteristika und Beispiele
Handlungssatz (動作文 dousabun)	● Beispiel mit transitivem Verb: 彼は魚を多く食べる。 *kare wa sakana o ooku taberu.* Er isst viel Fisch. ● Beispiel mit intransitivem Verb: 学校は八時に始まる。 *gakkou wa hachiji ni hajimaru.* Die Schule beginnt um acht Uhr.
Zustandssatz (vgl. 7.3.2, 7.3.3)	● *te*-Form der Verben, die punktuelle Ereignisse beschreiben, können in Kombination mit いる oder ある ● Beispiel: 曇っています。 *kumotte imasu.* Es ist bewölkt.
existentielle Sätze (vgl. 8.1.3)	● Verben ある und いる ● Beispiel: バス停はあそこにあります。 *basutei wa asoko ni arimasu.* Die Bushaltestelle ist dort drüben.

---

[2] Gelegentlich werden als „Objektsätze" auch Sätze bezeichnet, die ein beliebiges Objekt, und als „objektfrei" Sätze, die überhaupt kein Objekt besitzen.
Objektfreie Sätze sind auch Kopulasätze mit nominalem oder nominaladjektivischem Prädikat (vgl. 8.1.1) sowie Sätze mit verbaladjektivischem Prädikat.
Beispiel: この本は面白かった。 *kono hon wa omoshirokatta.* Dieses Buch war interessant.

8. EINFACHE SATZSTRUKTUREN

[8.4] Klassifizierung einfacher Sätze mit Verben (Beispiele) (Fortsetzung)

Satztyp	Charakteristika und Beispiele
passiver Satz (受動態文 *judoutaibun*; vgl. 8.3.2)	● Verwendung der passiven Verbform ● veränderte Objektmarkierung im Vergleich zu aktiven Sätzen ● Beispiel: 手紙は彼女に書かれた。 *tegami wa kanojo ni kakareta.* Der Brief wurde von ihr geschrieben.
Wunschsatz (望み文 *nozomibun*; vgl. 9.1.1)	● Verwendung der Wunschform 〜たい ● Beispiel: 京都に行きたい。 *kyouto ni ikitai.* Ich möchte nach Kyoto gehen.
Potentialsatz (可能文 *kanoubun*; vgl. 9.2.2)	● Verwendung der Potentialendung ● Beispiel: 博物館まで一時間で行けました。 *hakubutsukan made ichijikan de ikemashita.* Bis zum Museum konnte man in einer Stunde gehen.
Veranlassungssatz (使役文 *shiekibun*, 誘引文 *yuuinbun*; vgl. 8.4.2)	● Verwendung der kausativen Verbform ● Beispiel: 私は彼を行かせる。 *watashi wa kare o ikaseru.* Ich veranlasse ihn, zu gehen.
Vorschlagssatz (提案文 *teianbun*; vgl. 9.7.1)	● Verwendung der Vorschlagsform 〜ましょう ● Beispiel: 家に帰りましょう。 *uchi ni kaerimashou.* Lasst uns nach Hause gehen.
Bitte- und Befehlssatz (命令文 *meireibun*; vgl. 8.5)	● Verwendung unterschiedlicher Verbformen zur Abstufung von Bitte und Befehl, darunter Imperativformen 〜なさい und 〜ろ ● Beispiel: 後ろを見ろ。 *ushiro o miro.* Schaue zurück! ● Beispiel: まっすぐ前方を見なさい。 *massugu zenpou o minasai.* Schaue geradeaus!

8.1.3 Existentielle Sätze mit den Verben いる und ある

[8.5] Prädikate zur Bildung existentieller Sätze

Prädikatsform	Verwendung	Beispiel
Kopula	nicht bewegliche Objekte, zum Beispiel Gebäude, Gebäudeteile, Pflanzen	私の家の後ろは森です。 *watashi no uchi no ushiro wa mori desu.* Hinter meinem Haus gibt es einen Wald.
Verb ある	leblose Gegenstände und Pflanzen	彼の鍵は机の上にある。 *kare no kagi wa tsukue no ue ni aru.* Sein Schlüssel liegt auf dem Tisch.
	Abstrakte Objekte und theoretische Phänomene	私には考えがあります。 *watashi ni wa kangae ga arimasu.* Ich habe eine Idee.
	für Menschen bei Angabe menschlicher Beziehungen	彼は二人の兄弟がいる。 *kare wa futari no kyoudai ga iru.* Er hat zwei Brüder.
Verb いる	Menschen und Tiere	テーブルの下に犬がいる。 *te-buru no shita ni inu ga iru.* Unter dem Tisch ist ein Hund.
te-Form von speziellen Verben in Kombination mit いる	die Existenz wird mit einem aus einer Handlung resultierenden Zustand beschrieben (vgl. 7.3)	壁にはえが止まっている。 *kabe ni hae ga tomatte iru.* Es sind Fliegen an der Wand.

a) Die Existenz von Lebewesen, Gegenständen und abstrakten Phänomenen kann mit der Kopula oder den zwei Verben ある und いる beschrieben werden. Die Verwendung der Kopula ist beschränkt auf im Allgemeinen nicht bewegliche Objekte, beispielsweise Gebäude (Schule, Bank, Bahnhof), Ämter und andere Einrichtungen, Gebäudeteile (Dach, Tür) oder Pflanzen (Baum, Wald) und andere Naturobjekte (Sonne, Berg, Fluss). Da die Kopula zusammen mit Nomen ein nominales Prädikat bildet, werden als Ortsangaben ortsbestimmende Nomen (vgl. 2.2.3) verwendet.

8. EINFACHE SATZSTRUKTUREN

> 駅 は 学校 の 前 です。
> *eki wa gakkou no mae desu.* Der Bahnhof ist vor der Schule.

> トイレ は 階段 の 後ろ です。
> *toire wa kaidan no ushiro desu.* Die Toiletten befinden sich hinter der Treppe.

b) Sätze mit beweglichen Subjekten, wie Personen, Tiere und kleine mobile Gegenstände, müssen mit ある oder いる formuliert werden. Für leblose Gegenstände und Pflanzen wird das Verb ある, für Menschen und Tiere das Verb いる verwendet. Bei abstrakten Phänomenen, wie Ereignissen oder Problemen, wird ある benutzt. Mit ある können auch die unter a) genannten nicht beweglichen Objekte beschrieben werden.

> 昔 駅 の 前 に 図書館 が ありました。
> *mukashi eki no mae ni toshokan ga arimashita.*
> Früher gab es vor dem Bahnhof eine Bücherei.

> 質問 が あります か。
> *shitsumon ga arimasu ka.* Haben sie Fragen?

Der Ort der Existenz wird mit der Partikel に markiert[3]. Das Subjekt wird mit は oder が markiert. が muss verwendet werden, falls sich eine Mengenangabe im Satz befindet und das Subjekt nach der räumlichen Angabe steht. In Sätzen ohne Mengenangabe, und falls das Subjekt am Satzanfang steht, können は oder が verwendet werden. Der exakte Unterschied zwischen は und が ist nicht immer fassbar und eine Übersetzung nicht immer eindeutig. Neben den in [8.6] angegebenen Satzstrukturen kann die Mengenangabe auch – wie in 3.3.1 beschrieben – positioniert werden. Durch Wortstellung und Wahl der Partikel kann die Betonung (die im Deutschen beispielsweise auch über die Verwendung des bestimmten bzw. unbestimmten Artikels gesteuert wird) gelenkt werden[4]:

> ここ に 本 が ある。 *koko ni hon ga aru.*
> oder: ここ に 本 は ある。 *koko ni hon wa aru.*
> Hier ist ein Buch.   (Betonung von „Buch")

> 本 は ここ に ある。
> *hon wa koko ni aru.*
> Das Buch ist hier.   (Betonung des Ortes: „hier")

---

[3] Ausnahme: Im Sinne von „es gibt ein Ereignis" wird bei ある auch der Handlungsort mit で markiert. Beispiel: 勝則さんの家でパーティーがあります。 *katsunorisan no uchi de pa-ti- ga arimasu.* Bei Katsunori findet eine Party statt.

[4] Zur unterschiedlichen Verwendung von は *wa* und が *ga* vgl. 4.2.5.

[8.6] Strukturen existentieller Sätze (vgl. auch 3.3.1)

1.) Betonung der räumlichen Angabe:

Subjekt	は	Ortsangabe	に	(Mengenangabe)	ある / いる。
Ortsangabe	に	Subjekt	は		ある / いる。

2.) Betonung des Subjekts:

Subjekt	が	Ortsangabe	に	(Mengenangabe)	ある / いる。
Ortsangabe	に/には	Subjekt	が	(Mengenangabe)	ある / いる。

- Beispiele mit betonter Ortsangabe:

> ドイツ人 は ここ に います。
> *doitsujin wa koko ni imasu.* oder: ここ に ドイツ人 は います。
> *koko ni doitsujin wa imasu.*
> Hier ist ein Deutscher.

- Beispiele mit betontem Subjekt:

> ドイツ人 が ここ に 二人 います。
> *doitsujin ga koko ni futari imasu.* oder:
> ここ に ドイツ人 が 二人 います。
> *koko ni doitsujin ga futari imasu.*
> Hier sind zwei Deutsche.

> ドイツ に は 川 が たくさん あります。
> *doitsu ni wa kawa ga takusan arimasu.*
> In Deutschland gibt es viele Flüsse.

Die Übersetzung der im Japanischen oft verwendeten Satzstruktur にある kann alternativ zu „sein" mit recht unterschiedlichen Verben erfolgen, je nach dem Ort, an dem sich das Subjekt befindet, zum Beispiel „an der Wand hängen", „auf dem Tisch liegen" oder „wo befinden ...".

> 部屋 に は いくつ の 窓 が あります か。
> *heya ni wa ikutsu no mado ga arimasu ka.*
> Wie viele Fenster hat das Zimmer?

8. EINFACHE SATZSTRUKTUREN

> 博物館 は どこ に あります か。
> *hakubutsukan wa doko ni arimasu ka.*
> Wo befindet sich das Museum?

Auch bei anderen Beispielen bietet es sich an, freier ins Deutsche zu übersetzen und andere Verben als „sein" zu verwenden:

> お金 は あります が、高すぎます。
> *okane wa arimasu ga, takasugimasu.*
> Ich habe zwar Geld, doch ist es zu teuer.

> 明日 から ここ で 会議 が ある。
> *ashita kara koko de kaigi ga aru.*
> Ab morgen findet hier eine Konferenz statt.

Werden verwandtschaftliche, freundschaftliche oder ähnliche Beziehungen beschrieben, können sowohl いる wie auch ある zur Angabe einer Existenz bei Lebewesen verwendet werden.

> お子さん が おあり です か。はい、子供 が 三人 あります。
> *okosan ga oari desu ka. hai, kodomo ga sannin arimasu.*
> Haben sie Kinder? Ja, ich habe drei Kinder.

Sätze mit ある können ggf. ins Deutsche auch nur mit dem unbestimmten Artikel übersetzt werden.

> ある 都市 伊勢先生 と 働く の が 好き です。
> *aru toshi isesensei to hataraku no ga suki desu.*
> Ich wünsche mir, in (irgend)einer Stadt mit Professor Ise zu arbeiten.

c) Falls die Formulierungen mit der Kopula bzw. ある möglich sind, so sind sie bedeutungsgleich. Umgangssprachlich wird die kurze Form mit der Kopula bevorzugt, während die Formulierung mit にあります formeller klingt.

> トイレ は どこ です か。トイレ は 階段 の 後ろ です。
> *toire wa doko desu ka. toire wa kaidan no ushiro desu.* Oder:
> トイレ は どこ に あります か。トイレ は 階段 の 後ろ に あります。
> *toire wa doko ni arimasu ka. toire wa kaidan no ushiro ni arimasu.*
> Wo ist die Toilette? Die Toilette ist hinter der Treppe.

銀行 の 左側 に あります。銀行 の 左側 です。
ginkou no hidarigawa ni arimasu. oder: *ginkou no hidarigawa desu.*
Es steht links neben der Bank.

d) Wird die Existenz mit einem Zustand beschrieben, der aus einer Handlung resultiert, dann wird diese mit der *te*-Form in Kombination mit dem Verb いる *iru* formuliert (vgl. 7.3). Als Verben, die existentielle Inhalte bilden können, eignen sich beispielsweise 止まる *tomaru* („anhalten") → 止まっている *tomatte iru* („stehen, sein"), 持つ *motsu* („tragen") → 持っている *motte iru* („haben").

駅 の 前 に 大きい な タンクローリ が 止まって います。
eki no mae ni ookii na tankuro-ri ga tomatte imasu.
Vor dem Bahnhof befindet sich ein großer Tanklastwagen.

あなた の 車 は 持って います。
anata no kuruma wa motte imasu.
Ich habe dein Auto.

e) Im Japanischen werden existentielle Sätze mit der Kopula auch für Zustände und Ereignisse verwendet, die ausgehend von der deutschen Sprache andere Prädikate vermuten lassen. Es sind dies insbesondere Zeitangaben, wie beispielsweise die Angabe von Öffnungszeiten oder die Abfahrt eines Zuges:

デパート は 何時 から です か。
depa–to wa nanji kara desu ka.
Ab wie viel Uhr hat das Kaufhaus geöffnet?

次 の 神戸 ゆき の 電車 は 三時 です。
tsugi no koube yuki no densha wa sanji desu.
Der nächste Zug nach Kobe fährt um drei Uhr.

8.2 Fragesätze[5]

8.2.1 Charakter von Fragesätzen

a) Im Deutschen erfolgt die Bildung von Frage- aus Aussagesätzen im Fall von Entscheidungsfragen durch Umstellung der Wortreihenfolge und veränderte Intonation.

Im Japanischen bleibt die Satzstruktur bei der Umwandlung eines Aussage- in einen Fragesatz oft erhalten. Der Fragesatz wird stattdessen gebildet, indem spezielle Partikel

---

[5] Zur Frage nach dem Grund vgl. 10.5.4

8. EINFACHE SATZSTRUKTUREN

den Satz abschließen. Als sogenannte Fragepartikel sind die in 8.2.2 beschriebenen Partikel möglich. Soll ein erfragtes Objekt betont werden, kann sich im Fragesatz auch die Satzstellung ändern, dies ist bei Fragen mit Fragewörtern üblich (vgl. 8.2.3).

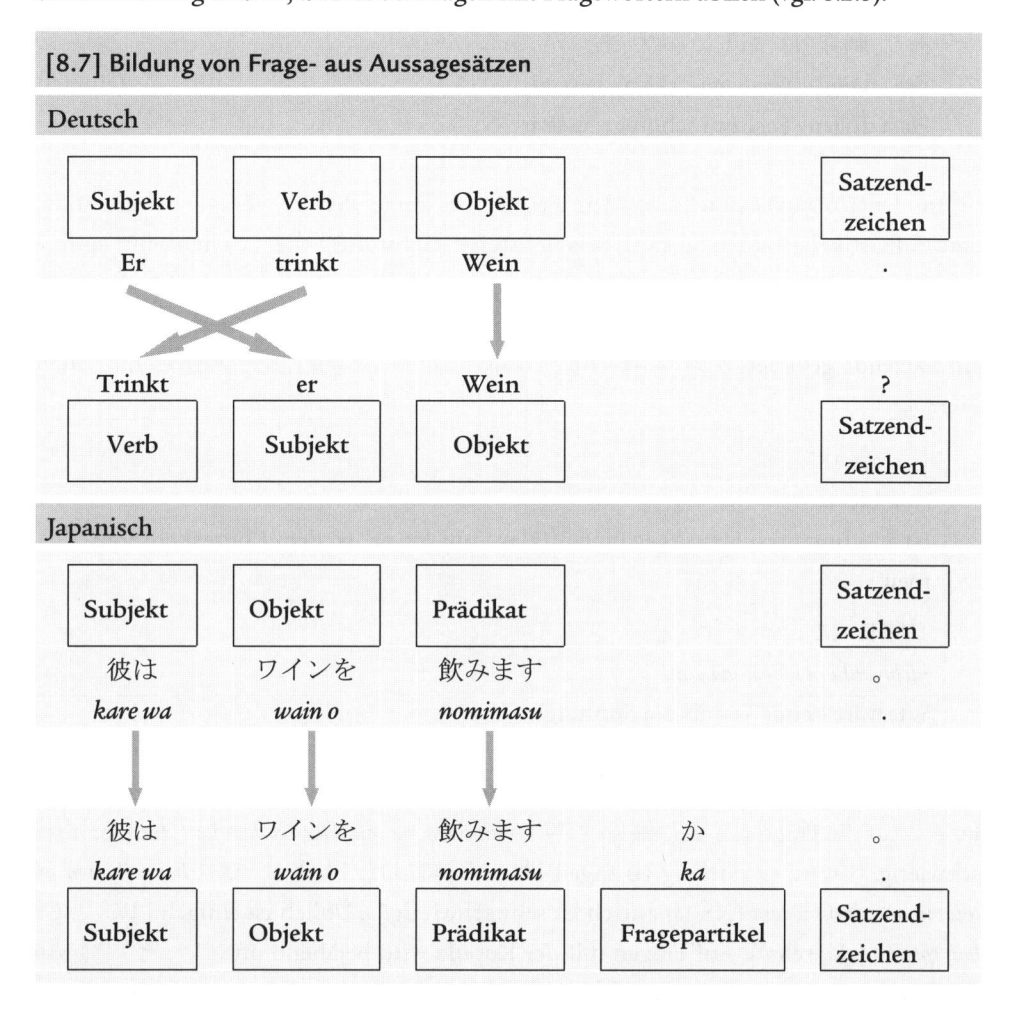

[8.7] Bildung von Frage- aus Aussagesätzen

Deutsch

Subjekt	Verb	Objekt		Satzendzeichen
Er	trinkt	Wein		.

Trinkt	er	Wein		?
Verb	Subjekt	Objekt		Satzendzeichen

Japanisch

Subjekt	Objekt	Prädikat		Satzendzeichen
彼は	ワインを	飲みます		。
kare wa	*wain o*	*nomimasu*		.

彼は	ワインを	飲みます	か	。
kare wa	*wain o*	*nomimasu*	*ka*	.
Subjekt	Objekt	Prädikat	Fragepartikel	Satzendzeichen

Der Satz wird durch einen Punkt abgeschlossen. Ein spezielles Zeichen, wie das deutsche Fragezeichen, existiert nicht. Wie im Deutschen wird allerdings die Stimme am Satzende angehoben.

> 昨日 あの 人 は お酒 を たくさん 飲みました。
> *kinou ano hito wa osake o takusan nomimashita.*
> Gestern hat er viel Sake getrunken. Wird zu:

| 昨日 あの 人 は お酒 を たくさん 飲みました か。
| *kinou ano hito wa osake o takusan nomimashita ka.* (höflich)
| Hat er gestern viel Sake getrunken?

| あの 刺身 は もう たべた こと が ある の。
| *ano sashimi wa mou tabeta koto ga aru no.* (einfach)
| Hast du jene Sashimi schon gegessen?

b) In der Umgangssprache werden Fragen oft ohne den die Frage markierenden Satzendpartikel gebildet. So kann beispielsweise „Gehst du?" oder „Gehen wir?" einfach mit 行く *iku* übersetzt werden, wobei die Stimme am Ende ansteigt. Hat die Frage vorschlagenden Charakter, werden umgangssprachlich oft Sätze mit dem Fragewort どう am Satzende gebildet, zum Beispiel ビールはどう *bi-ru wa dou* („Wie wäre es mit einem Bier?").

| もう 帰った。
| *mou kaetta.*
| Ist er schon nach Hause gegangen? (Das Subjekt „er" ist dem Kontext entnommen.)

| 日曜日 に テニス は どう。
| *nichiyoubi ni tenisu wa dou.*
| Wie wäre es mit Tennis am Sonntag?

c) Es ist nicht notwendig, das in einer Frage Gesagte in der Antwort nochmals zu wiederholen. Auf die Frage 日本語は難しいですか *nihongo wa muzukashii desu ka* („Ist Japanisch schwierig?") wäre es unnötig zu sagen はい、日本語はとても難しいです *hai, nihongo wa totemo muzukashii desu* („Ja, Japanisch ist sehr schwierig."). Üblich ist einfach はい、とても *hai, totemo* („Ja, sehr"). Auf Fragen mit der Kopula wird bejahend oft はい、そうです *hai, sou desu* bzw. verneinend いいえ、そうではありません *iie, sou dewa arimasen* geantwortet.

Japaner gebrauchen はい sehr oft in Konversationen. Es meint dabei nicht immer Zustimmung mit dem Gesagten, sondern erfüllt vielmehr eine soziale Funktion: der Gesprächspartner zeugt dem Sprecher Respekt und zeigt ihm, dass er zuhört. はい kann somit eher als „Ich höre, was du sagst. Und?" interpretiert werden.

Handelt es sich nicht um Entscheidungsfragen, so muss das Verb des Fragesatzes wiederholt werden: 行きますか。はい、行きます *ikimasu ka. hai, ikimasu.*

8. EINFACHE SATZSTRUKTUREN

d) **Höflichkeit in Fragen:** Besonders bei der Formulierung von Fragen werden zu direkte und hart oder schroff klingende Sätze gerne vermieden. Um Fragen höflich zu formulieren, stehen eine Reihe von Möglichkeiten zur Verfügung, die in Kapitel 11 beschrieben sind. Da Fragen den Gesprächspartner zur Reaktion auffordern, unterliegen sie besonders stark den Regeln der Höflichkeit. Typische Abmilderungen von zu hart klingenden Fragen werden beispielsweise erreicht durch:

- Wahl einer höflichen Verbform

  新保先生 は いらっしゃいます か。
  shinbosensei wa irasshaimasu ka. Ist Dr. Shinbo da?

- Gebrauch der Fragepronomen どちら statt どこ, いかが statt どう bzw. どなた statt だれ.

  どちら へ いらっしゃいます か。
  dochira e irasshaimasu ka. Wohin gehen sie?

  お酒 は いかが です か。
  osake wa ikaga desu ka. Möchten sie Sake?

- Formulierung des Prädikats mit der Form ... *o~*Verb[i] *desu ka.*

  お子さん が お有り です か。
  okosan ga oari desu ka. Haben sie Kinder?

  失礼 です が、もう お帰り です か。
  shitsurei desu ga, mou okaeri desu ka.
  Entschuldigen sie, gehen sie schon nach Hause?

8.2.2 Fragepartikel

Die Wahl des Fragepartikels hängt von der gewählten Höflichkeitsebene ab.

[8.8] Fragepartikel

Fragepartikel	Anwendung
か	in neutral-höflichen Sätzen (Verben in der *masu-* Form, zum Beispiel 〜ます, 〜ません; Vorschlagsform 〜ましょう; höfliche Kopula-Formen, zum Beispiel です, でした)
の	in einfachen Sätzen (nach Verben in einer einfachen Form: 〜う, 〜ない o.Ä.; Kopula だ, だった o.Ä.), von Männern und Frauen verwendet

[8.8] Fragepartikel (Fortsetzung)

Fragepartikel	Anwendung
かい	von Männern in informellen Entscheidungsfragen (Ja/Nein-Fragen)
だい	von Männern in informellen Fragen mit Fragewörtern
kein Partikel	von Frauen in informellen Fragen mit Fragewörtern und bei Entscheidungsfragen
	Umgangssprache

a) Bei neutral-höflichen Sätzen, d. h. mit Verben in der *masu*-Form oder der Vorschlagsform -~*mashou* bzw. der Kopula in einer höflichen Form, wird die Partikel か am Satzende benutzt.

> お鮨 を 食べた こと が あります か。
> *osushi o tabeta koto ga arimasu ka.*
> Haben sie schon mal Sushi gegessen?

> その 女の人 を 知って います か。
> *sono onnanohito o shitte imasu ka.*
> Kennen sie jene Frau dort?

か kann auch am Ende eines rhetorischen Satzes stehen. Es fällt dann allerdings die Stimme am Satzende ab. Weiterhin wird die Partikel wie im Deutschen auch in Sätzen verwendet, die eine Überraschung über etwas Neues ausdrücken.

> あの 人 は 中山さん でしょう か。
> *ano hito wa nakayamasan deshou ka.*
> Jener Mensch ist bestimmt Professor Nakayama.

> ああ、百合子さん です か。
> *aa, yurikosan desu ka.*
> Aha, du bist Yuriko, so ist das also.

b) Sätze mit einem Prädikat in der einfachen Form werden mit der Partikel の in Fragesätze umgewandelt. Die Partikel wird allerdings vorwiegend von Frauen benutzt, während Männer かい oder だい verwenden. In einfachen Sätzen wird die Fragepartikel auch oft ganz weggelassen.

8. EINFACHE SATZSTRUKTUREN

> お鮨 を 食べた こと が ある の。
> *osushi o tabeta koto ga aru no.*
> Hast du schon mal Sushi gegessen?

> その 女の人 を 知って いる の。
> *sono onnanohito o shitte iru no.*
> Kennst du jene Frau dort?

c) In einfachen Sätzen mit Fragewörtern und Prädikaten in der einfachen Form können Männer だい zur Markierung der Frage verwenden. だい ist eine spezielle Form der Kopula, und kann nur Nomen, Fragepronomen und Nominaladjektiven im Präsensfall direkt folgen (Beispiel: 先生なのだい *sensei na no dai*; 便利なのだい *benri na no dai*). Im Präteritumfall wird die Vergangenheitsform der Kopula verwendet (Beispiel: 先生だったのだい *sensei datta no dai*; 便利ではなかったのだい *benri dewa nakatta no dai*). Bei Verben und Verbaladjektiven in einer einfachen Form (Präteritum und Verneinung sind möglich) muss mit の bzw. der verkürzten Form ん nominalisiert werden (Beispiel: 食べるのだい *taberu no dai*; 食べなかったのだい *tabenakatta no dai*; 小さかったのだい *chiisakatta no dai*; 小さくないのだい *chiisakunai no dai*). Auch möglich ist die Kombination von Nomen oder Nominaladjektiv mit なのだい (Beispiel: 先生なのだい *sensei na no dai*; 便利なのだい *benri na no dai*).

> 何 が おかしい ん だい。
> *nani ga okashii n dai.* Was ist lustig?

> どこ へ 行く ん だい。
> *doko e iku n dai.* Wohin gehst du?

d) Nur in Entscheidungsfragen und nur von Männern können かい bzw. のかい verwendet werden. のかい drückt zusätzlich eine Überraschung über ein unerwartetes Ereignis oder eine unerwartete Handlung aus. かい und のかい werden direkt nach Verben und Verbaladjektiven in einer einfachen Präsens- oder Präteritumform verwendet, verneinte Prädikate sind möglich. かい kann auch direkt nach Nominaladjektiven und Nomen stehen. のかい erfordert in diesen Fällen die Partikel な. In Präteritumsätzen mit nominalen oder nominaladjektivischen Prädikaten steht かい oder のかい nach だった.

> 日本語 は 難しい かい。
> *nihongo wa muzukashii kai.* Ist Japanisch schwierig?
> 日本語 は 難しい の かい。
> *nihongo wa muzukashii no kai.* Oh, ist Japanisch schwierig?

> 日本 へ 帰る かい。
> *nihon e kaeru kai.*
> Kehrst du nach Japan zurück?

8.2.3 Fragesätze mit Fragewörtern

a) Fragewörter gehören im Japanischen grammatisch zu verschiedenen Wortarten: Pronomen (wie だれ), Adverbien (wie どう) oder Attributbestimmungen (zum Beispiel wird どの zusammen mit einem Nomen verwendet). Die in [8.9] mit „*" gekennzeichneten Fragewörter werden wie Adjektive zur Ergänzung von Nomen verwendet.

[8.9] Wichtige Fragewörter

Fragewort	Worttyp	Deutsch
だれ	Pronomen	wer
どなた	Pronomen	
だれの	Adjektiv*	wessen
どなたの	Adjektiv*	
何	Pronomen	was
どこ	Pronomen	wo
どちら (höflich)	Pronomen	wo
どこへ		wohin
どこに		
いつ	Pronomen	wann
どうして	Adverb	warum
何で *nande*	Adverb	
なぜ	Adverb	
どちら („welches von beiden")	Pronomen	welches/was
どの	Adjektiv*	
どんな	Adjektiv*	
どれ	Pronomen	
どう	Adverb	wie
どんな (Frage nach Adjektiv)	Adjektiv*	
いかが (höflich)	Nominaladjektiv, Adverb, Pronomen	

8. EINFACHE SATZSTRUKTUREN

[8.9] Wichtige Fragewörter (Fortsetzung)

Fragewort	Worttyp	Deutsch
だれと		mit wem
どのぐらい	Pronomen	
いくら (Preise)	Adverb, Pronomen	wie viel
いくつ	Adverb, Pronomen	
何 *nan* + Zählwort	Pronomen	
いくつ目 *ikutsume*	Pronomen	
何番 *nanban*	Pronomen	der wievielte[6]
何号 *nangou*	Pronomen	

b) In Sätzen mit Fragewörtern nimmt das Fragewort oft die Position des erfragten Satzbausteins im Aussagesatz ein.

[8.10] Beispiele für Fragesätze mit Fragewörtern

		Frage nach der zeitlichen Bestimmung	
Aussagesatz:	試験は *shiken wa*	月曜日 *getsuyoubi*	です。 *desu.*
Fragesatz:	試験は *shiken wa*	いつ *itsu*	ですか。 *desu ka.*

Die Prüfung findet am Montag statt.
Wann findet die Prüfung statt?

		Frage nach der örtlichen Bestimmung	
Aussagesatz:	来週 *raishuu*	東京へ *toukyou e*	行きました。 *ikimashita.*
Fragesatz:	来週 *raishuu*	どこへ *doko e*	行きましたか。 *ikimashita ka.*

Letzte Woche fuhr ich nach Tokyo.
Wo fuhren sie letzte Woche hin?

---

[6] Zur Bildung der Ordnungszahlen vgl. 3.5.

[8.10] Beispiele für Fragesätze mit Fragewörtern (Fortsetzung)

		Frage nach dem direkten Objekt	
Aussagesatz:	このお店で *kono omise de*	美味しい鮨を *oishii sushi o*	食べたいと思います。 *tabetai to omoimasu.*
Fragesatz:	このお店で *kono omise de*	何を *nani o*	食べたいと思いますか。 *tabetai to omoimasu ka.*

Ich möchte in diesem Laden leckeres Sushi essen.
Was möchten sie in diesem Laden essen?

Zur Betonung können allerdings auch in Fragesätzen die meisten Satzbausteine, wie in 1.4.1 beschrieben, beliebig umgestellt werden. Insbesondere bei örtlichen Bestimmungen und der Angabe von Existenz wird der inhaltliche Schwerpunkt von Frage- im Vergleich zum Aussagesatz oft unterschiedlich gesetzt. In existentiellen Aussagesätzen (vgl. 8.1.3) wird das Subjekt oft mit が markiert. Wird nach dessen Ort der Existenz gefragt, so erfolgt die Markierung als Satzthema, und das Fragepronomen (im Fragesatz) bzw. der Ort (in der Antwort) bilden den Kern der Satzaussage.

Aussagesatz:	机 の 上 に 本 が あります。
	tsukue no ue ni hon ga arimasu.
	Auf dem Tisch liegt ein Buch.
Fragesatz:	本 は どこ に あります か。
	hon wa doko ni arimasu ka.
	Wo befindet sich das Buch?
Antwortsatz:	本 は 机 の 上 に あります。
	hon wa tsukue no ue ni arimasu.
	Das Buch liegt auf dem Tisch.

鈴木さん の 友達 は だれ です か。
suzukisan no tomodachi wa dare desu ka.
Wer ist der Freund von Herrn Suzuki?

田中さん は いつ だれ と どこ へ 行きます か。
tanakasan wa itsu dare to doko e ikimasu ka.
Wann, mit wem und wohin geht Herr Tanaka?

8. EINFACHE SATZSTRUKTUREN

c) Zielt die Frage auf das Subjekt („Wer ... ?"), wodurch dieses hervorgehoben wird, so muss die Partikel für die Subjektmarkierung が sowohl in der Frage (だれが …) wie auch in der Antwort verwendet werden. Dies ist besonders bei Fragen mit だれ, 何 *nan*, どっち und どれ der Fall, wo in Frage und Antwort が steht, wenn nach dem Subjekt gefragt wird (vgl. 4.2).

> どれ が 便利 です か。これ が 便利 です。
> *dore ga benri desu ka. kore ga benri desu.*
> Welches ist praktisch? Dieses ist praktisch.

> 何 が 食べたい です か。
> *nani ga tabetai desu ka.*
> Was möchten Sie essen?

Wird betonend nach dem Satzthema gefragt, und dieses ist nicht das Subjekt, dann muss nicht die Partikel が verwendet werden.

> だれ が 太郎さん の 彼女 です か。美穂さん が 太郎さん の 彼女 です。
> *dare ga tarousan no kanojo desu ka. mihosan ga tarousan no kanojo desu.*
> Wer ist die Freundin von Taro? Miho ist die Freundin von Taro.

> 太郎さん の 彼女 は だれ です か。太郎さん の 彼女 は 美穂さん です。
> *tarousan no kanojo wa dare desu ka. tarousan no kanojo wa mihosan desu.*
> Wer ist die Freundin von Taro? Die Freundin von Taro ist Miho.

d) Eine weitere Möglichkeit, Fragesätze mit verbalem Prädikat zu formulieren, besteht in der Thematisierung des hinter der Frage stehenden Sachverhalts. Im Allgemeinen muss er dazu zunächst nominalisiert werden. Wird zum Beispiel die Handlung 鮨を食べました *sushi o tabemashita* in der Frage いつ鮨を食べましたか *itsu sushi o tabemashita ka* mit の nominalisiert und mit は markiert, erhält man als Thema 鮨を食べたのは … *sushi o tabeta no wa …* Das Fragepronomen kann nun nachgestellt werden und man erhält 鮨を食べたのはいつですか *sushi o tabeta no wa itsu desu ka* („Was das Essen der Sushi betrifft, wann war es?").

> ドイツ へ 行く の は だれ です か。木下さん です か。
> *doitsu e iku no wa dare desu ka. kinoshitasan desu ka.*
> Wer ist es, der nach Deutschland geht? Ist es Frau Kinoshita?

> 紙 を 買った の は 何枚 でした か。
> *kami o katta no wa nanmai deshita ka.*
> Wie viele Blätter Papier hast du gekauft?

8.2.4 Spezielle Fragen und Höflichkeit in Fragen

[8.11] Spezielle Fragen	
Frage nach Adjektiven und Adverbien (Art und Weise); Vorschlag und Einladung	... どう。
	... どうですか。
	... いかがですか。
	... いかがでしょうか。
	どんな ...
vergleichende Frage („Welches von beiden ... ?")	... どちら ...
	... どっち ...
Frage nach der Menge („Wie viel etwa?")	どのぐらい ...
Frage nach dem Alter	何才 *nansai* ですか。
	おいくつですか。
	どのぐらい古いですか。
Frage nach dem Preis	いくらですか。
	いくらしますか。
	いくらかかりますか。
	いくらになりますか。

a) Frage nach der Art und Weise: Nach Adjektiven und Adverbien wird mit どう und どんな gefragt. Die Fragepronomen sind Teil des ko-so-a-do-Systems (vgl. 2.4.2) und treten anstelle des erfragten Adjektivs oder Adverbs.

> どう 書きましょう か。大きく 書いて 下さい。
> *dou kakimashou ka. ookiku kaite kudasai.*
> Wie soll ich schreiben? Schreibe bitte groß.

> この 本 は どう です か。この 本 は 面白い です。
> *kono hon wa dou desu ka. kono hon wa omoshiroi desu.*
> Wie ist dieses Buch? Dieses Buch ist interessant.

どう wird auch verwendet, um Vorschläge, Einladungen und das Anbieten von Dingen und Leistungen („... wie wäre es mit ... ?") auszudrücken. Höflicher klingt es, das Fragepronomen いかが zu verwenden: いかがですか *ikaga desu ka*. Eine besonders höfliche Form ist いかがでしょうか *ikaga deshou ka*. Wenn über das Gesagte hinaus weitere

8. EINFACHE SATZSTRUKTUREN

Möglichkeiten zur Auswahl bestehen, wird でも nach dem Angebotenen eingefügt. Es hat die Bedeutung „... oder so etwas ..." und macht den Vorschlag weniger spezifisch und damit weniger drängend.

> 今晩　いっぱい　どう。
> *konban ippai dou.*
> Wie wäre es, heute Abend trinken zu gehen?

> 伊勢先生、コーヒー　でも　いかが　でしょう　か。
> *isesensei, ko-hi- demo ikaga deshou ka.*
> Professor Ise, möchten sie Kaffee oder etwas ähnliches?

b) Die vergleichende Frage: Um nach einem Objekt aus zwei zur Verfügung stehenden Objekten zu fragen („welches von beiden ist ... ?") wird das Fragepronomen どちら oder alternativ das weniger formelle どっち benutzt (vgl. ausführlich 6.4.3). Sind mehr als zwei Objekte zu vergleichen, so werden die in 6.4.2 beschriebenen Satzstrukturen verwendet.

c) Frage nach der Menge: Das Pronomen der allgemeinen Frage nach der Menge ist どのぐらい („wie viel etwa?"). Die Antwort kann eine konkrete Menge (zum Beispiel „zwei Stück") sowie eine abstrakte Mengenangabe (zum Beispiel „viel" oder „wenig") sein. Die direkte Frage nach einer konkreten Menge muss mit 何 *nani* und einem passenden Zählsuffix (vgl. 3.2.3) erfolgen. Ist die Menge gering, d. h. unter zehn (es kann somit mit der japanischen Zahlreihe geantwortet werden), ist auch die Frage mit いくつ möglich.

> お酒　は　どの　ぐらい　飲みました　か。
> *osake wa dono gurai nomimashita ka.* Oder:
> どの　ぐらい　お酒　を　飲みました　か。
> *dono gurai osake o nomimashita ka.*
> Antwort: お酒　を　たくさん　飲みました。
> *osake o takusan nomimashita.* Oder:
> たくさん　飲みました。
> *takusan nomimashita.*
> Wie viel Sake hast du getrunken? Ich habe viel Sake getrunken.

In einigen Fällen wird im Japanischen mit どのぐらい gefragt, auch wenn im Deutschen ein anderes Fragepronomen benutzt wird. Es steht dabei im Japanischen immer eine zählbare Größe dahinter, beispielsweise „wie viel Stunden":

> 車 で 大阪 から 京都 まで どの ぐらい 掛かります か。二時間 掛かる と 思います。
> *kuruma de oosaka kara kyouto made dono gurai kakarimasu ka. nijikan kakaru to omoimasu.*
> Wie lange dauert es mit dem Auto von Osaka nach Kyoto? Ich glaube, es dauert zwei Stunden.

d) Frage nach dem Alter: Das Zählsuffix für das Lebensalter ist *sai*, ausgedrückt durch 才 oder 歳. Die entsprechende Frage nach dem Alter ist somit 何才 bzw. 何歳 *nansai*. Höflicher klingt おいくつですか *oikutsu desu ka*. Nach dem Alter von Gegenständen wird mit どのぐらい古いですか *dono gurai furui desu ka* gefragt.

> あなた の 先生 は 何才 です か。三十八才 です。
> *anata no sensei wa nansai desu ka. sanjuuhassai desu.*
> Wie alt ist dein Lehrer? Er ist 38 Jahre alt.

> この 本 は どの ぐらい 古い です か。三年 前 に 買いました。
> *kono hon wa dono gurai furui desu ka. sannen mae ni kaimashita.*
> Wie alt ist dieses Buch? Ich habe es vor drei Jahren gekauft.

e) Frage nach dem Preis: Die Frage nach dem Preis ist いくらですか *ikura desu ka* oder いくらしますか *ikura shimasu ka*. Speziell für Gebühren, kontinuierlich anfallende Kosten oder Kostenvoranschläge wird das Verb かかる *kakaru* (von 掛かる, in dieser Bedeutung jedoch meist mit *kana* geschrieben) verwendet: いくらかかりますか *ikura kakarimasu ka*. Für Beträge, die zusammengerechnet werden, fragt man mit いくらになりますか *ikura ni narimasu ka*.

> すみません、この 鞄 は いくら です か。
> *sumimasen, kono kaban wa ikura desu ka.*
> Entschuldigen sie, wie viel kostet diese Tasche?

8.2.5 Verneinte Fragen

a) Negierte Fragen haben in der japanischen Sprache ähnliche Funktionen wie im Deutschen. Sie können
- die Meinung des Fragenden betonen oder
- einen Vorschlag formulieren.

Mit der Frage この花はきれいではありませんか *kono hana wa kirei dewa arimasen ka* („Ist diese Blume nicht schön?") betont der Sprecher, dass er die Blume schön findet und fordert gleichzeitig eine Reaktion des Gesprächspartners heraus. Damit hat die

8. EINFACHE SATZSTRUKTUREN

verneinte Frage eine stärkere Wirkung als der bejahte Aussagesatz この花はきれいです *kono hana wa kirei desu*.

Enthält der Fragesatz ein Handlungsverb und wird der Gesprächspartner angesprochen, so stellt der Satz einen vorsichtig formulierten Vorschlag dar, der ins Deutsche mit „möchten sie nicht ...?" übersetzt werden kann. Diese Art des Vorschlags wird verwendet, wenn die Reaktion des Gesprächspartners nicht feststeht. Ist die Reaktion voraussehbar, und es fehlt nur noch die finale Initiierung, so wird die *mashou*-Form benutzt.

> ビール を 飲みに 行きません か。
> *bi-ru o nomini ikimasen ka.*
> Wollen wir nicht ein Bier trinken gehen?

> この 寺 を 見ません か。
> *kono tera o mimasen ka.*
> Haben sie nicht Lust, diesen Tempel zu sehen?

b) Antwort auf negative Fragen: Verneinte Fragen werden im Japanischen und im Deutschen verschiedenartig beantwortet: Während man im Deutschen auf die Form der Frage zustimmend oder ablehnend antwortet, bejaht oder verneint man dagegen im Japanischen die eigentliche Intention des Fragenden.

Beispielsweise sieht der Gastgeber seinen Gast nicht mehr essen und vermutet, dass er das Essen beendet hat. Auf die Frage もう食べないですか *mou tabenai desu ka* („Essen sie nicht mehr?" – der Fragende hat für sich diese Frage bereits beantwortet mit „Ja, er isst nicht mehr") ist die zustimmende Antwort des Gasts (d. h. der Antwortende ist der gleichen Meinung wie der Fragende) im Deutschen „Nein, ich esse nicht mehr" (da die Form des Fragesatzes negativ war, ist es auch die Antwort). Die zustimmende Antwort im Japanischen ist: はい、もう食べないです *hai, mou tabenai desu* (wörtlich: „Ja, ich esse nicht mehr" – der Inhalt des Fragesatzes, d. h. die Intention des Fragenden wird bejaht, da diese eigentlich „Er isst nicht mehr" war, ist auch die Antwort positiv).

Die ablehnende Antwort des Gasts (d. h. der Antwortende ist nicht der gleichen Meinung wie der Fragende) im Deutschen ist „Ja, ich esse noch", oder deutlicher: „Doch, ich esse noch" (Der Form des Fragesatzes wird nicht entsprochen. Die Frage war negativ, also ist die Antwort positiv). Die ablehnende Antwort im Japanischen ist dagegen いいえ、まだ食べますよ *iie, mada tabemasu yo* (wörtlich: „Nein, ich esse noch" - der eigentlichen Meinung des Fragenden wird nicht entsprochen).

8.3 Passive Sätze

8.3.1 Bildung passiver Verbformen (受身形 *ukemikei*)

[8.12] Bildung passiver Verbformen

Verbtyp	Form	Beispiel	
vokalische Verben:	〜られる	見る *mi.ru*	→ 見られる *mi.ra.reru* gesehen werden
		覚える *oboe.ru*	→ 覚えられる *oboe.ra.reru* gelernt werden
konsonantische Verben:	〜[a]れる	欲しがる *hoshiga.ru*	→ 欲しがられる *hoshiga.ra.reru* gewünscht werden
		買う *ka.u*	→ 買われる *ka.wa.reru* gekauft werden
		持つ *mo.tsu*	→ 持たれる *mo.ta.reru* genommen werden
		書く *ka.ku*	→ 書かれる *ka.ka.reru* geschrieben werden
		話す *hana.su*	→ 話される *hana.sa.reru* erzählt werden
		遊ぶ *aso.bu*	→ 遊ばれる *aso.ba.reru* gespielt werden
		泳ぐ *oyo.gu*	→ 泳がれる *oyo.ga.reru* geschwommen werden
unregelmäßige Verben:		する	→ される *sareru*
		来る *kuru*	→ 来られる *korareru*

Die passive Verbform wird im Japanischen mit der Endung 〜れる gebildet. Bei konsonantischen Verben wird sie analog zur einfachen Verneinung 〜ない an die a-Basis angeschlossen. Bei vokalischen Verben muss zusätzlich die Silbe 〜ら〜 eingeschoben werden, d. h. es wird 〜られる an den Verbstamm angehängt.

Die resultierenden Verben enden nun auf 〜る und werden bei der Flektionen wie vokalische Verben behandelt. So haben zum Beispiel die Verben 食べる *taberu* („essen", vokalisches Verb) und 読む *yomu* („trinken", konsonantisches Verb) folgende passive Formen:

[8.13] Beispiele für passive Verbformen

	食べる *taberu*	読む *yomu*
einfache Form	食べられる	読まれる
höfliche Form	食べられます	読まれます
Wunschform	食べられたい	読まれたい
einfache Verneinung	食べられない	読まれない
einfaches Präteritum	食べられた	読まれた
einfach verneintes Präteritum	たべられなかった	読まれなかった
te-Form	たべられて	読まれて

8.3.2 Anwendung des Passivs

a) Passive Verbformen werden für drei Funktionen verwendet. Am häufigsten sind sie in passiven Sätzen, die dem deutschen Passiv entsprechen, zu finden (受身 *ukemi*). Dies sind Sätze,

- in denen die Handlung und das Objekt der Handlung im Vordergrund stehen und weniger das Subjekt (d. h. der Handelnde), zum Beispiel in ご飯は彼に食べられた。 *gohan wa kare ni taberareta*. („Der Reis wurde von ihm gegessen"); oder
- in allgemeingültigen Aussagen, zum Beispiel ドイツではビールがよく飲まれます。 *doitsu de wa bi-ru ga yoku nomaremasu*. („In Deutschland wird viel Bier getrunken").

Daneben sind Verben in der passiven Form ein Mittel zum Ausdruck von Höflichkeit (vgl. 11.2.3). Die Form wird darüber hinaus verwendet, um in etwas abweichender Form im Fall konsonantischer Verben eine Fähigkeit („können"; vgl. 9.2.2) auszudrücken. Der Kontext entscheidet, welche Funktion die Verbendung im Einzelfall erfüllt.

b) Zur Bildung passiver Sätze wird das Objekt des aktiven Satzes, das zum Subjekt des passiven Satzes wird, mit einem der Themenpartikel は oder が markiert (im Beispielsatz [8.14] „das Buch"). Das Subjekt des aktiven Satzes, das zum Objekt des passiven Satzes wird (im Beispielsatz „er") wird mit に markiert. Andere Akkusativobjekte werden auch im passiven Satz mit を markiert.

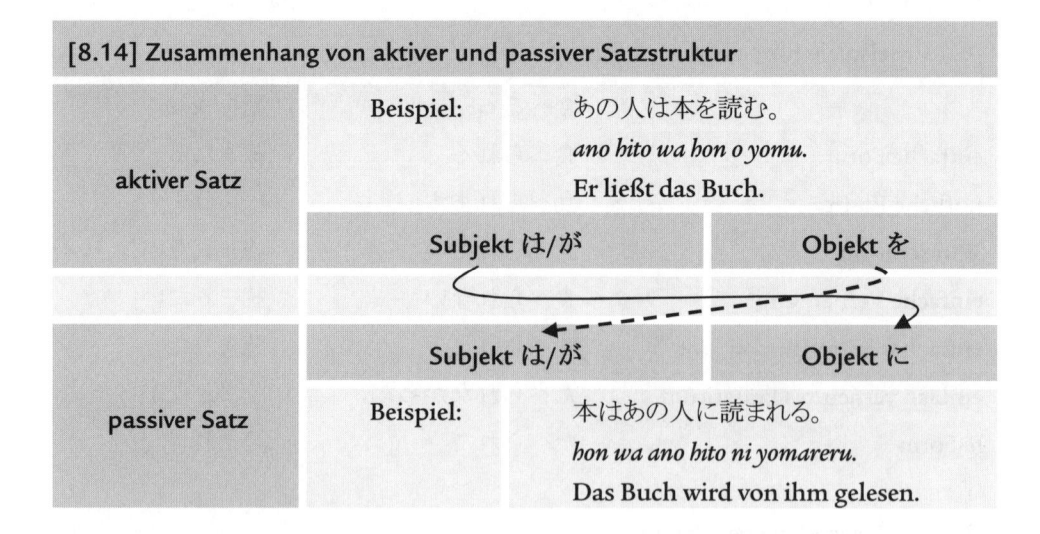

[8.14] Zusammenhang von aktiver und passiver Satzstruktur			
aktiver Satz	Beispiel:	あの人は本を読む。 *ano hito wa hon o yomu.* Er ließt das Buch.	
		Subjekt は/が	Objekt を
		Subjekt は/が	Objekt に
passiver Satz	Beispiel:	本はあの人に読まれる。 *hon wa ano hito ni yomareru.* Das Buch wird von ihm gelesen.	

私 は 先生 に 質問 を しました。
watashi wa sensei ni shitsumon o shimashita.
Ich stellte dem Lehrer eine Frage. (aktiv)
→ 先生 は 私 に 質問 を されました。
sensei wa watashi ni shitsumon o saremashita.
Dem Lehrer wurde von mir eine Frage gestellt. (passiv)

私 は 呼ばれました。
watashi wa yobaremashita.
Ich wurde gerufen.

この 建物 は 去年 立てられた。
kono tatemono wa kyonen taterareta.
Dieses Gebäude wurde letztes Jahr gebaut.

c) Zur Formulierung von aus singulären Handlungen resultierenden Zuständen (vgl. 7.3.1) durch Kombination der *te*-Form mit dem Verb いる kann für passive Sätze die *te*-Form der passiven Verbform verwendet werden.

aktiver Satz: 町中 の 人 は 直子さん を 知って います。
machinaka no hito wa naokosan o shitte imasu.
Alle Leute in der Stadt kennen Naoko.

passiver Satz: 直子さん は 町中 の 人 に 知られて います。
naokosan wa machinaka no hito ni shirarete imasu.
Naoko ist allen Leuten in der Stadt bekannt.

8. EINFACHE SATZSTRUKTUREN

Passive Sätze ermöglichen somit, auch mit durativen Verben Zustände auszudrücken, während im aktiven Satz die Kombination von *te*-Form mit dem Verb いる andauernde Handlungen beschreibt (vgl. 7.3.1).

[8.15] Aktive und passive Sätze mit durativen Verben	
Funktion	Beispiele
der aktive Satz beschreibt eine Handlung	彼 は テーブル を 木 で 作る。 *kare wa te-buru o ki de tsukuru.* Er baut einen Tisch aus Holz. Oder: Er wird einen Tisch aus Holz bauen.
der aktive Satz mit ～ている beschreibt eine andauernde Handlung	彼 は テーブル を 木 で 作って いる。 *kare wa te-buru o ki de tsukutte iru.* Er ist gerade dabei, einen Tisch aus Holz zu bauen.
der passive Satz mit ～ている beschreibt einen Zustand	この テーブル は 木 で 作られて いる。 *kono te-buru wa ki de tsukurarete iru.* Dieser Tisch ist aus Holz gebaut.

> 新鮮 な 鮨 は この スーパー で 売られて います。
> *shinsen na sushi wa kono su-pa- de urarete imasu.*
> In diesem Supermarkt wird frisches Sushi verkauft.

d) Werden über die *te*-Form zwei Verben verknüpft, so stehen beide in der passiven Form (d. h. das erste Verb erhält die *te*-Form der passiven Verbform).

> この 鞄 は 妹 に 買われて 送られました。
> *kono kaban wa imouto ni kawarete okuraremashita.*
> Diese Tasche wurde von seiner älteren Schwester gekauft und verschenkt.

> 彼女 は 田舎 で 生まれて 育てられた。
> *kanojo wa inaka de umarete sodaterareta.*
> Sie ist auf dem Land geboren und aufgewachsen.

e) Alternativ zu に kann das Subjekt des passiven Satzes in einigen Fällen auch mit によって *ni yotte* markiert werden, insbesondere in Sätzen, in denen eine kreative Schöpfung, eine wissenschaftliche Entdeckung oder Ähnliches beschrieben ist.

この 詩 は ゲーテ に よって 書かれました。
kono shi wa ge-te ni yotte kakaremashita.
Dieses Gedicht wurde von Goethe geschrieben.

ラジウム は 1898年 に マリ・キュリー に よって 発見 された。
rajiumu wa 1898 nen ni mari kyuri- ni yotte hakken sareta.
Radium wurde von Marie Curie 1898 entdeckt.

8.3.3 Spezielle Passiv-Sätze

a) Wie oben beschrieben, wird das mit を markierte Objekt des aktiven Satzes im passiven Satz als Subjekt mit は oder が markiert. Soll aber im passiven Satz ein anderes Element betont, d. h. zum Subjekt oder Satzthema werden, wird dieses mit が oder は und das Objekt weiterhin mit を markiert. Im folgenden Beispiel wird hervorgehoben, dass es das Bier des Sprechers ist, das Herr Sugano getrunken hat.

aktiver Satz:	菅野さん が ビール を 飲んだ。
	suganosan ga bi-ru o nonda. Oder:
	菅野さん が 私 の ビール を 飲んだ。
	suganosan ga watashi no bi-ru o nonda.
	Herr Sugano trinkt (mein) Bier.
→ üblicher passiver Satz:	ビール が 菅野さん に 飲まれた。
	bi-ru ga suganosan ni nomareta. Oder:
	私 の ビール が 菅野さん に 飲まれた。
	watashi no bi-ru ga suganosan ni nomareta.
	(Mein) Bier wurde von Herrn Sugano getrunken.
→ passiver Satz mit Betonung:	私 が 菅野さん に ビール を 飲まれた。
	watashi ga suganosan ni bi-ru o nomareta.
	Es ist mein Bier, das von Herrn Sugano getrunken wurde.

b) Mit Sätzen, wie unter a) beschrieben, kann auch bewusst ausgedrückt werden, dass eine Handlung oder ein Vorgang unangenehm, unerwünscht oder unerwartet ist (迷惑の受身 *meiwaku no ukemi*). Dies ist vom Kontext abhängig und kann mit weiteren Wörtern, wie zum Beispiel 困る *komaru* („verlegen sein") oder しまう *shimau* („unangenehm sein"), gelenkt werden[7]. Diese Form des Passivs tritt bei intransitiven Verben auf, die kein normales Passiv bilden können. Wie in passiven Sätzen üblich, wird die die

---

[7] Die Übersetzung ins Deutsche mit dem Passiv ist dann nicht immer möglich.
E. Saito, H. Silberstein, Leipzig 1981, S. 348.

8. EINFACHE SATZSTRUKTUREN

Handlung ausführende Person mitmarkiert. Der Leidtragende der Handlung ist Thema oder Subjekt des Satzes und wird mit は oder が markiert, muss aber nicht erwähnt werden, falls er aus dem Kontext bekannt ist.

> 私 は 雨 に 降られた。
> *watashi wa ame ni furareta.*
> Ich bin leider in Regen geraten. (Zum Beispiel in der Bedeutung: Ich bin leider vom Regen nass geworden.)

> あなた に 私 へ の 手紙 を 読まれて しました。
> *anata ni watashi e no tegami o yomarete shimashita.*
> Es ist mir unangenehm, dass du meinen Brief gelesen hast.

c) Soll betont werden, dass eine Handlung vom Subjekt des passiven Satzes ausgeht, wird dieses mit から markiert. Dies ist allerdings auf Sätze mit geeigneten Verben, für die die Angabe eines Ausgangspunkts sinnvoll ist, beschränkt.

> 小和田さん から 日本語 の 文法 に ついて 説明 されました。
> *owadasan kara nihongo no bunpou ni tsuite setsumei saremashita.*
> Von Frau Owada wurde mir die japanische Grammatik erklärt.

8.4 Ausdruck von Veranlassung (Kausativ)

8.4.1 Bildung kausativer Verbformen (使役形 *shiekikei*)

Veranlassungen und Zwänge der Bedeutung „ich veranlasse ihn, ... zu tun", werden mit der kausativen Verbendung ～せる gebildet. Bei vokalischen Verben wird dazu die Silbe ～さ～ zwischen Verbstamm und Endung eingeschoben, so dass ～させる an den Stamm gehängt wird. Bei konsonantischen Verben wird die Endung an die a-Basis (vgl. 5.1.3) angeschlossen, analog zur Bildung der einfachen Verneinung ～ない.

[8.16] Bildung kausativer Verbformen

		reguläre Form	verkürzte Form
vokalische Verben		～させる	～さす
konsonantische Verben		～[a]せる	～[a]す
unregelmäßige Verben	する *suru*	させる	さす
	来る *kuru*	来させる *kosaseru*	来さす *kosasu*

Es existieren verkürzte kausative Formen, die allerdings nur in der Umgangssprache verwendet werden. Beispiele für verkürzte Formen sind:

見させる *misaseru* → 見さす *misasu* zum Sehen veranlassen

食べさせる *tabesaseru* → 食べさす *tabesasu* zum Essen veranlassen

待たせる *mataseru* → 待たす *matasu* zum Warten veranlassen

[8.17] Beispiele zur Bildung kausativer Verbformen

Verbtyp	Verb	Kausative Form
vokalische Verben	食べる *tabe.ru*	食べさせる *tabe.sa.seru* zum Essen veranlassen, essen lassen
	教える *oshie.ru*	教えさせる *oshie.sa.seru* zum Lehren veranlassen
konsonantische Verben	書く *ka.ku*	書かせる *ka.ka.seru* schreiben lassen
	買う *ka.u*	買わせる *ka.wa.seru* zum Kaufen veranlassen
	飲む *no.mu*	飲ませる *no.ma.seru* zum Trinken veranlassen
	待つ *ma.tsu*	待たせる *ma.ta.seru* warten lassen
	話す *hana.su*	話させる *hana.sa.seru* zum Reden veranlassen
	帰る *kae.ru*	帰らせる *kae.ra.seru* zum Zurückkehren veranlassen
	歌う *uta.u*	歌わせる *uta.wa.seru* zum Singen veranlassen

Die so gebildeten Verben besitzen nun die Endung ～る und sind vokalischer Natur. Sie werden wie solche flektiert und können alle Formen annehmen, beispielsweise auch die passive Form zum Ausdruck eines Zwangs („gezwungen werden zu ..."). Statische Verben, die Kopula und das Verb いる bilden keine kausativen Formen (nicht möglich ist zum Beispiel „ich veranlasse ihn, ... zu sein").

8. EINFACHE SATZSTRUKTUREN

[8.18] Beispiel der Flektion der kausativen Verbformen von 食べる *taberu*

Funktion	Form	Bedeutung
Präsens	食べさせる 食べさせます	zum Essen veranlassen / er lässt essen
verneintes Präsens	食べさせない 食べさせません	nicht zum Essen veranlassen / er lässt nicht essen
Präteritum	食べさせた 食べさせました	zum Essen veranlasst / er ließ essen
verneintes Präsens	食べさせなかった 食べさせません でした	nicht zum Essen veranlasst
te-Form	食べさせて	
Vorschlag	食べさせましょう	lasst uns ... zum Essen veranlassen
Wunsch	食べさせたい	möchte essen lassen
Passiv	食べさせられる	zum Essen veranlasst werden; zum Essen gezwungen werden
Passiv + Verneinung + Präteritum + höfliche Form	食べさせられませんでした	nicht zum Essen veranlasst worden sein; nicht zum Essen gezwungen worden sein

8.4.2 Anwendung des Kausativs

a) In einem kausativen Satz wird das Subjekt, zum Beispiel die Person, die eine Handlung veranlasst, wie üblich mit は oder が markiert. Als Partikel für das Zielobjekt der Veranlassung, zum Beispiel die Person, die zu einer Handlung veranlasst wird, werden に oder を verwendet. Markiert を ein weiteres Objekt, dann muss das Zielobjekt mit に markiert werden. Dies kann bei transitiven Verben der Fall sein.

Bei intransitiven Verben benutzt man に, wenn die zu einer Handlung veranlasste Person dies absichtlich, willentlich oder gewollt tut, zum Beispiel 父は息子にパーティーへ行かせる *chichi wa musuko ni pa-ti- e ikaseru* („Der Vater ließ seinen Sohn zur Party gehen"). Handelt es sich mehr um einen Zwang oder die Handlung ist unangenehmer Natur, so wird die Zielperson mit を markiert, zum Beispiel 父は息子を医者へ行かせる *chichi wa musuko o isha e ikaseru* („Der Vater veranlasste seinen Sohn, zum Arzt zu gehen" oder „Der Vater zwang seinen Sohn, zum Arzt zu gehen").

> 来週 試験 が あります から、小山先生 は 私 を 勉強 させて います。日本語 が 話したい から、田中先生 は 私 に 勉強 させて います。
> *raishuu shiken ga arimasu kara, koyamasensei wa watashi o benkyou sasete imasu. nihongo ga hanashitai kara, tanakasensei wa watashi ni benkyou sasete imasu.*
> Weil ich nächste Woche eine Prüfung habe, zwingt mich Professor Koyama, zu lernen (Markierung mit を: Zwang). Weil ich gerne Japanisch sprechen möchte, lässt mich Professor Tanaka lernen (Markierung mit に: gewollte Handlung).
>
> 弟 に 部屋 を 掃除 させた。
> *otouto ni heya o souji saseta.*
> Ich veranlasste meinen Bruder, sein Zimmer zu reinigen.
>
> 子ども達 に は 三時 まで 好き な こと を させましょう。
> *kodomotachi ni wa sanji made suki na koto o sasemashou.*
> Lass die Kinder bis drei Uhr machen, was sie wollen.

b) Der Kausativ wird oft in Kombination mit dem Passiv angewendet. Dazu wird zunächst die Kausativ- und anschließend die Passivendung an die Verben angeschlossen. Auch diese Form kann verkürzt werden, indem zunächst die verkürzte Kausativendung verwendet wird. Die verkürzte Form wird aufgrund der leichteren Aussprache zunehmend in der Umgangssprache verwendet. Wie im Fall des Kausativs entstehen vokalische Verben, die als solche voll flektiert werden können:

[8.19] Passive Verbform des Kausativs		
	reguläre Form	verkürzte Form
vokalische Verben	～させられる	～さされる
konsonantische Verben	～[a]せられる	～[a]される
unregelmäßige Verben	来させられる させられる	来さされる さされる

- Beispiele zur Bildung:

  見る *mi.ru*
  → 見させられる *mi.sase.rareru*
  Oder verkürzt: 見さされる *mi.sa.sareru*
  gezwungen werden, zu sehen

8. EINFACHE SATZSTRUKTUREN

待つ *ma.tsu*
→ 待たせられる *ma.tase.rareru*
oder verkürzt: 待たされる *ma.ta.sareru*
gezwungen werden, zu warten

勉強する *benkyou suru*
→ 勉強させられる *benkyou saserareru*
oder verkürzt: 勉強さされる *benkyou sasareru*
gezwungen werden, zu lernen

● Beispiele für die Anwendung:

お酒 を 飲ませられました。
osake o nomaseraremashita. (unverkürzt), oder:
お酒 を 飲まされました。
osake o nomasaremashita. (verkürzt)
Ich wurde gezwungen, Sake zu trinken.

私 は 先生 に 作文 を 書かせられます。
watashi wa sensei ni sakubun o kakaseraremasu. Oder:
私 は 先生 に 作文 を 書かされます。
watashi wa sensei ni sakubun o kakasaremasu.
Ich werde von dem Lehrer dazu gezwungen, einen Aufsatz zu schreiben.

8.5 Bitte und Befehl

8.5.1 Übersicht über Möglichkeiten zum Ausdruck von Bitten und Befehlen

Der Ausdruck von Bitte und Befehl unterliegt im Japanischen einer größeren Zahl von Abstufungen, um unterschiedlichen Höflichkeitsebenen gerecht zu werden. Dabei besteht generell die Tendenz, die harten Befehlsformen selten zu verwenden, und den Befehl so weit wie möglich abzumildern. In [8.20] sind die Möglichkeiten zum Ausdruck von Bitte und Befehl mit abfallendem Höflichkeitsgrad angegeben. Die Form mit 〜なさって下さい wird nur selten zum Ausdruck von Bitten verwendet.

[8.20] Möglichkeiten für Bitte und Befehl

	Form	Beispiel: vokalisches Verb	Beispiel: konsonantisches Verb
sehr höfliche Bitte	~て下さいませんか ~te kudasaimasen ka	食べて下さいませんか tabete kudasaimasen ka	読んで下さいませんか yonde kudasaimasen ka
	お~Verb~[i]下さいませんか	お食べ下さいませんか	お読み下さいませんか
	お~Verb~[i]下さい	お食べ下さい	お読み下さい
	+でしょうか	食べるでしょうか	読むでしょうか
Bitte und verneinte Bitte	~て下さい	食べて下さい	読んで下さい
	~[a]ないで下さい*	食べないで下さい*	読まないで下さい*
	~[i]なさって下さい	食べなさって下さい	読みなさって下さい
höflicher Imperativ	~て	食べて	読んで
	~[a]ないで*	食べないで*	読まないで*
	~てくれ	食べてくれ	読んでくれ
	~[i]たまえ	食べたまえ	読みたまえ
Imperativ mit der Endung ~なさい	~[i]なさい	食べなさい	読みなさい
	~[i]なさるな*	食べなさるな*	読みなさるな*
harter Imperativ	vok.: ~ろ, kons.: ~[e]	食べろ	読め
	~うな*	食べるな*	読むな*

* negative Imperativformen

8. EINFACHE SATZSTRUKTUREN

Bei einigen Befehlsformen kann das Höflichkeitspräfix お〜 zur Abmilderung verwendet werden. Oft entspricht der verneinte Imperativ dem Ausdruck von Verboten, zum Beispiel „Iss nicht!" = „Du darfst nicht essen!" (vgl. 9.4.2). Dabei wirken die Imperativformen bzw. ihre Abmilderungen höflicher als das direkte Verbot.

8.5.2 Bitte und höfliche Aufforderung

a) Zur Formulierung einer Bitte bzw. einer höflichen Aufforderung im positiven Sinne („... tue ... bitte ...") wird die *te*-Form der Verben verwendet. Negative Bitten und höfliche Aufforderungen, etwas zu unterlassen („... tue ... bitte nicht ..."), werden mit der Verbendung 〜ないで(*te*-Form der einfachen Verneinung 〜ない) analog der verneinten einfachen Form von Verben gebildet.[8] Am Satzende folgt 下さい *kudasai*. Nach Nomen und der sie markierenden Partikel を kann direkt 下さい *kudasai* folgen. Durch zusätzliche Phrasen kann die Intention der Bitte gelenkt werden, wie zum Beispiel mit:

お願いだから ... *onegai da kara* ...	ich appelliere an dich ...
頼むから ... *tanomu kara* ...	ich bitte dich ...
無理なお願いだとは思いますが ...	obwohl ich glaube, dass es eine
murina onegai da to wa omoimasu ga ...	unvernünftige und unhöfliche Bitte ist,
	... (gegenüber sozial höher stehenden)

窓 を 開けて 下さい。
mado o akete kudasai.
Bitte öffne das Fenster.

ここ で タバコ を 吸わないで 下さい。
koko de tabako o suwanaide kudasai.
Rauchen sie hier bitte nicht.

お願い だ から、車 貸して 下さい。
onegai da kara, kuruma kashite kudasai.
Erlaube mir bitte, dein Auto zu leihen.

b) 下さい *kudasai* ist eine höfliche Imperativform von 下さる *kudasaru*. Der höfliche Charakter eines Satzes kann durch den Einbau der negativen Form von 下さい in einen Fragesatz nochmals gesteigert werden: 下さる *kudasaru* → 下さい *kudasai* → 下さいません *kudasaimasen*.

---

[8] Zur Bildung der *te*-Form und der verneinten Form 〜ないで vgl. 7.1.

明日 三時 に ここ に 来て 下さいません か。
ashita sanji ni koko ni kite kudasaimasen ka.
Könnten sie morgen bitte um 3 Uhr hierher kommen?

c) Alternativ können 下さい *kudasai* bzw. dessen höflichere Formen direkt an die i-Basis von Verben angeschlossen werden, wodurch ebenfalls sehr höfliche Bitten ausgedrückt werden. Zusätzlich wird dann das Höflichkeitspräfix お〜 verwendet. Diese Form kann allerdings nicht mit allen Verben gebildet werden.

書く *kaku* → お書き下さい *okakikudasai*
見る *miru* → お見下さいません *omikudasaimasen*
帰る *kaeru* → お帰り下さいません *okaerikudasaimasen*

ちょっと お待ち下さい。
chotto omachikudasai.
Würden sie bitte einen Moment warten?

どうぞ、お座り下さい。
douzo, osuwarikudasai.
Bitte nehmen sie Platz.

d) Bitte mit Substantiven: Zum Ausdruck einer Bitte der Form „Ich hätte gerne ..." bzw. „Bitte geben sie mir ..." wird 下さい *kudasai* nach Nomen verwendet. Etwas unhöflicher und umgangssprachlicher wirkt die Verwendung von 頂戴 *choudai* (oft nur mit *kana* geschrieben: ちょうだい).

お茶 を 下さい
ocha o kudasai.
Bitte geben sie mir Tee.

今晩 お電話 下さい。
konban odenwa kudasai.
Bitte rufe mich heute Abend an.

水 を ちょうだい。
mizu o choudai.
Gib mir Wasser!

ビール を こちら に 頂戴。
bi-ru o kochira ni choudai.
Könntest du mir bitte das Bier reichen?

8. EINFACHE SATZSTRUKTUREN

8.5.3 Imperativformen

a) **Höflicher Imperativ:** Einen Grad härter als die Bitte mit 〜て下さい *~te kudasai* und mit deutlichem Befehlscharakter ist die Formulierung ohne das Wort 下さい *kudasai*.

> 待って。*matte*. Warte!
> 待たないで。*matanaide*. Warte nicht!

Ebenfalls unhöflicher als die Verwendung von 下さい *kudasai* nach der *te*-Form ist der Ersatz durch くれ (die Imperativform von 呉れる *kureru* „geben"). Alternativ kann たまえ (von 給う *tamau* „erhalten") an den Verbstamm analog der *masu*-Form angeschlossen werden. Dabei wird くれ gegenüber Untergebenen und i.Allg. von Männern und たまえ gegenüber Freunden und in der Familie verwendet.

> この 本 を 読んで くれ。
> *kono hon o yonde kure*. Lies dieses Buch!
> この 本 を 読みたまえ。
> *kono hon o yomitamae*. Lies dieses Buch!
> 今晩 私 の アパート に は 来ないで くれ。
> *konban watashi no apa-to ni wa konaide kure*.
> (Bitte) komme heute Nacht nicht in meine Wohnung.

b) **Imperativ mit der Endung 〜なさい:** Die Befehlsform mit der Endung 〜なさい wird i.Allg. nur gegenüber sozial niedriger stehenden, unter Freunden und in der Familie sowie generell gegenüber Kindern verwendet. Die affirmative Form wird durch Anhängen der Endung 〜なさい an die i-Basis (vgl. 5.1.3) gebildet, analog zur Bildung der höflichen *masu*-Form.

[8.21] Beispiele für die Bildung der Imperativform mit 〜なさい

Verb	Imperativform mit 〜なさい	
する *suru*	しなさい *shinasai*	Tue!; Mache!
食べる *tabe.ru*	食べなさい *tabe.nasai*	Iss!
飲む *no.mu*	飲みなさい *no.mi.nasai*	Trinke!
持つ *mo.tsu*	持ちなさい *mo.chi.nasai*	Halte!; Trage!
話す *hana.su*	話しなさい *hana.shi.nasai*	Rede!
吸う *su.u*	吸いなさい *su.i.nasai*	Rauche!
泳ぐ *oyo.gu*	泳ぎなさい *oyo.gi.nasai*	Schwimme!

> ここ に 待ちなさい。
> *koko ni machinasai.* Warte hier!

> 今 練習 を しなさい。
> *ima renshuu o shinasai.* Mache jetzt die Übungen!

In der Umgangssprache wird diese Form des Imperativs gelegentlich ohne 〜なさい verkürzt, zum Beispiel 読む *yomu* → 読みなさい *yominasai* → 読み *yomi*.

c) Die verneinte Form des Imperativs mit 〜なさい wird gebildet, indem zunächst die Endung 〜なさる angeschlossen und dann ähnlich wie bei der Verneinung des harten Imperativs (vgl. unten) な nachgestellt wird. Der Anschluss der Endung 〜なさる erfolgt dabei analog zur Endung 〜なさい.

[8.22] Beispiele für die Bildung von verneinten Imperativformen mit 〜なさる

Verb	verneinte Imperativform			
食べる *tabe.ru*	食べなさる	な	*tabe.nasaru na*	Iss nicht!
読む *yo.mu*	読みなさる	な	*yo.mi.nasaru na*	Trinke nicht!
待つ *ma.tsu*	待ちなさる	な	*ma.chi.nasaru na*	Warte nicht!
行く *i.ku*	行きなさる	な	*i.ki.nasaru na*	Gehe nicht!

8.5.4 Harte Imperativformen

a) Sehr unhöflich ist eine Form, die fast nur von Männern und in extremen Situationen verwendet wird oder zum Beispiel beim Militär. Es ist ein direkter, kategorischer Befehl. Diese Imperativform wird durch Anschluss an die e-Basis gebildet. Vokalische Verben erhalten die Endung ~ro. Im Fall konsonantischer Verben wird keine Endung angefügt, somit lediglich die Verbendung durch die entsprechende Silbe der e-Stufe ausgetauscht (als Flektionserweiterung, vgl. 5.1.3). Die Verneinung wird durch Anfügen von な *na* an die einfache Form des Verbs gebildet.

[8.23] Bildung der harten Imperativformen von Verben

Verbtyp		affirmativ		verneint
vokalische Verben		〜ろ		+な
konsonantische Verben		~[e]		+な
unregelmäßige Verben	する	しろ		するな
	来る *kuru*	来い *koi*		来るな *kuru na*

8. EINFACHE SATZSTRUKTUREN

[8.24] Beispiele zur Bildung des harten Imperativs

Endung auf	Verb	affirmativ	verneint
vokalische Verben			
~eru	食べる tabe.ru	食べろ tabe.ro	食べるな taberu na
~iru	起きる oki.ru	起きろ oki.ro	起きるな okiru na
~iru	いる i.ru	いろ i.ro	いるな iru na
konsonantische Verben			
~ku	書く ka.ku	書け ka.ke	書くな kaku na
	行く i.ku	行け i.ke	行くな iku na
~ru	集まる atsuma.ru	集まれ atsuma.re	集まるな atsumaru na
~tsu	保つ tamo.tsu	保て tamo.te	保つな tamotsu na
~(w)u	買う ka.u	買え ka.e	買うな kau na
~su	殺す koro.su	殺せ koro.se	殺すな korosu na
~bu	喜ぶ yoroko.bu	喜べ yoroko.be	喜ぶな yorokobu na
~mu	住む su.mu	住め su.me	住むな sumu na
~gu	泳ぐ oyo.gu	泳げ oyo.ge	泳ぐな oyogu na

> 水を上げろ。 mizu o agero. Gib mir Wasser!
> 本を取れ。 hon o tore. Nimm das Buch!

> 行くな。 iku na. Gehe nicht!
> 死ぬな。 shinu na. Stirb nicht!

> もう帰って来るな。 mou kaette kuru na.
> Komme nicht mehr zurück!

b) Da die japanische Sprache viel Wert auf Höflichkeit und Ehrerbietung legt, wird diese harte Form des Befehls selten verwendet. Wenn sie benutzt wird, dann wird sie so weit wie möglich abgemildert, beispielsweise indem die speziellen honorativen Verben zur Bildung der Form herangezogen werden. Beispiel: 下され kudasare ("Geben sie mir!"; von 下さる kudasaru).

Eine andere wichtige Form der Abschwächung ist die Verwendung der höflichen *masu*-Form, deren entsprechende Imperativendung ～ませ ist. Sie wird allerdings nicht direkt ausgehend vom Verb, sondern erst nach Anschluss von ～下さる ~kudasaru oder von 下さい kudasai an die *te*-Form (wie bei der „Bitte", vgl. oben) angeschlossen:

~u → ~[i]下さる ~[i]kudasaru → ~[i]下さいます ~[i]kudasaimasu
  → ~[i]下さいませ ~[i]kudasaimase
~te → ~て下さる ~te kudasaru
  → ~て下さいます ~te kudasaimasu
  → ~て下さいませ ~te kudasaimase

> 読む yomu → お読み下さいませ oyomikudasaimase
> oder: 読んで 下さいませ yonde kudasaimase

> 食べる taberu → お食べ下さいませ otabekudasaimase
> oder: 食べて 下さいませ tabete kudasaimase

Analog kann ausgehend von der Imperativform ~なさい die *masu*-Form und daraus eine Imperativ-Form gebildet werden:

~u → ~[i]なさい ~[i]nasai → ~[i]なさいます ~[i]nasaimasu
  → ~[i]なさいませ ~[i]nasaimase

> 行く i.ku → 行きなさいませ i.ki.nasai.mase
> 歌う uta.u → 歌いなさいませ uta.i.nasai.mase

c) Der verneinte Imperativ mit な wird ähnlich abgeschwächt: An den Verbstamm bzw. die *te*-Form werden 下さる kudasaru oder なさる angeschlossen, und das entstehende Verb von な gefolgt:

~て下さるな ~te kudasaru na   ~てなさるな ~te nasaru na
~[i]下さるな ~[i]kudasaru na   ~[i]なさるな ~[i]nasaru na

> 食べて 下さる な。 tabete kudasaru na. Iss nicht!
> お読みなさる な。 oyominasaru na. Lies nicht!

Darüber hinaus kann in allen Fällen auch hier mit dem Höflichkeitspräfix お~ die Härte der Befehlsform abgeschwächt werden.

8.6 Ausdruck von Unsicherheit: Vermutung, Zweifel, Anschein und Überzeugung

Aussagen können so modifiziert werden, dass die Meinung des Sprechers bezüglich der Wahrscheinlichkeit des Eintretens ab- oder zunimmt. Je nach dem verwendeten grammatischen Mittel können Unsicherheit und Sicherheit ausgedrückt werden, wie Vermutungen und Spekulationen der Form „Es könnte sein, dass ...", „Ich vermute, dass ..." oder „vielleicht", Überzeugungen der Form „Es ist bestimmt so, dass ...", Anschein der Form „Es scheint, dass ..." oder „ Es sieht aus, dass ..." sowie Zweifel. Die Grenzen

8. EINFACHE SATZSTRUKTUREN

sind dabei fließend und die richtige Übersetzung ins Deutsche hängt vom Kontext und der Intention der Aussage ab. Folgende grammatische Möglichkeiten stehen zur Verfügung:

[8.25] Methoden zum Ausdruck von Unsicherheit

Vermutung	かも知れない	*ka mo shirenai*
	かも分からない	*ka mo wakaranai*
	でしょう,	*deshou,*
	だろう	*darou*
Erwartung (vgl. 2.1.4)	はず	*hazu*
Überzeugung	にちがいない	*ni chigainai*
Anschein	～[i]そうです	*~[i]sou desu*
	ようです	*you desu*
	らしい	*rashii*
Zweifel	のやら	*no yara*
	とか言う	*to ka iu*
	とか思う	*to ka omou*
	かしら	*kashira* (frauensprl.)
	かなあ	*kanaa*
Meinungsäußerung (vgl. 10.7.2)	と思う	*to omou*

明日 は 雨 が 降る か も 知れません。
ashita wa ame ga furu ka mo shiremasen.
Vielleicht regnet es morgen.

明日 は 多分 雨 が 降る でしょう。
ashita wa tabun ame ga furu deshou.
Wahrscheinlich regnet es morgen.

明日 は 雨 が 降る に 違いない。
ashita wa ame ga furu ni chigainai.
Morgen regnet es sicherlich.

明日 は 雨 が 降りそう です。
ashita wa ame ga furisou desu.
Es sieht aus, als ob es morgen regnet.

> 明日 は 雨 が 降る よう です。
> *ashita wa ame ga furu you desu.*
> Es sieht aus, als ob es morgen regnet.

> 明日 は 雨 が 降る らしい です。
> *ashita wa ame ga furu rashii desu.*
> Es sieht aus, als ob es morgen regnet.

> 明日 は 雨 が 降る の やら。
> *ashita wa ame ga furu no yara.*
> Ich bin mir nicht sicher, ob es morgen regnet.

> 明日 は 雨 が 降る とか 思います。
> *ashita wa ame ga furu to ka omoimasu.*
> Ich denke, morgen wird es regnen.

> 明日 は 雨 が 降る かしら。
> *ashita wa ame ga furu kashira.* (frauenspr1.)
> Ich frage mich, ob es morgen regnet.

多分 *tabun* („vielleicht") drückt auch alleine Unsicherheit aus.

> 多分 明日 は 雨 が 降ります。
> *tabun ashita wa ame ga furimasu.*
> Vielleicht regnet es morgen.

Daneben können auch andere Formulierungen je nach Kontext als Ausdruck von Sicherheit und Unsicherheit interpretiert werden, wie zum Beispiel die Meinungsäußerung mit と思う *to omou* (vgl. 10.7.2) und die Erwartung mit はず *hazu* (vgl. 2.1.4).

> 明日 は 雨 が 降る と 思います。
> *ashita wa ame ga furu to omoimasu.*
> Ich denke, morgen wird es regnen.

> 明日 は 雨 が 降る はず です。
> *ashita wa ame ga furu hazu desu.*
> Ich erwarte, dass es morgen regnet.

8.6.1 Vermutung mit かも知れない *ka mo shirenai* und かも分からない *ka mo wakaranai*

Eine unsichere Vermutung mit geringer Wahrscheinlichkeit kann mit かも, gefolgt von einer verneinten Form von 分かる *wakaru* („verstehen") oder 知る *shiru* („wissen")

8. EINFACHE SATZSTRUKTUREN

ausgedrückt werden. Ins Deutsche kann diese Formulierung mit „es könnte sein, dass ..." oder „vielleicht" übersetzt werden. かも知れない *ka mo shirenai* bzw. かも分からない *ka mo wakaranai* werden nach einer einfachen Form von Verb oder Adjektiv bzw. direkt nach Nominaladjektiven oder Nomen gebraucht. Das Präteritum wird von Verb oder Verbaladjektiv getragen. Im Fall von Nominaladjektiven und Nomen muss die einfache Präteritumform der Kopula だった nach NA bzw. Nomen eingefügt werden.

[8.26] Anwendung von かも知れない *ka mo shirenai* und かも分からない *ka mo wakaranai*

	Präsens	Präteritum
nach Verben	〜うかも知れない	〜たかも知れない
	〜うかも分からない	〜たかも分からない
nach VA	〜いかも知れない	〜かったかも知れない
	〜いかも分からない	〜かったかも分からない
Nach NA und Nomen	+かも知れない	+だったかも知れない
	+かも分からない	+だったかも分からない

明日 雨 が 降る か も 知れない。
ashita ame ga furu ka mo shirenai. (Verb)
Morgen regnet es vielleicht.

この 本 は 博史さん に は つまらなかった か も 知れない。
kono hon wa hiroshisan ni wa tsumaranakatta ka mo shirenai. (VA, Präteritum)
Dieses Buch mag uninteressant für Hiroshi gewesen sein.

京都 の 桜 は まだ きれい か も 知れません。
kyouto no sakura wa mada kirei ka mo shiremasen. (NA)
Die Kirschblüte in Kyoto könnte noch schön sein.

彼 は 病気 だった か も 知れない。
kare wa byouki datta ka mo shirenai. (NA, Präteritum)
Er war vielleicht krank.

あの ひと は 田口さん か も 知れません か。
ano hito wa taguchisan ka mo shiremasen ka. (Nomen)
Ist jener Mensch vielleicht Herr Taguchi?

8.6.2 Vermutung mit だろう, でしょう und 〜かろう (Dubitativ)

a) Die zwei Formen der Kopula だろう bzw. でしょう entsprechen dem deutschen „es ist anzunehmen, dass ..." bzw. „wohl". でしょう ist die höfliche Form von だろう. Veraltet ist das informelle であろう, es wird nur noch in der Schriftsprache verwendet. Wie für die Kopula üblich, können die drei Ausdrücke nach den einfachen Formen von Verben und Verbaladjektiven bzw. direkt nach einem nominalen Prädikat stehen. Vergangenheit und Verneinung werden vom Verb bzw. Verbaladjektiv ausgedrückt. Da es für だろう bzw. でしょう keine gesonderten Formen für Verneinung bzw. Präteritum gibt,[9] müssen bei nominalen Prädikaten zusätzlich entsprechende Kopula-Formen eingefügt werden, zum Beispiel ではない nach Nomen bzw. Nominaladjektiven zum Ausdruck der Verneinung.

[8.27] Möglichen Formen des Dubitativs mit でしょう und だろう

		einfache Formen	höfliche Formen
Verb	affirmativ	〜うだろう	〜うでしょう
	verneint	〜ないだろう	〜ないでしょう
	Präteritum	〜ただろう	〜たでしょう
	verneintes Präteritum	〜なかっただろう	〜なかったでしょう
VA	affirmativ	〜いだろう	〜いでしょう
	verneint	〜くないだろう	〜くないでしょう
	Präteritum	〜かっただろう	〜かったでしょう
	verneintes Präteritum	〜くなかっただろう	〜くなかったでしょう
Nomen und NA	affirmativ	＋だろう	＋でしょう
	verneint	＋ではないだろう	＋ではないでしょう
	Präteritum	＋だっただろう	＋でしたでしょう
	verneintes Präteritum	＋ではなかっただろう	＋ではなかったでしょう

---

[9] Die veralteten Präteritumformen der Kopula だったろう, でしたろう und であったろ sowie die Dubitativformen der Verben 〜[a]なかろう (Präsens, verneint) und 〜[a]なかったろう (Präteritum, verneint) werden in der Regel nicht mehr verwendet.

8. EINFACHE SATZSTRUKTUREN

- Beispiele zur Bildung mit verbalem Prädikat: 行く *iku*

行くだろう	... wird wohl gehen
行かないだろう	... wird wohl nicht gehen
行っただろう	... wird wohl gegangen sein
行かなかっただろう	... wird wohl nicht gegangen sein

- Beispiele zur Bildung verbaladjektivisches Prädikat: 大きい *ookii*

大きいだろう	... wird wohl groß sein
大きくないだろう	... wird wohl nicht groß sein
大きかっただろう	... wird wohl groß gewesen sein
大きくなかっただろう	... wird wohl nicht groß gewesen sein

- Beispiele zur Bildung nominaladjektivisches Prädikat: 便利 *benri*

便利だろう	... wird wohl bequem sein
便利ではないだろう	... wird wohl nicht bequem sein
便利だっただろう	... wird wohl bequem gewesen sein
便利ではなかっただろう	... wird wohl nicht bequem gewesen sein

b) Mit den Adverbien, wie zum Beispiel 必ず *kanarazu*, ぜひ *zehi*, さぞ *sazo*, もちろん *mochiron* und きっと *kitto* („bestimmt, sicherlich, zweifelsfrei") kann der Grad der Vermutung in Richtung einer sicheren Aussage gelenkt werden. Andere Adverbien, beispielsweise 多分 *tabun*, おそらく *osoraku*, 大方 *ookata* und もしかしたら *moshikashitara* („vielleicht, vermutlich") schwächen die Wahrscheinlichkeit ab.

明日 は 雨 が 降ります。
ashita wa ame ga furimasu.
Morgen wird es regnen.   (Bestimmtheit)
→ 明日 は 雨 が 降る でしょう。
ashita wa ame ga furu deshou.
Morgen wird es wohl regnen. Oder: Wahrscheinlich regnet es morgen. (Vermutung)

明日 は きっと 雨 が 降る でしょう。
ashita wa kitto ame ga furu deshou.
Ich bin mir sicher, dass es morgen regnen wird.

明日 は 多分 雨 が 降る でしょう。
ashita wa tabun ame ga furu deshou.
Morgen wird es vielleicht regnen.

由美さん は この 魚 を 食べる だろう。 (Verb)
yumisan wa kono sakana o taberu darou.
Yumi wird diesen Fisch wohl essen.

c) でしょう kann auch nach der höflichen *masu*-Form von Verben stehen. Die dadurch entstehende Formulierung wirkt noch höflicher als der entsprechende Anschluss an die einfache Form, wird aber nur selten verwendet.

彼 は 食べます でしょう。
kare wa tabemasu deshou. Er wird wohl essen.

彼 は 食べません でした でしょう。
kare wa tabemasen deshita deshou.
Er wird wohl nicht gegessen haben.

d) Zur Betonung kann vor でしょう bzw. だろう ein の oder ん eingefügt werden. Sollen zu harte Aussagen und zu direkte Fragen vermieden werden, kann durch die Verwendung von でしょう und だろう ein Satz indirekter und damit milder und höflicher formuliert werden. Es drückt auch ein Verständnis für die Haltung eines anderen aus, wie zum Beispiel in dem Satz 忙しいでしょう *isogashii deshou* („Du bist bestimmt beschäftigt") anstelle von 忙しいですね *isogashii desu ne*.

明日 根岸さん は 来る でしょう か。
ashita negishisan wa kuru deshou ka. (anstelle ... 来ますか。)
Wird Frau Negishi morgen kommen?

畑中さん でしょう か。
hatakenakasan deshou ka.
Sind sie Herr Hatakenaka?

大丈夫 だろう。 *daijoubu darou.* (einfach)
Oder: 大丈夫 でしょう か。 *daijoubu deshou ka.* (höflich)
Alles klar?

8. EINFACHE SATZSTRUKTUREN

それ は 何 でしょう か。
sore wa nan deshou ka.
Was ist das?

e) Eine spezielle Form wird mit der Endung 〜かろう gebildet. Die Endung kann nur an Verbaladjektive angehängt werden. Auch einige verbaladjektivähnliche Ausdrücke sind möglich, so kann beispielsweise die Endung an die Verneinung 〜ない der Kopula bei verneinten Prädikaten mit Nominaladjektiven und Nomen angehängt werden. Ein Anschluss an Verben ist allerdings nicht möglich.

● Beispiele zur Bildung bei Verbaladjektiven:

高かろう
takakarou ... wahrscheinlich hoch ...
高くなかろう
takakunakarou ... wahrscheinlich nicht hoch ...
大きかろう
ookikarou ... wahrscheinlich groß ...

● Beispiele zur Bildung bei verneinten NA und Nomen:

先生ではなかろう
sensei dewa nakarou ... wahrscheinlich kein Lehrer ...
元気ではなかろう
genki dewa nakarou ... wahrscheinlich nicht gesund ...

● Beispiele zur Anwendung:

この 本 は つまらなかろう。
kono hon wa tsumaranakarou.
Dieses Buch ist wahrscheinlich langweilig.

雨 に なりそう です。傘 を 持って いった 方 が よかろう。
ame ni narisou desu. kasa o motte itta hou ga yokarou.
Es sieht nach Regen aus. Es wäre wahrscheinlich besser, wenn Sie einen Regenschirm dabei haben.

8.6.3 Überzeugung mit に違いない *ni chigainai*

Ist man von seiner Einschätzung sehr überzeugt, kann mit に違いない *ni chigainai* bzw. に違いありません *ni chigai arimasen* die Formulierung „... ist sicherlich ..." bzw. „... ist bestimmt ..." ausgedrückt werden. 違いない *chigainai* und 違いありません *chigai arimasen* sind verneinte Formen von 違う *chigau* („anders sein") und bedeuten hier somit „es kann nicht anders sein". Die Formulierung kann nach den einfachen Formen von Verben und Verbaladjektiven sowie nach Nomen und Nominaladjektiven stehen. Tempus und Verneinung werden mit dem voranstehenden Verb bzw. Adjektiv ausgedrückt. Im Fall von Nomen oder NA übernimmt die Kopula Präteritum und Verneinung, ansonsten entfällt die Präsens-Kopula.

● Beispiele zur Bildung verbales Prädikat: 行く *iku*

行くに違いない	... bestimmt gehen ...
行かないに違いない	... bestimmt nicht gehen ...
行ったに違いない	... bestimmt gegangen ...

● Beispiele zur Bildung verbaladjektivisches Prädikat: 大きい *ookii*

大きいに違いない	... bestimmt groß ...
大きくないに違いない	... bestimmt nicht groß ...
大きかったに違いない	... war bestimmt groß ...

● Beispiele zur Bildung nominaladjektivisches Prädikat: 便利 *benri*

便利に違いない	... bestimmt praktisch ...
便利ではないに違いない	... bestimmt nicht praktisch ...
便利でしたに違いない	... war bestimmt praktisch ...
便利だったに違いない	... war bestimmt praktisch ...

野沢さん は 今日 の こと を 忘れた に 違い ありません。
nozawasan wa kyou no koto o wasureta ni chigai arimasen. (Verb, Präteritum)
Frau Nozawa muss ihre heutigen Absichten vergessen haben.

試験 は 難しかった に 違いない。
shiken wa muzukashikatta ni chigainai. (VA, Präteritum)
Die Prüfung muss hart gewesen sein.

あの 人 は 歌 が 上手 に 違い ありません。
ano hito wa uta ga jouzu ni chigai arimasen. (NA)
Er kann bestimmt gut singen.

8. EINFACHE SATZSTRUKTUREN

静か だった に 違いない。
shizuka datta ni chigainai. (NA, Präteritum)
Es war ohne Zweifel ruhig.

太郎さん の 車 は ここ に 違いない。
tarousan no kuruma wa koko ni chigainai. (Nomen)
Dieses hier ist bestimmt Taros Auto.

日本人 では ない に 違いない。
nihonjin dewa nai ni chigainai. (Nomen, verneint)
Er ist bestimmt kein Japaner.

Der Satz vor に違いない *ni chigainai* kann mit の nominalisiert werden (vgl. 2.3.1), was zu einer Verstärkung der Überzeugung führt.

徳田さん は 事故 に あった の に 違いない。
tokutasan wa jiko ni atta no ni chigainai.
Frau Tokuta muss einen Unfall gehabt haben.

8.6.4   Anschein mit der Endung 〜そう

a) Mit der Endung 〜そう kann neben der Formulierung von Hörensagen („Ich hörte, dass ...")[10], auch die persönliche Einschätzung einer Situation bzw. der persönliche Eindruck einer Person der Form „... sieht so aus wie ..." oder „es scheint, als ob ..." ausgedrückt werden.

[8.28] Bildung der そう-Formen		affirmativ	verneint
vokalische Verben		〜そうだ	〜なさそうだ
			〜そうではない
konsonantische Verben		〜[i]そうだ	〜[a]なさそうだ
			〜[i]そうではない
unregelmäßige Verben	する	しそうだ	しなさそうだ
	来る	来そうだ	来なさそうだ
	kuru	*kisou da*	*konasasou da*

---

[10] Zum Ausdruck von Hörensagen („Ich hörte, dass ...") und Vergleich der Formen von そう bei Hörensagen und Anschein vgl. 6.2.7 und 8.6.4.

[8.28] Bildung der そう-Formen (Fortsetzung)		
	affirmativ	verneint
Verbaladjektive	～そうだ	～くなさそうだ ～そうではない
Nominaladjektive	＋そうだ	＋そうではない
Nomen	(nicht möglich)	＋ではなさそう

Die Endung ～そう wird an den Stamm von Verbaladjektiven bzw. Verben gehängt. Das dadurch entstehende Wort ist ein Nominaladjektiv. Im Fall der Verben erfolgt der Anschluss analog der höflichen *masu*-Form an die i-Basis.

Die Verneinung wird, wie bei NA üblich, durch die nachgestellte Kopula ausgedrückt: ～そうではない. Alternativ kann die Endung ～そう auch an die einfache verneinte Form von Verben angeschlossen werden. Allerdings wird diese unregelmäßig gebildet, indem die Endung ～さそう angehängt wird, zum Beispiel 帰る *kae.ru* → 帰らない *kae.ra.nai* → 帰らなさそう *kae.ra.na.sasou*. Somit wird auch die verneinte Form des Verbs ある *aru* gebildet: ない → なさそう. Ähnlich erfolgt die Bildung verneinter Formen der Verbaladjektive: sie erhalten die Endung ～さそう anstelle des finalen ～い: ～くない *~ku.na.i* → ～くなさそう *~ku.na.sasou*. Unregelmäßig wird die Form des VA よい *yoi* gebildet: よい *yoi* → よさそう *yosasou*.

[8.29] Beispiele zur Bildung der そう-Form			
		bejaht	verneint
Verben	食べる *tabe.ru*	食べそう *tabe.sou*	食べなさそう *tabe.na.sasou*
	飲む *no.mu*	飲みそう *no.mi.sou*	飲まなさそう *no.ma.na.sasou*
	行く *i.ku*	行きそう *i.ki.sou*	行かなさそう *i.ka.na.sasou*
	話す *hana.su*	話しそう *hana.shi.sou*	話さなさそう *hana.sa.na.sasou*
Verbal- adjektive	美味しい *oishi.i*	美味しそう *oishi.sou*	美味しくなさそう *oishi.kuna.sasou*
	寒い *samu.i*	寒そう *samu.sou*	寒くなさそう *samu.kuna.sasou*

8. EINFACHE SATZSTRUKTUREN

[8.29] Beispiele zur Bildung der そう-Form (Fortsetzung)

		bejaht	verneint
Nominal-adjektive	便利 *benri*	便利そう *benri sou*	便利そうではない *benri sou dewa nai*
	不便 *fuben*	不便そう *fuben sou*	不便そうではない *fuben sou dewa nai*

b) Als Nominaladjektive werden die entstehenden Ausdrücke mit な an Nomen angeschlossen und Tempus und Verneinung werden von der Kopula getragen. Beispiel für die Flektion des entstandenen Nominaladjektivs: 食べる *taberu* → 食べそうです *tabesou desu*, 食べそうではありません *tabesou dewa arimasen*, 食べそうじゃない *tabesou ja nai*, 食べそうではない *tabesou dewa nai*, 食べそうでした *tabesou deshita*, 食べそうではありました *tabesou dewa arimashita*, 食べそうではありませんでした *tabesou dewa arimasen deshita*.

- Beispiele für den Anschluss an Nomen mit な:

安そう な 本	ein billig aussehendes Buch
yasusou na hon	
雨 が 降りそう な 空	ein Himmel, der nach Regen
ame ga furisou na sora	aussieht
不便 そう な 部屋	ein ungemütlich aussehendes
fuben sou na heya	Zimmer

その 鮨 は 美味しそう です。
sono sushi wa oishisou desu.   (VA)
Jenes Sushi sieht lecker aus.

雨 が 降りそう です。
ame ga furisou desu.   (Verb, Präsens)
Es sieht nach Regen aus.

家 を 帰りたかった 時、雪 が 降りそう でした。
uchi o kaeritakatta toki, yuki ga furisou deshita.   (Verb, Präteritum)
Als wir das Haus verlassen wollten, sah es aus, als ob es schneien würde.

この アパート は 便利 そう です。
kono apa-to wa benri sou desu.   (NA)
Dieses Apartment sieht gemütlich aus.

問題 は なさそう です。
mondai wa nasasou desu. (Verb, verneint)
Es sieht so aus, als ob es kein Problem gibt.

京都 に ある 駅 は 大きくなさそう です。
kyouto ni aru eki wa ookikunasasou desu. (VA, verneint)
Der Bahnhof in Kyoto sieht nicht so groß aus.

村山さん は あの 魚 を 食べなさそう です ね。
murayamasan wa ano sakana o tabenasasou desu ne. (Verb, verneint)
Es sieht so aus, als ob Frau Murayama jenen Fisch nicht isst, nicht wahr?

この 美味しそう な お鮨 が 食べたい です か。
kono oishisou na osushi ga tabetai desu ka. (adnominaler Gebrauch)
Möchtest du dieses lecker aussehendes Sushi essen?

Zur Verdeutlichung: Zur Bildung der verneinten Form können entweder die verneinte Form des zu modifizierenden Wortes (nur bei Verb oder VA möglich) mit der Endung ～そう angeschlossen werden oder die nach そう folgende Kopula wird verneint: ～そうです *~sou desu* → ～そうではありません *~sou dewa arimasen*; ～そうだ *~sou da* → ～そうじゃない *~sou ja nai*. Zum Beispiel kann „sieht nicht schmackhaft aus" übersetzt werden mit 美味しくなさそうです *oishikunasasou desu* oder 美味しそうではありません *oishisou dewa arimasen*.

難しそう な 本 です。
muzukashisou na hon desu.
Dieses Buch sieht schwierig aus.

難しくなさそう な 本 です。
muzukashikunasasou na hon desu. Oder:
難しそう な 本 では ありません。
muzukashisou na hon dewa arimasen.
Dieses Buch sieht nicht schwierig aus.

c) An Nomen kann そう in dieser Bedeutung[11] nicht direkt angeschlossen werden, auch nicht an Nomen, die von der Kopula gefolgt werden (falsch wären zum Beispiel die Sätze: „anata wa sensei sou desu" oder „anata wa sensei da sou da" für „Du siehst wie ein Lehrer aus"). In diesem Fall müssen らしい oder die Endung ～よう verwendet werden

---

[11] Drückt そう Hörensagen aus, dann ist der Anschluss an Nomen möglich, vgl. 6.2.7.

8. EINFACHE SATZSTRUKTUREN

(vgl. unten). Möglich ist dagegen die verneinte Form für die Kopula, so dass die Endung ～そう an eine verneinte Form des Verbs ある angeschlossen wird:

ではない *dewa nai* → ではなさそうだ *dewa nasasou da*

じゃない *ja nai* → じゃなさそうだ *ja nasasou da*

> あなた は 先生 じゃ なさそう だ。
> *anata wa sensei ja nasasou da.*
> Du siehst nicht wie ein Lehrer aus.

> 小川さん は 学生 では なさそう です。
> *ogawasan wa gakusei dewa nasasou desu.*
> Herr Ogawa, sie sehen nicht wie ein Student aus.

8.6.5   Anschein mit よう

Anschein und Ähnlichkeit können auch mit dem nominaladjektivischen Ausdruck よう ausgedrückt werden.[12] Er kann nach Verben und Verbaladjektiven in den einfachen Präsens- und Präteritumformen und nach den Demonstrativpronomen direkt folgen. Nach Nominaladjektiven und Nomen folgen zunächst な, の oder だった:

[8.30] Anwendung von よう

	Präsens	Präteritum
nach Verben	～うようです	～たようです
nach Verbaladjektiven	～いようです	～かったようです
nach Nominaladjektiven	+なようです	+だったようです
nach Nomen	+のようです	

Wie die Endung ～そ generiert auch よう nominaladjektivische Ausdrücke, so dass die Kopula folgen muss. Sie übernimmt die nötigen Flektionsendungen.

● Beispiele zur Bildung mit Verben:

> 食べるようです
> *taberu you desu*   sieht essend aus
> 飲んだようでした
> *nonda you deshita*   sah trinkend aus

---

[12] Zur Verwendung von そう und よう vgl. auch 6.2.6 und 6.2.7. Nicht zu verwechseln mit der Verbendung ～よう zur Formulierung von Absicht oder Vorschlag (vgl. 9.7.1).

書くようでした
kaku you deshita   sah schreibend aus

寝ているようじゃない
nete iru you ja nai   sah nicht schlafend aus

● Beispiele zur Bildung mit Verbaladjektiven:

安いようだ
yasui you da   sieht billig aus

高かったようです
takakatta you desu   sah teuer aus

● Beispiele zur Bildung mit Nomen und Nominaladjektiven:

静かだったようだ
shizuka datta you da   sah ruhig aus

不便なようじゃない
fuben na you ja nai   sieht nicht ungemütlich aus

学生のようだ
gakusei no you da   sieht wie ein Student aus

重い本だったようです
omoi hon datta you desu   sah wie ein schweres Buch aus

谷垣さん は 日本 へ 帰る よう です。
tanigakisan wa nihon e kaeru you desu.   (Verb)
Es sieht so aus, dass Herr Tanigaki nach Japan zurückkehren wird.

あなた は 昨日 お酒 を たくさん 飲んだ よう だ。
anata wa kinou osake o takusan nonda you da.   (Verb, Präteritum)
Es scheint, dass du gestern viel Sake getrunken hast.

この 問題 は 私 に は とても 難しい よう です。
kono mondai wa watashi ni wa totemo muzukashii you desu. (VA)
Dieses Problem scheint für mich viel zu schwer zu sein.

彼 が 女の人 が 好き な よう です。
kare ga onnanohito ga suki na you desu.   (NA)
Es scheint, als ob er Frauen mag.

8. EINFACHE SATZSTRUKTUREN

> この 車 は あなた の 車 の よう です。
> *kono kuruma wa anata no kuruma no you desu.* (Nomen)
> Dieses Auto sieht wie dein Auto aus.

> あの 建物 は 昔 学校 だった よう だ。
> *ano tatemono wa mukashi gakkou datta you da.* (Nomen, Präteritum)
> Es sieht so aus, als ob jenes Gebäude früher eine Schule war.

Wie bei Nominaladjektiven üblich, erfolgt der Gebrauch vor Nomen mit dem Zusatz な und vor Verben mit dem Zusatz に:

- **adnominaler Gebrauch:**

> 見たような人 … ein Mensch, den man anscheinend
> *mita you na hito …* gesehen hat …
>   Oder: ein Mensch, den man schon
>   mal gesehen zu haben scheint …

> 先生のような女 … eine Frau, die wie eine Lehrerin
> *sensei no you na onna …* aussieht …

- **adverbialer Gebrauch:**

> 先生が行くように行く …
> *sensei ga iku you ni iku …* gehen, wie der Lehrer geht …

> いつものように食べる …
> *itsumo no you ni taberu …* wie immer essen …

> 何 ごと も なかった か の よう に 見えた。
> *nani goto mo nakatta ka no you ni mieta.*
> Es sah aus, als ob nichts geschehen wäre.

> この よう な ばあい …
> *kono you na baai …* In diesem Fall …

> あなた は ドイツ人 の よう に ドイツ語 を 話す こと が 出来ます。
> *anata wa doitsujin no you ni doitsugo o hanasu koto ga dekimasu.*
> Du kannst Deutsch so gut wie ein Deutscher sprechen.

8.6.6 Anschein mit らしい

Benutzt der Sprecher らしい zur Einschätzung einer Situation, dann hat er die Informationen von einer anderen Person oder Quelle erhalten („Information aus zweiter Hand"). Es bleibt offen, ob der Sprecher derselben Meinung ist, so dass die Form nicht benutzt wird, wenn es sich um seine persönliche Einschätzung handelt.

Gebildet wird die Struktur durch Anfügen von らしい an einen verbalen, adjektivischen oder nominalen Ausdruck. Es kann den einfachen Präsens- und Präteritumformen von Verben und Verbaladjektiven sowie nach Nomen und Nominaladjektiven mit oder ohne だった folgen. らしい selber verhält sich wie ein Verbaladjektiv. Die höfliche Form wird somit durch Zusatz der Kopula gebildet. Verneint wird im Allgemeinen das Verb oder Verbaladjektiv vor らしい, selten らしい selber (die Verneinung ist らしくない). Auch die Vergangenheit wird mit der entsprechenden Präteritumform des Verbs bzw. Verbaladjektivs gebildet.

[8.31] Anwendung von らしい

		Präsens	Präteritum
Verb	affirmativ	〜うらしい	〜たらしい
	verneint	〜[a]ないらしい	〜[a]なかったらしい
VA	affirmativ	〜いらしい	〜かったらしい
	verneint	〜くないらしい	〜くなかったらしい
NA und Nomen	affirmativ	＋らしい	＋だったらしい
	verneint	＋じゃないらしい ＋ではないらしい	＋ではなかったらしい ＋ではありませんらしい

太郎さん は 日本 へ 帰る。
tarousan wa nihon e kaeru. (Verb)
Taro kehrt nach Japan zurück.
→ 太郎さん は 日本 へ 帰る らしい。
tarou wa nihon e kaeru rashii.
Es sieht so aus, dass Taro nach Japan zurückkehrt.

若林先生 は まだ 帰らなかった らしい です
wakabayashisensei wa mada kaeranakatta rashii desu.
Es scheint, als ob Prof. Wakabayashi noch nicht nach Hause gegangen ist.
(Verb, verneint, Präteritum)

8. EINFACHE SATZSTRUKTUREN

この 漢字 は 易しい らしい です。
kono kanji wa yasashii rashii desu. (VA)
Diese Kanji sehen leicht aus.

部屋 は とても 便利 らしい です ね。
heya wa totemo benri rashii desu ne. (NA)
Dieses Zimmer sieht sehr gemütlich aus, nicht wahr?

あなた の 部屋 は 昔 静か だった らしい。
anata no heya wa mukashi shizuka datta rashii. (NA, Präteritum)
Es scheint, dass dein Zimmer früher ruhig war.

あなた は 私 が 好き じゃ ない らしい。
anata wa watashi ga suki ja nai rashii. (NA, Verneinung)
Es sieht so aus, als ob du mich nicht magst.

ここ は 学校 らしい。
koko wa gakkou rashii. (Nomen)
Hier scheint eine Schule zu sein.

あの 人 は 先生 らしくない。
ano hito wa sensei rashikunai. (Nomen, verneint)
Oder: あの 人 は 先生 じゃ ない らしい。
ano hito wa sensei ja nai rashii.
Jene Person sieht nicht wie ein Professor aus.

Als Verbaladjektiv kann らしい direkt adnominal bzw. mit der Endung 〜く adverbial verwendet werden.

これ は 狭い らしい 部屋。
kore wa semai rashii heya. (adnominaler Gebrauch)
Dies ist ein eng aussehendes Zimmer.

速く らしく 飲む、友達 を 待って います。
hayaku rashiku nomu, tomodachi o matte imasu. (adverbialer Gebrauch)
Schnell trinken erscheinend, wartete er auf seinen Freund.

8.6.7 Vergleich der Möglichkeiten zur Formulierung von Anschein und Vermutung

[8.32] Möglichkeiten zur Formulierung von Anschein und Vermutung

Form	Entstehende Wortart	Informationsherkunft/ persönliche Einschätzung	Grad der Spekulation
でしょう/ だろう	(Form der Kopula)	Es sind keine Informationen über die Situation erforderlich, es handelt sich um eine rein persönliche Einschätzung.	hoch
らしい	VA	Der Sprecher hat die Informationen aus zweiter Hand erhalten (gehört, gesehen oder gelesen). Sie müssen nicht seiner persönlichen Meinung entsprechen.	hoch
～そうです	NA	Die Aussage beschränkt sich auf das unmittelbar sichtbare, d. h. der Sprecher verarbeitet seine eigenen Erfahrungen (Informationen aus erster Hand).	hoch
ようです	NA		gering
～かろう	(kopulaartig)	Die Aussage stellt die Meinung des Sprechers dar, basiert aber nicht auf nachvollziehbaren Daten und kann nicht mit Fakten belegt werden.	hoch

Beispiele zur Verdeutlichung der Unterschiede[13]:
- Beispiele mit Verben:

> 明日 は 雪 が 降る でしょう。
> *ashita wa yuki ga furu deshou.*
> Ich vermute, dass es morgen schneien wird.

> 明日 は 雪 が 降る らしい です。
> *ashita wa yuki ga furu rashii desu.*
> Es könnte morgen schneien (nach dem, was ich gehört, gelesen oder gesehen habe).

---
[13] S. Makino and M. Tsutsui (The Japan Times), Tokyo 1986, S. 551.

8. EINFACHE SATZSTRUKTUREN

明日 は 雪 が 降りそう です。
ashita wa yuki ga furisou desu.
Es sieht aus, als ob es morgen schneit.

明日 は 雪 が 降る よう です。
ashita wa yuki ga furu you desu.
(Wenn ich mir so den Himmel anschaue ...) ... sieht es aus, als ob es morgen schneit.

● Beispiele mit Verbaladjektiven:

あの 車 は 速い だろう。
ano kuruma wa hayai darou.
Jenes Auto ist möglicherweise schnell.

あの 車 は 速い らしい。
ano kuruma wa hayai rashii.
Jenes Auto scheint schnell zu sein (nach dem, was ich gelesen oder gehört habe).

あの 車 は 速そう だ。
ano kuruma wa hayasou da.
Jenes Auto sieht schnell aus.

あの 車 は 速い よう だ。
ano kurma wa hayai you da.
Jenes Auto scheint schnell zu sein (vergleicht man es mit anderen Autos oder schaut man sich den Motor an).

● Beispiele mit Nomen:

あの 人 は 大学生 です。
ano hito wa daigakusei desu.
Ich vermute, dass er Student ist.

あの 人 は 大学生 らしい です。
ano hito wa daigakusei rashii desu.
Er scheint Student zu sein (nach dem, was ich gehört habe)

あの 人 は 大学生 の よう です。
ano hito wa daigakusei no you desu.
Er sieht aus wie ein Student.

8.6.8 Zweifel mit のやら und der Partikel か

a) Ein Sachverhalt wird in Zweifel gezogen, wenn のやら am Ende des Satzes folgt. Werden mehrere Möglichkeiten aufgezählt, so folgt nach jeder Möglichkeit のやら mit der Nuance „ich bin mir nicht sicher ob ... oder ..." bzw. „ich habe Zweifel daran".

> 青柳さん は 何 と 言って よい の やら 分かりません でした。
> *aoyagisan wa nani to itte yoi no yara wakarimasen deshita.*
> Herr Aoyagi war sich nicht sicher, was er sagen sollte.

> 先生 は 来る の やら 来ない の やらい 分からない。
> *seinsei wa kuru no yara konai no yara wakaranai.*
> Ich weiß nicht, ob der Lehrer kommt.

b) In Kombination mit der Formulierung と言う *to iu* oder と思う *to omou* (vgl. 10.7) drückt die Partikel か Unsicherheit aus. Sie wird zwischen der Partikel と, die den Inhalt des Zweifels markieren, und dem Verb positioniert.

> あの 人 は 太田さん と 言う 人 です。
> *ano hito wa ootasan to iu hito desu.*
> Dieser Mann heißt Ota.
> →あの 人 は 太田さん と か 言う 人 です。
> *ano hito wa ootasan to ka iu hito desu.*
> Ich glaube, dass dieser Mann Ota heißt.

> 坂口さん は 大学 を 辞める と か 言う 話しました。
> *sakaguchisan wa daigaku o yameru to ka iu hanashimashita.*
> Ich glaube, Frau Sakaguchi hat gesagt, dass er die Universität verlassen will.

> 雨 が 降る と か 思います。
> *ame ga furu to ka omoimasu.*
> Ich denke, es wird vielleicht regnen.

8.6.9 Zweifel mit かしら und かなあ

Mit den zwei Ausdrücken かしら[14] und かなあ können Sätze, die Zweifel der Form „Ich frage mich, ob ..." ausdrücken, formuliert werden. Frauen benutzen eher das höflichere かしら und Männer verwenden bevorzugt das einfache かなあ. Letzteres wird auch umgangssprachlich im Familien- und Freundeskreis benutzt. Beide Ausdrücke können nach den einfachen bejahten Präsens- und Präteritumsformen von Verben und Verbaladjektiven stehen. Nach Nominaladjektiven und Nomen steht im Präteritumfall

---

[14] かしら leitet sich von か知らない *ka shiranai* ab.

8. EINFACHE SATZSTRUKTUREN

だった vor かしら bzw. かなあ. Im Präsensfall folgen かしら bzw. かなあ direkt dem NA oder Nomen.

Die zwei Ausdrücke sind Satzendpartikel. Im Allgemeinen werden sie in informellen Situationen verwendet. Der Gebrauch in neutral-höflichen Sätzen ist möglich, wird aber seltener genutzt. Die Anwendung von かしら und かなあ ist auf die erste Person sowie auf das Präsens („Ich frage mich, ob ...") beschränkt. Steht das Prädikat davor im Präteritum, wie im folgenden Beispiel, dann ist damit der Hauptsatz in der Vergangenheit formuliert:

> この 車 は 高かった かしら。
> *kono kuruma wa takakatta kashira.*
> Ich frage mich, ob das Auto teuer war.

Um das Nebensatzverb im Präteritum zu verwenden („Ich fragte mich, ob ...") oder um die Formulierung auf die dritte Person anzuwenden, muss zusätzlich と思う *to omou* hinter かしら oder かなあ benutzt werden, wobei 思う *omou* voll flektiert werden kann.

● Beispiele zur Bildung:

> ⋯ 食べるかしら。 *... taberu kashira.*   Ich frage mich, ob er isst ...
> oder: ⋯ 食べるかなあ。 *... taberu ka naa.*
> (vokalisches Verb, Präsens)

> ⋯ 飲んだかしら。 *... nonda kashira.*   Ich frage mich, ob er
> oder: ⋯ 飲んだかなあ。 *... nonda ka naa.*   trank ...
> (konsonantisches Verb, Präteritum)

> ⋯ 遅いかしら。 *... osoi kashira.*   Ich frage mich, ob es
> oder: ⋯ 遅いかなあ。 *... osoi ka naa.*   langsam ist ...
> (VA, Präsens)

> ⋯ 遅かったかしら。 *... osokatta kashira.*   Ich frage mich, ob es
> oder: ⋯ 遅かったかなあ。 *... osokatta ka naa.*   langsam war ...
> (VA, Präteritum)

> ⋯ 便利かしら。 *... benri kashira.*   Ich frage mich, ob es
> oder: ⋯ 便利かなあ。 *... benri ka naa.*   praktisch ist ...
> (NA, Präsens)

> ⋯ 便利だったかしら。 *... benri datta kashira.* Oder: ⋯   Ich frage mich, ob es
> 便利だったかなあ。 *... benri datta ka naa.*   praktisch war ...
> (NA, Präteritum)

8. EINFACHE SATZSTRUKTUREN

… 車かしら。 *... kuruma kashira.*　　Ich frage mich, ob es ein
Oder: … 車かなあ。 *... kuruma ka naa.*　Auto ist ...
(Nomen, Präsens)

… 車だったかしら。 *... kuruma datta kashira.*　Ich frage mich, ob es ein
Oder: … 車だったかなあ。 *... kuruma datta ka naa.*　Auto war ...
(Nomen, Präteritum)

長谷川さん は 先月 日本 へ 帰って かしら。
hasegawasan wa sengetsu nihon e kaetta kashira.
Ich frage mich, ob Frau Hasegawa vergangenen Monat nach Japan zurückgekehrt ist.

あの 人 は 京大 で 教えた 先生 か なあ。
ano hito wa kyoudai de oshieta sensei ka naa.
Ich frage mich, ob jener Mann ein Professor ist, der an der Universität von Kyoto gelehrt hat.

● Beispiel mit den möglichen Präsens- und Präteritumformen:

彼女 は 何 が 好き かしら。
kanojo wa nani ga suki kashira.
Ich frage mich, was sie mag.

彼女 は 何 が 好き だった かしら。
kanojo wa nani ga suki datta kashira.
Ich frage mich, was sie mochte.

彼女 は 何 が 好き かしら と 思いました。
kanojo wa nani ga suki kashira to omoimashita.
Ich fragte mich, was sie mag.

彼女 は 何 が 好き だった かしら と 思いました。
kanojo wa nani ga suki datta kashira to omoimashita.
Ich fragte mich, was sie mochte.

かしら und かなあ können auch nach Fragepronomen stehen.

あの きれい な 女 は だれ かしら。
ano kirei na onna wa dare kashira.
Ich frage mich, wer jene hübsche Frau ist.

9. AUSDRUCK DEUTSCHER MODALVERB-FORMULIERUNGEN

In diesem Kapitel werden die Möglichkeiten beschrieben, wie Ausdrücke, die im Deutschen mit Modalverben („mögen, können, müssen, dürfen, brauchen, wollen, sollen") formuliert werden, im Japanischen wiedergegeben werden können.

Während in der deutschen Sprache modale Hilfsverben die Bedeutung eines anderen Verbs modifizieren, werden fast alle entsprechenden Ausdrücke im Japanischen durch Veränderung der Endungen von Verben und Adjektiven gebildet.

9.1 Ausdruck eines Wunsches („mögen")

[9.1] Möglichkeiten zum Ausdruck von Wünschen

～[i]たい	～を欲しがっている
～[i]たくなる	～[i]ますように
～[i]たがっている	～[i]ませんように
～が欲しい	～ばいいのですが

9.1.1 Die Wunschform ～たい

a) Wünsche, wie „ich möchte essen" oder „ich will nach Japan reisen", können mit der Verbendung ～たい formuliert werden. Sie wird an den Verbstamm analog der höflichen *masu*-Endung an die i-Basis angehängt. Im Fall konsonantischer Verben wird somit als Flektionserweiterung eine Silbe der i-Stufe der 50-Laute-Tafel eingefügt, wie in 5.1.3 beschrieben.

● Beispiele für die Bildung der Wunschform vokalischer Verben:

| 見る *mi.ru* | → 見たい *mi.tai* | sehen wollen |
| 食べる *tabe.ru* | → 食べたい *tabe.tai* | essen wollen |

● Beispiele für die Bildung der Wunschform konsonantischer Verben:

帰る *kae.ru*	→ 帰りたい *kae.ri.tai*	heimkehren wollen
捜す *saga.su*	→ 捜したい *saga.shi.tai*	suchen wollen
死ぬ *shi.nu*	→ 死にたい *shi.ni.tai*	sterben wollen
待つ *ma.tsu*	→ 待ちたい *ma.chi.tai*	warten wollen

Die so gebildeten Formen des Wunsches sind wie Verbaladjektive zu behandeln. Die Endung ist 〜い und der Stamm endet auf 〜た. Flektiert wird durch Ersatz des finalen 〜い, zum Beispiel:

[9.2] Bildung der Wunschform 〜たい		
	einfache Formen	höfliche Formen
Präsens	〜[i]たい	〜[i]たいです
verneintes Präteritum	〜[i]たくない	〜[i]たくないです
		〜[i]たくありません
Präteritum	〜[i]たかった	〜[i]たかったです
verneintes Präteritum	〜[i]たくなかった	〜[i]たくなかったです
		〜[i]たくありませんでした

飲みたい です
nomitai desu ich möchte trinken
飲みたくない です
nomitakunai desu oder:
飲みたく ありません
nomitaku arimasen ich möchte nicht trinken
飲みたかった です
nomitakatta desu ich wollte trinken
飲みたくなかった です
nomitakunakatta desu oder:
飲みたく ありません でした
nomitaku arimasen deshsita ich wollte nicht trinken

教師 に なりたい です。
kyoushi ni naritai desu.
Ich möchte Lehrer werden.

昔 とく に アメリカ に 行きたかった です。
mukashi toku ni amerika ni ikitakatta desu.
Früher wollte ich besonders gern nach Amerika fahren.

せめて 一度 鮨 が 食べたい と よく 言って いました。
semete ichido sushi ga tabetai to yoku itte imashita.
Er sagte oft, dass er wenigstens einmal Sushi essen wolle.

9. AUSDRUCK DEUTSCHER MODALVERBFORMULIERUNGEN

> お鮨 を 速く たくさん 食べたい です から、近く に ある 鮨屋 に 行きましょう。
> *osushi o hayaku takusan tabetai desu kara, chikaku ni aru sushiya ni ikimashou.*
> Weil ich schnell viele Sushi essen will, lass uns in ein nahe gelegenes Sushi-Restaurant gehen.

Auch andere Endungen können, wie bei Verbaladjektiven üblich, angeschlossen werden, zum Beispiel:

- *te*-Form: 〜たい → 〜たくて
- Konditional: 〜たい → 〜たければ
- adverbial, zum Beispiel: 〜たい → 〜たく なる

Das Objekt einer gewünschten Tätigkeit kann mit を oder が markiert werden. が wird häufiger verwendet und drückt ein stärkeres Wunschgefühl aus. Die Benutzung von を nimmt allerdings in der Umgangssprache zu. In verneinten Sätzen wird die Partikel は zur Markierung des Wunschobjektes verwendet. Die Position von Mengenangaben und modifizierenden Satzelementen bleibt erhalten.

> ビール が 飲みたい です。
> *bi-ru ga nomitai desu.*
> Ich möchte Bier trinken.

> この 映画 は 見たくない です。
> *kono eiga wa mitakunai desu.*
> Ich möchte diesen Film nicht sehen.

> 日本語 が 上手 に 話せたい です。
> *nihongo ga jouzu ni hanasetai desu.*
> Ich möchte gerne gut Japanisch sprechen können.

Subjekt des Wunsches kann in normalen Aussagesätzen nur die erste Person sein. Ausnahmen sind Fragen und Aussagen über die Vergangenheit:

> どこ へ 行きたい です か。
> *doko e ikitai desu ka.*
> Wohin willst du gehen?

> 健児さん は この 映画 が 見たかった です。
> *kenjisan wa kono eiga ga mitakatta desu.*
> Kenji wollte diesen Film sehen.

b) Folgt der Wunschform 〜たい der Ausdruck と思う *to omou*, so wird damit ein abgeschwächter, idiomatisch umschriebener Wunsch („ich denke, ich möchte ...") ausgedrückt, der als Absicht aufgefasst werden kann (vgl. 9.6.2).

> ビール が 飲みたい。
> *bi-ru ga nomitai.* Ich möchte Bier trinken.
> ビール が 飲みたい と 思う。
> *bi-ru ga nomitai to omou.* Ich beabsichtige, Bier zu trinken.

c) Die Entstehung eines Wunschgefühls wird mit der Form 〜たくなる ausgedrückt. Dabei steht die Wunschform (〜たい) des Verbs adverbial (〜たく) vor dem Verb なる („werden").

> 誉子さん も ビール を 飲みたく なりました。
> *yokosan mo bi-ru o nomitaku narimashita.*
> Auch Yoko bekam Lust, ein Bier zu trinken.
>
> 鮨 を 食べれば 食べる ほど もっと 食べたく なります。
> *sushi o tabereba taberu hodo motto tabetaku narimasu.*
> Um so mehr Sushi ich esse, um so mehr möchte ich es essen.

d) Die Verwendung der Wunschform ist auf die erste und zweite Person beschränkt. Allerdings wird sie vorwiegend für den Ausdruck eigener Wünsche verwendet, da sie in Fragen oft unhöflich wirken kann. Statt beispielsweise zu fragen お鮨が食べたいですか *osushi ga tabetai desu ka*, empfiehlt es sich, das höfliche Fragepronomen いかが oder eine andere Methode zu verwenden:

> お鮨 は いかが です か。
> *osushi wa ikaga desu ka.*
> お鮨 を 食べます か。
> *osushi o tabemasu ka.*
> Möchten sie Sushi essen?

9.1.2 Wünsche mit dem Verbaladjektiv 欲しい *hoshii*

a) Der Wunsch nach etwas Gegenständlichem wird mit dem Verbaladjektiv 欲しい *hoshii* ausgedrückt. Das Subjekt (die Person, die etwas haben möchte) wird im Allgemeinen mit は oder が markiert. In Aussagesätzen ist dies die erste Person und in Fragesätzen die zweite Person. Für die zweite und dritte Person wird diese Formulierung in Aussagesätzen seltener verwendet. Das zum Wunsch gehörende direkte Objekt wird häufig mit der Partikel が markiert, darüber hinaus wird も (für „auch") und selten を (in der Um-

9. AUSDRUCK DEUTSCHER MODALVERBFORMULIERUNGEN

gangssprache) verwendet. Die Partikel が kann somit sowohl das Subjekt, wie auch das Objekt markieren, allerdings nicht im selben Satz. Wie bei Verbaladjektiven üblich, wird mit entsprechenden VA-Endungen von 欲しい Vergangenheit und Verneinung ausgedrückt.

[9.3] Konjugationsformen von 欲しい *hoshii*

	einfache Formen	höfliche Formen
Präsens	…が欲しい	…が欲しいです
verneintes Präsens	…は欲しくない	…は欲しくないです …は欲しくありません
Präteritum	…が欲しかった	…が欲しかったです
verneintes Präteritum	…は欲しくなかった	…は欲しくなかったです …は欲しくありませんでした

> 何 が 欲しい です か。私 は 新しい 車 が 欲しい です。
> *nani ga hoshii desu ka. watashi wa atarashii kuruma ga hoshii desu.*
> Was möchtest du? Ich möchte ein neues Auto haben.

> 新しい 自転車 が 欲しい の なら 貯金 しなさい。
> *atarashii jitensha ga hoshii no nara chokin shinasai.*
> Wenn du ein neues Fahrrad möchtest, solltest du Geld sparen.

> 私 は あなた が 今 着て いる の と 同じ ジャケット が 欲しかった。
> *watashi wa anata ga ima kite iru no to onaji jaketto ga hoshikatta.*
> Ich wollte dieselbe Jacke, die du gerade trägst.

> メニュー の 中 から 何でも 欲しい 料理 を 選びなさい。
> *Menyū no naka kara nandemo hoshii ryouri o erabinasai.*
> Wähle das Gericht von der Karte aus, das du magst.

Mengenangaben und andere Modifizierungen werden an der üblichen Stelle im Satz positioniert. Deswegen kann 欲しい beispielsweise auch nach Nomen, die mit Mengenangaben modifiziert sind, stehen, wie zum Beispiel:

> ビール が 一本 欲しい です。
> *bi-ru ga ippon hoshii desu.*
> Ich möchte eine Flasche Bier.

> 子ども が たくさん 欲しい です か。
> *kodomo ga takusan hoshii desu ka.*
> Möchtest du viele Kinder haben?

b) Wunsch an eine Tätigkeit einer dritten Person: 欲しい wird auch verwendet, wenn ausgedrückt werden soll, dass eine andere Person eine Tätigkeit übernehmen soll. Das diese Tätigkeit ausdrückende Verb steht in der *te*-Form direkt vor *hoshii* und die Zielperson, an die der Wunsch gerichtet ist, wird mit der Partikel に markiert. Diese Formulierung gilt in Aussagesätzen nur für die 1. Person, die die 2. Person damit um etwas bittet, bzw. in Fragesätzen, in der die 2. Person eine 3. Person um etwas bittet. Sie kann nicht verwendet werden, wenn eine sozial tieferstehende Person eine höherstehende anspricht.

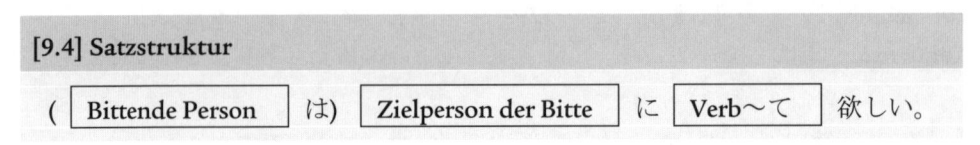

[9.4] Satzstruktur

(| Bittende Person | は) | Zielperson der Bitte | に | Verb〜て | 欲しい。

> 美保ちゃん に 買い物 を して 欲しい。
> *mihochan ni kaimono o shite hoshii.*
> Miho, bitte kaufe ein. (Ich möchte Miho einkaufen gehen lassen.)

> これ 山田さん に 読んで 欲しい ん です けど。
> *kore yamadasan ni yonde hoshii n desu kedo.*
> Ich möchte, dass sie, Herr Yamada, dies lesen.

> 秋子さん に すぐ 行って 欲しい ん です か。
> *akikosan ni sugu itte hoshii n desu ka.*
> Möchtest du, dass Akiko sofort geht?

> そんな 事 は しないで 欲しい。
> *sonna koto wa shinaide hoshii.*
> Lassen sie das bitte! (Lassen sie bitte solche Sachen!)

9.1.3 Wunsch einer dritten Person

[9.5] Satzstrukturen

| 欲しがって いる |
| 〜[i]たがる |
| 〜[i]たがって いる |

9. AUSDRUCK DEUTSCHER MODALVERBFORMULIERUNGEN

a) Der in 9.1.1 und 9.1.2 beschriebene Gebrauch der Wunschform 〜たい und des Verbaladjektivs 欲しい ist im Allgemeinen in Aussagesätzen auf die erste Person und in Fragesätzen auf die zweite Person beschränkt. Um den Wunsch der dritten Person auszudrücken, wird die Endung 〜がる bzw. oft deren *te*-Form 〜がって in Kombination mit dem Verb いる verwendet. Die Endung wird an das VA *hoshii* bzw. an das durch den Anschluss von 〜たい zum VA gewordene Verb angehängt.

欲しい *hoshi.i* (VA) → 欲しがる *hoshi.garu*,
　　　　　　　　　　　欲しがっている *hoshi.gatte iru*

食べる *tabe.ru* (Verb)
→ 食べたい *tabe.ta.i* (VA) → 食べたがる *tabe.ta.garu*,
　　　　　　　　　　　　　　食べたがっている *tabe.ta.gatte iru*
　　　　　　　　　　　　　　essen wollen

する
→ したい → したがる,
　　　　　したがっている tun wollen

Durch den Anschluss von 〜がる an die Wunschform der Verben werden konsonantische Verben gebildet. Die nötigen Flektionsendungen werden wie bei konsonantischen Verben üblich gebildet. Wird die *te*-Form 〜がって verwendet, so wird das Verb いる flektiert. Das gewünschte Substantiv wird nun mit を (im Falle eines Objekts) bzw. mit は (falls es Thema des Satzes ist), jedoch nicht mehr mit が markiert.

[9.6] Wunsch der dritten Person mit 欲しがっている *hoshigatte iru*

einfache Formen	höfliche Formen	
欲しがっている	欲しがっています	wollen
欲しがっていない	欲しがっていません	nicht wollen
欲しがっていた	欲しがっていました	gewollt haben
欲しがっていなかった	欲しがっていませんでした	nicht gewollt haben

> 美保さん は 勉強 する ため に ドイツ へ 行きたがって います。
> *mihosan wa benkyou suru tame ni doitsu e ikitagatte imasu.*
> Miho will nach Deutschland zum Studieren gehen.
>
> 妹 は イタリア の 服 を 欲しがって いる。
> *imouto wa itaria no fuku o hoshigatte iru.*
> Meine jüngere Schwester möchte italienische Kleider.

私 の 息子 は なかなか 家 に 帰りたがりません。
watashi no musuko wa nakanaka uchi ni kaeritagarimasen.
Mein Sohn möchte einfach nicht nach Hause kommen.

Die Endung ～がる kann auch in Kombination mit anderen Verbaladjektiven verwendet werden, vgl. 6.2.8.

b) Alternativ kann der Wunsch einer dritten Person indirekt mit anderen Konstruktionen ausgedrückt werden, zum Beispiel mit Anschein (～たいらしい Es scheint, dass ... möchte ... ; vgl. 8.6.6) oder der indirekten Rede. Der Wunsch der dritten Person wird dabei mit der Zitatpartikel と markiert.

平野先生 が、明日 八時 に 大学 へ 来て 欲しい と 言って います。
hiranosensei ga, ashita hachiji ni daigaku e kite hoshii to itte imasu.
Professor Hirano sagt, er möchte, dass sie morgen um acht Uhr in die Uni kommen.

9.1.4 Hoffnung und Wunsch mit ように und der Endung ～ば

a) Mit dem Verbzusatz ように können Wünsche der Form „Ich wünsche dir viel Glück" beschrieben werden. Im Allgemeinen sind sie an den Gesprächs- oder Korrespondenzpartner gerichtet, können aber auch die eigene Person oder Dritte betreffen. Der Verbzusatz ように wird an eine der höflichen *masu*-Formen von Verben gehängt, zum Beispiel 食べますように *tabemasu you ni* oder 飲みませんように *nomimasen you ni*.

子ども が 元気 に なります よう に。
kodomo ga genki ni narimasu you ni.
Ich wünsche ihren Kindern Gesundheit!

ご主人 が 病気 に なりません よう に。
goshujin ga byouki ni narimasen you ni.
Ich hoffe, ihr Ehemann wird nicht krank.

Der Ausdruck wird auch im religiösen Kontext (zum Beispiel beim Gebet) und bei sehr formellem Bezug (zum Beispiel gegenüber dem König) benutzt.

神 の 恵み が あります よう に。
kami no megumi ga arimasu you ni.
Möge dich Gott segnen.

9. AUSDRUCK DEUTSCHER MODALVERBFORMULIERUNGEN

> 王様 が 長く 生きられます よう に。
> *ousama ga nagaku ikiraremasu you ni.*
> Lang lebe der König!

b) Die Konditionalendung 〜ば[1] in Kombination mit いいのですが bedeutet „wenn ... , dann ist es gut". Passende Übertragungen ins Deutsche sind Wunsch und Hoffnung wie „Ich hoffe, dass ..." oder „Es wäre schön, wenn ...". Wunsch und Hoffnung können sich auf alle grammatischen Personen beziehen.

> この 鮨 が 美味しければ いい の です が。
> *kono sushi ga oishikereba ii no desu ga.*
> Ich hoffe, das Sushi schmeckt gut.

9.2 Ausdruck einer Fähigkeit („können", Potentialis)[2]

Zum Ausdruck von Fähigkeiten und Möglichkeiten wird im Japanischen die Potentialform von Verben verwendet. Alternativ können nominale Ausdrücke, einschließlich nominalisierter verbaler Formen, in Kombination mit dem Verb 出来る *dekiru* verwendet werden.

[9.7] Möglichkeiten zum Ausdruck von Fähigkeiten

nach Nomen:	が出来る	*ga dekiru*
nach Verben:	〜うことが出来る	*~u koto ga dekiru*
Potentialform von vokalischen Verben:	〜られる	*~rareru*
Potentialform von konsonant. Verben:	〜[e]る	*~[e]ru*
mit speziellen NA und VA:	が上手です が下手です がうまい	*ga jouzu desu* *ga heta desu* *ga umai*
Verlust einer Fähigkeit	〜うことが出来なくなる	*~u koto ga dekinaku naru*

---

[1] Zur Bildung dieser Konditionalform vgl. 10.6.1.
[2] Das Modalverb „können" vermag im Deutschen 1. eine Möglichkeit (zum Beispiel: „Autos können fahren"), 2. eine Erlaubnis (ersetzbar durch „dürfen", zum Beispiel „Er kann (darf) rauchen") und 3. eine Annahme (zum Beispiel „Sie kann auch gesund sein") auszudrücken. In diesem Kapitel wird nur die Verwendung als Ausdruck einer Möglichkeit beschrieben.

9.2.1 Formulierung von Fähigkeiten mit 出来る *dekiru*

a) Fähigkeiten, die mit Nomen ausgedrückt werden, können mit der Kombination von Substantiven und dem Verb 出来る *dekiru* („können") formuliert werden.[3] Als Substantive sind nur solche möglich, die in Zusammenhang mit einem Lernprozess stehen, zum Beispiel Sprachen, Sportarten oder Musikinstrumente, d. h. deren Benutzung erlernt werden kann. Dies entspricht im Deutschen der Kombination von Substantiv und „können" wie beispielsweise in „Ich kann Klettern" oder „Kannst du Japanisch?". Das Substantiv wird in affirmativen Sätzen mit が markiert. In verneinten Sätzen oder zur Kontrastierung verwendet man は, in Sätzen mit der Bedeutung „auch können", „sowohl als auch können" bzw. „weder noch können" die Partikel も. Verneinung, Präteritum und Höflichkeitsgrad werden vom Verb 出来る *dekiru* getragen. Speziell: 何も出来ない *nani mo dekinai* bedeutet „nichts können". Fähigkeiten, die auf diese Weise formuliert werden können, sind beispielsweise:

> 英語 が 出来る *eigo ga dekiru* Englisch können
> 料理 が 出来る *ryouri ga dekiru* Kochen können
> ピアノ が 出来る *piano ga dekiru* Klavier spielen können
> 剣道 が 出来る *kendou ga dekiru* Kendo können

> スポーツ は 何 が 出来ます か。
> *supo-tsu wa nani ga dekimasu ka.*
> Was für einen Sport kannst du?

> 昔 漢字 も 単語 も たくせん 出来ました が、全部 忘れました。
> *mukashi kanji mo tango mo takusan dekimashita ga, zenbu wasuremashita.* (Präteritum; Partikel も)
> Früher konnte ich viele *kanji* und Vokabeln, ich habe aber alles vergessen.

> タイプライター は 出来ます が、コンピューター は 出来ません。
> *taipuraita- wa dekimasu ga, konpyu-ta- wa dekimasen.*
> Ich kann zwar eine Schreibmaschine, aber keinen Computer bedienen.
> (Kontrastierung mit Partikel は)

b) Wird die Fähigkeit mit Verben beschrieben, kann die Konstruktion mit 出来る angewendet werden, wenn das Verb zunächst nominalisiert wird: Auf die einfache Verbform (-u) folgt die Nominalisierungspartikel こと, die Markierung des nominalisierten Ausdrucks mit が und (wie oben für Nomen beschrieben) das Verb 出来る. Auch in diesem Fall wird が durch は im Fall verneinter Sätze oder bei Kontrastierungen bzw.

---

[3] Gelegentlich wird 出来る als die Potentialform des Verbs する bezeichnet, es ist allerdings ein eigenständiges Verb.

durch も im Fall von „auch", „sowohl als auch" und „weder noch" ersetzt – allerdings nur, wenn damit die durch das nominalisierte Verb beschriebene Tätigkeit modifiziert wird, zum Beispiel „Ich kann sowohl sehen als auch hören" oder „Ich kann schnell laufen, aber nicht hoch springen".

Das Objekt des nominalisierten Ausdrucks wird dagegen mit を, は oder も markiert. In diesem Fall beziehen sich は und も nicht auf die Tätigkeit, sondern auf das Objekt der Fähigkeit, beispielsweise „Ich kann sowohl Japanisch, als auch Chinesisch sprechen" oder „Ich kann Japanisch, aber nicht Chinesisch sprechen".

Speziell: Die Kopula wird mit der Form でいることが出来る *de iru koto ga dekiru* ausgedrückt. Verneinung, Höflichkeit und Präteritum und andere Formen werden durch entsprechende Formen des Verbs *dekiru* gebildet. Beispiele zur Bildung:

> 食べる *taberu*
> → 食べることが出来る (einfach, Präsens)
> *taberu koto ga dekiru* essen können

> 書かない *kakankai*
> → 書くことは出来ない (einfach, Verneinung)
> *kaku koto wa dekinai* nicht schreiben können

> 書きました *kakimashita*
> → 書くことが出来ました (höflich, Präteritum)
> *kaku koto ga dekimashita* konnte schreiben

> 行けば *ikeba*
> → 行くことが出来れば (Konditional)
> *iku koto ga dekireba* wenn es möglich ist, gehen zu können

● Beispiele zur Anwendung:

> 日本語 を 話す こと が 出来ます か。
> *nihongo o hanasu koto ga dekimasu ka.*
> Kannst du Japanisch sprechen?

> 去年 この 川 で まだ 泳ぐ こと が 出来ました よ。
> *kyonen kono kawa de mada oyogu koto ga dekimashita yo.*
> Letztes Jahr konnte man in diesem Fluss noch schwimmen.

> 山田さん は 十才 の 時 ピアノ を 弾く こと が 出来た。
> *yamadasan wa jussai no toki piano o hiku koto ga dekita.*
> Frau Yamada konnte im Alter von zehn Jahren Klavier spielen.

> ドイツ語 は 話す こと が 出来ます が、フランス語 は 話す こと が 出来ません。
> *doitsugo wa hanasu koto ga dekimasu ga, furansugo wa hanasu koto ga dekimasen.*
> Ich kann Deutsch, aber nicht Französisch sprechen.
> (Kontrastierung mit は bezogen auf das Objekt)

> 橋本さん の 息子さん は ギター を 弾く こと も ドイツ語 を 話す こと も 出来る そう です。
> *hashimotosan no musukosan wa gita- o hiku koto mo doitsugo o hanasu koto mo dekiru sou desu.*
> Ich habe gehört, dass der Sohn von Frau Hashimoto sowohl Gitarre spielen als auch Deutsch sprechen kann.
> (も … も bezogen auf die Tätigkeit)

c) Um den Verlust einer Fähigkeit: („… kann nicht mehr …") auszudrücken, wird eine verneinte Form von ことが出来る adverbial vor dem Verb なる („werden") verwendet. Die verneinte Adverbialform von 出来る ist 出来なく. なる übernimmt alle Flektionen.

[9.8] **Satzstruktur**

… Verb ~う こと が 出来なく なる …
Verb ~u koto ga dekinaku naru …

> 帰る こと が 出来なく なりました。
> *kaeru koto ga dekinaku narimashita.*
> Er konnte nicht mehr nach Hause zurückkehren.

> 勉強 が 出来なく なりました。
> *benkyou ga dekinaku narimashita.*
> Ich kann nicht mehr lernen.

9.2.2 Die Potentialform

a) Eine Möglichkeit zum Ausdruck von Fähigkeiten mit Verben ist deren Potentialform. Diese wird sowohl als Verwandte der passiven Verbform (vgl. 8.3), als auch als eigenständige Potentialform beschrieben. Im Fall vokalischer Verben sind die zwei Formen identisch. Darüber hinaus kann mit der passiven Verbform Höflichkeit ausgedrückt werden (vgl. 11.2.3), so dass Satzaufbau und Kontext entscheiden müssen, welche Funktion im Einzelfall vorliegt. Beispielsweise kann die Form 食べられる *taberareru* des vokalischen Verbs 食べる *taberu* die folgenden drei Bedeutungen haben: „essen" (höflich),

9. AUSDRUCK DEUTSCHER MODALVERBFORMULIERUNGEN

„gegessen werden" (Passiv) oder „essen können/gegessen werden können" (Ausdruck von Fähigkeit).

Die zwei Formen zum Ausdruck von Fähigkeit ことができる bzw. die Potentialform sind weitgehend bedeutungsgleich. In der Schriftsprache wird eher die Nominalisierung und in der Umgangssprache die Potentialform verwendet.

Vermutungen, wie beispielsweise „es kann sein, dass ich morgen einkaufe", können nicht mit der Potentialform ausgedrückt werden.

b) Die Bildung der Potentialform erfolgt ausgehend von der e-Basis der Verben (vgl. 5.1.3).[4] Die Endung ist ～る, so dass beispielsweise das konsonantische Verb 飲む *nomu* die Potentialform 飲める *nomeru* besitzt. Bei vokalischen Verben muss zusätzlich die Flektionserweiterung ～られ～ zwischen Verbstamm und Endung eingeschoben werden, so dass sich ～られる ergibt.

Während Passiv- und Potentialform von vokalischen Verben identisch sind, unterscheiden sie sich bei konsonantischen Verben. Das konsonantische Verb 読む *yomu* hat beispielsweise die Potentialform 読める *yomeru* („trinken können") und die passive Form 読まれる *yomareru* („getrunken werden").

[9.9] Bildung der Potentialform der Verben

		Bildung der Potentialform	Bildung des Passivs (vgl. 8.3.1)
vokalische Verben		～られる	
konsonantische Verben		～[e]る	～[a]れる
unregelmäßige Verben	する *suru*	出来る *dekiru*	される *sareru*
	来る *kuru*	来られる *korareru* (来れる *koreru*)	来られる *korareru*

---

[4] Die Potentialform kann auch mit anderen Methoden beschrieben werden: In einigen Grammatiken wird sie der a-Basis zugeordnet. Deutsche Grammatiken geben oft zwei Endungen an, die passive Verbform ～られる für vokalische Verben und ~*eru* für konsonantische Verben, wobei bei konsonantischen Verben die Endung nicht an den Verbstamm, sondern erst nach dem Stammkonsonanten angehängt wird. Um die Konsistenz mit der in 5.1.3 beschriebenen Systematik zu erhalten, wird hier für beide Verbtypen die Endung ～る verwendet.

[9.9] Bildung der Potentialform der Verben (Fortsetzung)

Beispiele zur Bildung

	Verbstamm	Flektions-erweiterung	Endung	vollständige Potentialform
vokalisches Verb: 食べる *tabe.ru* („essen")	食べ〜 *tabe~*	〜られ〜 *~rare~*	〜る *~ru*	食べられる *tabe.rare.ru* essen können / essbar sein
konsonantisches Verb: 聞く *ki.ku* („hören")	聞〜 *ki~*	〜け〜 *~ke~*	〜る *~ru*	聞ける *ki.ke.ru* hören können / hörbar sein

- Beispiele zur Bildung der Potentialform vokalischer Verben:

  | 見る *mi.ru* | → | 見られる *mi.rare.ru* sehen können / sichtbar sein |
  | 起きる *oki.ru* | → | 起きられる *oki.rare.ru* aufstehen können |

- Beispiele zur Bildung der Potentialform konsonantischer Verben:

切る *ki.ru*	→	切れる *ki.re.ru* schneiden können
待つ *ma.tsu*	→	待てる *ma.te.ru* warten können
書く *ka.ku*	→	書ける *ka.ke.ru* schreiben können
話す *hana.su*	→	話せる *hana.se.ru* erzählen können / sprechen können
泳ぐ *oyo.gu*	→	泳げる *oyo.ge.ru* schwimmen können
呼ぶ *yo.bu*	→	呼べる *yo.be.ru* rufen können
読む *yo.mu*	→	読める *yo.me.ru* lesen können
座る *suwa.ru*	→	座れる *suwa.re.ru* sitzen können
遊ぶ *aso.bu*	→	遊べる *aso.be.ru* spielen können
言う *i.u*	→	言える *i.e.ru* sprechen können

c) Die entstehenden Verben haben nun die Endung 〜る und werden wie vokalische Verben flektiert. So haben beispielsweise die Verben 覚える *oboeru* („erinnern", vokalisches Verb) und 話す *hanasu* („erzählen", konsonantisches Verb) folgende Formen:

9. AUSDRUCK DEUTSCHER MODALVERBFORMULIERUNGEN

[9.10] Beispiele der konjugierten Potentialform von Verben

Form	覚える oboeru	話す hanasu
einfache Form:	覚えられる	話せる
einfache Verneinung:	覚えられない	話せない
einfaches Präteritum:	覚えられた	話せた
einfach verneintes Präteritum:	覚えられなかった	話せなかった
höfliche Form, Präsens:	覚えられます	話せます
höfliches verneintes Präsens:	覚えられません	話せません
te-Form:	覚えられて	話せて

d) Bei einigen vokalischen Verben sowie 来る *kuru* wirkt die Endung 〜られる sehr höflich. Heute wird daher umgangssprachlich oft die verkürzte Endung 〜れる verwendet. Sie wird analog an die vokalischen Verben angeschlossen:

[9.11] Verkürzte Potentialformen

	korrekte Form	verkürzte Form
vokalische Verben	〜られる	れる
来る *kuru*	来られる *korareru*	来れる *koreru*

> 食べる *tabe.ru*
> → 食べれる *tabe.reru* essen können, essbar sein
> 起きる *oki.ru*
> → 起きれる *oki.reru* aufstehen können
> 見る *miru*
> → 見える *mieru* sehen können, sichtbar sein

e) Für einige Verben gibt es keine Potentialformen bzw. diese sind nicht gebräuchlich:
● Die Kopula kennt keine Potentialform. Auch das unregelmäßige Verb する hat keine eigene Form, dafür eignet sich das Verb 出来る *dekiru*.
● Verben, die bereits eine Fähigkeit ausdrücken (Potentialverben) können diese Form nicht annehmen, wie zum Beispiel 分かる *wakaru* („verstehen können").
● Darüber hinaus gibt es weitere Sätze, in denen eine Potentialform ungewöhnlich klingt. Es sind solche, in denen zum Beispiel eine natürliche Existenz oder andere Na-

turphänomene beschrieben sind. Die Verwendung hängt allerdings von der konkreten Intention des Sprechers ab.

f) Die gebildeten Verben verhalten sich wie intransitive Verben, können also kein direktes Objekt mit sich führen. Der Handelnde wird als Thema des Satzes in der Regel mit は und das Objekt der Handlung wird nicht mehr mit を, sondern in den meisten Fällen mit が markiert. Alternativ kann は zur Kontrastierung und も für „auch", „sowohl als auch" bzw. „weder noch" verwendet werden. Lediglich bei Verben der Bewegung ist ein direktes Objekt möglich, das mit を gekennzeichnet wird (der Ersatz durch が ist dann nicht erlaubt).

[9.12] Markierung des Objekts in Potentialsätzen

Satz ohne Potentialform	彼 は ピアノ を 弾きます。 *kare wa piano o hikimasu.*	Er spielt Klavier.
Potentialsätze	彼 は ピアノ が 弾けます。 *kare wa piano ga hikemasu.*	Er kann Klavier spielen.
	彼 は ピアノ も 弾けます。 *kare wa piano mo hikemasu.*	Er kann auch Klavier spielen.
	彼 は ピアノ は 弾けます が ギター は 弾けません。 *kare wa piano wa hikemasu ga gita- wa hikemasen.*	Er kann Klavier spielen, aber Gitarre nicht. (Kontrastierung mit は)

今日 は 富士山 が 見えます。
kyou wa fujisan ga miemasu.
Heute kann man den Fuji sehen.

この 音 が 聞こえます か。
kono oto ga kikoemasu ka.
Kannst du das Geräusch hören?

昨夜 よく 眠れた。
yuube yoku nemureta.
Konntest du letzte Nacht gut schlafen?

来週 もう 一度 こちら に 来られます か。
raishuu mou ichido kochira ni koraremasu ka.
Können sie nächste Woche noch einmal hierher kommen?

9. AUSDRUCK DEUTSCHER MODALVERBFORMULIERUNGEN

> 日本語 は 話せます が、イタリア語 は 話せません。
> *nihongo wa hanasemasu ga, itariago wa hanasemasen.*
> Ich kann Japanisch sprechen, Italienisch aber nicht.
> (Kontrastierung mit は)

> 韓国語 も 中国語 も 話せません。
> *kankokugo mo chuukokugo mo hanasemasen.* (Partikel も)
> Ich kann weder Koreanisch noch Chinesisch sprechen.

Verwendet man die Präposition だけ nach der Potentialform von Verben, so bedeutet diese Formulierung „so viel wie möglich".

> 飲める だけ 飲みましょう。
> *nomeru dake nomimashou.*
> Lasst uns so viel trinken, wie wir trinken können.

9.2.3 Formulierung einer Fähigkeit mit 上手 *jouzu*, 下手 *heta* und うまい

Eine Fähigkeit kann in einigen Fällen auch mit den Adjektiven 上手 *jouzu* und うまい ausgedrückt werden. Es handelt sich um Fähigkeiten, die erlernt werden können, die also nicht von äußeren Faktoren abhängen, wie zum Beispiel das Sprechen einer Fremdsprache oder das Beherrschen eines Musikinstruments. Als Gegenteil wird 下手 *heta* für „schlecht können" bzw. „nicht können" benutzt.

上手 und 下手 sind Nominaladjektive, erfordern also die Kopula. Zur Markierung der Fähigkeit muss die Partikel が verwendet werden. うまい ist ein Verbaladjektiv und wird analog zu 上手 oder adverbial verwendet. Es kann durch verschiedene *kanji* ausgedrückt werden: 上手い, 旨い, 巧い oder 甘い, am häufigsten ist 上手い.

> 日本語 が 上手 だ
> *nihongo ga jouzu da* gut Japanisch können
> ドイツ語 が 下手 だ
> *doitsugo ga heta da* schlecht Deutsch können
> 英語 が 上手い
> *eigo ga umai* gut Englisch können

> 日本人 は スキー が 上手 でしょう か 下手 でしょう か。今 は 上手 です が、昔 は 上手 では ありません でした。
> *nihonjin wa suki- ga jouzu deshou ka heta deshou ka. ima wa jouzu desu ga, mukashi wa jouzu dewa arimasen deshita.*
> Können Japaner gut oder nicht gut Ski fahren? Sie können es jetzt gut, aber früher waren sie nicht gut.

> 田中さん は ドイツ語 を ずいぶん 上手く 話します。最近 フランス語 も 上手く なりました。
>
> *tanakasan wa doitsugo o zuibun umaku hanashimasu. saikin furansugo mo umaku narimashita.*
>
> Frau Tanaka spricht sehr gut Deutsch. In letzter Zeit ist auch ihr Französisch gut geworden.

9.3 Zwang und Notwendigkeit („müssen")

[9.13] Möglichkeiten zum Ausdruck von Zwängen

● mit der Endung 〜なければ	Verben:	〜[a]なければ	
	VA:	〜くなければ	
	NA/Nomen:	+でなければ	+ verneinte Form von なる oder いける
● mit der Endung 〜なくて	Verben:	〜[a]なくては	
	VA:	〜くなくては	
	NA/Nomen:	+でなくては	

● mit der Endung 〜べき

● mit dem Nominaladjektiv 必要 *hitsuyou*

Das deutsche Hilfsverb „müssen" zum Ausdruck eines Zwangs bzw. einer Notwendigkeit[5] kann in der japanischen Sprache mit mehreren Methoden wiedergegeben werden. Die erste ist die verneinte Konditionalendung 〜なければ, die mit Verben, Nomen, Verbal- und Nominaladjektiven verwendet werden kann. Die zweite Möglichkeit ist die verneinte *te*-Form 〜なくて, für die es ebenfalls Formen für Verben, Adjektive und Nomen gibt.

Eine weitere Möglichkeit ist die Endung 〜べき, die an die einfachen, positiven Präsensformen von Verben gehängt wird. Da sie auch zum Ausdruck einer Verpflichtung („sollen") verwendet wird, ist sie in 9.7.4 beschrieben.

Etwas seltener mit dieser Bedeutung wird 必要 *hitsuyou* („notwendig, erforderlich") benutzt. Es wird eigentlich zum Ausdruck einer Erfordernis (vgl. 9.5) verwendet, kann in einigen Fällen auch zur Formulierung eines Zwangs eingesetzt werden. Es steht mit der

---

[5] Im Deutschen werden noch weitere Ausdrücke mit dem Hilfsverb „müssen" gebildet, die nicht mit den hier beschriebenen Methoden wiedergegeben werden können, wie Vermutungen („Es muss folgendermaßen passiert sein"), Befehle und Aufforderungen („Sie müssen jetzt gehen!") und Empfehlungen („Sie müssen unbedingt dieses probieren!").

Partikel が nach Nomen und nominalisierten Ausdrücken. Als Nominaladjektiv erfordert es die Kopula.

> 食べる こと が 必要 です。
> *taberu koto ga hitsuyou desu.*
> Du musst essen. (Bzw.: Es ist notwendig, dass du isst. Oder: Du solltest essen.)

> 大きさ が 必要 では ありません。
> *ookisa ga hitsuyou dewa arimasen.*
> Es muss nicht groß sein. (Bzw.: Es ist nicht erforderlich, dass es groß ist.)

9.3.1 Ausdruck von Zwang mit der Endung 〜なければ

a) Die erste Möglichkeit, das Modalverb „müssen" in der japanischen Sprache auszudrücken, ist die Erweiterung von Verben mit der Endung 〜なければ, der eine verneinte Form des Verbs なる („werden") folgt. Durch Flektion von なる werden Präteritum, einfache und höfliche Formen gebildet.

Die Endung 〜なければ ist die Konditionalform der einfachen Verneinung 〜ない, so dass die Konstruktion durch die ebenfalls verneinte Form von なる eine doppelte Verneinung enthält. Wörtlich bedeutet sie somit „falls/wenn ich nicht ... tue, wird es nichts".

b) Bildung bei Verben: Entsprechend der einfachen verneinten Form 〜ない wird 〜なければ[6] als Endung an den Verbstamm angeschlossen. Dies geschieht ausgehend von der a-Basis, so daß zum Beispiel das konsonantische Verb 書く *kaku* („schreiben") die Form 書かなければ *kakanakereba* („schreiben müssen") besitzt.

[9.14] Verbformen mit der Endung 〜なければ *~nakereba*

	Präsensformen	Präteritum
vokal. Verben	〜なければならない 〜なければなりません	〜なければならなかった 〜なければなりませんでした
konson. Verben	〜[a]なければならない 〜[a]なければなりません	〜[a]なければならなかった 〜[a]なければなりませんでした

---

[6] Bildung der Konditionalform der einfachen Verneinungsform *~nai* analog zur Konditionalform der Verbaladjektive: Ersatz des finalen *~i* durch *~kereba*, vgl. 10.6.1.

[9.14] **Verbformen mit der Endung ～なければ *~nakereba* (Fortsetzung)**

	Präsensformen	Präteritum
来る *kuru*	来なければならない *konakereba naranai* 来なければなりません *konakereba narimasen*	来なければならなかった *konakereba naranakatta* 来なければなりませんでした *konakereba narimasen deshita*
する	しなければならない しなければなりません	しなければならなかった しなければなりませんでした

● Beispiele zur Bildung:

食べる *taberu*	→	食べなければならない 食べなければなりません essen müssen	(einfach) (höflich)
覚える *oboeru*	→	覚えなければならない 覚えなければなりません lernen müssen	(einfach) (höflich)
帰る *kaeru*	→	帰らなければならなかった 帰らなければなりませんでした musste zurückkehren	(einfaches Prät.) (höfl. Prät.)

● Beispiele zur Anwendung:

この 本 を 読まなければ なりません でした。
kono hon o yomanakereba narimasen deshita.
Ich musste dieses Buch lesen.

明日 働かなければ ならない。
ashita hatarakanakereba naranai.
Morgen musst du arbeiten.

明日 五時 に 起きなければ なりません。
ashita goji ni okinakereba narimasen.
Morgen früh muss ich um fünf Uhr aufstehen.

次 の 試験 の 前 に どうして も 勉強 しなければ なりません。
tsugi no shiken no mae ni doushite mo benkyou shinakereba narimasen.
Vor der nächsten Prüfung muss ich unbedingt lernen.

9. AUSDRUCK DEUTSCHER MODALVERBFORMULIERUNGEN

c) Bei Verbaladjektiven erfolgt die Bildung ebenfalls analog der einfachen verneinten Form (〜くない, vgl. 6.1.2): 〜なければ wird an die Adverbialform des Verbaladjektivs (〜く) gehängt. Wie im Falle der Verben werden Höflichkeit und Vergangenheit vom nachfolgenden Verb なる ausgedrückt.

● Beispiele zur Bildung der Formen von 大きい *ookii*:

einfaches Präsens:	大きくなければならない
	groß sein müssen
höfliches Präsens:	大きくなければなりません
	groß sein müssen
einfaches Präteritum:	大きくなければならなかった
	groß gewesen sein müssen
höfliches Präteritum:	大きくなければなりませんでした
	groß gewesen sein müssen

私 の 車 は 速くなければ なりません。
watashi no kuruma wa hayakunakereba narimasen.
Mein Auto muss schnell sein.

この 部屋 は もう 少し 広くなければ ならない。
kono heya wa mou sukoshi hirokunakereba naranai.
Dieses Zimmer muss etwas größer sein.

d) Bei Nomen und Nominaladjektiven wird なければ nachgestellt.

● Beispiele zur Bildung mit dem Nominaladjektiv 静か *shizuka*:

einfaches Präsens:	静かでなければならない
	ruhig sein müssen
höfliches Präsens:	静かでなければなりません
	ruhig sein müssen
einfaches Präteritum:	静かでなければならなかった
	ruhig gewesen sein müssen

● Beispiele zur Bildung mit dem Nomen 本屋 *honya*:

einfaches Präsens:	本屋でなければならない
	ein Buchladen sein müssen
höfliches Präsens:	本屋でなければなりません
	ein Buchladen sein müssen
höfliches Präteritum:	本屋でなければなりませんでした
	ein Buchladen gewesen sein müssen

- Beispiele zur Anwendung:

> この 仕事 を する ため に は 英語 が 上手 で なければ ならない。
> *kono shigoto o suru tame ni wa eigo ga jouzu de nakereba naranai.*
> Um diese Arbeit zu machen, muss dein Englisch gut sein.

> 図書館 は 静か で なければ なりません。
> *toshokan wa shizuka de nakereba narimasen.*
> Bibliotheken müssen ruhig sein.

> この 職 は 教授 で なければ なりません。
> *kono shoku wa kyouju de nakereba narimasen.*
> Für diese Stelle muss man Professor sein.

e) Statt einer verneinten Form von なる kann auch eine verneinte Form der Potentialform von 行く *iku* („nicht gehen können") verwendet werden. Diese Form wird oft verwendet, wenn die eigene Person betroffen ist („ich muss ..."). Es betont den Willen bzw. die Absicht des Sprechers. Die verneinte Form von 行ける *ikeru* wird mit *kana* geschrieben, zum Beispiel いけない oder いけません.

> 私 は 大学 に 行かなければ いけない。
> *watashi wa daigaku ni ikanakereba ikenai.*
> Ich muss zur Universität gehen.

9.3.2 Der Zwang mit ～なくて

Als zweite Möglichkeit zum Ausdruck eines Zwangs kann die Endung ～なくて verwendet werden. Sie entspricht der verneinten *te*-Form[7] von Verben, Verbaladjektiven sowie der Kopula. Ohne Zusätze können entsprechende Formen zur Satzverbindung mit der Bedeutung „etwas nicht tun und ..." gebraucht werden (vgl. 7.2.1).

Zum Ausdruck eines Zwangs folgt die Partikel は sowie eine verneinte Form des Verbs なる *naru* bzw. 行ける *ikeru* (die Potentialform des Verbs 行く *iku*, „es kann nicht gehen", wird allerdings mit *kana* geschrieben). Zur Unterscheidung von なる und 行ける *ikeru* gilt auch hier das unter 9.3.1 Beschriebene.

Für Verben, Adjektive und Nomen ergeben sich folgende Anschlussformen:

---

[7] Dies ist eine der zwei Möglichkeiten zur Verneinung der *te*-Form von Verben. Zur Bildung vgl. 7.1.3 und 7.1.4.

9. AUSDRUCK DEUTSCHER MODALVERBFORMULIERUNGEN 413

[9.15] Bildung der Prädikatsformen mit 〜なくてはいけない

Anschluss nach Wortart:		Form
Verben	vokalische Verben	〜なくてはいけない
	konsonantische Verben	〜[a]なくてはいけない
	する	しなくてはいけない
	来る *kuru*	来なくてはいけない *konakute wa ikenai*
Verbaladjektive		〜くなくてはいけない
Nominaladjektive und Nomen		+でなくてはいけない +じゃなくてはいけない

Die Endung der höflichen Form sowie des Präteritum werden von いけない getragen:

[9.16] Konjugationsformen mit der Endung 〜なくてはいけない

einfache Präsensform:	〜[a]なくてはいけない
einfache Präteritumform:	〜[a]なくてはいけなかった
höfliche Präsensform:	〜[a]なくてはいけません
höfliche Präteritumform:	〜[a]なくてはいけませんでした

- Beispiele zur Bildung bei Verben:

  食べなくてはいけない *tabenakute wa ikenai*
  essen müssen　　　　　　　　　　(vokalisches Verb, Präsens, einfache Form)
  話さなくてはいけない *hanasanakute wa ikenai*
  sprechen müssen　　　　　　　　(konsonant. Verb, Präsens, einfache Form)
  飲まなくてはいけなかった *nomanakute wa ikenakatta*
  musste trinken　　　　　　　　　(konsonant. Verb, Präteritum, einfache Form)
  覚えなくてはいけません *oboenakute wa ikemasen*
  erinnern müssen　　　　　　　　(vokalisches Verb, Präsens, höfliche Form)

- Beispiele zur Bildung bei Verbaladjektiven:

  寒くなくてはいけない *samukunakute wa ikenai*
  kalt sein müssen　　　　　　　　　　　　　　　　　　　　(einfach, Präsens)

長くなくてはいけません *nagakunakute wa ikemasen*
lang sein müssen (höflich, Präsens)
大きくなくてはいけなかった *ookikunakute wa ikenakatta*
musste groß sein (einfach, Präteritum)

● Beispiele zur Bildung bei Nominaladjektiven und Nomen:

静かじゃなくてはいけない *shizuka ja nakute wa ikenai*
ruhig sein müssen (NA, einfach, Präsens)
便利でなくてはいけません *benri de nakute wa ikemasen*
praktisch sein müssen (NA, höflich, Präsens)
先生でなくてはいけませんでした
sensei de nakute wa ikemasen deshita
musste Lehrer sein (Nomen, höflich, Präteritum)

● Beispiele zur Anwendung:

いつ まで に 書かなくて は いけません か。
itsu made ni kakanakute wa ikemasen ka.
Bis wann muss ich es schreiben?

昨日 六時 に 起きなくて は いけなかった。
kinou rokuji ni okinakute wa ikenakatta.
Gestern musste ich um sechs Uhr aufstehen.

明日 買う 本 は 安くなくて は いけません。
ashita kau hon wa yasukunakute wa ikemasen.
Das Buch, das ich mir morgen kaufen werde, muss billig sein.

新しい 部屋 は 便利 じゃ なくて は いけない。
atarashii heya wa benri ja nakute wa ikenai.
Mein neues Zimmer muss praktisch sein.

9.4 Erlaubnis und Verbot („dürfen")[8]
9.4.1 Erlaubnis

[9.17] Möglichkeiten zum Ausdruck einer Erlaubnis

〜てもいい	~te mo ii
〜てもよろしい	~te mo yoroshii
〜ても構いません	~te mo kamaimasen
〜ても大丈夫	~te mo daijoubu

a) Um eine Erlaubnis („Darf ich ... ?", „Du darfst ..." u.Ä.) auszudrücken, wird an die *te*-Form von Verben oder Adjektiven もいい oder もよい gehängt. Höflicher ist もよろしい. Die entsprechende, nach Nominaladjektiven und Nomen zu verwendende Form der Kopula ist でもいい.

Der entstehende Ausdruck ist verbaladjektivischer Natur, so dass die höflichen Formen gebildet werden, indem eine Form der Kopula nach もいい gebraucht wird. Bei den einfachen Formen entfällt die Kopula. Auch も kann in freundschaftlicher Umgangssprache entfallen.

[9.18] Beispiele zur Bildung der Form mit 〜てもいい

Wortart	Beispiel	
vokalisches Verb:	食べてもいい *tabete mo ii*	essen dürfen
konsonantische Verben:	書いてもいい *kaite mo ii*	schreiben dürfen
	泳いでもいい *oyoide mo ii*	schwimmen dürfen
	歌ってもいい *utatte mo ii*	singen dürfen
	座ってもいい *suwatte mo ii*	sitzen dürfen
Verbaladjektiv:	高くてもいい *takakute mo ii*	teuer sein dürfen
Nominaladjektiv:	便利でもいい *benri de mo ii*	praktisch sein dürfen
Nomen:	先生でもいい *sensei de mo ii*	Lehrer sein dürfen

● Positive Kurzantworten auf die Frage nach einer Erlaubnis können sein (in der übertragenen Bedeutung „Ja, du darfst"):

はい、いい です。

---

[8] Nicht in dieses Kapitel fällt die Verwendung von „dürfen" zum Ausdruck von Vermutung (zum Beispiel „Er dürfte jetzt in Japan sein") und Notwendigkeit (zum Beispiel „Du darfst nicht vergessen, zu bezahlen").

はい、よろしい です。
はい、けっこう です。
はい、かまいません。
はい、どうぞ。

- Negative Kurzantworten können sein (in der übertragenen Bedeutung „Nein, du darfst nicht"):

いいえ、だめ です。
すみません ねえ …

> 入って も いい です か。
> *haitte mo ii desu ka.* Darf ich eintreten?
> はい、いい です よ。 *hai, ii desu yo.* Ja, du darfst.
> いいえ、入って は いけません。
> *iie, haitte wa ikemasen.* Nein, du darfst nicht eintreten.

> 部屋 に 入って も いい。
> *heya ni haitte mo ii.* Darf ich in das Zimmer eintreten?
> (Umgangssprache: 部屋 に 入って いい。 *heya ni haitte ii.*)

> 高くて も いい です。
> *takakute mo ii desu.* Es darf teuer sein.

> これ 買って いい。
> *kore katte ii.* Darf ich dieses kaufen?

> この 手紙 を 読んで も いい です よ。
> *kono tegami o yonde mo ii desu yo.*
> Du darfst diesen Brief ruhig lesen.

b) Abschwächende Nuancen können mit dem Verb 構う *kamau* („stören, kümmern um") oder dem Nomen 大丈夫 *daijoubu* („in Ordnung") erreicht werden. Das Verb 構う wird in einer verneinten Form, meistens der neutral-höflichen Form 構いません *kamaimasen* verwendet.

Noch indirekter ist die Formulierung mit ことが出来る *koto ga dekiru* zur Formulierung einer Fähigkeit. Auch im Deutschen können entsprechende Sätze mit der Angabe einer Erlaubnis übersetzt werden.

> 入って も かまいません か。
> *haitte mo kamaimasen ka.*
> Stört es nicht, wenn ich eintrete?

9. AUSDRUCK DEUTSCHER MODALVERBFORMULIERUNGEN

入って も 大丈夫 です か。
haitte mo daijoubu desu ka.
Ist es in Ordnung, wenn ich eintrete?

帰る こと が 出来ます か。
kaeru koto ga dekimasu ka.
Kann ich nach Hause gehen? (Darf ich nach Hause gehen?)

c) Auch die negative Form dieser Konstruktion (d. h. die negative *te*-Form) kann in einigen Fällen zum Ausdruck von Erlaubnis verwendet werden:

新しくなくて も いい です か。
atarashikunakute mo ii desu ka.
Darf es nicht neu sein?

学生 じゃ なくて も いい です。
gakusei ja nakute mo ii desu.
Es ist in Ordnung, wenn du kein Student bist.

9.4.2 Verbot

[9.19] Möglichkeiten zum Ausdruck eines Verbots

〜てはならない
〜てはいけない
〜てはこまる
〜てもこまらなかった
〜ては駄目だ *~te wa dame da*

禁止だ *kinshi da*
禁止する *kinshi suru*

a) Wie die Erlaubnis, werden auch Verbote meistens mit der *te*-Form ausgedrückt. Dazu folgt der *te*-Form von Verben und Adjektiven die Partikel は und eines der drei folgenden Verben: なる (in verneinter Form), 行く *iku* (in verneinter Potentialform) und 困る *komaru* („problematisch sein"; wirkt weniger hart, im Präsens in positiver und im Präteritum in verneinter Form). 行く und 困る werden bei dieser Anwendung meist in *kana* geschrieben.

Die Kombination der *te*-Form mit der Partikel は ist eine Möglichkeit zur Bildung des Konditionals (vgl. 10.6.7), so dass die Konstruktion wörtlich mit „wenn etwas so ist, dann wird es nicht" oder „… dann kann es nicht gehen" übersetzt werden kann.

食べては なりません
tabete wa narimasen nicht essen dürfen
飲んで は いけません
nonde wa ikemasen nicht trinken dürfen

[9.20] Einfache und höfliche Präsens- und Präteritumformen

Zeit	einfache Formen	höfliche Formen
mit いく *iku* (→ verneinte Potentialform):		
Präsens	〜てはいけない	〜てはいけません
Präteritum	〜てはいけなかった	〜てはいけませんでした
mit なる *naru* (→ verneint):		
Präsens	〜てはならない	〜てはなりません
Präteritum	〜てはならなかった	〜てはなりませんでした
mit こまる *komaru*:		
Präsens	〜てはこまる	〜てはこまります

昔 ここ で 食べて は いけません でした。
mukashi koko de tabete wa ikemasen deshita. oder:
昔 ここ で 食べて は なりません でした。
mukashi koko de tabete wa narimasen deshita.

私 の 車 を 使って は いけない。
watashi no kuruma o tsukatte wa ikenai.
Du darfst mein Auto nicht benutzen.

この 映画 を 見て は いけません か。 いいえ、かまいません。
kono eiga o mite wa ikemasen ka. iie, kamaimasen.
Darf ich diesen Film nicht sehen? Doch, ist in Ordnung.

ここ は 病院 です から、大声 で 話して は こまります。
koko wa byouin desu kara, oogoe de hanashite wa komarimasu.
Da das ein Krankenhaus ist, sollten sie hier nicht laut sprechen.

b) Steht das Verb vor はいけない nicht nur in der *te*-Form, sondern ist zusätzlich verneint (mit der Form 〜なくて), so drückt der Satz durch die nun beinhaltende doppelte Verneinung einen Zwang aus (vgl. 9.3.2):

> ここ で 待って は いけません。
> *koko de matte wa ikemasen.*
> Sie dürfen hier nicht warten!
> → ここ で 待たなくて は いけません。
> *koko de matanakute wa ikemasen.*
> Sie müssen hier warten. (Wörtlich: Es geht nicht, wenn sie hier nicht warten.)

c) Eine alternative Methode ist der Ausdruck eines Verbots mit dem Nominaladjektiv 駄目 *dame* („nutzlos, hoffnungslos, schlecht"). Es wird in analoger Weise nach は und der *te*-Form von Verben verwendet. Entsprechende Sätze können auch als Empfehlung statt als Verbot verstanden werden. Da es je nach Kontext hart klingen kann, wird es oft mit anderen Wörtern abgemildert, wenn es in Bezug auf andere Personen verwendet wird.

> 夜 遅く まで 起きて いて は 駄目 だ よ。
> *yoru osoku made okite ite wa dame da yo.*
> Du darfst nicht bis so lange in der Nacht aufbleiben.

> すみません が 駄目 な ん です よ。
> *sumimasen ga dame na n desu yo.*
> Entschuldigen sie, aber das dürfen sie nicht.

d) Auf Hinweisschildern wird oft das Substantiv 禁止 *kinshi* („Verbot") verwendet. Es ist selten in der gesprochenen Sprache zu finden, kann aber als nominales Prädikat mit der Kopula oder als sinojapanisches Verb mit する benutzt werden.

Verbotsschilder:

> 立入禁止。   oder: 立ち入り禁止。

tachiiri kinshi. Eintritt verboten!

> 駐車禁止。

chuusha kinshi. Parken verboten!

> 通行禁止。

tsuukou kinshi. Eintritt verboten! Oder: Kein Durchgang!

> 喫煙は絶対禁止。

kitsuen wa zettai kinshi. Das Rauchen ist strengstens verboten!

> 芝生立入禁止。

shibafu tachiiri kinshi. Das Betreten des Rasens ist verboten!

> 山田さん は 外出 禁止 です。
> *yamadasan wa gaishuutsu kinshi desu.*
> Es ist Herrn Yamada verboten, hinauszugehen.

> すみません、禁止 されて います。
> *sumimasen, kinshi sarete imasu.*
> Es tut mir leid, aber es ist dir nicht gestattet.

e) Dem direkten und damit oft unhöflichen Verbot werden manchmal abgemilderte Formen des negativen Imperativs vorgezogen, wie beispielsweise 食べないで下さい *tabenaide kudasai* statt 食べてはいけない *tabete wa ikenai.* („Du darfst nicht essen!"). Altmodisch wirken 食べてくださるな *tabete kudasaru na.* und お食べくださるな *otabekudasaru na.* Eine weitere Möglichkeit für ein Verbot ist der verneinte Imperativ mit な, zum Beispiel 食べるな *taberu na.* („Iss es nicht!") (vgl. 8.5.4).

9.5 Ausdruck einer Erfordernis („brauchen")

[9.21] Möglichkeiten zum Ausdruck einer Erfordernis
いる
verneint: „nicht brauchen":   ～[a]なくて も いい   ～[a]なくて も よい   ～[a]なくて も よろしい
必要 だ *hitsuyou* + Kopula

9. AUSDRUCK DEUTSCHER MODALVERBFORMULIERUNGEN

a) Eine durch ein Substantiv ausgedrückte Erfordernis wird mit dem konsonantischen Verb いる („nötig sein") beschrieben.[9] Das Objekt der Erfordernis wird mit der Partikel が in affirmativen Sätzen und mit は in verneinten Sätzen bzw. zur Kontrastierung markiert.

> 私 は 今 新しい 車 が いります。
> *watashi wa ima atarashii kuruma ga irimasu.*
> Ich brauche jetzt ein neues Auto.

> 昨日 は コピー を した ので コイン が たくさん いった。
> *kinou wa kopi- o shita node koin ga takusan itta.*
> Weil ich gestern Kopien machte, brauchte ich viele Münzen.

> 何か 食べ物 は いりません か。
> *nanika tabemono wa irimasen ka.*
> Brauchst du nicht irgendwelche Lebensmittel?

> ラジオ は いります が テレビ は いりません。
> *rajio wa irimasu ga terebi wa irimasen.*
> Ich brauche zwar ein Radio aber kein Fernsehen.

b) Die Verneinung („nicht brauchen") kann auch mit der Endung ～なくて, gefolgt von もいい, もよい bzw. もよろしい (höflich) gebildet werden. Die Konstruktion bedeutet somit wörtlich „auch wenn es nicht getan wird, ist es gut" bzw. „auch wenn sie es nicht tun, ist es gut". Übersetzt werden kann sie auch mit „nichts tun müssen" oder „nicht nötig sein".

～なくて ist eine der Endungen für die verneinte *te*-Form von Verben und Adjektiven, so dass sie analog der einfachen Verneinung gebildet wird. Auch bei Verbal- und Nominaladjektiven und Nomen folgt もいい der verneinten *te*-Form. VA erhalten also die Endung ～くなくて. Nach NA und Nomen folgt eine entsprechende Form der Kopula, zum Beispiel ではなくて.

[9.22] Bildung der Form mit ～なくてもいい		
Anschluss nach Wortart:		Form
Verben	vokalische Verben	～なくてもいい
	konsonantische Verben	～[a]なくてもいい
	する *suru*	しなくてもいい

---

[9] Im Gegensatz zum vokalischen Verb いる („sein") mit der höflichen Form います hat das konsonantische Verb いる die höfliche Form いります.

[9.22] Bildung der Form mit 〜なくてもいい (Fortsetzung)	
Anschluss nach Wortart:	Form
来る *kuru*	来なくてもいい *konakute mo ii*
Verbaladjektive	〜くなくてもいい
Nominaladjektive und Nomen	+ ではなくてもいい + じゃなくてもいい

In höflichen Sätzen wird もいい von der Kopula gefolgt. Sie trägt die nötigen Flektionsendungen. Die Konstruktion enthält bereits eine Verneinung und eine weitere Verneinung von よい ist nicht möglich.[10] Im Fall einfacher Sätze entfällt die Kopula und das Adjektiv wird flektiert. Da いい nicht flektiert werden kann, muss zum Ausdruck von Präteritum und Verneinung よい verwendet werden.

[9.23] Konjugation der Form mit 〜なくてもいい		
	einfache Formen	höfliche Formen
Präsens	〜[a]なくてもいい	〜[a]なくてもいいです
Präteritum	〜[a]なくてもよかった	〜[a]なくてもいいでした 〜[a]なくてもいいではありました

● Beispiele zur Bildung:

食べなくて も いい
tabenakute mo ii nicht essen brauchen/müssen
話さなくて も いい
hanasanakute mo ii nicht reden brauchen/müssen
寒くなくて も いい
samukunakute mo ii nicht kalt sein brauchen/müssen
静か じゃ なくて も いい
shizuka ja nakute mo ii nicht ruhig sein brauchen/müssen
先生 では なくて も いい
sensei dewa nakute mo ii nicht Lehrer sein brauchen/müssen

---

[10] Falsch wäre zum Beispiel „食べなくてもいいではありません *tabenakute mo ii dewa arimasen*" oder „飲まなくてもよくなかった *nomanakute mo yokunakatta*".

9. AUSDRUCK DEUTSCHER MODALVERBFORMULIERUNGEN

● Beispiele zur Anwendung:

> もう 来なくて も いい です よ。
> *mou konakute mo ii desu yo.* (Verb)
> Du brauchst nicht mehr zu kommen.

> 高くなくて も いい です。
> *takakunakute mo ii desu.* (VA)
> Es braucht nicht teuer zu sein.

> 京都 では なくて も いい です。
> *kyouto dewa nakute mo ii desu.* (Nomen)
> Es braucht nicht Kyoto zu sein.

> 来週 は 休み です から 来なくて も いい と 課長さん は 言った そう です。
> *raishuu wa yasumi desu kara konakute mo ii to kachousan wa itta sou desu.* (Verb)
> Der Abteilungsleiter soll gesagt haben, dass wir nächste Woche, da frei ist, nicht zu kommen brauchen.

> お母さん は 五月 まで 病気 でした が、今 は もう 元気 な ので、心配 しなくて も いい です。
> *okaasan wa gogatsu made byouki deshita ga, ima wa mou genki na node, shinpai shinakute mo ii desu.* (Verb)
> Ihre Mutter war bis Mai krank, aber da sie jetzt schon gesund ist, brauchen sie sich keine Sorgen zu machen.

Je nach Kontext und Intention des Sprechers können Sätze mit 〜なくてもいい auch mit der zusätzlichen Nuance „nicht müssen" oder mit „nicht dürfen" übersetzt werden!

c) Eine Notwendigkeit kann auch direkt mit 必要 *hitsuyou* („erforderlich, notwendig") ausgedrückt werden.[11] Das Objekt der Erfordernis wird mit が markiert. Als Nominaladjektiv erfordert 必要 die Kopula.

> 食べる こと が 必要 です。
> *taberu koto ga hitsuyou desu.*
> Du musst essen. (Bzw.: Es ist notwendig, dass du isst. Oder: Du solltest essen.)

---

[11] Je nach Kontext können mit *hitsuyou* gebildete Sätze auch als Zwang interpretiert werden (vgl. 9.3).

昨日 は コピー を した ので コイン が たくさん 必要 だった。
kinou wa kopi- o shita node koin ga takusan hitsuyou datta.
Weil ich gestern Kopien machte, brauchte ich viele Münzen.

そんな に 早く 来る 必要 では ありません。
sonna ni hayaku kuru hitsuyou dewa arimasen.
So früh brauchen sie nicht zu kommen.

9.6 Ausdruck einer Absicht („wollen")[12]

[9.24] Möglichkeiten zum Ausdruck von Absichten

つもり、予定、計画	*tsumori, yotei, keikaku*
~[yo]う と 思う	*~ [yo]u to omou*
~[yo]う と する	*~[yo]u to suru*
まい と 思う	*mai to omou*
~[i]たい と 思う	*~[i]tai to omou*
~[i]ましょう	*~[i]mashou*
に する	*ni suru*
に 決める	*ni kimeru*

9.6.1 Absicht mit den Substantiven つもり, 予定 *yotei* und 計画 *keikaku*

a) Eine Möglichkeit zur Formulierung einer Absicht ist die Verwendung des Nomens つもり („Absicht"). Die Formulierung der Absicht ist in Aussagesätzen auf die erste Person und in Fragesätzen auf die zweite Person beschränkt. つもり kann nicht alleine stehen (falsch wäre „はい、つもりです"). Ein einfacher Satz wie „Ja, ich beabsichtige es!" muss lauten そのつもりです.

Wie bei der näheren Bestimmung von Nomen üblich, kann つもり direkt nach einfachen Formen von Verben oder Adjektiven stehen.

---

[12] Das Modalverb „wollen" drückt im Deutschen neben einer Absicht auch einen Wunsch („Ich will ein Auto besitzen") oder eine Behauptung („Er will angeblich perfekt Japanisch sprechen können") aus. Letzte Aspekte werden hier nicht behandelt. Da die Bedeutung nicht immer genau voneinander getrennt werden kann, insbesondere zwischen Absicht und Wunsch, werden zur Verdeutlichung die Beispielsätze oft mit „Absicht haben" formuliert.

9. AUSDRUCK DEUTSCHER MODALVERBFORMULIERUNGEN

[9.25] Bildung der Formen von Verben mit つもり

Verben:	einfache Formen	höfliche Formen
Präsens	～うつもりだ	～うつもりです
verneintes Präsens	～[a]ないつもりだ ～うつもりはない	～[a]ないつもりです ～うつもりはありません
Präteritum	～たつもりだ	～たつもりです ～うつもりはありました
verneintes Präteritum	～[a]なかったつもりだ ～たつもりはない ～うつもりはなかった	～[a]なかったつもりです ～たつもりはありません ～うつもりはありませんでした

三時 に 太郎さん の 所 へ 行く つもり だ。
sanji ni tarousan no tokoro e iku tsumori da.
Ich beabsichtige, um 3 Uhr zu Taro zu gehen.

休み に は 何 を する つもり です か。
yasumi ni wa nani o suru tsumori desu ka.
Was beabsichtigst du während der Ferien zu tun?

そんなに 厳しく 言った つもり は なかった の です。
sonnani kibishiku itta tsumori wa nakatta no desu.
Ich wollte nicht so hart klingen.

Die Verneinung („Ich beabsichtige nicht, ..." bzw. „ich bin nicht überzeugt von ...") kann sowohl vom Verb oder Adjektiv vor つもり sowie durch die Kopulaform nach つもり ausgedrückt werden. Bei Nominaladjektiven oder Nomen muss eine entsprechende Form der Kopula nach つもり folgen. Es können allerdings nicht die üblichen Formen der Kopula wie ではない o.Ä. verwendet werden. In Kombination mit つもり *tsumori* muss が/は ない/ありません eingesetzt werden. Für die Bildung des Präteritums gelten dieselben Regeln.

あの 人 は 旅行 しない つもり です。
ano hito to wa ryokou shinai tsumori desu. Oder:
あの 人 は 旅行 する つもり は ない。
ano hito to wa ryokou suru tsumori wa nai.
Er beabsichtigt nicht, zu reisen.

> 今日 は 部屋 の 掃除 は しない つもり だ。
> *kyou wa heya no souji wa shinai tsumori da.*
> Ich beabsichtige nicht, den Raum heute zu reinigen.

Die Interpretation eines Satzes mit つもり als Absicht ist nur eindeutig, falls sich vor つもり ein Verb in der einfachen Präsensform (affirmativ oder verneint) befindet. Wird das Nomen in Kombination mit einem Adjektiv, einem anderen Nomen oder einem Verb in der *te*- oder Vergangenheitsform 〜た angewendet, ist es im Allgemeinen sinnvoller, mit „überzeugt sein von ..." ins Deutsche zu übersetzten. Im Fall von Verben in der Vergangenheit kann es aber auch einfach „nicht beabsichtigt haben" bedeuten.

> 母 は まだ 若い つもり です。 (VA)
> *haha wa mada wakai tsumori desu.*
> Meine Mutter will noch jung sein.
> Oder besser: Meine Mutter glaubt noch jung zu sein.

> あなた は まだ 元気 な つもり です か。 (NA)
> *anata wa mada genki na tsumori desu ka.*
> Sind sie überzeugt, noch immer gesund zu sein?

> これ は お礼 の つもり だ。 (Nomen)
> *kore wa orei no tsumori da.*
> Dieses soll mein Dankeschön sein.

b) Wie つもり, allerdings seltener, werden die beiden Substantive 予定 *yotei* und 計画 *keikaku* („Plan", nur in der Schriftsprache) verwendet:

> いつ ドイツ へ 帰る 計画 です か。
> *itsu doitsu e kaeru keikaku desu ka.* Oder:
> いつ ドイツ へ 帰る 予定 です か。
> *itsu doitsu e kaeru yotei desu ka.*
> Wann kehrst du nach Deutschland zurück?

> この 映画 を 見る 予定 な の。
> *kono eiga o miru yotei na no.*
> Hast du vor, diesen Film anzuschauen?

> 今年 の 終わり に 日本 へ 行く 予定 です。
> *kotoshi no owari ni nihon e iku yotei desu.*
> Ich beabsichtige, Ende des Jahres nach Japan zu gehen.

9.6.2 Absichten mit 〜うと思う *~u to omou* und 〜たいと思う *~tai to omou*

a) Mit der Intentionalform ~[yo]u können Absichten, wie zum Beispiel in „Ich werde nach Japan reisen" formuliert werden. Diese Form wird auch verwendet, um Vorschläge auszudrücken (vgl. 9.7.1). Zur Beschreibung von Willensäußerungen kann sie allerdings nur bei der ersten Person verwendet werden. Auch ist die Auswahl des Verbs auf solche beschränkt, die eine vom Menschen kontrollierbare Handlung ausdrücken können.

Die Form wird gebildet, indem bei vokalischen Verben 〜よう an den Verbstamm und bei konsonantischen Verben 〜う an die o-Basis angeschlossen werden. Beispiele zur Bildung sind in 9.7.1 beschrieben. Es folgt die Zitatpartikel と sowie ein Verb der Überlegung oder Entschlossenheit, oft 思う *omou* („denken") oder する.

[9.26] Bildung der Form mit 〜ようと思う und 〜ようとする

Verbtyp	Formen mit 思う	Formen mit する
vokalische Verben	〜よう と 思う	〜よう と する
konsonantische Verben	〜[o]う と 思う	〜[o]う と する
unregelmäßige Verben	しよう と 思う	しよう と する
	来よう と 思う	来よう と する
	koyou to omou	*koyou to suru*

いつ ドイツ へ 帰ろう と 思います か。
itsu doitsu e kaerou to omoimasu ka.
Wann beabsichtigst du, nach Deutschland zurückzukehren?

試験 の 後 で ビール を 飲みに 行こう と 思う。
shiken no ato de bi-ru o nomini ikou to omou.
Nach der Prüfung werde ich ein Bier trinken gehen.

来年 どこ へ 旅行 しよう と 思います か。
rainen doko e ryokou shiyou to omoimasu ka.
Wo wirst du nächstes Jahr Urlaub machen?

昨日 お鮨 を 食べよう と しました が、お鮨 は 買えません でした。
kinou osushi o tabeyou to shimashita ga, osushi wa kaemasen deshita.
Ich wollte gestern Sushi essen, konnte aber keine Sushi kaufen.

Je nach Kontext und Aussagekraft des nach と folgenden Verbs drücken die Sätze mehr eine Entschlossenheit oder mehr einen Wunsch aus. Zur Abgrenzung zu 〜たいと思う *~tai to omou* vgl. unten.

> どうしても 今年 京都 を 見よう と 思って います。
> *doushitemo kotoshi kyouto o miyou to omotte imasu.*
> Dieses Jahr möchte ich unbedingt Kyoto sehen. Oder:
> Ich beabsichtige, dieses Jahr unbedingt Kyoto zu sehen.

b) Eine weitere Möglichkeit zum Ausdruck einer Absicht ist die Wunschform 〜たい.[13] Folgt nach ihr die Zitatpartikel と und das Verb 思う *omou* („denken"), wird im Unterschied zu der nur einen Wunsch („ich möchte ...") ausdrückenden Form die Bedeutung in Richtung Entschlossenheit und Absicht verschoben. Auch die verneinte Form 〜たくないと思う *~takunai to omou* zum Ausdruck, etwas nicht mehr zu beabsichtigen, ist möglich.

> 来年 日本 へ 行きたい と 思います。
> *rainen nihon e ikitai to omoimasu.*
> Ich beabsichtige, nächstes Jahr nach Japan zu gehen.

> 京都 に 住みたい と 思います か。
> *kyouto ni sumitai to omoimasu ka.*
> Möchtest du in Kyoto leben?

> 旅行 を する ため に お金 を 貯めたい と 思う。
> *ryokou o suru tame ni okane o tametai to omou.*
> Ich beabsichtige, Geld zu sparen, um eine Reise zu machen.

> もう ぜったい に その ビール を 飲みたくない と 思います。
> *mou zettai ni sono bi-ru o nomitakunai to omoimasu.*
> Dieses Bier will ich nie mehr trinken!

c) Im Vergleich zu den oben beschriebenen Formen mit つもり bzw. 〜[yo]うと思う *~[yo]u to omou* schwingt bei 〜たいと思う *~tai to omou* immer noch der Wunschgedanke stark mit. Formulierte Handlungen sind noch nicht konkretisiert, geplant oder vorbereitet. Dagegen steht bei den zwei oben beschriebenen Formen eine konkrete Absicht bzw. eine geplante oder vorbereitete Handlung im Vordergrund.

---

[13] Zur Bildung der Wunschform vgl. 9.1.1

9. AUSDRUCK DEUTSCHER MODALVERBFORMULIERUNGEN

お鮨屋 へ 行きたい と 思います が、お金 が ない ので、大学 の 食堂 へ 行こう と 思います。

osushiya e ikitai to omoimasu ga, okane ga nai node, daigaku no shokudou e ikou to omoimasu.

Ich möchte in ein Sushi-Restaurant gehen, aber da ich kein Geld habe, beabsichtige ich, in die Unimensa zu gehen.

9.6.3 Sonstige Möglichkeiten zur Formulierung von Absichten

a) Mit nominalen Ausdrücken können Absichten mit にする und に決める *ni kimeru* (決める *kimeru* „entscheiden") formuliert werden, wobei die zwei Ausdrücke direkt dem Nomen folgen. Es wird damit die Entscheidung für einen oder mehrere Gegenstände beschrieben. Verbale Prädikate müssen mit こと nominalisiert werden (vgl. 2.3.1). Ins Deutsche können Sätze mit „sich entschließen", „sich entscheiden" oder „wollen" übersetzt werden. In vielen Fällen ist jedoch nur die Formulierung einer Zukunftsform ausreichend, da dann im Deutschen die vorherige Entscheidungsfrage mitschwingt.

テニス が いい です か。ゴルフ が いい です か。テニス に します。

tenisu ga ii desu ka. gorufu ga ii desu ka. tenisu ni shimasu.

Möchten Sie Tennis oder Golf spielen? Ich spiele Tennis.

それ に します。

sore ni shimasu.

Ich nehme jenes.

お鮨 を 食べない こと に します。

osushi o tabenai koto ni shimasu.

Ich werde keine Sushi essen.

いつ どこ で 会う こと に しましょう か。

itsu doko de au koto ni shimashou ka.

Wann und wo wollen wir uns treffen?

どんな 職業 に 決めました か。

donna shokugyou ni kimemashita ka.

Für welche Beschäftigung haben sie sich entschieden?

b) Eine weniger oft verwendete Form zum Ausdruck einer Absicht ist das Anfügen von まいと思う *mai to omou* an die einfache Form von Verben. Die Formulierung kann nur für die erste Person angewendet werden und ist auf Verben, die von Menschen kontrollierbare Handlungen ausdrücken können, beschränkt.

> 私 は 博史さん と は 話す まい と 思う。
> *watashi wa hiroshisan to wa hanasu mai to omou.*
> Ich denke, ich werde mit Hiroshi reden.

c) Neben einer Aufforderung und einem Vorschlag, die mit der Verbendung 〜ましょう ausgedrückt werden können (vgl. 9.7.1), kann je nach Kontext auch eine Absicht des Sprechers beschrieben werden: Dies gilt nur für Aussagesätze und die erste Person.

> 私 が 彼 に 話しましょう。
> *watashi ga kare ni hanashimashou.*
> Ich werde mit ihm reden.

> それ は 後 で 詳しく 説明 しましょう。
> *sore wa ato de kuwashiku setsumei shimashou.*
> Ich werde es später ausführlich erklären.

> では、私 は 来年 日本語 を 習いましょう。
> *dewa, watashi wa rainen nihongo o naraimashou.*
> Also, ich werde nächstes Jahr Japanisch lernen.

9.7 Aufforderung und Vorschlag („sollen")

Vorschläge können im Japanischen mit den zwei Verbendungen 〜よう bzw. 〜[o]う und 〜[i]ましょう formuliert werden. Auch verneint formulierte Fragen sowie die Verwendung der Kopulaformen でしょう (höflich) und だろう (einfach) (zum Ausdruck einer Vermutung) können einen auffordernden Charakter haben. Darüber hinaus gibt es weniger oft verwendete Möglichkeiten.

[9.27] Übersicht über Formulierung von Vorschlägen mit den Endungen 〜よう / 〜[o]う und 〜ましょう

Prädikattyp			einfache Formen	höfliche Formen
vokalische Verben	bejaht		〜よう	〜ましょう
	verneint		〜ないでいよう	〜ないでいましょう
			〜ないでおこう	〜ないでおきましょう
konsonant. Verben	bejaht		〜[o]う	〜[i]ましょう
	verneint		〜[a]ないでいよう	〜[a]ないでいましょう
			〜[a]ないでおこう	〜[a]ないでおきましょう

9. AUSDRUCK DEUTSCHER MODALVERBFORMULIERUNGEN

[9.27] Übersicht über Formulierung von Vorschlägen mit den Endungen 〜よう / 〜[o]う und 〜ましょう (Fortsetzung)

Prädikattyp		einfache Formen	höfliche Formen
unregelmäßiges Verb する *suru*	bejaht	しよう	しましょう
	verneint	しないでいよう	しないでいましょう
		しないでおこう	しないでおきましょう
unregelmäßiges Verb 来る *kuru*	bejaht	来よう *koyou*	来ましょう *kimashou*
	verneint	来ないでいよう *konaide iyou*	来ないでいましょう *konaide imashou*
		来ないでおこう *konaide okou*	来ないでおきましょう *konaide okimashou*
Verbaladjektive		〜いだろう	〜いでしょう
Nominaladjektive		だろう	でしょう

Mit der Konstruktion des Vergleichs ほうがいい (vgl. 6.4.1) können Sätze wie „es wäre besser, wenn …", formuliert werden, die auch als indirekter Vorschlag verstanden werden können:

> これ は 漢字 で 書いた ほう が いい。
> *kore wa kanji de kaita hou ga ii.*
> Es wäre besser, wenn du dies mit *kanji* schreiben würdest.

> アメリカ へ 行った ほう が いい。
> *amerika e itta hou ga ii.*
> Es wäre besser, wenn er nach Amerika ginge.

> ビール を 飲んだ ほう が いい です か。
> *bi-ru o nonda hou ga ii desu ka.*
> Wäre es besser, wenn ich Bier trinken würde?

9.7.1 Die Vorschlagsform des verbalen Prädikats

Der positive Vorschlag wird mit den Verbsuffixen 〜ましょう oder 〜[yo]う bzw. 〜[o]う formuliert: Die einfachen Formen werden bei vokalischen Verben durch Anhängen der Endung 〜よう an den Verbstamm gebildet, zum Beispiel 見る *mi.ru* → 見よう *mi.you*. Bei konsonantischen Verben wird die Endung 〜う an die o-Basis gehängt, zum Beispiel 書く

ka.ku → 書こう *ka.ko.u*. Die höfliche Vorschlagsform bildet man mit der Endung ～ましょう. Sie wird wie die höfliche *masu*-Form an die i-Basis angeschlossen.

Übersetzt werden können die entsprechenden Sätze mit „Lasst uns ... machen". Der Vorschlag gilt auch für Fragesätze, kann aber in diesem Fall neben einer gemeinsamen Aktion („Wollen wir ... tun?") auch für eine Handlung des Sprechers verwendet werden und sollte mit „Soll ich ... ?" übersetzt werden.

[9.28] Beispiele zur Bildung der Vorschlagsformen

		höfliche Form	einfache Form	Deutsch
Beispiele für vokalische Verben:				
食べる *taberu*		食べましょう	食べよう	lasst uns essen
寝る *neru*		寝ましょう	寝よう	lasst uns schlafen
Beispiele für konsonantische Verben:				
～く ~ku	行く *i.ku*	行きましょう *i.ki.mashou*	行こう *i.ko.u*	lasst uns gehen
～う ~(w)u	歌う *uta.u*	歌いましょう *uta.i.mashou*	歌おう *uta.o.u*	lasst uns singen
～す ~su	探す *saga.su*	探しましょう *saga.shi.mashou*	探そう *saga.so.u*	lasst uns suchen
～つ ~tsu	待つ *ma.tsu*	待ちましょう *ma.chi.mashou*	待とう *ma.to.u*	lasst uns warten
～る ~ru	座る *suwa.ru*	座りましょう *suwa.ri.mashou*	座ろう *suwa.ro.u*	lasst uns setzen
～ぶ ~bu	遊ぶ *aso.bu*	遊びましょう *aso.bi.mashou*	遊ぼう *aso.bo.u*	lasst und spielen
～む ~mu	休む *yasu.mu*	休みましょう *yasu.mi.mashou*	休もう *yasu.mo.u*	lasst uns pausieren
～ぐ ~gu	泳ぐ *oyo.gu*	泳ぎましょう *oyo.gi.mashou*	泳ごう *oyo.go.u*	lasst uns schwimmen
unregelmäßige Verben:				
する		しましょう	しよう	lasst uns machen
来る *kuru*		来ましょう *kimashou*	来よう *koyou*	lasst uns kommen

> 映画 に 行きましょう か。はい、行きましょう。
> *eiga ni ikimashou ka. hai, ikimashou.*
> Wollen wir ins Kino gehen? Ja, lasst uns gehen.

> 窓 を 閉めましょう か。
> *mado o shimemashou ka.*
> Soll ich das Fenster schließen?

> 皆 で 日本 の 歌 を 歌おう。
> *mina de nihon no uta o utaou.*
> Lasst uns zusammen ein japanisches Lied singen.

Wird in Aussagesätzen explizit die erste Person (私は *watashi wa*) angegeben, so drückt die Formulierung keinen Vorschlag, sondern mehr die Absicht des Sprechers aus (vgl. 9.6.3). Eine Variation davon ist die Form 〜[yo]うと思う *~[yo]u to omou* (vgl. 9.6.2).

> 私 が 行きましょう。
> *watashi ga ikimashou.* (Absicht der ersten Person)
> Ich werde gehen.

Nicht in Kombination mit der *mashou*-Form können die indirekte Rede, der Gebrauch von 思う *omou* sowie Vorschläge in der Zukunft verwendet werden.

9.7.2 Der verneinte Vorschlag

Zur Formulierung negativer Vorschläge stehen die folgenden Möglichkeiten zur Verfügung:

[9.29] Ausdruck von verneinten Vorschlägen

〜[a]ないで いよう
〜[a]ないで いましょう
〜[a]ないで おこう
〜[a]ないで おきましょう
の は やめましょう
の は よしましょう
〜たら どう です か。

a) Um einen verneinten Vorschlag, d. h. einen Satz mit der Bedeutung „... lasst uns ... nicht machen ..." zu formulieren, kann eines der Verben いる oder おく verwendet werden, um die in 9.7.1 beschriebenen und den Vorschlag ausdrückenden Endungen 〜[i]ましょう (höflich) bzw. 〜[yo]う (einfach) zu übernehmen. いる ist ein vokalisches und おく ein konsonantisches Verb, so dass die Vorschlagsformen いましょう, いよう, おきましょう und おこう sind. Die Verneinung wird mit dem eigentlichen Verb beschrieben, das die Endung 〜[a]ないで trägt. Beispiele zur Bildung:

[9.30] Beispiele für verneinte Vorschläge mit ないでいよう und ないでおこう		
	einfache Formen	höfliche Formen
vokalisches Verb: 食べる *taberu*	食べないで いよう 食べないで おこう	食べないで いましょう 食べないで おきましょう
konsonantisches Verb: 書く *kaku*	書かないで いよう 書かないで おこう	書かないで いましょう 書かないで おきましょう

> ここ に 長く いないで おきましょう。
> *koko ni nagaku inaide okimashou.*
> Lass uns hier nicht zu lange bleiben.

> もう すぐ ご飯 だ から、今 お菓子 は 食べないで おこう。
> *mou sugu gohan da kara, ima okashi wa tabenaide okou.*
> Weil es gleich Essen gibt, iss jetzt keine Süßigkeiten.

> 今日 は 寒い です から、行かないで いましょう。
> *kyou wa samui desu kara, ikanaide imashou.*
> Heute ist es kalt, deswegen lass uns nicht gehen.

> おなか が 一杯。食べに 行かないで いよう。
> *onaka ga ippai. tabeni ikanaide iyou.*
> Mein Bauch ist voll. Lasst uns nicht essen gehen.

b) Ein negativer Vorschlag kann auch mit der Konditionalendung[14] 〜たら ausgedrückt werden. Folgt ihr das Fragewort どう und der Satz wird als Frage formuliert, erhält man wörtlich die Bedeutung „wie ist es, wenn ... ?".

Statt どう kann das höfliche いかが verwendet werden. Mit der Kopulaform でしょう wird ebenfalls der Höflichkeitsgrad des Satzes erhöht. In einfachen Sätzen entfällt die Kopula und die Stimme wird am Satzende, um eine Frage anzuzeigen, erhöht.

---

[14] Zur Bildung des Konditionals vgl. 10.6.5.

[9.31] Verneinte Vorschläge mit ～たら

einfach	～たら どう
höflich	～たら どう でしょう か。
	～たら いかが です か。
	～たら いかが でしょう か。

肉 を 食べたら どう です か。
niku o tabetara dou desu ka.
Warum isst du kein Fleisch?

日本語 も 勉強 したら どう です か。
nihongo mo benkyou shitara dou desu ka.
Warum lernst du nicht auch Japanisch?

もっと お酒 を 飲んだら どう。
motto osake o nondara dou.
Warum trinkst du nicht noch mehr Sake?

先生 に 助言 を 求めて みたら いかが です か。
sensei ni jogen o motomete mitara ikaga desu ka.
Warum fragen sie ihren Lehrer nicht nach Rat?

9.7.3 Die negative Frage als Aufforderung

Wie im Deutschen ist auch im Japanischen eine negative Frage als Aufforderung gemeint. Besonders höflich klingt sie, wenn ⋯ でしょうか in einem verneinten Satz am Satzende gebraucht wird.

授業 を 終りに しません か。
jugyou o owarini shimasen ka.
Wollen wir nicht den Unterricht beenden?

古林先生、お酒 を 飲みたくない でしょう か。
kobayashisensei, osake o nomitakunai deshou ka.
Wollen wir nicht Sake trinken, Professor Kobayashi?

いい 天気 です から、いっしょ に 散歩 を しません か。
ii tenki desu kara, issho ni sanpo o shimasen ka.
Es ist so schönes Wetter, wollen wir nicht gemeinsam einen Spaziergang machen?

9.7.4 Ausdruck einer Verpflichtung

Zum Ausdruck einer Verpflichtung, die im Deutschen mit dem Modalverb „sollen" formuliert wird (zum Beispiel: „Schüler sollten auf ihre Lehrer hören"), kann im Japanischen die Endung ～べき verwendet werden. Die Aussage ist ähnlich der zur Formulierung eines Zwangs mit ～なければならない (vgl. 9.3.1). Die Form wird auch zur Beschreibung von Handlungen, die aufgrund der Umstände und nach der Meinung des Sprechers selbstverständlich oder empfehlenswert sind, sowie von Zuständen, die vorhanden sein sollten, herangezogen.

Die Endung ～べき wird an die einfache, positive Präsens-Verbform angehängt. Ein Anschluss an Adjektive ist direkt nicht möglich, doch kann ～べき an das Verb ある angehängt werden, und die Adjektive werden davor verwendet (NA + で, VA～く). Analog erfolgt die Bildung nominaler Prädikate mit ～べき (Nomen + で).

Der entstehende Ausdruck wird wie ein Nominaladjektiv behandelt. Es muss also die Kopula folgen, die die nötigen Flektionsendungen wie Verneinung, Präteritum und Höflichkeitsgrad übernehmen kann.

- Beispiele für Verben:

食べるべき です	*taberubeki desu*	(du) sollst essen
飲むべき です	*nomubeki desu*	(du) sollst trinken
するべき です	*surubeki desu*	(du) sollst sein
来るべき です	*kurubeki desu*	(du) sollst kommen

- Beispiele für Verbaladjektive:

長く あるべき です	*nagaku arubeki desu*	sollte lang sein
古く あるべき です	*furuku arubeki desu*	sollte alt sein

- Beispiele für Nominaladjektive und Nomen:

便利 で あるべき です	*benri de arubeki desu*	sollte bequem sein
きれい で あるべき です	*kirei de arubeki desu*	sollte hübsch sein
最新 で あるべき です	*saishin de arubeki desu*	sollte Neuigkeit sein

> 京都 を 訪問 するべき だ よ。
> *kyouto o houmon surubeki da yo.*
> Du solltest Kyoto besichtigen!

> この 情報 は 当然 最新 で あるべき な のに、実際 は そう で は ない。
> *kono jouhou wa touzen saishin de arubeki na noni, jissai wa sou de wa nai.*
> Diese Information ist nicht so aktuell, wie sie sein sollte.

10. BILDUNG KOMPLEXER SÄTZE

In den Kapiteln 8 und 9 wurden Sätze mit einfachen Strukturen, meist nur ein Prädikat enthaltend, beschrieben. Es gibt allerdings auch viele Satzkonstruktionen mit mehreren Prädikaten bzw. mehreren gleichberechtigten oder verschachtelten Teilsätzen. In diesem Kapitel werden in 10.1 und 10.2 die Methoden zur Verknüpfung von Sätzen beschrieben: Wörter und Sätze können koordinativ in der Bedeutung „und", additiv in der Bedeutung „außerdem" und disjunktiv in der Bedeutung „oder" verbunden werden.[1] Zwischen Sätzen sind darüberhinaus die Verbindungen mit den Bedeutungen „aber" bzw. „deshalb" möglich. Es werden dazu die in [10.1] angegebenen Konjunktionen und Partikel verwendet.

Sätze können auch in eine zeitliche Beziehung zueinander gesetzt werden. Dazu stehen die in 10.3 beschriebenen Mittel zur Verfügung. Die Satzverbindungen, die Grund und Folge miteinander verknüpfen, werden in Kapitel 10.5 beschrieben, darüber hinaus werden in weiteren Kapiteln Konditional- und Attributsätze beschrieben.

Sätze werden im Japanischen mit Partikeln oder speziellen satzabschließenden Prädikatsformen verbunden. Aufgrund ihrer Funktion werden sie analog zur deutschen Sprache als Konjunktionen (接続詞 *setsuzokushi*) bezeichnet.

In einigen Fällen bleiben die zwei Sätze bei der in [10.1] beschriebenen Satzverbindung erhalten, in anderen verschmelzen die zwei Teilsätze zu einem Satz. Oft verschwimmen die Grenzen zwischen den exakten Bedeutungen. Ob beispielsweise eine Satzverknüpfung mit し mit „und", „auch", „außerdem" oder „deswegen" übersetzt wird, hängt vom Kontext bzw. der Intention des Sprechers ab.

[10.1] Übersicht über Möglichkeiten zur Wort- und Satzverknüpfung

	Wortverknüpfung[2]	Satzverknüpfung
● koordinativ: „und, auch, sowie, …" und ● additiv: „außerdem, vielmehr, ferner, übrigens, …"	と	そして
		それから
		〜て
		し

---

[1] Die genaue Übersetzung ins Deutsche ist kontextabhängig. Oft verschwimmen die Grenzen zwischen koordinativer, additiver und konsekutiver Bedeutung, besonders bei der *te*-Form.

[2] Die Wortverknüpfung (Aufzählung von Substantiven) ist in 4.1.3 beschrieben.

[10.1] Übersicht über Möglichkeiten zur Wort- und Satzverknüpfung (Fortsetzung)		
	Wortverknüpfung	Satzverknüpfung
		それでは
		それじゃ
		(が)
● exemplarisch: „und/oder", „oder ähnliches"	とか だの なり や	とか たり
● disjunktiv: „oder, beziehungsweise, ..."	か	それとも か
● adversativ: „aber, jedoch, im Gegenteil, ..."		でも しかし けれども けど が かわりに のに くせに ところが
● konsekutiv: „also, dann, deshalb, daher, folglich, ..."		から ので 〜て それで だから

10.1 Koordinative, additive, exemplarische und disjunktive Satzverbindungen mit der Bedeutung „und" bzw. „oder"

10.1.1 Additive und koordinative Satzverbindungen

Sätze können inhaltlich mit der Bedeutung „und", „und dann" o.Ä. mit そして, der *te*-Form von Verben und Adjektiven, それから, し und lose mit einigen anderen satzeinleitenden Konjunktionen verknüpft werden. In einigen Fällen sind auch andere Überset-

10. BILDUNG KOMPLEXER SÄTZE

zungen ins Deutsche möglich. Selten können auch mit が („oder") verbundene Sätze mit „und" übersetzt werden.

a) Die satzeinleitende Konjunktion そして verknüpft zwei Sätze inhaltlich mit der Bedeutung „und". Die Sätze bleiben durch einen Punkt getrennt und そして steht am Anfang des zweiten Satzes.

> 図書館 へ 行きました。そして 本 を 読みました。
> *toshokan e ikimashita. soshite hon o yomimashita.*
> Ich bin zur Bibliothek gegangen und habe Bücher gelesen.

b) Die *te*-Form verknüpft Prädikate, um nebeneinander bestehende Zustände und Eigenschaften und parallel bzw. nacheinander ablaufende oder in anderem Zusammenhang stehende Handlungen zu beschreiben.[3] In der Regel können die Verknüpfungen einfach mit „und" übertragen werden. In vielen Fällen wird die Intention der Sätze allerdings besser mit anderen Übersetzungen wiedergegeben, beispielsweise die Formulierung von Erlaubnis und Verbot (vgl. 9.4), Zwang oder eines kausalen Zusammenhangs (vgl. 10.5).

Zur Bildung wird das Prädikat des ersten Teilsatzes in der *te*-Form formuliert. Beliebig viele Teilsätze können so aneinandergefügt werden, um gleichzeitig bestehende Zustände bzw. parallel oder nacheinander ablaufende Handlungen zu beschreiben. Das Prädikat des letzten Teilsatzes steht nicht in der *te*-Form, sondern bestimmt Tempus, Verneinung und Höflichkeitsgrad.

> これ は 新聞 で それ は 雑誌 です。
> *kore wa shinbun de sore wa zasshi desu.*
> Das hier ist eine Zeitung und das da eine Zeitschrift.

> 昨日 は 朝 早く 起きて、学校 へ 行きました。
> *kinou wa asa hayaku okite, gakkou e ikimashita.*
> Gestern bin ich früh aufgestanden und zur Schule gegangen.

> あの 人 は 何 と 言う お名前 です か。先生 は 北野 で、生徒 は 因幡 と 言います。
> *ano hito wa nan to iu onamae desu ka. sensei wa kitano de, seito wa inaba to iimasu.*
> Wie heißen jene Leute? Der Lehrer heißt Kitano, und der Schüler heißt Inaba.

---

[3] Zur Bildung und Anwendung der *te*-Form vgl. Kapitel 7.

c) Eine zeitliche Abfolge kann auch mit それから beschrieben werden. それから steht zu Beginn des zweiten Satzes. Die zwei Sätze können durch einen Punkt getrennt bleiben oder zusammengefasst werden.

> 喫茶店 へ 行きました。それ から 家 へ 帰りました。
> *kissaten e ikimashita. sore kara uchi e kaerimashita.*
> Ich bin ins Café gegangen. Danach bin ich nach Hause zurückgekehrt.

> 始め は 空 の 色 は 青く、それ から 黒く なりました。
> *hajime wa sora no iro wa aoku, sore kara kuroku narimashita.*
> Die Farbe des Himmels war zuerst blau, dann wurde sie schwarz.

それから kann auch als Frage „Und dann?" verwendet werden:

> 【太郎】: 先ず 京都 に 行きました。
> 【浩子】: それから。
> *tarou: mazu kyouto ni ikimashita. hiroko: sore kara.*
> Taro: Ich fuhr zuerst nach Kyoto. Hiroko: Und dann?

d) Mit der Konjunktion し können Sätze oder Teilsätze mit recht unterschiedlicher Intention verknüpft werden. Im Vergleich zu anderen koordinativen Verknüpfungen ist bei し gleichzeitig eine Verstärkung des zweiten Teilsatzes bzw. Prädikats enthalten. Es kann sich um eine reine Aufzählung („und") handeln, die aufgrund des verstärkenden Effektes im Deutschen oft mit „außerdem" bzw. „darüber hinaus" wiedergegeben wird. Je nach Kontext kann allerdings auch eine Übersetzung mit „sowohl ... als auch" (und dementsprechend „weder ... noch" bei Sätzen mit verneintem Prädikat) oder „nicht nur ... sondern auch" sinnvoll sein. Wird im ersten Teilsatz der Grund für eine im zweiten Teilsatz beschriebene Folge geliefert, bietet sich die Übersetzung mit „und deswegen" an.

Die Konjunktion kann sowohl zwei Prädikate innerhalb eines Satzes, wie auch zwei Teilsätze (Neben- mit Nebensatz oder Haupt- mit Hauptsatz), nicht aber einzelne Wörter, miteinander verbinden. Dazu kann し nach Verben, Adjektiven und Nomen stehen: Nach Verben und Verbaladjektiven folgt es meist den einfachen Präsens- bzw. Präteritumformen. Bei Nomen und Verbaladjektiven wird, wie bei diesen Wortarten üblich, die Kopula verwendet. Seltener wird し nach höflichen *masu*-Formen und der höflichen Kopula-Form です benutzt.

10. BILDUNG KOMPLEXER SÄTZE

[10.2] Satzverknüpfung mit し

		affirmativ	verneint
nach Verben	Präsens	〜うし	〜[a]ないし
	Präteritum	〜たし	〜[a]なかったし
nach VA	Präsens	〜いし	〜くないし
	Präteritum	〜かったし	〜くなかったし
nach NA und Nomen	Präsens	＋だし	＋じゃないし
			＋ではないし
	Präteritum	＋だったし	＋ではなかったし

この 生徒 は 書く の が 下手 だ し、読む の も 下手 です。
kono seito wa kaku no ga heta da shi, yomu no mo heta desu. (Verb)
Dieser Schüler schreibt schlecht, darüber hinaus liest er auch schlecht.

雨 も 降った し 風 も 吹きました。
ame mo futta shi kaze mo fukimashita. (Verb, Präteritum)
Es regnete und der Wind wehte.

今日 は 天気 も いい し どこ か へ 行きましょう か。
kyou wa tenki mo ii shi doko ka e ikimashou ka. (VA)
Es ist ein schöner Tag, wohin sollen wir gehen?

友子さん は 美人 だ し 頭 も いい ね。
tomokosan wa bijin da shi atama mo ii ne. (NA)
Tomoko ist hübsch, darüber hinaus ist sie stolz, nicht wahr?

e) Zwei Sätze können locker mit der Bedeutung „und", „also", „dann" oder „deswegen" mit den in [10.3] angegebenen Konjunktionen verbunden werden. Die Sätze bleiben durch einen Punkt getrennt, und die Konjunktion steht zu Beginn des zweiten Satzes.

[10.3] Satzeinleitende Konjunktionen

それでは	
それじゃ	dann, in diesem Fall, wenn das so ist, ...
では	
じゃ	dann, so, na dann, ...

[10.3] Satzeinleitende Konjunktionen (Fortsetzung)	
それなら	
そんなら	in diesem Fall, wenn das so ist, …
それならば	
すると	also dann, daraufhin, …

> お茶 も コーヒー も 嫌い でしょう。それ では 何 を 飲む ん です か。
> *ocha mo ko-hi- mo kirai deshou. sore dewa nani o nomu n desu ka.*
> Du magst weder Kaffee noch Tee. Was möchtest du also trinken?

> それ なら 僕 が やって みよう。
> *sore nara boku ga yatte miyou.*
> Wenn das so ist, probiere ich es.

> 今日 は 日曜日 です ね。すると 銀行 は 休み。
> *kyou wa nichiyoubi desu ne. suru to ginkou wa yasumi.*
> Heute ist Sonntag, nicht wahr? Dann sind die Banken zu.

10.1.2 Disjunktive Satzverbindungen

[10.4] Satzkonstruktionen	
Satz 1.	それとも Satz 2.
Satz 1 か Satz 2.	
Satz 1 か Satz 2 かどちらか.	

a) Aussage- und Fragesätze können disjunktiv mit der Konjunktion それとも verknüpft werden. Die zwei Sätze bleiben dabei meist durch einen Punkt getrennt und それとも leitet den zweiten Satz ein.

> 駅 へ 行きます か。それとも 大学 へ 行きます か。
> *eki e ikimasu ka. soretomo daigaku e ikimasu ka.*
> Gehst du zum Bahnhof oder in die Uni?

10. BILDUNG KOMPLEXER SÄTZE

> 私 は 福原さん が 列車 で 来る の か それとも 飛行機 で 来る の か 知りません。
> *watashi wa fukuharasan ga ressha de kuru no ka soretomo hikouki de kuru no ka shirimasen.*
> Ich weiß nicht, ob Frau Fukuhara mit dem Zug oder mit dem Flugzeug kommen wird.

b) Werden auf den Fragepartikel か endende Fragesätze aneinandergereiht, so wird damit „oder" ausgedrückt. Die Sätze verschmelzen zu einem Satz. Auch mehrere Sätze können so hintereinander verwendet werden, wobei nach jedem Teilsatz die Partikel か stehen muss. Nach nominalem Prädikat kann in dieser Konstruktion die Kopula entfallen, so dass か direkt nach Nomen bzw. nach Nominaladjektiven verwendet werden kann (zum Beispiel 英語が上手か下手か …). Damit geht die Formulierung in eine Art von Aufzählung von Substantiven mit か über (vgl. 4.1.3).

> 行きます か 行きません か。
> *ikimasu ka ikimasen ka.*
> Gehst du oder gehst du nicht?

> 福永さん は コーヒー です か、紅茶 です か。私 は コーヒー です。
> *fukunagasan wa ko-hi- desu ka, koucha desu ka. watashi wa ko-hi- desu.*
> Frau Fukunaga, wollen sie lieber Kaffee oder Tee? Ich nehme Kaffee.

> 今日 は 月曜日 か 火曜日 か 水曜日 です か。
> *kyou wa getsuyoubi ka kayoubi ka suiyoubi desu ka.*
> Ist heute Montag, Dienstag oder Mittwoch?

c) Die Verbindung von Aussagesätzen in der Bedeutung „oder" kann ebenfalls mit か durchgeführt werden. Bei der Aufzählung von Prädikaten folgt か dabei jedem der Prädikate. Im Gegensatz zum Gebrauch als Satzendpartikel, steht か hier nach Verben oder Verbaladjektiven in einer einfachen Form, wobei Präteritum und Verneinung möglich sind. Nach Nominaladjektiven und Nomen wird か direkt benutzt. Bei Verneinung bzw. im Präteritumfall wird bei Nominaladjektiven und Nomen eine entsprechende Form der Kopula vor か verwendet.

> お酒 を 飲む か 肉 を 食べる か どちら か して。
> *osake o nomu ka niku o taberu ka dochira ka shite.*
> (nach verbalem Prädikat)
> Trinke Sake oder esse Fleisch.

> りんご が 新鮮 では なかった か 太郎 が りんご が きらい だった か どちら か です。
> *ringo ga shinsen dewa nakatta ka tarou ga ringo ga kirai datta ka dochira ka desu.* (nach nominaladjektivischem Prädikat)
> Entweder waren die Äpfel nicht frisch oder Taro mochte die Äpfel nicht.

Zusätzlich steht oft どちらか am Satzende.

> お酒 が 高かった か 学生 が お酒 が きらい だった か どちら か だ。
> *osake ga takakatta ka gakusei ga osake ga kirai datta ka dochira ka da.*
> Entweder war der Sake teuer oder der Student mochte keinen Alkohol.

> 手紙 を 書く か 電話 を 掛ける か どちら か して 下さい。
> *tegami o kaku ka denwa o kakeru ka dochira ka shite kudasai.*
> Schreibe bitte einen Brief oder mache einen Anruf.

> 青木さん は フランス語 か 英語 か どちら か 話せます。
> *aokisan wa furansugo ka eigo ka dochira ka hanasemasu.*
> Frau Aoki kann Französisch oder Englisch reden.

10.1.3   Exemplarische Satzverbindungen

Handlungen werden exemplarisch mit たり oder とか aufgezählt. Es handelt sich dabei um eine exemplarische Auswahl weiterer möglicher Handlungen. Ins Deutsche können so verbundene Prädikate mit „unter anderem", „... und ... und ähnliches" oder mit „oder" übersetzt werden.

a) Eine Möglichkeit ist die Endung 〜たり. Sie kann an Verben, Verbaladjektive und für nominaladjektivische und nominale Prädikate an die Kopula angeschlossen werden. Sinngemäß wird „unter anderem habe ich ... gemacht" oder „manchmal mache ich ... , und manchmal mache ich ..." ausgedrückt.

Die *tari*-Form von Verben und Verbaladjektiven wird analog der einfachen Vergangenheit durch Anhängen des Suffix 〜たり gebildet. Affirmative und verneinte Formen sind für beide Wortarten möglich. Die Kopulaformen sind だったり und ではなかったり. Alle Prädikate der Aufzählung stehen in dieser Form. Am Ende des Satzes wird das Verb する verwendet, das Tempus, Negierung, Höflichkeit und andere Flektionsendungen trägt. Auch Sätze mit nur einem Prädikat in der *tari*-Form sind möglich.

10. BILDUNG KOMPLEXER SÄTZE

[10.5] Beispiele zur Bildung mit 〜たり

		affirmativ	verneint
Verben	食べる taberu	食べたり	食べなかったり
	書く kaku	書いたり	書かなかったり
	読む yomu	読んだり	読まなかったり
	する	したり	しなかったり
	来る kuru	来たり kitari	来なかったり konakattari
Verbal-adjektive	大きい ookii	大きかったり	大きくなかったり
	早い hayai	早かったり	早くなかったり
Nominal-adjektive	便利 benri	便利だったり	便利ではなかったり
	静か shizuka	静かだったり	静かではなかったり
Nomen	学生 gakusei	学生だったり	学生ではなかったり
	日本人 nihonjin	日本人だったり	日本人ではなかったり

食べたり 飲んだり 歌ったり する。
tabetari nondari utattari suru.
Wir werden essen, trinken, singen und dergleichen tun.

大学 へ バス で 行ったり 車 で 行ったり しました。
daigaku e basu de ittari kuruma de ittari shimashita.
Manchmal bin ich mit dem Bus und manchmal mit dem Auto zur Uni gefahren.

刺身 を 食べたり お酒 を 飲んだり しに 日本 へ 行きたい。
sashimi o tabetari osake o nondari shini nihon e ikitai.
Ich möchte nach Japan fahren, um Sashimi zu essen, Sake zu trinken und ähnliches zu tun.

その 飲み物 は 高かったり 安かったり します。
sono nomimono wa takakattari yasukattari shimasu.
Dieses Getränk ist manchmal teuer und manchmal billig.

友達 が 日本 に 住む アパート は 静か だったり とても 煩かったり した。
tomodachi ga nihon ni sumu apa-to wa shizuka dattari totemo urusakattari shita.
Die Wohnung, in der mein Freund in Japan lebte, war manchmal ruhig und manchmal sehr laut.

ここ に 働く 人 は 公務員 だったり 学生 だったり します。
koko ni hataraku hito wa koumuin dattari gakusei dattari shimasu.
Hier arbeitet manchmal ein Beamter und manchmal ein Student.

鮨屋 に 働いたり した 後 で 大学 で 日本語 を 勉強 しました。
sushiya ni hataraitari shita ato de daigaku de nihongo o benkyou shimashita.
Nachdem ich manchmal im Sushi-Restaurant gearbeitet hatte, studierte ich Japanisch an der Uni.

b) Wird nur ein Verb mit der Endung 〜たり im Satz verwendet, so wird eine Handlung aus einer Reihe mehrerer möglicher Handlungen mit der Bedeutung „... oder so etwas/dergleichen ..." ausgedrückt. Der Satz ist mit und ohne das Verb する nach 〜たり möglich, allerdings wird する gebraucht, um andere Flektionsendungen (zum Beispiel die *te*-Form) tragen zu können.

バス で 行ったり。
basu de ittari. Oder:
バス で 行ったり します。
basu de ittari shimasu.
Ich fahre mit dem Bus oder etwas Ähnlichem.

ここ に タバコ を 吸ったり して は いけない。
koko ni tabako o suttari shite wa ikenai.
Hier ist es verboten, zu rauchen oder dergleichen zu tun.

c) Die zweite Möglichkeit ist die Verwendung des Partikels とか, die auch zur exemplarischen Aufzählung von Substantiven dient (vgl. 4.1.3). Mehrere Sätze, deren Verben in der einfachen Präsensform stehen und die mit とか enden, können hintereinander gefügt werden. Nach dem letzten Satz folgt das Verb する, das die nötigen Flektionsendungen trägt.

疲れた 時 は お風呂 に 入る とか 早く 寝る とか しなさい。
tsukareta toki wa ofuro ni hairu toka hayaku neru toka shinasai.
Wenn du müde bist, dann nimm ein Bad, gehe ins Bett oder tue sonst so etwas.

日本 から 帰ったら、ドイツ の ビール を 飲む とか ホットドッグ を 食べる とか しました。
nihon kara kaettara, doitsu no bi-ru o nomu toka hottodoggu o taberu toka shimashita.
Als ich aus Japan zurückkehrte, habe ich unter anderem deutsches Bier getrunken und Würstchen gegessen.

10. BILDUNG KOMPLEXER SÄTZE

10.2 Gegensätzliche (adversative) Satzverbindungen mit der Bedeutung „aber" bzw. „obwohl"

Der Inhalt zweier Sätze kann mit folgenden Konjunktionen bzw. Partikeln in Kontrast gesetzt werden: が, でも, しかし, ながら, けれども (sowie den verkürzten Formen けれど und けど), 代わりに *kawari ni* und のに sowie も nach der *te*-Form.

Die Bedeutung variiert dabei zwischen „aber, zwar aber, selbst, allerdings, dennoch, trotzdem" und „obwohl". Der genaue Sinn muss aus dem Kontext erschlossen werden. Besonders zwischen „aber" und „obwohl/selbst" kann nicht immer klar unterschieden werden. Dies ist oft bei が und けれども der Fall. Die folgende Einteilung ist somit nicht festlegend!

[10.6] Möglichkeiten für gegensätzliche Satzverknüpfungen		
Satz A.	でも	Satz B.
Satz A.	しかし	Satz B.
Satz A (.)	けれども	Satz B.
Satz A -*te*	も	Satz B.
Satz A	のに	Satz B.
Satz A	が	Satz B.
Satz A	代わりに *kawari ni*	Satz B.
Satz A	くせに	Satz B.
Satz A (.)	ところが	Satz B.
Satz A	ながら	Satz B.

10.2.1 Satzverbindungen mit der Bedeutung „aber"

a) Die Konjunktion が verbindet zwei vollständige Sätze in der Bedeutung „aber". Dabei verschmelzen die beiden Sätze. が gehört zum ersten Satzteil, eine Sprechpause wird also nach der Partikel eingelegt. が kann nach allen Prädikatsformen (verbal, adjektivisch und nominal) angewendet werden, d. h. nach einfachen und höflichen Präsens- und Präteritumformen von Verben und Verbaladjektiven, nach Wunsch- und anderen Formen, sowie nach Nomen, NA und der Kopula. Die Prädikate beider Satzteile müssen im selben Höflichkeitsgrad formuliert sein.

> この アパート は 古い です が、広い です。
> *kono apa-to wa furui desu ga, hiroi desu.*
> Diese Wohnung ist alt, aber geräumig.

> 肉 は 食べます が 魚 は 食べません。
> *niku wa tabemasu ga sakana wa tabemasen.*
> Zwar esse ich Fleisch, Fisch aber nicht.

> 旅行 を したい が お金 が ない。
> *ryokou o shitai ga okane ga nai.*
> Ich möchte reisen, habe aber kein Geld.

> あの 車 は 速い が、高い でしょう。
> *ano kuruma wa hayai ga, takai deshou.*
> Jenes Auto ist schnell, aber wahrscheinlich auch teuer.

Wenn der Sprecher aus Höflichkeit einen möglichen zweiten Satz nicht vollenden will, weil in diesem Kritik formuliert sein würde, genügt es auch, nach dem ersten Satz が zu verwenden und den Satz offen zu lassen.

> 大丈夫 だ と 思います が。
> *daijoubu da to omoimasu ga.*
> Ich denke, es ist in Ordnung, aber ...

> あなた は よく 勉強 する ん です が。
> *anata wa yoku benkyou suru n desu ga.*
> Du studierst gut, aber ...

Oft entspricht eine Übersetzung von が mit „oder" nicht genau der Intention des Satzes. Einige Sätze können auch nur mit „und" oder sogar ohne Nennung einer Konjunktion übersetzt werden.

b) Die Konjunktion 代わりに *kawari ni* kann nach den einfachen Präsens- und Präteritumformen von Verben und Verbaladjektiven angewendet werden. Zwischen Nomen und Nominaladjektiven wird in diesem Fall allerdings differenziert: Nach NA steht な im Präsens- und だった im Präteritumfall. Nach Nomen steht immer の vor 代わりに. Die zwei so verbundenen Sätze verschmelzen zu einem Satz.

[10.7] Anwendung von 代わりに *kawari ni*

	Präsens	Präteritum
nach Verben	～う 代わり に	～た 代わり に
nach Verbaladjektiven	～い 代わり に	～かった 代わり に
nach NA	+な 代わり に	+だった 代わり に
nach Nomen	+の 代わり に	+の 代わり に

> この アパート は 古い 代わり に 安い です。
> *kono apa-to wa furui kawari ni yasui desu.* (Verb)
> Dieses Apartment ist alt aber billig.

> 私 の 車 は 安かった 代わり に よく 故障 した。
> *watashi no kuruma wa yasukatta kawari ni yoku koshou shita.* (VA, Präteritum)
> Mein Auto war billig, brach aber auch oft zusammen.

> この 部屋 は 便利 だった 代わり に 家賃 が 高かった。
> *kono heya wa benri datta kawari ni yachin ga takakatta.* (NA, Präteritum)
> Dieses Zimmer war zwar praktisch, aber die Miete war teuer.

Sehr oft nach Nomen und je nach Kontext auch nach Verben (aber nie nach Adjektiven) hat die Formulierung mit 代わりに die Bedeutung „anstelle von".

> 魚 の 代わり に 肉 を 食べました。
> *sakana no kawari ni niku o tabemashita.*
> Ich aß Fleisch anstelle von Fisch.

> あなた の 代わり に 私 が 行って も いい です か。
> *anata no kawari ni watashi ga itte mo ii desu ka.*
> Darf ich statt dir dorthin gehen?

c) Bei でも und しかし bleiben die zwei Sätze durch einen Punkt getrennt. Es wird eine Sprechpause vor den Konjunktionen eingelegt. Die Konjunktion しかし ist zum Ausdruck von „aber" eher formell, während でも („aber/obwohl") eher umgangssprachlich ist[4].

---

[4] Im Fall verneinter Prädikate hat *demo* die Bedeutung „weder ... noch" (vgl. 4.5.3), zum Beispiel: 彼は勤勉でもないし利口でもない *kare wa kinben demo nai shi rikou demo nai.* Er ist weder fleißig noch intelligent.

> この アパート は 古い です。でも 広い です。
> kono apa-to wa furui desu. demo hiroi desu.
> Diese Wohnung ist alt. Aber sie ist geräumig.

> この 車 は 安い です。しかし 便利 です。
> kono kuruma wa yasui desu. shikashi benri desu.
> Dieses Auto ist billig, aber trotzdem nützlich.

> 東京 から 京都 まで 新幹線 でも 三時間 掛かる。
> toukyou kara kyouto made shinkansen demo sanjikan kakaru.
> Von Tokyo bis Kyoto dauert es sogar mit dem Shinkansen drei Stunden.

d) Mit ながら *nagara* können Sätze mit der Bedeutung „zwar aber" gebildet werden.

> 小さい ながら よく 働く。
> chiisai nagara yoku hataraku.
> Er ist zwar klein, aber er arbeitet gut.

e) Seltener als die oben beschriebenen Methoden wird ところが in der Bedeutung „aber" angewendet. Am Satzanfang kann es oft mit „Wie auch immer, ...", „Hingegen ..." oder „Allerdings ..." übersetzt werden. ところが wird nur für Situationen angewendet, in denen der Kontrast eine unerwartete Handlung oder ein unerwartetes Ereignis ausdrückt.

> 彼 は レストラン に 行った ところ が、もう 閉まって いた と 言いました。
> kare wa resutoran ni itta tokoro ga, mou shimatte ita to iimashita.
> Er sagte, er sei zum Restaurant gegangen, aber es war schon geschlossen.

> もし 私 が お金持ち ならば 新しい 車 を 買うん だ が、ところ が 実際 は そう する こと が 出来ない。
> moshi watashi ga okanemochi naraba atarashii kuruma o kau n da ga, tokoro ga jissai wa sou suru koto ga dekinai.
> Wenn ich reich wäre, würde ich ein neues Auto kaufen, aber zurzeit kann ich es nicht.

10.2.2 Satzverbindungen mit der Bedeutung „obwohl"

a) Sätze, die mit der Konjunktion のに verbunden sind, können im Allgemeinen mit „obwohl" oder „selbst wenn" übersetzt werden. Im Gegensatz zu den anderen Bildungsvarianten, wird のに oft verwendet, wenn es sich um bereits feststehende Tatsachen handelt oder wenn die Folge, die im Hauptsatz enthalten ist, für den Sprecher unangenehm, ärgerlich oder enttäuschend ist.

10. BILDUNG KOMPLEXER SÄTZE

のに verbindet Neben- mit Hauptsatz, d. h. es kommt zur Satzverschmelzung. Die Partikel setzt sich formal zusammen aus der Nominalisierungspartikel の und der Partikel に. Während im Deutschen die Reihenfolge von Haupt- und dem durch die Konjunktion „obwohl" eingeleiteten Nebensatz beliebig ist, muss im Japanischen zunächst der Nebensatz formuliert werden, dessen Prädikat のに folgt. Nach のに folgt der Hauptsatz.

> Deutsch: Obwohl ich krank bin (Nebensatz), gehe ich in die Schule (Hauptsatz).
> Oder: Ich gehe in die Schule (Hauptsatz), obwohl ich krank bin (Nebensatz).
> Japanisch: 病気な *byouki na* (Nebensatz) のに学校へ行きます *noni gakkou e ikimasu* (Hauptsatz).

のに kann nach allen einfachen Formen von Verben und Verbaladjektiven stehen. Die Verb- bzw. Adjektivendungen bestimmen dabei Tempus und Verneinung im Nebensatz. Bei NA und Nomen wird vor のに な bzw. だった eingefügt:

[10.8] Anwendung von のに

	Präsens	Präteritum
nach Verben	〜うのに	〜たのに
	〜ないのに	〜なかったのに
nach VA	〜いのに	〜かったのに
	〜くないのに	〜くなかったのに
nach NA und Nomen	+ なのに	+ だったのに

> 毎日 単語 の 勉強 を して いる のに よく 覚えられない。
> *mainichi tango no benkyou o shite iru noni yoku oboerarenai.* (Verb, Präsens)
> Obwohl ich jeden Tag Vokabeln lerne, behalte ich sie nicht gut.

> あの 魚 は 美味しくなかった のに たくさん 食べました。
> *ano sakana wa oishikunakatta noni takusan tabemashita.* (VA, Präteritum)
> Ich aß viel, obwohl der Fisch nicht gut schmeckte.

> 山村先生 は 英語 が 下手 だった のに イギリス へ 行きました。
> *yamamurasensei wa eigo ga heta datta noni igirisu e ikimashita.* (NA, Präteritum)
> Obwohl Dr. Yamamura nicht gut Englisch konnte, ging er nach England.

野口さん は 日本人 な のに 魚 が 嫌い です。
noguchisan wa nihonjin na noni sakana ga kirai desu. (N)
Obwohl Herr Noguchi Japaner ist, mag er keinen Fisch.

Beispiele für den Ausdruck einer unerwarteten, enttäuschenden oder unangenehmen Folge:

今日 は とても 暑い のに 母 と 買い物 を しなければ ならない。
kyou wa totemo atsui noni haha to kaimono o shinakereba naranai.
Obwohl es heute sehr heiß ist, muss ich mit meiner Mutter einkaufen gehen.

今日 は 私 の 誕生日 な のに、だれ も プレゼント を 持って 来ない。
kyou wa watashi no tanjoubi na noni, dare mo purezento o motte konai.
Obwohl ich heute Geburtstag habe, bringt mir niemand Geschenke mit.

b) Eine weitere Möglichkeit zum Ausdruck von „obwohl" sind die Konjunktionen けれども, けれど, und けど (mit fallender Formalität). Sie werden ähnlich wie のに angewendet, können also nach Verben und VA in den entsprechend einfachen Formen folgen bzw. stehen zusammen mit だ oder だった nach NA oder Nomen. Die inhaltlich so verbundenen Sätze können zu einem Satz verschmelzen oder durch einen Punkt getrennt bleiben.

[10.9] Anwendung von けれども

	Präsens im Nebensatz	Präteritum im Nebensatz
nach Verben	〜う けれども 〜ない けれども	〜た けれども 〜なかった けれども
nach VA	〜い けれども 〜くない けれども	〜かった けれども 〜くなかった けれども
nach NA/Nomen	+だ けれども	+だった けれども

この 車 は 高かった けれど 遅い です。
kono kuruma wa takakatta keredo osoi desu.
Obwohl dieses Auto teuer war, ist es langsam.

僕 は フランス語 が あまり 好き じゃ ない けれども 勉強 しなければ ならない。
boku wa furansugo ga amari suki ja nai keredomo benkyou shinakereba naranai.
Obwohl ich Französisch nicht so mag, muss ich es lernen.

10. BILDUNG KOMPLEXER SÄTZE

> 寺田さん は 九十才 だ けれども とても 元気 です。
> *teradasan wa kyuujuusai da keredomo totemo genki desu.*
> Obwohl Frau Terada 90 Jahre alt ist, ist sie sehr gesund.

c) のに kann nicht verwendet werden, wenn der Hauptsatz eine Bitte, einen Befehl, eine Aufforderung oder einen Vorschlag beinhaltet. In diesen Fällen muss mit けれども formuliert werden:

> 難しい けれど して みて 下さい。
> *muzukashii keredo shite mite kudasai.* (Bitte)
> Obwohl es schwierig ist, versuche es bitte.

> つまらない けれど 読みなさい。
> *tsumaranai keredo yominasai.* (Befehl)
> Obwohl es langweilig ist, lies es!

d) Eine Alternative zu のに ist くせに. Es wird seltener verwendet und drückt im Gegensatz zu のに eine starke Geringschätzung oder Missbilligung aus. Bei der Satzverbindung müssen beide Satzteile das gleiche Subjekt, das nicht die erste Person sein kann, besitzen und verschmelzen bei der Satzverbindung. くせに kann nach Nomen, Verben und Adjektiven mit dem in [10.10] beschriebenen Anschlussmöglichkeiten stehen. Analog sind verneinte Formen vor くせに möglich.

[10.10] Anwendung von くせに

	Anschluss	Beispiel
nach Verben	〜うくせに	食べるくせに *taberu kuse ni* obwohl er isst ...
	〜たくせに	知っていたくせに *shiteita kuse ni* obwohl er wusste, dass ...
nach VA	〜いくせに	大きいくせに *ookii kuse ni* obwohl es groß ist ...
	〜かったくせに	遅かったくせに *osokatta kuse ni* obwohl es langsam war ...

[10.10] Anwendung von くせに (Fortsetzung)		
	Anschluss	Beispiel
nach NA	+なくせに	便利なくせに *benri na kuse ni* obwohl es bequem ist ...
	+だったくせに	元気だったくせに *genki datta kuse ni* obwohl er krank war ...
nach Nomen	+のくせに	ドイツ人のくせに *doitsujin no kuse ni* obwohl er Deutscher ist ...

> 彼 は 化学者 の くせ に あまり 化学 の 本 を 知らない よ。
> *kare wa kagakusha no kuse ni amari kagaku no hon o shiranai yo.*
> Obwohl er Chemiker ist, kennt er nicht viele Chemie-Bücher.

> 樋口さん は 金持ち の くせ に 車 を 持って いません。
> *higuchisan wa kanemochi no kuse ni kuruma o motte imasen.*
> Obwohl Higuchi reich ist, besitzt er kein Auto.

> うれしい くせ に 泣いて います。喜び な よ。
> *ureshii kuse ni naite imasu. yorokobi na yo.*
> Obwohl du dich darüber freust, weinst du. Sei doch fröhlich!

10.2.3 Satzverbindung mit der Bedeutung „selbst wenn"

Die Partikel も kann nach der *te*-Form von Verben, Adjektiven und Nomen stehen. Im Fall von NA und Nomen bedeutet dies, dass zwischen NA bzw. Nomen und も die *te*-Form der Kopula (で) eingefügt wird. Sätze mit dieser Form werden im Allgemeinen mit „selbst wenn/obwohl" übersetzt.

> 村山さん は 雪 が 降って も 自転車 で 行きます。
> *murayamasan wa yuki ga futte mo jitensha de ikimasu.*   (Verb)
> Obwohl es schneit, fährt Herr Murayama mit dem Fahrrad. Oder: Sogar wenn es schneit, fährt Herr Murayama mit dem Fahrrad.

> 寒くて も ドイツ へ 行きます か。
> *samukute mo doitsu e ikimasu ka.*
> Gehst du nach Deutschland, obwohl es kalt ist?
> (Oder: Gehst du nach Deutschland, selbst wenn es kalt ist?)

私 が 先生 でも この 漢字 が 分からない。
watashi ga sensei de mo kono kanji ga wakaranai. (Nomen)
Selbst wenn ich Professor wäre, verstünde ich dieses Kanji nicht.

10.3 Temporale Satzverbindungen

Zwei Sätze können mit der Bedeutung „vorher", „nachher" oder „während" in eine zeitliche Beziehung zueinander gesetzt werden. In der Übersicht [10.11] gilt als zeitliche Abfolge das Beispiel: Ereignis A (顔を洗う *kao o arau* „Gesicht waschen") → Ereignis B (朝ご飯を食べる *asagohan o taberu* „frühstücken").

10.3.1 Temporale Satzverbindung mit der Bedeutung „bevor"

a) Zur Verbindung von zwei Sätzen mit dieser Bedeutung wird die zeitlich später stattfindende Handlung (im Beispiel: „frühstücken") im Nebensatz formuliert. In diesem kann der Zeitraum bzw. die Handlung durch ein Nomen (zum Beispiel aus „die Reise" wird: „vor der Reise") oder ein verbales Prädikat ausgedrückt werden. Im Falle von Nomen muss dieses mit der Partikel の an das Zeitnomen 前 *mae* angeschlossen werden.[5] Enthält der Nebensatz ein verbales Prädikat, so steht dieses immer in der einfachen Präsensform (da die Handlung noch nicht eingetreten ist), gefolgt von 前 (bzw. in gleicher Bedeutung von 前に). Nach dem Nebensatz folgt der Hauptsatz, der die zeitlich früher stattfindende Handlung (im Beispiel: „Gesicht waschen") enthält, und dessen Verb Tempus, Verneinung und Höflichkeitsgrad bestimmt. Steht das Hauptsatzverb im Präteritum, dann fanden beide Handlungen in der Vergangenheit statt, auch wenn das Verb vor 前 die Präsensform besitzt.

● Beispiele für verbale Prädikate[6]:

日本 へ 行く 前 に…
nihon e iku mae ni…   Bevor ich nach Japan gehe …
お酒 を 飲む 前 に…
osake o nomu mae ni…   Bevor ich Sake trinke …
昼ご飯 を 食べる 前 に…
hirugohan o taberu mae ni…   Bevor ich zu Mittag esse …

---

[5] Ausnahme: feste Ausdrücke, wie zum Beispiel *hiru mae ni* („vormittags"). 前に *mae ni* wird auch als räumliches Relationsnomen verwendet (vgl. 2.2.3), zum Beispiel: 大学の前に駅があります *daigaku no mae ni eki ga arimasu.* („Vor der Universität befindet sich der Bahnhof.")

[6] Die Beispielsätze sind exemplarisch mit der ersten Person Singular übersetzt. Analog sind kontextabhängig andere Übersetzungen möglich.

[10.11] Übersicht über Möglichkeiten für temporale Satzverbindungen und die resultierenden Satzstrukturen

Beispielsätze: 朝ご飯を食べる *asagohan o taberu* und 顔を洗う *kao o arau*.

	Nebensatz	Konjunktion (Partikel)	Hauptsatz	
„bevor"	朝ご飯を食べる	前に	顔を洗います。	Bevor ich frühstücke, wasche ich mir das Gesicht.
	朝ご飯を食べる	前に	顔を洗いました。	Bevor ich frühstückte, wusch ich mir das Gesicht.
	朝ご飯を食べる	まで	顔を洗います。	Bis ich frühstücke, wasche ich mir das Gesicht.
„nachdem"	顔を洗った	後で	朝ご飯を食べます。	Nachdem ich das Gesicht gewaschen habe, frühstücke ich.
	顔を洗って	から	朝ご飯を食べます。	
	顔を洗った	後で	朝ご飯を食べました。	Nachdem ich das Gesicht gewaschen hatte, frühstückte ich.
	顔を洗って	から	朝ご飯を食べました。	

10. BILDUNG KOMPLEXER SÄTZE

[10.11] Übersicht über Möglichkeiten für temporale Satzverbindungen und die resultierenden Satzstrukturen (Fortsetzung)

Beispielsätze: 朝ご飯を食べる *asagohan o taberu* und 顔を洗う *kao o arau*.

	Nebensatz	Konjunktion (Partikel)	Hauptsatz	
„während / gleichzeitig"	朝ご飯を食べる	間	顔を洗います。	
	朝ご飯を食べる	うちに	顔を洗います。	
	朝ご飯を食べている	間	顔を洗います。	Während ich frühstücke, wasche ich mir das Gesicht.
	朝ご飯を食べている	うちに	顔を洗います。	
	朝ご飯を食べながら		顔を洗います。	
	顔を洗いながら		朝ご飯を食べます。	
	朝ご飯を食べる	とき	顔を洗います。	Wenn ich frühstücke, wasche ich mir das Gesicht.
Temporalsätze in der Vergangenheit („als")	朝ご飯を食べた	とき	顔を洗いました。	Als ich gefrühstückt hatte, wusch ich mir das Gesicht.
	朝ご飯を食べたら		顔を洗いました。	
	朝ご飯を食べる	と	顔を洗いました。	

- Beispiele für Nomen:

> 旅行 の 前 に
> *ryokou no mae ni*   vor der Reise
> 昼ご飯 の 前 に
> *hirugohan no mae ni*   vor dem Mittagessen
> 授業 の 前 に
> *jugyou no mae ni*   vor dem Unterricht

> 清水さん は ドイツ へ 行く 前 ドイツ語 を 勉強 します。
> *shimizusan wa doitsu e iku mae doitsugo o benkyou shimasu.*
> Bevor Herr Shimizu nach Deutschland geht, lernt er Deutsch zu sprechen.

> 昼ご飯 の 前 に いつも 大きい ビール を 飲む。
> *hirugohan no mae ni itsumo ookii bi-ru o nomu.*
> Vor dem Mittagessen trinke ich immer ein großes Bier.

> 旅行 の 前 に 病気 に なりました。
> *ryokou no mae ni byouki ni narimashita.*
> Vor der Reise wurde ich krank.

> ドイツ で は ご飯 を 食べる 前 に 何 と 言う。
> *doitsu de wa gohan o taberu mae ni nan to iu.*
> Was sagt man in Deutschland, bevor man isst?

b) In den Fällen, in denen im Deutschen die Sätze mit „bis" gebildet werden, kann die Satzverbindung auch mit まで erreicht werden. Dies entspricht der Markierung eines zeitlichen Endpunktes mit まで, bei dem die Zeitangabe durch ein Verb ausgedrückt wird.

> 化学 を 知って います か。この 面白い 本 を 読む まで、ぜんぜん 知らなかった です よ。
> *kagaku o shitte imasu ka. kono omoshiroi hon o yomu made, zenzen shiranakatta desu yo.*
> Kennen sie Chemie? Bevor ich dieses interessante Buch darüber las, konnte ich es überhaupt nicht.

> 美紀さん が 行く まで ここ で お待ち 下さい。
> *mikisan ga iku made koko de omachi kudasai.*
> Bitte warten sie hier, bis Frau Miki kommt.

10. BILDUNG KOMPLEXER SÄTZE

10.3.2 Temporale Satzverbindung mit der Bedeutung „nachdem"

Zur Verbindung von zwei Sätzen, deren Inhalt zeitlich aufeinander folgt, wird analog 10.3.1 als erstes der Nebensatz formuliert. Er enthält die zeitlich zuerst ablaufende Handlung (im Beispiel: „Gesicht waschen") bzw. das zuerst stattfindende Ereignis. Das Verb des Nebensatzes steht entweder in der einfachen Vergangenheitsform 〜た und wird von 後で gefolgt, oder es steht in der *te*-Form und wird von から gefolgt.[7] Alternativ kann die zuerst ablaufende Handlung bzw. das zuerst stattfindende Ereignis durch ein Nomen ausgedrückt werden (zum Beispiel „nach dem Essen", „nach der Feier"). In diesem Fall steht の後で hinter dem Nomen. Nach dem Nebensatz folgt der Hauptsatz mit der zeitlich später stattfindenden Handlung (im Beispiel: „frühstücken"), dessen Prädikat Tempus, Verneinung und Höflichkeitsgrad bestimmt.

- Beispiele für Verben:

食べて 後 で…
tabeta ato de …   nachdem gegessen wurde …
飲んで から…
nonde kara …   nachdem getrunken wurde …

- Beispiele für Nomen:

旅行 の 後 で…
ryokou no ato de …   nach der Reise
ご飯 の 後 で…
gohan no ato de …   nach dem Essen

新聞 を 読んだ 後 で 会社 へ 行きます。
shinbun o yonda ato de kaisha e ikimasu. Oder:
新聞 を 読んで から 会社 へ 行きます。
shinbun o yonde kara kaisha e ikimasu.
Nachdem ich die Zeitung gelesen habe, gehe ich in die Firma.

昼ご飯 の 後 で いつも コーヒー を 飲む。
hirugohan no ato de itsumo ko-hi- o nomu.
Nach dem Essen trinke ich immer einen Kaffee.

食事 の 後 で 何 を する。
shokuji no ato de nani o suru.
Was machst du nach dem Essen?

---

[7] Zur Bildung der einfachen Vergangenheitsform ~*ta* vgl. 5.3.3. Zur Bildung und Anwendung der *te*-Form vgl. 7.1.

> 勉強 の 後 で お酒 を 飲みに 行きましょう。
> *benkyou no ato de osake o nomini ikimashou.*
> Lasst uns nach dem Lernen Sake trinken gehen.

Wird im Nebensatz nicht eine Handlung, sondern ein Zustand beschrieben, dann übersetzt man ins Deutsche besser mit „seit ..." bzw. „seitdem ...".

> ドイツ に 来て から ビール が 好き です。
> *doitsu ni kite kara bi-ru ga suki desu.*
> Seit ich in Deutschland bin, mag ich Bier.

> 彼女 が 学校 を 卒業 して から 何年 に なる の。
> *kanojo ga gakkou o sotsugyou shite kara nannen ni naru no.*
> Wie viele Jahre ist es her, seit sie die Schule abgeschlossen hat?

Formal ähnlich, aber eine andere Bedeutung hat die Formulierung 〜たから zum Ausdruck von Kausalität (vgl. 10.5.1).

> 仕事 を して から お酒 を 飲む。
> *shigoto o shite kara osake o nomu.*
> Nach der Arbeit trinke ich Sake.

> 仕事 を した から お酒 を 飲む。
> *shigoto o shita kara osake o nomu.*
> Weil ich arbeite, trinke ich Sake.

Statt Nomen + 後で kann die adnominale Anbindung an einen Nebensatz auch abstrakt mit その erfolgen.

> お酒 を 飲みます から その 後 で 家 に 帰りましょう。
> *osake o nomimasu kara sono ato de uchi ni kaerimashou.*
> Ich trinke Sake, danach lasst uns nach Hause gehen.

10.3.3 Die Gleichzeitigkeit zweier Ereignisse

Handlungen und Ereignisse, die durchgeführt werden oder Zustände, die eintreten, während andere Handlungen bereits ablaufen, sowie gleichzeitig ablaufende Handlungen bzw. gleichzeitig existierende Zustände können mit den Zeitnomen 時 *toki*, 間(に) *aida (ni)* und うち(に), der Endung 〜ながら sowie zwei speziellen Konditionalkonstruktionen beschrieben werden. Je nach Konstruktion kann mit „während", „als" oder dem deutschen Präsenspartizip übersetzt werden.

10. BILDUNG KOMPLEXER SÄTZE

a) **Gleichzeitigkeit mit 時 toki:** Sätze, die gleichzeitig ablaufende Handlungen oder gleichzeitig stattfindende Ereignisse beschreiben, können mit dem Hilfsnomen 時 *toki* verbunden werden. Die Konjunktion verbindet den zuerst genannten Nebensatz mit dem folgenden Hauptsatz. In allen Fällen übernimmt das Prädikat des Hauptsatzes Flektionsformen und Höflichkeitsgrad. Für den Nebensatz sind verbale, adjektivische und nominale Prädikate sowie Präsens und Präteritum möglich. Verben und Adjektive stehen dabei in entsprechenden einfachen Formen. Im Präsensfall kann mit „wenn" oder bei allgemeinen und oft wiederkehrenden Situationen auch mit „immer wenn" übersetzt werden. Steht das Prädikat vor 時 *toki* im Präteritum, wird mit „als" oder „während" übersetzt (vgl. auch 10.6.7). Das Prädikat des Nebensatzes kann, wie bei adnominalen Attributen üblich, die folgenden Formen haben:

[10.12] Anwendung von 時 toki

Prädikat	Präsens	Präteritum
verbal	〜う時	〜た時
verbaladjektivisch	〜い時	〜かった時
nominaladjektivisch	+な時	+だった時
nominal	+の時	

- Beispiele für Verben:

食べる 時	*taberu toki*	während ... isst
飲んだ 時	*nonda toki*	während ... trank
話す 時	*hanasu toki*	während ... spricht
話した 時	*hanashita toki*	während ... sprach

- Beispiele für Adjektive

大きい 時	*ookii toki*	während ... groß ist
高かった 時	*takakatta toki*	während ... teuer war
便利 な 時	*benri na toki*	während ... gemütlich ist
不便 だった 時	*fuben datta toki*	während ... ungemütlich war

- Beispiele für Nomen:

| 旅行 の 時 | *ryokou no toki* | während der Reise |
| 授業 の 時 | *jugyou no toki* | während des Unterrichts |

| 学生 の 時 | *gakusei no toki* | während ... Student ist |
| 先生 だった 時 | *sensei datta toki* | während ... Lehrer war |

Finden die zwei Handlungen bzw. Ereignisse, die miteinander verknüpft werden, in der Gegenwart oder der Zukunft statt, dann steht das Prädikat des Nebensatzes in der einfachen Präsensform und der Hauptsatz ebenfalls im Präsens. Werden im Nebensatz wiederholt durchgeführte Handlungen oder wiederholt auftretende Zustände beschrieben, dann kann das Hauptsatzprädikat auch im Präteritum stehen. Bei Ereignissen in der Vergangenheit stehen Neben- und Hauptsatz im Präteritum. Der Unterschied zwischen Typ 1 und 3 kann oft nur durch den Kontext erkannt werden. Man erhält somit die in [10.13] angegebenen Anwendungen für die Satzverknüpfung mit 時 *toki*. Im Fall nominaler Prädikate im Nebensatz (Nomen +の時) ist der Zeitaspekt nicht erkennbar.

[10.13] Zeiten bei der Satzverknüpfung mit 時 *toki*

Typ	Zeit im Nebensatz	Zeit im Hauptsatz	Übersetzung
1.) Handlungen in Gegenwart oder Zukunft	Präsens	Präsens	„wenn"
2.) Handlungen in der Vergangenheit	Präteritum	Präteritum	„als / während"
3.) wiederholte Handlungen oder Zustände in Gegenwart oder Zukunft	Präsens	Präsens	„immer wenn", „jedes Mal wenn"
4.) wiederholte Handlungen oder Zustände in der Vergangenheit	Präsens	Präteritum	

● Beispiele zu Typ 1:

> 日本 へ 行く 時 お鮨 を たくさん 食べましょう。
> *nihon e iku toki osushi o takusan tabemashou.*
> Wenn wir nach Japan gehen, dann lass uns viele Sushi essen.

> お金 が ある 時、払います。
> *okane ga aru toki, haraimasu.*
> Wenn ich Geld habe, bezahle ich.

10. BILDUNG KOMPLEXER SÄTZE

● Beispiele zu Typ 2:

> ドイツ に いた 時 ドイツ語 を 習いました。
> *doitsu ni ita toki doitsugo o naraimashita.*
> Während ich in Deutschland war, lernte ich Deutsch.

> まだ 子ども だった 時、父 が 死にました。
> *mada kodomo datta toki, chichi ga shinimashita.*
> Als ich noch ein Kind war, starb mein Vater.

● Beispiele zu Typ 3:

> 道 を 渉る 時、車 で 気 を 付けて 下さい。
> *michi o wataru toki, kuruma de ki o tsukete kudasai.*
> Immer wenn du die Straße überquerst, musst du auf die Autos aufpassen.

> 私 は 日本人 と 話す 時、日本語 で 話したい。
> *watashi wa nihonjin to hanasu toki, nihongo de hanashitai.*
> (Immer) Wenn ich mit Japanern spreche, möchte ich Japanisch reden.

● Beispiele zu Typ 4:

> 日本 へ 行く 時、お鮨 を たくさん 食べました。
> *nihon e iku toki, osushi o takusan tabemashita.*
> Jedes Mal, wenn ich nach Japan fuhr, habe ich viele Sushi gegessen.

> 英語 で 話す 時、人々 は 彼 を 笑った。
> *eigo de hanasu toki, hitobito wa kare o waratta.*
> Immer wenn er English sprach, lachten alle über ihn.

Wenn die Subjekte in Neben- und Hauptsatz identisch sind, wird das Subjekt mit は gekennzeichnet. Sind sie nicht identisch, wird das Subjekt im Nebensatz mit が gekennzeichnet.

● unterschiedliche Subjekte:

> 私 が 本 を 読んで いる 時、妹 は テレビ を 見ました。
> *watashi ga hon o yonde iru toki, imouto wa terebi o mimashita.*
> Während ich das Buch gelesen habe, hat meine jüngere Schwester ferngesehen.

- gleiches Subjekt:

  > 私 は 本 を 読む 時、テレビ を 見ません。
  > *watashi wa hon o yomu toki, terebi o mimasen.*
  > Wenn ich Bücher lese, schaue ich nicht fern.

b) **Gleichzeitigkeit mit 間 *aida*:** Bei Verwendung des Zeitnomens 間[8] kann der Zeitraum, in dem eine zweite Handlung abläuft, beschrieben werden durch die Angabe des Ausgangs- und Endpunktes (zum Beispiel „zwischen 1 und 2 Uhr"), die Benennung des Zeitraums (zum Beispiel „während der Konferenz") oder einen adnominalen Satz (zum Beispiel "während mein Kind schläft, ..."). Diesen Angaben wird 間 nachgestellt. Es kann nach Verben und Verbaladjektiven in der einfachen Form, Nomen (Anschluss mit の) und Nominaladjektiven (Anschluss mit な) stehen. Oft werden Sätze gebildet, in denen im Nebensatz die *te*-Form verwendet wird, so dass die Form ～ている間 resultiert. Es folgt der Hauptsatz, dessen Verb die notwendige Flektionsendung erhält. Da 間 ein Nomen ist, muss die Verbindung mit weiteren Nomen mit der Partikel の geschehen.

Ist das Subjekt in Neben- und Hauptsatz identisch, wird es mit は gekennzeichnet. Ist es nicht identisch, wird das Subjekt im Nebensatz mit が gekennzeichnet.

[10.14] Satztypen mit 間 *aida*

Nebensatzprädikat	Gebrauch	Beispiele	
Nomen	の間 *no aida*	一時と二時の間 *ichiji to niji no aida*	Zwischen 1 und 2 Uhr ...
		戦争の間 *sensou no aida*	Während des Krieges ...
Verb (einfache Form)	～う間 *~u aida*	散歩をする間 *sanpo o suru aida*	Während ich spazieren gehe ...
Verb (*te*-Form)	～ている間 *~te iru aida*	彼が寝ている間 *kare ga nete iru aida*	Während er schläft ...
Verbaladjektiv	～い間 *~i aida*	天気が悪い間 *tenki ga warui aida*	Während das Wetter schlecht ist ...
Nominaladjektiv	な間 *na aida*	子どもが静かな間 *kodomo ga shizuka na aida*	Während das Kind ruhig ist ...

---

[8] Zum nichtzeitlichen Gebrauch von 間 vgl. 2.2.3.

10. BILDUNG KOMPLEXER SÄTZE

食事 を する 間 テレビ を 見ません。
shokuji o suru aida terebi o mimasen.
Während ich esse, sehe ich nicht fern.

真理子さん は お父さん が いない 間 本 を 読む。
marikosan wa otousan ga inai aida hon o yomu.
Mariko liest Bücher, während ihr Mann nicht zuhause ist.

長い 間 母 に 電話 を して いません。
nagai aida haha ni denwa o shite imasen.
Ich habe meine Mutter lange Zeit nicht angerufen.

c) Die Gleichzeitigkeit mit 間に *aida ni*: Das Zeitnomen 間 erfordert zusätzlich die Partikel に, wenn die Dauer der Handlung im Hauptsatz nicht die Zeitspanne der Handlung, die im Nebensatz beschrieben wird, ausfüllt. Somit kann auch bewusst eine Bedeutungsabwandlung erzielt werden von „während" zu „während ... noch ..." bzw. „solange ... noch ...".

Dies bedeutet, dass sich bei der Formulierung mit 間 die Zeitspannen der zwei Handlungen bzw. Ereignisse in Haupt- und Nebensatz entsprechen (sie passieren in derselben Zeitspanne). Dagegen liegt mit 間に der Zeitraum der Handlung bzw. des Ereignisses im Hauptsatz innerhalb der Zeitspanne, die durch den Nebensatz beschrieben wird.

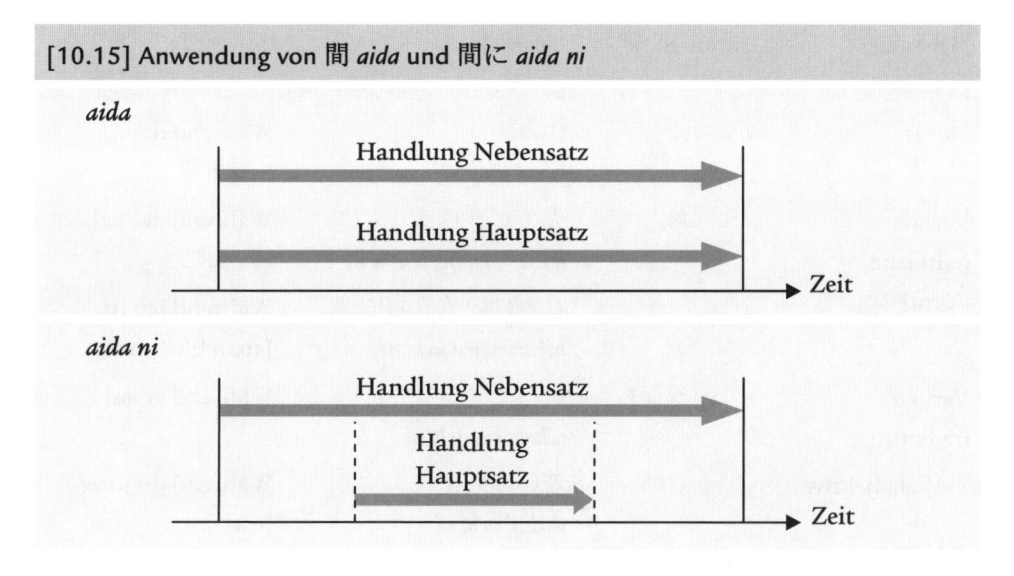

[10.15] Anwendung von 間 *aida* und 間に *aida ni*

aida

Handlung Nebensatz
Handlung Hauptsatz
→ Zeit

aida ni

Handlung Nebensatz
Handlung Hauptsatz
→ Zeit

子ども が 寝て いる 間、手紙 を 書きました。
kodomo ga nete iru aida, tegami o kakimashita.
Während das Kind schlief, schrieb ich einen Brief. (Der Zeitraum, in dem das Kind schläft und der, in dem ich einen Brief schreibe, sind identisch.)
子ども が 寝て いる 間 に、手紙 を 書きました。
kodoma ga nete iru aida ni, tegami o kakimashita.
Solange das Kind noch schlief, schrieb ich einen Brief. (Der Zeitraum, in dem das Kind schläft, ist länger als der, in dem ich einen Brief schreibe. Ich beginne also mit dem Schreiben, als das Kind schon schläft und höre damit auf, als es noch schläft.)

d) **Gleichzeitigkeit mit うちに**: Das Zeitnomen うち wird ähnlich wie 間 verwendet, allerdings immer in Kombination mit der Partikel に. Das Prädikat vor うちに steht immer im Präsens, unabhängig von der Zeitform des Hauptsatzes. Im Gegensatz zu 間 kann der Zeitraum vor うちに nicht mit allen Substantiven ausgedrückt werden. Im Fall von Substantiven, die ein Ereignis beschreiben (wie zum Beispiel 会議 *kaigi* „Konferenz"), muss mit 間 formuliert werden, zum Beispiel 会議の間 *kaigi no aida* („Während der Konferenz"). Dagegen sind Substantive wie 一晩うちに *hitoban uchi ni* („über Nacht") oder 一瞬うちに *isshun uchi ni* („innerhalb eines Augenblicks") möglich.

[10.16] Satztypen mit うちに

Nebensatzprädikat	Gebrauch	Beispiele	
Nomen	のうちに	休みのうちに *yasumi no uchi ni*	Während der Ferien ...
Verben (einfache Form)	～ううちに	先生が食べるうちに *sensei ga taberu uchi ni*	Während der Lehrer isst/aß ...
		日本にいるうちに *nihon ni iru uchi ni*	Während ich in Japan bin/war ...
Verben (*te*-Form)	～ているうちに	食べているうちに *tabete iru uchi ni*	Während er isst ...
Verbaladjektive	～いうちに	若いうちに *wakai uchi ni*	Während du jung bist ...
Nominaladjektive	なうちに	部屋は静かなうちに *heya wa shizuka na uchi ni*	Während das Zimmer ruhig ist/war ...

話せる うち に 雨 が 降り始めました。
hanaseru uchi ni ame ga furihajimemashita.
Während wir sprachen, begann es zu regnen.

魚 は 暖かい うち に 食べて 下さい。
sakana wa atatakai uchi ni tabete kudasai.
Iss es bitte, solange es warm ist.

e) **Gleichzeitigkeit mit ~[i]ながら**: Die Verb- und Adjektivendung ～ながら drückt die Gleichzeitigkeit zweier Handlungen oder Zustände aus. Sie wird an das Prädikat des zuerst formulierten Nebensatzes angeschlossen.

Der Nebensatz beschreibt die Handlung („Sekundärhandlung"), die passiert, bzw. den Zustand, der eintritt, während eine andere Handlung (die im Hauptsatz formulierte „Rahmenhandlung") im Gange ist oder ein anderer Zustand beschrieben wird. Beispielsweise muss der Satz „Lass uns ein Bier trinken, während wir reden" übersetzt werden mit ビールを飲みながら話しましょう *bi-ru o nominagara hanashimashou*. Rahmenhandlung ist „das Reden" und Sekundärhandlung ist „das Bier trinken" (Falsch wäre „*hanashinagara bi-ru o nomimashou*").

Die Anwendung ist auf Sätze beschränkt, in denen sich die beschriebenen Handlungen auf dasselbe Subjekt beziehen. Sind die Subjekte in Neben- und Hauptsatz unterschiedlich (zum Beispiel in dem Satz „Während ich schlief, kochte sie"), dann muss eine andere Konstruktion benutzt werden.

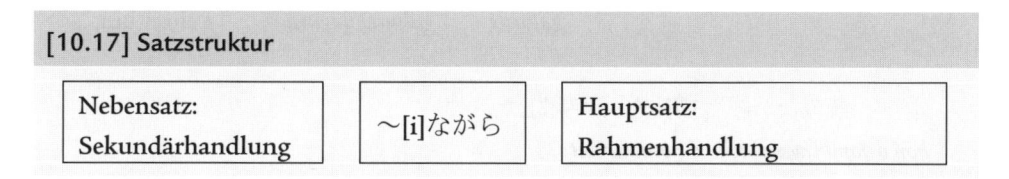

[10.17] Satzstruktur

Nebensatz: Sekundärhandlung	～[i]ながら	Hauptsatz: Rahmenhandlung

Die Endung ～ながら wird bei Verben an die i-Basis, d. h. analog der höflichen *masu*-Form angeschlossen. Bei Verbaladjektiven wird die Endung an die einfache Präsensform angehängt, d. h. dem VA-Stamm folgt ～いながら. Nach Nominaladjektiven und Nomen folgt ながら ohne weitere Zusätze. ながら kann nicht flektiert werden. Der Ausdruck von Zeit, Verneinung und Höflichkeit wird im Prädikat des Hauptsatzes gebildet.

[10.18] Anwendung der Verbendung 〜ながら

Worttyp	Anschluss	Beispiele		
vokalische Verben		食べる *tabe.ru*	→ 食べながら *tabe.nagara*	Während ich esse …
konsonantische Verben	〜[i]ながら	書く *ka.ku*	→ 書きながら *ka.ki.nagara*	Während ich schreibe …
		飲む *no.mu*	→ 飲みながら *no.mi.nagara*	Während ich trinke …
unregelmäßige Verben		する *suru*	→ しながら *shinagara*	Während ich tue …
		来る *kuru*	→ 来ながら *kinagara*	Während ich komme …
Verbaladjektive	〜いながら	高い *taka.i*	→ 高いながら *taka.inagara*	Während … teuer ist, …
		大きい *ooki.i*	→ 大きいながら *ooki.inagara*	Während … groß ist, …
Nominaladjektive und Nomen	+ながら	静か *shizuka*	→ 静かながら *shizuka nagara*	Während … ruhig ist, …
		学生 *gakusei*	→ 学生ながら *gakusei nagara*	Während ich Lehrer bin, …

> 本 を 読みながら お茶 を 飲みました。
> *hon o yominagara ocha o nomimashita.*
> Während ich ein Buch las, trank ich (zwischendurch) Tee.
> お茶 を 飲みながら 本 を 読みました。
> *ocha o nominagara hon o yomimashita.*
> Während ich Tee trank, las ich (zwischendurch) ein Buch.
>
> 歩きながら 本 を 読む の は 危ない。
> *arukinagara hon o yomu no wa abunai.*
> Während des Gehens ist es gefährlich, ein Buch zu lesen.

10.3.4 Temporalsätze mit Konditionalformen

Die Konditionalform 〜たら und die Partikel と als Konditionalmarkierung dienen zur Formulierung von Bedingungssätzen, falls das Prädikat des Hauptsatzes im Präsens

10. BILDUNG KOMPLEXER SÄTZE

steht (vgl. 10.6.5 und 10.6.6). Wird das Hauptsatzprädikat im Präteritum formuliert, so entsteht ein Temporalsatz, in dem im Nebensatz ein Zeitpunkt in der Vergangenheit angegeben wird, zu dem die im Hauptsatz beschriebene Handlung begann bzw. der im Hauptsatz beschriebene Zustand eintrat. Es wird somit mit „als" übersetzt. Der Zeitpunkt im Nebensatz kann mit verbalem Prädikat, d. h. mit Handlungen (zum Beispiel „Als ich das Buch las …") oder mit adjektivischen und nominalen Prädikaten, d.h. mit Zuständen (zum Beispiel „Als ich noch Student war …") beschrieben werden.

[10.19] Satztypen mit Konditionalformen

Nebensatz-prädikat	Gebrauch der Partikel と	Gebrauch der Endung 〜たら	Hauptsatzprädikat
Verben	〜うと	〜たら	
	〜ないと		
Verbal-adjektive	〜いと	〜かったら	Präteritum
	〜くないと		
N und NA	+だと	+だったら	
	+ではないと		

家 に 帰ったら、すぐ 昼ご飯 を 食べました。
uchi ni kaettara, sugu hirugohan o tabemashita. Oder:
家 に 帰る と、すぐ 昼ご飯 を 食べました。
uchi ni kaeru to, sugu hirugohan o tabemashita.
Als ich nach Hause zurückkehrte, aß ich sofort zu Mittag.

先週 病気 だったら 何 も 食べられなかった。
senshuu byouki dattara nani mo taberarenakatta. Oder:
先週 病気 だ と 何 も 食べられなかった。
senshuu byouki da to nani mo taberarenakatta.
Als ich letzte Woche krank war, konnte ich nichts essen.

Die Anwendung der Konditionalform mit とき zur Bildung von Temporalsätzen ist unter 10.3.3 beschrieben.

Im Fall der Konditionalendung 〜ば (vgl. 10.6.1) werden auch im Präteritum Bedingungssätze formuliert. Ein Temporalsatz kann nur dann mit 〜ば gebildet werden, wenn es sich um eine Gewohnheit oder ein sich wiederholendes Ereignis handelt. Oft wirkt die Übersetzung mit „als" allerdings auch sprachlich ungeschickt. Bei singulären hypothetischen Handlungen in der Vergangenheit muss als Bedingungssatz übersetzt werden.

[10.20] Übersetzung von Konditionalsätzen mit ～ば

	Temporalsatz	Bedingungssatz
Anwendung	Gewohnheiten oder sich wiederholende Ereignisse in der Vergangenheit.	singuläre hypothetische Handlungen in der Vergangenheit.
Beispiele	雪が降ればよく熱いお風呂に入りました。 *yuki ga fureba yoku atsui ofuro ni hairimashita.* Immer wenn es schneite, nahm ich ein heißes Bad.	もっと安ければ買いました。 *motto yasukereba kaimashita.* Wenn es billiger gewesen wäre, hätte ich es gekauft.

10.4 Attributsätze

10.4.1 Attributsätze mit adnominalen Verben und adnominaler Kopula

a) Adnominale Attributsätze mit verbalem Prädikat dienen zur näheren Beschreibung von Substantiven. Der Satzbaustein 昨日買った本 *kinou katta hon* besteht aus dem adnominalen Verb 買った *katta*, welches eine Information zum Nomen 本 *hon* liefert. Ins Deutsche kann dieser Satzbaustein auf zwei Arten übersetzt werden: mit einer adnominalen Bestimmung „das gestern gekaufte Buch" oder als Relativsatz[9] „das Buch, das ich gestern gekauft habe". Die adnominalen Sätze werden direkt vor das Substantiv positioniert. Die Verben müssen in einer einfachen Form stehen. Analog können einfache Kopulaformen, zum Beispiel である, だった und ではない das Attribut bilden.

Beispielsweise kann das Substantiv 女 *onna* in den in [10.21] angegebenen BeispielBausteinen mit den Attributsätzen 京都に行く *kyouto ni iku* (Beispiele mit verbalem Attributsatzprädikat) bzw. お父さんが医者である *otousan ga isha de aru* (Beispiele mit Kopula im Attributsatzprädikat) mit den möglichen einfachen Formen modifiziert werden.

---

[9] Im Japanischen gibt es keine Relativpronomen und eine dem Deutschen entsprechende Relativsatzkonstruktion. Adnominale Attributsätze kommen ihnen inhaltlich am nächsten.

10. BILDUNG KOMPLEXER SÄTZE

[10.21] Beispiele für Attributsatzprädikate

Prädikat Attributsatz	Form	Beispiele
Attribute mit Verben		
einfaches Präsens	～う+Nomen	京都に行く女 *kyouto ni iku onna* eine Frau, die nach Kyoto geht
einfache Verneinung	～ない+Nomen	京都に行かない女 *kyouto ni ikanai onna* eine Frau, die nicht nach Kyoto geht
einfache Vergangenheit	～た+Nomen	京都に行った女 *kyouto ni itta onna* eine Frau, die nach Kyoto ging
einfach verneinte Vergangenheit	～なかった+Nomen	京都に行かなかった女 *kyouto ni ikanakatta onna* eine Frau, die nicht nach Kyoto ging
te-Form +いる	～ている+Nomen	京都に行っている女 *kyouto ni itte iru onna* eine Frau, die in Kyoto ist
Attribute mit der Kopula		
einfaches Präsens	である+Nomen	お父さんが医者である女 *otousan ga isha de aru onna* eine Frau, deren Vater Arzt ist
einfache Verneinung	ではない+Nomen	お父さんが医者ではない女 *otousan ga isha dewa nai onna* eine Frau, deren Vater kein Arzt ist
einfache Vergangenheit	だった+Nomen	お父さんが医者だった女 *otousan ga isha datta onna* eine Frau, deren Vater Arzt war
verneinte Vergangenheit	ではなかった+Nomen	お父さんが医者ではなかった女 *otousan ga isha dewa nakatta onna* eine Frau, deren Vater kein Arzt war

● Beispiele für Satzbausteine aus Nomen mit Attributsätzen:

> 働く 人
> *hataraku hito* ein arbeitender Mensch
>
> 日本語 が 出来る ドイツ人
> *nihongo ga dekiru doitsujin* der Deutsche, der Japanisch kann
>
> ドイツ に ある レストラン
> *doitsu ni aru resutoran* ein Restaurant in Deutschland

Das auf diese Weise näher bestimmte Nomen wird mit den üblichen Kasuspartikeln markiert und, wie gewohnt, als Satzbaustein in Sätzen eingesetzt.

> zu bestimmendes Nomen: 人 *hito*
> bestimmendes Attribut: 来年日本に行く *rainen nihon ni iku*
> komplette Beispielsätze:
> ● Verwendung des näher bestimmten Nomens als Subjekt:
> 来年 日本 に 行く 人 が 日本語 を 習います。
> *rainen nihon ni iku hito ga nihongo o naraimasu.*
> Der Mensch, der nächstes Jahr nach Japan geht, lernt Japanisch.
> ● Verwendung des näher bestimmten Nomens als Handlungspartner:
> 来年 日本 に 行く 人 と 話しました。
> *rainen nihon ni iku hito to hanashimashita.*
> Ich habe mit dem Menschen, der nächstes Jahr nach Japan geht, gesprochen.
>
> ● Verwendung des näher bestimmten Nomens als Satzthema:
> 去年 読んだ 本 は 面白かった。
> *kyonen yonda hon wa omoshirokatta.*
> Das Buch, das ich letztes Jahr gelesen habe, war interessant.
>
> ● Verwendung des näher bestimmten Nomens Handlungsort:
> 喫茶店 も 駅 も ある 町 で 治夫さん と 会う。
> *kissaten mo eki mo aru machi de haruosan to au.*
> Ich werde Haruo in einer Stadt treffen, in der es sowohl ein Café wie auch einen Bahnhof gibt.

b) Ist im adnominalen Attributsatz ein Substantiv vorhanden, das im entsprechenden isoliert stehenden Satz ein Subjekt wäre, dann wird dieses mit の oder が markiert – und nie mit は! の und が sind dabei bedeutungsgleich.

10. BILDUNG KOMPLEXER SÄTZE

> 日本人 の 友達 が （oder: の）使った 料理 も 食べた こと が あります か。
> *nihonjin no tomodachi ga* (oder: *no*) *tsukatta ryouri mo tabeta koto ga arimasu ka.*
> Hast du schon einmal das Essen, das mein japanischer Freund gemacht hat, gegessen?

> 化学 の 先生 の 書く 本 は 面白い です か。
> *kagaku no sensei no kaku hon wa omoshiroi desu ka.*
> Ist das Buch, das der Chemielehrer schreibt, interessant?
> Zu bestimmendes Nomen: 本 *hon*
> Bestimmender Satz: 化学の先生の書く… *kagaku no sensei no kaku …*
> Bestimmender Satz isoliert: 化学の先生は… *kagaku no sensei wa …*

> あの 髭 の （oder: が）長くて 黒い 方 は どなた でしょうか。
> *ano hige no* (oder: *ga*) *nagakute kuroi kata wa donata deshou ka.*oder:
> Wer ist jener Mensch mit dem langen dunklen Bart?

Das Satzthema kann also nie Teil des Attributsatzes sein, sondern das Attribut dient immer zur Ergänzung eines Satzelementes des Hauptsatzes. Somit ist im folgenden Beispiel klar, dass 花子さん *hanakosan wa* zum Hauptsatz gehört und dessen Thema sowie Subjekt bildet. Der Hauptsatz lautet somit: 花子さんは本を読んでいます *hanakosan wa hon o yonde imasu*.

> 花子さん は 昨日 買った 本 を 読んで います。
> *hanakosan wa kinou katta hon o yonde imasu.*
> Hanako liest gerade das Buch, das sie gestern kaufte.
> Oder: Hanako liest gerade das Buch, das ich gestern kaufte. Oder: Hanako liest gerade das Buch, das wir gestern kauften (oder ähnliche Übersetzungen).

Das Subjekt des Attributsatzes bleibt unerwähnt und muss aus dem Kontext geschlossen werden. Soll es angegeben werden, wird es mit が markiert, und der Satz könnte wie folgt lauten:

> 花子さん は 谷垣さん が 昨日 買った 本 を 読んで います。
> *hanakosan wa tanigakisan ga kinou katta hon o yonde imasu.*
> Hanako liest gerade das Buch, das Frau Tanigaki gestern kaufte.

Befindet sich nur ein mit が markiertes Subjekt im Satz, kann sich dieses sowohl auf den Attributsatz, wie auch auf den gesamten Satz, d. h. als Subjekt auf die Handlungen von Attribut- und Hauptsatz, beziehen. Die folgenden zwei Übersetzungen sind möglich:

花子さん が 昨日 買った　　　本 を 読んで います。
hanakosan ga kinou katta　　*hon o yonde imasu.*

　　　　　Attribut　　　　　　　　　　Hauptsatz

Er liest gerade das Buch, das Hanako gestern kaufte.
Oder: Ich lese gerade das Buch, das Hanako gestern kaufte.
Oder: Wir lesen gerade das Buch, das Hanako gestern kaufte.
(Oder ähnliche Übersetzung)

花子さん が,　　昨日 買った　　本 を 読んで います。
hanakosan ga,　*kinou katta*　*hon o yonde imasu.*

　　　　　　　　　　Attribut

Hanako liest gerade das Buch, das sie gestern kaufte.

Zur Verdeutlichung kann im zweiten Fall in der Schriftsprache ein Komma und in der gesprochenen Sprache eine Sprechpause eingefügt werden.

c) Auch die *te*-Form von Verben kann in Verbindung mit dem Verb いる zur Bestimmung von Nomen verwendet werden.

働く 人
hataraku hito ein arbeitender Mensch
働いて いる 人
→ *hataraite iru hito* ein gerade arbeitender Mensch
In beiden Sätzen wird das Nomen 人 *hito* durch einen adnominalen Satz näher bestimmt und das direkt vor dem Nomen stehende Verb hat einfache Formen (hier: ～う).

曇って いる 日
kumotte iru hi　　　　　　　　　　ein bewölkter Tag
太って いる 男
futotte iru otoko　　　　　　　　　ein dicker Mann
遊んで いない 子ども
asonde inai kodomo　　　　　　　Kinder, die nicht spielen

d) Attributsätze dieser Art werden in einigen festen Konstruktionen eingesetzt. Oft angewendet wird beispielsweise と言う *to iu* vor Nomen zur Namensgebung (zum Beispiel

10. BILDUNG KOMPLEXER SÄTZE

„... der so heißt", vgl. 10.7.3) und zum Beispiel in den Formulierungen と言う意味 *to iu imi* („... diese Bedeutung ...") oder と言う風 *to iu fuu* („... in dieser Weise ..."; vgl. auch 10.7.4).

> 山田さん と 言う 人
> *yamadasan to iu hito* ein Mensch, der Yamada heißt

> 美保さん が 結婚 した と 言う 知らせ を 聞いた。
> *mihosan ga kekkon shita to iu shirase o kiita.*
> Ich habe die Nachricht gehört, dass Miho geheiratet hat.

> それ は どう 言う 意味 です か。きれい です と 言う 意味 は 分かりません。
> *sore wa dou iu imi desu ka. kirei desu to iu imi wa wakarimasen.*
> Was bedeutet das? Ich kenne die Bedeutung von dem, was man „hübsch" nennt, nicht.

Mit と言う kann auch das Verständnis von Eigennamen erhöht werden, indem Namen mit einem auf と言う endenden Attribut ergänzt werden.

> ドイツ と スペイン の 間 に フランス が あります。
> *doitsu to supein no aida ni furansu ga arimasu.*
> →ドイツ と スペイン の 間 に フランス と 言う 国 が あります。
> *doitsu to supein no aida ni furansu to iu kuni ga arimasu.*
> Zwischen Deutschland und Spanien liegt ein Land namens Frankreich.

> ベルリン と 言う 都市 は ドイツ の 首都 です。
> *berurin to iu toshi wa doitsu no shuto desu.*
> Die Stadt Berlin ist Deutschlands Hauptstadt.

e) Da alle einfachen Verbformen attributiv vor Nomen verwendet werden können, sind auch einfache affirmative und verneinte Präsens- und Präteritumsformen, die durch andere Verbendungen ausgedrückt werden, möglich, wie beispielsweise Passiv-, Kausativ-, Potential- und Wunschformen.

● Beispiele für Passivform:

> 宮本さん が 解雇 される 理由 は ありません。
> *miyamotosan ga kaiko sareru riyuu wa arimasen.*
> Es gibt keinen Grund, warum Herr Miyamoto entlassen werden sollte.

彼女 が 任命 される 見込み は ある の。
kanojo ga ninmei sareru mikomi wa aru no.
Gibt es Hoffnung, dass sie ausgewählt wird?

- Beispiele für Potentialform:

イタリア語 を 話せる 人 を 知って いますか。
itariago o hanaseru hito o shitte imasu ka.
Kennst du jemanden, der Italienisch sprechen kann?

彼 は よく ピアノ を 引けない 女の人 と 結婚 して いる。
kare wa yoku piano o hikenai onnanohito to kekkon shite iru.
Er ist mit einer Frau verheiratet, die nicht gut Klavier spielen kann.

- Beispiele für Kausativform:

彼 は 日本語 で 話し を 通じさせる 事 が 出来ました。
kare wa nihongo de hanashi o tsuujisaseru koto ga dekimashita.
Er konnte sich auf Japanisch verständlich machen.

貴美子さん は 他人 を 楽しくさせる 才能 を 持って いる と 思います。
kimikosan wa tanin o tanoshikusaseru sainou o motte iru to omoimasu.
Ich denke, dass Kimiko ein Talent hat, andere Leute glücklich zu machen.

- Beispiel für Wunschform:

京都 に 行きたい もの です。
kyouto ni ikitai mono desu.
Ich möchte nach Kyoto gehen.

10.4.2 Mehrere und verschachtelte Attributsätze

Vor Nomen sind mehrere adnominale Bestimmungen möglich. Sie können sich entweder alle inhaltlich auf das zu bestimmende Nomen des Hauptsatzes (Fall 1 in [10.22]), oder auf ein Nomen, das sich bereits in einem Attributsatz befindet (Fall 2), beziehen. Im Fall 2 kommt es zu einer Verschachtelung, in der innerhalb einer adnominalen Bestimmung eine weitere adnominale Bestimmung auftritt.

10. BILDUNG KOMPLEXER SÄTZE

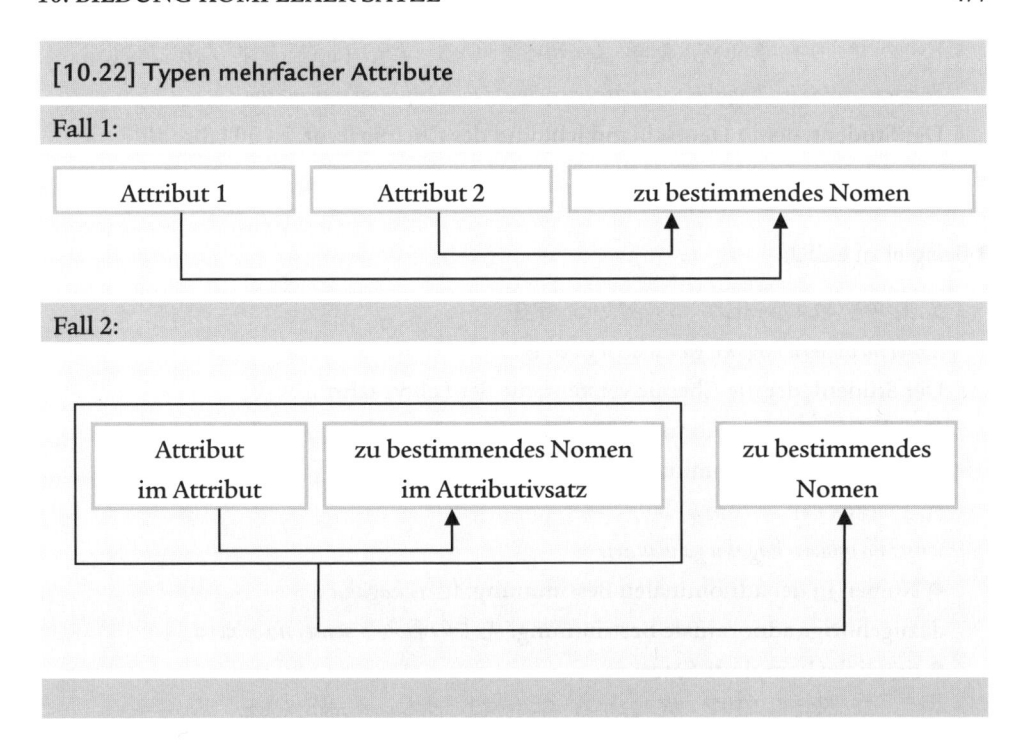

[10.22] Typen mehrfacher Attribute

Fall 1:

| Attribut 1 | Attribut 2 | zu bestimmendes Nomen |

Fall 2:

| Attribut im Attribut | zu bestimmendes Nomen im Attributivsatz | zu bestimmendes Nomen |

● Beispiel zu Fall 1:

ドイツ に 住んで いる 化学 を 習って いる 学生…

doitsu ni sunde iru kagaku o naratte iru gakusei ...

Der Student, der in Deutschland lebt und der Chemie lernt ...

● zu bestimmendes Nomen: 学生 *gakusei*

● adnominale Bestimmungen:

1. ドイツに住んでいる *doitsu ni sunde iru*;
2. 化学を習っている *kagaku o naratte iru*

● entsprechende Formulierungen mit nur einer adnominalen Bestimmung:

ドイツに住む学生 *doitsu ni sumu gakusei*

der Student, der in Deutschland lebt

化学を習う学生 *kagaku o narau gakusei*

der Student, der Chemie lernt

● mögliche komplette Sätze:

ドイツ に 住んで いる 化学 を 習って いる 学生 は だれ です か。

doitsu ni sunde iru kagaku o naratte iru gakusei wa dare desu ka.

Wer ist der Student, der in Deutschland lebt und der Chemie lernt?

ドイツ に 住んで いる 化学 を 習って いる 学生 は 三十才 なりました。
doitsu ni sunde iru kagaku o naratte iru gakusei wa sanjuusai narimashita.
Der Student, der in Deutschland lebt und der Chemie lernt, ist 30 Jahre alt geworden.

- Beispiel zu Fall 2:

先生 の 教える 化学 が 分かる 学生 …
sensei no oshieru kagaku ga wakaru gakusei …
Der Student, der die Chemie versteht, die der Lehrer lehrt …
- zu bestimmendes Nomen: 学生 *gakusei*
- dazugehörige adnominale Bestimmung:
先生の教える化学が分かる
sensei no oshieru kagaku ga wakaru
- Nomen <u>in</u> der adnominalen Bestimmung: 化学 *kagaku*
dazugehörige adnominale Bestimmung: 先生の教える *sensei no oshieru*
- mögliche komplette Sätze:
先生 の 教える 化学 が 分かる 学生 は 日本 へ 帰りたい。
sensei no oshieru kagaku ga wakaru gakusei wa nihon e kaeritai.
Der Student, der die Chemie versteht, die der Lehrer lehrt, möchte nach Japan zurückkehren.
先生 の 教える 化学 が 分かる 学生 は どこ に 住んで います か。
sensei no oshieru kagaku ga wakaru gakusei wa doko ni sunde imasu ka.
Wo wohnt der Student, der die Chemie versteht, die der Lehrer lehrt?

10.4.3 Attributsätze mit adnominalen Verbal- und Nominaladjektiven sowie mit Nomen + Kopula

a) Neben Verben können auch Verbal- und Nominaladjektive verwendet werden, um adnominale Sätze zur näheren Bestimmung eines Nomens zu bilden. Dazu wird dem zu modifizierenden Nomen ein Term der Form „Nomen が Verbaladjektiv" bzw. „Nomen が Nominaladjektiv な" vorangestellt. が kann in Attributsätzen durch の ersetzt werden, ggf. werden auch andere Partikel verwendet.

[10.23] Satzstrukturen

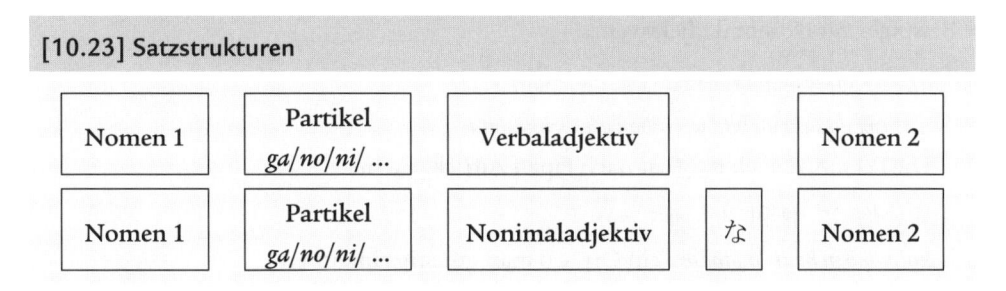

Nomen 1	Partikel *ga/no/ni/...*	Verbaladjektiv		Nomen 2
Nomen 1	Partikel *ga/no/ni/...*	Nonimaladjektiv	な	Nomen 2

Im Gegensatz zum normalen adnominalen Gebrauch von Adjektiven, bei dem das Verbaladjektiv direkt und das Nominaladjektiv mit な oder einer passenden Form der Kopula vor einem Nomen verwendet wird,[10] bezieht sich bei Attributsätzen mit Adjektiven das Adjektiv inhaltlich nicht auf das ihm nachgestellte Nomen, sondern auf das Nomen im Attributivsatz „Nomen が Adjektiv". Im folgenden Beispiel ist der Attributsatz 目が弱い *me ga yowai*. Seine entsprechende Form mit dem Adjektiv im adnominalen Gebrauch wäre 弱い目 *yowai me*. Das Adjektiv 弱い *yowai* bezieht sich also auf 目 *me*. Der Attributsatz 目が弱い *me ga yowai* bezieht sich auf das durch ihn näher bestimmte Nomen 子ども *kodomo*. Falsch wäre die Verbindung von Adjektiv und 子ども *kodomo* als „schwaches Kind". Analog bezieht sich im Beispiel mit dem Nominaladjektiv きれい das Adjektiv auf 顔 *kao*.

> 目 が 弱い 子ども
> *me ga yowai kodomo* ein Kind mit schwachen Augen

> 顔 が きれい な 女
> *kao ga kirei na onna*
> **oder:** 顔 の きれい な 女
> *kao no kirei na onna* eine Frau mit schönem Gesicht

● Beispiele mit Verbaladjektiven:

> 花 が 長い 動物
> *hana ga nagai doubutsu* ein Tier mit einer langen Nase

> 美保さん は 冬 が 長い 北海道 に 住んで います。
> *mihosan wa fuyu ga nagai hokkaidou ni sunde imasu.*
> Miho wohnt in Hokkaidou, wo der Winter lang ist. (der Satz 美保さんは北海道に住んでいます。 *mihosan wa hokkaidou ni sunde imasu* „Miho wohnt in Hokkaidou" wird ergänzt durch 長い冬 *nagai fuyu* „langer Winter")

---

[10] Adnominaler Gebrauch der Adjektive: vgl. 6.2.2.

● Beispiele mit Nominaladjektiven:

> 私 の 好き な 人 は 日本 へ 帰りました。
> *watashi no suki na hito wa nihon e kaerimashita.*
> Die Person, die ich mag, ist nach Japan zurückgekehrt.

> 買い物 に 便利 な 所
> *kaimono ni benri na tokoro* ein Ort, wo man günstig einkaufen kann (das Nomen 所 *tokoro* „Ort" wird näher bestimmt durch 便利な買い物 *benri na kaimono* „günstiger Einkauf")

b) Wie bei Adjektiven üblich, werden im Attributsatz Präteritum und Verneinung durch entsprechende Endungen der Verbaladjektive bzw. durch passende Formen der Kopula ausgedrückt.

> 本 が 高くない 本屋 を 知って います か。
> *hon ga takakunai honya o shitte imasu ka.*　　　　　　　　　(VA, verneint)
> Kennst du einen Buchladen mit nicht-teuren Büchern?

> 部屋 が とても 静か だった 家 を 覚えて います か。
> *heya ga totemo shizuka datta ie o oboete imasu ka.*　　　　　(NA, Präteritum)
> Erinnern sie sich an das Haus, in dem die Zimmer sehr ruhig waren?

c) Auch Sätze mit nominalen Prädikaten und der Kopula können auf diese Weise adnominal zur näheren Bestimmung von Nomen verwendet werden. Wie bei Nominaladjektiven drückt die Kopula die nötigen Endungen für Präteritum und Verneinung aus.

> Präsens: 教師である友達 ⋯ *kyoushi de aru tomodachi* ...
> Der Freund, der Lehrer ist, ...

> Präteritum: 教師だった友達 ⋯ *kyoushi datta tomodachi* ...
> Der Freund, der Lehrer war, ...

> Verneinung: 教師でない友達 ⋯ *kyoushi de nai tomodachi*..
> Der Freund, der kein Lehrer ist ...

> verneintes Präteritum: 教師でなかった友達 ⋯ *kyoushi de nakatta tomodachi* ... Der Freund, der kein Lehrer war, ...

> 最近 本屋さん で あった 手塚さん は 教師 に なりました。
> *saikin honyasan de atta tazukasan wa kyoushi ni narimashita.*
> Herr Tazuka, der früher Buchhändler war, ist Lehrer geworden.

10.5 Grund und Folge und Zweck einer Handlung

Im Folgenden werden die Konstruktionen beschrieben, mit denen es möglich ist, Sätze in einen Kausalzusammenhang zu bringen, wie beispielsweise „die Sonne scheint" (Grund) mit „ich gehe spazieren" (Folge) zu „Weil die Sonne scheint, gehe ich spazieren". Inhaltlich eng verwandt ist die Beschreibung des Zwecks einer Handlung, zum Beispiel: „Ich lese, um die Prüfung zu bestehen".

[10.24] Satzstrukturen zur Formulierung von Kausalität

Grund	から	Folge
Grund	ので	Folge
Grund	～て	Folge
Grund	ばかりに	Folge
Grund	ばけに	Folge
Grund.	それで	Folge
Grund.	だから/ですから	Folge
Zweck	に	Folgehandlung
Zweck	ために	Folgehandlung
Zweck	のに	Folgehandlung

10.5.1 Kausalität mit から und ので

a) Stehen Grund und Folge in komplexen Sätzen, dann werden die zwei Sätze am besten mit から oder ので verknüpft.[11] Im ersten Teilsatz wird der Grund formuliert. An dessen Prädikat werden から oder ので angehängt, zum Beispiel:

[10.25] Beispiele für die Formulierung von Gründen

mit ので	mit から	
日曜日なので…	日曜日だだから…	weil Sonntag ist …
nichiyoubi na node …	nichiyoubi da kara …	
行くので…	行くから…	weil (er) geht …
iku node …	iku kara …	

---

[11] Ursprünglich war ので die *te*-Form von のです.

[10.25] Beispiele für die Formulierung von Gründen (Fortsetzung)

mit ので	mit から	
行ったので … *itta node …*	行ったから … *itta kara …*	weil (er) ging …
高いので … *takai node …*	高いから … *takai kara …*	weil (es) teuer ist …
便利なので … *benri na node …*	便利だから … *benri da kara …*	weil (es) praktisch ist

Vor から können die einfache Form und die höfliche *desu/masu*-Form stehen. Dies bedeutet, dass für die einfache Form nach Verbaladjektiven die Kopula zwischen Adjektiv und から entfällt.

Die Kopula だ wird vor ので durch die Form な ersetzt. ので ist formeller und wird als höflicher empfunden. Die Präteritumformen sind ～たので bei Verben, ～かったので bei Verbaladjektiven und だったので bei Nomen und Nominaladjektiven.

Nach から bzw. ので folgt der Satzteil, in dem die Folge beschrieben wird. Handelt es sich im zweiten Teilsatz um einen Vorschlag (～ましょう), eine Bitte (～てください), eine Anweisung (～なさい) oder eine Einladung, wird meistens から, und selten ので verwendet. Im Fall von から kann dies mit einer subjektiven, individuellen Begründung („weil nach meiner Meinung") bzw. einem Grund, der als Vermutung formuliert ist („weil ich vermute, dass …") erklärt werden. Dagegen liegt bei ので eine objektive und natürliche Begründung, die allgemein bekannt ist, vor („weil jeder weiß, dass …").[12]

[10.26] Beispiele zur Bildung

Worttyp	Beispiel	
Verb	食べる から *taberu kara*	weil (er) isst …
Verb, Präteritum	飲んだ ので *nonda node*	weil (er) trank …
VA, Präteritum	長かった ので *nagakatta node*	weil es groß war …
VA, Präteritum, verneint	大きくなかった から *ookikunakatta kara*	weil es nicht groß war …

---

[12] H. Arnold-Kanamori, München 1993, S. 58f.

10. BILDUNG KOMPLEXER SÄTZE

[10.26] Beispiele zur Bildung (Fortsetzung)

Worttyp	Beispiel	
Nomen	先生 だ から *seinsei da kara*	weil (er) Lehrer ist ...
NA, Präteritum	便利 だった ので *benri datta node*	weil es bequem war ...

ここ は 静か な ので、よく 勉強 出来ます。
koko wa shizuka na node, yoku benkyou dekimasu. Oder:
ここ は 静か だ から、よく 勉強 出来ます。
koko wa shizuka da kara, yoku benkyou dekimasu.
Da es hier ruhig ist, kann ich gut studieren.
Interpretation des Satzes mit ので: Wie jeder sieht, kann ich deswegen hier gut studieren, weil es ruhig ist.
Interpretation des Satzes mit から: Ich vermute, dass ich deswegen hier so gut studieren kann, weil es so ruhig ist.

日本 へ 行く ので、日本語 を 習って います。
nihon e iku node, nihongo o naratte imasu.
Ich lerne gerade Japanisch, weil ich nach Japan gehen werde.

もう 遅い から 寝なさい。
mou osoi kara nenasai.
Da es schon spät ist, gehe schlafen!

会議 が あった ので、帰り が 遅く なりました。
kaigi ga atta node, kaeri ga osoku narimashita.
Da eine Sitzung stattfand, bin ich spät nach Hause gekommen.

美味しい から たくさん 食べました。
oishii kara takusan tabemashita.
Ich aß viel, weil es schmackhaft war.

b) Die Begründung kann auch ohne Folgesatz stehen, wenn nach einem Grund gefragt wird. Meist steht jedoch stellvertretend für den Folgesatz die Kopula だ oder です.

どうして 窓 を 開けました か。暑い から。
doushite mado o akemashita ka. atsui kara.
Warum hast du das Fenster aufgemacht? Weil es heiß ist.

> どうして 買いません か。高い から です。
> *doushite kaimasen ka. takai kara desu.*
> Warum kaufst du es nicht? Weil es teuer ist.

c) In der Umgangssprache wird から gelegentlich auch zur Satzverbindung verwendet, wenn der erste Satz keinen Grund enthält, sondern einen Anlass für das Folgende beinhaltet. Statt der Verwendung von „weil" oder „da" bieten sich dann oft andere Übersetzungen an.

> 先生 が ドイツ語 で 話す から 日本語 に 訳 して 下さい。
> *sensei ga doitsugo de hanasu kara nihongo ni yaku shite kudasai.*
> Der Lehrer spricht Deutsch und du übersetzt es bitte ins Japanische.
> Oder: Weil der Lehrer Deutsch spricht, übersetze es bitte ins Japanische.

> 私 が 料理 を する から 飲み物 を 買って 下さいません か。
> *watashi ga ryouri o suru kara nomimono o katte kudasaimasen ka.*
> Ich koche, könntest du bitte inzwischen Getränke kaufen?

d) Mit から können auch Sätze temporal (in der Bedeutung „nachdem") verknüpft werden (vgl. 10.3.2). Zur Verwendung in der indirekten Rede vgl. 10.7.1.

10.5.2 Kausalität mit der *te*-Form

Neben einigen anderen Funktionen (vgl. 7.2) kann die *te*-Form auch Kausalzusammenhänge ausdrücken. Im Allgemeinen werden mit ihr aufeinanderfolgende Handlungen („und") formuliert. Der Kontext entscheidet, welche Intention des Sprechers vorliegt und welche Übersetzung am sinnvollsten ist.

Zunächst wird der Nebensatz formuliert, der den Grund beinhaltet. Sein Prädikat steht in der *te*-Form. Verbales, adjektivisches und nominales Prädikat sind möglich, im Fall von Nominaladjektiven und Nomen wird also eine passende Form der Kopula verwendet. Nach der *te*-Form folgt der die Folge beschreibende Hauptsatz. Sein Prädikat bestimmt Tempus, Verneinung und Höflichkeit.

> 病気 で 学校 を 休みました。
> *byouki de gakkou o yasumimashita.*
> Weil ich krank war, bin ich nicht zur Schule gegangen.
> (nominaladjektivisches Prädikat im ersten Satzteil)

10. BILDUNG KOMPLEXER SÄTZE

あの 車 は 高くて、買いません でした。
ano kuruma wa takakute, kaimasen deshita.
Weil das Auto so teuer war, kaufte ich es nicht.
(verbaladjektivisches Prädikat im ersten Satzteil)

ここ は とても 不便 で あまり 人気 が ありません。
koko wa totemo fuben de amari ninki ga arimasen.
Hier ist es sehr ungemütlich, deswegen ist dieser Platz nicht so populär.

あなた の お陰 で 試験 を 合格 しました。
anata no okage de shiken o goukaku shimashita.
Dank deiner Bemühungen habe ich die Prüfung bestanden.

10.5.3 Kausalität mit ばかり, ばけに, それで und だから

a) Kausalität kann auch mit den Partikelkombinationen ばかり bzw. ばけに ausgedrückt werden. Diese können nach nominalen Ausdrücken (zum Beispiel 天気ばかりに *tenki bakari ni* „wegen des Wetters ...") oder ganzen Sätzen (zum Beispiel この本は高いばかりに *kono hon wa takai bakari ni* „Weil dieses Buch teuer ist ...") stehen. Im Fall ganzer Sätze sind alle Endungen und alle Prädikatstypen (verbal, adjektivisch und nominal) möglich. Nach ばかりに bzw. ばけに folgt der Satz, der inhaltlich die Folge beinhaltet. Die beiden Grund und Folge beinhaltenden Satzteile können einen Satz bilden oder alternativ isoliert stehen und selbstständige Sätze bilden.

あなた が 大声 で 話した ばかり に 子供 が 泣いて いる。
anata ga ookoe de hanashita bakari ni kodomo ga naite iru.
Weil du mit lauter Stimme gesprochen hast (Grund), weint das Kind jetzt (Folge).

試験 の 前 ばけ に 風邪 を 引かない よう に 気 を 付けて 下さい。
shiken no mae bake ni kaze o hikanai you ni ki o tsukete kudasai.
Wegen der bevorstehenden Prüfung (Grund) passe bitte auf, dass du keine Erkältung bekommst (Folge).

b) Die Kausalität wird oft mit それで oder だから/ですから beschrieben, wenn die zwei Sätze, die Grund bzw. Folge enthaltenen, relativ lang sind. Aber auch bei kurzen Sätzen ist diese Bildungsform möglich. Beide Sätze bleiben selbstständig und sind durch einen Punkt getrennt. Der zweite Satz, der die Folge beinhaltet, wird mit それで bzw. だから/ですから begonnen. それで kann nicht bei einer Bitte oder einem Vorschlag verwendet werden.

菅野さん は 日曜日 風邪 を 引きました。それで 月曜日 学校 を 休みました。
suganosan wa nichiyoubi kaze o hikimashita. sorede getsuyoubi gakkou o yasumimashita.
Frau Sugano bekam am Sonntag eine Erkältung. Deswegen kam sie am Montag nicht in die Schule.

今日 は 試験 で とても 忙しい ん です。だから その 話 は 後 に して 下さい。
kyou wa shiken de totemo isogashii n desu. dakara sono hanashi wa ato ni shite kudasai.
Heute bin ich wegen einer Prüfung sehr in Eile. Legen sie daher das Gespräch auf später. (Bitte → kein それで möglich.)

彼 は もう 三週間 お箸 で 食べて います。です から 中国 へ 行って も 困りません。
kare wa mou sanshuukan ohashi de tabete imasu. desu kara chuugoku e itte mo komarimasen.
Er isst schon drei Wochen mit Stäbchen. Deshalb wird er keine Schwierigkeiten haben, selbst wenn er nach China geht.

10.5.4 Die Frage nach dem Grund und deren Antwort

Bei der Frage nach einem Grund wird eines der Fragewörter 何で *nande*, なぜ oder どうして („warum") benutzt. Es steht oft am Beginn des Satzes oder nach dem Satzthema. Am Ende des Satzes steht je nach Höflichkeitsgrad und Geschlecht des Sprechers eine der Fragepartikel か, の, だい oder かい, in einfachen Sätzen kann die Fragepartikel auch entfallen und die Frage ist nur am Fragepronomen und der zum Satzende hin ansteigenden Stimme erkennbar. In Fragesätzen wird oft eine Konstruktion gewählt, in der das verbale oder verbaladjektivische Prädikat mit の nominalisiert wird.[13] Es folgt eine Form der Kopula und der Fragepartikel. Alternativ wird んです als die verkürzte Form von のです benutzt. Fragesätze sind ausführlich in 8.2 beschrieben.

Antworten können mit den oben beschrieben Konstruktionen formuliert werden. Oft steht からです am Ende eines Antwortsatzes.

どうして 昨日 パーティー に 来ません でした か。
doushite kinou pa-ti- ni kimasen deshita ka.
Warum sind sie gestern nicht zur Party gekommen?

---

[13] Nominalisierung: vgl. 2.3.

10. BILDUNG KOMPLEXER SÄTZE

> 何で もう 帰る ん です か。子ども が 家 で 待って いる から です。
> *nande mou kaeru n desu ka. kodomo ga uchi de matte iru kara desu.*
> Warum kehrst du schon zurück? Weil die Kinder zu Hause warten.

> 日本 の 車 は なぜ 安い ん です か。それに は いろいろ な 理由 が あります。
> *nihon no kuruma wa naze yasui n desu ka. soreni wa iroiro na riyuu ga arimasu.*
> Warum sind japanische Wagen billig? Da gibt es verschiedene Gründe.

Oft wird in Antwortsätzen das nicht wiederholt, was in einer Frage bereits gesagt wurde und den Gesprächspartnern somit bereits bekannt ist. Antwortsätze sind daher im Allgemeinen kurz und enthalten neben dem Prädikat nur das gefragte Objekt.

> どうして この シャツ を 買いません でした か。
> *doushite kono shatsu o kaimasen deshita ka.*
> 高い から です。*takai kara desu.*
> Oder: 高い から 買いません でした。*takai kara kaimasen deshita.*
> (Statt ausführlich: 高いからこのシャツを買いませんでした。
> *takai kara kono shatsu o kaimasen deshita.*)
> Warum hast du dieses Hemd nicht gekauft? Weil es teuer war.

10.5.5 Zweck einer Handlung mit に, ために und のに

a) Der Zweck einer Handlung („um zu") wird mit に formuliert. Als Endung kann に an Verben angeschlossen werden, und als Partikel folgt に nach Nomen. Dabei kann zusätzlich das Hilfsnomen ため zwischen Verb und に bzw. zwischen Nomen und に eingeschoben werden. In beiden Fällen wird zunächst der Zweck der Handlung formuliert. Nach に bzw. ために steht die Folgehandlung (vgl. [10.24]).

[10.27] Beispiele für die Reihenfolge der Satzbausteine

Zweck ...	... Handlung	
食べに *tabeni*	行きます。 *ikimasu.*	Ich gehe, um zu essen.
車を買いに *kuruma o kaini*	店を入りました。 *mise o hairimashita.*	Ich bin in das Geschäft gegangen, um ein Auto zu kaufen.
妹のために *imouto no tame ni*	これを買って行こう。 *kore o katte ikou.*	Lasst uns das für die Schwester kaufen.

[10.28] Bildungsmöglichkeiten

Verbstamm〜に	
Nomen + に	
Verb〜うために	+ Verb der Bewegung
Nomen + のために	

b) Bildung der Form mit に: Im Fall von Verben wird die Endung 〜に an die i-Basis analog der höflichen *masu*-Form angeschlossen. Alternativ kann に auch einem Nomen folgen. In beiden Fällen folgt der Satzteil, in die Folgehandlung mit einem Verb der Bewegung beschrieben wird, zum Beispiel den Verben 行く *iku*, 来る *kuru*, 帰る *kaeru*, 出る *deru* („verlassen") oder 入る *hairu* („eintreten"). Die nötigen Flektionsendungen werden von dem Verb der Bewegung getragen. Sollen andere Verben folgen (d. h. solche, die keine Bewegungsverben sind), muss ために eingesetzt werden (vgl. unten).

[10.29] Beispiele für den Anschluss von に

nach: Wortart im ersten Teilsatz	Form	Beispiele	
Verben	〜[i]に	vokalische Verben	見に *mini* um zu sehen
		konsonantische Verben	泳ぎに *oyogini* um zu schwimmen 帰りに *kaerini* um zurück zu kehren
unregelmäßige Verben		する	しに
		来る *kuru*	来に *kini*
Nomen	+ に	勉強に *benkyou ni* wegen des Studiums/um zu studieren	

コーヒー を 飲みに 行きます。
ko-hi- o nomini ikimasu.
Ich gehe Kaffee trinken.

遊びに 来て 下さい。
asobini kite kudasai.
Bitte komme mich besuchen.

10. BILDUNG KOMPLEXER SÄTZE

家 で 電話 に 帰らなければ ならない。
uchi de denwa ni kaeranakereba naranai.
Ich muss nach Hause zurückkehren, um zu telefonieren.

島崎さん は 新しくて 大きい な 建物 を 見に 東京 に 行きました。
shimasakisan wa atarashikute ookii na tatemono o mini toukyou ni ikimashita.
Herr Shimasaki ist nach Tokyo gefahren, um das neue große Gebäude zu sehen.

c) Bildung der Form mit ために[14]: Aufgrund des nominalen Charakters kann der Ausdruck nach den einfachen Präsens- und Präteritumformen von Verben und Verbaladjektiven, nach Nominaladjektiven, nach Nomen sowie nach den Demonstrativpronomen この und その stehen. Im Gegensatz zur Formulierung nur mit に können bei Verwendung von ために alle Verben folgen. Formal sind auch alle einfachen verneinten Formen möglich, doch für Nominaladjektive und Nomen werden sie praktisch nicht angewendet.

[10.30] Beispiele für den Anschluss von ために *tame ni*

	Präsens	Präteritum
nach Verben	～うために	～たために
	～ないために	～なかったために
nach VA	～いために	～かったために
	～くないために	～くなかったために
nach NA	+なために	+だったために
nach Nomen	+のために	+だったために
nach Demonstrativpronomen	このために	
	そのために	

● Beispiele nach Verben:

飲むために
nomu tame ni   ... um zu trinken ...
飲まないために
nomanai tame ni   ... um nicht zu trinken ...
飲んだために
nonda tame ni   ... um getrunken zu haben ...

---

[14] 為 *tame* ist ein Hilfsnomen mit der Bedeutung „Zweck, Grund".

飲まなかったために
nomanakatta tame ni   ... um nicht getrunken zu haben ...

● Beispiele nach Verbaladjektiven:

高いために
takai tame ni   ... um hoch zu sein ...
高くないために
takakunai tame ni   ... um nicht hoch zu sein ...
高かったために
takakatta tame ni   ... um hoch gewesen zu sein ...
高くなかったために
takakunakatta tame ni   ... um nicht hoch gewesen zu sein ...

● Beispiele nach Nominaladjektiven:

便利なために
benri na tame ni   ... um praktisch zu sein ...
便利だったために
benri datta tame ni   ... um praktisch gewesen zu sein ...

● Beispiele nach Nomen:

先生のために   ... um Lehrer zu sein ...
sensei no tame ni   (oder: für Lehrer ...)
先生だったために
sensei datta tame ni   ... um Lehrer gewesen zu sein ...

車 を 買う ため に お金 を 貯める。
kuruma o kau tame ni okane o tameru.   (nach Verb)
Ich spare Geld, um ein Auto zu kaufen.

熱い ため に 涼しい 飲み物 を 飲んでいます。
atsui tame ni suzushii nomimono o nonde imasu.   (nach VA)
Weil es heiß ist, trinke ich kalte Getränke.

旅行 の ため に ドイツ語 を 勉強 しました。
ryokou no tame ni doitsugo o benkyou shimashita.
Sie lernte für ihre Reise Deutsch.   (nach Nomen)

10. BILDUNG KOMPLEXER SÄTZE 491

> 私 は あなた の ため に 何 でも します よ。
> *watashi wa anata no tame ni nani demo shimasu yo.*
> Ich tue alles für dich. (nach Nomen)

d) Steht に direkt nach nominalen Ausdrücken, d. h. nach Nomen oder nach nominalisierten verbalen Ausdrücken, dann sind in Kombination mit dem Verbaladjektiv いい Sätze wie „... ist gut um zu ..." oder in Kombination mit dem Nominaladjektiv 便利 *benri* „... ist bequem/praktisch um zu ..." formulierbar. Analog werden andere Adjektive verwendet.

> この 部屋 は 本 を 読む の に いい です。
> *kono heya wa hon o yomu no ni ii desu.*
> Dieses Zimmer ist gut, um Bücher zu lesen.

> その 薬 は 頭痛 に いい です。
> *sono kusuri wa zutsuu ni ii desu.*
> Dieses Medikament ist gut für Kopfschmerzen.

e) Kombination der Zeiten: In den Nebensätzen vor und nach ために sind Präsens und Präteritum möglich. Die Kombination von Präteritum vor ために mit Präsens im Hauptsatz ist nicht sinnvoll. Man erhält folgende Kombinationsmöglichkeiten:

[10.31] Mögliche Zeiten in Sätzen mit ために *tame ni*

Zeit im Satzteil vor *tame ni*	Zeit im Satzteil nach *tame ni*	Beispiel
Präsens	Präsens	日本語 を 勉強 する 為 に 日本 へ 行きます。 *nihongo o benkyou suru tame ni nihon e ikimasu.* Ich fahre nach Japan, um dort Japanisch zu lernen.
Präsens	Präteritum	日本語 を 勉強 する 為 に 日本 へ 行きました。 *nihongo o benkyou suru tame ni nihon e ikimashita.* Ich fuhr nach Japan, um Japanisch zu lernen.

[10.31] Mögliche Zeiten in Sätzen mit ために *tame ni* (Fortsetzung)		
Zeit im Satzteil vor *tame ni*	Zeit im Satzteil nach *tame ni*	Beispiel
Präteritum	Präsens	(nicht sinnvoll)
Präteritum	Präteritum	日本語を勉強した為に日本へ行きました。 *nihongo o benkyou shita tame ni nihon e ikimashita.* Ich fuhr nach Japan, um dort Japanisch zu lernen. (Beide Handlungen sind abgeschlossen, zum Beispiel ist der Sprecher wieder nach Deutschland zurückgekehrt.)

f) Alternativ zu に kann der Zweck einer Handlung auch mit のに beschrieben werden, allerdings ist die Anwendung limitierter und seltener. のに kann nur nach den einfachen Präsensformen von Verben stehen, zum Beispiel:

飲むのに	*nomu noni*	um zu trinken
見るのに	*miru noni*	um zu sehen
行くのに	*iku noni*	um zu gehen

Im Vergleich zur Formulierung mit に drückt のに einen stärkeren Zusammenhang zwischen Zweck und Folgehandlung aus.

その場所は泳ぐのに便利ですか。
sono basho wa oyogu noni benri desu ka.
Ist jener Platz angenehm zum Schwimmen?

この本を書くのに二年間掛かりました。
kono hon o kaku noni ninenkan kakarimashita.
Es hat zwei Jahre gebraucht, dieses Buch zu schreiben.

ここから大学へ行くのに何時間ぐらい掛かるの。
koko kara daigaku e iku noni nanjikan gurai kakaru no.
Wie lange dauert es von hier zur Uni?

睡眠は生きるのに必要です。
suimin wa ikiru noni hitsuyou desu.
Um zu leben, ist es notwendig, zu schlafen.

10. BILDUNG KOMPLEXER SÄTZE

10.6 Konditional (条件法 *joukenhou*) und Konjunktiv (仮定法 *kateihou*)

Konjunktiv (Möglichkeitsform, 仮定法 *kateihou*)[15] und Konditional (Bedingungsform, 条件法 *joukenhou*) stellen Möglichkeiten des Sprechers dar, die Satzaussage zu relativieren und eine subjektive Stellungnahme auszudrücken. Im Deutschen werden, wie im Japanischen auch, mit diesen Formen Bedingungssätze („wenn") und temporale Satzverbindungen mit der Bedeutung „als" ausgedrückt.

[10.32] Struktur von Konditionalsätzen

Nebensatz	Satzverbindung durch Partikel oder spezielle Verbendungen	Hauptsatz
enthält die Bedingung („wenn")	〜ば なら 〜たら と は とき	enthält die Folge („dann")

10.6.1 Bildung des Konditionals mit der Endung 〜ば

a) Eine der Konditionalformen von Verben und Verbaladjektiven wird mit der Endung 〜ば gebildet:

[10.33] Bildung des Konditionals mit 〜ば

Wortart		Endungen affirmativ	Endung verneint
konsonantische Verben		〜[e]ば	〜[a]なければ
vokalische Verben		〜れば	〜なければ
unregelmäßige Verben:	来る *kuru*	来れば *kureba*	来なければ *konakereba*
	する	すれば	しなければ
Verbaladjektive		ければ	くなければ
Nominaladjektive und Nomen		+ ならば + であれば	+ でなければ

---

[15] Der Konjunktiv wird gelegentlich auch mit 接続法 *setsuzokuhou* bezeichnet. Dieser Begriff sollte aber vornehmlich für „Konjunktionen" verwendet werden.

b) Im Fall der Verben wird die Endung 〜ば an die e-Basis angeschlossen. Bei konsonantischen Verben wird, wie in 5.1.3 beschrieben, als Flektionserweiterung eine Silbe der e-Stufe zwischen Verbstamm und Endung eingeschoben. Im Fall vokalischer Verben wird als Flektionserweiterung die Silbe 〜れ〜 zwischen Verbstamm und Endung eingefügt, so dass insgesamt 〜れば an den Verbstamm angeschlossen wird.

● Beispiele für vokalische Verben:

| 食べる *tabe.ru* | → 食べれば *tabe.re.ba* |
| 寝る *ne.ru* | → 寝れば *ne.re.ba* |

● Beispiele für konsonantische Verben:

飲む *no.mu*	→ 飲めば *no.me.ba*
話す *hana.su*	→ 話せば *hana.se.ba*
待つ *ma.tsu*	→ 待てば *ma.te.ba*
泳ぐ *oyo.gu*	→ 泳げば *oyo.ge.ba*
売る *u.ru*	→ 売れば *u.re.ba*
買う *ka.u*	→ 買えば *ka.e.ba*
築く *kizu.ku*	→ 築けば *kizu.ke.ba*
死ぬ *shi.nu*	→ 死ねば *shi.ne.ba*

c) Bei Verbaladjektiven wird die Endung 〜い durch 〜ければ ersetzt. Ähnlich werden die Konditionalformen der Wunschform (〜たい) und der einfachen Verneinung (〜ない) gebildet. Ersatz des finalen 〜い durch 〜ければ ergibt 〜たければ und 〜なければ. Die Konditionalform der einfachen Verneinung wird zum Beispiel zum Ausdruck von Zwängen verwendet (vgl. 9.3.1). Auch von anderen abgeleiteten Verbformen kann das Konditional auf diese Weise gebildet werden, beispielsweise von der Potentialform: 〜られる → 〜られれば.

● Beispiele für Verbaladjektive:

大きい *ooki.i*	→ 大きければ *ooki.kereba*
高い *taka.i*	→ 高ければ *taka.kereba*
大きくない *ooki.kuna.i*	→ 大きくなければ *ooki.kuna.kereba*
高くない *taka.kuna.i*	→ 高くなければ *taka.kuna.kereba*

● Beispiele für einfache Verneinung und Wunschform:

| 飲まない *no.ma.na.i* | → 飲まなければ *no.ma.na.kereba* |
| 食べない *tabe.na.i* | → 食べなければ *tabe.na.kereba* |

10. BILDUNG KOMPLEXER SÄTZE

しない *shi.na.i*	→ しなければ *shi.na.kereba*
食べたい *tabe.ta.i*	→ 食べたければ *tabe.ta.kereba*
食べられる *taberareru*	→ 食べられれば *taberarereba*

d) Im Fall nominaler Prädikate mit Nominaladjektiven bzw. Nomen muss eine der Konditionalformen der Kopula[16] verwendet werden: なら bzw. ならば oder die Konditionalform von である → であれば. Die Verneinung wird, wie oben für verneinte Verben beschrieben, mit der Konditionalform der verneinten Kopula gebildet: でなければ oder じゃなければ.

● Beispiele für Nominaladjektive:

便利 *benri*	→ 便利ならば *benri naraba*
静か *shizuka*	→ 静かであれば *shizuka de areba*
不便 *fuben*	→ 不便でなければ *fuben de nakereba*

● Beispiele für Nomen:

学生 *gakusei*	→ 学生であれば *gakusei de areba*
日本人 *nihonjin*	→ 日本人じゃなければ *nihonjin ja nakereba*

明日 雨 ならば 行きません。
ashita ame naraba ikimasen.
Ich gehe nicht, wenn es morgen regnet.

私 は 鳥 で あれば よい の に なあ。
watashi wa tori de areba yoi no ni naa.
Ich wünschte, ich wäre ein Vogel.

化学 で なければ 成功 出来ない。
kagaku de nakereba seikou dekinai.
Ohne Chemie können wir nicht erfolgreich sein.

お急ぎ で なければ、もう 少し いて 下さい。
oisogi de nakereba, mou sukoshi ite kudasai.
Wenn du nicht in Eile bist, bleibe bitte noch etwas.

---

[16] Die eigentliche Konditionalform der Kopula ist ならば. Eine vereinfachte Form davon ist なら mit der Funktion einer Konjunktion.

e) Einige mit der Endung ～ば gebildete Konditionalformen haben sich zu festen, eigenständigen Wörtern entwickelt und können im Lexikon nachgeschlagen werden. Mann kann sie als Adverbien benutzen, zum Beispiel:

例えば	tatoeba	zum Beispiel (wörtlich: „wenn man vergleicht"; von 例える tatoeru)
出来れば	dekireba	möglichst (wörtlich: „wenn es möglich ist"; von 出来る dekiru)
思えば	omoeba	„wenn man es sich gut überlegt" (wörtlich: „wenn man überlegt; von 思う omou)

10.6.2 Anwendung der Konditionalform ～ば

Zur Bildung von Konditionalsätzen wird ein Nebensatz, der die Bedingung ausdrückt („wenn") einem Hauptsatz, der inhaltlich die Folge beinhaltet („dann") vorangestellt. Die Endung ～ば wird an das Prädikat des Nebensatzes angeschlossen. Das Prädikat des Hauptsatzes bestimmt Verneinung und Höflichkeit. Ist der Hauptsatz im Präsens formuliert, dann kann der Satz reale oder hypothetische Bedeutung haben, zum Beispiel:

> お金 を 持てば、日本 へ 行きます。
> *okane o moteba, nihon e ikimasu.*
> Wenn ich Geld habe, fahre ich nach Japan.
> Oder: Wenn ich Geld hätte, würde ich nach Japan fahren.

Ist der Satz im Präteritum formuliert, dann hat er hypothetischen Charakter, wie beispielsweise

> お金 を 持てば、日本 へ 行きました。
> *okane o moteba, nihon e ikimashita.*
> Wenn ich Geld gehabt hätte, wäre ich nach Japan gefahren.

Die exakte Bedeutung hängt jedoch stark vom Kontext und der Verwendung von speziellen Endungen, die zum Beispiel Vermutung oder Unsicherheit ausdrücken, ab. Im Gegensatz zum Konditional mit と können auch Bitte, Befehl und Vorschlag im Hauptsatz formuliert werden.

> この 薬 を 飲めば よく なる。
> *kono kusuri o nomeba yoku naru.* (Verb)
> Wenn du diese Medizin nimmst, wird es dir besser gehen.
> Oder: Wenn du diese Medizin nähmest, würde es dir besser gehen.

10. BILDUNG KOMPLEXER SÄTZE

車 は 速ければ 買います。
kuruma wa hayakereba kaimasu. (VA)
Wenn das Auto schnell ist, kaufe ich es.
Oder: Wenn das Auto schnell wäre, würde ich es kaufen.

東京 から 京都 まで 新幹線 で 行けば 三時間 で 行く こと が 出来ます。
toukyou kara kyouto made shinkansen de ikeba sanjikan de iku koto ga dekimasu. (Verb)
Sie können von Tokyo nach Kyoto in drei Stunden fahren, wenn sie den Shinkansen benutzen.

そう すれば いい でしょう。
sou sureba ii deshou.
So wird es gut sein. (Wörtlich: Wenn es so ist, dann ist es wohl gut.)

● Beispiele für hypothetische Sätze in der Vergangenheit:

去年 お金 を あえば、 日本 へ 行きました。
kyonen okane o aeba, nihon e ikimashita.
Wenn ich letztes Jahr Geld gehabt hätte, wäre ich nach Japan gegangen.

野村さん は お酒 を 飲まなければ、 自分 車 で 来られました。
nomurasan wa osake o nomanakereba, jibun kuruma de koraremashita.
Wenn Herr Nomura keinen Sake getrunken hätte, hätte er selbst mit dem Auto nach Hause fahren können.

もっと 速ければ、 バス で 行きました。
motto hayakereba, basu de ikimashita.
Wenn es schneller gewesen wäre, wäre ich mit dem Bus gefahren.

Im Gegensatz zu anderen Bildungsvarianten des Konjunktivs wird ～ば besonders bei oft wiederholbaren Handlungen und Vorgängen und bei allgemeingültigen Zuständen angewendet, also bei objektiven Sachverhalten. Drückt der Hauptsatz die Meinung oder eine Vermutung des Sprechers aus, dann wird oft eine andere Bildung bevorzugt.

大学 に 行けば たくさん 習います。
daigaku ni ikeba takusan naraimasu.
Wenn man in die Uni geht, lernt man viel.
(allgemeine Aussage, die jeden betrifft)

> 大学 に 行く と たくさん 習います。
> *daigaku ni iku to takusan naraimasu.*
> Wenn du in die Uni gehst, lernst du viel.
> (an den Gesprächspartner gerichtet)

10.6.3 Spezielle Formulierungen mit der Konditionalform 〜ば

Mithilfe der Konditionalendung 〜ば können die folgenden Formulierungen ausgedrückt werden:

[10.34] Formulierungen mit der Konditionalform 〜ば

Verb〜ば いい	„Ich wünsche, dass …"; „Ich hoffe, dass …"
Verb〜ば よかった	„Ich wünschte, jemand hätte …"
Verb〜ば + Verb〜う ほど	„je … desto …"
も Verb〜ば も	„sowohl als auch" bzw. „weder noch"

a) Folgt auf die Konditionalform eines Verbs eine Präsensform des Adjektivs いい, so können damit Hoffnungen und Wünsche der Form „ich hoffe, dass …" oder „es wäre schön, wenn …" ausgedrückt werden. Wörtlich bedeutet es „Wenn … , dann ist es gut". Hoffnung und Wunsch können sich auf alle grammatischen Personen beziehen.

> 秋子ちゃん は パーティー に 来れば いい よ。
> *akikochan wa pa-ti- ni kureba ii yo.*
> Ich hoffe, dass Akiko zu meiner Party kommt.

> 来年 から 日本語 が 上手 に なれば いい です。
> *rainen kara nihongo ga jouzu ni nareba ii desu.*
> Ich wünsche mir, bis nächstes Jahr Japanisch gut zu können.

> 日曜日 京都 へ 行きます から、天気 が よければ いい の です が。
> *nichiyoubi kyouto e ikimasu kara, tenki ga yokereba ii no desu ga.*
> Da wir am Sonntag nach Kyoto fahren, hoffen wir, dass das Wetter gut wird.

b) Mit der Kombination der einfachen Vergangenheitsform des Verbaladjektivs よい → よかった mit der Konditionalform 〜ば eines Verbs kann „Ich wünschte, jemand hätte …" ausgedrückt werden. Wörtlich übersetzt bedeutet sie „Wenn ich … getan hätte, wäre es gut". Wird kein Subjekt explizit erwähnt, ist die erste Person gemeint: „Ich wünschte, ich hätte …". Die Kombination ist nur bei Verben, nicht aber bei Adjektiven sinnvoll.

10. BILDUNG KOMPLEXER SÄTZE

● Beispiele zur Bildung:

食べればよかった	*tabereba yokatta*	ich wünschte, ich hätte gegessen
来ればよかった	*kureba yokatta*	ich wünschte, ich wäre gekommen
すればよかった	*sureba yokatta*	ich wünschte, ich hätte getan

母 に 聞けば よかった。
haha ni kikeba yokatta.
Ich wünschte, ich hätte meine Mutter gefragt.

恵美子さん は もっと ドイツ語 を 勉強 すれば よかった。
emikosan wa motto doitsugo o benkyou sureba yokatta.
Emiko wünschte sich, mehr Deutsch gelernt zu haben.

福岡 へ 行けば よかった です。
fukuoka e ikeba yokatta desu.
Ich wünschte, ich wäre nach Fukuoka gefahren.

c) Zum Ausdruck zweier sich parallel entwickelnder Sachverhalte wird nach der Endung 〜ば das davor stehende Verb oder Adjektiv in der einfachen Form wiederholt und von ほど gefolgt. Es wird damit ausgedrückt, dass eine Steigerung des Ausmaßes des Vorgangs oder des Umfangs einer Handlung, die im Hauptsatz beschrieben wird, sich parallel auf eine Tätigkeit im Nebensatz auswirkt. Übersetzt werden kann diese Konstruktion bei Verben mit „je ... , desto/umso ...", zum Beispiel „Je mehr ich trinke, umso schlechter fahre ich Auto." Bei Adjektiven wird mit „je/umso mehr, desto ..." übersetzt, zum Beispiel „Je schneller das Auto ist, desto teurer ist es auch".

● Beispiele zur Bildung:

働けば 働く ほど	je mehr man arbeitet, desto ...
hatarakeba hataraku hodo	
食べれば 食べる ほど	je mehr man isst, desto ...
tabereba taberu hodo	
長ければ 長い ほど	je länger, desto ...
nagakereba nagai hodo	
便利 でなければ 便利 ほど	je gemütlicher, desto ...
benri denakereba benri hodo	

Bei sinojapanischen Verben der Form „Nomen *suru*" wird vor ほど nur する wiederholt. Bei Konstruktionen der Form „Adjektiv *naru*" wird nur なる vor ほど wiederholt.

> 散歩 すれば する ほど　　　je mehr man spazieren geht, desto ...
> *sanpo sureba suru hodo*
> 静か に なれば なる ほど　　　je ruhiger es wird, desto ...
> *shizuka ni nareba naru hodo*

> 肉 を 食べれば 食べる ほど 太ります。
> *niku o tabereba taberu hodo futorimasu.*
> Umso mehr Fleisch man isst, desto dicker wird man.
> 京都 に 行けば 行く ほど 京都 が 好き に なります。
> *kyouto ni ikeba iku hodo kyouto ga suki ni narimasu.*
> Umso öfter man nach Kyoto fährt, desto mehr mag man Kyoto.

d) Zum Ausdruck von „sowohl als auch" oder „weder noch" werden Substantive mit der Partikel も verbunden (vgl. 4.2.6). Um dies bei Prädikaten zu erreichen, muss das erste Prädikat die Konditionalendung 〜ば tragen. Das Prädikat des folgenden Teilsatzes trägt die nötigen Flektionsendungen (Zeit, Verneinung, Höflichkeit). Vor beiden steht die Partikel も.

> ビール も 飲めば 肉 も 食べます。
> *bi-ru mo nomeba niku mo tabemasu.*
> Ich trinke Bier und esse auch Fleisch.

10.6.4 Konditional mit der Konjunktion なら

a) Konditionalsätze können auch mit der von der Kopula stammenden Konjunktion なら gebildet werden.[17] Aufgrund der Verwandtschaft zur Kopula kann vor なら allerdings nur ein nominaler Ausdruck stehen. In Präsenssätzen kann die Konjunktion somit direkt nach Nomen, Pronomen und Nominaladjektiven stehen, in Präteritumsätzen wird zusätzlich だった zwischen Nomen bzw. NA und なら eingefügt. Verben und VA müssen mit の oder verkürzt mit ん nominalisiert werden. Sie stehen daher in ihren einfachen Formen.

[10.35] Bildung des Konditionals mit なら		
	Präsens	Präteritum
Verben	〜うのなら	〜たのなら
Verben verneint	〜[a]ないのなら	〜[a]なかったのなら

[17] なら ist die vereinfachte Form der Konditionalform ならば der Kopula (vgl. 10.6.1).

10. BILDUNG KOMPLEXER SÄTZE

[10.35] Bildung des Konditionals mit なら (Fortsetzung)

	Präsens	Präteritum
Verbaladjektive	〜いのなら	〜かったのなら
Verbaladjektive verneint	〜くないのなら	〜くなかったのなら
NA/Nomen/Pronomen	+なら	+だったなら
NA/Nomen/Pronomen verneint	+ではないなら	+ではなかったなら

b) Die Satzreihenfolge entspricht der bei der Formulierung mit 〜ば: Im Nebensatz wird zuerst die Bedingung formuliert. Es folgen なら und der Hauptsatz, der die Folge beschreibt. Es können somit sowohl reale Bedingungssätze in der Gegenwart, wie auch hypothetische Sätze in der Vergangenheit gebildet werden.

> 太郎さん と 話す の なら 日本語 で 話して 下さい。
> *tarousan to hanasu no nara nihongo de hanashite kudasai.* (Verb)
> Wenn du mit Taro sprichst, rede bitte Japanisch.

> その 車 が 高い の なら 買いません。
> *sono kuruma ga takai no nara kaimasen.* (VA)
> Wenn dieses Auto teuer ist, kaufe ich es nicht.

> 必要 なら 私 は 来ます。
> *hitsuyou nara watashi wa kimasu.* (NA)
> Wenn es wichtig ist, komme ich.

> 沼田さん なら 私 に 電話 を して 下さい。
> *numatasan nara watashi ni denwa o shite kudasai.* (Nomen)
> Wenn es Frau Numata ist, dann rufe mich bitte an.

> それ なら 話し は 別 です。
> *sore nara hanashi wa betsu desu.* (Pronomen)
> Wenn das so ist, dann ändere ich meine Meinung.

In einigen Fällen kann なら in Bedingungssätzen nicht angewendet werden: bei hypothetischen Sätzen müssen alle denkbaren Fälle eintreten können und es muss zum Zeitpunkt der Satzbildung bestimmbar sein, welcher Fall eintreten wird. Falsch sind somit beispielsweise die Bedingungen „*yoru ni naru nara* ..." („Wenn es Nacht wird ..."), da dieser Sachverhalt immer eintreten wird und „*kyounen no fuyu wa samui naru no nara* ..." („Wenn der Winter in diesem Jahr kalt werden wird ..."), da die Voraussage, ob dieser Sachverhalt eintreten wird, unmöglich ist.

Wird in einem Satzteil Präteritum verwendet, so muss auch im anderen Satzteil das Prädikat in der Vergangenheitsform stehen. Die Bedingungssätze erhalten so einen hypothetischen Charakter.

速かった の なら バス で 行きました。
hayakatta no nara basu de ikimashita. (VA)
Wenn es schneller gewesen wäre, wäre ich mit dem Bus gefahren.

薬 を 飲んだ の なら よく なりました。
kusuri o nonda no nara yoku narimashita. (Verb)
Wenn du die Medizin genommen hättest, würde es dir besser gehen.

便利 だった なら 家 を 出なかった。
benri datta nara uchi o denakatta. (NA)
Wenn es praktischer gewesen wäre, hätte ich das Haus nicht verlassen.

日本語 の 先生 では なかった なら ほか の 学校 へ 行かなければ なりました。
nihongo no sensei dewa nakatta nara hoka no gakkou e ikanakereba narimashita. (Nomen, verneint)
Wenn er kein Japanisch-Lehrer gewesen wäre, hättest du die Schule wechseln müssen.

10.6.5 Konditional mit der Endung ～たら

Neben der Endung ～ば kann auch die Endung ～たら zur Bildung einer Konditionalform von Verben und Verbaladjektiven genutzt werden.

a) Zur Bildung des Konditionals wird die Endung ～ら an die einfache Vergangenheitsform von Verben, Verbaladjektiven und der Kopula angeschlossen.[18] Bei Verben folgt ～ら also der Endung ～た und bei Verbaladjektiven der Endung ～かった. Im Fall von nominalen Ausdrücken (Nomen bzw. Nominaladjektiven und Kopula) wird die entsprechende Form der Kopula gebildet: だった → だったら. Trotz der Nähe zur Präteritumform ～た besteht kein Zeitbezug mehr.

---

[18] Zur Bildung der einfachen Vergangenheitsformen vgl. 5.3.3 und 6.1.2.

10. BILDUNG KOMPLEXER SÄTZE

[10.36] Bildung des Konditionals mit der Endung ～たら

Wortart		Form	Beispiele
vokalische Verben		～たら	食べる *tabe.ru* → 食べたら *tabe.tara*
konsonantische Verben	～く	～いたら	磨く *miga.ku* → 磨いたら *miga.itara*
	～る, ～つ, ～う	～ったら	切る *ki.ru* → 切ったら *ki.ttara* 払う *hara.u* → 払ったら *hara.ttara*
	～す	～したら	見逃す *minoga.su* → 見逃したら *minoga.shitara*
	～ぶ, ～む, ～ぬ	～んだら	包む *tsutsu.mu* → 包んだら *tsutsu.ndara*
	～ぐ	～いだら	稼ぐ *kase.gu* → 稼いだら *kase.idara*
unregelmäßige Verben	行く* する 来る	行ったら *ittara* したら 来たら *kitara*	
Verbaladjektive		～かったら	安い *yasu.i* → 安かったら *yasu.kattara* 大きい *ooki.i* → 大きかったら *ooki.kattara*
Nominaladjektive und Nomen		だったら	便利 *benri* → 便利だったら *benri dattara* 学生 *gakusei* → 学生だったら *gakusei dattara*

* 行く *iku* wird zwar nicht in die Gruppe der unregelmäßigen Verben eingeordnet, hat aber eine unregelmäßige Konditionalform.

In Analogie zu Verbaladjektiven werden die Formen bei der einfachen Verneinung (～ない) und der Wunschform (～たい) gebildet. Auch in diesen Fällen wird zunächst das Präteritum geformt, das die Endung ～ら erhält: ～[a]ない → ～[a]なかった → ～[a]なかったら bzw. ～[i]たい → ～[i]たかった → ～[i]たかったら.

> 食べる *taberu* → 食べない *tabenai* → 食べなかった *tabenakatta* → 食べなかったら *tabenakattara* wenn ich nicht esse, ...

> ある → ない → なかった → なかったら wenn nicht ist, ...

b) Anwendung: Wie bei allen Konditionalformen, steht das das Konditional formulierende Prädikat im Nebensatz. Es folgt der Hauptsatz, dessen Prädikat Höflichkeit und andere Funktionen ausdrückt. Je nach Kontext werden reale oder hypothetische Bedingungssätze ausgedrückt.

Die Anwendung dieser Konstruktion ist auf Bedingungssätze beschränkt, bei denen die im Nebensatz beschriebene Handlung die im Hauptsatz beschriebene Folgehandlung bedingt. Im Gegensatz zum Konditional mit と, kann bei ～たら Befehl, Bitte und Einladung im Hauptsatz formuliert werden.

> あなた が 刺身 を 食べたら 一緒に 日本 へ 行く。
> *anata ga sashimi o tabetara isshoni nihon e iku.* (Verb)
> Wenn du Sashimi isst, fahren wir zusammen nach Japan.

> その 本 を 安かったら 買う。
> *sono hon o yasukattara kau.* (VA)
> Wenn das Buch billig ist, kaufe ich es.

> 日本語 だったら 分からない と 思う。
> *nihongo dattara wakaranai to omou.* (Nomen)
> Ich denke, dass ich es nicht verstehe, wenn es Japanisch ist.

> 英語 で 書いたら 新聞 を 読む こと が 出来ます。
> *eigo de kaitara shinbun o yomu koto ga dekimasu.* (Verb)
> Auf Englisch geschriebene Zeitungen kann ich lesen.

Oft können die Sätze mit ～たら auch mit zeitlich aufeinanderfolgenden Handlungen übersetzt werden. Dann wirkt ～たら als satzverbindende, temporale Konjunktion.

> パーティー が 終わったら、すぐ 帰って 来ます。
> *pa-ti- ga owattara, sugu kaette kimasu.*
> Nachdem (wenn) die Party vorbei ist, komme ich sofort nach Hause.

10. BILDUNG KOMPLEXER SÄTZE

> ドイツ に 帰ったら、電話 を して 下さい。
> *doitsu ni kaettara, denwa o shite kudasai.*
> Nachdem (wenn) sie nach Deutschland zurückgekehrt sind, telefonieren sie bitte.

c) Wird das Prädikat des Hauptsatzes im Präteritum formuliert, dann hat der Satz temporale Funktion und wird mit „als" übersetzt (vgl. 10.3.4). In einigen Fällen ist aber auch die Interpretation als hypothetischer Bedingungssatz in der Vergangenheit sinnvoll. Welche Funktion erfüllt wird, entscheiden der Kontext und die Sinnhaftigkeit der Übersetzung.

> 京都 に 着いたら、桜 が 咲いて いました。
> *kyouto ni tsuitara, sakura ga saite imashita.* (Temporalsatz)
> Als wir in Kyoto ankamen, gab es die Kirschblüte.

> その 部屋 が 不便 だったら 京都 へ 行きません でした。
> *sono heya ga fuben dattara kyouto e ikimasen deshita.* (Bedingungssatz)
> Wäre das Zimmer ungemütlich gewesen, wäre ich nicht nach Kyoto gefahren.

10.6.6 Mit der Partikel と

a) Zum Ausdruck des Konditionals kann neben den Verb- und Adjektivendungen ～ば und ～ら auch die Partikel と verwendet werden. Die Partikel kann nach den einfachen Präsensformen von Verben, Kopula und VA sowie nach Nomen bzw. NA stehen. Seltener wird と auch nach der höflichen *masu*-Form benutzt.

[10.37] Beispiele zur Bildung des Konditionals mit と

	affirmativ	verneint
Verb	食べる と *taberu to* Wenn du isst ... / Wenn du essen würdest ...	食べない と *tabenai to* Wenn du nicht isst ... / Wenn du nicht essen würdest ...
VA	安い と *yasui to* Wenn es billig ist ... / Wenn es billig wäre ...	安くない と *yasukunai to* Wenn es nicht billig ist ... / Wenn es nicht billig wäre ...

[10.37] Beispiele zur Bildung des Konditionals mit と (Fortsetzung)

	affirmativ	verneint
NA	便利 だ と *benri da to* Wenn es bequem ist ... / Wenn es bequem wäre ...	便利 では ない と *benri dewa nai to* Wenn es nicht bequem ist ... / Wenn es nicht bequem wäre ...
Nomen	先生 だ と *sensei da to* Wenn sie Lehrer sind ... / Wenn sie Lehrer wären ...	先生 では ない と *sensei dewa nai to* Wenn sie kein Lehrer sind ... / Wenn sie kein Lehrer wären ...

b) Anwendung: Wie bereits bei den anderen Konditionalarten beschrieben, wird auch in diesem Fall zuerst der Nebensatz mit der Bedingung formuliert, dem と und der Hauptsatz folgen. In Abhängigkeit von der Zeit, in dem der Hauptsatz formuliert ist, kann ein realer („wenn, dann ... ist") oder hypothetischer („wenn, dann ... wäre") Bedingungssatz oder ein Temporalsatz in der Vergangenheit („als ... war") beschrieben werden.

と markiert damit je nach Kontext den realen („wenn ...") oder hypothetischen („wäre ...") Nebensatz. Der dem Nebensatz folgende Hauptsatz darf keinen Vorschlag oder Befehl und keine Bitte oder Einladung enthalten. In Bedingungssätzen kann diese Konstruktion nur bei realen Gegenwartssätzen (vgl. 10.6.8 Fall 1) angewendet werden, im Hauptsatz muss somit Präsens benutzt werden.

> 速く 来て くれる と いい です。
> *hayaku kite kureru to ii desu.*
> Es wäre gut, wenn du schnell kämest.

> 雨 が 降る と 家 に 帰ります。
> *ame ga furu to uchi ni kaerimasu.*
> Wenn es regnet, kehre ich nach Hause zurück.

> 魚 が 嫌い だ と 日本 へ 行った とき 困る よ。
> *sakana ga kirai da to nihon e itta toki komaru yo.*
> Wenn du keinen Fisch magst, wirst du Schwierigkeiten bekommen, wenn du nach Japan gehst.

> 学生 だ と 割引 が ある。
> *gakusei da to waribiki ga aru.*
> Wenn du Student bist, gibt es Ermäßigung.

c) Folgt dem mit と markierten Nebensatz ein Hauptsatz, dessen Prädikat in der Vergangenheitsform steht, dann wird damit ausgedrückt, dass die Handlung bzw. der Zustand des Hauptsatzes (Folgehandlung bzw. Folgezustand) eintrat, als die im Nebensatz beschriebene Handlung bzw. der im Nebensatz beschriebene Zustand (Bedingung) schon beendet war. In diesem Fall wird *to* am besten mit „als" übersetzt (vgl. 10.3.4). Auch wenn ein Satz in der Vergangenheit formuliert wird, muss der Nebensatz im Präsens stehen.

[10.38] Beispiele für die Bedeutung der Konditionalform, falls das Hauptsatzprädikat in der Vergangenheit formuliert ist

Verb	食べる と	*taberu to*	Als du aßt ...
VA	安い と	*yasui to*	Als es billig war ...
NA	便利 だ と	*benri da to*	Als es gemütlich war ...
Nomen	先生 だ と	*sensei da to*	Als sie Lehrer waren ...

食べる と 雨 が 降りました。
taberu to ame ga furimashita.
Als ich gegessen hatte, begann es zu regnen.

京都 に 着く と 桜 が 咲いて いました。
kyouto ni tsuku to sakura ga saite imashita.
Als wir in Kyoto ankamen, gab es die Kirschblüte.

10.6.7 Konditional mit とき und は

a) Die Konjunktion とき verknüpft Sätze mit unterschiedlichen Bedeutungen. Steht das Prädikat vor とき im Präteritum, werden Temporalsätze mit der Bedeutung „als" oder „während" gebildet (vgl. 10.3.3). Nebensätze mit einem Präsensprädikat können dagegen mit „wenn", und bei im Nebensatz beschriebener wiederholt ablaufender Handlungen oder wiederkehrender Zustände mit „immer wenn / jedes Mal wenn" übersetzt werden. Im letzten Fall kann es sich auch um Ereignisse in der Vergangenheit handeln, so dass der Hauptsatz im Präteritum formuliert werden kann.

天気 が よく なる とき、散歩 を しましょう。
tenki ga yoku naru toki, sanpou o shimashou.
Lass uns spazieren gehen, wenn das Wetter schön wird.

毎日 大学 へ 行く とき、自転車 で 行きます。
mainichi daigaku e iku toki, jitensha de ikimasu.
Jeden Tag, wenn ich in die Uni fahre, nehme ich das Fahrrad.

お酒 を 飲みすぎる とき、病気 に なった ん です よ。
osake o nomisugiru toki, byouki ni natta n desu yo.
Jedes Mal, wenn ich zu viel Sake getrunken habe, wurde ich krank.

b) Die Verbindung der *te*-Form mit der Partikel は stellt eine Konditionalform dar. は kann nach der *te*-Form von Verben und Verbaladjektiven sowie nach der Nomen und Nominaladjektiven folgenden *te*-Form der Kopula stehen.

[10.39] Beispiele für die Anwendung von *te*-Form mit は

Verb	食べて は	*tabete wa*	wenn man isst
VA	長くて は	*nagakute wa*	wenn es lang ist
NA	快適 で は	*kaiteki de wa*	wenn es gemütlich ist
Nomen	先生 で は	*sensei de wa*	wenn (er) Lehrer ist

Diese Bildungsvariante des Konditionals wird in einigen feststehenden Formulierungen verwendet, zum Beispiel wenn Verbot (vgl. 9.4.2) oder Zwang (vgl. 9.3.2) ausgedrückt werden sollen. Damit werden diese Ausdrücke im Japanischen inhaltlich mit „wenn es … ist, dann geht es nicht" ausgedrückt.

試験 は 難しすぎて は いけない。
shiken wa muzukashisugite wa ikenai.
Die Prüfung darf nicht zu schwer sein. (Wörtlich: Wenn die Prüfung schwer ist, dann geht es nicht. Ausdruck eines Verbots.)

ここ で は 酒 を 飲んで は ならない。
koko de wa sake o nonde wa naranai.
Sie dürfen hier keinen Alkohol trinken. (Wörtlich: Wenn sie hier Alkohol trinken, dann geht das nicht. Ausdruck eines Verbots.)

これ を 食べなくて は いけません。
kore o tabenakute wa ikemasen.
Du musst dieses essen. (Ausdruck eines Zwangs.)

10. BILDUNG KOMPLEXER SÄTZE

10.6.8 Bedingungssätze (条件文 *joukenbun*)

a) Im Japanischen werden reale („wenn ... ist, dann ... wird") und hypothetische („wenn ist ... dann würde" oder „wenn gewesen ist, dann ... würde") Bedingungssätze gleich behandelt. Der Konditional wird im Nebensatz ausgedrückt. Es folgt der Hauptsatz, dessen Prädikat neben den nötigen Flektionsendungen auch entscheidet, ob es sich um einen realen oder hypothetischen Satz handelt. Hypothetische Bedingungssätze enthalten oft でしょう bzw. だろう am Satzende. Damit wird im Präsensfall die Abgrenzung der hypothetischen von der realen Kondition möglich. Alternativ kann zur Verdeutlichung auch もし benutzt werden. Beispielsweise kann die folgende Konditionalform alle drei Bedingungen ausdrücken:

> 箸 で 食べたら…
> *hashi de tabetara ...*
> → real: „wenn man mit Stäbchen isst ..."
> → hypothetisch (Präsens): „wenn man mit Stäbchen essen würde ..."
> → hypothetisch (Präteritum): „wenn man mit Stäbchen gegessen hätte ..."

[10.40] Übersicht Konditionalsätze

Fall		Prädikat im Nebensatz	Prädikat im Hauptsatz
1.	realer Konditionalsatz: das Ereignis findet in der Zukunft statt, ist möglich und wahrscheinlich	Der Nebensatz enthält die Konditionalform (と kann nur im Fall 1 verwendet werden. Bei なら muss im Nebensatz die gleiche Zeit wie im Hauptsatz verwendet werden)	Präsens
2.	hypothetischer Konditionalsatz in der Gegenwart: das Ereignis liegt zwar in der Zukunft, ist aber unwahrscheinlich		Präsens oder でしょう bzw. だろう
3.	hypothetischer Konditionalsatz in der Vergangenheit: das Ereignis liegt in der Vergangenheit und ist somit nicht mehr möglich		Präteritum oder でしょう bzw. だろう

b) Beispiele für die drei Konditionalfälle:
- Beispiele für den 1. Fall (realer Konditionalsatz):

雨 が 降れば 大学 へ 行きません。
ame ga fureba daigaku e ikimasen.
雨 が 降ったら 大学 へ 行きません。
ame ga futtara daigaku e ikimasen.
雨 が 降る と 大学 へ 行きません。
ame ga furu to daigaku e ikimasen.
Wenn es regnet, gehe ich nicht in die Uni.
(Nicht möglich ist: „*ame ga furu no nara daigaku e ikimasen*", weil es zum Zeitpunkt des Sprechens nicht nachprüfbar ist, ob es morgen regnen wird oder nicht.)

この 車 が 安ければ 買います。
kono kuruma ga yasukereba kaimasu.
この 車 が 安い の なら 買います。
kono kuruma ga yasui no nara kaimasu.
この 車 が 安かったら 買います。
kono kuruma ga yasukattara kaimasu.
この 車 が 安い と 買います。
kono kuruma ga yasui to kaimasu.
Wenn dieses Auto billig ist, kaufe ich es.

- Beispiele für den 2. Fall (hypothetischer Konditionalsatz in der Gegenwart):

雨 が 降れば 大学 へ 行かない でしょう。
ame ga fureba daigaku e ikanai deshou.
雨 が 降ったら 大学 へ 行かない でしょう。
ame ga futtara daigaku e ikanai deshou.
Wenn es regnete, würde ich nicht in die Uni gehen.
(Nicht möglich ist: „*ame ga furu nara daigaku e ikanai deshou*", weil es zum Zeitpunkt des Sprechens nicht nachprüfbar ist, ob es morgen regnen wird oder nicht.)

この 車 が もっと 安ければ 買います。
kono kuruma ga motto yasukereba kaimasu.
この 車 が もっと 安い の なら 買います。
kono kuruma ga motto yasui no nara kaimasu.

10. BILDUNG KOMPLEXER SÄTZE

> この 車 が もっと 安かったら 買います。
> *kono kuruma ga motto yasukattara kaimasu.*
> Wenn dieses Auto billiger wäre, würde ich es kaufen.

- Beispiele für den 3. Fall (hypothetischer Konditionalsatz in der Vergangenheit):

> この 薬 を 飲めば よく なりました。
> *kono kusuri o nomeba yoku narimashita.*
> この 薬 を 飲む の なら よく なりました。
> *kono kusuri o nomu no nara yoku narimashita.*
> この 薬 を 飲んだら よく なりました。
> *kono kusuri o nondara yoku narimashita.*
> Wenn du diese Medizin genommen hättest, würde es dir besser gehen.
>
> 先週 の 日曜日 は 天気 が よければ 散歩 しました。
> *senshuu no nichiyoubi wa tenki ga yokereba sanpo shimashita.*
> 先週 の 日曜日 は 天気 が よかったら 散歩 しました。
> *senshuu no nichiyoubi wa tenki ga yokattara sanpo shimashita.*
> 先週 の 日曜日 は 天気 が いい の なら 散歩 しました。
> *senshuu no nichiyoubi wa tenki ga ii no nara sanpo shimashita.*
> Wenn am Sonntag letzter Woche das Wetter gut gewesen wäre, hätte ich einen Spaziergang gemacht.

c) Überblick über die Anwendungsmöglichkeiten der Konditionalformen in Bedingungssätzen:

[10.41] Überblick Anwendungsmöglichkeiten der Konditionalformen

Konditionalform	～ば	なら	～たら	と
Präteritum im Hauptsatz möglich	nein	nein	ja	ja
Bitte, Befehl, Vorschlag und Einladung im Hauptsatz möglich	ja	ja	ja	nein
hypothetischer Bedingungssatz in der Vergangenheit möglich	ja	ja	ja	nein

[10.41] Überblick Anwendungsmöglichkeiten der Konditionalformen (Fortsetzung)

Konditionalform	～ば	なら	～たら	と
Besonderheiten	Nebensatz darf keine reale singuläre Handlung beschreiben	● alle Möglichkeiten im Nebensatz müssen erfüllbar und nachprüfbar sein (Präsens) ● falls im Hauptsatz Vergangenheit verwendet wird, dann auch im Nebensatz erforderlich	im Nebensatz muss eine Handlung (bzw. ein Zustand) stehen, der die Handlung (bzw. ein Zustand) im Hauptsatz bedingt	

10.7 Zitat-Konstruktionen mit と: direkte und indirekte Rede, Meinungsäußerung und ähnliche Formulierungen

Im Japanischen wird bei Verben des Sagens, Denkens, Fragens, Beurteilens und Erfahrens das Zitat mit と markiert. Die Partikel markiert sowohl indirekte Objekte wie auch Objektsätze als Zitate. Verben, die in diesem Sinne verwendet werden können, sind zum Beispiel 言う *iu* („sagen"), 思う *omou* („denken"), 話す *hanasu* („sprechen"), 呼ぶ *yobu* („nennen, rufen"), 書く *kaku* („schreiben"), 尋ねる *tazuneru* („fragen") und ähnliche Tätigkeitswörter. Häufig wird die Markierung mit と zur Bildung der indirekten Rede, der Meinungsäußerung mit 思う *omou* und der Namensgebung angewendet.

10.7.1 Die direkte und indirekte Rede

a) Die indirekte Rede

Zur Bildung der indirekten Rede wird das Zitat, d. h. der Inhalt der Rede, mit der Partikel と markiert. Das Zitat bildet den Nebensatz. Sein Prädikat steht im Allgemeinen in der einfachen Form (im Gegensatz zur direkten Rede, vgl. unten), wobei alle Prädikate (verbal, adjektivisch und nominal) möglich sind. Nach der Partikel と folgt das zum Hauptsatz gehörende zitierende Verb, zum Beispiel 言う *iu* oder 話す *hanasu*. Das Subjekt des Hauptsatzes kann vor dem Nebensatz stehen oder zwischen dem mit と markierten Nebensatz und dem Hauptsatzprädikat eingeschoben werden.

10. BILDUNG KOMPLEXER SÄTZE

健児さん は 自転車 で 行く と 言いました。
kenjisan wa jitensha de iku to iimashita. Oder:
自転車 で 行く と 健児さん は 言いました。
jitensha de iku to kenjisan wa iimashita.
Kenji sagte, er fahre mit dem Fahrrad.
(Zitat: 自転車で行く *jitensha de iku* „Ich fahre mit dem Fahrrad"; Zitatsatz endet mit verbalem Prädikat; Subjekt des Hauptsatzes: 健児さん *kenjisan*; zitierendes Verb: 言う *iu*)

私 の 車 は とても 速い と 太田さん は よく 言います。
watashi no kuruma wa totemo hayai to oodasan wa yoku iimasu.
Herr Ooda sagt oft, sein Auto sei sehr schnell.
(Zitatsatz endet auf adjektivischem Prädikat)

柴田さん は あの 方 は ドイツ人 だ と 話しました。
shibatasan wa ano kata wa doitsujin da to hanashimashita.
Frau Shibata erzählte, jene Person sei Deutsche.
(Zitatsatz endet mit nominalem Prädikat)

その 魚 は 日本海 から 来る ので、大変 新鮮 だ と 店員 は 言いましたか。
sono sakana wa nihonkai kara kuru node, taihen shinsen da to tenin wa iimashita ka.
Sagte der Verkäufer, dass der Fisch frisch sei, weil er aus der japanischen See komme?
(Zitatsatz endet auf nominaladjektivischem Prädikat)

Ein voranstehendes Subjekt mit は gehört meist zum Hauptsatz, ein Subjekt mit が gehört meist zum Nebensatz. Allerdings können auch Nebensatz- und Hauptsatzsubjekt beide mit は markiert werden.

健児さん は 百合子さん が 自転車 で 行く と 言いました。
kenjisan wa yurikosan ga jitensha de iku to iimashita.
Kenji sagte, Yuriko werde mit dem Fahrrad fahren. (Subjekt des Hauptsatzes: Kenji, Subjekt des Nebensatzes: Yuriko)

百合子さん が 自転車 で 行く と 言いました。
yurikosan ga jitensha de iku to iimashita.
Er (Kontext) sagte, Yuriko werde mit dem Rad fahren. (Subjekt des Nebensatzes: Yuriko; Hauptsatz ohne Subjekt)

Ist das Thema bzw. Subjekt des Hauptsatzes die dritte Person und steht das zitierende Verb im Deutschen in der Präsensform, so wird oft mit der *te*-Form zitiert.

> 歩いて 行く と 言って います。
> *aruite iku to itte imasu.*
> Er sagt, er werde zu Fuß gehen.

> あの 鞄 は 高くない と 言って いました。
> *ano kaban wa takakunai to itte imashita.*
> Er meinte, die Tasche sei nicht teuer.

Eine Bitte oder ein Befehl muss in der indirekten Rede durch den Zusatz ように hinter dem Verb in der einfachen Form ausgedrückt werden. Die Markierungspartikel der indirekten Rede と fällt in diesem Fall weg.

> 「本 を 返しなさい。」
> 「*hon o kaeshinasai.*」→
> 本 を 返す よう に 話しました。
> *hon o kaesu you ni hanashimashita.*
> Er sagte, ich müsse das Buch zurückgeben.

b) Die direkte Rede

Bei der direkten Rede wird das Zitat dem zitierenden Verb (zum Beispiel „sagen" oder „fragen") unverändert vorangestellt und mit と markiert. Die Verwendung von Anführungsstrichen ist nicht obligatorisch, so dass im Japanischen nicht immer zwischen direkter und indirekter Rede unterschieden werden kann. Entsprechend der indirekten Rede gilt: Ist das Prädikat im Zitat im Präsens formuliert und ist das Subjekt bzw. das Thema die dritte Person, dann wird das Hauptsatz-Verb, d. h. das zitierende Verb, im Allgemeinen in der *te*-Form verwendet (vgl. oben). Wenn das Prädikat des Hauptsatzes im Präteritum steht, kann das Thema bzw. Subjekt 1., 2. oder 3. Person sein. Direkte und indirekte Rede werden jedoch meist mit den Präteritumformen des zitierenden Verbs wiedergegeben. Im Gegensatz zur indirekten Rede steht im Zitatsatz das Prädikat oft in der höflichen *masu*-Form.

> 健児さん は 「自転車 で 行きます」 と 言いました。
> *kenji wa jitensha de ikimasu to iimashita.*
> Kenji sagte: „Ich fahre mit dem Rad".

10. BILDUNG KOMPLEXER SÄTZE

c) Kausalität in der indirekten Rede

Zum Ausdruck von Grund und Folge in der indirekten Rede wird, wie in normalen Aussagesätzen auch, から verwendet. Nach から folgt die Partikel と zur Markierung der indirekten Rede und ein geeignetes Verb.

[10.42] Beispiele für Grund und Folge in der indirekten Rede

…から と 言う…	weil ich sage …
…から と 話す…	weil ich sage …
…から と 思う…	weil ich denke/meine …

> 一人 で 危ない から と 言った 杉原さん が 一緒に 来て 下さいました。
> *hitori de abunai kara to itta sugiharasan ga isshoni kite kudasaimashita.*
> Weil Herr Sugihara sagte, dass es für mich allein zu gefährlich sei, begleitete er mich.

> 安い から と 思って いらない もの を 買って しまいました。
> *yasui kara to omotte iranai mono o katte shimaimashita.*
> Weil ich es billig fand, kaufte ich unnötige Sachen.

d) Umgangssprachlich kann für direkte und indirekte Rede って als vereinfachte Entsprechung von と言う *to iu* oder と言うのは *to iu no wa* verwendet werden. Die Konstruktion って wird auch nur zur Betonung benutzt, so dass sich nicht immer die Übersetzung mit einer direkten / indirekten-Rede-Konstruktion anbietet.

> 彼女 は この 肉 を 食べない って。
> *kanojo wa kono niku o tabenai tte.*
> Sie sagte, dass sie dieses Fleisch nicht isst.

> ドイツ語 って 難しい 外国語 です ね。
> *doitsugo tte muzukashii gaikokugo desu ne.*
> Deutsch ist eine schwierige Fremdsprache, nicht wahr?

10.7.2 Meinungsäußerungen

Um die eigene Meinung und die eigenen Gedanken auszudrücken, wird eine Formulierung verwendet, die analog der direkten und indirekten Rede gebildet wird. Da es weniger hart klingt, zu sagen „Ich denke, dass …" anstelle „Es ist …", wird diese Form verwendet, um Aussagen abzumildern und höflicher erscheinen zu lassen.

Bildung: Zunächst wird der Nebensatz formuliert, dessen Prädikat im Allgemeinen in der einfachen Form steht. Im Nebensatz steht der Inhalt der Meinungsäußerungen. Es folgt と思う *to omou*. Mit と wird analog zur indirekten Rede ein Inhalt – hier die Meinung – markiert. 思う („denken, meinen, finden") ist das Verb des Hauptsatzes und trägt die notwendigen Flektionsendungen. Die erste Person 私は *watashi wa* wird üblicherweise weggelassen.

[10.43] Meinungsäußerung mit と思う *to omou*

～うと思う	*~ u to omou*	Subjekt des Hauptsatzes: 1./2. Person
～うと思っている	*~ u to omotte iru*	Subjekt des Hauptsatzes: 3. Person
違うんじゃないかなあ	*chigau n ja nai ka naa*	
違うんじゃないかしら	*chigau n ja nai kashira*	

Verneint werden können das vor と思う stehende Prädikat („Ich denke, dass ... nicht ...") und das Verb 思う selber. Letzteres kann einen starken Zweifel ausdrücken („Ich bezweifele, dass ..."). Die Frage „Was denkst du?" wird nicht nach dieser Konstruktion gebildet. Sie lautet: どう思いますか (höflich) bzw. どう思うの (einfach).

> 私 は 京都 は 東京 より きれい だ と 思います。
> *watashi wa kyouto wa toukyou yori kirei da to omoimasu.*
> Ich finde, dass Kyoto schöner ist als Tokyo.

> 明日 は 晴れる と 思います。
> *ashita wa hareru to omoimasu.*
> Ich denke, dass morgen das Wetter gut wird.

> どう 思います か. いい と 思います。
> *dou omoimasu ka. ii to omoimasu.*
> Was denkst du? Ich denke, es ist gut.

> あの 人 は 日本人 だ と 思う。
> *ano hito wa nihonjin da to omou.*
> Denkst du, dass er Japaner ist?

Analog der indirekten Rede wird, falls das Thema bzw. Subjekt des Hauptsatzes („Er denkt ...") in der dritten Person steht, das Verb 思う in der *te*-Form benutzt.

10. BILDUNG KOMPLEXER SÄTZE

> 鈴木先生 は 私 の 試験 は とても よかった と 思って います。
> *suzukisensei wa watashi no shiken wa totemo yokatta to omotte imasu.*
> Prof. Suzuki denkt, dass meine Prüfung sehr gut war.

> 彼 は あの 女 は きれい で 長い 髪 を 持って いる と 思って いる。
> *kare wa ano onna wa kirei de nagai kami o motte iru to omotte iru.*
> Er meint, dass jene Frau schöne lange Haare hat.

Das folgende Beispiel zeigt, wie die Höflichkeitsgrade bei Verwendung der と思う-Form steigen. Noch höflicher sind die Strukturen 違うんじゃないかなあ *chigau n ja nai ka naa* (gebraucht von Männern) bzw. 違うんじゃないかしら *chigau n ja nai kashira* (gebraucht von Frauen).

> これ は 違います。
> *kore wa chigaimasu.* Das ist falsch.
> これ は 違う と 思います。
> *kore wa chigau to omoimasu.* Ich denke, dass es falsch ist.
> これ は 少し 違う ん じゃ ない か と 存じます が…
> *kore wa sukoshi chigau n ja nai ka to zonjimasu ga ...*
> Irgendwie denke ich, dass das nicht der Fall ist ...

Mit der Kombination von かしら oder かなあ mit と思う wird die Formulierung „Ich frage mich, ob ..." gebildet (vgl. 8.6.9).

10.7.3 Namensgebung (Benennung)

a) Für Formulierungen wie „es heißt ...", „man nennt es ...", „auf Deutsch heißt es ..." o.Ä. wird ebenfalls die Konstruktion mit と + Verb verwendet. Das Verb ist in diesem Fall oft 言う *iu* („sagen") oder 呼ぶ *yobu* („rufen, benennen"). Falls es nicht näher bestimmt ist (im Sinne von „man"), entfällt das Subjekt, und das Akkusativobjekt wird Thema des Satzes. Eine Sprache wird mit der Instrumentalpartikel で markiert, zum Beispiel 英語で *eigo de* („auf Englisch"). Eine typische Anwendung dieser Formulierung ist die Erfragung des Namens 何と言う名前ですか *nan to iu namae desu ka* oder お名前は何と言いますか *onamae wa nan to iimasu ka.* („Wie heißen sie?").

[10.44] Satzstrukturen zur Namensgebung

| Subjekt | は | Akkusativobjekt | を | indirekt. Objekt | と言う |
| Akkusativobjekt | は | | | indirekt. Objekt | と言う |

私 は この 犬 を 健太 と 言う。
watashi wa kono inu o kenta to iu.
Ich nenne diesen Hund „Kenta".

フランス人 は あの 建物 を「Tour d'Eiffel」と 言います。
furansujin wa ano tatemono o 「Tour d'Eiffel」 *to iimasu.*
Franzosen nennen jenes Bauwerk den „Eiffelturm".

「ノルウェイの森」と 言う 本 を 読む。
「*noruwei no mori*」 *to iu hon o yomu.*
Ich lese ein Buch, das sich „*noruwei no mori*" nennt.

「手紙」は ドイツ語 で 何 と 言いますか。
「手紙」は ドイツ語 で「Brief」と 言います。
「*tegami*」 *wa doitsugo de nan to iimasu ka.*
「*tegami*」 *wa doitsugo de* 「Brief」 *to iimasu.*
Was heißt „*tegami*" auf Deutsch? Auf Deutsch heißt „*tegami*" „Brief".

b) Mit dieser Methode können auch Substantive näher bestimmt werden. Dabei kann sowohl ein Eigenname erklärt, wie auch eine allgemeine Bezeichnung durch einen Eigennamen näher erläutert werden. Beispiel: Statt この都市はどこにありますか *kono toshi wa doko ni arimasu ka.* („Wo liegt diese Stadt?") oder 京都はどこにありますか *kyouto wa doko ni arimasu ka.* („Wo liegt Kyoto?") wird in dem Satz 京都と言う都市はどこにありますか *kyouto to iu toshi wa doko ni arimasu ka* erklärt, dass es sich bei Kyoto um eine Stadt handelt bzw. dass es bei der Frage nach einer Stadt um Kyoto geht.

野依さん と 言う 先生 は 有名 です か。
noyorisan to iu sensei wa yuumei desu ka.
Ist der Professor mit Namen Yonori berühmt?

「Japan」と 言う の は ドイツ人 の 呼び方 です。
「Japan」 *to iu no wa doitsujin no yobikata desu.*
Japan ist die Art, wie es von Deutschen genannt wird.

10. BILDUNG KOMPLEXER SÄTZE

あれ は 何 と 言う レストラン です か。
are wa nan to iu resutoran desu ka.
Wie heißt jenes Restaurant?

c) Die Formulierung kann auch zur höflichen Vorstellung der eigenen Person benutzt werden. Als Verb wird das nur in der *masu*-Form existierende höfliche 申します *moushimasu* verwendet:

私 は 畑中 と 申します。
watashi wa hatakenaka to moushimasu.
Ich heiße Hatakenaka.

d) In Kombination mit とか, das zur exemplarischen Aufzählung von Substantiven verwendet wird (vgl. 4.1.3), kann mit dieser Konstruktion „es heißt ... oder so ähnlich" ausgedrückt werden. Dabei wird formal die Partikel と durch die Partikel か ergänzt.

五十嵐さん とか 言う 人 が 来ます。
ikarashisan toka iu hito ga kimasu.
Es kommt eine Person namens Ikarashi oder so ähnlich.

e) Wird die Formulierung と言う mit der Konstruktion zum Ausdruck einer Erlaubnis (〜てもいい, vgl. 9.4.1) verbunden, wird eine Unsicherheit in der Nennung einer Aussage ausgedrückt. Übersetzt werden kann die Kombination je nach Kontext mit „Man darf wohl sagen, dass ...", „Man kann sagen, dass ..." oder „Es ist offensichtlich, dass ...". Statt beispielsweise zu sagen りんごは高いです *ringo wa takai desu* („Die Äpfel sind teuer"), ist es abschwächend und mit dem Eingeständnis des möglichen Fehlers besser zu sagen りんごは高いと言ってもいいです *ringo wa takai to itte mo ii desu* („Man darf wohl sagen, dass die Äpfel teuer sind").

あの 女の人 は きれい だ と 言って も いい です。
ano onnanohito wa kirei da to itte mo ii desu.
Jene Frau ist recht hübsch.

英語 より 日本語 は 難しい と 言って も いい です。
eigo yori nihongo wa muzukashii to itte mo ii desu.
Es ist wohl klar, dass Japanisch schwieriger als Englisch ist.

f) Eine besondere Nuance erhalten Benennungen mit と言う, wenn der verbale Ausdruck mit こと nominalisiert wird. Die vor と言う beschriebene Situation bzw. Tätigkeit bekommt den Charakter einer Tatsache.

来年 ドイツ へ 行く と 言う こと を 知って いますか。
rainen doitsu e iku to iu koto o shitte imasu ka.
Wissen sie, dass ich nächstes Jahr nach Deutschland gehe?

ドイツ人 が よく ビール を 飲む と 言う こと は 有名 です。
doitsujin ga yoku bi-ru o nomu to iu koto wa yuumei desu.
Es ist bekannt, dass Deutsche viel Bier trinken.

まだ 日本 の 大学 に 勉強 する と 言う こと を 知って、今年 は 日本 へ 行こう と 思います。
mada nihon no daigaku ni benkyou suru to iu koto o shitte, kotoshi wa nihon e ikou to omoimasu.
Da ich weiß, dass du noch an einer japanischen Uni studierst, beabsichtige ich, dieses Jahr nach Japan zu gehen.

10.7.4 Weitere Anwendungen der Zitatmarkierung mit と

a) Auch andere Arten von Zitaten bzw. solche Satzteile, deren Struktur der einer Zitatnennung entsprechen, werden mit と markiert. Beispielsweise können die folgenden Verben mit と verwendet werden:

[10.45] Beispiele für Verben in Zitatkonstruktionen

と	読む	to yomu	lesen
と	書く	to kaku	schreiben
と	聞く	to kiku	hören
と	答える	to kotaeru	antworten
と	考える	to kangaeru	denken, nachdenken
と	伝える	to tsutaeru	übermitteln
と	挨拶 する	to aisatsu suru	begrüßen
と	説明 する	to setsumei suru	erklären
と	例 を あげる	to rei o ageru	Beispiel geben
と	質問 する	to shitsumon suru	fragen
と	注文 する	to chuumon suru	bestellen

この 漢字 は 何 と 読みます か。日本 と 読みます。
kono kanji wa nan to yomimasu ka. nihon to yomimasu.
Wie ließt man dieses Kanji? Man ließt es „nihon".

10. BILDUNG KOMPLEXER SÄTZE

> 先生 は 黒板 に 河野 と 書きます。
> *sensei wa kokuban ni kawano to kakimasu.*
> Der Lehrer schreibt „kawano" an die Tafel.

> おはよう ございます と 挨拶 します。
> *ohayou gozaimasu to aisatsu shimasu.*
> Er begrüßt mit „Guten Morgen".

> 二十分 ぐらい で 駅 に 行く と 伝えて 下さい。
> *nijuppun gurai de eki ni iku to tsutaete kudasai.*
> Sagen sie ihm bitte, dass ich in etwa 20 Minuten zum Bahnhof gehe.

b) Beispiele mit 意味 *imi* („Sinn, Bedeutung") und 風 *fuu* („Art, Weise"):

> 酸化還元反応 と 言う の は どう 言う 意味 です か。
> *sankakangenhannou to iu no wa dou iu imi desu ka.*
> Was bedeutet „sankakangenhannou"?

> お客さん です よ と 言う 風 に 使います。
> *okyakusan desu yo to iu fuu ni tsukaimasu.*
> Man benutzt es auf die folgende Weise: „okyakusan desu yo".

10.7.5 Ausdruck von „ob"

a) Im Deutschen kann die satzverknüpfende Wirkung der Konjunktion „ob" unterschiedlich sein. Es sind beispielsweise Sätze der Form „Er fragte sich, ob sie käme", „Er weiß, ob sie kommt" und „Es ist nicht so wichtig, ob sie kommt oder nicht" möglich. Im Japanischen können all diese Satztypen mit der Partikel か formuliert werden. Dazu wird, im Gegensatz zum Deutschen, zunächst der im Deutschen nach „ob" folgende Nebensatz formuliert. Dieser wird mit か und と markiert. An と schließt sich der im Deutschen zuerst formulierte Hauptsatz an. Beispiel für den Nebensatz:

- Im Japanischen steht der Nebensatz vor か:

    太郎さんは 帰る か ... *tarosan wa kaeru ka ...*

- Im Deutschen folgt der Nebensatz dem „ob":

    ... ob Taro zurückkehrt.

> 先生 に 日本語 は 難しい か と 聞きました。
> *sensei ni nihongo wa muzukashii ka to kikimashita.*
> Ich fragte den Lehrer, ob Japanisch schwierig sei.

> 彼 は 家 に 帰る か と 知らない。
> *kare wa uchi ni kaeru ka to shiranai.*
> Ich weiß nicht, ob er nach Hause geht.

か kann Nebensätze markieren, die auf einer einfachen, wie auch auf einer höflichen Form von Verben, Verbaladjektiven, Nomen und Nominaladjektiven enden. Präsens- und Präteritumformen sind möglich. Die einzige Ausnahme ist die einfache Präsensform von nominalen Prädikaten: Im Fall von Nomen und NA wird nicht mit der Kopula formuliert.

> 私 は 友達 に 友子さん が 日本 へ 帰ります か と 聞きました。
> *watashi wa tomodachi ni tomokosan ga nihon e kaerimasu ka to kikimashita.*
> Ich fragte meinen Freund, ob Tomoko nach Japan zurückkehrt.
> (Nebensatz endet auf Verb, höfliche Form, Präsens)

> あなた に お金 を 貸した か と 思い出せない。
> *anata ni okane o kashita ka to omoidasenai.*
> Ich kann mich nicht erinnern, ob ich dir Geld geliehen habe.
> (Nebensatz endet auf Verb, einfache Form, Präteritum)

> 学生 か と 知らない。
> *gakusei ka to shiranai.*
> Ich weiß nicht, ob er Student ist.
> (Nebensatz endet auf Nomen, Präsens)

> まだ 新鮮 か と 食べて 見て 下さい。
> *mada shinsen ka to tabete mite kudasai.*
> Probiere bitte, ob es noch frisch ist.

b) Auch um „ob oder ob nicht" auszudrücken, wird zunächst der Nebensatz mit か markiert. か kann in diesem Fall nur nach einer einfachen Form von Verben oder Verbaladjektiven (in beiden Fällen Präsens oder Präteritum möglich), nach Nomen und nach Nominaladjektiven stehen. Im Fall von Nomen und NA wird das Präteritum mit だった vor か gebildet. Es folgt どうか und der Hauptsatz.

> 大学院 に 行く か どう か を 考えて います。   (Verb)
> *daigakuin ni iku ka dou ka o kangaete imasu.*
> Ich denke darüber nach, ob ich in zum Forschungskurs gehen soll oder nicht.

10. BILDUNG KOMPLEXER SÄTZE

美味しい か どう か ちょっと 食べて 見ましょう。
oishii ka dou ka chotto tabete mimashou. (VA)
Lass uns probieren, ob es gut schmeckt oder nicht.

その 部屋 は 静か か どう か 知って います か。
sono heya wa shizuka ka dou ka shitte imasu ka. (NA)
Weißt du, ob dieses Zimmer ruhig ist oder nicht?

その アパート が 便利 だった か どう か 分かりません。
sono apa-to ga benri datta ka dou ka wakarimasen. (NA, Präteritum)
Ich wusste nicht, ob diese Wohnung praktisch war oder nicht.

内田さん に 田村さん も 教師 か どう か 聞きました。
uchidasan ni tamurasan mo kyoushi ka dou ka kikimashita. (Nomen)
Ich fragte Frau Uchida, ob Herr Tamura auch Lehrer ist oder nicht.

c) „Ob oder ob nicht" kann auch mit der Partikelkombination とも ausgedrückt werden, falls ein Verb zweimal im Satz verwendet wird, einmal affirmativ und einmal verneint. とも steht nach beiden Verbformen.

買う とも 買わない とも 知って いません。
kau to mo kawanai to mo shitte imasen.
Ich weiß nicht, ob ich es kaufe oder nicht.

10.8 Ausdruck von „ohne zu …"

[10.46] Möglichkeiten zur Formulierung von „ohne zu …"

Verbendung	〜ず (に)
Verbendung	〜ないで
Nomen	まま
Nomen und Ausdrücke	なし; なくちゃ; なくては

Neben den unten beschriebenen Methoden, kann die Formulierung „ohne zu …" auch umschrieben werden, zum Beispiel mit dem Verb 忘れる *wasureru* („vergessen").

私 は 内 に 鞄 を 忘れて 学校 に 行きました。
watashi wa uchi ni kaban o wasurete gakkou ni ikimashita.
Ich ging ohne Tasche in die Schule. (Allerdings kann der Satz auch übersetzt werden mit: Obwohl ich die Tasche zuhause vergessen hatte, ging ich ins Büro.)

10.8.1 Die Verbendung 〜ず

a) Um Sätze wie „Ohne Japanisch zu lernen, fliege ich nach Japan" zu formulieren, kann die Verbendung 〜ず verwendet werden. Auf diese Weise können Prädikate bzw. Haupt- und Nebensatz miteinander verknüpft werden, zum Beispiel 飲まず好きです *nomazu suki desu*. („Ich mag es ohne zu trinken" in der Bedeutung „Ich mag es sogar ohne probiert zu haben"). Die Endung 〜ず wird an die a-Basis der Verben angeschlossen. Besonders unregelmäßig ist die Form des Verbs する.

[10.47] Beispiele für Verbformen mit der Endung 〜ず

Verbtyp	Verb	Form mit 〜ず
vokalische Verben	食べる *tabe.ru*	食べず *tabe.zu* ohne zu essen
	覚える *oboe.ru*	覚えず *oboe.zu* ohne es sich zu merken
konsonantische Verben	書く *ka.ku*	書かず *ka.ka.zu* ohne zu schreiben
	歌う *uta.u*	歌わず *uta.wa.zu* ohne zu singen
	待つ *ma.tsu*	待たず *ma.ta.zu* ohne zu warten
	捜す *saga.su*	捜さず *saga.sa.zu* ohne zu suchen
	遊ぶ *aso.bu*	遊ばず *aso.ba.zu* ohne zu spielen
	飲む *no.mu*	飲まず *no.ma.zu* ohne zu trinken
unregelmäßige Verben	来る *kuru*	来ず *kozu* ohne zu kommen
	する *suru*	せず *sezu* ohne zu tun

Gelegentlich können kurze Sätze ins Deutsche auch anders übersetzt werden, zum Beispiel:

> 知らず。 *shirazu.*
> Ich weiß es nicht.

> 笑わず に いられなかった よ。
> *warawazu ni irarenakatta yo.*
> Ich konnte nicht anders als zu lachen.

b) Soll eine adverbiale Ergänzung mit dieser Bedeutung vor Verben verwendet werden, geschieht dies mit der Partikel に. Nach dem so entstehenden Ausdruck Verb 〜ずに können alle Verben verwendet werden. Das zweite Verb kann alle Flektionsendungen tragen.

10. BILDUNG KOMPLEXER SÄTZE

> 食べず に 飲む *tabezu ni nomu* trinken ohne zu essen
> 飲まず に 行く *nomazu ni iku* gehen ohne zu trinken

> 昨日 あなた は 私 に 挨拶も せず に 帰りました。
> *kinou anata wa watashi ni aisatsumo sezu ni kaerimashita.*
> Gestern bist du nach Hause gegangen, ohne dich von mir zu verabschieden.

> 毎日 朝ご飯 を 食べず に 大学 へ 行って います。
> *mainichi asagohan o tabezu ni daigaku e itte imasu.*
> Ich gehe jeden Tag ohne zu Frühstücken in die Uni.

> この 新幹線 は 京都 から 東京 まで 新富士 に 止まらず に 行きます。
> *kono shinkansen wa kyouto kara toukyou made shinfuji ni tomarazu ni ikimasu.*
> Dieser *shinkansen* fährt von Kyoto nach Tokyo ohne in Shinfuji anzuhalten.

Zur Einbeziehung von Verneinung und Präteritum wird gemäß dieser Form いる als Verb nach に verwendet.

> 食べずに *tabezu ni*
> ohne zu essen
> 食べずにいません *tabezu ni imasen*
> ohne nicht zu essen   (Verneinung)
> 食べずにいた *tabezu ni ita*
> ohne gegessen zu haben   (Präteritum)
> 食べずにいませんでした *tabezu ni imasen deshita*
> ohne nicht gegessen zu haben   (verneintes Präteritum)

[10.48] Verwendung von Verben mit der Endung 〜ず

Verknüpfung von Sätzen (Präsens)	affirmativ	Verb 〜ず Verb 〜ず に います
	verneint	Verb 〜ず に いない Verb 〜ず に いません
Verknüpfung von Sätzen (Präteritum)	affirmativ	Verb 〜ず に いた Verb 〜ず に いました
	verneint	Verb 〜ず に いなかった Verb 〜ず に いません でした
Verknüpfung von verbalen Prädikaten		Verb 〜ず に Verb2

> 友達 は 二週間 電話 を せず に いた ので、心配 して います。
> *tomodachi wa nishuukan denwa o sezu ni ita node, shinpai shite imasu.*
> Da mein Freund seit zwei Wochen nicht anrief, mache ich mir Sorgen.

c) Einige Verbformen mit der Endung ～ず werden heutzutage als feste Formen verwendet, zum Beispiel 絶えず *taezu* („ununterbrochen, fortwährend"), 少なからず *sukunakarazu* („nicht wenig, bedeutend, viel"), 相変わらず *aikawarazu* („wie gewöhnlich") und 必ず *kanarazu* („zwangsläufig, auf jeden Fall").

> 彼 を 見る と 必ず 父 を 思い出す。
> *kare o miru to kanarazu chichi o omoidasu.*
> Wenn ich ihn sehe, denke ich zwangsläufig an meinen Vater.

10.8.2 Sonstige Methoden

a) Mit der verneinten *te*-Form: Wie in 7.2.1 beschrieben, drückt die *te*-Form zwar oft aufeinanderfolgende Handlungen aus, doch je nach Kontext bieten sich Übersetzungen ins Deutsche an, die die Intention des Satzes besser wiedergeben. Im Fall der Verwendung einer verneinten *te*-Form können entsprechende Sätze oft mit „ohne zu ..." übersetzt werden.

> ビール を 飲まなくて 家 に 帰りました。
> *bi-ru o nomanakute uchi ni kaerimashita.*
> Ohne das Bier getrunken zu haben, ging ich nach Hause.

Der Beispielsatz könnte aber auch einfach nur mit „Ich trank das Bier nicht und ging nach Hause" übersetzt werden. Die Verbindung der zwei Prädikate in der Bedeutung „ohne zu" ist dagegen bei Verwendung der Verbendung ～ず klarer:

> ビール を 飲まなくて 家 に 帰って タクシー を 乗らないで 着きました。
> *bi-ru o nomanakute uchi ni kaette takushi- o noranaide tsukimashita.*
> Ich trank kein Bier und ging nach Hause, ich nahm kein Taxi und kam an.
> ビール を 飲まず 家 に 帰って タクシー に 乗らなくて 着きました。
> *bi-ru o nomazu uchi ni kaette takushi- ni noranakute tsukimashita.*
> Ich ging nach Hause ohne das Bier zu trinken und kam an ohne ein Taxi zu nehmen.

b) Mit dem Nomen まま: Das Nomen まま betont Sachverhalte in der Bedeutung „so wie es ist". Nach verneinten Verben kann ins Deutsche mit „ohne ..." übersetzt werden.

> ビール を 飲まない まま 帰りました。
> *bi-ru o nomanai mama kaerimashita.*
> Er ging nach Hause, ohne das Bier zu trinken.

> さようなら の 挨拶 も しない まま 行って しまった よ。
> *sayounara no aisatsu mo shinai mama itte shimatta yo.*
> Sie ging, ohne sich zu verabschieden.

c) Mit dem *kanji* 無: Das *kanji* 無 hat verneinende Funktion und erscheint in einigen Wörtern und Ausdrücken, zum Beispiel dem Nomen 無し *nashi* („ohne", oft auch nur mit *kana* なし geschrieben), den Ausdrücken 無くちゃ *nakucha* und 無くては *nakute wa* („ohne") und den Verben 無くす *nakusu* („loswerden") und 無くなる *nakunaru* („verloren gehen"). Alternativ kann das *kanji* 無 *mu~* als Präfix für viele Nomen mit verneinender Bedeutung verwendet werden, zum Beispiel 無灯 *mutou* („ohne Licht"), 無縁 *muen* („beziehungslos").

> この 辞書 が 無くて は 済まされない。
> *kono jisho ga mukute wa sumasarenai.*
> Ich kann es ohne das Wörterbuch nicht beenden.

> 君 無し で は 生きられない。
> *kimi nashi de wa ikirarenai.*
> Ich kann ohne dich nicht leben.

11. HÖFLICHKEITSSPRACHE (敬語 *keigo*)

Während Möglichkeiten des Ausdrucks von Höflichkeit in der deutschen Sprache auf wenige Mittel beschränkt sind, ist das japanische Höflichkeitssystem komplex und besteht aus einer Vielzahl von Instrumenten, um dem Gesprächspartner gegenüber Respekt zu zeigen und gleichzeitig über die eigene Person mit Bescheidenheit zu sprechen. In diesem Kapitel werden die wichtigsten grammatischen Mittel vorgestellt. Auf die Anwendung wird nur kurz eingegangen, da sie oft nicht klar formulierbaren Regeln folgt. An anderen Stellen in dieser Grammatik sind bereits Elemente des Honorativs beschrieben, insbesondere bei den Personalpronomen sowie den Verben des Besitzwechsels.

11.1 Charakter des Honorativs

11.1.1 Zum Begriff des Honorativs

Die japanische Sprache besitzt ein charakteristisches Merkmal, das sie gegenüber den meisten anderen Sprachen auszeichnet. Es ist die sehr komplexe Eigenschaft, sich dem sozialen äußeren Feld, den Beziehungen der kommunizierenden Menschen untereinander und der aktuellen Situation durch die Wahl unterschiedlicher Sprachebenen anzupassen. Stärker als in anderen Sprachen richtet sich die Ausdrucksweise nach dem Gesprächspartner, zum Beispiel seinem Alter, seiner sozialen Stellung und dem Verhältnis zwischen ihm und dem Sprecher. Genauso beeinflussen die im Redeinhalt eingeschlossenen Personen die Auswahl der grammatischen Elemente.

Um der Forderung nach größtmöglicher Anpassung an die interpersonalen Verhältnisse nachzukommen, stehen dem Sprecher eine Vielzahl von fein abgestuften grammatischen Regeln zur Verfügung. Mit ihrer Hilfe kann er sich herablassend, geringschätzend, vulgär, neutral, höflich, bescheiden bis zu ergeben und ehrerbietig ausdrücken.

Am deutlichsten ausgeprägt ist im Japanischen die auf Achtungsbezeugung ausgelegte Komponente, der Honorativ[1]. Die Enzyklopädie der japanischen Sprachwissenschaft definiert den Begriff als „Sprachgewohnheit, bei welcher der sprachliche Ausdruck für gleiche oder ähnliche Objekte je nach dem Verhältnis von vornehm und niedrig, überlegen und unterlegen oder vertraut und fremd, das zwischen dem Sprechenden, dem Hörenden und einer dritten Person herrscht, in seiner Form unterschieden wird".[2] Unter 敬語 *keigo* werden dazu unterschiedliche sprachliche Formen, sowohl im morphologischen wie auch im lexikalischen Bereich, zusammengefasst.

---

[1] vgl. zum Beispiel: B. Lewin, 1969. S.M. Maynard, 1993. R.A. Miller, 1980. M. Shibatani, 1990.
[2] B. Lewin, 1969, S. 18.

Die Höflichkeitssprache reflektiert das japanische Gruppenbewusstsein, d. h. die Zugehörigkeit zu verschiedenen sozialen Gemeinschaften, wie der Familie, einem Verein oder der Firma. Es wird sprachlich zwischen Mitgliedern der eigenen Gruppe oder Sphäre (内 *uchi*) und gruppenfremden Personen (外 *soto*) differenziert. In Gesprächen mit Außenstehenden wird über sich und die eigene Gruppe bescheiden und über den Gesprächspartner und seine Gruppe respektvoll gesprochen. Die Definitionen von 内 *uchi* und 外 *soto* sind situationsspezifisch. Beispielsweise wird dem Chef der eigenen Firma gegenüber respektvoll gesprochen. Im Gespräch mit einem Kunden ist der Chef aber Mitglied der Firma-*uchi*-Gruppe, so dass über ihn mit dem Kunden nicht respektvoll gesprochen wird. Komplex wird das *uchi-soto*-Prinzip, wenn sich verschiedene Gruppentypen überlappen (zum Beispiel Firma und Verein), wenn innerhalb der Gruppe nochmals differenziert wird (zum Beispiel Abteilungen einer Firma) oder wenn sich Kriterien entgegenstehen.

Neben *keigo* wird oft der Begriff 待遇語法 *taiguugohou* für Behandlungsmodus bzw. Soziativ benutzt. Damit soll hervorgehoben werden, dass die unter *keigo* zusammengefassten Ausdrücke nicht nur ein honoratives, sondern auch ein soziatives Phänomen sind. Vom honorativen Gesichtspunkt aus wird *keigo* im Gegensatz zu neutralen Ausdrücken gesehen, vom soziativen Gesichtspunkt aus steht *keigo* gleichwertig neben anderen Ausdrücken, die alle nicht „soziativ-neutral" sind. Da die Bezeichnung des Subjekts im Satz nicht obligatorisch ist, ermöglicht die Beachtung des Soziativs in vielen Fällen die Feststellung der personalen Bezüge. Höflichkeitssprache wird auch verwendet, um soziale Distanz oder soziale Rangunterschiede bewusst zu betonen.

Die unterschiedlichen Strukturen, die zur Bildung höflicher Sätze eingesetzt werden können, werden in grammatischen Kategorien klassifiziert. Größere Bedeutung kommt der stilistischen Ebene zu: Hier unterscheidet man die in [11.1] angegebenen drei Höflichkeitsformen. Gegenüber Älteren, sozial Höherstehenden und Rangälteren (wie beispielsweise der Angestellte gegenüber dem Chef, der Schüler gegenüber dem Lehrer oder der Verkäufer gegenüber dem Kunden) benutzt der Sprecher die Respekt- oder Bescheidenheitssprache:

11. HÖFLICHKEITSSPRACHE

[11.1] Honorativ-Klassen[3]

丁寧語 *teineigo*	Die höfliche bzw. neutralhöfliche Sprache benutzt der Sprecher gegenüber gleichrangigen, gleichaltrigen und ihm nicht sehr vertrauten Sprechpartnern sowie gegenüber Personen, deren Stellung ihm noch nicht bekannt ist. Außerdem werden diese Formen von Älteren gegenüber Jüngeren bzw. Höherstehenden gegenüber Untergebenen verwendet.
尊敬語 *sonkeigo*	Die Respektssprache drückt Ehrerbietung und Hochachtung gegenüber dem Sprechpartner oder einer dritten Person, die höher als der Sprecher einzustufen ist, aus. Sie wird verwendet, wenn zum Beispiel über Vorgesetzte, Kunden oder Lehrer geredet wird. Die Respektsprache darf nicht in Bezug auf die eigene Person benutzt werden.
謙譲語 *kenjougo* (auch 謙遜語 *kensongo*)	Die Bescheidenheitssprache benutzt der Sprecher, falls er über sich oder andere Personen in seiner eigenen Sphäre spricht und der Sprechpartner bzw. die im Inhalt vorkommenden dritten Personen höher stehen.

11.1.2 Anwendung des Honorativs

a) Die Wahl der richtigen Sprachebene kann ein schwieriges Problem für den Japanisch Lernenden sein, der nicht in Japan aufgewachsen ist und so nicht durch jahrelanges Training ein Gefühl für die Sprache entwickeln konnte. Er muss für sich die Frage nach seiner Stellung innerhalb der interpersonalen Beziehungen der am Gespräch Beteiligten sowie der im Gesprächsinhalt enthaltenen Personen klären, muss entscheiden, welche Höflichkeitsebene vorliegt und muss schließlich die adäquaten Mittel auswählen.

Es gibt eine große Zahl theoretischer Ansätze, die diesen Fragenkomplex bearbeiten, die daraus abgeleiteten Regeln sind allerdings für eine praktische Anwendung oft zu unkonkret.[4] Als einzelne Kriterien können die soziale Schicht, die berufliche Rangordnung, das Alter, das Geschlecht und die Gruppenzugehörigkeit zu entgegengesetzten Richtungen im Höflichkeitssystem weisen, eine richtige Wahl kann auch für den Japaner schwierig sein und zu einer Fehlentscheidung führen. Letztlich muss ein ent-

---

[3] Neben den drei Stufen des honorativen Systems gibt es noch einen Sprachstil, der Wörter und Sätze allgemein ästhetischer und damit höflicher erscheinen lässt. Er wird 美化後 *bikago* oder 雅語 *gago* genannt.
[4] vgl. R.A. Miller, Chicago 1967, S. 270. Zwei wichtige Studien sind: *keigo to keigo ishiki* („Die Höflichkeitssprache und das Bewusstsein der Höflichkeitssprache") im Auftrag des Nationalen Instituts für Studien der japanischen Sprache (1952-53) sowie *kore kara no keigo* („Die zukünftige honorative Sprache") im Auftrag des Erziehungsministeriums (1957).

wickeltes sprachliches Feingefühl die Entscheidung übernehmen. Gelegentlich haben sogar die im Ausland aufgewachsenen oder länger im Ausland lebende Japaner sprachliche Probleme.

Neben einer beabsichtigten Entfernung von der alten sprachlichen Norm[5] wurde durch ständige Übernahme sprachlicher Formen in Zeiten neuer Entwicklungen eine sprachliche Unsicherheit geschaffen. Den Wandlungen in der sozialen Struktur kamen die Veränderungen im sprachlichen Bereich nicht nach, wodurch eine Verunsicherung im Sprachgefühl resultierte. Das Ergebnis sind Stilbrüche, Verwechslungen der honorativen Bezüge und ein Übermaß bzw. ein Mangel an Honorativformen.[6] Der in jüngerer Vergangenheit stetig wachsende Einfluss europäischer und amerikanischer Gesellschaftsnormen auf traditionelle japanische Verhaltensweisen führt ebenfalls zu einem Wandel im sozialen Gefüge und damit zu Unsicherheiten im Gebrauch der Sprache, die gerade auf diesem sozialen Gefüge aufbaut.

b) Ein konkreter Teilaspekt ist das komplexe System der persönlichen Anrede.[7] Im Japanischen werden Namen, Berufsbezeichnungen, Verwandtschaftsbeziehungen und Anredesuffixe verwendet, um der notwendigen Höflichkeit gerecht zu werden. Damit kann die Anrede außerhalb der Höflichkeitsstrukturen liegen: Redet beispielsweise der Sohn mit dem Vater, verwendet er als Anrede die höfliche Bezeichnung お父さん („Vater"), das Verb dagegen steht in der einfachen Form.

Unter Gleichrangigen, Freunden und Bekannten genügt je nach Alter und sozialem Kontext der Familienname mit dem Suffix ～さん oder ～くん, der Vorname mit oder ohne Koseform ～ちゃん oder ein Personalpronomen wie あなた, 君 *kimi* oder おまえ.

Innerhalb der Familie werden die formal „Ranghöheren", d. h. älteren Personen, wie die Eltern, Großeltern, älteren Geschwister, Onkel und Tanten mit den Verwandtschaftsbeziehungen (vgl. dazu 11.2.2) angeredet, zum Beispiel お父さん *otousan* („Vater"), お母さん *okaasan* („Mutter") oder お兄さん *oniisan* („älterer Bruder"). Jüngere Verwandte dagegen werden beim Vornamen genannt.

> お父さん、これ を 買って。
> *otousan, kore o katte.*
> Vater, kaufst du mir das?

---

[5] Viele junge Japaner lehnen die starren sprachlichen Konventionen ab und sind bewusst inkonsequent im Gebrauch stilistischer und grammatischer Höflichkeitsformen. Dieses Phänomen wird als 敬語の乱れ *keigo no midare* bzw. 敬語の混乱 *keigo no konran* („Unordnung bzw. Verwirrung des Höflichkeitsausdrucks") bezeichnet.

[6] Für Beispiele solcher Fehlleistungen vgl. B. Lewin, Wiesbaden 1969, S. 173.

[7] H. Arnold-Kanamori, München 1993, S. 148-155.

11. HÖFLICHKEITSSPRACHE

> 井久ちゃん、静か に しなさい。
> *ikuchan, shizuka ni shinasai.*
> Iku, mache nicht solchen Lärm!

> お父さん は 遅く 帰る から、先に 食べましょう。
> *otousan wa osoku kaeru kara, sakini tabemashou.*
> Da Vater heute erst später kommt, essen wir schon (Mutter zum Sohn).

In der Schule oder im Berufsleben werden ebenfalls von Nieder- zu Höherrangigen keine namentliche Anrede, sondern Berufsbezeichnungen benutzt. Beispielsweise spricht der Schüler oder Student den Lehrer oder Professor mit 先生 *sensei* an, ein Mitglied den Vereinsvorsitzenden mit 会長 *kaichou*, ein Mitarbeiter den Abteilungsleiter mit 部長 *buchou* oder den Chef mit 社長 *shachou*.

> この 問題 に ついて、先生 は どう お考え に なります か。
> *kono mondai ni tsuite, sensei wa dou okangae ni narimasu ka.*
> Herr Lehrer, was meinen sie zu diesem Problem?

Ähnliches gilt zwischen Verkäufer und Kunde, Taxifahrer und Fahrgast oder Arzt und Patient:

> 運転手さん *untenshusan* Fahrer
> 魚屋さん *sakanayasan* Fischhändler
> 八百屋さん *yaoyasan* Gemüsehändler
> 先生 *sensei* Lehrer, Arzt, Professor
> お客さん *okyakusan* Kunde

11.2 Grammatische Mittel des Honorativs
11.2.1 Präfixe[8]
Die einfachste Möglichkeit, eine höfliche Form von Wörtern zu bilden, sind die Präfixe お〜 und ご〜. Das Präfix お〜 wird im Allgemeinen bei Wörtern japanischer Herkunft und das Präfix ご〜 bei Wörtern chinesischer Herkunft verwendet. Diese Zusätze können bei Nomen, Adjektiven und Verben auftreten.

---

[8] In Wörterbüchern und Lexika werden die Präfixe bei der alphabetischen Einordnung nur bei Wörtern berücksichtigt, die nicht mehr ohne verwendet werden. Präfixe sind nicht generell anwendbar, es gibt auch keine allgemeingültigen Regeln für ihren Gebrauch, so dass bei ihrer Verwendung Vorsicht geboten ist.
Formal sind o~ und go~ japanische und sinojapanische Lesungen desselben Ausdrucks, der mit dem kanji 御 wiedergegeben wird. Bei einigen Nomen sind beide Lesungen möglich, zum Beispiel 御誕生 *otanjou* und *gotanjou* („Geburt") und 御入用 *oiriyou* und *goiriyou* („Bedürfnis").
Bei modernen Lehnwörtern aus westlichen Sprachen werden Höflichkeitspräfixe nur selten verwendet. Gelegentlich benutzt man お〜, zum Beispiel in おビール („Bier").

a) Die zwei Höflichkeitsebenen 丁寧語 *teineigo* und 尊敬語 *sonkeigo* verlangen Präfixe bei bestimmten Nomen. In der Bescheidenheitssprache, d. h. in Bezug auf die Person des Sprechers bzw. seiner sozialen Sphäre, bleiben die Nomen in den meisten Fällen unverändert. So wird beispielsweise die eigene Bestellung im Restaurant mit 注文 *chuumon* bezeichnet. Der Kellner nennt sie dem Gast gegenüber ご注文 *gochuumon*. Alle Verwandtschaftsbeziehungen (vgl. [11.7]) werden ähnlich behandelt.

Man unterscheidet zwischen Wörtern, die von beiden Geschlechtern, und Wörtern, die vorwiegend von weiblichen Sprechern mit Höflichkeitspräfixen benutzt werden (ist der Gesprächspartner hierarchisch bzw. sozial sehr hochstehend, werden diese Formen auch von Männern benutzt). Darüber hinaus gibt es auch eine große Zahl von Nomen, die im Allgemeinen nicht mit Präfixen zusammen verwendet werden können.

[11.2] Beispiele für die Anwendung der Höflichkeitspräfixe

von männlichen und weiblichen Sprechern benutzt	お名前	onamae	Name
	お話	ohanashi	Gespräch
	ご旅行	goryokou	Reise
	ご結婚	gokekkon	Heirat
	ご名刺	gomeishi	Visitenkarte
vorwiegend von weiblichen Sprechern benutzt	お鮨	osushi	Sushi
	お友達	otomodachi	Freund
	お勉強	obenkyou	Studium
	お食事	oshokuji	Hauptmahlzeit

Bei einigen Substantiven ist zu beachten, dass diese auch im normalen Sprachgebrauch, also unabhängig von der gewählten Höflichkeitsebene, in der Regel mit den Präfixen verwendet werden, ohne dass sie deshalb als *keigo* zu betrachten sind.[9] Es sind dies beispielsweise お金 *okane* („Geld"), お茶 *ocha* (japanischer Tee), お風呂 *ofuro* („Bad"), お箸 *ohashi* („Essstäbchen"), ご飯 *gohan* („gekochter Reis, Mahlzeit"), お腹 *onaka* („Bauch"), お礼 *orei* („Dank"), お願い *onegai* („Bitte, Wunsch") und お菓子 *okashi* („Süßigkeiten").

Es gibt auch Situationen, die aufgrund ihres formalen Charakters die Höflichkeitspräfixe verlangen. So werden diese beispielsweise bei der traditionellen Teezeremonie für Geräte und Zutaten verwendet, wie お湯 *oyu* („heißes Wasser"), お水 *omizu* („Wasser") und お茶碗 *ochawan* („Teetasse").

---

[9] Gelegentlich wird beschrieben, dass in diesen Fällen ein Respekt gegenüber dem Gegenstand selber ausgedrückt wird. Obligatorisch ist der Gebrauch der Präfixe bei diesen Wörtern in der Frauensprache.

11. HÖFLICHKEITSSPRACHE

b) Verbaladjektive, die nicht auf dem Vokal „o" anlauten, erhalten das Präfix お〜 in allen Höflichkeitsebenen. Nominaladjektive werden in der Bescheidenheitssprache *kenjougo* ohne Präfixe verwendet und erhalten in der Respektsprache お〜 oder ご〜. Auch im Fall der Adjektive gibt es bestimmte Wörter, die nie ein Präfix tragen können.

[11.3] Beispiele für höfliche Adjektive			
	einfach	höflich	
Verbal-adjektive	美しい *utsukushii*	→ お美しい *outsukushii*	schön
	早いです *hayai desu*	→ お早うございます *ohayou gozaimasu*	früh
	寒いです *samui desu*	→ お寒うございます *osamuu gozaimasu*	kalt
	遅いです *osoi desu*	→ 遅うございます *osou gozaimasu*	langsam, spät
Nominal-adjektive	きれい *kirei*	→ おきれい *okirei* (Respekt)	schön
	好き *suki*	→ お好き *osuki*	mögen
	立派 *Rippa*	→ ご立派 *gorippa* (Respekt)	prächtig
	親切 *shinsetsu*	→ ご親切 *goshinsetsu*	freundlich

Da es weitere Mittel zur Bildung der Höflichkeitsform gibt, unterscheiden sich bescheidene und respektvolle Formen der Nominaladjektive:

> 元気 だ *genki da.*
> → 元気 で ございます
> *genki de gozaimasu.* (bescheiden)
> お元気 で いらっしゃいます
> *ogenki de irasshaimasu.* (respektvoll)

妹 は きれい だ。
imouto wa kirei da. (einfach)

→ 妹さん は おきれい です。
imoutosan wa okirei desu. (höflich)
Seine Schwester ist schön.

先生 は 果物 は 何 が 好き。
sensei wa kudamono wa nani ga suki. (einfach)

→ 先生 は 果物 は 何 が お好き で いらっしゃいます か。
sensei wa kudamono wa nani ga osuki de irasshaimasu ka. (höflich)
Herr Lehrer, was für ein Obst essen sie gerne?

あなた の 子供 は 立派 に なった ね。
anata no kodomo wa rippa ni natta ne. (einfach)

→ おたく の お子様 は ご立派 に なられました ね。
otaku no okosama wa gorippa ni nararemashita ne. (höflich)
Ihr Sohn hat eine erfolgreiche Entwicklung durchlaufen.

c) Im verbalen Bereich tragen Verben die Präfixe, falls sie morphologisch verändert werden. In der Respektsprache sind dies alle Verben. Je nach Wortherkunft (japanisch bzw. sinojapanisch) wird お〜 bzw. ご〜 vorangestellt. Neben dem Höflichkeitspräfix wird meistens になる oder です der i-Basis der Verben nachgestellt (vgl. 11.2.3). So haben das japanische Verb 話す *hanasu* und das sinojapanische Verb 案内する *annai suru* folgende höfliche Respektsformen: お話す *ohanasu*, お話しになる *ohanashi ni naru*, お話しです *ohanashi desu*, ご案内になる *goannai ni naru*, ご案内です *goannai desu*.

この 本 を お読みに なりました か。
kono hon o oyomini narimashita ka.
Haben sie dieses Buch gelesen?

今 は 何 の 本 を お読み です か。
ima wa nan no hon o oyomi desu ka.
Was für ein Buch lesen sie gerade?

賞金 は 何 を 使い に なります か。
shoukin wa nani o tsukai ni narimasu ka.
Was tun sie mit dem Geld?

In der Bescheidenheitssprache erhalten alle japanischen Verben im Rahmen der morphologischen Veränderung das Präfix お〜. Die sinojapanischen Verben werden ohne Präfix benutzt, falls der Sprechinhalt die eigene Person bzw. Personen der eigenen

11. HÖFLICHKEITSSPRACHE

Sphäre betrifft. Geschieht die Handlung dagegen im Interesse eines respektvoll-höflich zu behandelnden Dritten, so wird dem bescheiden-höflichen sinojapanischen Verbalausdruck in den meisten Fällen ご〜 (in Ausnahmefällen auch お〜) vorangestellt.

Zur Unterscheidung bei sinojapanischen Verben:

案内する	*annai suru*	begleiten
案内いたします。	*annai itashimasu.*	Ich begleite ...
ご案内いたします。	*goannai itashimasu.*	Ich begleite sie.
電話する	*denwa suru*	telefonieren
電話いたします。	*denwa itashimasu.*	Ich telefoniere.
お電話いたします。	*odenwa itashimasu.*	Ich rufe sie an.

11.2.2 Lexikalische Honorativformen

Eine weitere Möglichkeit zur Ausbildung einer höflichen Sprachebene ist der Ersatz von Wörtern durch ihre *keigo*-Äquivalente (交代形式 *koutaikeishiki*, „Austausch-Methode"). Für alle drei Höflichkeitsebenen existieren, besonders im nominalen und verbalen Bereich, Wörter mit honorativen Formen.

a) Bei Verben ist die Zahl solcher Sonderformen besonders groß. Häufig in der *sonkeigo*-Ebene gebraucht werden beispielsweise いらっしゃる für die Verben いる („sein"), 行く *iku* („gehen") und 来る *kuru* („kommen") sowie die *keigo*-Formen ござる für das Verb ある („sein") bzw. おる für das Verb いる. Anstelle der Kopula wird, ausgehend von である, die daraus abgeleitete höfliche Form でございます verwendet.

Auf der Ebene der Bescheidenheitssprache gehören いたす für する („tun"), 参る *mairu* für 行く *iku* („gehen") und 来る *kuru* („kommen") und 申す *mousu* für 言う *iu* („sagen") zu den wichtigsten Beispielen. Obwohl diese Verben formal sowohl in der einfachen, wie auch in der höflichen Form gebraucht werden können, ist die Verwendung des *teineigo* im Allgemeinen aufgrund der Situation und der gewählten Höflichkeitsebene üblich.

Einfach: 先生 は 明日 大学 に 来ます/います。
sensei wa ashita daigaku ni kimasu/imasu.
Höflich: 先生 は 明日 大学 に いらっしゃいます。
sensei wa ashita daigaku ni irasshaimasu. (*sonkeigo*)
Der Lehrer kommt morgen zur Uni. Oder: Der Lehrer ist morgen an der Uni.
Oder: Der Lehrer geht morgen zur Uni.

Einfach: 私 は 明日 大学 に 来ます。
watashi wa ashita daigaku ni kimasu.
Höflich: 私 は 明日 大学 に 参ります。
watakushi wa ashita daigaku ni mairimasu. (*kenjougo*)
Ich komme morgen zur Universität.

お手紙 を 拝見 します。
otegami o haiken shimasu.
お手紙 を 拝見 いたしました。
otegami o haiken itashimashita. (*kenjougo*)
Ich lese (wörtlich: sehe) deinen Brief.

Einfach: 明日 は 私 は 家 に います。
ashita wa watashi wa uchi ni imasu.
Höflich: 明日 は 私 は 自宅 に おります。
ashita wa watakushi wa jitaku ni orimasu. (*kenjougo*)
Morgen bin ich zu Hause.

もし もし。石井 で ございます。山本先生 は いらっしゃいます か。
moshi moshi. ishii de gozaimasu. (kenjougo) yamamotosensei wa irasshaimasu ka. (sonkeigo)
Am Telefon: Hallo. Hier ist Ishii. Ist Professor Yamamoto da?

どちら様 で いらっしゃいます か。私 は 河野 と 申します。
dochirasama de irasshaimasu ka. watakushi wa kono to moushimasu.
Wer sind sie bitte? Ich heiße Kono.

In [11.4] sind einige japanische Verben und ihre *keigo*-Äquivalente angegeben.[10] In einigen Fällen handelt es sich um morphologische Honorativformen (vgl. 11.2.3). Die Verben des Besitzwechsels 上げる *ageru*, 差し上げる *sashiageru*, やる, くれる, いただく, 下さる *kudasaru* und もらう sind ausführlich in 5.5 beschrieben.

---

[10] Ausführliche Tabellen in: N. Katsuki-Pestemer, Rheinbreitbach 1991, S. 320 ff. S.K. Maynard, Amsterdam 1992, S. 279. E. Saito, H. Silberstein, Leipzig 1984, S. 626.

11. HÖFLICHKEITSSPRACHE

[11.4] Höfliche Verbformen

einfache Verbform 終止形 *shuushikei*	敬語 *keigo*-Verbformen			
	尊敬語 *sonkeigo* (respektvoll)	謙譲語 *kenjougo* (bescheiden)	丁寧語 *teneigo* (neutralhöflich)	
ある *aru*			御座る *gozaru*	sein, haben
会う *au*	お会いになる *oai ni naru*	お目にかかる *omenikakaru*		treffen
訪問する *boumon suru*		伺う *ukagau*		besuchen
行く *iku*	いらっしゃる おいでになる	参る *mairu*, 伺う *ukagau*	参る *mairu*	gehen
いる *iru*	いらっしゃる *irassharu*, おいでになる *oide ni naru*	おる *oru*	おる *oru*	sein
言う *iu*	おっしゃる	申す, 申し上げる *mousu, moushiageru*	申す *mousu*	sagen
借りる *kariru*		はいしゃくする *haishaku suru*		borgen
聞く *kiku*		伺う *ukagau*, 承る *uketamawaru*		hören
着る *kiru*	めす *mesu*, おめしになる *omeshi ni naru*			anziehen

[11.4] Höfliche Verbformen (Fortsetzung)

einfache Verbform 終止形 *shuushikei*	敬語 keigo-Verbformen			
	尊敬語 *sonkeigo* (respektvoll)	謙譲語 *kenjougo* (bescheiden)	丁寧語 *teneigo* (neutralhöflich)	
来る *kuru*	いらっしゃる, おいでになる	参る *mairu*, 伺う *ukagau*	参る *mairu*	kommen
見る *miru*	ご覧になる *goran ni naru*	拝見する *haiken suru*		sehen
見せる *miseru*		お目にかける *omenikakeru*		zeigen
もらう、くれる		いただく		bekommen
寝る *neru*	お休みになる *oyasumi ni naru*		休む *yasumu*	schlafen
飲む *nomu*	召し上がる *meshiagaru*	いただく *itadaku*	いただく *itadaku*	trinken
乗る、乗せる *noru, noseru*	召される *mesareru*			fahren
思う *omou*	お思いになる *oomoi ni naru*	存じる *zonjiru*		denken
死ぬ *shinu*	お亡くなりになる *onakunari ni naru*		亡くなる *nakunaru*	sterben

11. HÖFLICHKEITSSPRACHE

[11.4] Höfliche Verbformen (Fortsetzung)

einfache Verbform 終止形 *shuushikei*	敬語 *keigo*-Verbformen 尊敬語 *sonkeigo* (respektvoll)	謙譲語 *kenjougo* (bescheiden)	丁寧語 *teneigo* (neutralhöflich)	
知る *shiru*	ご存知だ *gozonji da*	存じる *zonjiru*, 存じ上げる *zonjiageru*	存じる *zonjiru*	wissen
する	なさる *nasaru*	いたす *itasu*	いたす *itasu*	tun
食べる *taberu*	召し上がる *meshiagaru*	いただく *itadaku*	いただく *itadaku*	essen
訪ねる *tazuneru*	おいでになる *oide ni naru*	伺う *ukagau*		besuchen
分かる *wakaru*		畏まる *kashikomaru*		einverstanden sein
やる	下さる *kudasaru*	上げる *ageru*, 差し上げる *sashiageru*		geben

Die höflichen Verben ござる, いらっしゃる, なさる, くださる und おっしゃる, haben zum Teil unregelmäßige Flektionsformen. In allen Fällen handelt es sich um konsonantische Verben. Bei Endungen, die an die i-Basis angehängt werden, wird allerdings die Silbe (Flektionserweiterung) ～り～ zu ～い～ verkürzt, zum Beispiel なさる → なさいます (statt *nasa~ri~masu*). Andere Endungen werden regelmäßig angeschlossen.

[11.5] Beispiele für Konjugationsformen höflicher Verben

Verb in der *sonkeigo*-Form	*teineigo*-Form Präsens (unregelmäßig)	einfache Präteritumform	Wunschform (unregelmäßig)
ござる	ございます	ござった	ございたい
いらっしゃる	いらっしゃいます	いらっしゃった	いらっしゃいたい
くださる	くださいます	くださった	
おっしゃる	おっしゃいます	おしゃった	おっしゃいたい

b) Die Zahl lexikalischer *keigo*-Begriffe im nominalen und adjektivischen Bereich ist geringer. Lediglich in den Anredeformen sowie den Verwandtschaftsbeziehungen steht eine größere Zahl höflicher Bezeichnungen zur Verfügung. Wichtig sind die zwei *keigo*-Äquivalente für 人 *hito* („Mensch") und よい („gut"; in der *kenjougo*-Ebene).

[11.6] Beispiele für höfliche Nomen, Pronomen und Adjektive

neutrales Wort	äquivalente *keigo*-Form	
人 *hito*	方 *kata*	Mensch, Person
この人 *ano hito*	こちら *kochira*, この方 *kono kata*	er, diese Person
家 *uchi*	お宅 *otaku*	Haus
体 *karada*	御身 *onmi*	Körper
だれ	どなた, どちら様	wer
どう	いかが	wie
どこ	どちら	wo
ここ	こちら	hier
そこ	そちら	dort
あそこ	あちら	dort drüben

11. HÖFLICHKEITSSPRACHE

[11.6] Beispiele für höfliche Nomen, Pronomen und Adjektive (Fortsetzung)

neutrales Wort	äquivalente *keigo*-Form	
今度 *kondo*	この度 *konotabi*	dieses Mal
今日 *kyou*	本日 *honjitsu*	heute
明日 *ashita*	明日 *asu*, *myounichi*	morgen
昨日 *kinou*	昨日 *sakujitsu*	gestern
さっき *sakki*	先ほど *sakihodo*	vorhin
あとで *atode*	後程 *nochihodo*	später
いい, よい	よろしい	gut
すごく *sugoku*	大変 *taihen*	sehr
本当に *hontouni*	誠に *makotoni*	wirklich

Besonders bei Fragen wird oft die *keigo*-Form gewählt, zum Beispiel statt どこへ行きますか *doko e ikimasu ka*. klingt どちらへいらっしゃいますか *dochira e irasshaimasu ka* höflicher.

Beispiele für den unterschiedlichen Ausdruck von verwandtschaftlichen Beziehungen sind in [11.7] gegenübergestellt. Die *kenjougo*-Form wird benutzt, falls es sich um die eigene, d. h. die Familie des Sprechers handelt. Höflicher mit der *sonkeigo*-Form bezeichnet werden Mitglieder der Familien des Gesprächspartners bzw. dritter Personen:

[11.7] Höfliche Formen bei Verwandtschaftsbeziehungen

kenjougo-Form (→ 内 *uchi*)	*sonkeigo*-Form (→ 外 *soto*)	
家族 *kazoku*, 家庭 *katei*	ご家族 *gokazoku*	Familie
両親 *ryoushin*, 親 *oya*	ご両親 *goryoushin*	Eltern
父 *chichi*	お父さん *otousan*, お父様 *otousama*	Vater
母 *haha*	お母さん *okaasan*, お母様 *okaasama*	Mutter
祖父母 *sofubo*		Großeltern
祖父 *sofu*	お父さん *ojisan*, お父様 *ojisama*	Großvater

[11.7] Höfliche Formen bei Verwandtschaftsbeziehungen (Fortsetzung)

kenjougo-Form (→ 内 uchi)	sonkeigo-Form (→ 外 soto)	
祖母 sobo	お婆さん obaasan, お婆様 obaasama	Großmutter
兄弟 kyoudai	ご兄弟 gokyoudai	Geschwister; Brüder
姉妹 shimai	ご姉妹 goshimai	Schwestern
兄 ani	お兄さん oniisan, お兄様 oniisama	älterer Bruder
姉 ane	お姉さん oneesan, お姉様 oneesama	ältere Schwester
弟 otouto	弟さん otoutosan	jüngerer Bruder
妹 imouto	妹さん imoutosan	jüngere Schwester
主人 shujin, 夫 otto	ご主人 goshujin	Ehemann
家内 kanai, 妻 tsuma	奥さん okusan, 奥様 okusama	Ehefrau
子ども kodomo, 小児 shouni	お子さん okosan, お子様 okosama	Kind
息子 musuko, 倅 segare	息子さん musukosan, 坊ちゃん bocchan	Sohn
娘 musume	お嬢さん ojousan, お嬢様 ojousama	Tochter
孫 mago	お孫さん omagosan	Enkel
婿 muko	お婿さん omukosan	Schwiegersohn
嫁 yome	お嫁さん oyomesan	Schwiegertochter
舅 shuuto	お舅さん oshuutosan	Schwiegervater
姑 shuutome	お姑さん oshuutomesan	Schwiegermutter
叔父 oji	叔父さん ojisan, 叔父様 ojisama	Onkel
叔母 oba	叔母さん obasan, 叔母様 obasama	Tante

11. HÖFLICHKEITSSPRACHE

[11.7] Höfliche Formen bei Verwandtschaftsbeziehungen (Fortsetzung)

kenjougo-Form (→ 内 uchi)	sonkeigo-Form (→ 外 soto)	
甥 oi	甥御さん oigosan	Neffe
姪 mei	姪御さん meigosan	Nichte
従兄 itoko	お従兄さん oitokosan	älterer Cousin
従姉 itoko	お従姉さん oitokosan	ältere Cousine
従弟 itoko	従弟さん itokosan	jüngerer Cousin
従妹 itoko	従妹さん itokosan	jüngere Cousine
親戚 shinseki	ご親戚 goshinseki	Verwandte

11.2.3 Morphologische Honorativformen

Veränderungen in der Morphologie der Prädikate sind die produktivste und am universellsten einsetzbare Methode der Honorativbildung. Die bei Verben und Adjektiven durchgeführten Transformationen werden als 転化形式 tenkakeishiki („Zusatzmethode") bezeichnet.

a) Die Passivkonstruktion als Honorativ: Die japanische Passivkonstruktion übernimmt drei Funktionen: Neben der Bildung des eigentlichen passiven Satzes kann sie Fähigkeiten bezeichnen und Höflichkeit ausdrücken.[11] Welche der Funktionen vorliegt, entscheidet der Kontext. Im Bereich des Honorativs wird die Passivform ausschließlich zur Bildung der respektvollen Höflichkeitsform des sonkeigo verwendet.

> 先生 は 窓 を 開けられました。
> *sensei wa mado o akeraremashita.*
> Der Lehrer öffnete das Fenster.

> 石井さん は いつ 結婚 されました か。
> *ishiisan wa itsu kekkon saremashita ka.*
> Herr Ishii, wann haben sie geheiratet?

> 社長 が 午後 五時 に こちら に 見えられます。
> *shachou ga gogo goji ni kochira ni mieraremasu.*
> Der Chef kommt um fünf Uhr nachmittags hierher.

---

[11] Zur Bildung passiver Verbformen vgl. 8.3.1, zur Verwendung als Potentialform vgl. 9.2.2.

> 先生 は 明日 大学 に 来られます か。
> *sensei wa ashita daigaku ni koraremasu ka.*
> Kommt der Lehrer morgen zur Universität?

> この 本 を もう 読まれました か。
> *kono hon o mou yomaremashita ka.*
> Haben sie dieses Buch schon gelesen?

b) Auf der Ebene der neutral-höflichen Sprache *teineigo* gibt es nur eine Möglichkeit des *tenkakeishiki*: Die Verben erhalten die Endung 〜ます. Die Höflichkeitsform der Kopula だ lautet です. Durch Wahl der entsprechenden *keigo*-Form der Kopula werden auch die Adjektive in die neutral-höfliche Ebene erhoben (vgl. 1.3.4).

c) Die Bescheidenheitssprache *kenjougo* kennt die größte Zahl morphologischer *keigo*-Äquivalente. Sie werden durch Anschluss eines der folgenden Verben an die i-Basis der Verben (analog der *masu*-Form) gebildet. Zusätzlich wird ein Höflichkeitspräfix vorangestellt:

[11.8] Verbformen zum Ausdruck von Bescheidenheit	
を〜 / ご〜 + Verb〜[i]〜する	o〜/go〜 + Verb〜[i]〜*suru*
を〜 / ご〜 + Verb〜[i]〜いたす	o〜/go〜 + Verb〜[i]〜*itasu*
を〜 / ご〜 + Verb〜[i]〜願う	o〜/go〜 + Verb〜[i]〜*negau*
を〜 / ご〜 + Verb〜[i]〜いただく	o〜/go〜 + Verb〜[i]〜*itadaku*
を〜 / ご〜 + Verb〜[i]〜申し上げる	o〜/go〜 + Verb〜[i]〜*moushiageru*

Die davon gebräuchlichsten Formen sind die Varianten mit する und いたす. Als eigenständige Verben bedeuten die hier als Suffixverben gebrauchten Wörter: 願う *negau* „bitten", いただく „erhalten" und 申し上げる *moushiageru* „vorschlagen". Üblicherweise stehen die gebildeten *kenjougo*-Verben in der neutral-höflichen *masu*-Form します bzw. いたします.

> 送る *okuru*
> → 送りします *okurishimasu* senden
> 案内する *annai suru*
> → 案内いたします *annaiitashimasu* führen
> 上げる *ageru*
> → 上げ願います *agenegaimasu* geben

11. HÖFLICHKEITSSPRACHE

書く *kaku*
→ 書きいただきます *kakiitadakimasu* schreiben
願う *negau*
→ 願い申し上げます *negaimoushiagemasu* bitten

それ を お持ち します か。
sore o omochi shimasu ka.
Kann ich dies für sie tragen?

ここ で お待ち します。
koko de omachi shimasu.
Ich warte hier auf sie.

明日 町 を ご案内いたしましょう か。
ashita machi o goannaiitashimashou ka.
Soll ich ihnen morgen die Stadt zeigen?

テーブルクロス を 叔母 に 上げ願えません か。
te-burukurosu o oba ni agenegaemasen ka.
Würden sie bitte die Tischdecke meiner Tante geben?

お願いいたしました 本 は もう お書きいただきました でしょう か。
onegaiitashimashita hon wa mou okakiitadakimashita deshou ka.
Konnten sie die Bücher, um die wir sie gebeten haben, schon schreiben?

Bei sinojapanischen Verben der Form Nomen + する wird das höfliche Verb statt する direkt an das Nomen angeschlossen. Im Allgemeinen wird いたす verwendet.

助言 を 本当 に 感謝 いたします。
jogen o hontou ni kansha itashimasu.
Ich bin ihnen wirklich sehr dankbar für ihren Rat.

汽車 は 間違いなく 定刻 に 到着 いたします。
kisha wa machigainaku teikoku ni touchaku itashimasu.
Ich versichere ihnen, dass der Zug pünktlich ankommen wird.

Die Bescheidenheitssprache findet sich auch in einigen feststehenden Ausdrücken, zum Beispiel:

お願いします
onegai shimasu Bitte

お願い 申し上げます。
onegai moushiagemasu. Ich bitte sie.

お待たせ しました。
omatase shimashita. Entschuldigen sie, ich habe sie warten lassen

失礼 いたします。
shitsurei itashimasu. Entschuldigen sie mich (bei Störungen, zum Beispiel der Unterbrechung eines Gesprächs, beim Verlassen ...).

ご好意感謝 いたします。
gokouikansha itashimasu.
Ich bin dankbar, für das, was sie für mich getan haben.

d) Im Bereich der Respektsprache *sonkeigo* gibt es neben dem Passiv die folgenden vier morphologischen Höflichkeitsformen. Bei ihnen werden die Verben なる, なさる oder くださる bzw. die Kopula an die i-Basis angeschlossen. Die angeschlossenen Verben bzw. die Kopula stehen in der Regel in der neutral-höflichen Form (vgl. auch Beispiele in [11.4]).

[11.9] Verbformen zum Ausdruck von Respekt

Verbtyp	Bildung
japanische Verben	お〜 + Verb[i]〜 になります
	を〜 + Verb[i]〜 なさいます
	を〜 + Verb[i]〜 くださいます
	お〜 + Verb[i] + です
sinojapanische Verben	ご〜 + Nomen + になります
	ご〜 + Nomen + なさいます
	ご〜 + Nomen + くださいます
	ご〜 + Nomen + です
	ご〜 + Nomen + される

Die Verben なさる und くださる sind bereits höfliche Formen, sie entsprechen den respektvoll-höflichen *koutaikeishiki* der Verben いる und ある. Statt der Kopula-Form です wird auch die Form mit で in Kombination mit zwei anderen bescheiden-höflichen *sonkeigo*-Formen der Verben いる bzw. ある gebraucht: でござる bzw. でいらっしゃる.

11. HÖFLICHKEITSSPRACHE

読む *yomu*
→ お読みになります *oyomini narimasu* lesen
出発する *shuppatsu suru*
→ ご出発なさいます *goshuppatsu nasaimasu* reisen
訪ねる *tazuneru*
→ お訪ね下さいます *otazunekudasaimasu* besuchen
待つ *matsu*
→ お待ちです *omachi desu* warten
→ お待ちでございます *omachide gozaimasu* warten
→ お待ちでいらっしゃいます *omachide irasshaimasu* warten

先生 は この 本 を もう お読み に なりました か。
sensei wa kono hon o mou oyomi ni narimashita ka.
Herr Lehrer, haben sie dieses Buch schon gelesen?

いつ まで 滞在 なさいます か。
itsu made taizai nasaimasu ka.
Bis wann bleiben sie hier?

山田さん が 隣 の 部屋 で お待ち で いらっしゃいます。
yamadasan ga tonari no heya de omachi de irasshaimasu.
Herr Yamada wartet auf sie im Nebenzimmer.

お子さん が おあり です か。
okosan ga oari desu ka.
Haben sie Kinder?

あなた が ご意見 を 述べた もの が ありましたら、それ も ご連絡 下さいます か。
anata ga goiken o nobeta mono ga arimashitara, sore mo gorenraku kudasaimasu ka.
Bitte sprechen sie mich an, wenn sie ihre Meinung mitteilen möchten.

e) Adjektive können mithilfe der Kopula in die *keigo*-Ebene übertragen werden. Anstelle der neutral höflichen Formulierung mit der Kopula です *desu* folgen den Adjektiven どうしござる *doushi gozaru* bzw. いらっしゃる *irassharu*. Auf der *kenjougo*-Ebene wird ござる *gozaru* verwendet, dabei kommt es bei Verbaladjektiven zu phonetischen Veränderungen. Auch wenn diese höfliche Adjektivformen formal bestehen, werden sie nur selten verwendet.

- Beispiele für Verbaladjektive:

  > 速い *hayai*
  > → 速うございます *hayou gozaimasu* schnell
  > 忙しい *isogashii*
  > → 忙しうございます *isogashuu gozaimasu* beschäftigt
  > よい *yoi*
  > → ようございます *you gozaimasu* oder: よろしゅうございます *yoroshuu gozaimasu* gut

- Beispiele für Nominaladjektive:

  > 大事です *daiji desu*
  > → 大事でございます *daiji de gozaimasu* wichtig
  > 元気です *genki desu*
  > → 元気でございます *genki de gozaimasu* gesund

Auf der *sonkeigo*-Ebene wird dagegen いらっしゃる *irassharu* zur Höflichkeitsbildung gebraucht, und alle Adjektive stehen in ihrer adverbialen Form:

- Beispiele für Verbaladjektive:

  > 早い *hayai*
  > → お早くていらっしゃいます *ohayakute irasshaimasu*
  > 遅い *osoi*
  > → お遅くていらっしゃいます *oosokute irasshaimasu*

- Beispiele für Nominaladjektive:

  > 元気です *genki desu*
  > → お元気でいらっしゃいます *ogenki de irasshaimasu*
  > 心配です *shinpai desu*
  > → ご心配でいらっしゃいます *goshinpai de irasshaimasu*

11.2.4 Mehrfacher Honorativ

Kombinationen der verschiedenen Bildungsvarianten des Honorativs führen zum mehrfachen *keigo*, dem 二重敬語 *nijuukeigo*. Als Beispiel[12] wird im Folgenden das Verb 見る *miru* („sehen, aussehen, sich sehen lassen") betrachtet. Die erste Stufe ist die neutrale Höflichkeit, das *teineigo*: 見ます *mimasu*. Als besondere lexikalische *koutaikeishiki*-Form lautet es 見える *mieru* bzw. 見えます *miemasu*. Durch die Umformung ins Passiv 見えられ

---

[12] Beispiel entnommen aus: R.A. Miller, Chicago 1967, S. 290.

11. HÖFLICHKEITSSPRACHE

る *mierareru* bzw. 見えられます *mieraremasu* steigt die Höflichkeitsebene weiter an. Eine zweite Möglichkeit besteht zunächst in der besonderen grammatischen Verbform *o- ... -ni naru*. Bei *mieru* ist es お見えになる *omie ni naru*. Davon lautet die Passivform お見えになられる *omie ni narareru* bzw. als *teineigo*: お見えになられます *omie ni nararemasu*.

> 社長 が 午後 三時 に こちら に 見ます。
> *shachou ga gogo sanji ni kochira ni mimasu.*
> 社長 が 午後 三時 に こちら に 見えます。
> *shachou ga gogo sanji ni kochira ni miemasu.*
> 社長 が 午後 三時 に こちら に 見えられます。
> *shachou ga gogo sanji ni kochira ni mieraremasu.*
> 社長 が 午後 三時 に こちら に お見え に なります。
> *shachou ga gogo sanji ni kochira ni omie ni narimasu.*
> 社長 が 午後 三時 に こちら に お見え に なられます。
> *shachou ga gogo sanji ni kochira ni omie ni nararemasu.*
> Der Geschäftsführer kommt um drei Uhr nachmittags hierher.

Ein weiteres Beispiel ausgehend von dem Verb 見る *miru* ist zunächst die Umwandlung in die spezielle Verbform 拝見する *haiken suru* (*kenjougo*). する wiederum wird ebenfalls in die höfliche Verbform der Bescheidenheitssprache umgewandelt: いたす. Damit lautet der Satz in der neutral höflichen Form mit der Verbendung ~*masu*:

> パスポート を 拝見 いたしました。
> *pasupo-to o haiken itashimasu.*
> Könnte ich bitte ihren Pass sehen?

12. Anhang BIBLIOGRAPHIE

Folgende Zusammenstellung enthält die für die vorliegende Grammatik verwendete Literatur sowie weitere Informationsquellen (innerhalb der Unterkapitel alphabetisch geordnet). Weitere Listen mit Büchern zur japanischen Sprache finden sich unter http://www.sljfaq.org/w/Books, http://www.trussel.com/jap/jbooks01.htm und http://member.newsguy.com/~sakusha/dict/index.html.

12.1 Bücher

12.1.1 Lehrbücher

- Association for Japanese Language Teaching: „Japanese for busy people" (Part I, II, III), 3rd edition; Kodansha International, Tokyo 2006 (I), 2007 (II), 1995 (III).
- Association for Japanese Language Teaching: „Japanese for Professionals" Kodansha International, Tokyo 1998.
- Foljanty, Detlef: „Japanisch intensiv" (Teil I, II, III), 3. Auflage; Helmut Buske Verlag, Hamburg 1996 (I), 1985 (II), 1990 (III).
- Hadamitsky, Wolfgang; Fujie-Winter, K.: „Langenscheidts praktisches Lehrbuch Japanisch Band 1", 9. Auflage; Langenscheidt, Berlin 2001.
- Hadamitsky, Wolfgang; Fujie-Winter, K.; Watanabe-Rögner, Y.: „Langenscheidts praktisches Lehrbuch Japanisch Band 2", 1. Auflage; Langenscheidt, Berlin 1988.
- Hadamitsky, Wolfgang; Fujie-Winter, K.; Takashima, I.: „Langenscheidts praktisches Lehrbuch Japanisch Band 3", 1. Auflage; Langenscheidt, Berlin 1994.
- Katsuki-Pestemer, Noriko: „Grundstudium Japanisch" (Teil 1 und 2); Dürr und Kessler, Rheinbreitbach 1991 (jetzt: Bildungsverlag Eins, Troisdorf, 2. Auflage 2004 (Band 1); 3. Auflage 1994 (Band 2)).
- Landesinstitut für arabische, chinesische und japanische Sprache Nordrhein-Westfalen: „Lehrbuch der japanischen Sprache"; Bochum 1990.
- Lewin, Bruno; Müller-Yokota, Wolfram; Fujiwara, Michio: „Einführung in die japanische Sprache", 4. Auflage; Harrassowitz Verlag, Wiesbaden 1990.
- Lewin, Bruno; Müller-Yokota, Wolfram; Stalph J.: „Textlehrbuch der japanischen Sprache"; Harrassowitz Verlag, Wiesbaden 1987.
- Mochida, S.: „Japanisch für junge Leute"; Sansyusha Publishing, Tokyo 1987.
- Okamoto, Shinichi.: „Grundkenntnisse Japanisch", Band 1: 2. Auflage, Band 2: 1. Auflage; Helmut Buske Verlag, Hamburg 2005 (I), 2000 (II).
- Saito, Eiko; Silberstein, Helga: „Grundkurs der modernen japanischen Sprache", 4. Auflage; Verlag Enzyklopädie, Leipzig 1988.

- Yoshida, Yasuo; et.al.: „Japanese for today"; Gakken, Tokyo 1995.

12.1.2 Grammatiken

- Akiyama, Carol; Akiyama, Nobuo: „Barron's Japanese Grammar"; Barrons, New York.
- Arnold-Kanamori, Horst: „Igelfisch macht kugelrund – Japanische Grammatik", 2. Auflage; Iudicium Verlag, München 2004.
- Bendix, Konstantin: „Funktionsgrammatik der japanischen Gegenwartssprache", (Reihe „Japanisch aktuell"); Medienwerkstatt Kluwe, Berlin 1990.
- Funatsu-Böhler, Kayo: „Pons: Grammatik kurz & bündig Japanisch"; Ernst Klett Verlag, Stuttgart 2006.
- Gunji, T.: „Japanese Phrase Structure Grammar"; D. Reidel Publishing, Dordrecht 1987.
- Makino, Seichi; Tsutsui, Michio: „A Dictionary of Basic Japanese Grammar" (日本語基本文法辞典 (nihongokihonbunpoujiten)), 49th printing; The Japan Times, Tokyo 2004.
- Makino, Seichi; Tsutsui, Michio: „A Dictionary of Intermediate Japanese Grammar" (日本語文法辞典【中級編】(nihongobunpoujiten [chuukyuuhen])), 28th printing; The Japan Times, Tokyo 2005.
- Martin, Samuel E.: „A Reference Grammar of Japanese"; Charles E. Tuttle Company, Rutland 1988.
- Maynard, S. K.: „In Introduction to Japanese Grammar and Communication Strategies"; John Benjaminis B.V., Amsterdam 1992.
- McClain, Yoko: „Handbook of Modern Japanese Grammar"; Hokuseido Press, Tokyo 1981.
- McGloin, Naomi Hanaoka: „A Student's Guide to Japanese Grammar"; 大修館 (Taishukan Publishing Company), Tokyo 1991.
- Miller, Roy Andrew: „The Japanese Language"; The University of Chicago Press, Chicago 1967.
- Lewin, Bruno: „Abriss der japanischen Grammatik auf der Grundlage der klassischen Schriftsprache", 5. Auflage; Harrassowitz Verlag, Wiesbaden 2003.
- Ono, Hideichi: „Japanese Grammar"; Hokuseido Press, Tokyo, 1988.
- Rickmeyer, Jens: „Japanische Morphosyntax"; Julius Groos Verlag, Heidelberg 1994.
- Rickmeyer, Jens: „Morphosyntax der japanischen Gegenwartssprache" (Band 2 der Reihe „Deutsch und Japanisch im Kontrast", Hrsg.: T. Kaneko, G. Stickel); Julius Groos Verlag, Heidelberg 1983.

12. Anhang BIBLIOGRAPHIE555

- Tanimori, Masahiro: „Handbook of Japanese Grammar"; Charles E. Tuttle Company, Tokyo 1994.
- Wenck, Günther: „Systematische Syntax des Japanischen" (Band 1: „Syntaktische Produktionen unterhalb des einfachen Satzes", Band 2: „Die Syntax des einfachen Satzes", Band 3: „Syntaktische Produktionen oberhalb des einfachen Satzes"); Franz Steiner Verlag, Wiesbaden 1974.

12.1.3 Aussprache, Schrift und Zeichenlexika

- Kuratani, Naomi; Kobayashi, Akemi; Okunishi, Shunsuke: „A New Dictionary of Kanji Usage" (あたらしい漢字用法辞典); Gakken, Tokyo 1982.
- Haig, J.H.; Nelson, Andrew N.: „The New Nelson Japanese-English Character Dictionary"; Charles E. Tuttle Co., Inc., Tokyo 1997.
- Halpern, Jack: „NTC's New Japanese-English Character Dictionary"; NTC Publishing Group, Lincolnwood 1992.
- Halpern, Jack: „The Kodansha Kanji Learner's Dictionary"; Kodansha, Tokyo 2001.
- Kaneko, Toru; Stickel, Gerhard (Hrsg.): „Japanische Schrift, Lautstrukturen, Wortbildung" (Band 1 der Reihe „Deutsch und Japanisch im Kontrast"); Julius Groos Verlag, Heidelberg 1984.
- Nelson, Andrew N.: „The Modern Reader's Japanese-English Character Dictionary"; Charles E. Tuttle Co., Tokyo 1970.
- O'Neill, P.G.: „Essential Kanji"; Weatherhill, New York 1990.
- プログレッシブ和英中辞典 (*puroguresshibuwaeichuujiten*, Progressive Japanese-English Dictionary); 小学館 (*shougakukan*), Tokyo 1986.
- Schmidt, Berthold: „Einführung in die Schrift und Aussprache des Japanischen"; Helmut Buske Verlag, Hamburg 1995.
- Spahn, Mark; Hadamitzky, Wolfgang: „Japanese Character Dictionary"; Nichigai Associates Inc., Tokyo 1989.
- Walsh, Len; Rüggeberg, Rolf: „Langenscheidts Expresskurs Japanische Schriftzeichen"; Langenscheidt, Berlin 1997.

12.1.4 Spezielle Themen

- Chino, Naoko: „All About Particles – A Handbook of Japanese Function Words"; Kodansha International, Tokyo 2001.
- Chino, Naoko: „Japanese Verbs at a Glance"; Kodansha International, Tokyo 2001.
- Drohan, Francis G.: „A Handbook of Japanese Usage"; Charles E. Tuttle Company, Rutland 1992.

- Garrison, J.; Kimiya, K.; Wallace, G.; Goshi M.: „Basic Japanese Idioms"; Kodansha International, Tokyo 2002.
- Gewehr, Markus: „Japanese-English Chemical Dictionary"; Wiley-VCH, Weinheim 2007.
- Groß, Thomas M.: „Kleines Handbuch japanischer Funktionsgefüge"; Helmut Buske Verlag, Hamburg 1998.
- Hasselberg, Iris: „Lexikon japanischer Verbalkomposita"; Helmut Buske Verlag, Hamburg 1996.
- Lange, Roland A.: „Japanese Verbs"; Barron's Educational Series, New York 1991.
- Lange, Roland A.: „501 Japanese Verbs"; Barron's Educational Series, New York 1988.
- Lewin, Bruno (Hrsg.): „Beiträge zum interpersonalen Bezug im Japanischen" (Band 2 der Veröffentlichungen des Ostasien-Instituts der Ruhr-Universität Bochum); Harrassowitz Verlag, Wiesbaden 1969.
- Miller. Roy Andrew: „Die japanische Sprache. Geschichte und Struktur" (Monographien aus dem Deutschen Institut für Japanstudien, Band 4), 2. Auflage; Iudicum Verlag, München 2000.
- Motwani, Prem: „A Dictionary of Loanwords Usage – Katakana-English"; Maruzen, Tokyo 1991.
- Okamoto, Shinichi: „Japanische Alltagssprache"; Helmut Buske Verlag, Hamburg 2002.
- Rickmeyer, Jens: „Einführung in das klassische Japanisch", 2. Auflage; Helmut Buske Verlag, Hamburg 1991.
- Shoji, Kakuko: „Basic Connections"; Kodansha International, Tokyo 1997.
- Silberstein, Helga: „Lernwortschatz Japanisch", 2.Auflage; Verlag Enzyklopädie, Leipzig 1989.
- Vance, Timothy J.: „Using kanji Prefixes and Suffixes"; Kodansha International, Tokyo 2001.

12.1.5 Wörterbücher

- グランドコンサイス和英辞典 (gurandokonsaisuwaeijiten, Grand Concise Japanese-English Dictionary); Sanseido (三省堂), Tokyo 2002 [> 200.000 Einträge].
- Hepburn, James C.: „A Japanese and English Dictionary with an English and Japanese Index"; Charles E. Tuttle Company, Rutland 1988 [vgl. Version von Kodansha Gakujutsu Bunsho, 1986].
- 見坊豪紀: 三省堂国語辞典 (kenbou hidetoshi: sanseidou kokugo jiten); Sanseidou (三省堂), Tokyo 1992 [ca. 73,000 Einträge].

- Kimura K.: „Grosses Japanisch-Deutsches Wörterbuch"; Hakuyuusha, Tokyo 1952.
- 金田一春彦, 池田弥三郎: 学研国語大辞典 (*kindaichi haruhiko, ikeda yasaburou: gakken kokugo daijiten*); 学習研究社 (*gakushuu kenkyuusha*), Tokyo 1988 [ca. 120.000 Einträge].
- 金田一京助: 新明解国語辞典 (*kindaichi kyousuke: shin meikai kokugo jiten*); Sanseidou (三省堂), Tokyo 1997 [ca. 76.000 Einträge].
- Koh, Masuda: „Kenkyusha's New Japanese-English Dictionary"; 研究社 (*kenkyusha*), Tokyo 2003.
- Kunimatsu, K.: „独和大辞典 Grosses Deutsch-Japanisches Wörterbuch"; Shogakukan, Tokyo 1985 [ca. 95.000 Einträge].
- 松村明: 大辞泉 (*matsumura akira: daijisen*); Shougakukan (小学館), Tokyo 1998 [ca. 220.000 Einträge].
- 松村明: 大辞林 (*matsumura akira: daijirin*); Sanseidou (三省堂), Tokyo 1995 [ca. 233.000 Einträge].
- 宮地裕, 甲斐睦郎: 明治書院精選国語辞典 (*miyaji yutaka, kai mutsurou: meiji shoin seisen kokugo jiten*); Meiji Shoin (明治書院), Tokyo 1995 [ca. 50.000 Einträge].
- 西尾実: 岩波国語辞典 (*nisho minoru: iwanami kokugo jiten*); 岩波書店 Iwanami Shoten, Tokyo 1996 [ca. 57.000 Einträge].
- 新村 出: 広辞苑 (*shinmura izuru: koujien*); Iwanami Shoten (岩波書店), Tokyo 1998 [ca. 220,000 Einträge].
- Schinziger, R.; Yamamoto, A.; Nambara, M.: „新現代独和辞典 Wörterbuch der Deutschen und Japanischen Gegenwartssprache, Deutsch-Japanisch"; Sanshusha, Tokyo 1987 [ca. 110.000 Einträge].
- Schinziger, R.; Yamamoto, A.; Nambara, M.: „現代和独辞典 Wörterbuch der Deutschen und Japanischen Sprache"; Sanshusha, Tokyo 1981 [ca. 68.000 Einträge].
- 小学館 プログレッシブ和英中辞典 (*shougakukan puroguresshibuwaeichuujiten*) Progressive Japanese-English Dictionary; 小学館 (*shogakukan*), Tokyo 2001.
- 基礎日本語学習辞典, The Japan Foundation: „Basic Japanese English Dictionary"; Bonjinsha, Tokyo 1986.
- „The Oxford-Duden Pictorial Japanese & English Dictionary"; Oxford University Press, Oxford 1989.
- 梅棹忠夫: 日本語大辞典 (*umesao tadao: nihongodaijien*); Koudansha (講談社), Tokyo 1995 [> 170.000 Einträge].

12.2 Internet

Das Internet stellt eine wertvolle Quelle für eine Vielzahl von Informationen zur japanischen Sprache dar. Die Zahl der online-Ressourcen mit Themen zur Sprache hat sich in den letzten Jahren massiv erhöht und die Qualität stark verbessert. Neben reinen Informationen und Datensammlungen bietet das Internet Zugang zu Werkzeugen, die die Identifizierung von kanji, die Übersetzung japanischer Begriffe und die Textanalyse erheblich vereinfachen, wie beispielsweise Suchmaschinen, elektronische Wörterbücher, kanji-Identifizierungsprogramme, Datenbanken mit Beispielsätzen und online-Foren.

12.2.1 Informationsquellen zur japanischen Sprache im Internet

Eine große Zahl von Privatpersonen und Institutionen bieten freien Zugang zu reichhaltigen Informationen zur japanischen Sprache und deren Diskussionsforen bieten die Möglichkeit, Fragen zur Grammatik zu stellen und Sprachthemen zu diskutieren. Ein Forum zur Diskussion von Übersetzungsproblemen wird beispielsweise von Honyaku angeboten (URL: http://honyakuhome.org/).

Für einen ersten Überblick über diverse Sprach- und Grammatikthemen eignet sich das Wikipedia-Projekt. Die zwei für Japanisch wichtigsten Artikel stehen auf

- http://de.wikipedia.org/wiki/Japanische_Sprache und
- http://de.wikipedia.org/wiki/Japanische_Grammatik.[1]

Die folgende Liste weitere Links zu grammatischen und anderen Sprach-Themen stellt nur eine Auswahl dar. Besonders empfehlenswert sind die Zusammenstellungen von Tae Kim, Michiel Kamermans und Namiko Abe. Aufgrund der Schnelllebigkeit des Internets lohnt sich die regelmäßige Recherche nach neuen Informationsquellen.

- A Japanese guide to Japanese grammar (Autor: Tae Kim), URL: http://www.guidetojapanese.com/.
- A Logical Japanese Grammar (Autor: Mash Satou), URL: http://homepage3.nifty.com/jgrammar/.
- A summary of classical Japanese grammar (Autor: Zoltan Barczikay), URL: http://www.classical-japanese.net/Grammar/index.html.
- Basic Japanese (Autor: Nishida Shigehiro), URL: http://nishidam1.web.infoseek.co.jp/japanese.htm.
- Die Japanische Sprache (Autor: Janette Bergmann), URL: http://www.shoubu.de/jap_sprache.htm.

---

[1] Weitere Themen finden sich beispielsweise unter folgenden Adressen:
http://de.wikipedia.org/wiki/Japanische_Schrift, http://de.wikipedia.org/wiki/Kanji,
http://de.wikipedia.org/wiki/Hiragana, http://de.wikipedia.org/wiki/Katakana,
http://de.wikipedia.org/wiki/I-Adjektiv, http://de.wikipedia.org/wiki/Na-Adjektiv,
http://de.wikipedia.org/wiki/Japanische_Zahlen,
http://de.wikipedia.org/wiki/Transitive_und_intransitive_japanische_Verben,
http://de.wikipedia.org/wiki/Japanische_H%C3%B6flichkeitssprache,
http://de.wikipedia.org/wiki/Klassisches_Japanisch und http://de.wikipedia.org/wiki/Altaische_Sprachen.

12. Anhang BIBLIOGRAPHIE

- Grundkurs der modernen japanischen Sprache (Autor: Saito, Silberstein), URL: http://130.149.112.57/henni/buchtext/index.htm (nicht mehr erhältliches Buch vom VEB Verlag Enzyklopädie Leipzig).
- Intensivkurs Japanisch (Autor: Institute of East Asian Studies, Uni Duisburg), URL: http://info.uni-duisburg.de/semester1/.
- Japanese Grammar Quick Reference (Autor: SasakiY@hello.to), URL: http://sa_yoshi.at.infoseek.co.jp/GrmEx/index.html.
- Japanese Language (Autor: Paulo Ferreira), URL: http://www.japanese-language.org/.
- 日本語と日本の文化 Japanese language and culture (Autor: Collin McCulley), URL: http://www.epochrypha.com/japanese/#links.
- Japanese Language, Grammar/Expressions Lessons (Autor : Namiko Abe), URL : http://japanese.about.com/blgrammar.htm.
- Japanese for the Western Brain (Autor: Kim Allen), URL: http://kimallen.sheepdogdesign.net/Japanese/index.html.
- Japanisch Netzwerk (Autor: Nora Cichowicz), URL: http://www.japanisch-netzwerk.de/wiki/wiki.php?n=Main.HomePage.
- Japanische Sprache (URL: Lukas Soltysiak), URL: http://www.japanische-sprache.de.
- Japanisch und der altaische Sprachtyp (Autor: Jens Rickmeyer), URL: http://www.ruhr-uni-bochum.de/sulj/pdf/JR1989JaAL.pdf.
- Japanologie Wien (Autor: Institut für Ostasienwissenschaften der Universität Wien), URL: http://www.japanologie.at.
- Japan Studies, URL : http://www.japan-studies.com/.
- JGram (Autor: d3ntaku@gmail.com), URL: http://jgram.org/index.php.
- Hikyaku (Autor: Free Light Software), URL: http://www.hikyaku.com/fljap/fljapg.html.
- Kleiner Japanisch-Kurs (Autor: hammann@jasmus.de), URL: http://www.j-kurs.jasms.de.
- Maktos 日本語 Japanese is possible (Autor: maktos@jimmyseal.net), URL: http://maktos.jimmyseal.net/jip.html.
- Nihongoresources (Autor: Michiel Kamermans), URL : http://www.nihongoresources.com/language/grammar.html.
- Nihongo Language Modul (Autor: Tokyo University of Foreign Studies), URL: http://www.coelang.tufs.ac.jp/modules/ja/.
- Omniglot (Autor: Simon Ager), URL: http://www.omniglot.com/writing/japanese.htm.

- Online Japanese Courses (Autor: Georgia Institute of Technology), URL: http://japanese.gatech.edu/WebCTVista/.
- Rezeption japanischer Schriftzeichen (Autor: IPK),URL: http://home.arcor.de/eelber/schrift.html.
- Some Notes on Japanese Grammar (Autor: Keith Smillie), URL: http://www.csse.monash.edu.au/~jwb/jgrammar.html.
- Studying Japanese, URL: http://phobos.spaceports.com/~kigokoro/joyo_yomi_index1.htm.
- Teach Yourself Japanese (Autor: Takasugi Shinji), URL: http://www.sf.airnet.ne.jp/ts/japanese/cover.html.
- The Japanese page (Autor: clay@thejapanesepage.com), URL: http://www.thejapanesepage.com/grammarpage.php.
- The quick and dirty guide to Japanese (Autor: Tad Perry), URL: http://users.tmok.com/~tumble/qadgtj.html.
- Total Quality Japanese (Autor: Andrew Horvat), URL: http://www.cic.sfu.ca/tqj/GettingRight/index.html.
- Unicode CLDR Project, URL: http://www.unicode.org/cldr/; http://unicode.org/cldr/data/common/transforms/Latin-Katakana.xml.
- 和独辞典 Wadoku Japanische Grammatik (Autor: Ulrich Apel, Thomas Latka et.al.), URL: http://www.umwelt24.de/wiki/display/WAD/Japanische+Grammatik.

12.2.2 Internet-Datenbanken und Programme

Eine großartige Pioneerarbeit wurde von James Wiliam Breen von Monash University (Australien) geleistet. 1991 begann er die Entwicklung einer Datenbank („EDICT") mit japanischen Begriffen und englischen Übersetzungen in maschinenlesbarer Form. Die Arbeit wurde weltweit von einer Vielzahl von Personen unterstützt und Jim Breens Dateien repräsentieren heute die Benchmark unter Japanisch-Englischen online-Wörterbüchern. Darüber hinaus enthält seine private Homepage weitere Informationen zur japanischen Sprache (URLs in [12.1]).

Die inzwischen zur „The Electronic Dictionary Research and Development Group" der Monash University gehörende EDICT-Datenbank wurde durch weitere Datenbanken ergänzt. Alle Dateien sind frei zugänglich und werden von vielen Internetseiten mit unterschiedlichen Suchoptionen genutzt. Die empfehlenswertesten Seiten sind Jim Breens eigenes interface „WWWJDIC", Kim Ahlströms „Denshi Jisho Dictionary" und Martin Thornes „KanjiDB". Neben einfachen Japanisch-Englisch-Übersetzungen bieten sie weitere Recherchemöglichkeiten in den Quelldatenbanken an, wie beispielsweise Beispielsätze mit japanischen Begriffen sowie unterschiedliche *kanji*-Identifizierungs-

12. Anhang BIBLIOGRAPHIE   561

optionen, zum Beispiel die *kanji*-Suche nach Lesung, englischer Übersetzung, Strichzahl, Radikalnummer oder elektronischer Codierung. Sehr hilfreich ist die „multiradical search" in WWWJDIC (ähnlich der „compositional *kanji* search" in KanjiDB und „*kanji* by radical" in Denshi Jisho), da sie alle Radikale im gesuchten Zeichen berücksichtigt. Auch werden *kanji*-Kombinationen des gesuchten Zeichens angegeben.

[12.1] Internet-Seiten basierend auf J.W. Breens Datenbanken

	URL	Funktion
Jim Breen persönliche Websites	http://www.csse.monash.edu.au/~jwb/	Adressen hilfreich für Übersetzungen
	http://www.csse.monash.edu.au/~jwb/j_monftp.html	Daten-Archiv
	http://www.csse.monash.edu.au/~jwb/wwwjtrans.html	WWWJDIC Übersetzungshilfen
Wörterbuch-Dateien	http://www.csse.monash.edu.au/~jwb/edict.html	EDICT (Japanese-English Dictionary Project): grundlegende Wörterbuch-Datenbank (auch: EDICT2, EDICT_SUB)
	http://www.csse.monash.edu.au/~jwb/j_jmdict.html	JMDict (Japanese Multilingual Dictionary): multilinguale Datenbank mit Japanisch als pivot-Sprache und Übersetzung in Deutsch, Englisch u.a. Sprachen
	http://www.csse.monash.edu.au/~jwb/kanjidic.html, http://www.csse.monash.edu.au/~jwb/kanjidic2/index.html	KANJIDIC, KANJIDIC2, KANJD212: *kanji*- Datenbanken
	http://www.csse.monash.edu.au/~jwb/enamdict_doc.html	ENAMDICT/JMnedict: Datenbanken mit japanischen Namen
Interfaces	(http://www.csse.monash.edu.au/~jwb/wwwjdic.html)	WWWJDIC
	http://www.jisho.org/	Denshi Jisho Dictionary

[12.1] Internet-Seiten basierend auf J.W. Breens Datenbanken (Fortsetzung)

	URL	Funktion
Interface	http://www.whiteknightlogic.net/kanjidb/	漢字ディービー KanjiDB
Interfaces	http://dict.regex.info/cgi-bin/j-e)	Jeffrey's Japanese-English Dictionary Gateway
	http://www.foks.info/index.html	FOKS
	http://www.animelab.com/anime.manga/dictionary/)	Animelab Dictionary
	http://www.glpwd.com/jtango-web/search.action	JTango Dictionary
	http://dict.risukun.com/	Risu Dictionary
	http://icecube.berkeley.edu/~dima/stuff/japanese/	Dima Chirkin - English-Japanese Dictionary
	http://www.online-dictionary.biz/english/japanese	Local Translation online dictionary

Darüber hinaus gibt es weitere Projekte zum Aufbau von japanischen Online-Wörterbüchern (URLs vgl. [12.2]): Das beste Online-Wörterbuch in Deutscher Sprache ist „wadoku jiten" und wurde von Ulrich Apel entwickelt. „Eijiro" ist die kostenlose Online-Version eines elektronischen Japanisch-Englisch-Wörterbuches, das auf CD-ROM verkauft wird. Die Zielsetzung des jeKai-Projekts ist die Erstellung einer Datenbank, in die jeder Internetnutzer Einträge vornehmen kann. Andere Online-Wörterbücher basieren auf Büchern, wie zum Beispiel „WebDictionary" von Sanseido und NTT's Informationsprojekt „goo".

[12.2] Japanisch- und *kanji*-Wörterbücher im Internet

Typ	Name	URL
online-Wörterbucher	Eijiro	http://www.alc.co.jp/
	je 海 (jeKai)	http://www.jekai.org
	和独辞典 (WaDoku *jiten*)	http://www.wadoku.de/
	三省堂 WebDictionary	http://www.sanseido.net/
	goo 辞書 (*goo jisho*)	http://dictionary.goo.ne.jp/

12. Anhang BIBLIOGRAPHIE

[12.2] Japanisch- und *kanji*-Wörterbücher im Internet (Fortsetzung)

Typ	Name	URL
online-Wörterbucher	KOD (Kenkyusha online dictionary)	http://kod.kenkyusha.co.jp/service/
	Infoseek	http://dictionary.www.infoseek.co.jp
	yahoo dictionary	http://dic.yahoo.co.jp/
	excite	http://www.excite.co.jp/world/english/
	RNN	http://www.rnnnews.jp/
	Bigblobe	http://search.biglobe.ne.jp/dic/
	Livedoor	http://dic.livedoor.com/
	So-net	http://so-net.dictionary.goo.ne.jp
	Webster's Online Dictionary	http://www.websters-online-dictionary.org/
	Altavista Babelfish	http://babelfish.altavista.com/tr
	Systran	http://www.systransoft.com/index.html
kanji-Datenbanken	彩雅 Saiga Japanese kanji dictionary	http://www.saiga-jp.com/kanji_dictionary.html
	kanji networks	http://www.kanjinetworks.com/
	Japanisch-Deutsches kanji-Lexikon	http://www.bibiko.de/kanji/index.html

Hilfreich zum Verständnis von Internet-Seiten aus Japan sind kürzlich entwickelte Programme zur direkten Übersetzung von durch kanji ausgedrückten japanischen Begriffen, insbesondere

- Rikai (URL: http://www.rikai.com/perl/Home.pl) und
- Pop 辞書 (*popjisho*, URL: http://www.popjisyo.com/WebHint/Portal.aspx).

Nachdem die URL der japanischen Seite in Popjisho oder Rikai eingegeben wurde, werden Lesung und Übersetzung der Zeichen, die mit dem Cursor angesteuert werden, automatisch angezeigt.

STICHWORTVERZEICHNIS

Sind mehrere Seiten angegeben, dann verweist die fett markierte Seitenzahl auf den Haupteintrag.

A

a-Basis XVIII, **202**, 215, 352, 357, 403, 409, 524
„aber" (Satzverknüpfung) 447
abhängige Wörter 11
Absicht 39, 67, 184, 228, 315, 318, 424, 427, 429
absolute Zeitangaben 114
abstrakte Mengenangaben 109
abstrakte Nomen 243
achira あちら 83
additive Satzverknüpfung 438
Adjektive 11, 14, **243**, 245
 - adnominaler Gebrauch 59, 65, 253, 478
 - adverbialer Gebrauch 255
 - Anwendung 73, 151, 227, 229, 245, 252, 478
 - Ausdruck von Ähnlichkeit 277
 - Ausdruck von Gleichheit 277
 - Ausnahmen 257
 - Bildung aus anderen Wortarten 251
 - Bildung von Adverbien 280
 - die が erfordern 151, 259
 - Endung 243
 - Flektion 246, 253
 - Formulierung des Vergleichs 275
 - Frage 256
 - Funktion *te*-Form 308
 - Höflichkeitspräfixe 535

 - Honorativformen 542, 549
 - in Attributsätzen 478
 - Kombination mit がる 264
 - Komparativ 266, 269
 - Konditionalform ～ければ 493
 - Modifikation durch Adverbien 279, 289
 - Nominaladjektive siehe Nominaladjektive
 - Nominalisierung 249
 - shii-Adjektive 244
 - Superlativ 266
 - *te*-Form 297
 - Verbaladjektive s. Verbaladjektive
adjektivisches Prädikat 14, 16, 252
adnominale Adjektive 59, 65, 243, 245, 253, 478
adnominale Attributsätze 23, 30, 60, 470
adnominale Nomen 59, 62, 65
adnominale Verben 60, 65, 470
adverbiale Adjektive 255
adverbiale Bestimmung 23, 24, 81
Adverbialform der Verben 210
Adverbien 11, **279**, 496
 - als Fragewörter 344
 - Anwendung 23, 73, 111, 168, 255, 266, **285**, 373
 - Bildung 210, 280
 - echte 282
 - Frage nach Adverbien 292, 348

- Komparativ 267
- Modifikation mit Adverbien 285
- Satzmodifikation 290
- Superlativ 267

adversative Satzverknüpfung 438, 447
ageru 上げる 223, 226
Ähnlichkeit 277
aida, aida ni 間, 間に 54, 464
Akkusativ 126
„als" 468, 507
alternative Aufzählung von Substantiven mit か 134
anhaltender Zustand 39, 315, 319, 323
Anlautkonsonant 7
anna あんな 84
ano あの 81
Anrede 47, 532
Anschein 264, 368, 369, 377, 381, 384, 386
„anstelle von" 167
Antwort auf Fragen 340, 351
are あれ 82
Artikel 3, 155
aru ある 315, 323, 334
Assertiv 19
Assimilationsformen (Verben) 201, 202, 204
Attribute 2, 31, 60, 65
Attributivform 201, 202
Attributsätze 23, 26, 30, 60, 146, 470, 480
„auch wenn" 136, 314
Aufforderung 192, 363, 430
Aufzählung von Substantiven 132
Aussagesätze 327

B

~ba ～ば
- Anwendung in Konditionalsätzen 496
- Bildung Konditionalform 493
- in eigenständigen Wörtern 496
- in Temporalsätzen 469
- mit ほど 499
- „sowohl als auch" 158
- in Wünschen 399

~ba ii ～ばいい 498
~ba yokatta ～ばよかった 498
bai 倍 101
bakari ばかり 42, 139, 169, 485
bakashi ばかし 169
bake ni ばけに 485
bakka ばっか 169
bakkari ばっかり 169
ban 番 120
Bedingungssätze s. Konditionalsätze
Befehl siehe Imperativ
Beginn einer Tätigkeit mit 始める, 出す 236
~beki ～べき 408, 436
Besitzanzeigung 63, 66
Betonung
- gerade durchgeführte Handlung 184
- in existentiellen Sätzen 334, 336
- in Fragesätzen 346
- in passiven Sätzen 356
- Mengenangaben 102, 104
- mit こそ 176
- mit の 19, 330, 374
- mit も, でも, さえ, すら 125, 136
- Nominalisierung mit の 69
- Ort der Existenz 166

STICHWORTVERZEICHNIS

- Satzstruktur 21
- Subjekt 149, 153
- von Vermutungen 374
- Zeitangaben 114, 115
- zeitlicher Endpunkt 178

Bewegungsverben 197, 207, 309, 311, 322

Bitten 361

„brauchen" 420

bun 文 3

bunsetsu 文節 3, 12

C

chokuon 直音 9, 36

choudai 頂戴 364

D

da だ (Kopula) 14, 16, 43, 246, 247, 327

dai だい (Fragepartikel) 342, 486

dai 第 120

daimeishi 代名詞 11, 76

dakara だから 485

dake だけ 139, 170, 171

dakuon 濁音 XXI, 8

dakuten 濁点 8, 36

dano だの 132, 134

dare だれ 77, 87, 89, 149, 156, 172, 272, 341, 344, 347, 542

darou だろう 18, 372

dasu 出す 236

Dativ 126

de で (Partikel) 158
- Abgrenzung von Zeit, Ort, Menge 160
- für deutsche Deklinationsfälle 126
- Instrumentalpartikel 158
- Komparativ 268
- Markierung Handlungs- und Bewegungsorte 127, 128
- Markierung zeitlicher Zielpunkt 114
- Markierung Zeiträume 114
- Übersicht Funktionen 158

de areba であれば 18, 495

de で (*te*-Form der Kopula) 18, 301

de-aru-Stil 43

dekiru 出来る 400

demo でも 171
- adversative Satzverknüpfung 447, 449
- Generalisierung von Fragewörtern 87
- Kombination mit Fragepronomen 172
- „sowohl als auch", „weder noch" 157
- Übersicht Funktionen 171
- zur Betonung 136

Demonstrativpronomen 50, 76, 80

deshou でしょう 18, 372

desu です 14, 16, 43, 214, 246, 247, 327

desu-masu-Stil 43

dewa では 17, 145, 215, 217, 248, 254, 272, 298, 328

Dialekt 47

direkte Rede 35, 37, 514

direktes Objekt 21, 23, 126, 146, 181, 220, 254, 332, 406

disjunktive Satzverknüpfung 438, 442

docchi どっち 274, 348

dochira どちら 83, 274, 344, 348

doko どこ 81, 83, 87, 172, 272, 341, 344

dokoro どころ 186

donna どんな 84, 344, 348

dono gurai どのぐらい 348, 349
dono どの 81, 272, 344
Doppelkonsonanten 9
dore どれ 81, **82**, 88, 106, 149, 172, 272, 344
dou どう 81, **83**, 88, 292, 344, 348
doushi 動詞 11, 195
doushite どうして 70, 344, 486
Dubitativ 372
durative Verben 303, 315, **316**
  - in aktiven und passiven Sätzen 355
  - mit ところ 185
  - mit 行く, 来る 310

E

e へ 126, 127, 130, 172
e-Basis 202, 366, 403, 494
echte Adverbien 282
einfache Verbform 211, 215, 217
einfache Verneinung 215, 503
einfacher Sprachstil 43
Einschränkungen mit Partikeln 139
einstufige Verben siehe vokalische Verben
Ende einer Tätigkeit mit 終わる 236
Entscheidung 70, 208, 227, 329, 429
Entscheidungsfrage 340, 342
Erfahrungen 70, 72
Erfordernis 420
Ergebnis mit ことになる 70, 72, 232
Erlaubnis 415
Erwartung mit はず, 予定 57
erweiterter Verbstamm XVII
„etwa" (Mengenangaben) 106
exemplarische Satzverknüpfung 438, 444

existentielle Sätze 18, **334**
  - Markierung Ort der Existenz **164**, 346
existentielle Verben 150, 153, 164, 256, 330, 334

F

Fähigkeiten 399
  - mit Potentialform 402
  - mit こと 70
  - mit 上手, 下手, うまい 407
  - mit 出来る 400
Finalform 201, 202
flektierbare Wörter 11
Flektion
  -Adjektive 246
  -Flektionsbase 201
  -Flektionserweiterung XVIII, 201, 203
  -Verben 195, 201
formale Nomen 52
Fragen
  - Antwort auf verneinte Fragen 351
  - beim Vergleich 273
  - Fragesätze 338
  - Höflichkeit 341, 348
  - mit Fragewörtern 344
  - nach Adjektiven 256, 348
  - nach Adverbien 292, 348
  - nach Alter 348, 350
  - nach Art und Weise 348
  - nach Grund 486
  - nach Menge 100, 348, 349
  - nach Preis 348, 350
  - nach Reihenfolge 120
  - nach Subjekt 347
  - nach Thema 347

STICHWORTVERZEICHNIS

- nach Zeit 116
- verneinte Fragen 350, 435
- は versus が 155

Fragepartikel 191, 339, 341, 443, 486

Fragepronomen 62, 76, 106, 256, 273, 344, 486
- für Mengenangaben 100
- für Zeitangaben 116
- Generalisierung mit か, も, でも 87, 172, 173
- Höflichkeit 542
- ko-so-a-do-Reihe 80

Fragesätze 338, 443

Fragewörter siehe Fragepronomen

Fremdwörter 4, 10

fukisokudoushi 不規則動詞 197

fukushi 副詞 11

fünfstufige Verben siehe konsonantische Verben

G

ga が 126, 144, 153
- adversative Satzverbindung 447
- beim Vergleich 272
- in existentiellen Sätzen 334
- in kausativen Sätzen 359
- in Zitatsätzen 513
- Markierung Satzthema 149
- Markierung Zustandsverben 199
- Objektmarkierung 150
- Objektmarkierung bei Wünschen 394
- Subjektmarkierung 149, 353, 356
- Substantivmarkierung in Attributsätzen 472, 473
- zweites Subjekt 61

garu がる 264, 265

~gata ～方 51

gebrochene Laute XXI, 9

gegensätzliche Satzverknüpfung 438, 447

Gegenwart siehe Präsens

gelegentliche Ereignisse mit ことがある 70, 72

Generalisierung von Fragewörtern 87, 117

Genitiv 63, 126

gerade ablaufende Handlung 39, 184, 315

Geschlecht (grammatisch) 3

geschlechtsspezifischer Sprachstil 47

getrübte Laute XXI, 8

Gleichheit mit 同じい 277

go~ ご～ 533

godandoushi 五段動詞 196

gojuuonzu 五十音図 XX, XXI, 7

goro ごろ 106

goto ni ごとに 162, 167

gou 号 120

Grad einer Eigenschaft mit 過ぎる 234

Grund und Folge 481

gurai ぐらい 106, 109, 277, 345, 348, 349

H

hai はい 340, 415

hajimeru 始める 236

halbgetrübte Laute XXI, 8

Handlungen mit Ortsänderung 309

Handlungsverben 199, 219

hatsuonkigou 発音記号 36

Hauptsatz 26, 32

hazu はず 57, 370

hebonshikiro-manji ヘボン式ローマ字
  XIX, 8
heiritsujoshi 並立助詞 132
Hepburn-Transkriptionssystem XIX, 8
Hervorhebung siehe Betonung
heta 下手 407
Hilfswörter, -nomen, -verben 11, 14, 52, 206 (siehe auch Partikel)
hiragana ひらがな 4
hitsuyou 必要 408, 423
hodo ほど 106, 187, 269, 499
Höflichkeit
  - höfliche Verbformen 43, 211
  - Höflichkeitssprache 43, 529
  - in Bitte und Befehl 361, 367
  - in Fragen 341, 348
  - mit der Kopula 16
  - mit だろう, でしょう 374
  - Präfixe 533
  - Vorstellung eigene Person 519
Höflichkeitssprache siehe Honorativ
Höflichkeitsverben 163, 197, 222, 537
hojodoushi 補助動詞 206
Honorativ 529
  - Anwendung 531
  - lexikalische Honorativformen 537
  - mehrfacher Honorativ 550
  - morphologische Formen 545
  - neutralhöfliche Verbformen 211
  - Präfixe 533
  - Verben des Besitzwechsels 222
  - Verwandtschaftsbeziehungen 543
hoshigatte iru 欲しがっている 397
hoshii 欲しい 259, 265, 394
hou 方 54, 269
hou ga ii ほうがいい 276, 431
hou ga 方が 269, 275

hyoujungo 標準語 47
hypothetischer Konditionalsatz 509

I

i (Nominalisierung) 76
i-Adjektive siehe Verbaladjektive
i-Basis 18, 55, 201, 202, 204, 205, 211, 234, 236, 298, 364, 365, 378, 392, 432, 467, 488, 536, 542, 546, 548
ichiban 一番 266
ichidandoushi 一段動詞 196
ii いい 257, 415, 423
iie いいえ 293, 295, 322, 340, 351, 416
ikaga いかが 292, 344, 348, 394
iku 行く 197, 207, 309, 322
ikura いくら 88, 106, 345, 348, 350
ikutsu いくつ 91, 100, 118, 345, 348, 350
Imperativ 192, 202, 361, 365, 366, 420
Imperativform (Flektionsbase) 201, 202
Indefinitpronomen 78, 87
indirekte Rede 512
indirektes Objekt 23, 126
Infinitiv 14
„insbesondere" 176
Instrumentalpartikel で 158
Interjektionen 11
Interpunktionszeichen 34
intransitive Verben 200, 219, 332
irassharu いらっしゃる 537
iru いる (konsonantisches Verb) 421
iru いる (vokalisches Verb)
  - in Attributsätzen 474
  - in existentiellen Sätzen 334
  - Kombination mit *te*-Formen 315, 323
  - progressives Präteritum 325

issho ni 一緒に 167
itadaku いただく 225, 226
itasu いたす 546
itsu いつ 87, 88, 106, 116, 172, 272, 344
iu 言う 84, 388, 475, 513, 514, 517, 519

J

japanische Verben 15, 195, 200, 538
japanische Zahlenreihe 91
japanische Lesung 6
ji 次 120
jidoushi 自動詞 219
jodoushi 助動詞 11
joseigo 女性語 47
joshi 助詞 11, 123
josuushi 助数詞 93
joukenbun 条件文 509
joukenhou 条件法 493
jouyoukanji 常用漢字 5
jouzu 上手 407
juu 重 101

K

ka か 173
 - Aufzählung von Substantiven 132
 - Ausdruck von „ob" 521
 - disjunktive Satzverknüpfung 443
 - Fragepartikel 339, 341, 486
 - Generalisierung von Fragewörtern 87, 117
 - Satzendpartikel („aber") 193
 - Übersicht Funktionen 173
 - Vergleich 272
 - Zweifel 388

ka mo shirenai/wakaranai かも知れない, かも分からない 370
ka naa かなあ 388
 - Fragepartikel 342, 486
kan 間 112
kandoushi 感動詞 11
kanji 漢字 4
kara から 126, 174
 - in der indirekten Rede 515
 - in passiven Sätzen 357
 - zur kausalen Satzverknüpfung 481
 - Markierung Ausgangspunkt 174
 - Markierung von Handlungs- und Bewegungsorten 127, 131
 - Übersicht Funktionen 174
kara desu からです 486
~karou ～かろう 372, 375
kashira かしら 388
Kasuspartikel 125
kata 方 55
katakana かたかな 4
kateihou 仮定法 493
katsuyoukei 活用形 201
kausale Satzverknüpfung 481
Kausativ 357
 - in Attributsätzen 476
 - vom Passiv 360
kawari ni 代わりに 167, 447, 448
kedo けど 452
keigo 敬語 529
keikaku 計画 424
keishikimeishi 形式名詞 52
keiyoudoushi 形容動詞 11, 243
keiyoushi 形容詞 11, 243
kenjougo 謙譲語 44, 531
~kereba ～ければ 494

keredo, keredomo けれど, けれども 447, 452
kinshi 禁止 419
kiri きり 139
Klammer (Satzzeichen) 35, 37
Klassifizierung von Wörtern 11
kochira こちら 83
komaru 困る 313, 356, 417
Komma (Satzzeichen) 34, 37
Komparativ 266, 269
Konditional 493
- Ausdruck von Zwang mit 〜なければ 409
- Flektionsbase 201, 202
- in Bedingungssätzen 496, 501, 504, 505, 509
- in Temporalsätzen 468
- mit 〜たら 502
- mit ば 493
- mit と 505
- mit とき, は 507
- mit なら 500
- „sowohl als auch" mit 〜ば 158
- Übersicht 493, 511
Konditionalsätze 496, 501, 504, 505, 509
Konjugation siehe Flektion
Konjunktionen 11, 16, 124, 437, 440, 441, 447, 452
Konjunktiv 493
konna こんな 84
„können" 399
kono この 81
konsekutive Satzverknpüfung 438
Konsonantenverdopplung 7
konsonantische Verben XVIII, 196, 203 (siehe auch Verben)

Koordinationspartikel 132
koordinative Satzverknüpfung 438
Kopula 14, 16
- adnominale Verwendung in Attributsätzen 455
- in Aussagesätzen 327
- in existentiellen Sätzen 334
- Konditionalform 18, 495
- Kopula-Satztypen 329
- Sprachstil 43
- *te*-Form 18, 301
kore これ 82
koso こそ 176
kosoadodaimeishi こそあど代名詞 80
ko-so-a-do-Pronomen 80
koto ga aru ことがある 72, 75
koto ga dekiru ことが出来る 400
koto ni ことに 231
koto こと 67, 70
koto 事 53
kou こう 83
~*ku* 〜く 280
kudasai 下さい 59, 363, 364, 365, 367
kudasaru 下さる 225, 226, 548
kundoku 訓読 6
kunyomi 訓読み 6
~*kure* 〜くれ 365
kureru くれる 225, 226
kuru 来る 197, 207, 309, 322
kuse ni くせに 453
~*kute* 〜くて 300
kuten 句点 37
kutouten 句読点 34

L

lange Konsonanten und Vokale XIX, 9

STICHWORTVERZEICHNIS

Laute XXI, 8, 9
50-Laute-Tafel 五十音図 XX, XXI, 7
Leerzeichen (Schriftbild) XVII, 5
Lehnwörter 4
lexikalische Honorativformen 537

M

mada まだ 293
made まで 126, 177
- Markierung Endpunkt 177
- Markierung Handlungs- und Bewegungsorte 127, 131
- temporale Satzverknüpfung 458
- Übersicht Funktionen 177

made ni までに 178
mae, mae ni 前, 前に 455
mai to omou まいと思う 429
mama まま 56, 526
Markierung 15
- absolute Zeitangaben 114
- Ausgangspunkt mit から 174
- Auswahl mit は 148
- Bewegungsorte 127, 182
- Endpunkt mit まで 177
- Handlungsorte 127
- Handlungspartner 183
- Handlungsverben 199
- Mengenangaben 101
- Objekt (direkt) mit を 181
- Objekt mit が 150
- räumlicher Ausgangs- und Endpunkt 131
- relative Zeitangaben 114
- Satzthema 145, 149
- Subjekt mit が 149
- Zeitangaben 114

- Zeitpunkt 114
- Zustandsverben 199

maru 丸 37
~*mashou* ～ましょう 18, 312, 341, 430
masu-Form 43, 211, 546
me 目 118, 345
mehrfache Attribute 477
mehrfache Verneinung 46
mehrfacher Honorativ 550
Meinungsäußerung 370, 515
meishi 名詞 11
Mengenangaben 91, 101
- Abgrenzung mit で 160
- abstrakte Mengenangaben 109
- Einschränkungen 140
- Modifikation 108
- Position 101
- ungefähre Mengenangaben 106, 107

miru 見る 312
mo も 145
- Aufzählung von Substantiven 132
- bei Fähigkeiten 401
- Generalisierung von Fragewörtern 87, 117
- Kombination mit *te*-Formen 314
- Markierung Satzthema 145
- Satzverknüpfung 447, 454
- „sowohl als auch", „weder noch" 157
- Übersicht Funktionen 145
- Vergleich 278
- vor Mengenangaben 109
- zur Betonung 136

Modalverben 234, 239, 391
Möglichkeitsform siehe Konditional
mono 物 53
mono 者 53
morau もらう 225, 226

Morphologie 2, 201
motte iku/kuru 持っていく, 持ってくる 311
motto もっと 266, 288
mou もう 293
mu~ 無～ 527
Multiplikativa 101
„müssen" 408

N

n ん 8, 19
na な
   - Imperativ 366, 368
   - mit ～そう 379
   - mit よう 383
   - Satzendpartikel 191
na~ 無～ 527
na-Adjektive siehe Nominaladjektive
nado など 132, 134
~nagara ～ながら 467
nagara ながら 450
~nai ～ない 215
~naide ～ないで 363
~naide iyou/imashou ～ないでいよう, ～ないでいましょう 433
~nakereba ～なければ 409
~nakereba ikenai ～なければいけない 412
~naku naru ～なくなる 232
~nakute ～なくて 413
~nakute mo ii ～なくてもいい 421
Namen 47, 532
Namensgebung 517
nan, nani 何 345
   - Frage nach Menge 100, 349
   - Frage nach Reihenfolge 120
   - Frage nach Zeit 116

   - Generalisierung mit か, も, でも 87
nanban 何番 120
nande 何で 486
nangou 何号 120
nanka 何か 132, 134
nansai 何才 348
nara なら 18, 495, 500
nari なり 132
naru なる 163, 227, 548
~nasai ～なさい 365
nasaru なさる 366, 548
naze なぜ 486
ne, nee ね, ねえ 191
ni に 126, 161
   - Bildung Adverbien 280
   - in existentiellen Sätzen 334
   - in kausativen Sätzen 359
   - in Temporalsätzen 455, 460
   - Markierung absoluter Zeitangaben 114
   - Markierung abstrakter Richtungen 164
   - Markierung Handlungs- und Bewegungsorte 127, 130
   - Markierung Handlungsergebnis 163
   - Markierung Ort der Existenz 164
   - Markierung Ziele 162
   - Markierung Zweck 163
   - mit よう 383
   - Objektmarkierung in passiven Sätzen 353
   - Übersicht Funktionen 161
   - Zweck einer Handlung 487
ni chigainai に違いない 374
ni kimeru に決める 429
ni naru になる 230
ni suru にする 429

ni yotte によって 355
„nicht mehr" 293, 319
„nicht nur, sondern auch" 139, 142
nigoriten 濁り点 8, 36
nikui にくい 238
ninshoudaimeishi 人称代名詞 45, 50, 76, 77
nippon kunreishiki ro-maji 日本訓令式ローマ字 8
niru 似る 278
no の 126, 179
  - Ersatz in Attributsätzen 478
  - Fragepartikel 342, 486
  - Nominalisierung 67, 249
  - Position von Mengenangaben 102
  - Satzendpartikel 180
  - Substantivmarkierung in Attributsätzen 472
  - Übersicht Funktionen 179
  - zur Betonung 19, 330, 374
no ato de の後で 459
no desu のです 330, 486
no hou ga の方が 269, 274
no naka de の中で 271, 272
no uchi de のうちで 271, 272
no yara のやら 388
„noch", „noch nicht" 293, 319
node ので 481
Nomen 4, 11, 14, 49
  - abstrakte Nomen 243
  - adnominale Bestimmung 59, 62
  - Aufzählung 132
  - Ausdruck von Fähigkeiten 400
  - Ersatz mit の 51
  - Höflichkeitspräfixe 533
  - Honorativformen 542
  - in Aussagesätzen 327
  - in Bitten 59
  - Modifizierung mit Attributsätzen 60
  - nähere Bestimmung durch Attributsätze 455
  - räumliche Relationsnomen 64
  - Singular und Plural 50
  - Spezifizierung 59
  - *te*-Form 301, 309
  - Verbalisierung 208
  - Vergleich 269, 272
  - Wortschatz 49
  - zeitliche Bestimmung 66
Nomen の Nomen 52, 66
nomi のみ 139
Nominaladjektive 11, 14, 243, 249, 549
  - adnominale Verwendung 59, 65, 105, 253, 478
  - Bildung von Adverbien 280, 287, 289
  - die が erfordern 151
  - Flektion 245, 247
  - Höflichkeitspräfixe 535
  - in Aussagesätzen 327
  - Komparativ 266, 269
  - NA そう 262
  - NA よう 260
  - Nominalisierung mit さ 249
  - spezielle NA 408, 419, 423, 436, 491
  - Superlativ 267
  - *te*-Form 301
  - Vergleich 275, 277
nominales Prädikat 14, 16
Nominalisierung
  - Ausdruck von Fähigkeiten mit こと が 出来る 400
  - in Fragesätzen 347
  - mit *i* 76
  - mit の und こと 67

- von Adjektiven 249
Nominativ 126
noni のに 187, 447, 450, 453, 492
Notwendigkeit 408
Numeralbezeichnungen 11
„nur" 139

O

o を 126, 181
- bei Fähigkeiten 401
- in kausativen Sätzen 359
- Markierung Bewegungsort 182
- Markierung direktes Objekt 181
- Markierung Handlungsverben 199
- Markierung Handlungs- und Bewegungsorte 127, 129
- Objektmarkierung in passiven Sätzen 353, 356
- Übersicht Funktionen 181
o~ お～ (Präfix) 533
„ob" 521
o-Basis 202, 427, 431
Objekte 2, 12, 13, 16
- direktes Objekt 21, 23, 126, 146, 181, 220, 254, 332, 406
- in passiven Sätzen 353
- indirektes Objekt 23, 126
- Markierung direktes Objekt mit を 181
- Markierung mit が 150
- Reihenfolge 22
objektfreie Sätze 332
Objektsätze 30, 332
„obwohl" 451
odoriji 踊り字 34
„ohne zu" 523

oki ni おきに 167
oku 置く 313
onaji gurai 同じぐらい 277
onaji you 同じよう 278
ondoku 音読 6
Onomatopöien 4, 284
onyomi 音読み 6
ooi 多い 257
ookii 大きい 257
oozei 大勢 257
Ordnungsgrad 118, 120
Ortsrelationsnomen 52
owaru 終わる 236

P

Partikel 2, 4, 123
- Aufzählung von Substantiven 132
- Betonung 136
- Einschränkungen 139
- Fragepartikel 339, 341
- Kasuspartikel 125
- Klassifizierung 124
- Koordinationspartikel 132
- Markierung von Zeitangaben 114
- Satzende 16, 22, 24, 124, 136, 180, 190, 339, 342, 389
- Worttyp 123
- als Honorativ 545
- in Attributsätzen 475
- Passiv des Kausativs 360
Passiv 352
passive Veränderungen mit なる 229
perfektive Verben 310, 315, 319
Personalpronomen 45, 50, 76, 77
Phonetik XXI, 7, 8, 10
phonetische Zeichen 36

Pluralsuffixe 50
Possessivpronomen 79, 86
Postpositionen siehe Partikel
Potentialform 151, 402, 476
Potentialis 399
Prädikat 2, 14, 16, 22, 45, 252, 253, 301, 305
Präfixe 11, 119, 167, 527
 - Höflichkeit 533
Präposition 20, 64, 124
Präsens 38, 44, 315, 318
 - Adjektive 244, 247, 248, 253
 - Konditionalsätze 509
 - Kopula 17
 - Verben 195, 211, 215
Präteritum 16, 38, 41, 42
 - Adjektive 246, 248, 253
 - Konditionalsätze 509
 - Kopula 17
 - progressives Präteritum 42, 325
 - Verben 197, 205, 212, 215, 217, 319
„probieren" 312
progressives Präteritum 42, 325
Pronomen 11, 76, 327, 542
Punkt (Satzzeichen) 34, 37

Q

quasi-Adjektive siehe Nominaladjektive

R

~ra ～ら 50
Radikal 6
~rareru ～られる
 - Fähigkeiten 403
 - Passiv 352

rashii らしい 384
räumliche Relationsnomen 64
realer Konditionalsatz 509
reduzierter Verbstamm XVII
Reflexivpronomen 80
Reihenfolge (Ordnungsgrad) 118, 120
Relationsnomen 20, 64
relative Zeitangaben 114
Relativpronomen 81
Relativsatz 455
rentaishi 連体詞 11
~*reru* ～れる 352, 405
~*ro* ～ろ 366
~*ru* ～る (Potentialform) 403
ru-Verben siehe vokalische Verben

S

~*sa* ～さ 249
sae さえ 136, 187
~*sasareru* ～さされる, ~*sasarareru* ～させられる 360
~*saseru* ～させる, ~*sasu* ～さす 357
sashiageru 差し上げる 223, 226
Satz 3, 12, 21
 - Attributsätze 470
 - einfache Aussagesätze 327
 - Einteilung nach Verbtyp 332
 - existentielle Sätze 334
 - Fragesätze 338
 - komplexe Sätze 437
 - Konditionalsätze 493, 496, 501, 504, 505, 509
 - Passive Sätze 352
 - Temporalsätze 455
 - Verknüpfungen 437
 - Zitatkonstruktionen 512, 520

Satzelement 2, 4, 14, 12, 22, 27
Satzendpartikel 16, 22, 24, 124, 136, 180, 190, 339, 342, 389
Satzgefüge 27
Satzstruktur 21
- Attributsätze 474, 479
- Aufzählungen 132, 438
- einfache Sätze 25, 327, 331, 336
- Fragesätze 338, 345
- Gleichheit 277
- komplexe Satzstrukturen 26, 438, 447, 455, 470, 481, 493, 512, 523
- Konditionalsätze 496, 501, 504, 505, 509
- Kopula-Sätze 329
- Mengenangabe 103
- Nomen の Nomen 52, 64, 65
- Passive Sätze 354
- Potentialsätze 406
- temporale Satzverknüpfung 456
- Satzthema 12, 16, 21, 145, 347, 473
- Satztypen 24, 25, 327, 332
Satzverknüpfungen 437
- additiv 438
- adversativ 438, 447
- Attributsätze 470
- disjunktiv 438, 442
- exemplarisch 438, 444
- kausal 481
- konsekutiv 438
- koordinativ 438
- temporal 455
Satzzeichen 34
„schon" 293
Schrift 1, 4
Schriftbild XVII, 5
schwache Verben s. vokalische Verben

„selbst wenn" 136, 314, 454
selbstständige Wörter 11
~*seru* ～せる 357
setsuzokushi 接続詞 11
shi し 440
shiekikei 使役形 357
shii-Adjektive 244
shika しか 139
shikashi しかし 447, 449
shimau しまう 42, 312, 356
shinkunreishiki ro-maji 新訓令式ローマ字 8
shoyuudaimeishi 所有代名詞 86
Silbenalphabete 4, 7
Silbenverschiebung XVIII, 7, 201, 204
sinojapanische Lesung 6
sinojapanische Verben 200, 208, 281, 287, 548
sinojapanische Zahlenreihe 91
sinojapanische Zählsuffixe 94
sochira そちら 83
„sogar", „sogar,selbst" 136, 178, 314
sokuon 促音 9, 36
„sollen" 430
sonkeigo 尊敬語 44, 531
sonna そんな 84
sono その 81
sore それ 82
sorede それで 485
sorekara それから 440
soretomo それとも 442
soshite そして 439
~*sou* ～そう 377
sou そう 83, 262, 264
„sowohl als auch" 132, 157, 500
Spekulation 368
Sprachstil 43, 47

STICHWORTVERZEICHNIS

Stammkonsonant XVII, 196
Stammvokal 196
starke Verben siehe konsonantische Verben
Subjekt 2, 12, 16, 22, 31, 56
- in Attributsätzen 472, 473
- in direkter/indirekter Rede 513
- in Fragesätzen 156, 339, 347
- in passiven Sätzen 353
- in Temporalsätzen 463, 467
- in transitiven/intransitiven Sätzen 219
- in Wunschsätzen 393, 395
- Markierung 126, 145, 149, 153, 166, 335
- zweites Subjekt 61
Substantive siehe Nomen
substantivischer Satz 25
Suffixe
- Multiplikativa 101
- Pluralsuffixe 50, 80
- Reihenfolge 120
- Zählsuffixe 91, 93, 100, 349
- Zählsuffixe für Zeitangaben 111, 116
- Zählsuffixe für Zeiträume 112, 114, 116
- ら 50
- 方 51
- 的 251
- 目 118
- 達 50, 79
sugiru 過ぎる 234
Superlativ 266
sura すら 136
suru する 197, 207
- Art der Ausführung einer Tätigkeit 84

- Ausdruck von Veränderungen 227
- bescheidene Verbformen 546
- Markierung des Handlungsergebnisses 163
- sinojapanische Verben 200
- Verbalisierung 208
suushi 数詞 11
Symbole und Zeichen 34
Syntax 2
Systematik XVIII

T

~ta ～た 217, 459
~ta ato de ～た後で 459
~tachi ～達 50, 79
tadoushi 他動詞 219
~tagaru, ~tagatte iru ～たがる, ～たがっている 397
~tai ～たい 391
~tai to omou ～たいと思う 427
~taku naru ～たくなる 394
takusan たくさん 257, 268, 288
~tamae ～たまえ 365
tame ni ために 487
tango 単語 3, 11
~tara ～たら 433, 468, 502
~tari ～たり 444
~te kara ～てから 459
~te mo ii/yoroshii ～てもいい, ～てもよろしい 415
~te wa ikenai ～てはいけない 417
~te wa komaru ～てはこまる 417
~te wa naranai ～てはならない 417
te-Form 39, 40, 41, 297
- aufeinanderfolgende Handlungen 306

- Ausdruck von „ohne zu" 526
- Ausdruck von Erlaubnis 415
- Ausdruck von Verboten 417
- Bildung 18, 297
- Funktion Adjektive 308
- in Attributsätzen 474
- in Bitte und Befehl 363, 365
- in existentiellen Sätzen 334
- in passiven Sätzen 354
- in Zitatsätzen 512
- Kombination mit ある, いる 315, 323
- Kombination mit しまう 312
- Kombination mit も 314
- Kombination mit も zur Satzverknüpfung 447, 454
- Kombination mit もう, まだ 295
- Kombination mit 困る 313
- Kombination mit 置く 313
- Kombination mit 行く, 来る 309
- Kombination mit 見る 312
- progressives Präteritum 325
- Übersicht Anwendungen 301
- zur Satzverknüpfung 439, 459, 484

teineigo 丁寧語 43

~teki ~的 251

temporale Satzverknüpfungen 455
- „bevor" 455
- Gleichzeitigkeit 460
- mit Konditionalform 468
- „nachdem" 459

Thema (Satz) 12, 16, 21, 145, 347, 473

to と 126, 183
- Aufzählung von Substantiven 132
- Ausdruck von „ob" 521
- in Temporalsätzen 468
- Konditional 505
- Markierung Handlungspartner 183
- Markierung Zitate 512
- Übersicht Funktionen 183
- Vergleich 272, 274, 278

to iu koto と言うこと 519

to iu と言う 388, 475, 513, 514, 517, 519

to omou と思う 370, 388, 394, 427, 515

toka とか 132, 134, 188, 446, 519

toki とき (Konditional) 507

toki 時 55, 461

tokoro ga ところが 450

tokoro ところ 184

tokoro 所 54

tomo とも 188

toshite として 189

touten 読点 37

touyou kanji 当用漢字 5

transitive Verben 200, 219, 332

Transkription 7

Transkriptionssystem XIX, 8

Trübung XXI, 8

tsu っ (zur Darstellung langer Konsonanten) 9, 38

tsumori つもり 424

tsurete iku/kuru 連れていく, 連れてくる 311

U

~u ~う (Vorschlag) 430

u-Basis 201, 202

Überzeugung 368, 374

uchi, uchi ni うち, うちに 466

u-Form 43

ukemikei 受身形 352

„um zu" 487

umai うまい 407

Umschrift XIX

STICHWORTVERZEICHNIS 581

unabhängige Wörter 11
Unbestimmtheit mit か 89
unflektierbare Wörter 11
ungefähre Mengenangaben 106, 107
unregelmäßige Verben 197
Unsicherheit 368
unvollständige Aufzählung von Substantiven 134
u-Verben siehe konsonantische Verben

V

Veränderungen 227, 232
Veranlassung siehe Kausativ
Verbaladjektive 11, 14, 243, 245, 328
- adnominale Verwendung 59, 65, 105, 253, 478
- adverbialer Gebrauch 255
- Bildung von Adverbien 280, 287
- die が erfordern 151
- Flektion 246
- Höflichkeitspräfixe 535
- Honorativ 542, 549
- Komparativ 266, 269
- Konditionalform 〜ければ 493
- Nominalisierung 67, 249
- prädikativer Gebrauch 252, 328
- spezielle VA 257, 259, 384, 394, 407
- Superlativ 266
- *te*-Form 300
verbaladjektivisches Prädikat 14, 17, 252, 328
verbales Prädikat 14, 16
Verbalisierung 208
Verbbasis XVIII, 201
Verben 11, 14, 195, 199
- adnominaler Gebrauch 60, 455

- Adverbialform 210
- Assimilationsformen 201, 204
- Attributivform 201
- Bescheidenheitsformen 546
- Bewegungsverben 322
- des Besitzwechsels 222, 226
- die が erfordern 151
- Durativ 315, 316, 355
- einfache Form 211, 215
- einfache Präteritumsform 217
- einfache Sätze mit Verben 331
- einfache Verneinung 215
- Endung 4, 11, 195, 201, 206
- existentielle Verben 150, 153, 164, 256, 330, 334
- Finalform 201
- Flektion 195, 198, 201
- Flektionsbasen 201
- Flektionserweiterung 201, 203
- Handlungsverben 199, 219
- höfliche Formen 211, 537, 546
- Imperativformen 201, 365, 366
- intransitive Verben 200, 219
- japanische Verben 15, 195, 200, 538
- kausative Form 357
- Konditionalform 201, 493
- konsonantische Verben XVIII, 196, 203
- Modifikation mit Adverbien 285
- modifizierende Verben 234, 239
- Morphologie 195
- passive Form 352
- perfektive Verben 310, 315, 319
- sinojapanische Verben 200, 208, 281, 287, 548
- Stamm XVIII, 12, 195, 201, 206
- *te*-Form 297, 298

- transitive Verben 200, 219, 332
- unregelmäßige Verben 197
- Veränderungen mit する, なる 227
- Verbalisierung 208
- Verbgruppen 195, 198
- Vergleich 275
- Verknüpfung mit te-Form 305
- verneinte te-Form 299
- vokalische Verben 196, 203
- Vorschlagsform 202, 203, 431
- Wunschform 391
- Zustandsverben 199, 219

Verbot 417
Vergangenheit siehe Präteritum
Vergleich 269, 272, 274, 275
verkürzter Verbstamm XVII
Verlauf von Handlungen 315, 316
Verlust einer Fähigkeit 402
Vermutung 16, 57, 368, 386
verneinte Frage 350, 435
verneinte te-Form 297
verneinter Vorschlag 433
Verneinung (mehrfach) 16, 46
Verpflichtung 436
verschachtelte Attributsätze 476
Verwandtschaftsbeziehungen 543
Vielfaches von Zahlen 101
vokalische Verben 196, 203 (siehe auch Verben)
Vokalschwund 10
vollständige Aufzählung von Substantiven mit と 133
Vorschlag 202, 203, 430

W

wa は 126, 144, 148, 153

- bei Fähigkeiten 401
- beim Vergleich 269, 274, 278
- in existentiellen Sätzen 334
- in kausativen Sätzen 359
- in Potentialsätzen 406
- in Zitatsätzen 513
- Subjektmarkierung in passiven Sätzen 353, 356
- Substantivmarkierung in Attributsätzen 472
- beim Konditional 507
- Kontrastierung (Markierung einer Auswahl) 148
- Markierung Satzthema 145
- Übersicht Funktionen 144

wa わ 193
wake わけ 56
wari ni わりに 167
„weder noch" 132, 157, 500
Weglassen des Überflüssigen 45
Wiederholungszeichen 34, 38
„wollen" 424
Wort 4, 11
wörtliche Rede siehe direkte Rede
Wortreihenfolge 2, 21
Wortschatz 1
Wunsch einer dritten Person 396
Wunschform 151, 391
- Absicht mit ～たいと思う 427
- in Attributsätzen 476
- Konditionalform 503

Y

ya や 132, 134
yara やら 134
yaru やる 223, 226

STICHWORTVERZEICHNIS

yasui やすい 238
yo よ 192
yori より 189, 269
yotei 予定 57, 424
you よう 260, 381
~you 〜よう 430
you ni ように 231, 269, 398, 514
you ni iu ように言う 262
you ni naru ようになる 261
you ni suru ようにする 262
~you to omou 〜ようと思う 427
youon 拗音 9

Z

Zahlenreihen 91
Zählsuffixe 93, 111, 112, 114
Zahlwörter 87, 91
Zeichensetzung 34, 36
  - Markierung 114
Zeitangaben 91, 111, 140, 160
Zeiten und Zeitaspekt 38
  - anhaltender Zustand 39, 315, 319, 323
  - Gleichzeitigkeit mit 間に 465
  - Präsens 38, 44, 315, 318
  - Präteritum 16, 38, 41, 42
  - progressives Präteritum 325
  - *te*-Form mit ある, いる 315, 323
  - Temporalsätze 455
  - Zeitaspekt mit 〜てしまう 312
  - Zeitaspekt mit ところ 184
  - Zeitaspekte der *te*-Form 301
  - Zukunft 38, 39, 310, 315, 318
Zeitnomen 56
Zitate 30, 512, 520
  - Markierung mit Klammern 35, 37

~zu 〜ず 524
Zukunft 38, 39, 310, 315, 318
  - in Konditionalsätzen 509
  - in Temporalsätzen 462
zurai ずらい 238
Zustandsverben 199, 219
zutsu ずつ 108
Zwang 408, 409, 413
Zweck 481, 487
Zweifel 368, 388
zweites Subjekt 59, 61

Japanisch にほんご

Japanisch-deutsches Zeichenwörterbuch

Von Wolfgang Hadamitzky. Unter Mitarbeit von Mark Spahn, Otto Putz, Horst Arnold-Kanamori, Thomas Frischkorn und Norman Günther. 2002. XXII, 873 S. und 4 Tafeln auf Vor- und Nachsatz. 978-3-87548-320-8. Geb.

Dieses Zeichenwörterbuch unterstützt den Leser bei der Erschließung japanischer Texte mithilfe eines leicht zu erlernenden Suchsystems, welches ein Nachschlagen von Zeichen und Komposita über die Zeichenbestandteile und die Strichzahl ermöglicht. Darüber hinaus bietet es Informationen zur Schreibweise und zur Struktur jedes Zeichens.

Damit steht erstmals im deutschen Sprachraum ein handliches Zeichenwörterbuch für Schüler, Studenten, Besucher von Volkshochschulkursen, Selbstlerner, Reisende und alle diejenigen zur Verfügung, die sich mit japanischen Texten oder der japanischen Schrift beschäftigen.

Sehr lobenswert ist, dass die Strichfolge der einzelnen Zeichen hier genau angegeben ist. Die Komposita sind bei jedem der darin enthaltenen Einzelzeichen zu finden, was ebenfalls sehr praktisch ist. Wer noch kein großes Zeichenlexikon besitzt, wird an dieser sorgfältig gestalteten Ausgabe seine Freude haben.
dragonviews.com

Bildwörterbuch zur Einführung in die japanische Kultur

Architektur und Religion
Von Yoshiko Watanabe-Rögner.
2008. 208 Seiten.
978-3-87548-346-8. Gebunden.

Mit rund 350 Zeichnungen zur japanischen Architektur und Religion vermittelt dieses einzigartige Bildwörterbuch einen tiefen Einblick in die japanische Kultur und Lebenswelt. Die Zeichnungen und dazugehörigen Erklärungen verdeutlichen unter anderem, welche Ideen, historischen Fakten, Glaubensvorstellungen, Fantasien bis heute den japanischen Alltag prägen.

Wichtig ist dieses Wissen insbesondere für alle, die im ökonomischen oder wissenschaftlichen Austausch mit Japan stehen. Ein deutsches sowie ein japanisches Register ermöglichen ein schnelles und gezieltes Nachschlagen.

Spezial-(Sprach-)Wissen äußerst appetitanregend serviert! ... für jeden, der Japanisch spricht und sich für die Themen interessiert, ist das Buch die aller erste Wahl! embjapan.de
Watanabe-Rögner hat hier ein exzellentes Nachschlagewerk geschaffen. dragonviews.com

Diese und viele andere Sprachlehrbücher und Nachschlagewerke erhalten Sie in jeder guten Buchhandlung oder auf

www.buske.de

Japanisch にほんご

Japanische Alltagssprache

Ein Lehrbuch mit Übungen und
Lösungen sowie 2 CDs
Von Shin'ichi Okamoto.
2002. IV, 176 S. 978-3-87548-288-1. Kart.

Konzipiert für Lernende mit Grundkenntnissen, vermittelt dieses Lehrwerk die wichtigsten Redewendungen aus dem japanischen Alltag, deren Gebrauch in vielen praktischen Übungen vertieft werden kann. Lösungen und zwei CDs, auf denen die Dialoge und Redewendungen zu hören sind, erleichtern das Selbststudium.

[...] auch ambitionierte Anfänger, die auf einen schnellen Lernerfolg setzen, können mit Japanische Alltagssprache wunderbar arbeiten, da es sich hierbei um ein Komplettset mit CDs und diversen Tabellen (u.a. Silbentabelle und Landkarte) handelt. [...] Das gesamte Buch ist sehr praxisorientiert und eignet sich somit ideal als Vorbereitung für einen Japan-Aufenthalt. Auch Geschäftsreisende werden thematisch bedacht. dragonviews.com
Wer wirklich plant, nach Japan zu reisen und auch mit den Leuten reden möchte, sollte auf dieses Buch zurückgreifen. media-mania.de

Japanischer Wortschatz für Anfänger

Ein systematisches Lehrbuch mit Übungen und Lösungen
Von Toshiko Yamaguchi. Aus dem Englischen übertragen von Magnús Pétursson.
2006. XIV, 196 S. 978-3-87548-399-4. Kart.

Konzipiert für Lernende mit geringen Vorkenntnissen, vermittelt dieses Japanischlehrbuch systematisch die feinen, aber oftmals wichtigen Bedeutungsunterschiede zwischen ähnlichen Wörtern sowie deren korrekten Gebrauch im Satz.

Jedes der sieben Kapitel ist einem bestimmten Aspekt des japanischen Wortschatzes gewidmet. Eine Einleitung erläutert zunächst die jeweilige Problematik. Sodann werden zu allen Einträgen Wortpaare angegeben, ergänzt durch Erklärungen und Beispielsätze. Am Ende jedes Kapitels können die Lernenden ihre Kenntnisse anhand von Aufgaben überprüfen.

Einfach erklärt und übersichtlich gestaltet bietet der Japanische Wortschatz für Anfänger jede Menge Einsichten in eine sonst so fremd erscheinende Sprache. dragonviews.com

Diese und viele andere Sprachlehrbücher und Nachschlagewerke erhalten Sie in jeder guten Buchhandlung oder auf

www.buske.de